Herr Olof zum Hof seiner Mutter ritt
– fällt der Tau, legt sich Reif
Die Mutter sogleich ihm entgegentritt
– Herr Olof kehrt heim, als das Laub grünt im Walde

Willkommen, mein Sohn, mir wird so bang
– fällt der Tau, legt sich Reif
Was ist so blass und bleich deine Wang'?
– Herr Olof kehrt heim, als das Laub grünt im Walde

Ich war lahm und mein Fohlen in Hast
– fällt der Tau, legt sich Reif
Ich stieß gegen einen Eichenast
– Herr Olof kehrt heim, als das Laub grünt im Walde

Lieb' Schwester mein, das Bett mir bereit'
– fällt der Tau, legt sich Reif
Lieb' Bruder mein, das Pferd führ zur Weid'
– Herr Olof kehrt heim, als das Laub grünt im Walde

Lieb' Mutter mein, bürst mir das Haar
– fällt der Tau, legt sich Reif
Lieb' Vater mein, mach mir die Bahr'
– Herr Olof kehrt heim, als das Laub grünt im Walde

Mein lieber Sohn, die Red' lass sein
– fällt der Tau, legt sich Reif
Morgen soll deine Hochzeit sein
– Herr Olof kehrt heim, als das Laub grünt im Walde

Es stehe nun, wie es stehen mag
– fällt der Tau, legt sich Reif
Meine Braut ich nicht seh' am Hochzeittag
– Herr Olof kehrt heim, als das Laub grünt im Walde

KERSTIN EKMAN
DER WALD

KERSTIN EKMAN

DER WALD

Eine literarische Wanderung

Aus dem Schwedischen
von Hedwig M. Binder

Piper
München Zürich

von Jan
Weihnachten 2008

Mehr über unsere Autoren und Bücher:
www.piper.de

Die Originalausgabe erschien 2007 unter dem Titel »Herrarna i skogen«
im Albert Bonniers Förlag, Stockholm.

Die Übersetzung wurde vom Swedish Arts Council, Stockholm gefördert.

Czesław Miłosz wird zitiert aus: © Czesław Miłosz, Symbolische Berge
und Wälder. In: ders., Visionen an der Bucht von San Francisco. Übersetzt
von Sven Sellmer, Suhrkamp Verlag, Frankfurt/M. 2008.

Anton Tschechow wird zitiert aus: Anton Čechov, Onkel Vanja. Übersetzt
von Peter Urban. Copyright © 1973 Diogenes Verlag AG Zürich.

Von Kerstin Ekman liegen im Piper Verlag vor:
Winter der Lügen
Zum Leben erweckt
Die Totenglocke
Mittsommerdunkel
Der Ruf des Raben
Springquelle
Die letzten Flöße
Geschehnisse am Wasser
Zeit aus Glas

Mix
Produktgruppe aus vorbildlich bewirtschafteten
Wäldern und anderen kontrollierten Herkünften
www.fsc.org Zert.-Nr. GFA-COC-1298
© 1996 Forest Stewardship Council

ISBN 978-3-492-05142-2
2. Auflage 2008
© Kerstin Ekman, 2007
Published by arrangement with Bonnier Group Agency, Stockholm.
Copyright der deutschsprachigen Ausgabe:
© Piper Verlag GmbH, München 2008
Gesamtherstellung: Kösel, Krugzell
Printed in Germany

INHALT

DIE WESEN   135

GARTEN DES TODES   217

Vorwort

Viele Jahre habe ich in einer Waldlandschaft mit einem unendlichen Reichtum an Arten gelebt. Ich bin in ihnen umhergewandert, einen Hauch von Bittermandel und Anis als flatterige, schnell flüchtige Richtungsanzeige in der Nase, und habe schließlich die alte Salweide gefunden, aus deren rauem Stamm der sahnegelbe Wohlriechende Weidenporling sprießt. Wenn sich der Luchs in der Unruhe seiner Brunst durch den Märzschnee bewegt hatte, habe ich die Spur dieser großen Katze gesehen. Mein Hund hat auf einem Baum einen Marder aufgescheucht, und ich habe in dessen Augen aus schwarzem Glas gestarrt. In dunklen Waldseen habe ich Biber schwimmen und auf ihrem vom Wasser gestreiften Kopf die Abendsonne glänzen sehen. Ich bin Pfade gegangen, in die früher die dreißig, vierzig Pferde des Dorfes mit ihren Hufen den Sommer und die Befreiung von den Holzfuhren eingetrampelt hatten. Habe ich Multbeeren gesammelt, dann hatte nur eine Stunde vor mir der Bär an dieser Stelle gewühlt und geschmatzt. Am Rand des Moores haben Auerhahnschnäbel geknappt und Birkhähne gekollert.

Jetzt werden diese Wälder mit Wohnbäumen und Sturzbächen in Verjüngungsflächen verwandelt. Es werden Monokulturen aus Kiefern oder Fichten daraus. Und es wird still.

Ich habe in einer Welt gelebt, die im Verschwinden begriffen ist. Die Dörfer im Binnenland Nordschwedens haben seit den 1760er-Jahren, als sich die ersten Siedler dort niederließen, eine ganz eigene Waldkultur entwickelt. Heute erobern Touristen und junger Laubwald diese Gebiete. Tag und Nacht donnern Holztransporter vorbei. Sie fahren zu den Sägewerken und den Arbeitsmöglichkeiten an der Küste. Ich habe wach gelegen und dem Krach der Holzschlepper gelauscht, die Jahr für Jahr rund um die Uhr den Wald fortschaffen. Ich habe die Wolfskralle im Herzen.

Menschen bin ich in diesen Wäldern selten begegnet. Es heißt ja, wir Schweden hätten ein besonderes Verhältnis zum Wald. Verstecken wir uns darin? Oder ist es gar nicht wahr, dass er uns so sehr am Herzen liegt?

9

Wie sehr liegen den Deutschen ihre Wälder am Herzen? Heinrich Heines gelassener Bergmann in *Die Harzreise* verdient seinen Lebensunterhalt als Tourismusassistent und Wanderführer. Der Wald erschreckt aber immer noch viele, so wie einst Goethe, der sich vor der Dunkelheit fürchtete. Bei ihm wurde der Wald zu einem unheimlichen Raum, in dem tausend Augen funkelten, wenn sich die Dunkelheit von den Bergen herabsenkte.

Wir Nordeuropäer sind irgendwann alle aus dem dunklen Wald gekommen, der vom Atlantik bis zu den Karpaten den Kontinent bedeckt hat. In einem Traum von diesem Wald, der einst unsere gemeinsame Welt war, kam mir zum ersten Mal der Gedanke an dieses Buch über den Wald.

Ich habe Streifzüge durch die Literatur über den Wald unternommen, und ich habe auch buchstäblich auf einem Baumstumpf oder an einem Holzlagerplatz gesessen und gelesen. Und zwar nicht nur botanische Bestimmungsbücher. Bei starkem Nordwind, der die Mücken, Gnitzen und Kriebelmücken vertrieben hat, habe ich am Ende eines Waldsees in Jämtland gelegen und mich an Nietzsches *Also sprach Zarathustra* berauscht. Wie verrückt kann man eigentlich werden?

Auch diese Frage wird im vorliegenden Buch aufgegriffen. Der Wald ist ein Verwandlungsraum, in dem die Psyche der Menschen unheimlichen Veränderungen unterworfen war. Frauen sind im Wald dem Werwolf begegnet, der ihnen das Ungeborene aus dem Leib gerissen hat, Räuber haben Reisenden manchmal bis auf die nackte Haut Zölle abgenommen. Trolle haben in Höhlen und Bergen gehaust. Im *Handwörterbuch des deutschen Aberglaubens* gibt es ein langes und inhaltsreiches Kapitel über Waldgeister und mystische Waldwesen. Wir Nordeuropäer kennen den Schrecken vor dem Wald, teilen ihn aber nicht mit den Menschen im Süden des Kontinents. Dort herrschte lichter Laubwald vor, und man hat die Landschaft schon viel früher gerodet und kultiviert. Dabei hat man die Wesen des dunklen Waldes vertrieben.

Die Folklore und der Wald der Dichter sind in diesem Buch nur *eine* Seite der Geschichte. Im Wald gibt es seit sehr langer Zeit auch schon Eigentumsgrenzen, und jeder hat über seine Jagen gewacht. Schnittholz wurde immer wertvoller. Damit der Staat das Seine erhielt, wurden Gesetze und Forstordnungen erlassen. Und als am

Ende des 19. Jahrhunderts im großen Stil Holz für den Export geschlagen wurde, begannen Forscher und Bürokraten wie Borkenkäfer durch die Jagen und über die Korridore der Institutionen zu wimmeln.

Der naturwüchsige Wald ist bald zu Ende. Es ist an der Zeit, darüber nachzudenken, was er uns gibt, und seine wilden Reste zu schützen. Wald ist mehr als eine Papierzellstoffressource und eine Energieplantage für das Wachstum. In ihm schlummern immer noch nicht verwirklichte genetische Möglichkeiten, obwohl es viele tausend Jahre her ist, seit der Felsengrund unseres Landes aus dem Eis hervorschmolz und die ersten Triebe von Kiefer, Birke und Espe einwanderten und sich zwischen Flechten und Moosen festsetzten.

Ich bin im Wald vielleicht nicht vielen Menschen begegnet. Aber es haben mich viele begleitet. Herren, die durch den nahezu undurchdringlichen Wald des Mittelalters geritten sind, und Herren, die irgendwann mit liebenswürdiger Begeisterung seine Flora systematisiert und seine Fauna mit Bärengebrüll und dem Blutdurst der Wölfe ausgemalt haben. Es gab einen Herrn, der hat den Wald in alphabetische Reihenfolge gebracht. Das war 1789. Für einen anderen war das Wort Wald abgedroschen. Er war in unserer Zeit Forsteinrichter und Professor.

Dieses Buch führt nicht geradlinig von einem Punkt zum nächsten. Seine Pfade sind verschlungen. Manchmal verlieren sie sich. Unerwartetes taucht auf, und letzten Endes muss man auch durch Hässliches und Gefährliches hindurch, das man gern umgehen würde. Wer oft in den Wald geht, wird sich zurechtfinden.

Es gibt viel Trauer im Wald, wie die Dichter wussten. Aber es gibt diese Trauer auch auf den großen Kahlschlägen und in den Monokulturen der Aufforstungen.

Und es gibt im Wald meine Freude. Damit sie erblüht, muss ich keine empfindlichen Berühmtheiten wie Norne oder Frauenschuh finden. Dafür reichen junge Eichhörnchen, die in einer Kiefer spielen. Sie leben in ihrer Welt, und sie wissen nicht, dass diese ein Ende hat.

DER LAUBGRÜNE WALD

Dieser Reiter, 1494 von Meister Amund gemalt, ist an der Decke der Kirche von Södra Råda in Värmland zu sehen.

Das Dilemma

Ein Herr reitet durch den Wald. Es ist kalt, der Atem seines Pferdes dampft. Er ist vor dem Morgengrauen unterwegs, zu einer gefährlichen Tageszeit. Vielleicht summt er, um den Mut nicht zu verlieren. Die Lieder über jene, die Sonnenaufgang und Hahnenschrei retten, sind zahllos.

Auch die Jahreszeit ist gefährlich. Winter und Frühling halten sich die Waage. Die aus dem Gras aufsteigende Feuchtigkeit fällt als Reif zurück. Im Süden wird um diese Zeit das ausgehungerte Vieh auf die Weide gelassen. Laut stößt man Namen von Heiligen aus, um alles Böse fernzuhalten, man macht Krach und entzündet Feuer gegen die Kälte und die Raubtiere. Aber vielleicht vor allem, um die Mächte dort draußen im Dunkeln auf Abstand zu halten.

Er »reitet zu Berge«. Auf Berge hätte sich »Zwerge« besser gereimt als der Tanz der Elfen. Vielleicht hieß es ursprünglich auch so. Nebelgraue Wesen wechselten oft Gestalt und Namen. Sie konnten Trolle oder Zwerge oder Elfen heißen. Sie konnten ihre Nebelhaftigkeit zu einer einzigen Gestalt vereinen. Dann war es ein Bergkönig.

Angeblich steht die erste Beschreibung von Waldangst am Anfang von Dantes *Die göttliche Komödie*. Doch von der Angst »im schrecklichen Walde« wurde im Norden schon sehr lange gesungen. Möglicherweise sind diese Lieder sogar älter als die Schilderung in der Komödie vom Anfang des 14. Jahrhunderts.

In dem Lied steht nichts von Herrn Olofs Angst. Sie lauert zwischen den Repliken und hinter den Gebärden. Die Bewaffnung, die der Reiter im Wald in einer Variante des Liedes hatte, ist weggefallen. Gegen das Böse, das ihn dort draußen erwartet, hilft keine Waffe. Ebenso wenig helfen ihm Mut und Wille. Es ist hell, aber das Licht, das er sieht, ist nicht das Licht der Sonne, und es wird auch kein Hahn krähen. Das Lied über Herrn Olof hat nicht einmal genug Christentum für ein bisschen Sonnenaufgangsmagie.

Dantes Pilger verirrt sich in einem dunklen Wald und findet sich wieder in einem heiligen Wald, einem laubgrünen, frühlingshaften, duftenden. Dieser Wald verwandelt sich am Ende in ein Paradies aus kristallinen Formen und Licht, in des Pilgers *selva antica*. Hier wird er von seiner tiefen Angst erlöst, die im Wald Gestalt angenommen hat.

Was hier, wo Herr Olof reitet, lauert, ist nicht so greifbar wie wilde Tiere. Wir dürfen nicht in eine so wohlgesetzte Allegorie wie in Dantes *selva antica* eintreten. Wir bewegen uns in Nebel, Kälte und Zweideutigkeit. »Ich will nicht, und es darf nicht sein«, sagt der Reiter und weist die Lockung der Waldfrau zurück. Doch es nützt ihm nichts. Seine Wirklichkeit in diesem Wald, wo das Licht vor der Morgendämmerung falsch ist, schillert. Er wendet sich von der Versuchung ab und reißt sein Pferd herum. Trotzdem endet es böse mit ihm. Ihm wird eine unsichtbare Wunde zugefügt, und als er nach Hause reitet, trägt er den Tod in sich.

Wir, die wir nach Freud leben, haben gelernt, Erlebnisse wie die von Herrn Olof als Projektionen des Innern zu interpretieren. Das Unheimliche ist in erster Linie das Heimliche, das, was in unserem Innern zu Hause ist, aber, einmal aus unserem Bewusstsein verdrängt, unheimlich geworden ist. Es erschreckt uns, wenn es in Erscheinung tritt, will es uns doch verleiten, unsere moralischen und sozialen Normen zu überschreiten.

Zu Hause angekommen, fürchtet Herr Olof anscheinend, seine Begegnung dort draußen im Wald auch nur anzudeuten. Die unheimliche Vermischung muss nicht nur abgewiesen, sie muss verschwiegen werden. Im Nebel hat das Unheimliche eine einwandfrei freudsche Gestalt: Es ist mit Tod und Trieb verbunden und hat den Körper einer Frau.

So ist noch immer unsere Lesart, obwohl Syphilis keine die Ehe und Fortpflanzung überschattende Bedrohung mehr darstellt. Man kommt sich vor wie in Thomas Manns *Doktor Faustus*. Dort experimentiert der Vater der Hauptperson mit osmotischem Druck und stellt eine Welt toten Wachstums her, Formen, die Leben nur imitieren, die sich aber in unheimlicher und unreiner Weise vermehren und miteinander vermischen.

Sind Herrn Olofs Gesichte im Wald von gleicher Art? Die

Imitationen entstehen aus fein verteiltem Wasser, aus Tropfen, Dunst und kaltem Dampf. Ihre Gesichter und Körper entwickeln sich wie die Blumen unter dem osmotischen Druck. Das offene Haar – ein Nebelschleier. Aufsteigender Tau, der zu frostigem Flaum erstarrt. Wurmfarn und Rosen aus Eiskristallen, wie man sie auf Glasscheiben sehen kann. Augen aus Eis. Herr Olof befindet sich zwischen dem sündigen Stand der Ledigen und dem der Ehe. Bald wird er seine Braut heiraten und das Geschlecht fortpflanzen. Und an dieser Grenze droht ihm durch Überschreitung und Vermischung der Tod.

Eine solche Interpretation sagt nichts über eine andere Zeit als Freuds aus, die in gewisser Weise ja noch die unsere ist. Der junge Herr des Hochmittelalters brauchte seine Sexualität weder vor noch nach der Hochzeit zu zügeln. Er hatte jedoch eine Schwäche für ritterliche Formen. Seine Welt war hierarchisch. Nicht einmal dort draußen, wo, wie wir behaupten würden, das Chaos herrscht, findet er etwas anderes als eine Spiegelwelt. Sie ist schillernd und veränderlich, denn sie entsteht aus Tau und Reif, doch es gibt dort einen Hof mit König und Königstochter. Ihrem höfischen Auftreten widerspricht nur das offene Haar, das Kennzeichen einer promiskuitiven Frau. Die Tochter des Elfenkönigs streckt sich nach dem jungen Herrn und bittet ihn zum Tanz. Soeben hat sie noch mit des Königs Elfeneidam getanzt, der in dieser gespiegelten Welt ihr Gatte sein muss. Das Lied gibt einen Tanz im Tanz wieder, eine Präsentation ritterlicher Gebärden, die in der langsam schreitenden Form des Balladentanzes außerordentlich dankbar zu gestalten gewesen sein mussten. So lebte es denn auch bis tief ins 17. Jahrhundert fort, als es schließlich aufgezeichnet wurde. Da war es jedoch zur Unterhaltung auf bäuerlichen Festen abgesunken. Der Adel hatte sein Ritterideal aufgegeben, für das er bis weit in die Zeit der Hakenbüchse und selbst der Muskete hinein Turniere und höfische Tänze gepflegt hatte.

In *Herbst des Mittelalters* beschreibt der holländische Historiker Johan Huizinga, wie die Geschichtsschreiber versuchten, ihre wirre Zeit mithilfe des Rittergedankens zu verstehen. Aber sie erreichten keine Stimmigkeit. Die von der Norm der Ritterlichkeit beherrschten Fürsten verirrten sich »im dunklen Wald der Zeit«, wie Barbara Tuchman in ihrem Buch über das 14. Jahrhundert, *Der ferne*

Spiegel, schreibt. Sie schildert vor allem das Schicksal und Wüten eines brutalen und wahrscheinlich verrückten Machtmenschen. Huizinga erzählt, wie die ritterlich inspirierte Liebe in brutaler Vergewaltigung und schweren Misshandlungen enden konnte.

Nein, die Chronisten erreichten keine Stimmigkeit. Aber sie hielten am Ritterkodex fest: Treue, Tapferkeit und die Sehnsucht nach einem schöneren Leben schwebten ihren Helden vor, wenn sie sich durch das Dunkel und den Tumult ihrer Wirklichkeit bewegten. Anders konnten sie aus der Geschichte keinen Sinn herauslesen; sie machten sie erträglich, indem sie über das Durcheinander, über Gestank und Geschrei diese einfachen und angenehmen Muster breiteten.

Vielleicht breitet das Lied über Herrn Olof ja ebenso das Muster einer Ritterlichkeit über eine unbegreifliche und gefährliche Welterfahrung. Entschlossen und tapfer begibt sich Herr Olof in eine Wirklichkeit, die unmöglich zu meistern ist. Was immer er tut, der Ausgang ist fatal. Nimmt er die Einladung der Elfe an, ist er als christliche Seele verloren. Er lehnt ab und reißt sein Pferd herum. Diese schöne und kraftvolle Handlungsweise nützt ihm jedoch nichts. Er wird nun sterben, und er weiß es. Seine letzten Stunden verlaufen nach einem ebenso formstrengen Schema. Er klagt niemanden an, sondern gibt einem Reitunfall die Schuld an seinem Schicksal. Ohne zu erzählen, was geschehen ist, teilt er seinen Nächsten die den Riten des Sterbelagers gemäßen Aufgaben zu. Er gestaltet sein Vorgehen zeremoniös und so ästhetisch, wie Zeit und Ritterideal es erfordern: Er lässt sein Pferd auf die Weide führen, er lässt sich das Bett herrichten und das Haar bürsten. Er ist bereit, und sein Tun vermittelt die schöne Illusion, dass er sich in ein sinnvolles, wenn auch tragisches Schicksal gefügt hat.

Die Treue zum Ideal, zur Zeremonie des Sterbens, wurde vom Schrecken und von der Verwirrung keineswegs zunichte gemacht. Das Mittelalter kennt zahllose Darstellungen vom Schrecken des Todes. Die wurmstichige Leiche mit ihrem verwesenden, in Fetzen abfallenden Fleisch ersteht immer wieder auf, um die Gesunden und Rotwangigen, die da liebten und jagten und musizierten und sich nach der ritterlichen Mode kleideten, in Todesangst zu versetzen. Dieser Schrecken setzte jedoch nicht die Forderung nach der Form außer Kraft. Olaus Magnus beschreibt in *Historien der mitt-*

nächtigen Länder, wie Priester mit sakralen Geräten in einem Sack durch Wälder und Morast ritten, um Sterbenden mit den feststehenden nötigen Worten die letzte Ölung zu bringen. Herr Olof erfüllte angesichts des Todes die strengsten Ideale seiner Zeit. Eine kraftvolle Formel, um zu überleben, bieten sie ihm nicht. Aber sie helfen ihm, in schöner Weise auf dem Tanzboden zu sterben.

Als das Tanzlied von Herrn Olof und den Elfen im 17. Jahrhundert in einem Liederbuch aufgezeichnet wurde, führte man den Tanz in den Rittersälen der dunklen, steinernen Burgen nicht mehr auf. Es wurde langsam zum Volkslied. Vielleicht fanden die Gebildeten es allmählich naiv. Das Formschema des Rittergedankens sollte jedoch noch lange weiterleben. Ende des vorvorigen Jahrhunderts ging Wyatt Earp mit der gleichen Entschlossenheit wie Herr Olof hinaus, um sich in einer Viehhürde in sein Schicksal zu ergeben. Nach der Legende, die er selbst ausgeformt hatte, war er bereit, schön und formvollendet zu sterben. Woran er tatsächlich starb, ist nicht ganz geklärt. Aber ein späterer Präsident hätte es wohl *a noble cause* genannt. Ronald Reagan, der selbst solche Heldenrollen im Film gespielt hatte, verwendete die Terminologie der Ritterlichkeit, um den Krieg der USA in Vietnam zu idealisieren. Dieser Krieg war, wie jeder Krieg, auch für den Angreifer erniedrigend und destruktiv. Natürlich machten die raubgierigen Fürsten des 14. Jahrhunderts nichts anderes. Und die Geschichtsschreiber versuchten, wie Huizinga sagt, der Sache Sinn zu verleihen. Sie wollten eine edle Absicht darin erkennen. Doch damit sind wir von der einfachen und kraftvollen Handlung in den Strophen über Herrn Olof schon weit entfernt. Dort scheint die Ritterlichkeit weder ein menschliches Ziel zu verbergen noch es herauszustreichen. Es gibt keine Absicht, keinen Sinn.

Denn was für einen Sinn hat es schon, wenn ein unbescholtener Mann mit einer tödlichen Krankheit geschlagen wird? Das eigentliche Thema des Tanzliedes ist doch die Unbegreiflichkeit von Herrn Olofs Schicksal. Er kehrt von seinem Ritt in den Wald zurück und legt sich aufs Sterbebett, um uns wissen zu lassen, dass dort draußen eine andere Ordnung herrscht. Er ist Kräften anheimgefallen, die außerhalb des Herrschaftsbereichs seines Willens liegen, außerhalb der Reichweite seines Glaubens und außerhalb seiner Zivilisation.

Offiziell gab es in Herrn Olofs Welt keinen Herrschaftsbereich, in dem nicht die göttliche Ordnung galt. Was wir das Verdrängte nennen würden, das, was eigentlich nicht ausgesprochen werden kann, wurde in den theologisch untadeligen und hochliterarischen Genres nicht behandelt. Ein Leiden, das weder Sinn noch Ursache hatte, ließ sich nur in niedrigen Genres gestalten. In einem Märchen oder einem Tanzlied, in Verkehrte-Welt-Gedichten oder Schauergeschichten durften bei einem ritterlichen und gottesfürchtigen Helden Zufälle wirken und formlose Kräfte walten. Wir können nicht mehr wissen, was dort draußen in der halb formlosen Spiegelwelt des Waldes, die so falsch war wie das Wasser, aus dem sie entstand, seine Heimstatt hatte und was man so sehr fürchtete. Wir können nur ahnen, dass es mit Auflösung zu tun hatte, mit den Grenzen der Zivilisation und dem menschlichen Gebäude aus Glauben, Sitte und Gesetz.

Herr Olof reitet in den Wald und gerät in ein Dilemma.

Der Versuch, dem Wald Herr zu werden, war Zivilisation. Es war *a noble cause*, damals und noch lange Zeit danach. In dem Lied über Herrn Olof spiegelt sich jedoch nicht dieser Kampf, sondern etwas anderes – das Dilemma an sich.

Des Menschen Natur sind Instinkte. Das heißt vorbereitet sein auf das, was einem begegnet. Programmiert. Eingestellt. Ein Hase weiß das, ohne es zu wissen. Ein Fuchs ebenso. Es kann mit dem Hasen böse enden und mit dem Fuchs auch, aber dem geht kein Dilemma voraus. Hier erwacht ein Bewusstsein, das sagt: Was immer wir tun, es kann das Falsche sein.

Kultur ist Dilemma. Herr Olof reitet geradewegs hinein.

Der Zweig, der nicht abgebrochen werden darf

Das Gefährliche, das dem Menschen an einer Grenze begegnen kann, ist in der Ballade von Herrn Olof und den Elfen als unsichtbare Verletzung gestaltet. Diese unerklärliche Wunde ist das Thema des Liedes. Das Einzige, was die Tragik und den unausgesprochenen Schmerz aufwiegt, ist das letzte Glied des Kehrreims: »Herr Olof kehrt heim, als das Laub grünt im Walde.«

Mit der Zeit hat es in dem Lied etwas Sonderbares auf sich. Herrn Olofs Ritt vor dem Morgengrauen kann nicht viele Stunden gedauert haben. Trotzdem hat, als er nach Hause kommt, die Jahreszeit gewechselt. Den menschlichen Ablauf, der sich in dem Lied in frühen Morgenstunden und weniger als einem Tagesritt bemisst, hat ein zyklischer und langsamer voranschreitender überlagert. Die chronologische Zeit der Strophen wird von der mythologischen des Kehrreims überschattet. Der Wald, der sich belaubt und belebt, steht antithetisch zum Frost der ersten Kehrreimzeile: »fällt der Tau, legt sich Reif«. Winter steht gegen Sommer. Herr Olof kehrt am Ende heim. Es wird Sommer werden. Das wird schon in der ersten Strophe versprochen.

Der Kehrreim kann etwas enthalten, was auf eine sehr viel ältere Vorstellungswelt verweist, auf vorchristliche Vorstellungen über Leben durch Tod. Vielleicht hat sich der Rittergedanke über einen anderen und älteren Gedanken gelegt, mit dem man nicht mehr vertraut ist.

Wird der Wald deshalb wieder grün, weil Herr Olof stirbt?

Opfer und Versöhnung sind Thema der Vegetationsmythen. Dumuzi, der anmutige Hirte des sumerischen Mythos, den Innana geliebt und für den sie ihren Körper geschmückt hat, musste geopfert werden, als sie ihre dunkle Schwester Ereshkigal in der Unterwelt besucht. Der Umbruch wird oft durch einen Irrtum oder ein Verbrechen herbeigeführt. Ursache für Kores Gefangenschaft im dunklen Hades während des Winterhalbjahrs ist ihr blutiger Biss in den Granatapfel.

Junge Männer mit Laub im Haar kommen aus dem Wald geritten. Sie halten belaubte Zweige in Händen. Sie könnten auch von Kopf bis Fuß mit Laub bekleidet sein. Lange Zeit nannte man solche jungen Männer Maigrafen. *Les Très Riches Heures du Duc de Berry*, ein mit Miniaturen illuminierter Jahreskalender und zugleich Gebetbuch vom Beginn des 15. Jahrhunderts, zeigt den Herzog mit seinem Hofstaat in einem zeremoniellen Maiaufzug. Alle tragen

Der Monat Mai in *Les Très Riches Heures du Duc de Berry* zeigt den Festzug zum Wald. Die Malereien des Stundenbuchs stammen von einem der Brüder Limbourg.

Laub im Haar und an den Kleidern: Hofdamen, Musikanten, Pferde. Am erlesensten ist die kleine Herzogin. Ihr weißes Kopftuch ist anmutig mit Laub bestreut. Es handelt sich natürlich um einen Mairitt auf sehr hohem Niveau. Doch Maizweige zu brechen, Maibäume und Maistangen zu schmücken, den Maigrafen, der aus dem Wald kommt, zu grüßen waren Frühlingsvergnügen, denen sich die Bauern Europas schon so lange widmeten, dass diese Aufzüge sich in einer Vergangenheit verlieren, in der die laubgeschmückten Wagen der Fruchtbarkeitsgottheiten über die Felder gezogen wurden. »Die Maie ist eine der einfachen Grundformen der Religion, die bei allen Völkern anzutreffen sind«, schreibt der Kenner der klassischen Vorzeit Martin P. Nilsson.

War Olafur Liljukrans, wie Herr Olof in der norwegischen Variante des Liedes heißt, oder Ólafur Liljurós aus der isländischen einst ein bekränzter Vegetationskönig, der sterben musste, damit die Erde wieder grünte?

Jedenfalls ist mit ihm, wie es sich bei einem religiösen oder magischen Abenteuer gehört, ein Geheimnis verbunden. Er lügt nachgerade, was die nicht stattgefundene Hochzeit im Wald betrifft. Möchte sie nicht einmal andeutungsweise erwähnen. Stattdessen schiebt er seine unsichtbare tödliche Verletzung auf einen Ast.

Ich war lahm und mein Fohlen in Hast
Ich stieß gegen einen Eichenast

In einem Almanach aus dem Jahr 1399 ist der Monat Mai als Mann mit belaubtem Zweig in den Händen dargestellt. In der Einleitung zu James G. Frazers Ende des vorvorigen Jahrhunderts vorgenommenen Großinventur von Religion und Magie, *Der goldene Zweig,* schleicht eine finstere Gestalt durch den heiligen Wald von Nemi, wo kein Zweig berührt werden darf. Er hat einen Ast abgebrochen, hält ihn nun in der Hand und trachtet danach, Dianas Priester zu erschlagen und seinen Platz einzunehmen. Die Opferung des Priesters und das Abbrechen des Astes vom heiligen Baum sind die Voraussetzung dafür, dass der Wald ein sakraler Ort bleibt. Hat Herr Olof, lange bevor er seinen Namen und seine mondäne Rittergestalt erhielt, einen Ast abgebrochen, der abgebrochen werden durfte – allerdings nur von der richtigen Person?

An dieser Stelle sollte ich meine Spekulationen vielleicht bremsen. Mir fällt Mr Casaubon in George Eliots *Middlemarch* ein. Er ist ein pedantischer Herr mit ungewöhnlich tiefen Augenhöhlen. Der unmessbaren Tiefe seines Wesens ist der Gedanke entstiegen, er müsse beweisen, dass alle mythischen Gestalten und alle auf der ganzen Welt verstreuten Mythenfragmente Entstellungen einer ursprünglich klaren Tradition seien. Ein einziger Mythos also. Er plant, dabei viel gründlicher und effektiver vorzugehen als frühere

Forscher mit denselben Konzepten und Ambitionen. Der arme Mr Casaubon verirrt sich jedoch in den Rumpelkammern und auf den verschlungenen Treppen seiner Gelehrtheit und verliert sein Ziel aus den Augen, das ihn einst zu diesen Mühen getrieben hat. Außerdem langweilt er seine hingebungsvolle junge Frau bis an die Grenze seelischer Grausamkeit.

Ein einziger Mythos, ein einsames Talglicht, das blakend erlischt. Mrs Eliot ist Beherrschern gegenüber unbarmherzig.

Alles, was wir wissen, ist, dass die Erneuerung in Gestalt eines bekränzten jungen Mannes mit einem belaubten Zweig in der Hand aus dem Wald geritten kommt.

Verdure

Die schwedischen Renaissancemenschen lebten in unmittelbarer Nähe des Waldes und waren so vernarrt in mittelalterliche Lieder von Abenteuern wie das von Herrn Olof, dass sie auch neue dichteten. Mitunter haben diese Pastiches die Forscher in die Irre geführt. Das Lied von Herrn Olof und den Elfen ist aber wirklich sehr alt; die Spur des jungen Mannes, der ausreitet und eine fatale Begegnung mit einer Elfe hat, lässt sich bis ins 12. Jahrhundert zurückverfolgen. In Europa gibt es vielerorts und in mehreren hundert Varianten Lieder über ihn. Der mittelhochdeutschen Versnovelle *Peter von Staufenberg* von 1310, in der es heißt, der Reiter habe keine Wunde, trage jedoch den Tod in der Seele, soll sogar eine historische Begebenheit zugrunde liegen.

Auf dem Kontinent ist der Wald der Liebesbegegnung laubreich und mild. Dort reiten in den Balladen junge Männer aus, um unter Ulmen Nymphen oder irdische Frauen zu lieben. *Sub ulmo patula*, unter der ausladenden Krone der Ulme, kommt man in den *Carmina Burana* der Vaganten aus dem 12. und 13. Jahrhundert zusammen. Es wehen laue Frühlingslüftchen, Bäche rauschen, das Laub ist frisch und grün und das Gras mit duftendem Thymian durchsetzt. Die Mädchen tragen Blumenkränze, die sie der Liebesgöttin als Frühlingsopfer darbringen. Und zur selben Zeit liebt sich Walther von der Vogelweides Paar unter schattigen Lindenkronen.

Unter ihnen werden die Blumen und das Gras gebrochen, und im Wald singt die Nachtigall.

Under der linden
an der heide,
dâ unser zweier bette was,
dâ mugt ir vinden
schône beide
gebrochen bluomen unde gras.
vor dem walde in einem tal,
tandaradei,
schône sanc diu nahtegal

Östlich des Rheins soll der in den Liedern rauschende Liebesbaum nicht die Ulme, sondern die Linde gewesen sein. In den nordischen Balladen finden sich Eiche und Hasel, doch beherrscht wird der gedichtete Wald von der Linde mit ihrem alliterierenden Laub und ihren vielen Lebens- und Liebesmythen. Tastete ein Vorsänger in dem reichhaltigen Formelvorrat, der ihm zur Verfügung stand, suchend nach Waldesgrün, wählte er fast immer die Linde mit ihren herzförmigen Blättern. Das Gefühl für Zeichen und Bildsymbole in der Natur war im Mittelalter stark ausgeprägt. Auch ein nordisches Schäferstündchen kann unter der Linde vorgeschlagen werden, obschon schüchtern und umschreibend: »So lass uns unter der kleinen grünen Linde ruhen ...«

Der Wald der Balladen ist licht mit Rosen und Lilien bewachsen. Nicht der Wald wird beschrieben, sondern eine Waldstimmung. Im 14. Jahrhundert ging jedoch mancher Denker und Autor in den realen Wald. Es gab Mönche, die keine geometrischen Kristall- und Lichtvisionen vom Paradies mehr hatten. Sie wurden Eremiten und ließen im Geiste Franziskus' das Grün und die Tiere in Gottes Welt ein. Auch Meister Eckehart hatte geahnt, dass in der kreatürlichen Welt mit ihrem grünen Wirrwarr, und sei es nur schwach, das Licht Gottes aufscheinen konnte. Was der englische Franziskaner William Occam predigte, glich einer Verteidigung sinnenhafter Zeugnisse. Im Papstpalast von Avignon, wo er 1324 wegen seiner Ketzereien verhört wurde, entstanden nur wenige Jahrzehnte später

Wandmalereien mit Eichhörnchen und kleinen Vögeln zwischen Eichenästen und Weinlaubranken. Im Garderobenturm des Papstpalastes verdichteten sich die Laubranken, Baumkronen und der Kräuterreichtum zu einem Wald.

Die Darstellung des Waldes erfuhr ihre Fortsetzung auf den gewebten, farbenreichen Wolltapisserien, die wir mal als Gobelins, mal als Tapeten bezeichnet haben. Ihr Grün ist meistens bläulich, was mit dem blauen Wald der Balladen übereinzustimmen scheint. Doch ist der grüne Farbstoff in der Wolle der Tapisserie nur zu Blau verblichen, und im Altschwedischen war der blaue Wald in Wirklichkeit schwarz.

In dem blauenden Grün wachsen Blumen mit zierlichen Stängeln und verschiedenfarbigen Blütenblättern. Obwohl es in diesem Millefleurs unzählige davon gibt, stehen sie licht und verheddern sich nicht ineinander. Der Fond ist gemustert wie die prächtigen Kleiderstoffe der *Dame mit dem Einhorn*, diesen sechs Wandteppichen aus dem 15. Jahrhundert im Clunymuseum in Paris. Es geht eher um Auswahl und Ordnung, um eine Schlossparklandschaft oder ein fürstliches Jagdrevier als um einen Wald. Trotzdem finden sich hier die Eichen und Stechpalmen des Edellaubwalds, auf Lustgartenformat reduziert und üppig mit Eicheln und Beerenpyramiden besetzt. Da sind Pinien mit langen weichen Nadeln und großen Zapfen. Im Grün rings um die Bäume kauern alte und junge Hasen. Und da sind Füchse und Ziegen, Elstern und Fasane und vieles andere, was alltäglich im Wald hinter dem Schloss und den Bauernhöfen hüpfte und flog. Der Künstler, der die Skizzen zu den Tapisserien angefertigt hat, sah tatsächlich Wald und Wiesen vor seinem Fenster. Stiefmütterchen, Maiglöckchen, Schlüsselblumen, Margeriten und Gänseblümchen sind getreu wiedergegeben. Millefleurs ist indes eine Technik, bei der die Fantasie durchgeht. In dieser blauen oder roten Grasdecke finden sich viele Blumen, die der Herrgott noch gar nicht erfunden hat. Es ist zugleich die Parklandschaft eines großen Schlossherrn: Hunde und Löwen mit juwelenbesetzten Halsbändern, ein angeketteter Affe und der Jagdfalke auf einer behandschuhten Hand zeigen, dass kostspielige Launen und Neigungen befriedigt werden konnten. Der Orangenbaum, der blüht und gleichzeitig Früchte trägt, kann durch die Fantasie dorthin verpflanzt worden sein, vielleicht auf fürstlichen Befehl. Denn zu jener Zeit muss er ein Traum in einer kalten Wirklichkeit gewesen sein, hatte im 14. Jahrhundert doch die kleine Eiszeit eingesetzt, die vierhundert Jahre dauern sollte. Zweimal fror zu Beginn des Jahrhunderts die Ostsee zu. Vielleicht ist das Grün der Tapisserien auch eine Erinnerung an eine bessere Welt als dieses nun kalte, von Kriegen verwüstete und von der Pest heimgesuchte Europa des 14. Jahrhunderts. Als die Webereien im Loiretal die Blumenteppiche herstellten und es auf den Hautelissestüh-

Dieser junge Hase sitzt inmitten der Blumen um »Die Dame mit dem Einhorn«.

len in Arras, Brüssel und Paris am schönsten grünte, war das Leben in der Kälte ziemlich rau geworden. Und fiel der Tau, legte sich der Reif auch auf die lieblichsten grünen Flusstäler.

Im Norden war es natürlich noch schlimmer: Die norwegischen Ansiedlungen auf Grönland waren ausgestorben, und auf Island ließ sich kein Getreide mehr anbauen.

Der natürliche Wirrwarr wird in der frostfreien Welt der Tapisserien zu einem Muster geordnet. Die Bäume tragen Blüten und Früchte, die weder abfallen noch faulen. Die Blumen prangen aus einer noch unzersetzten Streuschicht, der Förna. Die Jagdhunde sitzen manierlich und haben kein blutiges Maul. Nicht Nützlichkeit bietet der zurechtgestutzte Wald dar, sondern Schönheit.

Dies ist die eigentliche Botschaft der Tapisserien, davon erzählen ihre grünen Baumkronen und ihr Blumenreichtum: von einem schönen Leben in einem schönen Wald.

Fürstliche Jäger, Götter aus den alten griechischen Sagen, wilde Männer und Könige erschienen schon lange auf dicken, gewebten Tapisserien, mit denen die Adligen von Burg zu Burg umzogen. Die Teppiche wurden in steinernen Sälen aufgehängt, manchmal mit

Abstand zur Wand, um dem einen oder anderen Polonius Raum zu lassen. Zu Beginn der Renaissance gab es dann Werkstätten, die sich ganz auf das Grün des Waldes, frei von menschlichen oder gottähnlichen Wesen, spezialisierten. Bei ihnen schimmerten aus den schweren Laubmassen mit ihren verwickelten Schattierungen und Farbspielen allenfalls Vögel hervor. Es war eine grüne Welt ohne sichtbare Grenze, ein alles überschattender Laubreichtum, den Webereien wie die in Oudenaarde herstellten. Diese Verdure schien sich als Motiv selbst zu genügen. Von dieser grünen Waldwelt umgeben in einer steinernen Burg zu sitzen muss wie der Einzug in eine kollektive Erinnerung und das Wiedererstehen einer Zeit gewesen sein, als die Welt Wald war.

Weintraubenkerne

Außerhalb Katrineholms, wo ich aufgewachsen bin, bestand die Welt vor viereinhalbtausend Jahren aus Meer und rauschendem Laubwald. Als Kind wusste ich das nicht. Wenn wir mit der Schule einen Ausflug zu der Ausgrabungsstätte von Mogetorp machten, bemitleidete ich die Menschen, die auf einer lichten Kiefernheide mit magerer Vegetation auf dem Erdboden leben mussten. Niemand hielt sie für gutmütig und unkriegerisch. Die Steinzeitmenschen, lernten wir, seien Wilde gewesen, die einander mit Steinkeulen bekämpften, ausladende zottige Mähnen hatten und ungegerbte Häute mit der Haarseite nach außen trugen. Zusammen mit unserem Lehrer, Herrn Tjäder, sann unsere Klasse über die Steine der Siedlungsstätte nach, und wir ahnten nicht, dass die Mogetorpsleute die gleiche Intelligenz und das gleiche Potenzial an Erfindungsvermögen und künstlerischer Kraft besessen hatten wie wir. Wir bohrten unbekümmert in der Nase und hielten uns für die Krone der Evolution. Über den Wald der Mogetorpsleute wussten wir nichts. Wir konnten nicht erfahren, welche Kenntnisse sie vom Holz hatten, mit welcher Sorgfalt sie die richtigen Sorten für ihre Bögen, Pfeile und Axtstiele wählten. Erst Ötzi, der Mann aus dem Eis, in dessen Köcher Pfeile aus Rotem Hartriegel steckten, sollte uns einen winzigen Einblick in diese

Welt geben. Doch dieser Fund wurde erst in den 1990er-Jahren gemacht.

Die Frauen, die Tonwülste übereinanderlegten und sie zu Krügen aufbauten, hatten Zopffrisuren, in die Stein- und Knochenperlen eingeflochten waren. Sie bereiteten Häute und fertigten Schnüre, Kordeln und Netze. Unter den Funden dominieren Hautschaber, weshalb man annimmt, dass ein Großteil ihrer Zeit mit dem Schaben von Häuten draufging. Sie nähten daraus Kleidungsstücke, und sie stellten Schuhe her.

Als Ötzi erfroren und gut erhalten gefunden wurde, trug er einen Mantel, der in einem verwickelten Muster aus Fellstreifen genäht war, und darüber einen Regenumhang aus geflochtenem Gras. Um die Taille hatte er einen Lendenschurz. Er trug genähte lederne Beinkleider, und seine Schuhe waren aus zwei Lederschichten gefertigt, zwischen die trockenes, isolierendes Gras gestopft war. Ein Birkenporling diente ihm als Medizin oder als Schutz der Schneiden seiner Werkzeuge. Der Mann hatte ordentlich geschnittenes Haar, war rasiert und trug eine Bärenfellmütze, die Eindruck gemacht haben musste. Sein Körper ist 5300 Jahre alt.

Die Mogetorpsleute lebten mehrere Jahrhunderte später als er und gehörten der Vråkultur an, die nach der Fundstelle in Stora Malm nahe Katrineholm so benannt wurde. Diese Menschen wohnten auf einer lang gestreckten Insel in den Schären. Sie waren Bauern und düngten ihre Äcker mit Tang. Das Meer, das an ihre Ufer brandete und die Krugscherben schliff, die wir von ihnen gefunden haben, nennen wir Litorinameer. Sie hielten Vieh auf der Weide und fütterten es zudem mit Laubheu aus dem Jungwuchs, der nach der Brandrodung aufgeschossen war. Diese Schärenbauern stammten von jenem Trichterbechervolk ab, das reich dekorierte Tongefäße mit großzügigen Rändern herstellte. Aus Abdrücken von Schnüren und Getreidekörnern ließen sich fortlaufende Muster bilden. Die Auswanderer hatten sich gar nicht mit Kiefern und kargem Tonsand begnügen müssen. Das ging mir in der Bibliothek von Katrineholm auf. Da gab es ein kleines Heft über die Vråkultur. Geschrieben hatte es Sten Florin, und es beinhaltete viele graue Bildchen von Tonscherben. Auf diesen Scherben waren Abdrücke von Getreidekörnern zu sehen. Aber auch noch andere.

Kleine gespaltene Matrixfiguren. Sie sahen wie Bildzeichen aus. Eigentlich aber wie Weintraubenkerne.

War das möglich?

Am Ende des Atlantikums war in dem Edellaubwald, der die Welt dieser Menschen bildete, fast alles möglich. War die Erde leicht, wuchsen dort Linden und Eichen, war sie schwerer, Ulmen und Eschen. Die Kiefer wuchs weiter nördlich als heutzutage. In diesem großen Laubraum gab es Buchen, Hainbuchen, Stechpalmen, Haseln und Roten Hartriegel. Wilde Weinranken und Efeu wanden sich um die Stämme, und auf den

Als vor sechstausend Jahren die Töpferinnen der Vråkultur Gefäße mit Trichterbecherrändern herstellten, blieben im Ton Weintraubenkerne haften.

Bäumen wuchsen Misteln. In den Brüchen an den Flussufern erhob sich der Traubenfarn, dieses große, auch Königsfarn genannte Kraut.

Hier ein langes Zitat aus dem Kapitel »Die Lauburwälder der Warmzeit« in Sten Selanders *Det levande landskapet i Sverige* (Die lebendige Landschaft Schwedens). Er besaß ausreichend Kenntnisse, um diesen wohl am ehesten südschwedischen Wald, die Ursprungswelt des Trichterbechervolks, glaubwürdig wiedererstehen zu lassen.

Wir wissen, dass ein Urwald aus Laubbäumen über viele Meilen die Ebenen in eine große, strotzende Decke hüllte, die nur vom Kiefernwald auf Kiesrücken und Sandheiden, von den braunen Schneidriedfeldern der Moore und von den Seebecken mit ihrem Kranz aus Erlenbrüchen und Weidengestrüpp unterbrochen wurde. Und wir wissen, dass dieser Wald sumpfiger, dunkler und unwegsamer war als ein heutiger und voll stickig beißender Dämpfe, die dem Schlamm und dem modernden Holz aus Verhauen und umgestürzten Stämmen entstiegen.

Wir können aus dem grünen Chaos der verschwundenen Landschaft auch Einzelheiten heraufbeschwören. Altersschwache Eichen wurden unter schweren, zottigen Efeuknäueln erstickt, in Lindenkronen verbargen sich Misteln, und wo eine Baumruine eingestürzt war, sprossen die Schösslinge aus dem Boden und wetteiferten mit zottigem dichtem Buschwerk um den Platz. Wildschweine wühlten im Humus nach Eicheln und Wurzeln. Kilometerlange Teppiche aus Frühlingsblumen schimmerten im Spiel der Sonne unter den Haselsträuchern, und im Sommer lugten blasse Orchideen aus dem grünen Schatten hervor. In der lauwarmen Gyttja der Waldtümpel krochen die Sumpfschildkröten umher. Mannshohe Farne und Riesenerlen auf hohen Sockeln spiegelten sich in schwarzem, unbeweglichem Wasser, und wenn Wisente und Auerochsen durch den Sumpfwald plumpsten, krachte es in den Windbrüchen. An den trägen Flüssen ragten Biberdämme auf, Reiherkolonien weißten ihre Wohnbäume an den Seeufern, und die Odinsschwalbe, der Schwarzstorch, segelte über die Baumwipfel hin.

Wir wissen, schreibt Selander. Wir wissen, welche Laubbäume in der dunklen, zum Himmel hin verschlossenen Welt der Auerochsen rauschten. Die Pollendiagramme von Seegründen machen es möglich, in späterer Zeit das Wachsen und Verrotten dieser Wälder aus einer Ära milden Meeresklimas abzulesen. Aber auch die Abdrücke des Zufalls im nassen Ton rings um die Arbeitsplätze der Töpferinnen lassen sich ablesen. Die Tonscherben, die 1935 bei der Ausgrabung des Vråfunds so große Aufregung hervorriefen, wurden einem berühmten Paläobotaniker in Innsbruck geschickt. Er antwortete binnen einer Woche: Über jeden Zweifel erhaben handle es sich um Abdrücke von Kernen der *vitis vinifera ssp. silvestris* – der Wilden Weinrebe. 1938 fand man auch bei Mogetorp Abdrücke von Kernen der Wilden Weinrebe.

Die Botschaft dieser Weintraubenkerne war so stark, dass sie mich in Gedanken begleitete, als ich mit dem Dackel durchs Schneegestöber von der Bibliothek nach Hause stiefelte. Sie folgte mir auch in Träume, die immer wiederkehren sollten.
Flugträume haben vielleicht alle Menschen. Mein Traum war,

dass ich ohne Flügel in der Dämmerung über einen grenzenlosen Wald glitt. Unter mir wogte ein Boden aus Laubkronen. Es war das Dach der Welt, und in seltenen Öffnungen konnte ich Wasserspiegel und Feuer schimmern sehen.

Der Traum hörte auf. Doch hin und wieder hatte ich das Glück, kurz vor dem Einschlafen den Wald erneut von oben zu sehen. Ich sah die Baumkronen und Funken von Feuern unter mir. Wasser glänzte, und ich nahm deutlich Rauchgeruch wahr. Erscheinungen dieser Art (hypnagoge Halluzinationen) gehen oft mit starken Sinnesempfindungen einher. Es war also nichts Absonderliches, dass ich den Rauch der Feuer roch. Falls nicht alles absonderlich ist. Ich war jedes Mal dankbar, wenn die Erscheinung wiederkam, und ein paarmal durften fiktive Figuren sie übernehmen.

Der Waldtraum sagte mir aber vor allem eines: Die Umstände, in denen du lebst, sind äußerst zufällig. Starke Kräfte sind dabei, die Welt umzugestalten.

Mein armes Trichterbechervolk von Mogetorp musste aufbrechen. Es wurde zu kalt in ihrem Wald, die Ernten auf ihren kleinen Äckern fielen zu schlecht aus. Die Umgestaltung ging ganz, ganz langsam vonstatten. Fünfhundert Jahre vor Beginn unserer Zeitrechnung hatten sich die Verhältnisse auf den nun zugewachsenen Schwenden schließlich völlig verändert. Das milde Meer prasste nicht mehr mit Wärme und Feuchtigkeit. Ein trockeneres Klima mit kalten Wintern hatte übernommen. Kiefernwald breitete sich aus. Fichtenschosse ragten in die Höhe.

Die Reflexionen in diesem Buch stammten ursprünglich aus meinem Traum, über dem Wald zu fliegen. Als er mich verlassen hatte, versuchte ich mir den endlosen Wald vorzustellen und mir auszumalen, welche Bäume dort unten blühten und grünten. Ich las über den Edellaubwald, über die Linde und den Gemeinen Schneeball, hohe Eschen und ausladende Ulmen. Kastanien, Eichen und Ebereschen. Weiden an Wasserspiegeln. Haselgestrüpp voll Licht im dunkellaubigen Grün. Birken und vielleicht Erlen rings um die Moore und über einen Baum, den ich noch nie gesehen hatte: die Hainbuche.

Meine Lektüre begann vor langer Zeit und war keineswegs systematisch. Schon als ich jung war und von der Wilden Weinrebe bei Mogetorp gelesen hatte, versuchte ich etwas über den Edellaub-wald im Atlantikum zu erfahren. Jenen Wald, der Europa werden sollte und der, von wilden, lachsreichen Flüssen durchkreuzt, bis zu den Karpaten reichte. Diese Flüsse hießen noch nicht Rhein und Donau. Aber irgendwie hießen sie. Denn es lebten Völker in dem Wald, und diese Völker hatten eine Sprache. Deltagebiete, Moraste und gewaltige Sümpfe konnten auf die Dauer nicht verhindern, dass sie Menschen aus dem Süden begegneten, die sie besiegen und beschreiben wollten.

Sicherlich war die Welt Wald, aber gutmütig und unkriegerisch waren die Waldvölker nicht. Caesar merkte in seinem Kommentar zu den gallischen Kriegen an, dass sich die jungen germanischen Männer durch die Jagd auf Auerochsen im Kriegsmut geübt hät-ten. Im Teutoburger Wald wurden von den Germanen fünftausend Römer hingeschlachtet und gleichzeitig ein Tross mit Frauen, Die-nerschaft und Kindern vernichtet. Römische Chronisten haben die-ses Ereignis als Verschwörung und Hinterhalt beschrieben. Sturm und peitschender Regen machten die Situation nicht besser, als die Germanen unter Arminius (der Hermann geheißen haben kann) angriffen. Befehlshaber der Römer war General Varus. Als er be-griff, dass er drei der besten Legionen des Kaiserreichs in den Tod geführt hatte, beging er Selbstmord. Mit der Zeit schloss sich der Urwald über dem Schlachtfeld. Heute graben Archäologen in dem Glauben, dass die »Schlacht im Teutoburger Wald« dort stattge-funden habe, in der Gegend um Osnabrück. Der Wald setzte dem Vordringen der römischen Zivilisation eine Grenze. Östlich des Rheins gab es nie ein Römerreich.

Flussaufwärts, durch die Bäume

Die Eichen rings ums Mittelmeer wurden zu Kielen von Kriegs-galeeren und Handelsschiffen. Schafe und Ziegen weideten die auf-keimenden Triebe ab, und die Eichenwälder verödeten. Die Völker ahnten aber, dass sie Wäldern entstammten, in denen Pan Schre-cken verbreitet hatte. In der Eiche von Dodona beim Zeustempel in Epirus rauschten uralte Erinnerungen.

Als Vergil in der *Aeneis* seinen Helden aus dem Trojanischen Krieg den Tiber hinauffahren lässt, wird es eine Fahrt durch Verschwundenes und in längst abgeholzte Wälder. Der Flussgott persönlich taucht aus dem Wasser auf und zeigt sich im Laub der Pappeln, als Aeneas schläft und träumt. Tiberinus weist ihn in eine dunkle Vergangenheit. Tag und Nacht rudern die Männer flussaufwärts, sie fahren durch einen Wald und durch dessen Spiegelbild:

> Die aber rudern rastlos fort bei Nacht und bei Tage,
> nehmen der Windungen Länge, umwölbt von mancherlei
>   Bäumen,
> und durchschneiden auf ruhigem Strom die grünenden Wälder.

Am Ende erreichen sie das Lager des archaischen Königs Euander, sein dürftiges Reich liegt dort, wo zu Vergils Zeiten »die römische Macht bis zum Himmel baute«.

Hier ist das Heiligtum der Waldmenschen. In einem Hain geheiligter Bäume fließt lauwarmes Blut um den Altar. Die Männer nehmen auf »grünenden Sitzen« Platz – möglicherweise eine Beschreibung umgestürzter Bäume, aus denen noch Schosse treiben. Bei dem großen Jahresfest, das gerade gefeiert wird, darf Aeneas als geehrter Gast auf einem Ahornthron sitzen, der mit einem Löwenfell bedeckt ist. Das gesamte Rückgrat sowie die »edlen Organe« eines der geopferten Stiere werden serviert, allerdings nicht in Schüsseln. Der Wald hat das Dasein so durchdrungen, dass das Service aus Körben besteht. Man trägt Kränze aus Pappellaub im Haar, trinkt und sieht dem Tanz der Salier um die flackernden Flammen des Opferfeuers zu.

Euander erzählt nun die Geschichte dieser Gegend und beschreibt damit ja zugleich die Vergangenheit Latiums, Roms Ursprung.

> Diese Wälder bewohnten als Urstamm Faune und Nymphen
> und ein Geschlecht, aus Stämmen und harten Eichen geboren,
> die nicht Sitte hatten noch Form, nicht Stiere zu schirren
> wussten noch Ernten zu häufen und sparsam Erworbnes zu hegen,
> sondern es nährte sie Baumfrucht und Jagd, ein mühsames
>   Leben.

Das Volk der Römer mit seiner hoch entwickelten Zivilisation hat also Ahnen, die aus Baumstämmen hervorgegangen waren. Ihre Nahrung bestand aus Baumfrüchten. Dabei musste es sich um Eicheln handeln, die zu Vergils Zeiten als Schweinefutter galten.

Hier im Wald wohne ein Gott, erzählt Euander, ein Gott, dessen Namen niemand kenne. Und in dieser Stimmung darf Aeneas, der auf einem über ein Bett aus Laub gebreiteten Bärenfell ruht, einschlafen.

Schon bei der Sibylle in Cumae hat Aeneas die bedeutungsschwangere Waldstimmung gespürt. Er soll in die Unterwelt hinabsteigen, einen leeren und öden Raum, der mit der Tiefe des Waldes verglichen wird. Um lebend zurückzukehren, muss er einen goldenen Zweig finden – hier also ein Zweig, der abgebrochen werden darf. Aber nur von demjenigen, den die Sibylle beschützt.

> … an schattigem Baume
> birgt sich, golden an Blättern und biegsamem Schafte,
>   ein Zweig, der
> Juno des Abgrunds heilig genannt; ihn schützt und umhüllt der
> ganze Hain, im dunklen Tal umschließen ihn Schatten.
> Keinem ist aber der Weg zur Erdentiefe gestattet,
> eh er den goldenumlaubten Zweig vom Baume gepflückt hat.

Bevor Aeneas jedoch zu den Toten hinabsteigt, muss er für seinen Freund Misenus den Scheiterhaufen errichten, und wieder wird eine archaische Waldwelt mit uralten Bäumen lebendig:

> Fort in den Urwald geht es, die hohe Hausung des Wildes.
> Niederkrachen die Kiefern, vom Axthieb dröhnen die Eichen,
> dröhnen die Eschenholzbalken, und Keile spalten das Kernholz.
> Bergeschen riesigen Wuchses wälzt man her vom Gebirge.

Bald lodert Misenus' Leiche auf dem Scheiterhaufen hinter einer Wand trauriger Zypressen. Wir erfahren, wie an diesem Scheiterhaufen und Waldaltar geopfert wurde. Als der Tote nur noch glühende Asche ist, schlachtet Aeneas mit dem Schwert »ein schwarzwolliges Lamm« und eine Kuh. Es ist kein Fest des Lichtes:

Nachtaltäre errichtet er dann dem Herrscher des Abgrunds,
legt gleich alles Fleisch der Stiere ganz in die Flammen
und gießt fettes Öl auf die brennenden Eingeweide.
  Sieh, da beginnt an der Schwelle des Frühlichts,
    vor Sonnenaufgang
  unter den Füßen der Boden zu brüllen, waldige Höhen
  wogen vor Augen …

Der Krieg gegen die Waldvölker

Vergil war Poet. Wenn er sich in die Vergangenheit einlebte, sah er lodernde Feuer, Pappellaub, Zypressen und dunkle Myrtenwälder vor sich. Hier empfand er die Anwesenheit des Göttlichen, denn in den dunkelsten Verstecken des Waldes hätten früher die Götter gethront.

Vergil schrieb die *Aeneis* im letzten Jahrzehnt seines Lebens; er starb im Jahre 19 v. Chr. In den Fünfzigerjahren hatte Caesar für Rom fast ganz Westeuropa erobert und war so weit vorgedrungen, dass seine Legionen auf einer neu konstruierten Holzbrücke den Rhein überschritten. In seiner Darstellung des Krieges in Gallien befindet er sich in seiner Gegenwart, aber jenseits ihrer Zivilisation. Seine Truppen werden mit gallischen und germanischen Waldvölkern konfrontiert. Genau wie in den Schilderungen jüdischer Geschichtsschreiber von den Eroberungen fremder Länder handelt es sich dabei um eine Welt aus Familien, Clans, Stämmen und Völkern. Die biblischen Chronisten berichten mit religiös inspirierten Worten von der großen Zahl und stattlichen Größe der Feinde sowie den himmelhohen Mauern ihrer Städte. Caesar dagegen hat sein Gefühl gezügelt und breitet seinen Sinn für Systematik über diese Waldwelt mit ihren langhaarigen, behosten Horden: Haruden, Markomannen, Triboker, Vangionen, Nemeter, Sedusier, Sueben, Kondrusen, Eburonen, Caeroser, Caemanen und viele andere mehr. Sie werden keiner poetischen Vernichtung im Namen des einen Gottes geweiht, sondern aus taktischen Gründen, aber nicht minder gewissenhaft ausgerottet. Kommen die Bewohner nicht zur Räson, werden ihre Dörfer niedergebrannt und Überlebende zu Sklavenauktionen gebracht.

Nicht alle Expeditionen verliefen erfolgreich. Die römischen Truppen mit ihrer Disziplin und ihrer tadellosen Schlachtordnung im offenen Feld hatten mit diesen flüchtigen und mit dem Wald vertrauten Feinden Schwierigkeiten. Die Taktik der Stammeskrieger bestand darin, sich in den Wald zurückzuziehen und in kleinen Gruppen überraschend vorzustoßen. Im offenen Gelände setzten die Römer ihnen nach, hielten aber inne, sobald der Wald anfing. Man kann sich leicht vorstellen, wie sie davor zurückscheuten, in diesen dichten Wirrwarr aus Stämmen eines Mischwalds mit schroffen umgestürzten Baumriesen und einer Strauchschicht aus vielstämmigen Haseln, Bergjohannisbeeren, Geißblatt, Hartriegel, Gemeinem Schneeball, Zimtrosen, Pfaffenhütchen, verschlungenem, zottigem Efeu und grobdornigen Brombeeren einzudringen. Die Waldkrieger hatten sich vermutlich ihre Pfade in diese Macchia gehauen. Wie aber verhielt man sich bei einer Begegnung?

Dass der Krieg im Wald eine spezielle Technik erfordert, ist Caesar schnell klar. Er analysiert die Taktik der Feinde und beschreibt eingehend ihre Befestigungsbauten, die sie ohne Mauerwerk und Steine errichtet haben. Hier sind es die Nervier, die zum Bau ihrer Verteidigungsanlagen Bäume und Büsche verwenden:

> Um daher gegen räuberische Einfälle der Reiterei ihrer Nachbarn geschützt zu sein, hatten sie seit alten Zeiten zarte Bäume angehauen und umgebogen und die zahlreichen herausgeschossenen Äste zusammen mit Dornbüschen und anderem Gestrüpp dazwischengeflochten und so bewirkt, dass dieses Gehege gleich einer Mauer Schutz gewährte, indem man nicht durchdringen, ja nicht einmal durchblicken konnte.

Die Wälder mit ihren unsicheren und verborgenen Pfaden (*silvae incertis occultisque itineribus*) bleiben ein Problem in diesem Krieg. Die Gefahr eines Überfalls ist groß, das Heer kann nicht in geschlossener Formation marschieren. Die Barbaren können sich im Schutz des Waldes auch an die Heerlager anschleichen, ohne entdeckt zu werden. Die Kämpfe erinnern an Überfälle in Indianerbüchern; die befestigten Lager liegen hinter Wällen und blockhausartigen Verschanzungen. Die Barbaren fallen darüber her, ziehen sich zurück und verstecken ihre Beute in den Wäldern. Caesars Bestreben ist es, die Feinde aus Sumpf und Wald zu locken, sie zu umzingeln und ihre Lager zu blockieren. Dies gilt vor allem für die lange Operation gegen Vercingetorix.

Caesar lässt seine Truppen in der Befestigungskunst nun zur Waldtechnik übergehen. Er erteilt den Befehl, Baumstämme und grobe Äste zu hauen, sie zu entrinden, anzuspitzen und an der Spitze zu schärfen. Anschließend werden sie in Gräben und Gruben getrieben, die man mit Zweigen und Ästen auffüllt, um zu kaschieren, dass es sich um einen Hinterhalt handelt.

Als fast ganz Gallien unterworfen war, standen noch zwei Völker unter Waffen, die Moriner und die Menapier. Caesar entschloss sich zu einer schnellen Intervention, und die Legionen marschierten in deren Land ein. In diesem Land gab es jedoch große zusammenhängende Wälder und Sümpfe, wohin der Feind sich nun zurückzog und sich unerreichbar machte. Dort, wo die Wälder begannen, legten Caesars Leute ein befestigtes Lager an, wurden aber mitten in der Arbeit überfallen. Die Römer verfolgten die Angreifer in den Wald, erlitten dabei aber große Verluste. Da versuchten sie es mit einer neuen Technik. Wie die Amerikaner in Vietnam gingen die Römer nun gegen den Wald vor, der den Feind schützte. Sie holzten ihn ab, und die Feinde mussten sich immer weiter ins Dunkel des Waldes zurückziehen.

Caesar hat vor den germanischen Völkern Respekt. Er hebt ihre Härte und Keuschheit hervor. Die Sueben, die stärksten und kriegerischsten von ihnen, beschreibt er folgendermaßen:

Indessen gibt es bei diesem Volk kein besonderes und durch Grenzmarken getrenntes Grundeigentum, da sich die Sueben nie länger als ein Jahr am gleichen Ort dauernd aufhalten dürfen. Auch nähren sie sich weniger von Getreide als von der Milch und dem Fleisch ihrer Herden und sind viel auf der Jagd. Weil sie überdies von Jugend auf an kein zwingendes Geschäft, an keine Zucht gewöhnt werden, kurz durchaus nichts gegen ihren freien Willen tun, so verleiht ihnen diese ungebundene Lebensweise, vereint mit ihrer kräftigen Nahrung und täglichen Waffenübungen, große Kraft und entwickelt Menschen von ungeheurer Körpergröße. So haben sie sich auch daran gewöhnt, bei dem sehr kalten Klima ihres Landes keine Kleidung außer Fellen zu tragen, die sehr klein sind und einen großen Teil des Körpers unbedeckt lassen, und in Flüssen zu baden.

Er fährt damit fort, ihren Handel mit fremden Kaufleuten zu schildern; sie verkaufen ihre Kriegsbeute, machen sich aber anders als die Gallier nichts daraus, schöne Pferde zu erwerben, sondern bleiben bei ihren eigenen kleinen, hässlichen und widerstandsfähigen Tieren. Sie benutzen keinen Sattel, das halten sie für schmählich und weichlich. Wein trinken sie nicht, weil sie meinen, dass man davon schlaff wird. Um ihre Siedelstätten herum wollen sie unbebautes Land haben und vertreiben alle Nachbarn. Zwischen ihren Ansiedlungen liegt Meile um Meile ödes Land.

Den römischen Besitzungen näher liegen die Ardennen, der größte Wald in ganz Gallien. Er erstreckt sich von den Ufern des Rheins und den Gebieten der Treverer bis zum Land der Nervier und ist mehr als fünfhundert römische Meilen lang. Hier jagt die römische Reiterei den Häuptling Ambiorix und hat das unerhörte Glück, ihn zu überraschen. »Überall entscheidet sehr viel der Zufall, am meisten aber im Krieg«, schreibt Caesar. Aber obwohl der Angriff erfolgreich verläuft und den Römern alle Wagen und Pferde in die Hände fallen, gelingt es Ambiorix zu fliehen. »Dies wurde dadurch möglich, dass sein Haus ganz von Wald umgeben war und seine Begleiter und Vertrauten auf diesem engen Raum den Sturm der römischen Reiter eine kurze Weile aufhielten. So liegen in der Regel die Wohnungen der Gallier, die sie zum Schutz gegen die brennende Hitze meistens in der Nähe von Wäldern und Flüssen machen.«

Ambiorix' Leute fliehen in die Wälder und Sümpfe. Einer seiner Helfer, ein alter Mann namens Catuvolcus, »vergiftete sich unter Fluch und Verwünschung des Ambiorix als des Urhebers der ganzen Sache mit dem Beerensaft des Eibenbaumes, der in Gallien und Germanien in großer Menge wächst«.

Es gibt eine Grenze für das Vordringen in den grenzenlosen Wald. Caesar lässt schließlich eine Brücke über den wild strömenden, breiten Rhein bauen und rückt in die Wälder, die Zufluchtsstätte der Germanen, ein. Das Heer mit dem Adlerzeichen der Legionen und anderen Schrecken einflößenden Symbolen an der Spitze zieht sengend und brennend durch ihre Dörfer. Caesars Truppen bleiben aber nur achtzehn Tage auf der gefährlichen Seite des Flusses. Dann erklärt er den Auftrag zur Ehre Roms für beendet.

Der Name des Waldgottes

Nach Caesar hat in erster Linie Tacitus in seiner *Germania* beschrieben, wie der nordeuropäische Wald im ersten Jahrhundert nach Christus aussah. Dieser Essay ist eigentlich eine ethnologische Schrift, denn Tacitus möchte vor allem über die Volksstämme berichten. Er warnt davor, sie zu unterschätzen, und legt dar, wie ihre Mentalität von der Welt des Waldes und deren Strapazen geprägt wurde. Ganz Germanien sei »im Allgemeinen entweder mit unwirtlichen Wäldern oder mit wüsten Sümpfen bedeckt«. Unheimlich und unwegsam ist der germanische Wald des Tacitus. Dort werden keine Botschaften mit Weintraubenkernen in nassen Ton geschrieben. Er glaubt nicht an eine Einwanderung in diese Gebiete, denn wer sollte »Germanien aufsuchen wollen, landschaftlich ohne Reiz, rau im Klima, trostlos für den Bebauer wie für den Beschauer, es müsste denn seine Heimat sein?«

Von irgendwelchen Reichtümern, die ausgebeutet werden könnten, ist ebenfalls keine Rede. Einzige Ausnahme ist der Bernstein, den die Leute am Meer *glesum* nennen. Es sind die Aestier, ein Volk, das Wildschweinamulette trägt und die Meeresstrände nach dieser Handelsware durchsucht. Tacitus sagt, sie seien mit der Natur und dem Ursprung des Bernsteins nicht vertraut, denn sie hätten nicht danach geforscht. »Dass es sich jedoch um den Saft von Bäumen handelt, ist unverkennbar: Oft schimmern allerlei kriechende und auch geflügelte Tierchen durch, die sich in der Flüssigkeit verfingen und dann von der erstarrenden Masse eingeschlossen wurden.« Er meint, hier im Norden gebe es Wälder, in denen die Bäume saftreicher seien als üblich.

Tacitus' *Germania* basiert nicht auf Reisen und eigener Anschauung, sondern auf Berichten und verloren gegangenen literarischen Quellen. Hin und wieder vermittelt sein Text immerhin den Geruch des germanischen Waldes. Man könne die Natur des Bernsteins mit Feuer prüfen, sagt Tacitus, er brenne wie Kienholz »und gibt eine ölige und stark riechende Flamme; hernach wird er zäh wie Pech oder Harz«.

Genau wie Caesar hebt Tacitus das Gefühl der Öde und die freiwillige Isolierung der Stämme hervor. »Dass die Völkerschaften der Germanen keine Städte bewohnen, ist hinreichend bekannt, ja dass sie nicht einmal zusammenhängende Siedlungen dulden. Sie hausen einzeln und gesondert, gerade wie ein Quell, eine Fläche, ein Gehölz ihnen zusagt.«

Er berichtet von heiligen Hainen, aus denen die Waldvölker Bilder und Zeichen mitnähmen, die sie im Kampf vor sich hertrügen. Man fragt sich, was für Zeichen das wohl waren – seltsam geformte Äste? Wandert man durch die Reste eines Urwalds, so kann man noch heute vom Alter und von den Verdrehungen des Windes geschaffene Merkwürdigkeiten im Holz entdecken. Vielleicht waren die Feldzeichen der Germanen jene Vogelfiguren und Raubtiergesichter, die aus silbergrauen Dürrlingen hervortreten. Wir wissen nichts darüber, denn es war eine schriftlose Kultur. Das Holz toter Kiefern war damals wie heute voll erstarrter bewahrender Säfte und Öle. Doch früher oder später vermoderten sie oder verbrannten in den Waldheiligtümern.

Ganze Wälder scheinen als heilig gegolten zu haben. Der Hain, in dem die religiösen Zeremonien vollzogen wurden, kann das innerste Sanktuarium gewesen sein. In den Ländern rund ums Mittelmeer, wo die Landschaft durch den Raubbau an den Wäldern und Beweidung gewaltsam verändert worden war, bildete der Hain einen Rest des heiligen Waldes. Am Ende wurde das Heilige vielleicht wie in der Eiche von Dodona in Epirus in einem einzigen Baum eingeschlossen. Die Annahme, dass der sakrale Raum anfänglich viel größer war als ein Hain, ist folglich nicht unbegründet:

Im Übrigen glauben die Germanen, dass es der Hoheit der Himmlischen nicht gemäß sei, Götter in Wände einzuschließen oder irgendwie der menschlichen Gestalt nachzubilden. Sie weihen ihnen Lichtungen und Haine, und mit göttlichen Namen benennen sie jenes geheimnisvolle Wesen, das sie nur in frommer Verehrung erblicken.

Tacitus wurde dafür kritisiert, dass er den Germanen einen für ihr primitives Stadium zu hoch entwickelten Pantheismus zuschrieb. Ein Römer dagegen konnte das Bild Gottes von menschlichen Zügen abstrahieren. Die religiöse Praxis im kaiserzeitlichen Rom war wüst eklektisch. Edward Gibbon, der Aufklärer, der über den Untergang und Fall des römischen Imperiums geschrieben hat, fand für diesen Zustand eine treffende Formulierung: »Die verschiedenen in der römischen Welt herrschenden Kulte galten sämtlich dem Volk als gleich wahr, den Philosophen als gleich falsch und der Obrigkeit als gleich nützlich.«

In die Mysterienreligionen waren unzählige Menschen involviert und nahmen mit Lust und Liebe an orientalischen Kulthandlungen teil, die oft ziemlich unappetitlich waren und ein niedriges Abstraktionsniveau besaßen. In einer Zeit, in der der Mensch vom Bauwerk seiner Zivilisation beeindruckt ist, schrumpft der heilige Raum, und man zieht mit dessen Riten in den Keller um. Das haben wir auch in unserer eigenen Zeit beobachtet, und wir sind mit unserem Urteil, was in religiösen Zusammenhängen primitiv und überwunden sei, vorsichtiger geworden.

Es gibt eigentlich keinen Grund, daran zu zweifeln, dass die Bewohner des germanischen Waldes die Anwesenheit eines gesichtslosen Gottes in einem sehr großen Raum erleben konnten. Die Wälder, die auf der anderen Rheinseite ihren Anfang nahmen und für die Römer ein undurchdringliches Chaos darstellten, waren für sie ein Kosmos, in dem etwas anwesend war, dem sie sich unterwarfen, weil es sie mit heiligem Schauder erfüllte.

Zu bestimmter Zeit treffen sich sämtliche Stämme desselben Geblüts, durch Abgesandte vertreten, in einem Haine, der durch die von den Vätern geschauten Vorzeichen und durch uralte Scheu geheiligt ist. Dort leiten sie mit öffentlichem Menschenopfer die schauderhafte Feier ihres rohen Brauches ein. Dem Hain wird auch sonst Verehrung bezeigt: Niemand betritt ihn, er sei denn gefesselt, um seine Unterwürfigkeit und die Macht der

Gottheit zu bekunden. Fällt jemand hin, so darf er sich nicht aufheben lassen oder selbst aufstehen; auf dem Erdboden wälzt er sich hinaus. Insgesamt gründet sich der Kultbrauch auf den Glauben, dass von dort der Stamm sich herleite, dort die allbeherrschende Gottheit wohne, der alles andere unterworfen, gehorsam sei.

In Tacitus' Bericht ist der Waldgott namenlos. Heute wissen wir jedoch, wie er hieß: Perkunas. Möglicherweise hatte er mehrere Namen, aber vieles deutet darauf hin, dass dieser Name uralt ist. Der Wortstamm dieses Gottesnamens ist derselbe wie der im Namen des Herzynischen Waldes. Dieser wurde bereits hundert Jahre vor Christus als nahezu endloses Waldgebiet beschrieben, das sich jenseits des Rheins und nördlich der Donau ostwärts bis zu den Karpaten erstreckte.

Lücken und Lichtungen

Es war ein dunkler und geschlossener Wald. Die Domäne des Auerochsen. Langsam nur sollte er sich öffnen. Lichte Flecken, Durchbrüche im Laubdach. Kleine Einschläge, die rasch wieder zuwuchsen. Schwenderauch und Axthiebe. Neue Öffnungen zur Sonne. Das war das Menschliche im Wald. So hat es begonnen.

Lucus, clairière, clearing – die Wörter für Einschlag haben alle mit Auge, Fenster, Öffnung, Licht zu tun. Das lateinische Wort für Wald, *silva*, bezeichnete ursprünglich sogar den Einschlag und nicht den Wald. *Lucus* wurde zum Namen des heiligen Hains selbst, die Öffnung zwischen den Bäumen, wo das Opfer dargebracht wurde und das Licht des Himmels eindrang. Von dort konnte man die Zeichen und Bilder der Sterne sehen, und mit diesem Ausblick beginnen vermutlich Metaphysik und Wissenschaft.

Der Wald hatte einst den Kontinent überwältigt. Er kam mit dem großen Regen. Man stellt sich Ereignisse, die Millennien dauerten, gern so vor, als hätten sie sich in einem Kosmorama abgespielt: Man sieht vor seinen Augen Gletscher schmelzen und Wolkenbrüche die Tundra unter Wasser setzen. In feuchter Wärme explodiert die

43

Vegetation und wird immer üppiger und höher. Menschen, die auf den offenen Weiten unterhalb der Ränder des Eises mit ihren Wildrentierherden als Jäger gelebt haben, werden vom Wald übermannt. Die Beute kann nicht mehr mit Hunden über die offene Tundra zu Steilhängen gehetzt werden, damit sie hinunterstürzt. In dem Urwald, der zur Welt der Stammesvölker wird, verbergen sich Auerochsen, Wisente, Rothirsche und Elche. Allein das Glänzen eines Auges und ein Krachen in moderenden Baumruinen verraten sie. Die Stammesvölker öffnen den Wald jetzt mit Lücken und Lichtungen. Sie schwenden, pflanzen in der Asche und lassen die Anpflanzung abwechselnd mit Brandrodung, Saat und Brache Jahr für Jahr den Sonnenumlauf vollziehen.

Straßen und Gassen uralter europäischer Städte verlaufen gemäß dem Sonnenumlaufsystem der Äcker rings um den Stadtkern. Diese Städte begannen einst als Einschlag und ein paar Schwenden. Das Rad kommt aus dem Wald, in den konzentrischen Ringen der Baumstämme liegt es bereits fertig vor, kann wie eine Scheibe herausgehauen und unter den ersten Wagen gesetzt werden.

Aber da hat das Tempo längst zu stottern begonnen. Wir wissen zu viel. Nach dem Ende der schriftlosen Zeit überwältigen uns die Details der Dokumente. Das Kosmorama verschwindet, und wir versinken in der kleinen Zeit.

Noch vermischt sich der Klang der Axthiebe nicht mit dem Kreischen der Säge durch frisches Holz. Doch die Methoden entwickeln sich – als im 14. Jahrhundert die Säge in Gebrauch kommt und man Stämmen Herr wird, die man früher nur hatte fällen können, wenn man Feuer um sie gelegt hat. Die Holzfäller dringen immer weiter vor, und es entsteht das Dilemma.

Flucht aus geschälten Wäldern und vor stinkenden Töpfen

Als Herr Olof in den Wald reitet, verlässt er den Bereich menschlicher Ordnung. Hier gilt kein Gesetz. So war es allerdings nur in der Welt der Ritterromane und Balladen. In Wirklichkeit war der Wald bereits im frühen Mittelalter ein Ort, wo Gesetze angewandt wurden. Die Zeit, als der Wald lediglich Heimstatt des Urbösen oder aber sakral und heilbringend gewesen war, lag weit zurück. Tacitus hatte ihn ja als ein großes, unheimliches Heiligtum der ältesten Germanenstämme beschrieben.

Noch im 14. Jahrhundert gab es in den litauischen Wäldern Völker, die darin ein Wesen oder einen Geist verehrten – oder gar den Wald selbst. Eine solche Unterwerfung erfordert wahrscheinlich, dass einem der Wald die ganze Welt ist und dass er niemandes Jurisdiktion untersteht. Alle Regeln, die im Wald angewandt werden, sind dann religiös inspiriert. Es gab jedoch auch eine andere, alltäglichere, menschlichere Sichtweise, wie schon das Wort beweist, das die germanischen Sprachen für den Wald haben. *Wood* hat die gleiche Wurzel wie *ved*, das schwedische Wort für Feuerholz. Demzufolge war der Wald ein Nutzwald. Andere Wörter in europäischen Sprachen, wie *forest, forêt* und *Forst*, gehen auf rechtlich begründete Ansprüche auf den Wald zurück. *Foresta* bedeutete ursprünglich nicht Wald. Der Wald, in dem Dianas Priester den Baum mit dem goldenen Zweig bewachten, hieß *nemus. Foresta* wurde in merowingischer Zeit zur Bezeichnung für königliche Wälder und Jagdreviere. Man nimmt an, dass es sich vom lateinischen *foris*, außerhalb, herleitet. Die Waldgebiete, die mit *foresta* bezeichnet wurden, lagen also außerhalb jeglicher Erwerbsmöglichkeiten. Sie durften weder abgeholzt noch geschwendet, noch urbar gemacht werden. Ebenso wenig durften andere als der fürstliche Besitzer und sein Gefolge dort jagen. Die Jagd, insbesondere auf Hochwild, war königliches Privileg.

In Schweden lebte man im frühen Mittelalter in relativ offenen Landstrichen, und gegen den Wald ging man mit Fälläxten und später mit Sägen vor. Die Gesetzbücher jener Zeit zeugen vom Wald als wirtschaftlicher Ressource und als Gegenstand für Grenzziehungen und endlose Streitereien über Grenzen und Eigentumsrechte.

Eine alte Waldordnung wie »Trögbolagh«, 1320 zusammengestellt und in der zweiten Hälfte des 15. Jahrhunderts niedergeschrieben, besitzt einen Reichtum an Wörtern, die vom Nutzwald erzählen, dem Wald, aus dem die Menschen Feuer- und Bauholz und vieles andere holten. Man hatte *nutaskogher*, seinen Nusswald, und *bastskogher*, seinen Bastwald. Man holte also Haselnüsse, und den Bast, die innere Rinde eines Baums, eine Schicht von Pflanzenfasern, verwendete man für Seile, Stoffe und vieles andere mehr. Besonders Linden wurden in so großem Ausmaß geschält, dass mancherorts die gesamten Steuerabgaben der Gegend damit bestritten wurden. In den Birkenrindenwald ging man, um Material für Regenumhänge (sogar noch zu Carl von Linnés Zeiten), aber auch zum Dachdecken, für Schuhe, Dosen und Schachteln zu holen. Es versteht sich von selbst, dass es über dieses Vorgehen zu Streitereien kam, denn wenn die Plünderung zu weit getrieben wurde, konnte das Ergebnis ein *döðviða skogher*, ein Totholzwald, sein.

Am wichtigsten war wohl *aldin skogher*, das heißt der Eckernwald im Süden, wo es Eichen und Buchen gab. Es gab *skogha skipan*, eine strikte Zuteilung des Weiderechts in dem wertvollen Eckernwald. In einer uppländischen Waldordnung ist festgelegt, wie es vor sich zu gehen habe, wenn das Vieh auf die Weide gelassen wurde. Der Hauptmann auf dem königlichen Hof steckt zum Zeichen, dass hier niemand ohne Erlaubnis seine Schweine auf die Weide lassen darf, einen Speer in die Erde. Laut Magnus Erikssons Landrecht hatte man seine Schweine zudem so zu hüten, dass sie nicht von sich aus den Grund und Boden eines anderen betraten: »Nun laufen Schweine zwischen den Wäldern; da muss er sie mit gesetzlicher Gebühr dreimal auslösen.«

Als sich die Krone unter Gustav Vasa weite Waldgebiete mit unbestätigtem Eigentumsrecht unterworfen hatte, wurde auf die Schweineweide eine Abgabe erhoben. Sie hieß Eckerngeld und führte dazu, dass im 16. Jahrhundert jedes fünfte Schwein der Krone zufiel.

Die Sitte, Waldgebiete nach dem zu benennen, was man an Nützlichem dort holte, hielt sich über Jahrhunderte. Meine Großmutter sagte nicht, sie werde Beeren und Pilze sammeln gehen. Sie sagte, sie gehe in den Beerenwald. Oft noch genauer: in den Preiselbeerwald. Oder in den Pilzwald. Obwohl man sich in Zeiten der Lebensmittelrationierung fast alles aus dem Wald holte, was es nur zu holen gab, war ein Wort wie Bastwald längst ausgestorben, und Eckernwald hielt sich vermutlich nur spärlich am Leben. Das Eckerngeld gab es übrigens bis in die 1880er-Jahre. Man mahlte nach wie vor Eicheln und mischte das Mehl in den Kakao und den Kaffee.

Der Beerenwald und der Pilzwald sind für viele wohl immer noch Wirklichkeit. Doch können wir uns wahrscheinlich nur schwer vorstellen, wie umfassend und sicherlich oft herb und bitter der Wald die Menschen einst nährte. Als die römischen Truppen Gallien und Britannien eroberten und in Germanien bis zum Rhein vordrangen, requirierten sie vor allem Fleisch, aber auch Getreide und, soweit welcher angebaut wurde, Wein. Den Wäldern entnahmen sie Bau- und Brennholz, in erster Linie aber Holzkohle, die für den Bergbau wichtig war. Britannien war immerhin wegen des großen Mineralreichtums seiner Inseln erobert worden. Die Römer interessierten sich nicht für die Früchte des Waldes, von denen die Ureinwohner großenteils lebten, und deshalb schweigen die antiken Autoren darüber.

Beeren und Früchte wilder Bäume lockten die Römer vielleicht, aber die Menschen, die in der Nähe des Waldes oder in ihm lebten, gruben nach nahrhaften Wurzeln. Sie sammelten Pilze und verwendeten Beeren, die wir herb oder fade und möglicherweise ungenießbar finden. Wenn man die Beeren der Traubenkirsche, des Weißdorns und der Schlehe probiert, überlegt man durchaus einen Moment, wie groß die Not gewesen sein muss, und man spuckt sie recht schnell wieder aus. Die Beeren des Gemeinen Schneeballs galten als giftig und wurden in Wolfsludern verwendet. Wolfsbeeren nannte man sie. Eicheln sind bitter, trotzdem wurden sie zu Schabsel oder Mehl gemahlen. Haselnüsse waren ein großer und oft umstrittener Reichtum. Dadurch, dass man die Nester plünderte, die wilde Bienen in Baumstämmen gebaut hatten, verfügte man von Anfang an über Honig. Birkensaft war eine weitere Zuckerquelle.

Die Eingriffe des Mittelalters in den Wald waren nicht unmerklich. Aus den Kohlenmeilern stieg saurer, dichter Rauch auf, und die Holzasche, die für die Glas- und Seifenherstellung zu Pottasche ausgelaugt wurde, stank meilenweit wie faule Eier. Entrindete Bäume, deren Bast oder Birkenrinde man ausgeplündert hatte, bildeten schließlich rings um die Ansiedlungen einen Totholzwald. Die Dichter des Mittelalters wandten sich von diesem geschälten Wald ihrer Heimat, in dem Tontöpfe voller Holzasche standen und stanken, ab und einem vorzeitlichen goldenen Zeitalter zu, als die Menschen nur von dem lebten, was der Wald darbot, und sie taten dies

Ein Kirschendieb in *The Lutrell Psalter*, dessen Bildpracht zwischen 1320 und 1340 in Lincolnshire entstand.

mit so ausgesuchtem ästhetischen Urteil, dass dieser erdichtete Wald der Verdure der Gobelins glich.

Der große Sagenkreis um König Artus und seinen Hof sowie um Tristan und Isolde lassen die Ritter und ihre Frauen in endlos weiten Wäldern leben, wo das Wasser klar und smaragdgrün in den Bächen fließt und Früchte und Beeren im Überfluss vorhanden sind. Jean de Meun setzte im 13. Jahrhundert den Rosenroman des Studenten Guillaume de Lorris fort, wenngleich erheblich weniger schwärmerisch als sein Vorgänger. In seiner Lyrik zeigte er Sinn für die Ansprüche des Körpers, und obwohl er ein goldenes Zeitalter beschrieb, in dem die Menschen weder jagten noch fischten, noch etwas anbauten, führte er genau auf, wovon sie lebten: Sie pflückten Eckern und aßen statt Fleisch und Fisch gesammelte Äpfel, Birnen, Kastanien, Hagebutten, Brombeeren, Schlehen, Himbeeren und Walderdbeeren. Das ist natürlich nicht ganz realistisch. Von den Wurzeln und bitteren Beeren, die viele seiner Zeitgenossen aßen, sagte Jean de Meun nichts, ganz zu schweigen von dem, was man im Magen des schwedischen Bockstenmanns gefunden hat. Dieser lebte zu Beginn des 14. Jahrhunderts und scheint einen Brei gegessen zu haben, der aus vielerlei Kernchen zubereitet war, die wir heute als Unkrautsamen bezeichnen würden.

In den Tristansagen wohnt Isoldes Mann, König Marke, in Cornwall, und das Land wird als eine Wildnis mit ausgedehnten dunklen Wäldern beschrieben. Eine Zeitlang können Tristan und Isolde ganz füreinander in einem überaus ergiebigen Wald leben. Es ist ein arkadisches Leben. Sie essen Nüsse, Kresse, Schlehdornbeeren, Kornelkirschen, Vogelbeeren und Mehlbeeren. Sie sind keine Veganer und ansonsten sehr leidenschaftlich. Tristan fertigt sich Pfeil und Bogen an und setzt Hasen und Rehe auf den Speiseplan. Der Dichter hat sich so tief in ihr Verlangen nach Brot hineinversetzt, dass er sie eine Währung erfinden lässt, die sie gegen die begehrten Semmeln eintauschen können. In der Überlegung, dass der arkadische Zustand eher glückselig als ursprünglich war, dichtet Jean de Meun dem Walddasein seines Liebespaares die Segnungen der Kultur hinzu. Sie bekommen Diener mit in den Wald, die mit der Zubereitung von Marmelade, Gelee und Kompott sehr vertraut gewesen sein müssen. Für ein paradiesisches Dasein wäre die Mehl- und Vogelbeerendiät sonst zu bitter gewesen.

Als griechische Schriftsteller wie Pausanias über Arkadien schrieben, war dies kein Land für Operettenprinzen und hochgeborene Turteltauben, sondern schlicht eine Bergregion mitten auf dem Peloponnes. Im Altertum hatte es dort ein Volk gegeben, das sich weder von den Doriern noch den Spartanern unterjochen ließ. Sie lebten auf tierische Art zwischen Wildschweinhorden und Wölfen in einem dichten Wald. Von hier soll Euander ausgewandert sein, um sich am Tiber niederzulassen und – zumindest Vergil zufolge – ein arkadisches Leben kultivierteren Geschmacks zu führen.

Zwei Träume scheint es von Anfang an gegeben zu haben. Der erste Traum war der, den Wald zu besiegen.

Man träumte davon, das Chaos zu bezwingen und sich einen Weg durch die Unzugänglichkeit zu bahnen. Man wollte sich alles

Nützliche und Essbare holen, das in dem fruchtbaren Wirrwarr sonst nur verfaulte. Große Fleischlasten nach Hause tragen. Holz herausschleppen. Birkenrinde, Baumsaft, Bast und Holzkohle daraus gewinnen. Die Schweine auf das Futter loslassen, das die Eichen aus ihrem Füllhorn auf die Erde streuten. Alle Tiere ausrotten, die Mensch und Vieh bedrohten.

Der zweite Traum war, den Wald wieder in den jungfräulichen Zustand zurückzuversetzen, in dem er sich befunden hatte, bevor der Mensch ihn in seine Gewalt gebracht hat. Beide Träume haben uns bis in unsere Gegenwart begleitet.

Die ungeheure Eiche

Um die Eiche von Dodona in einer der wildesten Bergregionen im Nordwesten Griechenlands gewitterte es, und es war so kalt, dass Homer Dodona zwei Winter auf einmal zuschrieb. Die Zeuspriesterinnen unter der heiligen Eiche nannte man Tauben. Denn den Ort hatte man einst danach gewählt, wo sich Tauben nach ihrem Flug niedergelassen hatten. Über die Heiligkeit dieser und anderer Eichen ist genug geschrieben worden, um eine ganze Bücherei zu füllen, und in Alexandria füllte es sicherlich noch mehr. Selten aber schrieb jemand skeptisch über die heilige Eiche, den Orakelbaum. Die Ausnahme machte Herodot. Er schrieb, dass man die ersten Priesterinnen, die von sehr weit her kamen, sicherlich deswegen Tauben genannt hatte, weil niemand sie verstand. Für die Einheimischen klang, was sie sagten, eher wie Vogelrufe. Daher die Taubenlegende.

Eine Eiche ist jedenfalls eine Eiche.

Es gibt zweihundert Eichenarten. Zwei davon wachsen in Schweden wild. Allen gemeinsam ist, dass ihre Frucht, Eichel oder Ecker genannt, in einem Fruchtbecher, einer *cupula*, sitzt. *Quercus robur* ist unsere gewöhnliche, urschwedische Eiche, das Wahrzeichen der Sparkasse. Robur bedeutet Kernholz. *Hinc robur et securitas* – hier sind der Kern und die Sicherheit. Diese Devise von 1668 stand lange Zeit auf den Geldscheinen der schwedischen Reichsbank.

Im Winter 1998 herrschte an der Küste East Anglias extremes Wetter. Die See zog sich weiter zurück, als man es seit Menschengedenken erlebt hatte, und die Ebbe legte eine merkwürdige Formation kräftiger, aufgerichteter Stämme frei. New-Age-Anhänger, beinahe genauso schnell zur Stelle wie die Archäologen, forderten, den Ort weiterhin unangetastet zu lassen und als eine lebendige, nur zeitweilig in Vergessenheit geratene Kultstätte zu erhalten. Heftiger Streit entbrannte. English Heritage, die staatliche Behörde für Denkmalschutz, sorgte schließlich dafür, dass die Stämme ausgegraben wurden. Eine dendrochronologische Untersuchung ergab, dass das Monument aus 4050 Jahre altem und teilweise fossilisiertem Eichenholz bestand. Lange bevor die Eiche von Dodona zu rauschen begonnen hatte, war hier ein Heiligtum gewesen. Fünfundfünfzig Stämme, in ehemaliges Sumpfland versenkt, können kaum eine praktische Anordnung gewesen sein. In dem Kreis aus Stämmen stand, mit der Wurzel nach oben, eine Eichenruine, die mit großer Kraft in den Boden gerammt worden war.

Wir können nie etwas anderes als unsere eigenen Assoziationen mit dieser Formation verbinden. Sie stammt wie das Monument in Stonehenge ungefähr aus der frühen Bronzezeit. Auch in Stonehenge gibt es einen umfriedeten Raum. Einen heiligen Raum, wie wir vermuten dürfen. Vielleicht war »Seahenge« ein erschreckender Ort. Aufgrund von Schilderungen vorzeitlicher Opferkulte hat man vermutet, dass es sich bei der ausgebreiteten Wurzelkrone um einen Opferaltar gehandelt habe, worauf die Leichen gelegt wurden, damit sie verwesten und von Vögeln, Nagern und Insekten abgefressen wurden, bis nur noch die Knochen und damit der Geist des Menschen übrig waren.

Diejenigen, die das Heiligtum in dem Sumpf errichteten, wollten, dass es lange stehen bleibe. Womöglich für alle Zeit. Lange und allzeit sind Begriffe, die mit der langlebigen Eiche verknüpft werden. Wir fahren noch heute nach Gotland, um uns die Eiche auf dem Hof von Ava anzuschauen, die Linné schon vor zweihundertfünfzig Jahren für bemerkenswert alt gehalten hat.

Die Erbauer von »Seahenge« waren von uralten Eichengiganten umgeben und sicherlich mit der selbsterhaltenden Kraft des Eichenholzes vertraut. Wir wissen, dass sie zum Kupferschmelzen Holzkohle aus Eiche verwendeten, und wenn sie Felle gerben wollten, laugten sie Eichenrinde in Wasser aus, um das wirksame Tannin auszufällen. Man hat in England noch andere Kreise aus Eichenstämmen gefunden, die vor 5500 Jahren in den Boden gerammt worden waren. Die Kreisform könnte darauf hindeuten, dass es sich um eine Art großer Uhren oder eher noch Kalender handelte, die es ermöglichten, den Sommersonnenstand und andere wiederkehrende Himmelsereignisse vorherzusagen. Aus Eichenplanken wurden Kanus gebaut und Särge, in denen dank der Gerbsäure die Toten lange erhalten blieben.

Die gigantischste Eiche ist finnisch. Keine bronzezeitliche Bevölkerung hat ein mächtigeres Woodhenge zusammengeschleppt als die Sängerinnen und Sänger des Kalevala mit ihren Runenliedern. Ihre Eiche scheint ihre unerhörte Wurzelkrone in der Warmzeit des Atlantikums zu haben, als die Eichen so groß waren wie nie wieder danach. Die Eichengeschichte im zweiten Gesang des Kalevala beginnt damit, dass Väinämöinen, neugeboren und schon listig, festen Boden unter den Füßen bekommt. Er sitzt auf einer waldlosen Insel in jenem Meer, in dem die Jungfrau Ilmatar ihn geboren hat. Er muss Sampsa kommen lassen, der mit Nachnamen Pellervoinen heißt und der »Sohn der Fluren« ist. Sampsa sät auf Väinämöinens Befehl Wald. Mit Fichten, Birken, Salweiden, Ebereschen, Traubenkirschen und Kiefern geht es gut. Nur die Eiche will nicht aufgehen. Sie treibt keine Wurzeln.

> Da ließ er den Wicht in Frieden,
>   überließ ihn seinem Lose,
> Harrte seiner noch drei Nächte,
>   eine gleiche Zahl von Tagen.

Man muss verstehen, dass es sich hier um eine mythologische Zeit handelt. Gewaltige Tage. Jahrelange Nächte. Währenddessen kommt der Ackerbau in Gang. Doch die Eiche bockt. Da springt mitten in der Heuernte ein Ungeheuer aus der Tiefe des Meeres und randaliert. Das Heu fängt Feuer, und es entsteht ein Großbrand, der nur Ruß und Asche hinterlässt. Hier singt jemand, der weiß, was Schwendwirtschaft ist: In der heißen Asche liegt eine Ecker und treibt aus. Jetzt sprießen die Keimblätter aus der Eichel, und der Stamm schießt auf äußerst männliche Weise in die Höhe. Die Jung-

Das viertausend Jahre alte Eichenmonument an der Küste von Norfolk besteht aus fünfundfünfzig Stämmen und einer derben Eichenwurzel.

frauengeburt zur Erschaffung der Erde scheint der übrigen Götter-
welt zu viel gewesen zu sein. Um die Eiche zum Keimen zu bringen,
bedarf es männlicher Potenz. Aber auch der Kraft des Chaos.

Die Eiche, die durch die Einwirkung phallischer und chaotischer
Kräfte aufgeschossen ist, wächst zu einem Monsterbaum heran,
dessen dichte Krone die Sonne verdeckt. Sie muss gefällt werden.
Die beiden Träume vom Wald folgen hier wahrhaft dicht aufeinander. Die Vision des ersten Gesangs von einer völlig neu erschaffenen Welt geht im Dunkel unter der gewaltigen Baumkrone
schnell unter. Väinämöinen muss für Abholzung sorgen. Ein Däum-
ling mit Kupferhut entsteigt dem Meer. Unter Hohn verwandelt er
sich in einen Hünen und haut auf die Eiche ein, dass die Funken
um die Axtschneide stieben und Flammen aus dem Holz schlagen.

> Senken wollte sich die Eiche,
> > bersten schon der Baum der Hölle.
> Dann beim dritten Mal vermochte
> > er die Eiche umzulegen.

»Nordlands Magd, von Wuchse winzig«, die am Ufer Wäsche spült,
sammelt die Eichenspäne auf, die übers Meer fliegen und wie
leichte Bötchen auf den Wellen schaukeln. Sie nimmt sie mit nach
Hause auf den Hof, um daraus Krankheitspfeile und spitze Zauber-
geschosse zu schnitzen. Mit der Krone des gefällten Kolosses lässt
sich machen, was Maigrafen, Dianapriester und ungestüme Liebespaare zu allen Zeiten gemacht haben: ein Zweig daraus abbrechen,
der, ob golden oder nicht, große Kraft besitzt.

> Wer sich davon einen Ast griff,
> > griff ein Glück sich unvergänglich,
> wer den Wipfel davon abbrach,
> > brach sich stete Zaubergabe,
> wer vom Laubwerk etwas wegschnitt,
> > schnitt sich Weltgunst immerwährend.

Jetzt wäre es genau wie im Lied vom Bauern und der Krähe an der
Zeit, die Reste zu nutzen. Väinämöinen hätte sich aus seinen
Eichenspänen Schindeln spalten können und einen Dachbelag

erhalten, der nicht so leicht verrottet wäre. Er hätte sich einen Häu-
felpflug bauen können, um damit sein Feld zu bestellen, und noch
so manches andere, wozu Hartholz erforderlich ist. Dem Runen-
sänger indes genügt die magische Praxis.

Die Eiche war zu Vielem nützlich: Man verwendete sie zum Kalkbrennen, zur Herstellung von Holzkohle und zum Gerben. Das
Holz des ungeheuren Baumes benötigte man zur Salzproduktion
und zur Glasherstellung. Aus Eichenrinde gewann man einen braunen Farbstoff, der blau wurde, wenn man ihn mit Kupfer mischte,
und man glasierte mithilfe der Rinde Tongefäße. Aus Eichenrinde
und Galle stellte man Tinte her. Man verteidigte sich mit Eichen-
knüppeln. Baute Zäune. Odysseus' Schweinehirt Eumaios umgibt
den Schweinestall mit einem Eichenzaun. Die Eiche lieferte Bänder
und Holz für Fässer, in denen Wein und irgendwann Schnaps zu
einem ganz eigenen Geschmack heranreifen sollten. Hopfenstan-
gen. Pfähle, Balken, Ruder und Kiele für Schiffe; am rauen Nord-
atlantik wurden ganze Schiffe aus Eiche gebaut. Zu Gustav Vasas
Zeiten war es den Bauern erlaubt, auf dem Kronland so viele Eichen
zu fällen, wie sie zum Bau ihrer Ackergeräte brauchten.

Das kräftige und harte schwere Eichenholz wurde von Anfang
an gespalten. Es wurde mit der breiten Heppe behauen. Man kan-
tete, behaute und schnitt – aber man sägte nicht. Lange Zeit konnten die Waldleute geschickt mit dem Beil umgehen: Verrußte
Wände wurden so behauen, dass das weiße Holz hervorkam und es
in der Stube hell wurde. Rundhölzer, Vierkanthölzer oder dreieckige Pfähle behaute man mit dem Beil.

Gespaltenes Eichenholz ist im Unterschied zu gesägtem äußerst
haltbar. Beim Spalten werden die Zellen des Holzes auseinander-
gezwungen statt wie beim Sägen durchgeschnitten. Und Spalten
bewirkt eine glatte Oberfläche ohne Schwachstellen, an denen sonst
der Abbau einsetzt.

Wenn Bauern eine Kirche bauen

Wenn die Bauern Holzkirchen bauen wollten, musste der Altar, die Unterlage für die sakralen Geräte, dennoch aus Stein sein. Oft wurde der Altarstein, von einem Bischof geweiht und gesegnet, über weite Strecken transportiert. Notfalls benutzte man einen Stein, den die Priester in ihrem Gepäck mit sich führten. In den unbeheizten Kirchen legte man unter den Altarschemel, auf den der Priester niederknien würde, ein Bärenfell. Das erzählt Olaus Magnus, der seine Beschreibung unseres heimatlichen Kältelochs immer mit den richtigen Akzenten zu versehen weiß. Demnach waren vor dem Bau einer Kirche auch alle Grundbesitzer des Kirchspiels zu einer Versammlung einzuberufen. Je nach Größe ihres Besitzes mussten sie Bauholz schlagen, je nach Anzahl ihrer Zugtiere Fuhren übernehmen und je nach Viehbestand zur Verköstigung beitragen.

Ein um 1300 aufgezeichnetes südschwedisches Kirchengesetz erlegte den Bauern reichlich Steuern auf. Versäumten sie ihr Tagewerk, wurden Strafen verhängt. Die Initiative zu den ersten Kirchenbauten ergriffen aber eher Adlige als Bauern, handelte es sich doch um mächtige Prestigebauten. In Lund wurden schon im 11. Jahrhundert elf Holzkirchen errichtet. Adam von Bremen vermeldet im Jahre 1070 für Schonen dreihundert Kirchen, in der Regel aus Holz. Die meisten wurden von ausländischen Zimmerleuten errichtet, die umfassende Kenntnisse mitbrachten und hohe Eichen zu schlagen verstanden. In der Kirche Sankta Maria in Lund hat man eine Eiche ausgegraben, die sich fast vier Meter über dem Boden erhob, worin sie drei Meter tief steckte.

Das Innere der Holzkirchen wurde mit Figuren bemalt. Die Kirche von Dädesjö in der Diözese Växjö diente ab dem 18. Jahrhundert als Getreidespeicher, und dadurch blieb die bemalte Decke unbehelligt. In Medaillons, die von Blättern und Rosetten umgeben sind, kann man dort nun dreißig Szenen zu Christi Geburt sehen, wovon vier die Legende von Herodes' Stallknecht Staffan wiedergeben. Staffan erzählte dem König, dass Christus geboren sei, woraufhin der arrogante Herrscher höhnte, ebenso wahrscheinlich sei es, dass der gebratene Hahn auf seinem Tisch krähte. Was dieser tatsächlich tat. Er flog vom Tisch des Königs auf und verkündete mit einem Schrei, so triumphierend wie der des Bauerngockels auf dem Mist: *Christus natus est!*

Die runden Köpfe der geschmiedeten Nägel ziehen sich noch immer quer über die Deckenbretter der småländischen Kirche. Die Nagelreihen verlaufen über Pferdeleiber und königliche Mäntel und erinnern ganz alltäglich daran, dass ohne erfahrenes Handwerk keine Pracht entsteht. Die Holzmaserung der Bretter erzählt von geschichteter Zeit, und die dunkle Decke raunt von Wundern.

Die Kirchenräume sollten auch mit Holzskulpturen geschmückt werden. In heidnischer Zeit hatte es geschickte Holzschnitzer gegeben, die eine verwickelte Tierornamentik schufen und hölzerne Götterbilder herstellten. Odin hat sich heimlich an der Decke einer Stabkirche in Norwegen gehalten und schaut von dort mit seinem einen Auge auf die neuen Riten herab. Den Einäugigen hat wohl ein norwegischer Meister geschnitzt. Im Allgemeinen aber riefen die Kirchenfürsten ausländische Kunsthandwerker ins Land, oder sie kauften Skulpturen auf dem Kontinent. Das Holz des berühmten Triumphkreuzes in Danderyd stammt von einer großblättrigen Linde, die es im Norden gar nicht gibt. Die Madonna in der Kirche der Landgemeinde von Skellefteå ist aus Walnuss geschnitzt. Bevorzugt wurden Christus- und Madonnenbilder, die en vogue waren, oft kontinentalen byzantinischen Typs. Den Odins- und Thorsschnitzern war es wohl auch gar nicht möglich, empathische Darstellungen von Leidens- und Sterbensprozessen zu gestalten. Die länglichen Christusgesichter mit ihren traurig nach unten weisenden Linien erforderten eine andere Lebensauffassung als die der Asenanbeter. Anfangs wurden Qual und Erniedrigung auch gar nicht so augenfällig dargestellt. Die ersten Christusbilder sind triumphierend und haben archaisch starrende Augen. Erst im 13. Jahrhundert kommen die schweren gesenkten Lider und tiefen Holzfurchen des Leidens in das Gesicht.

In Nordeuropa, das im frühen Mittelalter dicht mit Eichenmischwäldern und Edellaubwäldern bewachsen war, verfügte man, was Holz betraf, über umfangreiche Kenntnisse sowie eine große Materialauswahl. Die Holzschnitzer konnten nach natürlich gewachsenem Rohmaterial suchen, das für ihren Bedarf geeignet war. In romanischer Zeit arbeitete man am liebsten mit weichen

Hölzern wie Birke, Espe und Linde. Auch Erle, Salweide und Walnuss wurden gewählt. Je nach Bedarf an Textur und Dichte mischte man die Hölzer. Die Kruzifixe und Thronpfosten der sitzenden Madonnen wurden aus schweren und harten Hölzern wie Buche, Eiche und Esche gefertigt. Gesichter, Arme, Beine, Kreuze und Stühle konnten aus vielerlei Hölzern geschnitzt sein: Linde, Espe, Buche, Eiche, Ahorn und Ulme.

Der Edellaubwald ruht in den Holzfiguren unserer Kirchen. Wenn sie ihre verstümmelten Arme ausstrecken und uns ihre sanften, strengen oder strahlenden Gesichter zuwenden, sind sie alle Wesen eines reichlich ergiebigen Waldes.

Die erste Kirche in Skara war wie die meisten dieser Periode aus Eiche. Unter den Steinkirchen, die über ihnen errichtet wurden, hat sich das Holz früher Kirchen erhalten. Zu Beginn des 13. Jahrhunderts wurde es Brauch, Kirchen aus liegenden Balken statt wie früher aus aufrecht stehenden zu bauen. Das übliche Material war Eiche mit Einsprengseln von Kiefer. Die Kirchen mit den aufrechten Bohlen werden mit dem aus dem Norwegischen stammenden Wort als Stabkirchen bezeichnet. In Schweden gibt es davon nur noch eine.

Die Kirche von Hedared in Västergötland ist klein. Das Langhaus ist nicht viel größer als das Wohnzimmer eines modernen Einfamilienhauses. Der Chor misst ungefähr drei Meter im Quadrat. Hierher kam 1914 Emil Ekhoff. Er war der Pionier, der begriff, wie wertvoll und gefährdet die Holzkirchen waren. Im ganzen Land machte er sie ausfindig und beschrieb sie in seinem Buch *Svenska stavkyrkor* (Schwedische Stabkirchen), das zu einem Standardwerk wurde.

Hier fand er eine Kirche im Spielzeugformat, irgendwann zwischen dem 12. und 14. Jahrhundert errichtet, wie er vermutete. Später hat eine dendrochronologische Untersuchung allerdings ergeben, dass sie wahrscheinlich in einem der ersten Jahre des 16. Jahrhunderts erbaut wurde. Im Laufe der Jahrhunderte hatte das Eichenholz an einigen Stellen Schäden erlitten und war durch Kiefernholz ersetzt worden. Ekhoff vermittelt das Gefühl einer Entdeckung »tief im Innern einer unwegsamen Waldgegend«. Doch die Gemeinde hat natürlich immer von ihrem Kleinod gewusst. Als in den 1840er-Jahren Hedared Sandhult zugeschlagen wurde, verwaiste die Kirche. Die ursprüngliche Gemeinde pflegte sie aber weiterhin. Im Mittelalter hatten darin einheimische Handwerker gearbeitet. Weil die Waldbauern sich keinen teuren Flügelaltar leisten konnten, bestellten sie einen, der direkt auf die Wand gemalt wurde. Alles, was zu einem Gottesdienst gehörte, hatte man herbeigeschafft und war immer noch vorhanden, als Ekhoff das kleine Heiligtum betrat. Die Abendmahlsgeräte waren aus Holz, Kelche und Schalen aus Erle und Birke gedrechselt. In einem Kästchen lag ein Wachslichtstumpen, vergessen oder nach der letzten katholischen Messe pietätvoll aufgehoben. Das Weihrauchfass hing noch an seinem Nagel aus dem Mittelalter. Den Zugang zum Chor bewachten treuherzige Madonnen- und Heiligenbilder.

1935 wurde das Innere der Kirche behutsam restauriert. In dieser von allem anderen denn der Liebe der Gemeinde verlassenen Kirche ahnte und beschrieb Ekhoff erstmals, wie der mittelalterliche Mensch einen kleinen geheiligten Raum im Wald erlebt haben mochte:

> Es ist nicht schwierig, sich die eigentümliche Stimmung im Inneren dieses kleinen Tempels vorzustellen. Der Platz der Gemeinde, das Langhaus, in einem nur schwach von einem schräg von oben kommenden Lichtbündel vertriebenen Halbdunkel, und darüber die mystischen Schatten des hohen Dachgebälks. Zur einen Seite des Choreingangs ein dem heiligen Franziskus geweihter Altar, darauf, von einigen einsamen Kerzen erleuchtet, ein Kästchen mit seinem Bild, zur anderen Seite möglicherweise ein weiterer Altar mit Kerzen und im Hintergrund, im dunklen Chor, der Hauptaltar, welcher der Himmelskönigin geweiht war und zumindest an höheren Feiertagen in reicherer Beleuchtung glänzte als die Seitenaltäre, und in dessen Dunkel man während der Messe, im Augenblick der Transsubstantiation, die erhobene Monstranz mit dem Leib des Herrn schimmern sah und die Altarglocke läuten hörte, während im schwingenden Weihrauchfass die Kohlen glühten.

Mit der Zeit wurden aus den Holzkirchen Kapellen armer Gegenden. Linné berichtet in seiner lappländischen Reise von einer Gottesdienstfeier in einer Kirche, wo sich die Gemeinde in den

Bänken zusammendrängen musste, um Platz zu finden. Die Steinkirchen waren geräumiger. Sie waren stabil und konnten in schlechten Zeiten sowohl Menschen als auch Reichtümern Schutz bieten. Dem Grün aber widerstanden sie nicht; der grüne Wirrwarr suchte sich seinen Weg in die Bilderpracht. Im 14. Jahrhundert klettern Laubranken an den Pfeilern empor. Was im Papstpalast in Avignon Mode war, kam verblüffend schnell zu uns. Die Ranken verwachsen im folgenden Jahrhundert zu Gestrüpp, und im 16. Jahrhundert erobern sie die Kappen der Gewölbe und lassen diese wie Laubsäle aussehen.

Es war jedoch nicht der eigene Wald, der da abgebildet wurde, sondern die bedeutungsschwere Flora der biblischen Länder. Man muss in den mittelalterlichen Kirchen Schwedens lange nach einem Einschlag aus dem heimischen Wald suchen. In der verwaisten Kirche von Risinge finden sich tatsächlich Blätter von Seerosen, wie sie ganz in der Nähe in den Waldseen blühen. Ansonsten winden sich Akanthusranken um die Pfeiler, Weinlaub und Palmettenfriese bringen Leben in das Gewölbe. Adam und Eva, Patriarchen, Evangelisten und Heilige bewegen sich zwischen Palmen, Zedern und Olivenbäumen.

Gottes Wort auf Schwedisch und die an Bäumen und Gewächsen so reichen Kirchenbemalungen formten die Seelenlandschaft, in der die Menschen jahrhundertelang leben sollten. Laut Jesus Sirach ließ sich die göttliche Weisheit selbst auf dem Berg Zion nieder. Dort erhielt sie die Kraft zu wachsen:

Ich bin hochgewachsen wie eine Zeder auf dem Libanon
und wie eine Zypresse auf dem Gebirge Hermon.
Ich bin aufgewachsen wie ein Palmbaum in Engedi
und wie die Rosenstöcke in Jericho,
wie ein schöner Ölbaum auf freiem Felde;
ich bin aufgewachsen wie eine Platane.

Diese Weisheit aus einem edleren Wald als dem unseren schoss nicht wie eine Kiefer in die Höhe und trug keine Blütentrauben wie ein Preiselbeerstrauch. Wie die Terebinthe mit weißem Geäst war sie, wie die Weinranke mit ihrer schönen Blüte. Von Zimt und Myrrhe kam ihr Duft, nicht von Sumpfporst und Gagelstrauch.

Räume in einer entheiligten Welt

An einem Sommertag waren mein Mann und ich mit dem Auto auf der uppländischen Ebene unterwegs. Wir fanden einen kleinen Wald, wo wir die Hunde ausführen und Brotzeit machen konnten. Auf der anderen Straßenseite stand eine mittelalterliche Kirche.

Wir ließen uns auf einem Einschlag nieder und breiteten auf einem flachen Stein unseren Kaffee und unsere Brote aus. Anfangs schwatzten wir wie immer drauflos, aber bald schon veränderte sich unsere Stimmung, ohne dass wir wussten, warum. Wir wurden immer stiller und nachdenklicher. Schließlich waren wir ganz ernst. Uns überkam das starke Gefühl, im Zentrum von irgendetwas zu sein. Dazu passte jedoch die Lage des Steins nicht. Er befand sich ziemlich weit oben, und wir saßen folglich nicht im Mittelpunkt dieses *lucus* oder dieser *clairière*, die ermöglichte, dass wir die Sommerwolken am Himmel wandern sahen. Am Waldrand wuchsen in lichtem Abstand junge Birken und Haselbüsche. Es gab ein paar große Eichen, und hinter den Laubbäumen stand dichter Fichtenwald. Wir befanden uns in einem Raum. Wir waren vom Wald getrennt und auch von der Ebene. Von dort drang der schwere Geruch von blühendem Raps herüber, und der nächstgelegene Acker leuchtete unnatürlich gelb. Wir saßen irgendwie drinnen. Aber worin?

Warum war dieser Wald mittendrin ausgelichtet und ausgehauen worden? Mein Mann, der selbst Wald bewirtschaftet, fand keine rationale Erklärung. Wir kamen auch nicht dahinter, was uns das Gefühl vermittelte, dieser Ort sei etwas Besonderes.

Nachdem wir unseren Kaffee getrunken hatten, gingen wir in dem großen Waldraum umher und sahen uns die Bäume an. Da entdeckten wir ein einfaches Holzkreuz mit langem, schmalem Stamm, das an einer Eiche lehnte. Schlagartig wurde uns klar, dass dies ein Kirchenraum im Freien war, der zu Sommergottesdiensten genutzt wurde. Der flache Stein war ein Altar. Hier waren sicherlich Hauptgottesdienste gefeiert worden. An diesem Stein waren Kinder getauft und Brautpaare getraut worden. Wir schämten uns, weil wir unseren Proviant darauf ausgepackt hatten, und dachten an die Worte, die Moses zu hören bekommen hatte, als er am Berg

Horeb die Schweine seines Schwiegervaters hütete: »Komm nicht näher heran! Leg deine Schuhe ab; denn der Ort, wo du stehst, ist heiliger Boden.« Immerhin hatten wir die Hunde angeleint.

Mein Mann und ich befinden uns wie alle westlichen Menschen unserer Zeit in einer entheiligten Welt. Sie ist noch nicht lange so profanisiert und der Kosmos ein Ort, den nur Wissenschaftler beschreiben können. Unermesslich viel länger haben Menschen in einer Welt gelebt, die von Gott oder von Göttern erschaffen war. In einer solchen Welt werden einzelne Bezirke abgetrennt. In ihnen haben Menschen die Möglichkeit, göttliche Raumzeit zu betreten und darin zu verweilen. In ihnen verläuft die Zeit nicht in einer geraden Bahn hinaus ins Nichts, sondern bewegt sich im Kreis auf Erneuerung und Wiederkunft zu. Die Räume, die einer solchen Zeit geweiht sind, werden von ihrer formlosen und veränderlichen Umgebung abgesondert.

Der Wald rings um dieses Sommerheiligtum, in dem wir saßen, war amorph. Doch der Raum mit seinem Himmelsdach hatte eine Form, die auf uns wirkte. Wir hatten genug kollektive Erinnerung mitbekommen, um die Besonderheit dieses Raumes wenn schon nicht zu entdecken, so doch zu ahnen.

Einen Raum zu erkennen, der für manche Menschen noch heilig ist, lässt sich lernen. Und zwar dadurch, dass man die Welt als zusammenhängenden und erschaffenen Kosmos erzählt bekommt. Durfte man frühzeitig in Räume gehen, in denen der Kosmos wiedererschaffen wird, kann man sie ohne Schilder und Hinweise erkennen.

Hat man davon nie gehört, ist einem der Kirchenraum kein anderer Ort als ein Supermarkt oder eine Poliklinik. In Letzterer sind die Leute im Wartezimmer normalerweise immerhin etwas gedämpft. Wenn man in der Kirche von Väddö auf den Beginn des Sommerkonzerts wartet, darf man unbeschwerten Diskussionen über die Vorteile verschiedener Grillöle lauschen. Lautstark werden Bekannte begrüßt, und die Leute erzählen, dass der Rasenmäher seinen Geist aufgegeben hat, dass sie Strömlinge gerissen und einen ganzen Eimer voll an Land gezogen haben. Es ist richtig gemütlich.

Vielen Gemeindepfarrern scheint es heute vor allem wichtig zu sein, Leute in die Kirche zu bekommen. Aber ist so ein Besuch sinnvoll, wenn die Gäste nicht wissen, dass es sich hier um einen Raum handelt, der anders ist als andere Räume? Das sollte ihnen vielleicht mal irgendjemand sagen.

Der Sommerkirchenraum im Wald glich möglicherweise den Orten, welche die ersten missionierenden Mönche herrichteten. Sie müssen Stellen gewählt haben, die ihnen das Gefühl vermittelten, sich auf heiligem Boden zu befinden. Vielleicht rodeten sie in einer natürlichen Lichtung zwischen hohen Bäumen Schösslinge und kleine Bäume. Hier sollten Misstrauische überzeugt werden. In dem Waldraum erteilten sie Menschen, die den Versuch wagten, sich einem neuen Gott und einem neuen Verständnis des Lebens zu überlassen, den ersten Segen.

Die Mönche kamen aus Ländern, in denen es Steinkirchen gab. Hier bei den Waldbauern und ihren Sklaven waren die Heiligtümer aus Holz, und die ersten Missionare hüteten sich sicherlich, in ihre Nähe zu kommen. Wenn sie Pech hatten, erging es ihnen wie Unaman, Sunaman und Vinaman in den småländischen Wäldern. Ihnen wurde der Kopf abgeschlagen und in eine Tonne gesteckt.

Irgendwann sollten diese Heiligtümer niedergebrannt und Kirchen gebaut werden. Es waren allerdings Kirchen aus Holz.

Der Wald, der einst eine Wiese war

Das Haus, in dem ich wohne, liegt in einer Waldgegend im nördlichen Roslagen. Die Äcker und Weiden sind klein, die Inseln in ihrer Mitte mit den Birken, Espen und Steinhaufen dafür umso größer. Egal, in welche Richtung ich von unserem Haus aus über Feld und Flur gehe, komme ich in den Wald. Die erste Nacht hier habe ich im Wohnwagen geschlafen, und an jenem klaren Herbstmorgen bin ich mit meinem Hund zu der Kiefernaufforstung auf der anderen Seite der Dorfstraße und in einen steinigen und hügeligen Mischwald gegangen. Ich war noch nicht weit gekommen, als die Hündin Standlaut gab. Ich fand sie vor einem niedrigen Steinbau. Er sah aus wie ein Erdkeller. Seitdem bin ich im Laufe der Jahre viele Male auf diesen Bau gestoßen, weil meine Hunde Wild-

Buchenwald bei Fånö nahe des Ekolsundsviken im Mälaren.

katzen hineinjagen. Er ist sehr alt und in den Erdboden gesunken – oder der Boden um ihn hat sich gehoben. Das Erddach scheint wie ein Hefegebäck aufgegangen zu sein. Und daraus hervorgewachsen ist eine mindestens hundertjährige Kiefer. Ich wanderte in dieser Waldpartie weiter, neugierig und vom Dunkel im Innern der Steinhöhle ein wenig erschreckt. Man käme selbst kriechend kaum hinein. Dort war irgendetwas anwesend, außer der Wildkatze. Was, wusste ich nicht.

An vielen Stellen wuchsen krumme, magere Fichten, die nicht sehr alt waren. Die Kiefern in dem Mischwald waren ebenfalls noch keine Greise. Die Nadelbäume scheinen sich zwischen die Birken, Espen, Salweiden und Ebereschen eingeschlichen zu haben. Hier und da stieß ich auf eine kleine Eiche. Dann auf einen von dornigem Heckenrosengestrüpp nahezu überwucherten Steinhaufen. Ein Haselwald mit Nüssen an den grobstämmigen Büschen überraschte mich. Eichhörnchen flitzten mit ihrer Beute umher, und meine Hündin fing wieder an zu bellen. Ich stieg über einen umgefallenen und halb verrotteten Holzzaun. Fand ein Hufeisen. Sann eine Weile über einen Johannisbeerstrauch mit roten Beeren nach, der mitten im Wald wuchs.

Nun sind einige Jahre vergangen, und auf dem Weg nach Osten zu den großen Jagen, wo Kiefern und felsiger Grund dominieren, wo in sumpfigen Mulden Sumpfporst wächst und die vereinzelten Fichten alt und umfangreich sind, bin ich viele Male durch diese Waldpartie gewandert. Der Steinkeller ist mir nach wie vor ein Rätsel. Ich kann einfach nicht herausfinden, wie alt er ist.

An vielen Stellen des Laubwalds rings um unser Haus dominiert jenes große, Adlerfarn genannte Farnkraut, das die Kräuterflora erstickt hat. Im Vorsommer, wenn seine Krummstäbe noch zart sind, führe ich in der Nähe unseres Hauses einen Ausrottungskrieg gegen ihn. Adlerfarn wird von Bränden begünstigt. Es hat tatsächlich gebrannt in dieser Gegend, und es waren keine gewöhnlichen Waldbrände. Nach dem Tod Karls XII. bei Fredrikshald brannte es entlang der schwedischen Küste von Gävle bis hinunter nach Norrköping. Während auf Åland die Friedensbedingungen ausgehandelt wurden, schickte Zar Peter seine Flotte aus, um die ostschwedischen Städte, Schlösser und Dörfer in Schutt und Asche zu legen. Die Verwüstungen begannen im Juli 1719 auf Rådmansö und zogen sich über zwei Jahre hin. Auch in dem Dorf, wo ich wohne, wurden die Höfe niedergebrannt. Das Einzige, was die Russen verschonten, war ein kleines Haus, in dem Schnaps gebrannt wurde. Seitdem war sein Schicksal wechselhaft, zuletzt diente es als Hühnerstall. Immer wenn ich durch diesen unansehnlichen Mischwald mit seinen unerwarteten Funden wandere, spüre ich wie schon beim ersten Mal, dass hier irgendetwas anwesend ist.

Dieser Wald war einst eine Wiese. Er war auch Ackerparzellen und Weiden und Hofräume mit Häusern. Man kann noch Steinsockel von abgerissenen oder niedergebrannten Gebäuden finden und stolpert in dem Steinverhau über einen zugeschütteten Brunnen. In dem Steinkeller, der unter dem Gewicht der Kiefern und Birken mehr und mehr zu einer Erdhöhle wird, haust noch immer ein großer schwarzer Wildkater. Vielleicht bewacht er Schätze. Zinnteller, Silberlöffel? Ich würde es nie wagen, in die Höhle zu kriechen. Dort geht nur der Kater hinein.

Hier tritt die Vergangenheit als bearbeitete und zusammengefügte Steine, als Brandstellen mit Adlerfarn und rostiges Eisen, Glasscherben und verrottetes Zaunholz zutage. Sie gibt sich aber ebenso als Johannisbeersträucher zu erkennen, die auch ohne Düngung und Pflege noch Beeren geben, als Stachelbeerbüsche, Traubenkirschen, Apfelbäume und Glaskirschengestrüpp. Die zahmen Vorfahren der Wildkatze können auf einer nun im Moos versunkenen Vortreppe in der Sonne gelegen haben. Die Dorfbewohner haben hier Haselnüsse gepflückt und die eingezäunten Wiesenparzellen gemäht. Ihr Vorgehen beim Sammeln von Laubheu lässt sich noch an mehrstämmigen Birken und Erlen ablesen, die aussehen, als habe man sie in ihrer Jugend abgezopft. Stein um Stein waren bei der Urbarmachung große Haufen zusammengetragen worden, in einer Plackerei, die sicherlich als eine Ewigkeit erschien, trotzdem aber plötzlich zu Ende war.

Sind die Adlerfarnwälder Brandstellen? Oder war hier das Versteck der Dorfbewohner, als die Russen die Höfe niederbrannten? Haben sie ihre Kostbarkeiten in den Steinkeller gesteckt?

Einmal im Jahr lebt dieses vergangene Anwesende auf und vermittelt eine starke Ahnung von Mahdwiesen, eingehegten Weiden sowie mit Beerensträuchern und Obstbäumen umgebenen Häuschen. Das geschieht Ende Mai, wenn die Apfelbäume und das

Glaskirschendickicht blühen. Dann ist es leicht, umherzustreifen und die Konturen eines einst gelebten Lebens zu betrachten. Natürlich herrscht der Wald vor. Aber aus einer Fichte bricht eine Kaskade von Apfelblüten hervor und zeugt von einem Sesshaftsein am Waldrand, einem Dasein, dass vielleicht nicht nur Plackerei und Kummer war. Es gab auch eine Zeit des Blühens und eine Zeit, Nüsse zu sammeln. Oben im Kiefernwald reiften Preiselbeeren. Aus dem Meer brachte man Strömlinge nach Hause. Die Brücke bei Rotholmviken, wo heute niemand mehr Strömlingsnetze auslegt, gehörte den Dorfbewohnern gemeinsam. Die Leute gingen auf Schusters Rappen oder fuhren auf Pferdewagen zu ihrer mittelalterlichen Kirche in Häverö, und zwischen hohen Espen im Wald habe ich ein kleines Stück ihres Kirchwegs gefunden, das noch nicht ganz zugewachsen ist.

Fünf Kilometer nördlich liegt in einer Meeresbucht auf einer Landzunge ein wiederhergestelltes Wiesenland mit Laubholzhainen und Weiden. Sechzig Jahre lang war die Pfarrwiese von Häverö verbuscht gewesen, wobei langsam Wald hochwuchs und die Oberhand zu gewinnen drohte. In den 1960er-Jahren wurde der Boden wieder bestellt und der Wald beseitigt. Heute besitzt die Pfarrwiese den Status eines Naturschutzgebiets. Kühe weiden hier, und im Frühjahr, wenn in den Waldpartien die Buschwindröschen blühen, wird die Wiese gerecht. Laub, Zweige und Reiser werden weggeräumt, damit die Mehlprimeln, Sumpfkreuzblumen und Schlüsselblumenbüschel Licht bekommen. Wenn Ende Juli, Anfang August die Kräuter verblüht sind und Samen gestreut haben, wird gemäht.

Auf der Wiese, den Weiden und in den Laubholzhainen blüht es ununterbrochen. Es beginnt jedes Jahr mit den Leberblümchen, dann kommen die Buschwindröschen und der Gefingerte Lerchensporn, und im Laufe des Sommers bekommt man Fliegenragwurz, Fleischrotes Knabenkraut, einen kleinen Farn namens Gewöhnliche Natternzunge, Feldenzian, Haarsegge, Mücken-Händelwurz, Großen Klappertopf, Purgierlein und vieles andere mehr zu sehen. Dreihundert Arten soll es auf dieser Wiese geben. Schon bevor der Schnee weggeschmolzen ist, blüht in den beweideten Laubholzhainen der hellviolette Seidelbast direkt am Ast. Unter den Bäumen findet man Waldsanikel, Zwiebelzahnwurz, Schwarze Teufelsbeere, Waldtrespe, Fleischige Schuppenwurz und Vogelnestwurz. In den Hainen große Eichen und viele Eschen. Die Bäume bieten einer empfindlichen Berühmtheit Schutz: dem Schwertblättrigen Waldvögelein. Eine weitere Orchidee wächst an den steinigen Hängen in Strandnähe: die dunkelvioletten und sahnegelben Blüten des Breitblättrigen Knabenkrauts. Weit draußen auf den Strandwiesen reift Sanddorn und wird im Herbst rotgolden. Er lässt sich seiner vielen Dornen wegen schwer pflücken, ergibt aber ein Parfait von erlesenem Geschmack. Dort wachsen auch Erdbeerklee, Heidenelken, Weidenalant, Augentrost, Margeriten, Teufelsabbiss und Bitterer Enzian. Und die kleinen Katzenpfötchen schleichen die Steinhänge hinauf.

Die Pfarrwiese ist eines unserer schönsten Andenken an die Vergangenheit. Es ist ein Andenken, das gehegt und gepflegt wird, nur um schön zu werden. Wir säubern die Wiese und die Haine, um ihre Schönheit zu erhalten. Als die Laubwaldwiese noch bewirtschaftet wurde, rechte man sie, damit sich keine Zweige und kein Vorjahreslaub ins Heu mischten. In den Laubwaldhainen wurden keine Bäume gefällt, um den Bestand zu lichten und lichtliebenden Pflanzen bessere Voraussetzungen zu verschaffen. Die heutigen mehrstämmigen Bäume sind die Nachwirkungen des Laubsammelns in früheren Zeiten. In den Hainen, in denen die Dichter Laubgirlanden und helle Gewölbe sahen und darüber Wortkaskaden produzierten, zopften, hieben und zogen die Kätner und Bauern die Laubbäume ab. Das Laub hob man auf, um damit die Schafe und Ziegen, aber auch die Pferde, Kühe und Schweine durch den Winter zu bringen. Zu Garben zusammengebundene Laubzweige trocknete man als Winterfutter.

Dass die Erle gutes Futter gebe, die Eberesche so nahrhaft sei, dass sie mästete, und die Tiere vom Birkenlaub sterben, war eine noch in den 1970er-Jahren von der älteren Bevölkerung im Kirchspiel Säbrå in Ångermanland vertretene Ansicht. Meine Schafe fraßen die Birkenschosse gierig und starben nicht. Die Zibben und Lämmer, die jetzt auf unserem Grundstück in Roslagen weiden, scheinen Espen vorzuziehen. Sie sind liebenswürdige Landschaftspflegerinnen, verschmähen aber leider den Adlerfarn.

Das Abzopfen war früher nicht die einzige Methode, Futter zu sammeln, vielleicht nicht einmal die gebräuchlichste. Mehrstämmige Bäume können ebenso gut Reste einer Stockausschlagwiese sein, wo die Laubschosse regelmäßig heranwachsen durften, um dann abgeschlagen zu werden. Auch Rinde wurde als Tierfutter verwendet. Linné berichtet in seiner *Lappländischen Reise*:

> Abends erreichte ich Jämteböle, da saßen einige Frauenzimmer und zerschnitten Espenrinde in dünne Schnitzel. Die Espenrinde wird, wenn der Baum anfängt, sich zu belauben, abgeschält, bis zum Herbst unter Dach gebracht, um welche Zeit, oder auch im kommenden Frühjahr, man sie zerschneidet und Kühen, Ziegen und Schafen anstelle von Heu als Futter gibt, denn Heu ist hier nur sehr schwer zu haben, ihre Wiesen sind zumeist nur Moore.

Große Bäume ließ man auf diesen Wiesen, die nach dem Hieb für einige Jahre viel Heu gaben, oft stehen. Eichen durften überhaupt nicht gefällt werden; sie gehörten der Krone. Manchmal stehen noch mehrere Eichen und andere hochstämmige Bäume und zeugen davon, dass aus der Wiese Weideland geworden war. Die Wiesenbewirtschaftung scheint sehr dynamisch gewesen zu sein. Zeitweise durften die Mahdwiesen zuwachsen, um nach einigen Jahren große Mengen Laubfutter zu geben. Wiesen konnten auch von Steinen befreit und umgepflügt und zu Äckern gemacht werden, um sich dann allmählich in Weiden zu verwandeln.

In unserer ästhetisch bedingten Bewirtschaftung vereinzelter Mahdwiesen und Laubholzhaine gibt es diese Dynamik nicht. Die Pfarrwiese von Häverö ist ein statisches Andenken. Es ist eine botanische Tafel, wo man im Blumenduft umherstreift und Karmingimpeln und Gelbspöttern lauscht. Man trinkt an rustikal behauenen Bänken und Tischen seinen Kaffee aus der Thermoskanne, und ist man Gemeindemitglied, nimmt man im Frühling vielleicht am Ausrechen teil.

In August Strindbergs *Die Hemsöer* lässt Carlsson die Mahdwiesen ausrechen, die Maulwurfshügel einebnen, Laub und Vorjahresgras wegräumen und die vom Frost gebissenen Flecken, wo er gesät hatte, mit Jauche düngen. Nachdem er mit seinen neuen Methoden in der Wiesenbewirtschaftung hatte prahlen dürfen, gewinnt in dieser berühmten Heuernteschilderung Strindbergs Schönheitssinn die Oberhand.

Die Sensen zischten, und das tauige Gras fiel schwadenweise, und Seite an Seite lagen alle die Sommerblumen, die sich aus Wald und Gehölz herausgewagt hatten: Margeriten und Kuckucksblumen, Pechnelken und Labkraut, Kälberkropf, Heidenelke, Erve, Steinsame, Vogelwicke, Pestwurz, Klee und all die Gräser und Halbgräser der Wiesen; und es duftete süß wie Honig und Gewürz, und Bienen und Hummeln flohen in Schwärmen...

Niemand kann wohl dieses Prosagedicht über die Landarbeit als Erlebnis von Schönheit und als ausgelassenes Fest übertreffen. Für den Sommerfrischler Strindberg war es sicherlich ein Fest und möglicherweise auch für die zusammengetrommelten Schnitterinnen und Schnitter, die recht bald zu einem Frühstück mit dampfenden Strömlingen und kaltem Schnaps gebeten wurden.

Die Jämten erinnern sich deutlich daran, dass jeder bestellte Boden einst vom Wald oder Moor erobert werden musste, jede Einhegung, die jetzt wieder verwachsen ist, jede Ackerparzelle, auf der die Gerste nur in günstigen Sommern reifte, jede Mahdwiese. In nördlichen Landschaften zeigen Heureiterstangen noch immer an, wo einst Heu gemacht wurde. Die Scheunen sind meist eingefallen und verrottet. Ihre mit Birkenrinde oder Spaltschindeln gedeckten Dächer haben den Regenfällen und dem Gewicht des Schnees nicht standgehalten. Im Süden sind es die Steinhaufen im Wald, die davon zeugen, dass der Boden hier einst bestellt wurde.

Wenn wir die Schönheiten einer alten Kulturlandschaft genießen wollen, müssen wir sie vom Wald zurückerobern. Der Wald ist natürlich ebenfalls schön, aber viele haben Angst vor ihm. Dreiundzwanzig Jahre lang bin ich im Kirchspiel Hotagen im nordwestlichen Jämtland durch die Wälder gestreift. Dreimal bin ich Menschen begegnet. Ich habe schließlich gefragt und erfahren, dass nur wenige ohne ein Anliegen wie Beerensammeln oder die Elchjagd in einen Wald gehen. Naturerlebnisse sucht man in offener Landschaft. Die meisten scheinen die Natur und deren Schönheit mit Aussichten auf das Meer oder die Berge zu verbinden, aber auch mit Blumenwiesen und Hainen voll Buschwindröschen in einer

Kulturlandschaft, die nicht mehr lebendig und dynamisch ist, sondern als das Kleinod, das sie ist, gehegt werden muss.

Die Apfelbäume in meinem Wald verlieren jedes Jahr ein Stück Lebensraum. Lange wird es sie nicht mehr geben, diese luftigen Erinnerungen zwischen den dunklen Schatten. Die Fichten sind zahlreich und viel stärker im Kampf ums Licht. Sie ragen aus verbuschten Ackerparzellen auf und brechen allmählich auch den Kirchweg auf. Bis jetzt aber zeigen die rosaweißen Wolken aus Apfelblüten eine menschliche Anwesenheit vor noch gar nicht langer Zeit an. Blütenwolke um Blütenwolke bricht aus dem Fichtendickicht hervor.

Drohendes Unheil

In den Anblick der großen, schier undurchdringlichen Wälder zu versinken, die früher ganz Europa bedeckten, ist nicht schwierig. In der Kosmoramaperspektive meines Traumflugs wogt ein grünes Laubdach unter mir. Schwieriger ist es dagegen, sich in ganz nahe Zeiten hineinzudenken. Immerhin sind es dieselben Steine, die heute wie früher in meinem armen Dorfwald aus dem Boden ragen. Der Sumpfporst ist duftend und ungestört in nasser Erde gewachsen – seit wann? Schon zu Herrn Olofs Zeiten ist er hier gewachsen, aber wir wissen nicht, wie er ihn genannt hat. Hügel und Buckel, auf denen Häuser gebaut werden konnten, ohne das Kulturland zu beschneiden, sind für Füße und Beine unverkennbar noch vorhanden. Löcher und Tümpel voll Wasser. Lang gestreckte Steinplatten, die im Kiefernwald zutage treten. Felswände, die zu ehemaligen Seegründen abstürzen. Der südliche Teil des Sees ist völlig zugewachsen, reichte aber einst bis zu der Klippe beim umstrittenen Schlagbaum. Worüber stritt man, als die Drachenschiffe bis hierher segelten? Sie müssen bis herauf zur heutigen Infiltrationsanlage von Bauer Lars Fröberg gekommen sein. Die bronzezeitlichen Gräber auf seinem Grund und Boden lagen an einem Ufer.

Herr Olof ritt in den Wald, und sein Pferd wich denselben Schlammlöchern aus, um die ich in meinen Stiefeln von Lantmanna herumgehe. Trotzdem hat er nicht denselben Wald gesehen wie ich. Und es war eine andere Gefahr, deren er sich bewusst war, als die, welche ich ahne.

»Ein Unheil werde bereiten ich dir«, drohte das Wesen im Nebel.

Vielleicht vereint uns in unserem nördlichen Wald die Angst. Es ist nicht nur die Angst »im schrecklichen Walde«, die Angst, sich zu verirren. Nirgendwo sonst hat das Lied diese Ausformung bekommen wie bei uns im Norden, obwohl es auf dem Kontinent in unzähligen Varianten gesungen und getanzt wurde. Nur bei uns rächte sich die Waldwelt an dem Eindringling.

Wie aber sieht das Unheil aus, das uns zugefügt werden soll?

Es fällt nicht schwer zu glauben, der Wald werde sich irgendwann alles wieder holen, was er verloren hat. Dass nicht nur der Weg zur Kirche und die Dorfwiese verbuschen, sondern die Fichtentriebe auch durch den Asphalt der Champs-Élysées brechen werden. Dass Sergels Torg in Stockholm zu einem Erlensumpf wird und das Brandenburger Tor ein undurchdringlicher Mischlaubwald, in dem die Eichen höher sind als die Mauerreste. Es liegt sogar eine böse Genugtuung in einem solchen Traum von der Bedrohung durch den Wald.

Die andere Bedrohung ist schlimmer. Verarmung, am Ende womöglich gar Vernichtung.

Nur solange es den Wald gibt, können wir atmen.

Mensch zu werden ist ein Verbrechen, das gesühnt werden muss; der das Lied über Herrn Olof schrieb, wusste das. Uralte Religionen halten das Trauma der Verbindung des Menschen mit der Natur, die er selbst einst war, fest. Die Mythen erzählen vom Unwiederbringlichen: vom Biss in den Granatapfel, vom Zweig, der im heiligen Wald abgebrochen wurde, von den Baumstämmen, die wie Leichname den Fluss hinabtrieben, nachdem Gilgamesch den Zedernberg abgeholzt hatte.

FICHTE

Grýla bedeutet Schrecken

Im Jahre 1177 ritt ein Herr in einen tiefen, unbekannten Wald. Nach langer Zeit und vielen Mühen kehrte er zurück, um von seiner Reise Bericht zu erstatten. Sverre hieß er und kam direkt von den Färöern, wo er als Sohn eines gewissen Unas galt. Gunhilds Sohn war er auf jeden Fall, und sie behauptete, eine Pilgerfahrt nach Rom gemacht zu haben, wo sie dem Papst gebeichtet und erzählt habe, dass ihr Mann Unas nicht Sverres Vater sei. Das sei der norwegische König Sigurd Munn. Norwegen hatte damit einen weiteren Kronprätendenten erhalten, wenn auch viele aus Gunhilds Mitwelt wie aus ihrer Nachwelt sowohl die Romreise als auch die Liebesgeschichte bezweifelten.

Es gab eine Schar Rebellen, deren Anführer jüngst in den Kämpfen um den Thron umgekommen war. Sie wurden Birkebeiner genannt und hatten nun keinen mehr, der Anspruch auf den Thron erhob. Sie baten Sverre, er möge ihr Anführer werden, doch der lehnte zunächst ab. Allem Anschein nach war er ein intelligenter Mann, denn er sah ein, wie aussichtslos es war, sich an die Spitze einer der vielen Räuberbanden zu stellen, die in Norwegens Fjordtälern der Königsmacht nachjagten. Ganz unwillig war er jedoch nicht. Er brach nach Östergötland auf, um dort bei den Mächtigen um den Sveakönig Knut Eriksson Unterstützung zu suchen. Der Östgötapotentat Birger Brosa wollte erst mal sehen, ob man auf ihn setzen konnte. Im Unterschied zu etlichen anderen, die ein Recht auf den norwegischen Thron zu haben glaubten, ging es um Sverre immerhin hoch her. Seine Mutter behauptete schließlich, bis zum Papstpalast gegangen zu sein, um ihren Träumen von der künftigen Größe ihres Sohnes Nachdruck zu verleihen.

Die Flucht in den Wald war ein Teil des Unglücks der Birkebeiner, die schwere Strapazen ausgestanden hatten. Zerlumpt und heruntergekommen und weil es nichts Besseres gab, hatten sie sich aus Birkenrinde einen Beinschutz gemacht. Daher der Name Birkebeiner, den sie gern als Namen einer politischen Partei genommen hätten. In der Zeit vor ihrem ersten Kontakt mit Sverre war er jedoch lediglich ein Spottname für einen Haufen Lumpengesindel und Gewalttäter.

Es gibt eine Saga, worin Sverre selbst von seinem Weg durch den Wald zur Macht erzählt. Sie heißt *Grýla*, und Grýla bedeutet Schrecken.

Olav Haraldsson war im Jahre 1030 durch die Wälder jenseits des Kölen geirrt. Er war auf dem Weg nach Stiklestad, wo er den Tod finden und Olof der Heilige werden sollte. Sein Weg lässt sich an den Olavsquellen, aus denen er der Legende nach getrunken hatte, und den Olavshütten, wo er angeblich übernachtet hatte, ablesen. Diese Geschichten wurden von Snorri Sturluson jedoch ein paar hundert Jahre nach den Ereignissen wiedergegeben. Die Schilderung in *Grýla* ist dagegen einzigartig, weil der Abt Karl Jónsson sie niederschrieb, während Sverre Sigurdsson neben ihm saß und von Ereignissen berichtete, die erst ein, zwei Jahrzehnte zuvor stattgefunden hatten. Das hat sie als historisches Dokument wertvoll gemacht. Es ließ sich daraus viel über das frühe Schicksal Jämtlands und Härjedalens unter mal norwegischer, mal schwedischer Krone ablesen.

Im offenen Gelände konnten sich Sverre und seine Schar nicht zeigen, rebellierte er doch gegen ein gekröntes Haupt. König Magnus war der Sohn des Jarls Erling Skakke und nicht dafür bekannt, freiwillig auf Macht zu verzichten. Die Bischöfe der Kirche stützten Magnus, und die Bauern wollten vor allem Frieden haben. Hinter ihnen war folglich ein großes Aufgebot her.

Sverre durchquerte Tiveden, nachdem er bei seiner Tante und ihrem Mann Birger Brosa in Östergötland Weihnachten gefeiert hatte. Für seine Eroberungspläne hatte er noch immer nicht die gewünschte Unterstützung erhalten und machte sich deshalb auf den Weg nach Värmland, wo seine Schwester Cecilia lebte. Tiveden war eine Prüfung, »denn er irrte 6–7 Tage in Folge durch große, unbekannte Wälder«, schreibt Abt Karl Jónsson, »und während er mal hierhin und mal dorthin zog, musste er sowohl Hunger als auch Kälte leiden«.

Sverre gelang es schließlich, durch seinen Verwandten Birger Brosa von Birger Jarl siebzig Mann zu erhandeln, und mit diesen vollbrachte er das Unerwartete. Der Wald, in den die Birkebeiner

Mittelalterliche Jäger in *The Lutrell Psalter*. Jagdwaffen im Wald waren Armbrust und Pfeil und Bogen. Für den Fall, dass es zum Nahkampf kommen sollte, hatte man einen Speer dabei.

geflohen waren und wo sie so schwer gelitten hatten, wurde nun sein Verbündeter. Sverre beschloss, durch die dunklen, unwegbaren Wälder auf der Ostseite das Fjäll zu ersteigen und auf diesem Weg nach Tröndelag und zum Bischofssitz in Nidaros zu ziehen. Dort sollte der Kampf um die Macht stattfinden.

Dieser Beschluss wurde von einem Mann gefasst, der auf den waldlosen Färöern aufgewachsen war und dem möglicherweise nicht klar war, worauf er sich einließ. Seine Geschichte ist das Märchen von der Überwindung des Schreckens vor dem Unbekannten. In *Grýla* kämpft sich Sverre durch die Unwegsamkeit, um am Ende einen Weg und Ehre zu finden. Er sagt, sein Umherirren gleiche dem von Königskindern in den Märchen alter Zeiten, die sich in der Gewalt von Stiefmüttern befänden und ihr Reich suchten.

Zuerst müht sich die Schar auf unbekannten Pfaden nach Ekshärad in Värmland. Es sind jetzt nicht mehr als achtzig Mann, nachdem Sverre Räuber und Glückssucher ausgeschlossen hat. Wie sie aber, ohne Pferde zu rauben und Essen zu stehlen, bis Nidaros kommen wollen, erzählt er nicht. Laut der Saga lebt sein Gefolge von Elchen und Vögeln, vom Saft der Birken, von Baumrinden und vorjährigen Preiselbeeren unterm Schnee. Von Ekshärad ziehen sie nach Malung in Dalarna und dann weiter hinauf bis Jarnberaland, wie er es nennt. Das könnte Älvdalen sein, wo man schon seit Urzeiten Erz aus den Mooren gewinnt. Der Titel, auf den Sverre sich berief, machte auf die Leute hier oben keinen Eindruck. Er berichtet:

Jarnberaland untersteht dem Sveakönig, und es ist noch nicht christlich. Die Leute haben in ihrem Lande noch nie einen König gesehen, und sie waren es nicht gewohnt, Könige zu empfangen. Man kann sagen, es gab niemanden, der wusste, was ein ›Königsmann‹ war, sie wussten kaum, ob es ein Mensch oder ein Tier war. Es war nicht einfach, sich unter derart unwissenden Menschen zu bewegen.

Dann erzählt er, dass sie viele Meilen durch den Wald nach Härjedalen zogen, das er als sein Land betrachtete, das heißt als norwegisch. Um nach Jämtland zu gelangen, mussten sie sich nun durch eine ungeheure Einöde kämpfen. Aus Baumstämmen bauen sie sich Flöße, mit denen sie die großen Seen überqueren. Sie hungern und saugen Birkensaft, kämpfen sich über einen großen Fluss und sind schließlich so erschöpft, dass sie sich auf die Erde legen und sagen, sie könnten nicht mehr. Doch Sverre, der selbsternannte König, ist nicht bereit aufzugeben:

> Der König bat die Männer, sich zusammenzureißen, es sei nicht mehr weit bis zur nächsten Siedelei, und er sagte, die Zeiten könnten nur besser werden für sie, wenn sie endlich unter Christenmenschen kämen.

Ab Ostern zog Sverres Gefolge fünfzig Tage lang durch die Wälder. An Pfingsten erreichten sie Nidaros, und dort kämpften sie, bis Sverre, wenn auch nur vorläufig, als König anerkannt wurde. Nun konnte er Steuern erheben, was schließlich der Sinn dieser Kriegsunternehmung war. Welch gewaltige Einkünfte die Wälder der Finnmark den Tröndern bescheren konnte, berichtet die *Saga von Egil Skalla-Grimsson*, die Snorri Sturluson im 13. Jahrhundert zusammengestellt hat. Da ist die Rede von Häuten und weißen Pelzwaren sowie von Schiffen, die mit Grauwerk, Biber- und Zobelfellen beladen sind. Hier gab es für bewaffnete und tatkräftige Steuereintreiber etwas zu holen.

Es dauerte jedoch nicht lange, und die Birkebeiner irrten erneut mit ihrem »Königsmann« umher. Die Treue zu Königen währte oft nicht länger, als diese mit ihrer Gefolgschaft und ihren Kämpen in Sichtweite waren. Im Jahr darauf, 1178, sind Sverre und seine Mannen wieder in den unerhörten Wäldern unterwegs. Sie wollen noch einmal einen Versuch in Nidaros wagen. Diesmal wählen sie eine nördlichere und entlegenere Route, um dorthin zu kommen. Sverres Worte, er sei nördlich übers Fjäll gegangen, um nach Namdalen hinunterzugelangen, gab mir einiges zu denken, als ich in Hotagen in Jämtland wohnte.

Durch das große Wassersystem von Lifjället zieht sich ein Band von Seen. Dazwischen verlaufen Flüsse, und in Valsjöbyn ist zwischen den Seen Valsjön und Rengen ein mächtiger Wasserfall. Es ist kein weiter Weg, wenn man Boote zum Rengen hinaufschleppen will. Im 14. Jahrhundert hatten die Bauern aus dem norwegischen Sörli ihre Viehtrift dort, wo heute Valsjöbyn liegt. Aus dieser Zeit ist ein Reitpfad nach Norwegen bezeugt, und berücksichtigt man die Geländeverhältnisse, muss er unterhalb unseres Viehstalls vorbeigeführt haben.

Denkt man, besonders an einem regenverhangenen, stillen Tag, lange genug darüber nach, sieht man dort unten über dem Birkenjungwuchs fast Speere und Filzmützen aufblitzen. Jedenfalls leuchten Beinschutze aus Birkenrinde weiß in dem Grau. Der gemeine Mann zieht mit beladenen Pferden an den Seen entlang, und unter meinen Fenstern schlagen auf dem weichen Boden des Reitwegs dumpf die Hufe auf.

Und König Sverre? An diesigen Tagen mit grausilbrigen Nebeln über dem Rengen erscheint es mir nicht unmöglich, die schnellen Ruderboote zu Gesicht zu bekommen, die ihn und Sigurd aus Saltnes mit den Vornehmsten seiner Gefolgschaft nach Westen bringen.

Sverre war kein Naturschilderer. Ihn interessierte nicht, was im Wald wuchs und lebte, solange es nicht zum Überleben oder zu den Steuereinnahmen beitragen konnte. Er schildert uns jedoch ausführlich die Sichtweise des mittelalterlichen Menschen vom Wald als einem Ort des Schreckens und der Strapazen. Sein Projekt ist christlich und politisch, was damals ein und dasselbe war. Der Weg durch den Wald führt zur Kirche Olofs des Heiligen und zur Versöhnung mit den Bischöfen. Die Kirchenglocken werden läuten, wenn Sverres Königswürde anerkannt wird. Sind die Bauern feindlich eingestellt, lässt er Pferde schlachten und sagt, falls ihnen nicht geholfen werde, müsse er mit seinen Männern, um zu überleben, Pferdefleisch essen. Diese grobe Anspielung auf vorchristliche Schlachtopfer und Speisegewohnheiten beeindruckt; wird der Mensch in der Gewalt des Waldes allein gelassen, kann er gezwungen sein, ins Heidentum zurückzufallen. Sverre lässt sich von Christenmenschen helfen, diese Bedrohung abzuwenden, und wird somit als einer der ihren anerkannt.

Die Idee, die Sverre von anderen Thronprätendenten unterschied, war, sich vom Wald helfen zu lassen. Dieses erschreckende Außerhalb wurde sein Verbündeter, auf den er sich bei zwei Kriegszügen verließ, um von den Aufgeboten unentdeckt nach Nidaros zu gelangen.

Der dunkle Wald

Dantes Wald in *Die göttliche Komödie* war ein Ort, an dem das Bewusstsein machtlos war. Der Wald, in dem sein Pilger sich verirrte, konnte sicherlich auch in Wirklichkeit so dunkel gewesen sein, wie er ihn beschreibt. Ein geschlossenes Laubdach lässt nicht viel Licht durch. Es gibt in Europa viele Namen, die Waldesdunkel beschreiben: Schwarzwald, La Montagne Noire und La Sierra Morena. Im ehemaligen Jugoslawien hieß es Tcherna gora. Im Altschwedischen war der schwarze Wald blau.

Aus der mittelalterlichen Waldordnung »Trögbolagh« wird aus all dem darin aufgezählten Nützlichen – Nüsse, Eckern, Bast und Laubholz – ersichtlich, dass der mittelalterliche Wald in Süd- und Mittelschweden ein lichter Mischlaubwald und manchmal ein Edellaubwald war. Doch als Sverre durch Värmland und Dalarna ins Waldland von Härjedalen und Jämtland hinaufritt, herrschte Fichtenwald vor. Seinem Dunkel kamen keine Lieder bei.

Wir können heute nirgendwohin fahren, um einen solchen Wald zu sehen. Die Urwaldreste, die wir noch haben, sind klägliche, aus einer verlorenen Decke gerissene Fleckchen. Niemand hat sie beschrieben. Wozu auch? Und wie beschriebe man in so einem Fall Chaos?

In dem dunklen Fichtenwald standen vereinzelt Laubbäume, oben im Norden meist Espen und Ebereschen. In helleren Lagen gab es schorfige Birken und in der Nähe des Fjälls allmählich glatte Moorbirken. Erlen säumten die Brüche, auf den Höhenrücken und oberhalb steiler Flusstäler wuchsen Kiefern. Der Fichtenmantel schloss sich um abgrundtiefe Moore und Schlenken, in denen schwarzes Wasser glänzte. Die Bergzüge mit ihren gezackten Fichtenwaldrücken umschlossen die Seen der Einöde. Die Birkebeiner kamen zu Seen, die sie mühsam umgehen mussten. An den Flüssen bauten sie aus Baumstämmen Flöße und kamen dabei fast um. Sverre ließ ihre Errettung aus dem Wasser als willkommenes Wunder aufzeichnen, um damit die Bischöfe zu überzeugen.

Die alten, umgefallenen Baumleichen, die mit Flechten und Porlingen überwachsen waren und vor Insekten schwirrten, die Kieferndürrlinge in den Schlenken, die sich silbern gen Himmel wanden, die jähen Abstürze, die Reisighaufen, die dunklen Löcher in den Wurzeltellern umgestürzter Bäume voll spitzer Steine und grober Wurzeln, die dem Sturm nur widerwillig nachgegeben haben, die Harfensaiten des grauen und flechtenbehangenen Geästs toter Fichten – all das, so dürfen wir uns vorstellen, haben Sverre und sein Gefolge als einen in Anarchie und Auflösung befindlichen Herrschaftsbereich gesehen. Wessen? Nun, christlich war er jedenfalls nicht, und kein König, nicht einmal der unternehmungslustige Sverre, erhob auf diese nördlichen Wälder noch Anspruch.

Die Birkebeiner konnten in dem wüsten Wirrwarr unwissentlich zwischen eine Bärin und ihr Junges geraten, und dann waren sie übel dran. Aus der Höhe spähte eine gefleckte Katze nach ihnen, deren spitze Ohrenpinsel zitterten. Die Rudel des Graubeins waren nicht fern, sie witterten Pferdegeruch. Kaltschwarze Marderaugen starrten sie an. Als sie weit genug in den Norden vorgedrungen waren, umflatterten schmeichlerische Unglückshäher ihre Proviantbeutel. Der Unglücksvogel simulierte Freundschaft, war aber nur aus Fresslust so furchtlos. Insekten stachen und surrten, im Weidendickicht entlang der Bachufer war es am ärgsten. Dort schwärmten ganze Wolken von ihnen und drangen in Nase und Augen ein. Sie waren fast unsichtbar, brannten aber wie Feuerfunken. Das Wasser der Bäche plätscherte über Steine und plapperte unbegreifliches Zeug. Nur dort, wo das Birkwild im Abstand eines Pfeilschusses in den Wipfeln saß und Elchhufe im Morast Abdrücke hinterlassen hatten, sprach der Wald zu den Vordringenden. Was sich abspielte, wenn die Saite gesungen und der Pfeil getroffen hatte, konnte in menschlicher Sprache wiedergegeben werden. Über alles andere dagegen ließ sich nichts sagen. Wie hätte man es auch sagen sollen?

In der Theorie und wenn man daheim in unmittelbarer Nähe seiner Kirche am Schreibpult saß, gab es selbstverständlich keinen Herrschaftsbereich außerhalb der christlichen Ordnung. Die Schöpfung war heil und unteilbar, sie war Gottes Werk. Die *Erikskrönikan* (Erikschronik), etwa hundert Jahre nach der *Sverris Saga* verfasst, unterscheidet nicht zwischen einer von Menschen beeinflussten, ja nachgerade von Menschen gemachten Landschaft und unberührter Wildnis. Alles hat Gott erschaffen. Als noch kein Unterschied zwischen menschlich Beeinflusstem und Naturgegebenem existierte, gab es auch keine Angst vor dem Einfluss des Menschen. Heute fühlen wir uns sogar von der Luft, die wir atmen, bedroht. Von Seewasser bekommen wir Durchfall, und im Meer stirbt der Fisch. Auf den Kahlschlägen sind die Bäche ausgetrocknet. Wir wissen, dass die Bedrohung von uns selbst ausgeht und dass wir zu einer unfassbaren Zerstörung imstande sind, weil wir dem Wald und dem Wasser heute überlegen erscheinen. Für den mittelalterlichen Menschen ging die Bedrohung von Dingen aus, denen er nicht überlegen war. In unseren nördlichen Ländern war dies die Öde, das heißt der Wald.

Die Öde existierte nach christlicher Vorstellung seit dem Moment, als Gott den Menschen aus dem Paradies, einem Lustgarten, vertrieb. Diesen versucht er seitdem durch das, was wir Kulturlandschaft nennen, wiederherzustellen: Wiesen, Weiden, Gärten und Balkonkästen. Die Grundbedingung aber, die bittere Konsequenz des Sündenfalls, war die Einöde mit ihren Qualen, ihren Schlangen und ihrer Plackerei im Schweiße des Angesichts.

Die Menschen der Antike kannten natürlich genau wie die Christen des Mittelalters einen großen Herrschaftsbereich außerhalb menschlichen Einflusses. In ihren Wäldern tummelten sich bocksbeinige Faune und haarige Satyrn. Eichen rauschten Vorhersagungen. Die Vögel hatten die Zukunft in ihren Eingeweiden kodiert. Drang man in den Wirrwarr ein, näherten sich freundlich Baumwesen und Quellnymphen. Größere Gottheiten schlugen wie der

Blitz ein oder ließen ihren Samen als goldenen Regen strömen, sie paarten sich mit Schwänen, verwandelten Knaben, die zu Besuch waren, in Hirsche oder ließen sie so tief in Quellen schauen, dass sie zu ihrem eigenen Bild wurden. Dort draußen konnten Menschen magische Machenschaften verüben oder anbeten, und sie dichteten so großartig unterhaltsam über den Wald, dass es für zweitausend Jahre reichte.

Die Völker der Antike besaßen auch die Sprache und die gedanklichen Instrumente, um mit dem Unterschied zwischen menschengemacht und naturgegeben umgehen zu können. Sie hatten die intellektuelle Freiheit, diesen Unterschied zu machen und darüber nachzudenken. Cicero beschreibt (in *Natura deorum II)* die von Menschen geordnete und sich zunutze gemachte Welt als einen Herrschaftsbereich innerhalb des Natürlichen. Wir verwerten die Reichtümer, die uns die Berge, die Ebenen und Seen bieten. Wir ändern die natürlichen Verhältnisse nach unserem Willen, bestellen den Boden, bewässern ihn mit großen Systemen, dämmen Flüsse und ändern ihren Lauf. Kurzum, wir versuchen mit unseren Händen gleichsam eine zweite Welt innerhalb der Welt der Natur zu schaffen.

In den volkstümlichen und mythenbildenden Vorstellungen der Antike schließt sich eine reiche, grausame, launische und manchmal freundliche, auf jeden Fall aber ablesbare natürliche Welt um die menschlich geordnete. Es lässt sich alles beschreiben. Für den mittelalterlichen Menschen des Nordens gibt es dagegen ein erschreckendes Außerhalb, von dem er nichts erzählen kann und das er nicht anbeten darf. Es ist das absolut Verbotene. Der Wald erlegte Sverres Leuten eine derart schlimme Plackerei auf, dass er sie nahezu ins Heidentum hinabzog: Sverre müsste Pferdefleisch essen, wenn christliche Menschen ihm nichts anderes gäben.

Der Wald bedrohte christliche Vorstellungen. Die Bedrohung blieb jedoch dunkel. Sie konnte lediglich in Rätseln und ausweichenden Erzählungen wie der über Herrn Olofs tödliche Wunde beschrieben werden.

Als Vergil auf die Geschichte Roms und Latiums zurückblickt, erzählt er von einem arkadischen Zustand im Reich des Waldkönigs. Es ist eine Schilderung für Menschen in einer waldlosen Kulturlandschaft, und sie ist voller Romantik und exotischer Akzente. Im

Norden können wir uns keine solche Vergangenheit erdichten. Hier gibt und gab es immer schon Wald. Er war sowohl Schrecken als auch nützliche Alltäglichkeit und hat sich nie wegdenken lassen. Jedenfalls nicht, bis in den 1970er-Jahren eine Forstwirtschaft mit Ausrottungskapazität entwickelt wurde. Bis dahin konnten sich nur wenige Menschen Schweden als waldloses Land vorstellen. Als die Zeit der riesigen Kahlschläge kam, begriffen wir, dass wir nie eine grüne, wogende Toskana oder weiche, wasserdiesige Färöer bekommen würden, wenn der Wald buchstäblich verschwände. Bei uns gäbe es Dürre und Verarmung, windige Heiden und in hohen Lagen Tundren.

Was in waldlosen Ländern längst vernichtet und niedergekämpft war, bereitete bei uns den Weg zu Kultur und Zivilisation. Das Paradox des Waldes wurde zum Kern unserer Kultur. Das Chaotische, das Außenseitertum bescherte, wurde auch als nützlich und schützend gewürdigt. Wir sind vom Wald zutiefst abhängig.

Sverre, der durch die nördlichen Wälder zog, erzählt uns davon. Die Forscher konnten sich nie darüber einig werden, weshalb er seine Saga über den Kriegszug durch den Wald *Gryla* nannte, denn Grýla bedeutet Schrecken. Ist das denn wirklich so schwer zu verstehen?

Es gibt in unserer Kultur einen Bodensatz an Furcht und Außenseitertum.

On the edge of the habitable world

Ein Rezensent der *New York Times* schrieb vor vielen Jahren über einen meiner Romane, er spiele am äußersten Rand der bewohnbaren Welt. Ich selbst war der Auffassung, dass ich in der Wald- und Fjällgegend, die ich geschildert hatte, recht zivilisiert lebte. Ich verfügte über Tageszeitungen, einen Toaster, Fernsehen und ein Badezimmer. Der Kritiker aus New York schien ein mittelalterliches Weltbild bewahrt zu haben: Für ihn war die Welt eine Scheibe. An ihren Rändern lebte man ganz nahe am Abgrund. Schon die kontinentaleuropäischen Leser von Olaus Magnus, dem Autor des 16. Jahrhunderts, müssen ein anderes Weltbild besessen haben, und aus den zweiundzwanzig Büchern seiner *Historien der mittnäch-tigen Länder* dürfte ihnen klar geworden sein, dass es auch unter *septentrio*, dem Siebengestirn, eine Zivilisation tätiger und erfin-derischer Menschen mit einer langen Geschichte gab. Er schrieb auf Latein und nannte seine Arbeit *De gentibus septentrionalibus*.

Olaus Magnus war zusammen mit seinem Bruder Johannes unter Gustav Vasa kirchenpolitischer Flüchtling und wurde vom Papst zum Nachfolger seines Bruders als katholischer Erzbischof Schwedens (im Exil) ernannt. Er ließ sich schließlich in Rom nie-der, wo er sein großes Werk über die Menschen unterm Siebenge-stirn und ihre Wildnis vollendete. Wer im 16. und 17. Jahrhundert in den Norden reiste und seine Erlebnisse schilderte, war stark von Olaus Magnus beeinflusst und sah den Norden mit dessen Augen. Dass es nicht viele sein würden, die dorthin reisten, war ihm klar. Er hatte vor der Rauheit des Klimas, den ungewöhnlichen Spei-sen, den Gefahren durch Straßenräuber und unwegsames Gelände, ausgedehnten Wäldern, der Gefräßigkeit wilder Tiere, schrecklichen Abgründen, Wasserhindernissen, stürmischen Windverhältnissen beim Segeln sowie dem Risiko, die persönliche Freiheit und seinen Seelenfrieden zu verlieren, gewarnt. Er wusste, wovon er sprach. Ein ganzes Jahr war er als Handelsreisender in Sachen Ablassbriefe des Petersdoms durch Norrland und nach Norwegen zum Bischofs-sitz Nidaros gereist. Er hatte den blendenden, nachts sternenlosen Sommerhimmel erlebt und die Eiseskälte, die so grimmig war, dass Hermeline und Hasen weiß wurden. Sein Pferd war den brau-senden Frühjahrshochwassern der Flüsse ausgewichen und hatte vor den tiefen Morasten in den Wäldern gezögert. Er hatte den Schrecken, den er schildert, selbst erlebt und den Wald mit seinen felsigen Abstürzen, tiefen Schneemassen, unwegsamen Mooren, schlammigen Schwingrasen und reißenden Flüssen, die das in weitem Umkreis unbewohnte Waldland durchschnitten, kennen-gelernt.

Die Schilderung der Lebensgewohnheiten und Siedlungen der nördlichen Völker sowie der unerhörten Wälder ist eine Enzyklo-pädie des Glaubens und Wissens seiner Zeit über die Lage hier am Rand der Welt. Polarlichter flammen, Trolle johlen, der Nordwind reißt Häuser mit sich, und der Teufel reitet auf einem Pferd mit abstehenden Eisendornen. In den 1960er-Jahren fuhr ein amerikanisches Paar mit dem Auto von Norwegen aus durch die Gegenden, die Olaus Magnus bereist hatte. Sie sahen nur die Wälder nach hinten davonstürzen, Meile um Meile um Meile. Hin und wieder tauchte ein Konsumladen auf. Sonst nichts, haben sie mir erzählt. Nur Fichtenwald. Sie waren vor Überdruss verzweifelt.

Die Geschwindigkeit erschafft ihre eigene Landschaft, auch im Hirn.

Olaus Magnus war kein Fantast. In seiner Welt gab es sowohl Nützliches, das man strebsam ausfindig machte, als auch Wunder, die berückten und erschreckten. Er beschreibt nüchtern, wie seine früheren Landsleute Boote teeren, und hält fest, dass sie Teer aus Kienholz verwenden, wovon es in diesem Land einen unerschöpflichen Vorrat gebe. Der Wald sei ein wahres Füllhorn. Schiffsbauholz werde aus Kiefern und Fichten gewonnen, die in dünne Bretter gespalten würden. Da es keine Eisennägel gebe, füge man die Planken mit zarten, frischen Baumwurzeln zusammen.

Vermutlich schildert er erstmals den Holzexport, der für Schweden so bedeutsam werden sollte. Kiefer und Fichte erreichten hier eine derart stattliche Höhe und seien so gerade von Wuchs, dass sie sich gut zu allerlei Bedarf verwenden ließen, ja denen, die es nach Gewinn gelüste, sogar hübsche Sümmchen einbringen könnten, wenn sie an fremde Kaufleute veräußert würden.

Es wachsen die Thannen, Fiechten, Wackholder und Lerchenbäum in grosser Anzahl in den mitnächtigen Wäldern und werden so hoch, daß sie den hohen Thürnen zu vergleichen sein.

Er preist das Eichenholz, spricht aber auch von einem anderen Baum mit hartem Holz, dessen Name unbekannt sei. Gelehrte Kommentatoren haben die Ansicht vertreten, es handle sich um die Schwedische Mehlbeere. Die Lärche gab es zu seiner Zeit in Schweden gar nicht. Entweder glaubte er seinem Plinius, der über harzführende Bäume schreibt, dass Lärchen an der gleichen Stelle wie Fichten wüchsen, oder er meint einen ganz anderen Baum.

Immer wieder stößt er auf die Schwierigkeit, lateinische Bezeichnungen für nordische Bäume und andere Pflanzen zu finden. Botanische Kenntnisse mit internationaler Nomenklatur gab es damals noch nicht. Er hat auch kein Interesse an den Bäumen an sich, sondern achtet stets darauf, welchen Nutzen man aus ihnen zieht. Die Baumstämme werden zu Schiffsmasten, zu Dachstühlen von Häusern und Kirchen sowie zu Schiffsplanken. Er bedauert, dass man nicht wie im Süden Fichten- und Kiefernzapfen zur Arzneimittelherstellung verwendet. In diesem Punkt war er allerdings schlecht informiert. Harzpflaster, diese Salbe aus Fichtenharz, Schafstalg und Eigelb, die in Jämtland noch immer zusammengekocht wird, hat mit Sicherheit uralte Vorgänger. Er spricht vom süßen Mark der Kiefernspitzen, das die Leute mit Begeisterung äßen. Hierbei handelt es sich um Kiefernsprossen, *gemma pini*, unausgebildete Triebe, die wirklich frisch schmecken und gut zu kauen sind. Selbstverständlich hat man Teer gebrannt und aus Fichtenzweigen Fassbänder gefertigt. Vom Wacholderbeerpflücken weiß er: »…wiewol man sie, von wegen daß sie stechen, mühselig bekommen kan.« Möglicherweise regte sich eine Kindheitserinnerung, als er dies schrieb. Er hat selbst erzählt, dass er als Schuljunge in Västerås auf die Wiesen von Aros geschickt wurde, um Wacholderbeeren zu ernten.

Genau wie die mittelalterlichen Quellen liefern seine Beschreibungen des Waldes und der Bäume das Bild einer reichen und vielfältig genutzten Umwelt. Der Wald bietet Wärme, Nahrung, Bauholz, Genussmittel und sogar Schmuck. Dem Bernstein, der mit den Bächen ins Meer gespült wird und an den Stränden der Ostsee schimmert, ist ein eigenes Kapitel gewidmet.

Olaus Magnus erzählt, wie dunkel es im Norden ist und durch welch unterschiedliche Kniffe und Erfindungen man sich im Winterhalbjahr Licht verschafft. In ihrer Sachlichkeit schön und anrührend ist seine Schilderung der Verwendung von Kienfackeln.

Die können sie so artig tragen, daß sie es dennoch brauchen, wann sie schon mit beyden Händen arbeyten und heben, denn sie spalten ihnen die Fiechten zu kleynen Schindeln oder Fackeln und stossen sie unter die Gürtel, zinnen eyne an, die nemmen sie am andern Orte ins Maul oder steckens auff den Hut oder den Schleyer, ziehen mit dahin, wohin sie wöllen, richten ihre Arbeyt auß ohn Verhinderniß des Winds, wie sie nur wöllen.

Hier werden die Nordleute zu eifrigen und unermüdlichen Lichtträgern.

Olaus Magnus schrieb über die Leute auf dem Land. Er schrieb mehr und freundlicher über sie als irgendjemand sonst. Die Kundschafter und Berichterstatter seiner Zeit widmeten sich am liebsten der Stadt- und Fürstenkultur und hatten für die Bauern kaum mehr als Verachtung übrig. Der Landesflüchtige aber wollte erzählen, wie die gewöhnlichen Leute in dem fernen Land mit der Kälte, den Schneemassen und den großen Entfernungen zurechtkamen. Gauten, Svear, Finnen und »Skrickfinnen« (Sami) stellten zu seiner Zeit die Bevölkerung im Norden. Ihnen allen und ihrer Art, sich in einer harten Welt unermüdlich und erfindungsreich durchzubringen, bringt er Achtung entgegen.

Die Kultur der Menschen im Norden war nicht nur von Kälte und Dunkelheit bedroht. Die ständig ausgetragenen Kriege konnten die Sitten und die Ergebnisse jeglicher Arbeit zunichte machen. Olaus Magnus glaubte nicht, dass die Kriege jemals aufhören würden, und widmete deshalb einen großen Teil seiner *Historien* der Kriegskunst. Mit patriotischem Stolz beschreibt er die Tapferkeit und Kriegslist der gautischen Vorväter und wie gekonnt sie die natürlichen Voraussetzungen ausnutzten: Schneemassen und dichten, wüsten Wald. Trotzdem bilden in seiner Darstellung Kultur und zivilisatorische Arbeit einen Gegenpol zu Krieg und Zerstörung, nicht expressis verbis, doch durch den Kontrast und vor allem durch das Interesse, das er dem Streben gewöhnlicher friedlicher Menschen entgegenbringt.

Als Sverre Sigurdsson von den Färöern gen Nidaros und die Macht zog, schloss sich, isoliert und unbeschrieben, eine Welt nach der anderen hinter ihm. Er hatte weder die begrifflichen noch sprachlichen Möglichkeiten, sie zu schildern. Der Wald war für ihn nichts anderes als eine Transportstrecke auf dem Weg zur Macht. Er reiste von einem kleinen, relativ autonomen Machtzentrum, das von Gebieten voller Ressourcen umgeben war, aus denen er sich mit den Dingen des täglichen Bedarfs und militärischer Unterstützung versorgen konnte, zum nächsten. Als Olaus Magnus durch Jämtland und Härjedalen reiste, sahen Landschaft und Siedeleien wahrscheinlich noch ungefähr genauso wie zu König Sverres Zeiten aus.

Aber auch wenn die Waldbauern nichts davon wussten, so hatte die Welt sich geöffnet. Im Jahre 1539 ließ Olaus Magnus seine denkwürdige *Carta Marina* drucken und herausgeben, das größte Kartenwerk, das die Welt bis dahin gesehen hatte. Er selbst nannte sie *Carta Gothica*, da es eine Karte über nördliche Meere und Länder ist. Auf ihr lässt sich nördlich von Europa ein Ozean ahnen, eine künftige Nordwestpassage. Als er seine Karte zeichnete und sie in neun große Holzblöcke schneiden ließ, wusste er von den großen geografischen Entdeckungsreisen, die von Spanien und Portugal ausgegangen waren. Er war an der Öffnung der Welt beteiligt.

Sie öffnete sich auch nach innen. Der gelehrte und neugierige Mensch las nun antike Schriftsteller, die in Vergessenheit geraten waren, und wollte seine mit ihrer Kultur verknüpfen. Es ist schwierig, sich in diese junge Welt hineinzuversetzen, die sowohl nach außen mit dem noch Unbeschriebenen als auch nach innen mit einer alten Wissenschafts- und Denktradition in Verbindung stand. Nachdem aus Geschichte Massentourismus und Maskenaufzüge geworden und Kenntnisse schon nach einer Saison veraltet sind, können wir allenfalls sporadisch das Gefühl einfangen, das Olaus Magnus bei seiner Arbeit hatte. Bettelarm saß er in Rom in einer muffigen Kammer und blätterte in Büchern und Papieren. Ein Besucher beschrieb seinen Raum als ein Alles-in-einem mit Altar, Schreibpult, Bett und Abort. Er stand dort aber mit der Gegenwart und der Vergangenheit, mit der Wissenschaft seiner Zeit und den Kenntnissen des Volkes in Verbindung. Irgendwann ging es ihm besser, und er konnte eine Druckerpresse kaufen. Zu dieser Zeit war er Vorsteher des Hauses der heiligen Birgitta und verfügte über zwei Zimmer. Die Reise des Subcollectors in den Norden zum Einsammeln von Ablassgeldern war und blieb das große Abenteuer seines Lebens, obwohl er im Laufe der Zeit zu einem weit gereisten Europäer wurde. *Historien der mittnächtigen Länder* ist von einer verwunderten und enthusiastischen Augenzeugenschaft durchdrungen. Auf dem Pferderücken hatte er sich ein Wissen erritten, das zu seiner Zeit seinesgleichen suchte. Ich gönne ihm das bisschen Komfort, welches das italienische Stadtleben am Ende eines arbeitsamen Lebens für ihn bereithielt. Ich fürchte aber, er hatte oft Heimweh.

Macht und Recht

Im Jahre 1528 wurden der dänischen Königin Sofia, die als Morgengabe die gesamten Einkünfte aus Jämtland erhalten hatte, zweihundert weiße Hermelinfelle gesandt. Die Häute von Bären, Bibern, Großen Wieseln, Mardern, Eichhörnchen und Füchsen waren leicht zu transportierende Güter und wurden auch dann noch zur Steuererhebung herangezogen, als Geld schon allgemeines Zahlungsmittel war. Ein Großteil des Luxus, der sich an den nordischen Renaissancehöfen entfaltete, stammte vom Kontinent. Die Hansekoggen brachten flandrisches Tuch, Gobelins, die in den Schlössern die Wände schmückten, sowie französischen und deutschen Wein. Aus den Mittelmeerländern und noch entlegeneren Ecken der Welt kamen Seidenstoffe, Papageien, Rosinen, Mandeln und Gewürze. Flussmuschelperlen, Häute von Waldtieren und Silber dagegen gab es innerhalb der Landesgrenzen.

Der Reichshaushälter hatte allen Grund, die großen nördlichen Wälder in Kroneigentum umzuwandeln. Im Süden hatte man bereits im Mittelalter vielerorts *skogha skipte* vorgenommen, das heißt, bis dahin gemeinschaftlicher Wald war an verschiedene Besitzer verteilt worden, die ihre Eigentümerschaft auch dokumentiert bekamen. Bei den weitläufigen nördlichen Wäldern war das anders. Es lebten zwar viele davon, aber niemand konnte einen im Grundbuch eingetragenen Anspruch auf sie erheben. Gustav Vasa muss sich überlegt haben: Wem gehört dieser Wald? Und so fasste er einen Entschluss und entschied mittels Unterschrift, die er mit kraftvoller Hand unter ein Dokument setzte, über die Zukunft des Waldreiches bis hinauf zur Baumgrenze im Fjäll.

Und diejenigen, die nach ihm kamen, nicht zuletzt die Sami im Renweideland, grübeln noch immer über diese Frage: Wem gehört ein Wald?

Der Gedanke, dass jemand, der den Wald fällen kann, lediglich die Macht, nicht aber das Recht dazu habe, ist nicht seltsam. Selbst jemand, der mit dem Wald eng vertraut ist, ohne ihn für seinen Lebensunterhalt zu nutzen, kann das Gefühl haben, ihn zu besitzen. Wissen und Liebe vermitteln dieses Gefühl. Trampelt man persönlich Pfade ins Blaubeergestrüpp und merkt dann, dass Elche und

Rehe diese annehmen und begehbar halten, ist das Gefühl vom eigenen Grund und Boden nicht weit. Wenn man weiß, wer in einem Bau lebt, ob es nun eine Füchsin oder ein Dachs ist, wenn man weiß, wo unter dem Moos das Netzwerk der Myzelien verläuft, ohne dass irgendwelche Pfifferlinge zu sehen wären, und wenn man weiß, an welchem Rand des Moores die Moltebeerenblüten vor dem Junifrost geschützt stehen, dann ist man bei sich zu Hause. Dieses Gefühl kann jedoch gekappt werden. Eines Tages ist der Waldraum, der die Wandrerin umschlossen hat, abgeholzt. Man hat ihn in eine schutzlose Fläche mit Steingeröll und Verhauen von Reisern und Zweigen verwandelt und dem Erdreich mit den Forstmaschinen tiefe Wunden zugefügt.

Ein Waldbesitzer sieht die Sache von der anderen Seite, wenn der örtliche Motocrossklub die Pfade auf seinem Grund und Boden zu Übungsfahrten nutzt. Das Motorengeheul scheucht brütende Mäusebussarde und Rauhfußkauze auf. Elche und Rehe fliehen. Die Pfade werden zu tiefen Schlammfurchen. Laut Jedermannsrecht, meint man in grobem Missverständnis, dürfe man stören und zerstören. Dem Grundbesitzer bleibt am Ende gar nichts anderes übrig, als die Pfade mit gefällten Bäumen zu blockieren und sie mit Birken- und Espenschossen zuwachsen zu lassen.

Am einen Tag wandere ich als machtlose Eigentümerin im Wald, am nächsten als rechtloser Gast auf dem Grund und Boden eines anderen.

Wem gehört ein Wald?

Meinem Mann und mir gehört im Sinne des Gesetzes ein Waldgrundstück in Roslagen und ein kleineres in der Gemeinde Hotagen in Jämtland. Das Eigentum in Roslagen verteilt sich auf fünf Jagen. Alle Teile eines Waldbesitzes sind nummeriert, wobei sich die erste Ziffer auf die Liegenschaftsnummer bezieht. Nachdem im Laufe der Zeit das Waldland viele Male durch Erbe und Veräußerungen geteilt wurde, ist nicht sicher, dass es sich bei der Liegenschaftsnummer um die eigene handelt.

Der Wald in Schweden gehört zum allergrößten Teil Privatpersonen. Aktiengesellschaften besitzen gut halb so viel und der Staat halb so viel Wald wie Privatbesitzer. Den Häradsallmenden und der Schwedischen Kirche gehört ein beträchtlicher, aber trotzdem kleinerer Teil als dem Staat. Von den Bewirtschaftungseinheiten im Besitz von Privatpersonen ist ein erheblicher Teil, nämlich rund 40 Prozent, nicht größer als 25 bis 100 Hektar.

Unser Haus liegt am Rand eines aus forstwirtschaftlicher Sicht nicht sonderlich ergiebigen Jagens mit der Nummer 2:105. Die übrigen vier Jagen liegen von unserem Haus aus gesehen in drei Himmelsrichtungen. Zum entferntesten ist es eine halbe Stunde zu Fuß. Zusammengenommen finden sich auf diesen Jagen alle in der Gegend vorkommenden Waldtypen. Alter, dunkler Fichtenwald mit Tümpeln und Moorlöchern und großen, sich neigenden Farnstauden. Heller Felsengrund mit, was Bäume angeht, fast ausschließlich stark verdrehten Kiefern, aber einem Reichtum an Moosen und Flechten. Und in allen feuchten Spalten *Ericaceae*: Rauschbeeren, Blaubeeren, Preiselbeeren. In noch feuchteren Lagen Sumpfporst. Areale mit hohen, geraden Kiefern, deren Rinde in der Abendsonne metallisch leuchtet, Sandböden mit Fuchsbauen und mit Felsabsätzen, wo ich meine Winterpreiselbeeren sammle. Magere Kiefernböden, wo die Bäume halb verhungern und ihre Rinde schuppenartig abblättert. Mischlaubwald mit Eichen und Haseln zur Überraschung und Freude derer, die lange in Jämtland gelebt haben. Moorböden mit Erlen und eine dreißig Jahre alte Aufforstung mit dicht stehenden Fichten ohne Unterholz, ein totes Loch im lebendigen Gewebe des Waldes. Waldränder, wo der Birkenjungwuchs überhandnähme, würde er nicht gerodet.

Als wir zum ersten Mal auf den Waldhof in Roslagen kamen, um ihn vor einem eventuellen Kauf einzuschätzen, schritten wir die Grenzlinien ab. Die Grenzen sind in allen Gemeinden sehr alt, und wer sie sucht, weiß, dass sie wahrlich nicht durch irgendwelche Linien gekennzeichnet sind. Ein alter morscher Holzzaun kann einen Grenzverlauf markieren. Er kann aber ebenso gut Weideland von einem Acker trennen, der im Wald verloren gegangen ist. Einzelne Steine oder Steinhaufen, vor allem solche mit fünf Steinen, waren seit alters eine Art, Eigentumsgrenzen zu markieren. Man kann aber auch Pfähle oder aus moderner Zeit Eisenrohre und Schalme oder rote und gelbe Farbflecken an hohen Bäumen finden.

Auch nach vielen Jahren kennen wir unsere Grenzen noch nicht ganz. Sie zu erforschen bedeutet, dass man hin und wieder einen Winkel findet, von dem man nicht wusste, dass er einem gehört, oder dass man sein Gefühl der Eigentümerschaft verrücken muss. Gefühl allein reicht aber nicht, wenn man in einem Jagen abholzen oder auf die Jagd gehen möchte. Dann muss man sich exakt an seine Grenzen halten, um keine rechtlichen Komplikationen auszulösen. Geschichten von Jägern, die erlegte und grob zerwirkte Elche über eine Grenzlinie geschleift haben, gibt es viele. Meistens sind sie nicht gut ausgegangen, lassen sich Schlachtplätze doch schwerlich tilgen.

Die Grenzen mithilfe eines Kompasses zu suchen ist schwierig und zeitraubend. Manchmal ist die Markierung nicht mehr als eine Erhebung im Boden. Ein gebrochener und vermoderter Pfahl oder ein paar Steine können sich unter Moos verbergen. Aber ist es denn ein Grenzzeichen?

Jahre nach einem Grunderwerb muss man, besonders wenn man eine Abholzung plant, beim Vermessungsamt Einsicht in Akten beantragen, in denen es um Amtshandlungen im Zusammenhang mit Grenzmarkierungen geht, wobei manchmal die Koordinaten festgesetzt sind. Leichter, aber nicht mit der gleichen Exaktheit findet man seine Grenzen mithilfe eines GPS-Geräts. Dann sitzt man zuerst mit den Karten des Vermessungsamts am Bildschirm und bringt den Cursor auf die Schnittpunkte der verschiedenen Grenzen. Die Koordinaten erscheinen auf dem Bildschirm, und draußen im Gelände kann man sie dann in sein GPS eingeben. Diese Methode führt möglicherweise zu einer guten Bestimmung der Grenzen, vorausgesetzt, es ist die richtige Tageszeit und man bekommt zu einer ausreichenden Zahl Satelliten Kontakt. Die Menschen des Mittelalters und der Renaissance haben die leuchtenden Körper am Himmel über vieles in ihrem Leben entscheiden lassen, aber nicht über Eigentumsgrenzen. Die hatten sie in Heberollen, Schenkungsurkunden, Zehntregistern und Grundbüchern stehen. Die Bürokratie scheint auf der ganzen Welt älter zu sein als die Astrologie.

Innerhalb unserer Grenzen dürfen wir roden, lichten und abholzen. Das Eigentumsrecht ist jedoch beschränkt: Mehr als einen halben Hektar dürfen wir nur mit Zustimmung des Zentralamts für Forstwirtschaft abholzen. Wir können unseren Brennholzvorrat für den Winter vom eigenen Grund und Boden holen, und wir haben Jagdrecht, das wir innerhalb eines Jagdbezirks mit dem anderer Grundeigentümer zusammenlegen. Wir dürfen auch auf den uns zugeteilten Abschnitten eines Sees, der auf dem Gebiet des Dorfes liegt, fischen. Der wirtschaftliche Ertrag eines kleinen Waldgrundstücks ist nicht sehr groß. Doch gibt es eine Freude, die mit dem Eigentumsrecht zusammenhängt, eine Freude, die man nicht empfinden kann, wenn man nicht Macht über sein eigen Stückchen Wald innerhalb der Schöpfung hat. Diese Macht ist vorübergehend, und man kann nur hoffen, dass diejenigen, die nach uns kommen, ebenfalls Freude daran empfinden und ihr Tun davon leiten lassen.

Man sieht ein Eichenpflänzchen, und man erzählt: Da oben steht ein kleiner Schössling. Siehst du? Jetzt muss sich der Forsttraktor durch das Gelände schlängeln, damit das Eichenpflänzchen nicht zugrunde geht. Angesichts der Waldweide der Schafe hoffen wir, dass der gewöhnliche junge Laubwald einen Schutzwall um die Nobilität bildet und dieser Schutz ausreicht. Andernfalls müssen wir etwas aufstellen. Im Herbst behält der kleine Eichenschössling das Laub länger als andere Bäumchen, es leuchtet hellgelb und ist dadurch leicht zu finden. Dort ist er.

Doch zu wessen Freude? Es dauert schließlich hundert Jahre, bis er hiebsreif ist und schöne Eichenbretter ergeben kann. Dreihundert Jahre, bis er ein Malbaum ist. Und sechshundert Jahre, bis er eine Legende ist und sich erzählen lässt, entflohene Präsidenten hätten sich darin versteckt. Jetzt steht er geschützt, doch wenn wir beide, die wir für einige Jahre diesen Grund besessen haben, längst tot sind, wird der Baum im starken Wind rauschen. Dann wird auch unser neu gepflanzter Fichtenwald einen Raum bilden.

Man hat seine Freude an Dingen, die über die Dauer unseres eigenen Erdendaseins hinausreichen. Sie sind unsere Fürsorge wert. Wir haben keine Macht über die Zukunft und wissen nicht, wie die Menschen nach uns denken und handeln werden. Aber wir können erzählen, wie wir gedacht haben, und hoffen, dass sie verstehen, warum wir ein Stück wertvollen Wald erhalten oder ein entwässertes Waldmoor wiederhergestellt haben.

Ehrlicher Schwede auf Sediment, schädlicher Finne auf Moräne

Als Gustav Vasa in dem königlichen Brief vom 2. September 1542 festlegte, dass unbebaute Ländereien »Uns und der Krone« und niemandem sonst gehörten, vollzog er einen Anspruch, den die Regierung des Reiches schon seit dem Mittelalter erhoben hatte. Das Reich wuchs innerhalb seiner Grenzen, die Krone gewann an Macht. Gustav Vasa stützte sich, wie die Fürsten auf dem Kontinent es schon lange taten, auf römisches Recht. Er erklärte die Eiche zu einem königlichen Baum, den die Bauern nicht fällen dürften. Das Hochwild stehe ebenfalls der Krone zu. Die Unzufriedenheit mit dem regalen Eichenrecht und anderen Teilen seines Forstgesetzes schwelte bei den Bauern wie die Glut in der Schwende. Zusammen mit dem Hass auf die steuereintreibenden Vögte schürte es den Aufruhr. Die Bauernaufstände unter Gustav Vasa hatten zum Teil mit der Wahrung alter Forstrechte zu tun. Die Männer des Bauernführers Nils Dacke nannte er Walddiebe, als diese sich in ihren unzugänglichen småländischen Wäldern versteckten.

Es gab in Süd- und Mittelschweden aber immer noch viele Waldgebiete, die die Bauern gemeinsam besaßen und nutzten. Sich diese Häradsallmenden zu unterwerfen war der Krone nicht gelungen. Es gibt heute noch sechzig Stück davon. Ich selbst hatte in den 50er-Jahren eine Kate der Häradsallmende Rasbokil in Uppland gepachtet.

Die Einteilung der Landschaften rings um den Mälaren in Härade oder Hundertschaften, wie sie ursprünglich genannt wurden, sind unsere ältesten Gebietsfestlegungen. Es gibt Grund zu der Annahme, dass sie aufgekommen sind, als die Ackerbauern sesshaft wurden, also vielleicht schon im 3. Jahrhundert. Das Recht auf Ackerland im Dorf und in dessen unmittelbarer Nähe wurde mit strikter Grenzziehung behauptet. Das Unland wurde, allerdings nur von den Grundbesitzern des Dorfes, als Weide, zum Laubsammeln, zur Beschaffung von Bauholz, zur Heuernte im Moor, zu Jagd und Fischfang genutzt. Auf den Häradsallmenden wurde außerdem geschwendet. Dieses Recht wurde Mitte des

14. Jahrhunderts in Magnus Erikssons Landrecht gestrichen. Das Schwenden ging dennoch weiter. Gut dreihundert Jahre lang schlug man sich mit Genehmigungen und Dispensen herum, denn die Schwendwirtschaft war ein eingeführter Erwerbszweig, der vielen den Lebensunterhalt sicherte. Olof Rudbeck beschreibt die Schwendwirtschaft in seiner *Atlantica* mit Sinn für die Schönheit des gefährlichen Verlaufs, wenn der Wald brennt.

Wenn er nun so entzündet ist und gerade gut brennt, erscheint er demjenigen, welcher ein wenig davon entfernt ist, als ein Feuerfluss. Besonders gefällig sieht es aus, wenn Schwenden auf Ländereien abgehauen werden, die zum See hin gelegen. Dann erscheint es, als flösse das Feuer wie ein Strom aus den Bergen, und sei es, dass etwelche Frachtschiffe oder Fischerboote am Strand liegen, müssen sie in Acht genommen werden, damit sie nicht Feuer fangen, sondern ablegen: so wie es dereinst geschah, als ich in Drottningeholm weilte, wo eine Schwende abgebrannt wurde.

Hoch oben in den Wäldern über Orsa gibt es den Ortsnamen Noppikoski, und die Gegend insgesamt heißt Orsa Finnmark. Die Namen verraten, wer hier den kargen Boden bestellt und durch Schwenden und Düngung mit dem Laugensalz der Holzasche fruchtbar gemacht hat. Wenn Schweden Ackerboden in Besitz nahmen und im Waldreich neue Gebiete kolonisierten, dann auf fettem Sediment, und das fanden sie dort, wo während der Eiszeit Meer gewesen war. Oberhalb der Strandlinie des Eismeeres gab es nur Moränen. Und ebendiese Moränenböden bestellte die eingewanderte finnische Bevölkerung, die ihre Methoden aus Savo und Karelien mitgebracht hatte. Die »Schwendefinnen« gab es sehr lange im mittelschwedischen Waldland, in Värmland, Dalarna und bis weit hinunter nach Bergslagen. Nicht nur zur Benennung ihrer Kötereien benutzten sie weiterhin ihre eigene Sprache. Sie hatten auch für die unterschiedlichen Arten der Schwendwirtschaft durch und durch finnische Bezeichnungen: *yli palo* für unberührten Waldboden, *kaski* für Böden, die nach dem Schwenden dreißig Jahre ruhen durften. Sie machten *pykälikkömmaa*, das heißt, sie ringelten auf einem Areal die Bäume, damit diese vertrockneten und das

Wurzelsystem vor der Saat verrottete. Dadurch brannte das Feuer besser und wurde auch der Förna Herr. Diese Technik war im 12. Jahrhundert aus slawischen Landen gekommen. Bewährte Methoden. Uralte Techniken. Und vor allem wirksam. Laut Berichten aus dem 17. Jahrhundert erbrachte die Schwendwirtschaft vielfach bessere Ergebnisse als die konventionelle Landwirtschaft. Trotzdem galten die »Schwendefinnen« irgendwann als faul und als unfähige Waldzerstörer. Der Umschwung setzte im 17. Jahrhundert ein, nachdem der Bergbau in Gang gekommen war. Die Bergleute sahen in ihnen Konkurrenten um den Wald; die Eisenveredelung verschlang Unmengen an Holz. Der Wald erhielt einen wirtschaftlichen Wert, wie er ihn nie zuvor besessen hatte. Einer der Großen des Bergwesens, Johan Karlström, der das berühmte Werk in Uddeholm gründete, schrieb an das Bergkollegium, das schädliche Nationalvolk der Finnen richte durch Schwenden und Brennen unsäglichen Schaden an.

Propst Olaus Broman aus Hälsingland schrieb zur gleichen Zeit in *Glysisvallur*, dem Buch über seine Heimatgegend: »Kann das Schwenden im Wald nicht mehr einbringen als alle Roggenfelder? Muss die Kiefernrinde nicht mehr Kuchen geben als die Hocke auf dem Feld?« Er erregte sich auch darüber, dass der Staat den Bauern den Zwang auferlegt hatte, gegen miserable Bezahlung die Hüttenwerke mit Kohle zu beliefern.

> Gott ist mein Zeuge, dass ich nicht lüge. Ein jeglicher ehrliche Helsinger weiß und befindet, dass die Armut am heftigsten in jenen Kirchspielen zuschlägt, welche untertänigst kohlen müssen ... die Arbeit so vieler im Schweiße ihres Angesichts bei geringer Bezahlung rief nach Rache wie die Israeliten in Ägyptens Knechtschaft.

Was das Schwenden betrifft, hat der Propst einen heutigen Gesinnungsgenossen. Per Jonsson, der über die Kötereien der Finnen eine Dissertation geschrieben hat, vertritt die Meinung, dass sie in Wirklichkeit keine gefährlichen Konkurrenten um die Holzmasse gewesen seien. Diese reichte bei Weitem. Er vergleicht die herabsetzenden Urteile über die Schwendwirtschaft mit dem Hohn der Kolonialmächte über die einheimische Landwirtschaft in Afrika.

Man wollte hinter den als primitiv bezeichneten Agrartechniken kein wirtschaftliches Denken erkennen. Stattdessen erklärte man sie als Ausdruck von Unwissenheit und Faulheit. In Schweden sprach man von unwilligen und bequemen Finnen, die sich am liebsten in ihren Hütten hinterm Ofen auf die faule Haut legten. Dies sei viel eher die Ursache ihrer Armut als die Einschränkungen der Schwendwirtschaft, die 1647 in einer Waldordnung festgelegt wurden.

Die Waldordnung Königin Christinas wurde sie genannt. Aber natürlich steckte dahinter die Verwaltung Oxenstiernas. Erz und Wald waren die Voraussetzungen der Kriegszüge gewesen, die Schweden zur Großmacht hatten werden lassen. Jetzt aber sah die Regierung des Reiches den Verbrauch und die Verwüstung mit Sorge. Vor allem die schwendenden Kätner bekamen das neue Denken zu spüren. Herzog Karl hatte am Ende des voraufgegangenen Jahrhunderts in seinem Herzogtum noch zur Schwendwirtschaft aufgefordert. Die Ackerbaugebiete sollten ausgedehnt werden, um mehr Menschen Brotgetreide zu geben. Knapp vierzig Jahre später verbot die Regierung die Schwendwirtschaft in den Wälder Bergslagens. Mit der Waldordnung von 1647 galt das Verbot allgemein. Das Schwenden ging dennoch weiter. Was im Finnenwald vorging, war schwer zu kontrollieren, und die Kätner, die sich an die Verordnung hielten, erwartete die blanke Not.

Hoch oben an der Spitze des Reichs bildeten sich eine neue Sichtweise und ein festerer Zugriff auf den Wald heraus. Auch auf den Häradsallmenden mussten die Bauern zusammenrücken. Der Wald sollte dort jetzt für den »Hausbedarf an Viehfutter, Fischfang, Bauholz und Brennholz, aber nicht dazu, ihn zu verderben und auszurotten«, genutzt werden. Es wurde verboten, Bauholz zum Verkauf zu schlagen. Das Vorwort zur Waldordnung von 1674, das der Königin in den Mund gelegt wurde, hat einen Tonfall, den man nicht als modern ökologisch auffassen darf: »Die kostbaren und höchst notdürftigen Wälder werden nicht richtig gebraucht, sondern missbraucht.« Es ging um die Zukunft des Bergwesens. Das Holz in den Wäldern sollte in erster Linie dazu benutzt werden, das Eisenerz der Großmacht zu veredeln.

Als der Berg- und Grubenbau im 17. Jahrhundert in größerem Stil in Gang kam, interessierten sich immer mehr für den Wald.

98

Man benötigte jetzt Brennholz zum Feuersetzen, eine alte Methode, das Gestein so lange zu erhitzen, bis sich Risse bildeten. Zur Absteifung der Gruben benötigte man Bauholz und zur Eisenveredelung Holzkohle. Mit der Waldordnung versuchte die Zentralmacht, die Finnensiedlungen in übliche Landwirtschaften umzugestalten und das Schwenden zu verbieten. Katen und Häuslerhütten sollten »ausgerissen« werden, ihr Betrieb zehrte am Holzvorrat. In der neuen Ökonomie sollten die Bergwerke gefördert werden, und sie erhielten gegen eine gleichsam symbolische Abgabe das Recht, aus den Kronwäldern Brenn- und Bauholz zu entnehmen. Und irgendwann ging es dann darum, den Boden an Privatbesitzer zu verteilen.

Ein neuer Eigentumsbegriff

Auf dem Kontinent und in England hatte der Bergbau bereits im 16. Jahrhundert einen beträchtlichen Umfang angenommen. Damals kam auch Kritik dagegen auf. In dieser Kritik kann man das Echo einer alten Auffassung von der Erde als einer Mutter und einem Leib vernehmen: Man solle nicht den mütterlichen Leib aufwühlen und in seinen Adern nach Reichtümern suchen. Gold und andere Metalle wurden mit Gier und Lust verknüpft. Sie riefen Zwietracht und Zorn hervor und hätten grausame Taten zur Folge.

Diese Kritik war philosophischer Natur, hatte aber auch einen naturschützerischen Aspekt: Es sei schlecht, die Wälder abzuholzen. Die Verteidiger des Bergbaus argumentierten dagegen, die Wälder wüchsen nur in hässlichen Gegenden, die durch das Verschwinden des Waldes verbessert würden. Außerdem könnten nun dort, wo vorher nur unschöne Dürftigkeit gewesen sei, Äcker angelegt werden.

Der Bergbau lohnte sich in einer Zeit intensiver wirtschaftlicher Entwicklung. Ein Handelshaus wie das der Fugger konnte Gewinne von 50 Prozent des investierten Geldes machen. Dies war das stärkste Argument.

Die regierenden Königshäuser Europas entzogen den Bauern und Kätnern uralte Rechte, um den Bergwerken Entwicklungsmöglichkeiten zu geben. In Großbritannien, Deutschland und Frankreich wurde die Lage brenzlig, als diese Rechte eingeschränkt wurden. Der Wald hatte einen Marktwert erhalten, und sein Brennholz, sein Bauholz und seine Weide zu gebrauchen war nichts mehr, worauf man ohne gesetzliche Eigentümerschaft ein Recht hatte. Man war unterwegs zu dem Eigentumsbegriff, der heute in unserer spätkapitalistischen Gesellschaft herrscht.

In Großbritannien fällten Kätner und Pächter neu angepflanzte Bäume, um sich für ihre verlorenen Rechte zu rächen. Sie legten Waldbrände und bedrohten die Handlanger der Gutsbesitzer mit dem Tod. In den pyrenäischen Waldgebieten Frankreichs griffen bewaffnete Männer aus dem Landvolk die Waldwärter und Köhler an und vertrieben sie. Die Männer mit Kopftüchern und gefärbten Gesichtern trugen das Hemd über der Hose und einen Riemen um die Taille. Sie wollten Frauen darstellen und nannten sich *demoiselles*. Schließlich geriet der Krieg der *demoiselles* zu einem derart ernsten Aufruhr, dass Truppen in die Walddistrikte verlegt wurden. Das traditionelle Maien, bis dahin ein festliches und frühlingshaftes Treiben mit Laubschmuck, an dem sowohl das Volk als auch die Herrschaft teilnahmen, wurde zu einer bedrohlichen Protestaktion. Man schlug belaubte Äste ab und fällte ganze Bäume, um dem neuen Verbot zu trotzen.

Den Eigentumsbegriff zu verändern dauerte seine Zeit. Bis ins 18. Jahrhundert diskutierte man in Schweden darüber, ob es Diebstahl oder Beschädigung sei, auf fremdem Grund und Boden einen Baum zu fällen. Wem gehörte ein Baum? Es gab Leute, deren Meinung nach das Eigentum nur für den Boden galt, auf dem der Baum wuchs. Doch die Strafen für Vergehen mit Säge und Axt im Wald wurden immer härter. Heute weiß jeder, dass er einen Diebstahl begeht, wenn er sich von fremdem Grund und Boden unerlaubt einen Weihnachtsbaum holt.

Keine Natur, nur Geschichte

Herbst und Elchjagd. Ich soll als Hundeführerin durch das Biotop gehen. Inventarisatoren des Naturschutzvereins sind da gewesen und haben diesen Begriff fallen lassen. Für die Dorfbewohner war er von da an der Name einer Waldpartie mit reicher Bodenflora unter hoch gewachsenen, reifen Fichten und Kiefernboden mit Felsen, die tiefe Moose und farbenreiche Flechten tragen. In den Spalten wächst Farn und in den sumpfigen Mulden Sumpfporst.

Da ich hier noch nie gegangen bin, begleitet mich ein Jagdgefährte namens Esa. Als wir die Hündin von der Leine lassen, stöbert sie in weitem Bogen, und weil wir nichts von ihr hören, trotten wir weiter, unterhalten uns leise oder deuten mit dem Finger auf etwas. Esa zeigt mir, was er sieht: nach Urin stinkende Brunftkuhlen, die der Elchhirsch gegraben hat. Kiefernrinde, die abgefallen ist, als der Rehbock sein Geweih gefegt hat. Den Abdruck einer Wildschweinschale im Morast. Ich zeige ihm Sumpffarn und das drollige gelbe Schirmmoos. Dann werde ich ganz aufgeregt: Ich habe ein Büschel Weiches Honiggras entdeckt. Der Wissenschaftsgeschichtler und Botaniker Gunnar Eriksson hat mich an irgendeinem Sommertag einmal darauf hingewiesen: »Hier hat ein Pferd mit seinem Heusack gestanden. Der Holzfäller hatte gekauftes Futter dabei. An solchen Stellen gab es ursprünglich nämlich kein Weiches Honiggras. Du kannst also davon ausgehen, dass dem Pferd etwas aus dem Futterbeutel gefallen ist.« Diese Geschichte will ich gerade Esa erzählen.

Da hören wir einen gellenden Hetzlaut, der in ein anhaltendes Treiben übergeht. Es kommt näher. Esa entsichert. Nun haben wir für Beobachtungen keine Zeit mehr. Wir sind nur noch ganz Ohr.

Man sieht das, was man sehen will. Aber man sieht auch nur das, was man sehen kann. Es muss eine Sprache und Begriffe geben für das, was man wahrnimmt, sonst bleibt es unbeachtet. Deshalb können wir auch nicht dieselbe Landschaft und denselben Wald sehen wie die Menschen in der Vergangenheit. Das kommt nicht nur daher, dass sich die Landschaft verändert hat. Die Natur ist im menschlichen Gehirn. Ein amerikanischer Forscher geht sogar so weit zu sagen: »There is no nature, only history« (Alan Liu in *Wordsworth, The Sense of History*).

König Sverre sah Elche und Auerhühner, die er erlegen konnte, und Morast, den er auf seinem Weg zur Verwirklichung seiner politischen Vision passieren musste. Olaus Magnus sah das Nützliche, das abgehärtete und erfinderische Nordländer verwerteten: Teerkiefern und Wacholder. Beide sahen sie in sturmzerzausten Ästen Teufel und Trolle flattern. Der Verfasser der *Erikskrönikan* saß im Haus, und während er schrieb, breitete sich vor seinen Augen Gottes wohlgeordnete Schöpfung aus. Gustav Vasa sah erweiterte Gebiete seiner Machtausübung vor sich, und er sah weit über seine Zeit hinaus.

Aber wer sah den Wald?

Dass er gesehen wurde, erkennen wir an den Namen.

Wer gab der Wolfsmilch einst ihren Namen?

Dieser Name ist alt und urgermanisch. Es findet sich im 12. Jahrhundert bei Hildegard von Bingen als *Wulffesmilch*. Es gibt auch einen roten Schleimpilz dieses Namens, er steht dicht gedrängt auf Baumstümpfen, deren Holz bereits zu modern begonnen hat, und irgendjemand hat ihn einst als einen Erguss des schlimmsten Bösen im Wald gesehen. Der Name war zugleich eine Deutung der Herkunft. Auch Liebliches erhielt Namen. Mönche suchten auf den Wiesen nach ihren Heilkräutern. Im Dunkel unter den Fichten band das Volk das Böse, das Stinkende, das Juckende und Giftige mit Namen, die von einer anderen Gewalt als der göttlichen erzählten.

Egal, ob die Namensgebung Spiel oder Besonnenheit war, ob sie dem Schrecken oder dem Wunsch zu erschrecken entsprang, sie zeugte auf jeden Fall von Wissen und drang tiefer in den Wald ein als die Kräuterbücher der Mönche. Die Tiefe des Waldes war kein namenloser Abgrund für diejenigen, die dort ihren täglichen Verrichtungen nachgingen, die Beeren sammelten, Holz holten und Bast von den Bäumen schnitten.

In der Literatur gab es noch kein Genre und keine Sprache, um den Wald zu beschreiben. Und vor allem gab es keine Sprache, ihn so zu schildern, wie wir ihn sehen wollen. Wir wollen in jene Tiefe blicken, die uns die Wildnisromantik der vorigen Jahrhundertwende eröffnet hat, in dieses Gewimmel von Arten, das die großen Botaniker uns vor Langem zu unterscheiden lehrten.

Was sah ein Mensch der Renaissance? Das waren doch neugierige und beobachtende Leute damals. Ihre Poesie löste sich allmählich vom religiösen Auftrag. Die Wissenschaftsgiganten unter ihnen erkannten, dass die Schöpfung nicht mehr ganz so war wie an dem Morgen, als Gott sein vollendetes Werk betrachtete. Obwohl sie der Schöpfungsgeschichte treu zu bleiben versuchten, war die Sichtweise, die sie vermittelten, weit von der des Mittelalters entfernt. An die Stelle einer verkommenen Welt, die in Sünde verfaulte, hatten sie eine wunderbar erdachte und funktionierende Welt gesetzt. Gottes Feinarbeit konnte nun unter geschliffenen Linsen studiert werden. Dass die Erde nicht fest stand, sondern sich um die Sonne drehte, war eine Neuigkeit, der die Bischöfe noch skeptisch gegenüberstanden, wie überhaupt der ganzen neumodischen Sicht des Planetensystems und der Sternenwelt. Neue Gedanken schienen sich jedoch gleichsam durch die Luft zu verbreiten. Sie gelangten auch weit hinauf in unser Land. Denn auch im Norden lebten lesende und denkende Menschen, wochenlange Reisen von Universitäten und Fürstenhöfen entfernt und mit dem Wald dicht um sich.

Geistestätigkeit in Jämtland

Vor vielen Jahren sollte ich im Gemeindezentrum von Hotagen einen Vortrag halten. Nachdem ich das Manuskript auf das Pult gelegt hatte, konnte ich meine Brille nicht finden. Nach und nach holte ich alles hervor, was ich in meinen geräumigen Jackentaschen hatte. Es waren trockene schöne Fichtenzapfen, die ich unmittelbar zuvor aufgelesen und eingesteckt hatte. Ich legte einen nach dem anderen auf das Rednerpult, und als ich endlich in den Tiefen der Tasche meine Brille gefunden hatte, war das Publikum schon sehr erwartungsvoll. Die Leute dachten, die Aufreihung der Zapfen sei die Einleitung meines Vortrags, und es war mir peinlich zu sagen, wie es tatsächlich war: dass ich sie lediglich in meinem Küchenherd verheizen würde. Da legte ich Manuskript und Brille beiseite und kündigte an, über »die herrliche Frucht Zapfen« zu sprechen, wie der Alchemist und Friedenseiferer Anders Kempe sie beschrieben hat. Er war ein Jämtländer gewesen, der den Wert der Fichte und ihrer Zapfen kannte.

Sein *Der anatomirte Tannenbaum* (die in ihre Bestandteile aufgelöste und analysierte Fichte) handelt von dem, was wir heute Naturmedizin nennen. Er berichtet von den kostbaren Tugenden der Fichte und was an ihr, zur Hilfe des Menschen bei Krankheit, gesucht und gefunden werden könne. Er beschreibt, wie man einen Fichtenwipfel von Nadeln und Rinde säubert und ihn in Bier kocht. Den Saft trinke man gegen Skorbut. Dann folgt »die herrliche Frucht Zapfen«, die er höher schätzt als Granatäpfel, Äpfel, Birnen und Pflaumen. Man solle den Zapfen aber so essen, wie es die Kinder tun, nämlich wenn er noch rosenrot und frisch ausgebildet ist. Auch die ersten Triebe des Wipfels schmeckten nicht schlecht.

Aus Nadeln und Zweigen könne in geringen Mengen Öl gewonnen werden sowie ein Harz, das sich zu einem mineralischen Balsam verarbeiten lasse. In der fertigen Zubereitung nennt er ihn *Balsam Microcosmi*. Kempes Fichtenbuch wurde offensichtlich als Reklame für dieses Allheilmittel verfasst. Seiner Meinung nach mache sich der menschliche Körper die Flüssigkeiten der Fichte auf dieselbe Art zunutze, wie ein Schiff durch Teer und Kiefernpech geschützt werde.

Seine von den Ideen des Arztes und Mystikers Paracelsus aus dem 16. Jahrhundert inspirierte Fichtenmedizin helfe zunächst mangelnder Esslust und erkältetem Magen ab. Sie helfe ebenso gegen Kolik und Darmverschlingung wie gegen Keuchhusten und angeborene Schwindsucht. Steinleiden würden gelindert, Wunden gereinigt und geheilt. Der Katalog ist eine traurige Aufzählung der Leiden, welche die Menschen im 17. Jahrhundert heimgesucht haben: das Brustleiden, das die Lungen verfaulen lässt, Fieberfrost, Zahnschmerz, Hodenbruch und der Schmerz der Frauen in der Gebärmutter. Als er auf das Gebiet der »Venus- und Liebesschmerzen« kommt, das heißt zu den Geschlechtskrankheiten, wettert er gegen den Leichtsinn der männlichen Jugend: Sie kenne die französischen Gewohnheiten besser als das Vaterunser. Den Höhepunkt seiner Beschreibung der guten Wirkungen des *Balsam Microcosmi* bildet die Geschichte, wie mittels der Wundermedizin sein eigener todkranker Säugling in der Wiege gerettet wird.

Kempes Enthusiasmus über die Fichte ist durchaus überzeugend. Denn wer ist von ihrem Geruch nicht hingerissen? Wir beizen im Vorsommer unseren Lachs mit den hellgrünen und weichen Fichtentrieben und wissen, dass Kempe recht hatte. Sie schmecken säuerlich und frisch. Streicht man in Richtung der Nadeln und nicht gegen sie über einen Fichtenzweig, dann stechen sie nicht, sondern schmeicheln. Man kann unter eine große Fichte kriechen und ist dort vor Wind und Wetter geschützt, selbst wenn es noch so gewittert und der Sturm durch die Wipfel tobt. Die Fichte widersteht dem:

Das Äußere der Wurzeln lässt sich mit fantastischen Schnabelschuhen vergleichen, in denen klauenähnliche, lange Füße stecken. Bei Sturm strecken sich in dem Schnabelschuh alle Organe der Streckwurzeln oder ziehen sich je nachdem zusammen. Die Fichte erhebt sich in den Wurzelschnäbeln sozusagen auf die Zehenspitzen und senkt sich dann wieder. So steht sie federnd auf Zehenspitzen in ihren nach allen Richtungen weisenden Wurzelschnäbeln. Wäre dem nicht so, schwänge der ganze Waldboden im schweren Sturm, doch er tut es nicht, denn die Fichte begegnet dem Sturm mit ihren inneren Anordnungen und trotzt den Winden mithilfe von Gummibändern und Stagen in dem von außen unsichtbaren, aber innen umso lebendigeren Holz.

Wer hier seine Liebe zur Fichte bekennt, ist Harry Martinson in *Midsommardalen* (Das Mittsommertal). Er beschreibt sie sachlich und pädagogisch, trotzdem ist sie ein Waldwesen mit Klauenfüßen, die in Schuhen mit langen Schnäbeln stecken. Er kam ihr so nahe wie Anders Kempe und begriff genau wie dieser, dass man in den Wald gehen muss, um die Fichte lieben zu lernen. Aus der Entfernung sah er sie nur als einen Turm der Melancholie.

In den Wald zu gehen war Kempes Rat an die Jugend, die zuhauf in die Akademien laufe, um Weisheit zu erlernen. Er wollte, dass die Studenten in praktischen Handgriffen unterwiesen würden, und war der Ansicht, die Universitäten sollten »chymische Werkstätten« einrichten, das heißt Laboratorien, wie er und Drakenstierna sie einst auf Gallhammar hatten. Ein Student müsse untersuchen, was in der Erde stecke, bevor er zum Himmel emporklettere.

Mit dieser Wissenschaftsauffassung war der Selbstdenker Kempe ganz modern. Olof Rudbeck der Ältere wetterte gegen die abstrakten Grübeleien an den Universitäten vergangener Tage, wo die Forschung so theoretisch gewesen sei, dass »die Hände in der Chymie nicht schwarz wurden von Kohle, der Rücken nicht schmerzte vom Inquirieren der Natur der Kräuter, Metalle und Minerale, der Magen nicht geschwächt wurde durch Anatomien und auch nicht die Augen vom nächtlichen Wachen und Observieren der Eigenschaften der Sterne«.

Durch die Linsen des Teleskops und des Himmelsfernrohrs hat Galileo Galilei herausgefunden, dass der Mond nicht eben ist, sondern Löcher hat und die Sonne Flecken. Erst nach konkretem Sehen sollte das scharfsinnige Räsonnement erfolgen. Olof Rudbeck zufolge hatten die alten Philosophen nur im Haus gesessen und spekuliert. »In einer warmen Stube Worte und Distinktionen zu erfinden machte den Mann damals gelehrt.« Jetzt aber saß der Gelehrte nicht mehr still in seinem Kämmerchen und dachte sich das Universum nach den Begriffen aus, die Aristoteles hinterlassen hatte. Rudbeck ging in eigener Person hinaus nach Gamla Uppsala und grub sich durch die Erdschichten, in denen die Geschichte lagerte. Er sorgte dafür, dass sein Sohn an der ersten wissenschaftlichen Expedition in unserem Land teilnehmen durfte. Der Philosoph war zum Wissenschaftler geworden und begann sich jetzt auch zu bewegen.

Hinunter ins Moos

Olof Rudbeck der Jüngere machte sich im Vorsommer 1695 zu einer Reise in die Gefilde des nördlichen Waldreichs und der Fjälls auf. Er kam bis Kvikkjokk und zum Torneträsk. Laut seines Itinerars für Lapplandfahrer trug er einen Überrock aus Fahlleder und einen Wachstuchhut. Außerdem Gamaschen, die weit das Bein hinaufreichten, und eine Florhaube gegen die Mücken. Siebenunddreißig Jahre später machte sich Carl von Linné in ungefähr dieselbe Gegend auf. In seiner berühmten Schilderung, wie er durch vorsommerliches Grün und Drosselrufe in das große Abenteuer seines Lebens reitet, vergisst er nicht zu berichten, wie er gekleidet war. Die Zopfperücke durfte nicht fehlen. Sie war für Besuche bei Landeshauptleuten und Pröpsten unerlässlich. Er trug Lederhosen, einen Rock aus Västgötatuch, eine kapuzenähnliche Kopfbedeckung und hohe Schnürstiefel. Von diesen Stiefeln wird in der Reisebeschreibung oft die Rede sein. Er beneidete die Sami, die leichtfüßig in Stiefeln ohne Absatz umherliefen. Bewaffnet war er natürlich mit einer Handbüchse und einem Hirschfänger (einem kurzen Jagdschwert im Gehänge).

Die Ausrüstung zu beschreiben war wichtig. Nachfolger sollten aus der Ausstattungsliste Nutzen ziehen können. Es waren ja Reisen an sehr fremde und exotische Orte, die den meisten Menschen unbekannt waren. Man durfte nicht erwarten, überall eine Herberge zu bekommen. Lange Zeit später beschrieb Linné, womit man sich ein Bett im Wald bereitet:

Moos schmiegt sich dem Körper auf allen Seiten an, und Daunenbetten sind kaum damit zu vergleichen. Solange das Moos grün ist, besitzt es die Elastizität einer Feder, ja, dieses Bett ist weich wie das kostbarste Plumeau. Auch braucht man nicht zu befürchten, dass ihm Ungeziefer oder eine ansteckende Krankheit anhaftet. Das grüne Moos nimmt jeglichen Gestank und Schweiß.

Hinunter ins Moos, so lautete das Motto, wenn man in den Wald kam. Hinunter, um seltene Kräuter zu suchen, oft solche, die man noch nie gesehen hatte und die man bestimmen und einer Gattung zuordnen wollte. Hinauf in die Bäume fuhr der Blick, um zu sehen, ob sich zwischen den Ästen Vögel versteckten. Sie sollten geschossen und ausgestopft werden. Waren sie zu arg zugerichtet, wurden sie abgezeichnet. Linné zeichnete ungeschickt, aber charmant; Rudbeck war ein vortrefflicher und ausgebildeter Zeichner, der zusammen mit seinen Schwestern dem Vater bei den Illustrationen zu dessen großem botanischen Werk *Campus Elysii* geholfen hatte. Auf seiner Reise begleiteten ihn zwei Zeichner, und es ist manchmal schwierig zu entscheiden, wer von ihnen was gezeichnet und gemalt hat. Vor allem Andreas Holtzbom war ein hervorragender Künstler. Er war der Sohn des Gärtnermeisters im Schloss von Uppsala und hatte wie auch sein Bruder für Rudbecks *Campus Elysii* Holzschnittvorlagen angefertigt.

Rudbeck und seine Zeichner waren lediglich Teil einer größeren Reisegesellschaft, die zu Ehren Karls XI. die Phänomene in den unbekannten nördlichen Teilen des Landes erforschen sollte: die Sonne, die während eines langen Zeitraums im Sommer nie unterging, und das verblüffende, dramatische Polarlicht. Olof Rudbeck der Jüngere wird in der Regel Rudbeck Sohn genannt, und das war wahrscheinlich nicht immer einfach. Der Vater hatte durch seine Kontakte erreicht, dass der Sohn an dieser Expedition teilnehmen konnte. Doch der Sohn hatte wahrlich auch eigene Meriten. Seine Doktorarbeit von 1686 gilt als Pionierwerk in der Geschichte der schwedischen wissenschaftlichen Botanik. Zu jener Zeit aber interessierte er sich vor allem für Vögel; er plante bereits sein berühmtes Vogelbuch im gleichen aufwendigen Stil wie die botanische Arbeit des Vaters.

In seinem Tagebuch steht, dass selbst Arten, die es in Uppland um ihn herum gab – und gibt –, erst jetzt beachtet würden. So habe er in Västerbotten im Wald bei Sörmjöle eine Vielzahl von einer Art seltenen Moorgagelstrauchs gefunden. Es handelte sich um die Rosmarinheide, die Linné später auf so unvergessliche Weise zeichnen und benennen sollte. Auf Rudbecks langer und unbequemer Reise gab es jedoch noch unglaublich viel mehr als Pflanzen und Vögel, was seine Aufmerksamkeit erregte: Sauerbrunnen, mystische Lichtscheine und Berge im Dunst, die Dünnbrotbäckerei und Leinwandweberei der Frauen, mächtige Stromschnellen, Fähranlegestellen und die norrländischen Städte an sich, die bis heute ihren ganz eigenen Charakter haben. Aus dem Tagebuch sprechen eine Wachheit und Offenheit für das Fremde, die in unserer Zeit schnellen Reisens möglicherweise abgestumpft und eingeschlafen sind.

Rudbeck muss auf seinem Ritt ungeheuer viel Wald gesehen haben. Geht es aber um den Nutzen dessen, was er gesehen hat, interessiert er sich mehr für die Perlenfischerei. Der Wald, durch den sie hindurchmussten, war unwegsam und dunkel.

Der Wald gehörte für ihn entschieden zum Hässlichen. Erst unten im Moos, da lebte er zu Vorstellungen auf, aus denen Bilder

Abbildung eines Kuckucks in Olof
Rudbecks d.J. Werk über schwedische Vögel, das in den Jahren 1693
bis 1710 erschien.

und Beschreibungen wurden. Bis heute vermitteln die Aquarelle
dieser Reise mit ihren sorgfältig und sensibel wiedergegebenen
Farben ein Bild des Waldes als etwas Unveränderliches – trotz
allem. Dieses Bild rührt ans Herz, weil die dreihundert Jahre zwischen uns und dem Zeichner entschwinden. Rosmarinheide oder
Zottiges Fettkraut rücken fingerspitzennah. Man kann heute in den
Wald gehen, dieses Bild bestätigen und sich freuen, dass es alles
noch gibt, noch gesehen und berührt werden kann, was Rudbeck
Art für Art und ohne jeden Zusammenhang mit einer Pflanzengesellschaft beschreibt. Zusammen mit seinen Reisekameraden sah
und zeichnete er auf dem Heimweg durch Finnland: Schwedischen
Hartriegel, Brunnenlebermoos, Arktische Nierenflechte, Küchen-
schelle, Fensterflechte, Bryoria simplicior, Norne, Torfmoos, Rosmarinheide, Gelbes Schirmmoos, Schleimkopf, Birkenpilz, Pfiffer-
ling, Tintling, vielerlei Täublinge und Blätterpilze, Espenrotkappe,
Stäubling, Fliegenpilz, Bovist, Kiefern-Blutreizker und vieles andere mehr. Später wurde alles systematisiert. Im Augenblick aber
entstanden die Skizzen je nach Entdeckung der Pflanzen. Ich kann
im Spätsommer nicht auf unserem Abfuhrweg durch die Jagen des
Dorfes gehen und den großen Bovist schwellen sehen, ohne an
Holtzbaum zu denken, daran, wie begeistert er über ein so perfek-
tes Exemplar gewesen wäre.

Rudbeck war, als er sich zu seiner Lapplandreise aufmachte, ein
promovierter Mann und Medizinprofessor und verfügte dank sei-

nes großen Vaters über nützliche Verbindungen. Linné, der auf seinen Spuren reiste, war gut vorbereitet, da er an Rudbecks Unterricht und seinen botanischen Arbeiten teilgenommen hatte. Allerdings war er nur ein fünfundzwanzigjähriger Student mit unsicherer Zukunftsperspektive. Er machte sich ohne Reisegesellschaft auf den Weg, was den Vorteil hatte, dass er bleiben konnte, wo und wann er wollte. Als Expeditionsteilnehmer hatte Rudbeck sich nach anderen richten müssen. Er klagte in seinem Tagebuch, dass die Reiseführer, aus Angst, die hohen Herren könnten sich verirren, der Gruppe nicht erlaubten, sich weiter als dreißig Schritte vom Weg zu entfernen.

Niemand hindert Linné daran, sich in die Tiefe des Waldes zu begeben. Auf Wald stößt er bereits hinter Uppsala, bei Okstad und Läby. Er hört die Singdrossel im höchsten Fichtenwipfel balzen und findet ihren Gesang schöner als den der Nachtigall. Dann wird er in dem Frühlingstaumel vernünftig und beginnt die Kiefern zu zählen, hält sie für unzählbar und ist der Meinung, dass sie Palmen gleichen, weil sie nur noch ganz oben eine Ansammlung von Ästen haben. Er schreibt, er »bewundere die Natur, die es sogar versucht, ihre Bäume zu stutzen, nenne sie also Pinus plicata«, das heißt Besenkiefer. Im Wald von Läby trifft er auf Unmengen von Bärentrauben und macht sich daran, sie zu beschreiben und ihnen lateinische Namen zu geben, und geht dabei mit dem führenden Botaniker jener Zeit, dem Franzosen Tournefort, der sie für Preiselbeeren gehalten hatte, zu Gericht.

Ihn interessieren der Boden, in dem die Bäume wachsen, und dessen Einfluss auf das Wachstum. Er sieht einen sterilen Kiefernwald mit einer Schicht abgefallener Nadeln. Den Humus misst er auf zwei Finger Tiefe. Darunter beginnt der Sandboden. Er arbeitet. Mit seinem erlebnishungrigen und sensiblen Sinn sieht er mehr, als man an einem Reisetag für wahrscheinlich hält. Er ist ein begeisterter Beobachter, doch seine Sachlichkeit und Exaktheit geraten nicht ins Wanken. Alles, was er sieht, findet irgendwann Niederschlag in den Schilderungen und Zeichnungen seines Reisetagebuchs. Zweihundert Jahre später findet man in Linnés Haus im alten Botanischen Garten in Uppsala ein kleines Notizbuch. Es liegt unter den Dielenbrettern in einem Zwischenboden: das Taschentagebuch seiner Reise. Der Traum von Historikern ist es, die Feldkanzlei

Karls XII. zu finden, die im Chaos nach der Niederlage bei Poltawa verschwunden ist. Dieser Fund aber ist wohl jenseits dessen, was man sich träumen lassen kann. Da lag nun dieses ledergebundene Büchlein voller Notizen über Entfernungen, besuchte Personen und finnische Wörter, die er auf seiner fünfhundert Meilen langen Reise gebraucht hatte. Daneben eine kleine Schreibplatte für rasche Bleistiftnotizen, die später ausradiert werden konnten.

Selten kann man an das Fragment eines ausradierten Augenblicks in der Zeit rühren. Linné war ein literarisches Naturtalent. Seine Prosa war klar und geschmeidig, und er besaß einen Sinn für Textdramaturgie, verfügte sowohl über Präzision in der Beschreibung als auch über die Fähigkeit, mit Bildern zu überraschen. Deswegen hat seine Gegenwart in dem lange danach zusammengestellten und herausgegebenen Reisetagebuch die Gedächtnisverwesung überlebt.

Wir schreiben jetzt das Jahr 1732 und den 13. Mai, den zweiten Tag seiner Reise. Er reitet durch Mehedeby, wo im Wald Eiben wachsen und unter den Fichten Buschwindröschen, Leberblümchen und Hasenklee blühen. Dass alle Blüten geschlossen sind, findet er kurios. Möglicherweise hat er in diesem Augenblick den ersten Impuls zu seiner Blumenuhr, *Horologium Florae*, die nie ganz gepflanzt wird, sondern eine theoretische Beschreibung bleibt, wie an Blüten die Stunden des Tages abgelesen werden können. In einer Rede mit dem Titel *Deliciae Naturae* sagte er: »Die meisten Blüten öffnen sich am Tage; schließen sich nach Mittag, einige so akkurat, dass man in der Tiefe des Waldes aus den Pflanzen ersehen kann, wie spät es ist.«

Doch das war ungefähr vierzig Jahre später im Dom von Uppsala. Jetzt reitet er durch Älvkarleby und registriert einen steinigen Wald, in dem Weiden und Wintergrün wachsen. Er bewegt sich durch Regenschauer und Sonnenstrahlen auf die Provinzgrenze zu, sieht ein paar Eichen und hält fest, dass es die letzten sein müssen. In Gästrikland angekommen, das er *Gestricia* nennt, wird der Wald buschartig und steinig. Nach wie vor sieht er mehrere Sorten Wintergrün. Er ist jetzt zwei Tage unterwegs und hat schon mehr gesehen und notiert als die meisten Reisenden in einem Monat. Ich bin hier nur auf die Aufzeichnungen der ersten beiden Tage über den Wald eingegangen. Er hat auch Runensteine, Gestelle zum Trocknen von Getreide und andere menschliche Vorrichtungen inklusive

Grabsteine gesehen und wird sie weiterhin sehen und darüber Aufzeichnungen machen. Seine Notizen betreffen Vögel, Bodenbeschaffenheit, Pilze, Gesteinsarten, Rene, Kühe und Schafe. Gewissenhaft wird er später in Text und Zeichnung Jagdgerätschaften, Holzhütten, Kleidungsstücke, Schneeteller und Skier wiedergeben – eben alles Merkwürdige und alles Alltägliche, was ihm auf der langen Reise begegnet ist. Nicht zuletzt verzeichnet er Krankheiten, Speisen und Details über die Lebensweise der Menschen.

Wieder zu Hause, schreibt er zu seiner Reisebeschreibung eine Einleitung:

Småland hat mich geboren
Schweden habe ich durchreist
Der Erde 450 Ellen tiefe Eingeweide geschaut
In des Windes Höhen eine Meile emporgestiegen
Sommer und Winter an einem Tag angeschaut
und selben Tag darinnen verlebt
Wolken habe ich durchschritten
Das Ende der Welt habe ich besucht
Der Sonne Nachtherberg geschaut
Unter einem Jahr 1000 Meilen
    zu Lande gewandert.

Er hat vermutlich ein paar Meilen aufgerundet, um die Geldgeber davon zu überzeugen, dass er auf der Reise Verluste gemacht und Anspruch auf mehr Geld habe. Diese einzigartige Perspektive arbeitet er voll aus. Sie kündigt sich bereits in einem Brief an, den er mitten während seiner Reise (am 14. August 1732) an Lars Roberg, Medizinprofessor in Uppsala, schreibt. Darin heißt es, der Weg sei voller »Todesschlünde« und seine gesamte Reise ein Wagestück, er habe aber mitten im Sommer starke Kontraste zwischen Winterkälte und Mitternachtssonne erlebt:

Ich habe im tiefsten Winter solem inocciduum gesehen. Ich habe im tiefsten Winter gefroren, dass sich Finger und Gesicht hätten lösen mögen, obgleich der Sommer zu sehen gewesen, wo es so heiß war, dass auf den Felsen die Rüben hätten gebraten werden können.

Ich bin in einem Fall eine Achtelmeile einen Berg hinabgestürzt und dennoch mit dem Leben davongekommen.

Ich habe in einem Loch gesteckt, wo das Wasser den Schnee unterminiert hat und man mich mit Tauen hat heraufziehen müssen.

Die Beobachtung während der Reise ist immer detailliert und genau. Sie wird auch durch die Regenschauer von Freude getragen: »Im Walde sang die Drossel, der Kuckuck, *Erithacus, Tetrao, Fringillaria angermannica etc.*, der Specht aber knarrte von den trockenen Stämmen herunter den Baß. Das Wetter war vergnüglich und angenehm.«

Oft gibt er die lateinischen Namen der Arten an. Die Vögel, die er außer Drossel und Kuckuck hörte, waren also Rotschwänzchen, Birkhuhn und Bergfink. Die Freude und die Schönheit seiner Naturbeschreibungen werden nie zum Selbstzweck, ist er doch in erster Linie ein sachlicher Beobachter: Fichten sind entrindet worden und haben vertrocknete Wurzeln, in einer Birke zählt er an die sechzig Hexenbesen. Ihm entgeht nicht viel. Und wie lange wird sich die gute Laune halten, wenn er durch Wind und Wetter über unebenen Boden schuckelt? Er scheint unermüdlich zu sein, selbst wenn ihm das Hinterteil und der Rücken wehgetan haben müssen. Wie viel schlechte Laune und Müdigkeit er in der literarischen Bearbeitung weggelassen hat, wissen wir nicht.

Als er nach Ångermanland kommt, wachsen viele Arten auf norrländische Weise in dominierenden Beständen. Schon in Hälsingland hat er ganze Felder des giftigen Nördlichen Eisenhuts gesehen, den die Kühe zu meiden scheinen. Nun sieht er Wälder von Grauerlen, und die Birken sind so voller struppiger Hexenbesen, dass er sie gar nicht mehr zählt. Aber nicht alles ist üppig, struppig, erschreckend und steil. Im Wald blüht die Arktische Brombeere »von purpurner Farbe«. Als er nach Västerbotten kommt, wird es weniger bergig, und die dunklen, steinigen Wälder lichten sich. Kiefern werden nun häufiger als Fichten. Er notiert die Abwesenheit vieler Laubbäume, die er bis dahin gesehen hat, und nennt Esche, Ahorn, Linde und Ulme. Noch weniger gibt es natürlich Buchen und Haseln. Arm an Blumen ist es dort auch, nicht einmal mehr am Hasenklee kann er sich erfreuen.

In Umeå zeigt ihm der Landeshauptmann interessante Dinge, unter anderem einige richtige Waldvögel, die er in einen Käfig gesperrt hat und mit Fichtenzapfen füttert. Es sind Kreuzschnäbel, deren Fressverhalten Linné genau beobachtet: Zapfen, die sie plünderten, »nahmen sie mit dem Mund, hielten sie mit den Füßen, holten mit dem Kreuzschnabel die Körner heraus«.

Nördlich von Umeå, im strömenden Regen, scheint seine Laune dann doch zu sinken:

> Die Straße wurde mir immer widriger, ich saß mit Lebensgefahr auf meinem Pferd, das bei jedem zweiten Schritt zwischen den Steinen strauchelte; ich verlor mich nun in so abgelegene Gegenden, daß mich nicht einmal der Teufel wiedergefunden hätte. Was Wunder, dass ich zu wünschen anfing, doch wenigstens einen Gefährten mit mir zu haben oder die Vergünstigung, mir auf einer normalen Landstraße vom Roß das Herz aus dem Leibe schütteln zu lassen.

Er sieht »nichts sonderlich Interessantes«, und seine schlechte Laune hält an, bis er nach Jämtböle kommt. Dort wird ihm getrocknete Auerhahnbrust vorgesetzt, die er zuerst zurückweisen möchte. Aber obwohl sie nicht gut aussieht, schmeckt sie »ganz delikat«.

Nachdem es um die Mittagszeit des 27. Mai zu regnen aufgehört hat, ist er wieder unterwegs und auch bei guter Laune. Er ist jetzt in flechtenreichen Wäldern. Er sieht Braunköpfchenflechten, Rentierflechten, Fensterflechten, Sprossende Becherflechten und natürlich Arktische Nierenflechten in rauen Mengen (*copiosissime*). Den hufeisenförmigen Birkenporling trifft er an, sogar an der Wand einer Hütte, wo er als Nadelkissen dient.

Am 29. Mai erreicht Linné die Lycksele Lappmark und schreibt: »Der Wald stand herrlich im schönen Birkenlaub, das hier üppiger ausgeschlagen hatte, als ich vordem gesehen, was von dem Regen gekommen ist, der am Samstag fiel, und dem herrlichen Sonnenschein gestern und heute.«

Er hat nun das Waldreich durchreist und ist unterwegs ins Fjäll. Wir werden ihn dort verlassen. Den nächsten Tag ist er beim Pfarrherrn Ola Gran und dessen Frau in Lycksele gut aufgehoben. Gran warnt ihn vor den Lappen, denn »sie greifen oft zur Büchse, wenn jemand ohne ihr vorheriges Wissen zu ihnen kommt«. Linné scheint am Morgen früh aufgestanden zu sein und sich über die lappischen Namen einiger im Wald lebender Arten informiert zu haben. Er notiert unter anderem:

Fatno Engelwurz
Jokno Preiselbeere
Viste Rentierflechte
Skerre Zwergbirke

Leider begründete er keine Tradition. Die Mühe, irgendwelche samischen Bezeichnungen zu lernen, haben sich nur wenige Schweden gemacht.

Linné beschlichen angesichts der unerhörten Wälder, durch die er reiten musste, um die Fjälls zu erreichen, auch weiterhin keine wildnisromantischen Gefühle. Am 2. Juni notiert er nüchtern:

Der Wald stand voll großer Kiefern, ganz nutzlos, denn niemand macht Häuser aus ihm, und keiner ißt ihn. Ich glaube, er könnte von Nutzen sein, wenn man Pech und Teer aus ihm brennte.

Gänzlich im Nützlichkeitsdenken seiner Zeit befangen war er nicht. Er freute sich wie wir an einem Junitag: »Die Tannen waren ganz dunkelgrün und begannen just, mit hellgrünen Trieben zu prangen, was meinen Augen eine rechte Herzensfreude war.«
Hier fühlen wir uns ihm nahe. Ein Vorsommertag im Wald, wenn die Fichtentriebe hellgrün leuchten und säuerlich duften und die Drossel lallt, ist heute nicht anders als 1732, vorausgesetzt, man entfernt sich weit genug von der Forststraße. Die Menschen zu Rudbecks und Linnés Zeiten hatten dennoch etwas, was uns verloren gegangen ist und an das wir uns, um uns eine Vorstellung davon zu machen, in ihren Texten nur schwer herantasten können. Vielleicht kann man es als ein vertieftes Sehen und das Verständnis von Naturerscheinungen bezeichnen. In diesem Fall hat es seinen Ursprung in weit zurückliegender Zeit, als die Menschen darauf gekommen waren, dass in jedem Detail der Schöpfung eine Ur-

sache und eine Absicht steckt, selbst wenn es sich nur um ein Sumpfläusekraut im Moor handelt. Und ein Name war nicht nur eine Bezeichnung, sondern sagte etwas aus, mal dunkel, mal spielerisch, aber immer wichtig und vertiefend.

Liebeskraut und Hosenschiss

Als Rudbeck auf seiner Reise ins Fjäll so hoch hinausgekommen war, dass die Weide Fichten und Birken abgelöst hatte, begann er im Geiste seines Vaters über den lateinischen Namen der Weide nachzudenken, der da *salix* lautet. Rührte dieser eigentlich nicht vom schwedischen *salig* (deutsch *selig*) her, und hatte nicht ein antiker Autor behauptet, *salix* sei die einzige Baumart, die in den Gefilden der Seligen wachse? Die elysischen Felder, wo die glückseligen Toten ihr Schattendasein führen, müssen folglich hier gelegen haben, in Lappland.

Er wurde in diesen Sommerwochen schwer von Kriebelmücken geplagt und hatte ständig nasse Füße, trotzdem dachte er so. Wer einmal an einem Morgen ein Fjällmoor durch den frühen Frost von Grün über Gold nach Rost hat spielen sehen, kann ihn verstehen. Die Bäuschchen des Scheidigen Wollgrases schweben schwerelos über dem Riedgras, und das Weidendickicht steht mit so sauber geformten Konturen da, dass es wie Buchsbäume aussieht. Nebelstreifen ziehen über den Boden und tasten nach den Weiden, um sie auszulöschen. Das Vergessen streift durch den kalten Nebel, die Auslöschung in den Fingern des Frostes übers letzte Grün, das zu Braun heruntergebrochen wird.

Gestaltlose Nebel, streichende Hände, die nichts greifen – sah er so das Dasein jenseits des Todes?

Am Umeälven zog er durch ein Gelände, wo das Frühjahrshochwasser und das Chaos des Sturms die Bäume samt den Wurzeln ausgerissen hatten. Er schrieb, dass Neptunus und Äolus in Fahrt gewesen seien. Genau wie einst Rudbeck fand Linné zu seiner Begeisterung Rosmarinheide im Moor. Er gab ihr nach der Königstochter, die dem Zorn der Meernymphen anheimgefallen und an einen Felsen geschmiedet worden war, den Gattungsnamen *Andro-*

Andromæda
ficta it vera.
Mystica it genuina.
figurata it Depicta

Linné zeichnete die Rosmarinheide, die er im Moor fand, als kleine Jungfrau, die hart von einem Ungeheuer bedrängt wird.

meda. Er fertigte eine rührende Zeichnung seiner kleinen Andromeda an, worauf sie an einen Grashuckel gekettet und Angriffen ausgesetzt ist, allerdings nicht von Meeresungeheuern, sondern Teichmolchen.

Die Mythen begleiteten sie überallhin. Sie hatten so früh Latein und Griechisch gelernt, dass Götter, Nymphen und Heroen für sie genauso selbstverständlich Gestalt annahmen wie Donald Duck und Goofy für heutige Kinder. Ihre Belesenheit aus den Studienjahren spiegelte die nüchterne Naturbetrachtung oft doppelt in einem antiken Bild wider. Eine Blume konnte zu einem barocken Emblem werden. Rudbeck gab auf seiner Reise einem Löwenmaulgewächs, das im Volksmund früher Wolfsrachen und so manches andere geheißen hatte, den Namen Karlszepter. Rudbeck sah in der Pflanze ein königliches und kriegerisches Symbol. So aufrecht, wie sie am Rand eines Moores stand, zeugte sie für ihn von blutigen Kämpfen, Macht und Ehre.

Noch heute gilt Rudbecks Namensgebung im Artnamen: *Pedicularis sceptrum-carolinum.* Die Reise war schließlich zu Ehren Karls XI. unternommen worden, und er huldigte dem König auch, als er das Blaukehlchen im Fjällbirkenwald mit einem Namen versah. Es sollte *Avis carolina* (heute *Luscinia svecica*) heißen, da es wie »seiner Kgl. M. liberi« blau und gelb trage.

Man kann natürlich sagen, es sei das Privileg eines an der Universität Ausgebildeten, in der Rosmarinheide Andromeda zu sehen wie Linné oder in einer Rauchschwalbe die Göttin Minerva, wie der ältere Rudbeck es getan hat. Doch zeigt die volkstümliche Namensgebung, dass auch Menschen ohne höhere Schulbildung imstande waren, das, was sie im Moos oder im Laubwerk bemerkten, mit Sinn und Andeutungen auf Ursprung und Absicht zu füllen. Die Namen können einen Glauben widerspiegeln oder spielerisch witzig sein. Doch sie zeugen von Tiefe und Komplexität im Geiste des Märchenerzählens. Liebeskraut und Hosenschiss hatten jemandem, der sie in die Hand genommen und daran gerochen hat, etwas zu sagen. Für uns sind sie schlicht Echtes Labkraut und Schafgarbe. Die meisten von uns kennen die Namen allerdings gar nicht mehr, nicht einmal die der Bäume im Wald. Das habe ich über Kopfhörer aus einer Radiosendung erfahren, als ich an einem Augusttag an einem Waldrand Himbeeren plückte. Ein Botaniker war in den Hagapark gegangen und hatte die Leute gefragt, wie die Bäume hießen. Es war eine traurige kleine Sendung.

Olof Rudbeck war fünfunddreißig Jahre alt, als er nach Lappland reiste. Noch hatte er die Botanik nicht zugunsten seiner unbegreiflich verwickelten sprachwissenschaftlichen Spekulationen aufgegeben. Und er hatte auch den botanischen Garten, das Werk seines Vaters, nicht verfallen lassen. Er war im Vollbesitz seiner Kräfte. Linné wurde fünfundzwanzig, als er am zweiten Tag seiner Reise durch Mehedeby ritt. Auf seine eichhörnchenschnelle Weise war er überschwänglich und voller Leben.

Der Wald belaubt sich, die Vögel jubilieren, und Carolus Linnaeus ist jung und unverdrossen. Er wird nun den grünen Wirrwarr in Gottes Schöpfung ordnen. Er wird dies wie kein anderer verstehen und eine über alle Maßen bewunderte europäische Größe werden.

Um ihn herum blüht der Wald, und er wird noch blühen, wenn der Leibarzt alt und gefeiert und sein Sinn verdüstert ist; er wird blühen, wie er geblüht hat, bevor es uns gab, und er wird nach uns blühen, jenseits aller Namen und jenseits aller Grenzen menschlichen Ordnungssinns.

Der Wald in alphabetischer Ordnung

»Die Nothwendigkeit des Waldes in unserem Nordischen Clima ist einem jeden bekannt, man verbrächte das betrüblichste Leben, woselbst er fehlte«, schrieb Magnus Hendric Brummer in der Einleitung zu seinem *Försök til ett Swenskt Skogs- och Jagtlexikon* (Versuch zu einem Schwedischen Wald- und Jagdlexikon) von 1789. Man kann sich sicher sein, dass er an die Wärme im Haus dachte. Vielleicht saß er vor einem Kachelofen und schrieb an seinem nützlichen Buch, während die Jagdhunde zu seinen Füßen in der Ofenwärme schnarchten. Zu Feuerholz hatte er als Oberforstmeister in Halland Zugang, ansonsten aber keinen Lohn, nur einen Anteil am Strafgeld, das er eintreiben konnte. Bei den Übertretungen handelte es sich zumeist um Beschädigungen des Gemeindewalds, um Wilderei und unerlaubtes Fällen.

In seiner Jugend war Brummer in einen aussichtslosen und betrüblichen Krieg geraten. Die Regierung der *Hattarna* (Partei der Hüte) hatte in ihren Großmachtsbestrebungen Schweden in jenen Krieg hineingezogen, der auf dem Kontinent Siebenjähriger und bei uns Pommerscher Krieg genannt wird. Man wollte in Pommern einmarschieren und den Teil zurückerobern, den man im Frieden nach dem noch betrüblicheren Krieg Karls XII. verloren hatte. In erster Linie war man von den Eichenwäldern in diesen alten Besitzungen abhängig. Sie stellten einen enormen Holzvorrat für den Schiffsbau der Kriegsflotte dar. Das Ergebnis der fünf Kriegsjahre waren enorme Verluste an Menschen durch Kampf und Krankheiten, Verwüstungen und fatale Kosten für die Staatskasse. In den Napoleonischen Kriegen wurde Pommern später endgültig verloren. Bevor die Friedensvereinbarungen von 1815 in Kraft traten, versuchte man, sich so viel Eichenholz wie nur irgend möglich zu sichern und zur Flottenbasis nach Karlskrona zu verschiffen.

Magnus Hendric Brummer gehörte zu den zwanzigtausend, die 1757 nach Pommern geschickt wurden. Zu Beginn des Feldzugs war er Oberleutnant beim Västgöta-Dals-Regiment und zweiundzwanzig Jahre alt. Fünf Jahre wogten die Kämpfe hin und her und brachten nichts als Verluste. Brummer geriet für einige Zeit in Kriegsgefangenschaft und kam mit einer Verletzung nach Hause, die er sich durch einen Sturz vom Pferd zugezogen hatte, einem Leistenbruch, der in zum Invaliden machte. Zu neuerlichem Kriegsdienst wurde er weder in Schweden noch im Ausland angenommen, und die Pension, die er schließlich bewilligt bekam, reichte nicht zum Lebensunterhalt.

Nach vielen Beschwerlichkeiten wurde er bei der Königlichen Forstverwaltung angestellt, deren Personal die Wälder der Krone schützen und hegen sollte. Er bekam eine Dienststelle im Kirchspiel Eftra, wo lange Waldrücken die tief liegende halländische Landschaft durchziehen. Hier jagte er, und hier hing er in seinen Waldgrübeleien nach, aus denen Notizen und schließlich ein Buch in einem für Schweden neuen Genre werden sollte. Sein Wald- und Jagdlexikon ist ein Werk zum Nachschlagen von Fakten. Der Blickwinkel auf den Wald ist dabei natürlich der des Beamten und somit der Forstverwaltung jener Zeit. Anlass für ihn, dieses Buch zu schreiben, ist die Misswirtschaft mit den Wald- und Wildbeständen.

Jäger und Forstaufseher sollten gründliche Kenntnisse haben, zumeist aber seien es »schlechtere Personen ohne Education«, die mit diesen Aufgaben betraut würden. Er bekennt demütig, dass auch er anfänglich »in denjenigen Zielen, welche mit der erlangten Beschäftigung einhergingen«, nicht so bewandert gewesen sei, und scheint einen Großteil seiner Zeit dem Selbststudium gewidmet zu haben. Man fragt sich, wie der abgedankte Offizier in seinem entlegenen Nest an Bücher herangekommen sein mochte, die damals obendrein sehr teuer waren. Doch für die Einleitung seines Nachschlagewerks hat er offensichtlich etwas über die Geschichte des nordischen Waldes gelesen, vor allem Landschaftsgesetze und Königssagas.

In Brummers Norden gab es in der Vergangenheit unermesslich große Wälder voller Tiere und Waldmenschen. Als die Siedler an unsere Küsten kamen, mussten sich die Waldvölker immer tiefer in den Wald zurückziehen. Je mehr in den Küstengebieten »der Volkshaufe zugenommen«, mussten sich auch die Siedler weiter im Landesinneren niederlassen. »Bei Odins Ankunft in unserem Norden« begann man das Land urbar zu machen.

Dass die Asen zu einem bestimmten Zeitpunkt im Norden eintrafen, ist für Brummer eine historische Tatsache. Er kann darüber in Snorris *Heimskringla* gelesen haben und bei Saxo Grammaticus, aber auch in Olof Dahlins *Geschichte des Reiches Schweden*, deren erster Teil im Jahre 1747 erschienen ist. Carl Jonas Love Almqvists *Sviavigamal*, worin Odin mit seinen »Asiaten« auf Dalarö an Land geht, war noch nicht geschrieben.

Odin und das Asengefolge beschlossen, sich in Uppland niederzulassen. »Durch die Ankunft dieser neuen Gesellschaft wurden des Landes Bewohner genöthigt, weiter ins Innere zu ziehen«, schreibt Brummer. Als sie rodeten und schwendeten, habe der wirkliche Kummer mit der Waldverwüstung begonnen. Die südlichen Landschaften seien, »seit Odin unser Vaterland usurpiert hat«, mehr oder weniger waldlos. Was das Waldreich Schweden betraf, vertrat Brummer eine andere Auffassung als Dahlin, der meinte, das alte Svithiod habe ursprünglich auf den Inseln eines großen Schärengebiets gelegen.

Das Eindringen der Asen habe das Land aber laut Brummer dennoch kulturell aufgerüttelt. Bis dahin hätten die Waldvölker nur von dem gelebt, was der Wald zu bieten hatte. Erst durch Odins Invasion sei der Norden mit anderen Nationen in Berührung gekommen, sodass auch die Bewohner des Waldes der Aufklärung und Verbesserung teilhaftig wurden. Sie würden nun Land bestellen und Überfluss und Üppigkeit entwickeln, und natürlich holten sie ihre Luxusgüter aus dem Wald: »Die Geschichte berichtet, dass unsere Vorväter, so sie sich in ihrem besten Schmucke zeigen wollten, sich in Hermelin und Marder kleideten.«

Brummer steht ganz auf der Seite des Waldes. Er scheut auch nicht vor dem Hinweis zurück, dass der Schwarze Tod es dem Wald ermöglicht habe, Boden zurückzugewinnen. Als das Leben wieder aufgeblüht sei, habe er natürlich weichen müssen. Brummer berichtet von einem geschundenen Land mit miserabler Wirtschaft und Bürgerkriegen. Man habe Wälder abgeholzt und unmäßig und rücksichtslos gejagt. Es seien Bäume und Tiere vernichtet worden. Dieser Zustand habe angehalten, bis Gustav Vasa an die Macht gekommen sei. Waldordnungen führt er samt Jahreszahlen als wichtige historische Ereignisse an und berichtet, wie Jagd und Nutzholzentnahme geregelt wurden. »Die Ausrottung der Raubthiere« sei auf die Tagesordnung gesetzt worden. Mit großer Befriedigung beobachtet der Oberforstmeister in Halland, wie sich eine auf königliche Verordnungen gestützte Forstbürokratie entwickelt. Nun wird seine Darstellung sachlich und sehr beschlagen: 1638 wurde ein Reichsoberforstmeister eingesetzt und ihm im ganzen Reich Beamte unterstellt, zuunterst in der Hierarchie kamen die Waldwärter und Forstaufseher.

Nach den Waldordnungen und der Geschichte ihrer Befolgung kommt in Brummers Arbeit der eigentliche Lexikonteil. Er greift die Erscheinungen in alphabetischer Ordnung auf, und es muss ihm Vergnügen bereitet haben, sich neue Stichwörter auszudenken. Das erste ist *Adel*, dann geht es weiter über *Allmende, Anschießen* und *Asche* (die Herstellung von Pottasche) zu Waldbäumen wie *Ahorn* und *Apfel* und deren *Borke* und zu jagdbaren Vögeln wie der *Bekassine*. Selbstverständlich werden *Birke* und *Buche* sowie *Erle, Esche* und *Espe* aufgeführt und beschrieben. *Gehege* für Hirsche und Rehe werden dargestellt; überhaupt gibt es einen Reichtum an Termini auf dem Gebiet der Jagd. *Heidebrand* auf Weiden sei schädlich und überdies verboten. Ein großes Stichwort ist *Hund*: »Ohne denselben vermag ein Jäger nichts auszurichten« und »Keine Kreatur auf dem Erdballe liebt den Menschen solchermaßen und ist ihm ergeben als der Hund.« *Laubschmuck* sei bei einer Strafe von 20 Talern verboten, dennoch würden Kirchen und Häuser mit Laub geschmückt. Die *Lerche* habe wohlschmeckendes Fleisch. An einem *Luderplatz* lege man Raubtieren Gift aus, um sie zu töten. Stichwörter auf dem Gebiet der Jagd wie *Birkhuhn, Schwan* und *Waldschnepfe, Fuchs, Marder, Raubtiere* und *Greifvögel* sind viel zahlreicher als auf dem Gebiet der Waldpflege und des Holzbetriebs: *Piepenstäbe, Schiffsbauholz* und *Salpeterholz*. Für den *Oberforstmeister* Brummer ist es ein wichtiges Anliegen, *Verstöße* zu ahnden, womit allmählich das Ende des Stichwortverzeichnisses erreicht wäre.

Er bezeichnet sein Buch als Lexikon, aber eigentlich hat ihn wohl das enzyklopädische Denken seiner Zeit inspiriert. Brummer wollte auf die Menschen wenigstens dahingehend einwirken, dass sie mit dem Wald besser haushalteten. Sein Buch ist in utilitärem und forstökonomischem Geist geschrieben und geht mit Verschwendung und Nachlässigkeit scharf ins Gericht.

Der Wald, über den er schreibt, ist immer der für den Hausbedarf. Holzkohleproduktion und Nutzholzverkauf spielen in seiner Zeit und Welt keine große Rolle. Der Wald ist ein Teil der Landwirtschaft, und die Bauern müssten lernen, achtsam damit umzugehen. In einer Zeit, in der noch keine großen Holzeinschläge für den Export erfolgten und der Waldreichtum den meisten fast unübersehbar erscheint, plädiert er für ein strenges Regime mit Aufsicht, verschärfter Gesetzgebung und fühlbaren Strafmaßen. Aber auch die Gewohnheiten und Bräuche müssten reformiert werden. Die Verwendung von Sägen mit grobem Blatt und die Herstellung von Brettern durch Behauen mit der Axt heiße Bauholz verschwenden. Plenterung beschreibt er als eine gefährliche und verarmende Methode, weil

… die Wälder jährlich dünner und lichter werden, Wetter und Wind mehr Kraft und Gelegenheit erhalten, hindurchzubrausen, die alten Bäume umzublasen und die Wipfel auszudörren sowie die jungen im Wuchse bedrängt werden und die kleinen austreibenden Schösslinge in der sengende Sonne verdorren.

Er möchte der Schwendwirtschaft und dem Heidebrand Einhalt gebieten, empfiehlt Steinhausbau und niedrigere Baumstümpfe beim Fällen. Schindel- und Bretterdächer sollten verboten werden, statt Holz- sollte man Steinbrücken bauen und hölzerne Meilensäulen durch Meilensteine ersetzen. Zum Salpetersieden und Ziegelbrennen sollte man Torf als Brennmaterial verwenden.

Er ist ein strenger Haushälter, doch die Partien über die Jagd offenbaren ein starkes Naturgefühl und eine Zusammengehörigkeit mit der Gegend, durch die er alltags mit seinen Hunden streift. Als Jäger und Waldmensch hatte er vielleicht seine besten Stunden.

Er wollte die wirtschaftlichen Bedingungen der Forstverwaltungsangestellten verbessern, schaffte es aber nicht und verschuldete sich immer mehr. 1787 nahm er seinen Abschied, offenbar in der Hoffnung auf ein finanzielles Abkommen mit seinen Vorgesetzten. Seine Hoffnung wurde jedoch enttäuscht. Als sein Waldlexikon in Druck ging, war der Offizier, der in seiner Jugend im Pommerschen Krieg einen Schaden fürs Leben davongetragen hatte, völlig verarmt.

Im *Svenskt Biografiskt Lexikon* schreibt Bertil Boëthius über Brummers letzte Lebensjahre: »Der Zweiundfünfzigjährige sah

sich somit auf seine Pension reduziert, die sich nach der Währungs-
reform auf 29 Reichstaler belief. Von der Misere und dem bitteren
Los des Supplikanten befreite ihn indes bald der Tod.«

Ein Liebling der Natur

In einer Januarnacht des Jahres 2005 wurden die halländischen
Waldrücken, die Brummer so gut gekannt hatte, von einem Sturm
verheert, der zwar nicht der schlimmste seit Menschengedenken,
in dem von der Statistik gestützten Abschnitt unserer Waldge-
schichte aber doch einzigartig war. Wir wissen von keinem Sturm,
der eine derart umfangreiche Zerstörung verursacht hätte: In einer
einzigen Nacht riss der Wind 80 Millionen Kubikmeter Wald um.
In der Umgebung von Laholm, Halmstad und Hylte rechnet man
mit 5,3 Millionen Kubikmeter gefälltem Wald. Die Bauern im
halländischen Nässja verloren die Hälfte ihres Waldes. König und
Minister kamen mit Hubschraubern, um sich die Zerstörung anzuschauen.

Vor allem Fichten mit ihrem oberflächlicheren Wurzelsystem
werden vom Sturm umgerissen. Die Schnabelschuhe und die Fede-
rung, die Harry Martinson beschrieb, reichen bei einem Orkan
nicht aus. Fichte ist eine schnell wachsende Holzart, und unsere
Holzwirtschaft basiert auf Fichte. Deshalb wurde in großem
Umfang mit Fichte aufgeforstet, auch in Landstrichen, wo sie
ursprünglich nicht heimisch war.

Ob es im Wald auf dem Hallandsåsen zu Brummers Zeit überhaupt Fichten gab, erfahren wir aus seinem Lexikon nicht. Er hat
über den Wald im Allgemeinen geschrieben, nicht über den seiner
Umgebung, und für beschreibende Naturschilderungen hatte er
keinen Platz. Zwanzig Jahre nach seinem Tod indes scheint die
halländische Landschaft mit ihren Hainen, Parks und laubreichen
Waldrücken in einem Tagebuch auf. Es ist der überhitzte Text eines
Siebzehnjährigen, der den Friedhof von Hasslöv besucht hatte, wo
einer seiner Helden, der Botaniker und Linnéschüler Pehr Osbeck,
begraben lag:

Göttliches Hasslöv...Deine alten Mauern schützen den Holunder vor dem Nordsturm, und gen Süden bindet man die zarte Weinranke im Schutze des Efeus – der stille Fluss – der Steinsauger führende Bach – deine schattigen Höhlen – deine einsamen Haine – deine düsteren Parks – der himmelhohe Höhenrücken – welche Gegenstände für einen Naturforscher...

Der stille Fluss ist der Stensån, der Steinsauger vermutlich ein Neunauge. Der junge Romantiker ist Elias Fries, und er ist bereits auf dem besten Weg zum Naturforscher. Bald sollte seine *Flora Hallandica* im Druck erscheinen, doch war es weder die Baum- noch die Kräuterflora des Waldes, auf die er sich schließlich spezialisierte, sondern die eigenartige Gattung der Pilze und Flechten.

Dieses Kapitel, das ich mit Fichte überschrieben habe, handelt von Männern, die in den Wald geritten sind und ihn dem Gedächtnis erobert haben. Frauen waren keine Eroberinnen, und es hinderten sie nicht nur die langen Röcke daran hinauszuziehen. Immerhin durften sie sich im Wald in ihrer Umgebung bewegen. Elias Fries erzählt, dass seine Mutter ihn eines Sommertags zum Walderdbeerensammeln »in einen abgebrannten Wald« mitgenommen habe. Das war 1806, Elias war zwölf Jahre alt und Oberschüler in Växjö. Der Vater war Pfarrer im waldreichen Kirchspiel Femsjö.

Wie sie so umherstreifen, findet der Junge *Hydnum coralloides*, einen Korallenschwamm, der ihn tief beeindruckt. Der Pilz kann bis zu einen halben Meter hoch werden und hat längliche herabhängende Stacheln, die sich wie ein Korallengeäst aus dem Stamm entwickeln. Er soll anfangs weiß sein und sich dann so verändern, dass er eine gelbe und schließlich gelbbraune Färbung annimmt. Fries beschreibt ihn als äußerst reich verzweigt, silberweiß, später gelb werdend (*ramosissimum, candidum, demum lutescens*). In meinem Pilzbuch wirkt *Hericium ramosum* (wie er heute heißt) fast rosa, und ich träume natürlich davon, ihn in Wirklichkeit zu Gesicht zu bekommen. Er war aber schon zu Elias Fries' Zeiten ziemlich selten und ist in der Ära moderner Forstwirtschaft noch schwieriger zu finden, da er von modernden Eichen- und Buchenstämmen abhängig ist.

Dieser Korallenschwamm, erzählt Fries, habe ihm die Augen für die merkwürdige und reiche Welt geöffnet, die sich im Wald von Femsjö unter dem Moos ausbreitete und sich entfaltete. Er begann Pilze zu sammeln und untersuchte sie nach Samuel Liljeblads *Flora*, die ein staubtrockenes Verzeichnis mit langen Examinationstabellen sein soll. Doch das schreckte ihn nicht ab. Um weiterzukommen, bat er seinen Vater um Hilfe, und er hat ein Gespräch wiedergegeben, wie es sich zwischen einem Pfarrer, der seinen Sohn lehren möchte, die wissenschaftliche Sprache zu beherrschen, und einem wissbegierigen und von einem neuen Gegenstand begeisterten Jungen ergeben konnte. In der *Flora* ist der Junge auf ein Wort gestoßen, das er nicht versteht, und auf einer Wanderung fragt er seinen Vater, was es bedeutet.

›Dic pater, quid est lamella?‹ (Mit meinem Vater durfte ich nämlich nur Latein sprechen, weswegen ich die lateinische Sprache früher als die schwedische lernte.) ›Lamella‹, antwortete er, ›est lamina tenuis‹, und als ich die Erklärung erhalten hatte, erachtete ich diese Bezeichnung für die Fruchtbildung der Pilze als in hohem Maße sinnreich, sodass ich bereits tags darauf die Gattungen, die in dem Buche aufgenommen waren, erkennen konnte.

»Sag an, Vater, was ist eine Lamelle?«, fragt der Junge, und der Vater antwortet, die Lamelle sei ein dünnes Blatt. Damit ist Elias in der Welt und Gattung der Blätterpilze angelangt und beginnt im Wald danach zu suchen. Während des Krieges 1808 wird die Schule in Växjö für einige Zeit geschlossen und Elias zu Hause unterrichtet. Er vergnügt sich damit, über alle Pilze, die er findet, ein Verzeichnis zu erstellen und sich Namen für sie auszudenken. Auf diese Weise lernt er fast vierhundert Arten unterscheiden.

Als er in Lund seine bahnbrechende *Systema mycologicum* zusammenstellt, worin sich auch der Korallenschwamm findet, war er noch keine dreißig Jahre alt, aber bereits auf dem besten Weg, einer unseren großen Naturforscher mit dem Spezialgebiet Kryptogamen zu werden. Er war früh mit dem Algenforscher C.A. Agardh in Kontakt getreten und über dessen Flechtensammlung erstaunt und restlos begeistert. Schon 1811, in seinem ersten

Semester in Lund, schrieb er an seinen Cousin Johan Forsander in Växjö und bat ihn, für ihn Pflanzen zu sammeln:

> Nein (hierbei fallen mich ein paar Compagnien Teufel an), ich bin jetzt kein Mensch mehr; nein, ich bin ein Flechtenfantast und sammle auch Moose und Pilze, denn jetzt kann Rat dazu werden – am Sonntag werde ich auch zu ihm gehen und werden wir Pilze aufsetzen ...

Der Enthusiasmus für die Naturerscheinungen brennt in ihm, solange er jung ist, und auch noch in dem älteren Naturforscher, der seine Kindheitserinnerungen erzählt. Elias Fries hegt für das Schöpfungswerk in all seinen Einzelheiten eine Bewunderung, deren Wurzeln in die Physikotheologie und noch weiter zurückreichen. In seinen Jugendbriefen an Forsander zitiert er Rousseau, der als Philosoph nicht mehr en vogue ist, dessen Naturbegeisterung ihn aber anspricht. Wie Rousseau möchte er bis ins Grab botanisieren, und er wird es auch tun.

Elias Fries war ein langes Leben mit Pilzen, Flechten und Schülern beschieden, und er bekam einen Sohn, der erfolgreich in seine Fußstapfen trat. Er wurde eine große wissenschaftliche Autorität, veröffentlichte unter dem Titel *Botaniska utflykter* (Botanische Ausflüge) aber auch populäre Essays.

Wenn er erzählt, was er mit eigenen Augen draußen in der Landschaft gesehen hat, liegt in seinen Beschreibungen eine sehr sympathische Unmittelbarkeit. Über einen See namens Frillen auf der Grenze zwischen Halland und Småland schreibt er, dass er kristallklares Wasser und einem grasbewachsenen Grund habe, wo die Pflanzen niemals blühen würden. Er macht jedoch die Wasserlobelie aus, die mit armlangen spiraligen Stängeln das Licht zu erreichen versucht. Er sieht Rosetten von Brachsenkraut und entdeckt Nadelbinsen und Brennenden Hahnenfuß – alle blütenlos. In diesem Essay, der mit *Växternas fädernesland* (Das Vaterland der Pflanzen) überschrieben ist, gehen seine Gedanken zurück in die Wälder seiner Kindheit in Femsjö, und er erinnert sich an einen kleinen Waldsee, auf dessen schlammigem Grund festgewachsene und mit einer Axt abgehauene Kiefernwurzeln waren und Borstschmielen wuchsen. Er hält es für möglich, dass die Borstschmiele

Granatroter Saftling in Elias Fries' *Sveriges ätliga och giftiga svampar* (Essbare und giftige Pilze Schwedens), 1860–1866.

ein Relikt der Drahtschmiele ist, aus einer Zeit, als der Seegrund fester Boden war.

Wenn ich in meiner heimischen Umgebung an einem Waldsee sitze und im Wasser Stängel sehe, die ans Licht und zum Blühen drängen, fallen mir schnell Elias Fries' Gedanken ein. Seine genaue Beobachtung und sein unglaubliches Wissen brachten ihm die Bewunderung und den Respekt seiner Zeitgenossen ein. Was den großen Beobachter jedoch dem modernen Leser nahebringt, ist die »naiv schöne« Unmittelbarkeit seines Stils.

Obwohl Fries ein sehr genauer und realistischer Beobachter war, stand er dem Mikroskop als Arbeitsgerät für Botaniker skeptisch gegenüber. Er fürchtete, die Forschung könne sich in Details verirren und ihre ganzheitliche Sicht verlieren. Er war bis ins Alter stark der romantischen Philosophie verbunden. In einer Zeit, als um ihn herum ein völlig neues wissenschaftliches Denken herrschte, vertrat er weiterhin die Ansicht, dass jede Art und Gattung das ideale Urbild in sich berge. Aufgrund dieses Urbilds seien in der Welt der Materie die Pflanze und auch das Tier und der Mensch erstanden. Dort könne es sich zwar nicht vervollkommnen, aber an die Idee erinnern, die es von sich aus zur Vervollkommnung dränge.

Wir dürfen nicht vergessen, dass Fries, wenn er sich in die Frage nach der Entstehung der Varietät der Arten und Gattungen vertiefte, nach wie vor die Spuren von Gottes Schöpfungswerk sah. Er lebte zur selben Zeit, als Darwin auf großartige Weise jene Ideen weiterentwickelte und vollendete, die seit Fries' romantischer Jugend in der Naturforschung aufgekommen waren. Doch er konnte die Entwicklungslehre nicht ganz akzeptieren, und manche ihrer Gedanken fand er schlicht lächerlich. Dass Wölfe mit langen Beinen besser überleben und diese Eigenschaft deshalb vererbt würde, war kein Gedankengang, der ihm imponierte.

Aus einem Vortrag, den er 1847 vor skandinavischen Naturforschern in Kopenhagen hielt, geht hervor, dass er unter Entwicklung eine Verbesserung hin zur Vervollkommnung verstand. Der gesamten Natur, sagt er, sei das Vermögen eingeschrieben, nach Perfektion zu streben. Das Niedrigste und Unvollkommenere sei dem Höheren und Vollkommeneren vorausgegangen, »allein um die Bedingungen für die Ausbildung des Vollkommeneren und die Mittel für dessen Bestand und Behagen bereitzustellen«.

In einer Welt, die bis dahin von Theologie und Philosophie beherrscht wurde, sind die Naturwissenschaften in seinen Augen auch Träger neuer Ideen zur gesellschaftlichen Entwicklung. Angeeignet habe sich die Gesellschaft jedoch nur »deren Resultate hinsichtlich materieller Interessen, ohne auch deren höheren Wahrheiten Zutritt zur allgemeinen Bildung zu gewähren«.

Die vornehmste Aufgabe der Naturwissenschaftler sei nun, Vorurteile zu zerstreuen, ganz besonders die trostlose und deprimierende Lehre, wonach die Natur altere, das Produktionsvermögen abnehme sowie Arten und ganze Gattungen degenerierten und dahinschwänden. Er stellt mit Nachdruck fest, wenn dies geschehe, »so ist das keine Folge innerer Naturnotwendigkeit, sondern im Gegenteil die Misshandlung der Natur durch den Menschen«.

Er führt viele Beispiele von Naturzerstörung durch Menschenhand an. Die unerhörten Wälder, die es einst im westlichen Småland gegeben habe, seien nun öde Heiden mit einer armen Vegetation aus Heidekraut, Moosen und Flechten. In Västergötland seien ehemals bewaldete Gegenden »in afrikanische Steinwüsten« verwandelt und mit dem vielsagenden Namen Hungerlande versehen worden, »dieweil kaum ein lebendiges Wesen dort Nahrung finden kann«. Auf Getterön vor Varberg wuchs Ende des 16. Jahrhunderts ein hoher Eichenwald. Jetzt findet da draußen im Wind nicht einmal ein fußhohes Pflänzchen Halt. Fries hat auf der Insel botanisiert und im mageren Gras unentwickelte Triebe von Pflanzen gefunden, die »nun bloß noch als trauernd hinterbliebene Denkmale eines glücklicheren vergangenen Zeitalters« dastünden. Er beschreibt die Folgen des Raubbaus an den Wäldern:

Mit dem Verschwinden der Wälder verschlechtert sich das Klima, die Niederschläge nehmen ab, die Erdoberfläche wird im Winter der für die Vegetation so nötigen Schneedecke beraubt, weil der Schnee rasch wegschmilzt und fortrinnt, wodurch auch Quellen und Bäche versiegen, während Sonne und Wind den kahlen Feldern jegliche Kraft und Feuchtigkeit aussaugen. All diese Dinge sind jedem Naturforscher wohlbekannt; und genau deshalb ist es unsere Pflicht, die weniger Gebildeten zu jeder passenden und unpassenden Gelegenheit auf die verhängnisvollen Folgen der Misshandlung der Natur aufmerksam zu machen, die aufgrund des Unverstands des Menschen der Erde zum Fluch wird.

Fries' Nachfolger in der Schwedischen Akademie nannte ihn in seiner Antrittsrede einen Liebling der Natur und griff anfangs das Idyllische seiner Kindheit und die naiven Züge seines Wesens auf. Das Werk des erwachsenen Mannes und Naturforschers beschrieb er als Eroberung und Kolonisation: Fries sei es gewesen, der in das wirre Reich der Flechten Ordnung gebracht habe, er habe der Wissenschaft die unendliche Welt der Pilze erobert. Auf die Flechten habe er sich geworfen, um dem Durcheinander ein Ende zu bereiten und Gesetz und Ordnung einzuführen.

Carl Rupert Nyblom meinte in gewisser Weise vielleicht das Richtige, oder zumindest meinte er es gut. Ein Botaniker war zu Fries' Zeiten vor allem ein Ordner, der die Pflanzen in ein System brachte, in dem jede Art einer Ordnung, einer Gattung und einer Familie zugeteilt wurde. Der wirklich große Ordner war natürlich Linné gewesen, aber auch er hatte Vorgänger gehabt. Sten Lindroth schreibt über Linné, er sei ein zutiefst eigenartiger Mensch gewesen, genial und nahezu dämonisch in seinem Verlangen, alles, was ihm in die Hände gekommen sei, wie Mannschaften auf einem Kasernenhof zu Truppen und Aufstellungen zu ordnen. Das Gegengewicht zu Linnés infernalischem Systematisieren bildete natürlich seine Begeisterung. Ein Offizier, der einem Exerzierfeld Truppen ordnet, empfindet den Landsern gegenüber kaum Liebe. Diese Liebe empfand jedoch Fries.

Nyblom fasste seine Tiraden 1879 ab, als Adolf Nordenskiöld auf der Suche nach der Nordostpassage war. Mochte es zu dem stillen Universitätsgelehrten und Feldarbeiter Elias Fries auch noch so schlecht passen, sein Nachfolger machte ihn zu einem Entdeckungsreisenden im Geist der neuen Zeit: »Wie die großen Entdecker hat er alle Segel gesetzt und sich auf ein Meer hinausbegeben, worauf nur wenige vor ihm unsichere Reisen unternommen haben.«

Unweigerlich muss man daran denken, dass Fries' bahnbrechendstes Werk in einer Zeit entstand, als er lange krank daniederlag und hustete und tatsächlich glaubte, sterben zu müssen. Er hatte sich während einer Exkursion bei schlechtem Wetter auf kahlen Schären und an den steilen Waldhängen des Ombergs erkältet. Und trotzdem schrieb er in diesen Krankheitsjahren zu Hause in Femsjö. Das 19. Jahrhundert wollte jedoch eine andere Art von Helden haben. (Der größte von ihnen steckte indessen mit der Vega im Eis fest, als Nyblom seine Rede hielt.)

Elias Fries war kein Eroberer und Kolonisator. Er war ein einsichtiger Forscher, der begriffen hatte, dass Menschen in kurzsichtiger Gier die Wälder zerstört hatten. Trotzdem glaubte er, dass letzten Endes alles in Ordnung käme. Er verließ sich auf »des Ewigen von Ewigkeit an festgelegten Weltenplan«. Diesem sei die Vollendung der Zeit mit neuen Himmeln und einer neuen Erde eingeschrieben. Vielleicht auch mit neuen tiefen und rauschenden Wäldern.

Diese ernsten Wälder

Das alte Schweden ging im 19. Jahrhundert einer gewaltigen Veränderung entgegen, und viele betrachteten diese Entwicklung als Absturz in einen gottlosen Materialismus.

Carl Adolph Agardh, nicht nur Algologe, sondern auch Nationalökonom und Reichstagsabgeordneter für den geistlichen Stand (er wurde Bischof in Karlstad), hielt die Schweden für ein Volk von Schwerarbeitern, das auf dem Land verwurzelt sei. In *Statsekonomisk statistik öfver Sverige* (Staatswirtschaftliche Statistik Schwedens) stellt er fest, Schweden sei ein Bergland und müsse es in alle Ewigkeit bleiben. Die schwedische Nation gründe auf den physischen Verhältnissen des Landes, welche die Natur gestiftet und unveränderlich gemacht habe. Wir sollten Rohstoffe gewinnen und zum Zwecke der Veredelung exportieren, keine Fabriken bauen. Was möglicherweise gebraucht würde, lasse sich importieren. Industrialisierung und Urbanisierung seien fremde und destruktive Kräfte, die nicht in unser Land gehörten. Städte waren für ihn offene Wunden, in denen sich schlechte Substanzen ansammelten, und sollten aus dem Staatskörper entfernt werden.

Nach Agardhs Ansicht hat der dunkle Fichtenwald die Schweden zu dem Volk gemacht, das wir mal waren und vielleicht noch sind. Er schrieb seine staatsökonomische Übersicht Mitte der 1850er-Jahre, als die Aufteilung des Kronwalds an die Bauern in Gang gekommen war und Sägewerksgesellschaften und Exportunternehmen sich nach billigen Rohstoffen aus dem Wald umzusehen begonnen hatten. Die Volkswirtschaft Schwedens steuerte auf eine Abhängigkeit von der Holzwirtschaft zu. Agardh sah Zeichen in der Zeit, die für die Zukunft des Waldes und damit des schwedischen Volkes nichts Gutes bedeuteten.

Wie es dem Wald erging, gehört nicht in dieses Fichtenwaldkapitel, sondern in den Abschnitt, den ich Katastrophen genannt habe, weil ich genau wie Magnus Hendric Brummer auf der Seite des Waldes stehe. Agardhs leidenschaftliche Stimme erreicht uns aus einem 19. Jahrhundert, als für die richtig großen und ernsten Wälder eigentlich schon alles zu spät war.

Im Staat sind Land und Volk miteinander verwachsen wie Leib und Seele. Der Staat darf nicht zulassen, dass das Land waldlos wird; wodurch, selbst wenn die Reichsten ihre Häuser und Schiffe aus indischem Teak oder der amerikanischen roten Zeder bauen könnten, die Armen gleichwohl in Erdhütten wohnen und sich an Grassoden wärmen müssten, wie auf Skanörs Heide, oder an Dung und Stroh, wie die Bewohner der Ebene südöstlich von Malmö, oder an Tang, wie es die Küstenbewohner in Halland tun, oder an Fischgräten, wie es an den Küsten Bohusläns geschieht. Der Staat darf nicht zulassen, dass die Schweden, dieses Volk, das einst tat, was Archimedes wollte und die Welt erschütterte, die durch die hohe Natur in diesen ernsten Wäldern, worin sie aufwuchsen, wurden, was sie waren, zu Eskimos und Tungusen herabsinken. Der Staat darf nicht zulassen, dass die Schweden wie die Iren zum Äußersten getrieben werden und sich nicht anders vor einem solchen Zustand retten können, als ihr Land zu verlassen und in anderen Erdteilen eine Freistatt zu suchen.

Es ist somit der Staat, der die großen Wälder hegen muss, die Wälder mit langer Umlaufzeit, die Wälder, worin nicht Menschen, sondern Generationen wandern und einander nachfolgen.

DIE WESEN

Be careful out there

Ein Reiter ist unterwegs in die Nacht und in den Wald. Er reitet so geschwind, dass ihm das Laub um den Kopf saust. Das Geräusch erschreckt ihn. Der Mond scheint kläglich schwach durch den Dunst, und neben dem Pfad türmt sich ein Riese auf – eine Eiche, die der Nebel noch vergrößert. Aus dem Gesträuche sieht mit hundert schwarzen Augen die Finsternis.

> Die Nacht schuf tausend Ungeheuer,
> Doch frisch und fröhlich war mein Mut…

Wir lauschen den Beschwörungen eines Mannes, der sich vor der Dunkelheit fürchtet. Die Nacht schafft tausend Ungeheuer im Wald rings um ihn, aber er versucht, sich bei Laune zu halten, denn er ist auf dem Weg zu seiner neuesten Liebe.

Goethe fürchtete sich vor der Dunkelheit und glaubte an Gespenster. Das erzählt er selbst in seinen Erinnerungen, und es war wohl der Schrecken, nicht nur die Verliebtheit, der es ihm ermöglichte, ein Gedicht wie *Willkommen und Abschied* zu schreiben. Mit seinem gefühlsstarken und impulsiven Anschlag stürmte eine völlig neue Art von Lyrik in die europäische Literatur.

> Es schlug mein Herz, geschwind zu Pferde!
> Es war getan fast eh gedacht.
> Der Abend wiegte schon die Erde,
> Und an den Bergen hing die Nacht…

Im Oktober 1770 begegnet der einundzwanzigjährige Johann Wolfgang Goethe einem eigenartigen Pfarrer aus Riga namens Johann Gottfried Herder. Sie treffen auf der Treppe des Wirtshauses *Zum Geist* in Straßburg aufeinander, wo Herder das Ende seines schwarzen Seidenmantels zusammennimmt und in die Tasche steckt, vermutlich des Kots auf der Straße wegen. Goethe war nach Straßburg gekommen, um an der Universität Jura zu studieren, doch beginnt nun ein intensives Beisammensein, das seine Bildungswelt heftig ins Wanken bringt. Die höfische Kultur und der aristokratische literarische Geschmack, die das Bürgertum sich gern aneignen möchte, was auch Goethe fleißig versucht hat, werden von Herder verworfen. Er befürwortete Gefühlsstärke, nationale Eigenart und Ursprünglichkeit. Goethe solle sich nicht länger mit seiner Siegelsammlung beschäftigen, die er nach dem Staatskalender eingerichtet hat, und nicht die antiken Dichter nachahmen, wenn er zu schreiben versuche. Dichtung brauche sich nicht an Regelwerke und Genretyrannei zu halten – sie soll aus der eigenen Brust kommen. Und aus dem Volke! Von Herder inspiriert, geht Goethe in Bauerndörfer und bittet alte Frauen, Lieder zu singen, die er dann aufschreibt.

Ein paar dieser Aufzeichnungen nahm Herder in seine Volksliedsammlung auf, die nach seinem Tod in *Stimmen der Völker in Liedern* zusammengefasst wurden. Der Austausch war aber auch gegenseitig. In Herders Sammlung fand Goethe die aus dem Dänischen übersetzte Ballade von Herrn Olof und den Elfen, die er sich wohl irgendwann vornahm. In seiner originellen Umdeutung wurde daraus das Gedicht *Erlkönig*. Der Name Erlenkönig beruhte auf Herders Missverständnis des dänischen *elvekong*. Er glaubte, es handle sich um einen Baumgeist, einen König der Erlen. An einem anderen Elfengedicht Goethes, dem *Gesang der Elfen*, wird deutlich, dass auch er das Elfenvolk mit Erlen verband:

Um Mitternacht, wenn die Menschen erst schlafen,
Auf Wiesen an den Erlen
Wir suchen unseren Raum
Und wandlen und singen
Und tanzen einen Traum.

Im *Erlkönig* geht es jedoch nicht um Elfen, die einen Traum tanzen. Das Gedicht erzählt eine Schauergeschichte. Es beginnt mit der Frage: »Wer reitet so spät durch Nacht und Wind…« In Herders Übersetzung beginnt die Ballade mit: »Herr Olof reitet spät und weit.« Und am Ende kommt die Braut des Ritters mit ihrem ganzen Gefolge zum Hochzeitshof. Sie lüftet die rote Decke auf seinem Lager und macht eine schaurige Entdeckung:

Die Braut hob auf den Scharlach roth,
Da lag Herr Oluf, und er war todt.

In Goethes Gedicht gibt es keine Braut, die ihren Bräutigam tot
sieht, und keine Elfe, die ihn zur Untreue verführen will. Die trau-
ernde Mutter und die Hochzeitsgesellschaft sind verschwunden.
Übrig sind Pferd, Mensch und der Erlkönig. Der Mensch tritt in
zweierlei Gestalt auf: Ein Mann und sein Sohn, den er in den
Armen hält, während er durch die windige Nacht reitet. Die Geschichte ist eine rein männliche Angelegenheit mit stark homo-
erotischem Untertext. Das Kind ahnt die Gestalt des Erlkönigs im
Nebel und hört seine Stimme locken und drohen. Den König reizt
der schöne Körper des Knaben, und er greift nach ihm. Er möchte
Spiele spielen, die den Jungen erschrecken. Der Mann versucht ihn
zu beruhigen:

Sei ruhig, bleibe ruhig, mein Kind!
In dürren Blättern säuselt der Wind.

Der Junge sagt nun, des Erlkönigs Töchter seien erschienen – »am
düstern Ort«. Doch der Vater versichert ihm, dass an dem schau-
rigen Ort nur Weiden seien, die in der Nacht so grau schienen. Da
sei nichts, wovor man sich fürchten müsse. Der Vater ist ein Mensch
der Aufklärung, der Sohn sein abergläubischer Schatten, der Zug
des Schreckens in seiner Seele. Der Erlkönig droht, den Sohn mit
Gewalt zu nehmen, wenn er ihm nicht zu Willen sei. Und das tut er
auch. Der Junge ruft, er habe ihn angefasst und ihm wehgetan:

Und bist du nicht willig, so brauch ich Gewalt. –
Mein Vater, mein Vater, jetzt fasst er mich an!
Erlkönig hat mir ein Leids getan!

Diese Geschichte hielt mein Vater zum Erzählen und Vorsingen
geeignet, als ich klein war. Er versuchte sich natürlich an Schuberts
Vertonung – das Gedicht hat im Laufe der Zeit noch an die fünfzig
andere Melodien erhalten, aber Schuberts ist die bekannteste und
vielleicht auch die schönste. Mit Jungenstimme fiepte mein Vater:
»Vater, siehst du den Erlkönig nicht?« und grollte mit väterlichem

Bass: »Mein Sohn, das ist nur ein Nebelstreif«. Dass er falsch zitiert hat, wurde mir erst später klar, aber es war ja nicht sehr falsch. Ich fand das Lied großartig und begreife nicht ganz, wie er es geschafft hat, dass ich Goethes (und sein eigenes mangelhaftes) Deutsch verstand. Aber es ging. Als er zur schaurigsten Stelle kam: »In seinen Armen das Kind war tot«, erschauderte ich. Auch heute noch bin ich heftig berührt, ja traurig, wenn ich das Lied höre.

Goethe fand den Schrecken des rationalen Menschen und legte ihn in die Seele eines Kindes. Es siegt nicht der vernünftige Blickwinkel des Vaters auf die Einbildungen in Nebel und Dunkelheit. Am Ende heißt es: »Dem Vater grauset's…«. Und das Kind war wirklich tot.

Wir pflegen dies einen namenlosen Schrecken zu nennen, in Wirklichkeit aber hat er im Laufe der Zeit viele Namen erhalten.

Die Zeit Ritter Olofs war mit Gestalten, die wir nicht für wirklich halten, äußerst vertraut. Huizinga sagt im *Herbst des Mittelalters,* die Menschen jener Zeit hätten sich die überwirkliche Welt ganz und gar körperlich vorgestellt. Die Gläubigen schreckten nicht davor zurück, ihre Helden zu töten, um an deren Gebeine zu kommen und sie zu Reliquien zu machen. Nägel, Haare, sogar Brustwarzen wurden heiligen Leichen entrissen. Man war in der Hölle so heimisch wie im Himmel und erlebte die Attacken des Teufels fleischlich und ganz handgreiflich. In der Brieferzählung unseres schwedischen Petrus de Dacia über die besessene Christina von Stommeln stochert der Teufel mit einer Mistgabel im Fleisch der Jungfrau, steckt ihr Spieße in den Mund und beschmutzt sie mit Kot, Blut und Erbrochenem.

Das Mittelalter besaß aber auch eine Welt Schrecken einjagender Illusionen außerhalb des religiös Überwirklichen. Dorthin gehörten alle Wesen, denen man im Wald begegnen konnte: Elfen, Zwerge, Wichte, Bergtrolle, Fabeltiere, Werwölfe, Riesen, Hexen und Lindwürmer. Sie hatten nicht immer die gleiche physische Deutlichkeit wie Teufel und Heilige. Es handelte sich um eine Ansammlung schillernder, unbestimmter, lauernder Gestalten. Sie konnten alle möglichen Erscheinungsformen annehmen und von einer in die andere übergehen – so, wie die Zwerge im Lied über Herrn Olof vermutlich in einer späteren Version zu Elfen geworden waren.

Es war eine Gesellschaft, die sich in einer dunklen Umgebung voll Gestrüpp aufhielt. Das Unland war bevölkert. Hier war in höchstem Maße die Warnung an die Blauhemden vom Polizeirevier Hill Street berechtigt: Be careful out there! Der Polizeichef in der Fernsehserie schickt seine Männer in einen Stadtdschungel. Im mittelalterlichen Wald dagegen lebte ein nebulöseres und konturloseres Geschlecht. Aber bestimmt ist da draußen das gleiche alte Böse. Das bisher ungeahnte Formen annehmen kann.

Das mittelalterliche Denken war von Bildlichkeit durchtränkt. Eine Erscheinung auf Erden war Abbild einer anderen Erscheinung weiter oben. Gelehrte Menschen lasen das Irdische, wie sie die Bibel lasen, buchstäblich und zugleich allegorisch. Die Allegorie als literarische Form hat einen Zug von Schematismus, schlimmstenfalls von Pedanterie. Ein gesättigteres Erleben der Welt bietet der Symbolismus. Hier entsteht ein Zusammenhang durch die Bedeutung der Dinge; die irdischen Erscheinungen sind nach einem verborgenen Muster, das jedoch offengelegt werden kann, miteinander verbunden.

In dem Tanzlied über Herrn Olof scheint eine Gegenbewegung ans Licht zu drängen und sich Ausdruck zu verschaffen. Gemäß dem Muster, das Gott selbst über die Schöpfung gelegt hat, müsste ja eigentlich alles zusammengehören. Aber das Lied scheint zu sagen, dass es ein Außerhalb gibt. Es gibt etwas, was nicht durch den Teufel böse ist, sondern durch Sinnlosigkeit. Durch einen Mangel an Zusammenhang. Etwas, das keine Körperlichkeit hat. Das nebelhaft, schillernd und gefährlich ist. Sehr gefährlich.

Im schrecklichen Walde

Dieweil die alten Historien anzeygen, daß etwa vorzeiten vil Wunderthier, unzahlbare Verblendung und seltzsame, erschröckliche Gespenst gewesen sein, als Lemures, Nachtgeyster, Fauni, Waldgötter, Sathyri, Waldthier mit vier Füssen und menschlicher Gestallt, Larvae, Boldergeyster, Striges, Trotten oder Galsterweiber, Lamiae, Hexen oder Nachtfrauen, Manes, Geyster und die grossen Hauffen der andern Waldbutzen, die Panes heyssen, von welchen die Menschen entweder schändlich betrogen oder mit unaußsprechlichem Schrecken ergeystert oder aber an ihren Leibern zerrissen und verwüstet worden sein, daß sie haben sterben müssen.

Olaus Magnus hat in seiner *Historien der mittnächtigen Länder* eine eigenartig schwankende Einstellung zu übernatürlichen Wesen. Er sieht ihre Anwesenheit in unserer gewöhnlichen Welt gleichzeitig als beglaubigt und als trügerisch an. Die Spukgestalten des Waldes hätten keinen Körper, sondern seien Geisterwesen, und der Mensch sehe tatsächlich unzählige Bilder eines Gaukelspiels, wenn er sie zu sehen glaube. Gleichwohl aber quälten und töteten diese zweideutigen Wesen, und ihr Dasein werde von gelehrten Autoren, die er zitiert, beglaubigt.

Es ist schwierig für uns, ganz genau zu sagen, wie Olaus Magnus und seine Zeitgenossen die Waldgeister aufgefasst haben. Waren sie real? Ihre Wirkung war immerhin unbestreitbar: Sie verursachten Qual und Tod. Manchmal waren sie aber auch hilfreich, was sich auf Dauer jedoch immer als Betrügerei erwies. »Man weiß für gewiß«, sagt Olaus Magnus, dass es in den Gruben »Berckteuffel« gab. Sie halfen Erz brechen, Steine spalten und sie in Tonnen laden. Er schreibt, dass sie sogar eifrig die Seile der Zugwerke ordneten. Plötzlich aber konnten sie sich als schattenhafte Gestalten zeigen und in schallendes Gelächter ausbrechen. Dann waren sie anderer Laune. Leitern brachen, Steinblöcke wurden auf die Bergarbeiter gewälzt, und giftige Dünste verbreiteten Verwirrung und Tod.

Den Elfentanz illustriert Olaus Magnus mit einem Anhang von Teufeln, die im Kreis klettern oder tanzen. Elfen seien Gespenster, erklärt er, unselige Geister genusssüchtiger Menschen, und wo sie herumtrampeln, werde das Gras wie von Feuer versengt. (Noch heute nennt man ja dieses Phänomen Hexenringe, obwohl wir es damit erklären, dass der brunftige Rehbock die Ricke herumgehetzt hat oder Pilze ihr Myzel in Kreisen ausgebreitet haben.)

Dem Elfentanz widmet er ein ganzes Kapitel. Elfentanz ist ja ein Wort, das zumindest bei den Älteren unter uns Bilder anmutiger Mädchengestalten mit wirbelnden Nebelschleiern hervorruft, wie Nils Jacob Blommér sie in den 1850er-Jahren gemalt hat. Seine *Wiesenelfen* waren lange Zeit als Reproduktion beliebt. Sie hingen

Inspiriert von den naturmystischen Volksliedern und Sagen, welche die Romantiker gesammelt hatten, malte Nils Jacob Blommér 1850 die *Wiesenelfen*.

im Jungenzimmer meines Vaters im »Engelhaus« in Katrineholm und waren eine verwirrende Ergänzung zu seiner Version vom *Erlkönig*. Olaus Magnus suggeriert jedoch keine nordische Sommernachtsstimmung. Für ihn sind die übernatürlichen Phänomene Dünste, Gespenster und Gaukelspiel, und er betont ihre tückische Zweideutigkeit und ihre reichlich schillernden Formen.

Wir haben keine Schwierigkeiten, uns vorzustellen, dass Herr Olof durch Nebelstreifen und Wasserrauch, die aus Waldseen und Mooren hochstiegen, in ein Waldesdunkel reitet. Es lässt sich leicht annehmen, dass es der Tau und Reif des Liedes, die beweglichen Formen fein verteilten Wassers waren, welche die Illusion eines Elfentanzes hervorriefen. Was er in dem plötzlichen und unnatürlichen Licht eigentlich gesehen hat und warum, lässt sich allerdings nicht herausfinden. Auch wissen wir nicht, warum er solche Angst hatte und was ihn umgebracht hat.

Es ist dies nun aber Literatur, ebenso wie Goethes *Erlkönig*. Mittelalterliche Unterhaltung in Form von Liedern und Sagen enthielt genauso viel Schrecken und Bestialitäten wie die Bestsellerkrimis unserer Tage. Gewalt und Sexualität wurden in etwa gleicher Weise wie heute vermischt.

Der Bergkönig koset der Jungfrau rosenrote Wang',
So dass ihr Blut bis an die Türen spritzt.

Nun pack dich zum Berge, wo erst du gewesen,
Ich werd dort bleiben, und du wirst dort sein ...

Die Lieder über Jungfern, die in den Wald gehen, erzählen von der Verletzbarkeit junger Frauen und Kinder. Sie erstatten, genau wie unsere Abendzeitungen, Bericht über entführte, geschändete und schließlich ermordete Frauen und Kinder. In den Balladen ist die Hauptperson jedoch nicht der Täter, sondern immer die junge Frau. Und wie sie zittert der Wald vor Angst:

Die Linde zittert im Haine.

In Herrn Olofs Welt gab es vieles, wovor man Angst haben musste. Ein französischer Historiker, Jean Delumeau, hat ein Buch über die Angst in Europa geschrieben. Es heißt *Angst im Abendland* und ist ein dickleibiger Katalog, in dem die verschiedenen Arten von Schrecken analysiert werden, welche die Menschen in unserem Teil der Welt zu Herrn Olofs Zeiten und fünfhundert Jahre weiter nicht ohne Grund empfunden haben. Im Mittelalter hatte der Mensch Angst vor Hunger, Krieg und der Gewalt, die in seinen Alltag einbrechen konnten, vor der Pest, der Pein des Fegefeuers und den Qualen der Hölle. Man hatte unerhörte Angst vor *la sorcéllerie*, also Zauberei und Schwarzer Kunst. Es war eine Kraft, die einem unschuldigen und unwissenden Menschen Krankheit und Tod anhexen konnte. Es gab sie in unmittelbarer Nähe. Im Dorf, womöglich im Haus nebenan. Zauberei zu verüben war ein Verbrechen, doch wenn man mutig und verzweifelt genug war, konnte man sich ihrer bedienen, um seine Situation zu verbessern oder Böses abzuwehren. Sie muss Ortschaften mit unheimlichen Ahnungen, Zwangsvorstellungen und Abhängigkeiten durchsetzt haben. Sie schien zwar viele Seltsamkeiten zu erklären, weitaus mehr davon aber machte sie erschreckend und für die Vernunft undurchdringlich.

Jean Delumeau schreibt über Naturgewalten. Die Menschen auf dem Kontinent schreckte und quälte aber nicht unsere Waldangst. Waldgespenster hielten sich nicht im Edellaubwald auf, sondern im alten Fichtenwald des Nordens.

Wollte man eine Arbeit über die Furcht der Abendländer im 21. Jahrhundert schreiben, würde der Katalog sicherlich ebenso umfangreich, und die Ursachen der Angst, vom leisen Grummeln bis zum wahnsinnigen Schrecken, ließen sich wiedererkennen. Wir werden allerdings nicht mehr von Hunger bedroht und auch nicht von der ewigen Verdammnis; uns erwartet das Nachspiel schon zu Lebzeiten. Genusssucht führt zu stigmatisierender Fettleibigkeit, Herzinfarkt, Diabetes und Krebs. Für allzu eifrige und nach außen gerichtete sexuelle Aktivität werden wir auch heute noch bestraft, kümmern uns aber nicht in gleichem Maße darum, weil es ja Penicillin gibt. Der Straßenverkehr verstümmelt und tötet jährlich so viele Menschen, dass er einen Schrecken wie vor dem Fegefeuer oder der Hölle hervorrufen müsste, aber den meisten von uns gelingt es, diese Gefahr zu ignorieren. Wir haben mehr Angst vor Epidemien, die in Asien noch gar nicht ausgebrochen sind. Die Angst ist launisch wie ein Waldwesen, ein böser Geist, der mit unserer Vernunft spielen, der uns kitzeln und martern möchte.

Waldangst scheint es immer noch zu geben. Anders lässt es sich nicht erklären, dass ich im Wald so selten einem Wanderer begegnet bin, sondern nur Männern, die auf einer Holzerntemaschine saßen. Sogar Leute, die Beeren sammeln, bleiben in der Nähe der Straße. Ist die Angst »im schrecklichen Walde« wirklich nur eine Angst, sich zu verirren? Ich weiß es nicht.

Zutiefst im Innern, heißt es, seien wir Menschen alle gleich. Ich glaube nicht, dass dies wahr ist. Die Gleichheiten scheinen mir mehr an der äußeren Schicht zu sitzen. Die tiefer sitzenden Ungleichheiten zeigen sich nur nicht so schnell. Entdeckt man sie erst, versteht man sich selbst immer weniger.

Im Wald habe ich mich nie gefürchtet. Als wir 1970 nach Ångermanland zogen und direkt an einem tiefen Fichtenwald wohnten, lebte immer dann, wenn mein Mann verreist war, meine Angst vor der Dunkelheit auf. Wenn ich schlafen wollte, brachte sie mich in ihre Gewalt, und ich lag da und lauschte auf das Knacken in den Holzwänden. Die Hunde schnarchten in der Küche, kläfften mal kurz und wühlten in ihrem Körbchen. Die Stunden gingen dahin. Ich war kribbelig hellwach und deutete jedes Geräusch zum Schlimmsten.

Wie dies aussah, konnte ich mir nicht richtig vorstellen. Irgendeine Art Überfall würde es sein. Wir hatten ein Haus und mehrere Schuppen. Wer immer wollte, konnte sich in der Waschküche oder in der Schmiede oder sogar in dem alten Erdkeller verstecken. Die Dunkelheit selbst war böse, besonders in den Ecken und Kleiderschränken. Dabei war ich, bevor ich zu Bett bin, noch einmal durchs ganze Haus gegangen. Hatte hinter allen Türen und unter den Betten nachgesehen.

Nach so einer schlaflosen Nacht war ich erschöpft und fürchtete mich vor der nächsten Prüfung. Die folgende Nacht wurde wieder genauso. Doch da floh ich.

Draußen war dunkler Herbst, aber im offenen Weideland konnte ich ohne Schwierigkeiten an den bedrohlichen Häuschen, die zum Hof gehörten, vorbei und über den Schafszaun hinweg in den Wald gehen. Dort lockerte die Angst ihren Griff um mich. In dem Fichtenwald gab es viele Birken und Espen, und in Richtung einer Lehde, die dem Nachbarn gehörte, wuchsen große Traubenkirschen. Als ich den mit Laubbäumen durchsetzten Hang hinaufgelangt war, begannen die ernsten Fichten, und der Wald wurde zu einem Raum mit Säulen. Ich tappte darin umher, setzte vorsichtig meinen gestiefelten Fuß ins Moos und stützte mich an den Stämmen ab. Baumrinde und die Rundung eines Stammes in der Hand zu spüren ist immer befriedigend. Damals war es, als spürte ich in der Dunkelheit einen Freund. Einen freundlich gesinnten Körper mit rauer Haut.

Es war nicht das erste Mal, dass mich die Angst nachts aus dem Haus gescheucht hat. In einer Kate in Roslagen, die wir vor unserem Umzug bewohnten, empfand ich denselben ekelerregenden Schrecken vor der Nacht. Damals waren die Nächte hell, denn wir hielten uns dort nur im Frühjahr und Sommer auf. Ich fing an, nachts herumzulaufen, und bekam vieles zu sehen. Wenn sich der Nebelrauch über den Waldseen lichtete, begannen sich die großen

Tiere zu bewegen. Vögel, die noch auf ihrem Nachtzweig gesessen hatten, flatterten davon, wenn ich mich mit so leisem Stiefeltritt wie nur irgend möglich näherte.

Nein, die Nacht gebar keine Ungeheuer. Im Wald gebar sie Sicherheit und mit der Zeit Romane.

Wichte, Kobolde und fünfzehnschwänzige Hexen

In der Saga von König Sverre Sigurdsson lauert die Waldangst unter dem Namen Grýla. Es hat lange Zeit Diskussionenen darüber gegeben, warum die Geschichte von Sverre und seinem Ghostwriter den Namen einer »fælt skræmsel«, wie die norwegische Philologin Anne Holtsmark es nannte, also eines »furchteinflößenden Schreckens«, bekommen hatte. Grýla war tatsächlich mehr als eine Abstraktion. Sie war eine Hexe der grausigsten Sorte.

Sie trieb sich im gesamten Norden herum, auch in Schweden, und lebt heute noch auf Island, den Shetlandinseln und den Färöern. Ihr Name soll mit dem Verb *gryle* zusammenhängen, das meinem alten norwegischen Wörterbuch zufolge lautmalerisch ist. Grýlas Stimme muss demnach irgendwo zwischen einem Schrei und einem knurrenden Grunzen gelegen haben.

Sie fraß Kinder. Ein färöisches Lied spricht es ganz offen aus: Grýla kommt, um den Kindern den Bauch aufzuschneiden. »Trum trum la la la«, geht der Kehrreim, denn das Märchen von Grýla wurde getanzt.

Schriftlich taucht sie erst im 13. Jahrhundert auf, in der *Sverris Saga* und im *Skáldskaparmál*, diesem Lehrbuch der Dichtkunst aus der *Snorra Edda*. Sie war nicht die einzige Hexe. In einem späten isländischen Text, der *Vilhjálms Saga*, bekommt man einen ganzen Katalog geboten. Die nordische Isia hatte neunzig Hexenweiber unter sich und mindestens ebenso viele Hexeriche. Bekam man den Zauber und den Schrecken, den er hervorrief, dadurch in den Griff, dass man ihm Gestalt und Namen gab? Jedenfalls hatte man seinen Spaß dabei. Der Hexenkatalog strotzt vor Reimen und Alliterationen sowie Spottnamen, die mit der Schmutzigkeit und der fellmützigen Abgerissenheit der Waldgespenster zusammenhängen.

Forscher sind ernsthaft. Wie kam es, dass Grýla der *Sverris Saga* ihren Namen gab? Die Erklärung findet sich im *Flateyarbók* (Das Buch von Flatey): Sverre nannte seine Saga Grýla, weil viele glaubten, dass Angst und Schrecken vor großen Kriegen aufgekommen seien, um dann zu verblassen und sich in Luft aufzulösen.

Das klingt nicht überzeugend. Sverre konnte nach der Feldschlacht auf Kalvskinnet, diesem Acker außerhalb von Nidaros, seine Stellung festigen und ein Königsgeschlecht begründen. Die Kriege nahmen jedoch kein Ende, und es ist auch nicht wahrscheinlich, dass die Angst davor verblasste.

Grýla war sicherlich die personifizierte Bedrohung. Doch woher kam sie? Ein moderner Forscher, Terry Gunnell, schreibt in *Grýlur, Grøleks and Skeklers*, Sverre selbst sei der Schrecken (Grýla) gewesen, als er und seine Birkebeiner aus dem Wald auftauchten und von den Leuten in den Dörfern unter Androhung von Waffengewalt etwas zu essen verlangten. Es ist jedoch unwahrscheinlich, dass Sverre, der sich in seiner Saga als christlicher Held beschreiben lässt, mit Grýla verglichen werden wollte.

Grýla war die Bedrohung, die von außen kam. In der *Íslendinga Saga* identifiziert sich Loptr Pálsson mit ihr, als er gegen einen Feind eine Attacke reitet. Er ruft: »Hér ferr Grýla í garð ofen ok hefir á sér hala fimmtán!« (Hier fährt Grýla fünfzehnschwänzig auf den Hof!)

Sein Lied über Grýla lebt auf den Färöern noch. Dort hat die Hexe vierzig Schwänze bekommen und ein Messer, um damit Kindern den Bauch aufzuschneiden.

Weil Schrecken zur Unterhaltung schon immer gefragt war, lässt sich mithilfe alter Texte nur schwer in den Griff bekommen, wie groß der Glaube der Menschen an die vielen Gestalten war, die sich im Dunkel des Fichtenwaldes zeigten. Möglicherweise sind viele von ihnen einfach aus Lust am Fabulieren entstanden. In einer mündlichen Kultur holt der Dichter seinen Stoff aus einem alten und gemeinschaftlichen Vorrat an Motiven und Figuren. Erwartet wird von den Geschichten zweierlei: zum einen ein Wiedererkennen und zum anderen ein Übertreffen. *Skáldskaparmál* und andere überkultivierte Poetiken mögen zwar Kunstgriffe festlegen, die Ausführung aber hängt stets vom Publikum und von den Umständen ab. Deshalb schillern die Geschichten genauso wie ihre Sagen-gestalten. Grýla kommt mit fünfzehn Schwänzen gefahren und verbreitet gemütlichen Schauder. Das nächste Mal hat sie vierzig Schwänze und ein Messer. Sie ist ebenso fließend und veränderlich wie die Geschichte über sie, und diese bringt aus demselben Vorrat bekannter, aber stets übertroffener Schrecken neunzig oder noch mehr Hexenweiber hervor.

Womöglich wurden es zu viele. Das Publikum brauchte hand-liche Wesen. Kleine, zum Teil freundliche Wesen, die in der Nähe hausten und manchmal sogar behilflich waren. Wichte, Kobolde, Gnome – der Glaube an die unsichtbaren oder halb sichtbaren Wesen, die manchmal einfach nur die Kleinen genannt wurden und auf den Höfen, unter Tennenböden, in Scheunen und vor allem in Almhütten hausten, war umfassend.

Meine ångermanländischen Nachbarn rieten mir in den 1970er-Jahren, »den Unsichtbaren« Silber zu opfern, als es alle möglichen Scherereien und Verzögerungen beim Ausheben der Baugrube gab. Felsen traten zutage und mussten gesprengt werden. Der Bagger-führer wurde krank. Die Maschine gab ihren Geist auf. Reserve-teile mussten aus Deutschland angefordert werden.

»Die Kleinen haben dort ihre Wege«, sagten die Nachbarn, und deswegen laufe es mit dem Bau schlecht. In meinen Augen war das natürlich Gespensterglaube, aber sicherheitshalber opferte ich der Grube eine Fünfundzwanzigöremünze aus der Zeit Oscars II. Der Bau kam in Fahrt, und meine Nachbarn schmunzelten. Aber das hat-ten sie die ganze Zeit schon getan. Ich habe das Gefühl, dass die Leute, die alten Gespensterglauben aufzeichneten, bei ihren Ge-währsleuten etwas übersehen haben. Vielleicht kein direktes Lachen, aber einen leisen Spott. Man muss weit zurückgehen, um ernsthafte und arglose Zeugenaussagen zu übernatürlichen Dingen zu finden.

Im Jahre 1666 hatte der Pfarrherr Olof Rahm in Ragunda in Jämt-land ein so merkwürdiges Erlebnis, dass er irgendwann beschloss, es niederzuschreiben. Es ist mehrmals abgedruckt worden, unter anderem in Abraham Hülphers Beschreibung Jämtlands von 1771 und später in *Jämtlands och Härjedalens historia* (Die Geschichte Jämtlands und Härjedalens).

Rahm war mit seiner Frau zu den Almhütten gegangen, und als

sie am Abend dasaßen und sich unterhielten, kam ein kleiner Mann zur Tür herein. Er wollte von der Pfarrfrau Hilfe haben, da seine eigene Frau in Kindesnöten lag, wie Rahm schreibt.

Der Kerl war sonst klein von Wuchs, schwarz im Angesicht und mit alten grauen Kleidern versehen. Ich und meine Frau saßen eine Weile und wunderten uns ob dieses Mannes, dieweil wir verstunden, dass er ein Troll war, und haben erzählen hören, dass selbige, von dem Bauernvolk Kobold genannt, sich allzeit in Almhütten aufhalten, nachdem die Leute im Herbst von dort gezogen.

Rahm bedachte sich genau. Die Bauern erzählten von der Rache des Trolls an demjenigen, der »entweder über sie geflucht oder sie sonst mit unliebenswürdigen Worten zum Teufel gewünscht hat«. Er beschloss, sich entgegenkommend zu verhalten, sprach aber zuerst einige Gebete über seine Frau und segnete sie, bevor er sie in Gottes Namen aufforderte, dem Mann zu folgen. Es wurde jedoch kein gemütlicher Spaziergang. Sobald sie aus dem Haus traten, wurde die Frau in die Luft gehoben und zu einer Hütte und dort in eine dunkle Kammer befördert, wo eine Frau in den Qualen der Wehen lag. Die Frau des Pfarrherrn entband sie und erzählte hinterher, die Trollin gebäre »mit denselben Gebärden, welche andere Menschen zu haben pflegen«. Die Heimreise ging auf die gleiche Weise vor sich wie die Hinreise: mit einer Luftfahrt. Ein paar Tage später kam der Dank:

Indessen ward ein Haufen alter Silberlöffel auf ein Bord in der Hütte gelegt, welchselbige meine Frau fand, als sie tags darauf in den Ecken stöberte; sie verstand, dass es von den Kobolden dorthin gelegt worden. Dass dies wahrhaftig geschehen, bekunde ich mit meinem Namenszuge.

Es sind fünf Jahre ins Land gegangen, als er seinen Bericht schreibt. Dieser datiert vom 12. April 1671. Rahm hatte also genügend Zeit, über die Sache nachzudenken. Er hatte eine Universitätsausbildung genossen, was ihm aber in der dichten und fruchtbaren Atmosphäre von Volksglauben um ihn herum nicht viel half. Gute Horrorgeschichten wies wohl niemand zurück.

Wie man an die Waldwesen glaubte und ob man überhaupt an sie glaubte, beruhte nicht nur auf der Ausbildung, sondern auch darauf, wo man lebte. Der Städter und Universitätsprofessor Olof Rudbeck der Jüngere glaubte nicht an Trolle. Als er fünfundzwanzig Jahre später auf die kleingewachsenen Sami traf, von denen es hieß, sie würden sich mit Zauberei beschäftigen, schrieb er: »Denn ist auch nicht unberechtigt, dass dies die wahren Zwerge und kleinen Bergtrolle gewesen, womit die Alten so viel zu schaffen gehabt.«

Die Herren der Universität in Uppsala, die im 18. Jahrhundert ausritten, um das, was es in der Landschaft gab, zu inventarisieren, systematisieren und klassifizieren, zählten die Trolle nicht zu den Naturerscheinungen, wie es Olaus Magnus zweihundert Jahre zuvor noch getan hatte. Sie glaubten aber fest an die Geschichten über vorzeitliche Riesen im ersten Buch Mose. Es ist nicht leicht für uns, die intellektuelle Position in den Griff zu bekommen, aus der heraus sie den Volksglauben beurteilten. In der Theologie fand der Aberglaube jedenfalls keinen Rückhalt. Er sei ein Wildwuchs der Sinne, der laut Linné den Weibern und Kindern zukomme. Er selbst und andere gebildete Menschen glaubten indes manchmal an Hypothesen, die sie nie überprüften. Linné nahm beispielsweise an, Schwalben verbrächten den Winter auf dem Grund von Seen. In Momenten der Niedergeschlagenheit und Grübelei konnte auch ein aufgeklärter Mensch Dingen anheimfallen, die für uns purer Aberglaube sind. Linné war auf seine alten Tage überzeugt, dass eine furchtbare göttliche Vergeltung Sünder mit allem schlage, von Wehwehchen bis hin zu Invalidität und entsetzlichem Tod.

Im Herbst 1759 besuchten König Adolf Fredrik und seine Königin Lovisa Ulrika Uppsala. Linné, mittlerweile geadelt und auf dem Höhepunkt seiner Universitätskarriere, hielt eine Festrede auf das Königspaar, worin er die Naturkunde und die Wissenschaften lobte. Ohne sie müsste Schweden Pfarrer aus Rom, Ärzte aus Frankreich und Architekten aus Italien importieren. Wir würden wieder in Vernunftlosigkeit und Waldesdunkel zurückfallen:

Ja, Waldweiber würden sich in allen Gebüschen verstecken. Gespenster in allen dunklen Winkeln spuken. Wichtelmänner,

Kobolde, Necken und anderer Anhang Luzifers wie graue Katzen mit uns leben samt Aberglaube, Hexerei, Besprechung uns wie Mücken umschwärmen.

Die Zeit der Nützlichkeit und der Naturwissenschaften reckte sich, um Aufklärung zu werden. In Frankreich schrieb nur dreißig Jahre später ein idealistischer Marquis namens Jean Antoine de Condorcet ein Testament der Aufklärung. Es zeigt, wie die Menschheit sich von der Furcht zur Freiheit und von der Unterwerfung unter die Naturkräfte zu ihrer Beherrschung bewegt habe. Endlich habe sich die Menschheit von der Angst vor launischen Göttern und bösen Naturwesen befreit.

Man kann sie unter den Steinen und Tennenböden schier knurren hören, diese verscheuchten Wesen und Gestalten. Werner Aspenström kannte sie von Kindesbeinen an und nannte sie »das alte Pack in den schwedischen Wäldern, in den Quellen, in den Bergen, in den Steinhaufen und unter den Dielen«. Als dann die Dampflok auf Schienen durch Schweden stampfte und sich in den Fabriken die Riemenscheiben drehten, war ihre Herrschaft gebrochen. Die Entzauberung der Welt, wie der deutsche Soziologe Max Weber dies nannte, war eingeleitet.

Das alte Pack gab jedoch nicht so leicht auf. Es hatte nicht nur alte Weiber und Kinder auf seiner Seite. Es sollte sich aber unerbittlich verwandeln.

Das Pack findet gebildete Freunde

Der eigenartige Enthusiast Herder, dem Goethe in Straßburg auf der Gasthaustreppe begegnete, war dahintergekommen, dass das Volk einen Schatz hütete. Er war nicht der Erste, der dies entdeckte. In England hatte der Pfarrer und spätere Bischof in Irland, Thomas Percy, Lieder gesammelt, von denen er behauptete, sie seien volkstümlich und uralt, was sie aber nicht immer waren. Das eine oder andere schrieb er selbst, und wo er es für nötig hielt, besserte er auch andere nach. Wir können getrost davon ausgehen, dass die wildwüchsigsten Früchte der Fantasie des Volkes, allzu haarige

Lügengeschichten und frivole Lieder, die Ohren dieser beiden geist-lichen Aufzeichner gar nicht erreichten.

Der Begriff Volk ist auch heute noch schwer einzukreisen. Wer gehört zum Volk und wer nicht? Diejenigen, die von Herder inspi-riert waren, neigten gar dazu, dem Volk eine kollektive Seele zuzu-schreiben, die sich in der Volksdichtung ausdrücke. Hochgebildete Schöngeister schwärmten nun für die Art des Volkes in grauer Vor-zeit, Verse zu schreiben und Sagen zu erzählen. Mittelalterliche Balladen wurden als Volkslieder bezeichnet, und die Dichter ließen sich von deren Stil und Themen anregen. Das Ursprüngliche und Einfache war in Mode gekommen, und es war fruchtbar und erneu-erte eine in Kunstgriffen erstarrte Literatur.

In Deutschland hatten die Schwäger Clemens Brentano und Achim von Arnim einen volkstümlichen Liederschatz gesammelt und zusammengestellt, den sie *Des Knaben Wunderhorn* nannten. Auf der Titelseite des ersten Teils dieses Werks, der 1806 erschien, reitet ein märchenhafter Knabe mit dem Wunderhorn, und aus dem Horn strömen, so dürfen wir uns das vorstellen, die volkstüm-lichen Lieder. Bald begann man auch in Schweden zu sammeln.

Ab 1814 erschienen *Schwedische Volkslieder der Vorzeit*, die auch Lieder enthielten, welche damals durchaus noch im Schwange waren; einige davon wurden als wohlfeile Drucke verkauft. Eines der populärsten und blutigsten versieht der Herausgeber Arvid August Afzelius mit dem Kommentar, dass es auf dem Lande über-all gesungen werde. In den folgenden Jahrzehnten wurden vieler-orts beliebte Volkssagen und Lieder herausgegeben. Ihre Waldes-wehmut, ihre Liebesverwicklungen und unheimliche Gewalt stiegen auf und fanden Eingang in die literarische Hochkultur. Necken, Jungfern und zitternde Linden wanderten aus Tabakhökereien und Mägdekammern direkt in die Kunstpoesie. Erik Gustaf Geijers Köhlerknabe hörte den Wald seufzen. Per Daniel Amadeus Atter-bom veredelte in *Die Insel der Glückseligkeit* die Gestalten des Volkslieds zu Jung Astolf und Klein Schwanweiß. In dem Gedicht *Näcken* von Erik Johan Stagnelius ist die Verwandlung vollendet. Hier ist alles weggefallen, was enthusiastische Nachahmung des Volkstümlichen und Vorzeitlichen war. Zurück bleibt die tiefe und unheilbare Trauer darüber, ausgeschlossen zu sein, in Strophen, deren Schönheit die Zeit nichts anhaben kann.

Die Abendsonne sinkt, die Wolken leuchten golden, und der Neck mit Blätterkranz im Haar spielt im Silberbach auf seiner Fiedel. Einem Jungen, der zwischen den Veilchen am Ufer liegt, tut dieses seelenlose Wesen leid, da es nie ins Paradies gelangen kann.

Armer Alter, wozu geigen?
Bringt's die Schmerzen denn zum Schweigen?
Frei durch Feld und Wald magst schweben,
Darfst als Gottes Kind nie leben!

Die Worte des Jungen bringen den Neck zum Schweigen. Weinend verschwindet er unter Wasser.

Neckens Spiel ganz plötzlich schweiget,
Er im Bache nie mehr geiget.

Der Neck wird bestraft. Er gehört zum Geschlecht des Lichtbringers Luzifer, das sich ursprünglich gegen Gott erhoben hat. Gunnar Olof Hyltén-Cavallius gab in *Wärend och wirdarne*, dem ab 1863 erschienenen Versuch einer schwedischen Ethnologie, das Märchen von dem aufrührerischen Engel wieder. (Er schreibt »nach der Lehre der Bibel«, was aber auf einem uralten Übersetzungsfehler von Jesaja 14, 12 beruht. Luzifer, Teufel und den strahlenden Morgenstern gibt es nur in den Märchen.)

… als – nach der Lehre der Bibel – Luzifer und sein Anhang aus dem Himmel gestürzt wurden, da fielen nicht alle in die Hölle hinab, sondern etliche fielen ins Meer und auf die Erde. Die ins Wasser fielen, wurden Meerfrauen, Wassernixen, Necken, Elfen, Wasserelfen und Quellnymphen. Von denen, die auf die Erde fielen, bezogen manche Wohnung im Wald und wurden Waldfeen, Waldweiber, Waldtrolle, andere in Bergen und wurden Bergweiber, Bergtrolle, andere in Steinhaufen und unter Bäumen und wurden Elfen und Kobolde, andere in Häuser und wurden Wichte oder Wichtelmännchen.

Diese Gestalten und Wesen knurrten und seufzten dann in den Wäldern und klopften in den Bergen. Lange Zeit versuchten die

Das Horn, dem die Lieder entströmten, wurde mit jeder neuen Auflage von *Des Knaben Wunderhorn* immer wunderbarer.

Männer der Kirche die unerwünschte Anwesenheit eines Volkes außerhalb der göttlichen Ordnung wegzuerklären. Später hat man angenommen, die Waldgespenster seien einfach nur die degradierten heidnischen Götter. All diese Erklärungen wehren die aufdringliche Anwesenheit untermenschlicher Wesen nicht ab. Das alte Pack scheint immer wiederzukommen. Heutzutage sind es Wesen aus dem All, die in gleicher Weise wie früher die Bergtrolle Menschen entführen. Der Direktkontakt mit den Monstern produziert Schrecken und Unterhaltung.

Als Afzelius mit seinen Aufzeichnungen begann, waren diese Vorstellungen nach wie vor lebendig. Über die mittelalterliche Ballade *Per Tyrssons Töchter in Vänge* schreibt er: »Das Volk spricht noch immer über Gespenster in jener Gegend des Waldes, wo diese Begebenheit sich zugetragen hat, die Reisenden bekreuzigen sich und beten ein Vaterunser, wenn sie um Mitternacht unbedingt dort vorbeimüssen.«

Die Ballade schildert die Vergewaltigung und den bestialischen Mord an drei Schwestern mitten im Wald. Die Mörder sind die Brüder der Jungfrauen, ohne es zu wissen, versteht sich. Kalte Bosheit und schlaftrunkene Jungfräulichkeit. Im Schlamm vergrabene Leichen. Blutgetränkte Kleider. Quellen, die der Tiefe entspringen. In Form des Volkslieds sollte der Schrecken lange überleben und Ingmar Bergman zu dem Film *Die Jungfrauenquelle* verlocken.

Aus sogenannten Altweibermärchen und Schusterreimen wurden Vorstellungen von unsichtbar Anwesendem belebt. Es ist erstaunlich, wie viel Zeit und Energie seitdem darauf verwendet wurden, diese ganz und gar virtuelle Welt zu kartografieren und zu erforschen. Im Volkskundearchiv des Nordischen Museums gibt es über eine Million Aufzeichnungen, die Erfahrungen mit Übernatürlichem im Alltag behandeln. Nach wie vor werden über derlei Erscheinungen umfangreiche Bücher geschrieben. Vertieft man sich aber in deren Lektüre, hat man am Ende nur Mückengesirr in den Ohren und klebrige Spinnweben an den Fingern. »Die Unsichtbaren« scheinen unter die Tennenböden und in die Waldmoore geflüchtet zu sein, als die Pfarrer und Studenten mit Stift und Notizblock kamen. Ebenso haben sie zugesehen, Fonografen und Tonbandgeräten zu entkommen und in den Archivschränken lediglich ein bisschen übel riechenden Staub zu hinterlassen.

Um Ordnung in das alte Pack zu bekommen, reichte es nicht, es zu erklären und zu veredeln. Es sollte auch systematisiert werden, und das war womöglich der Anfang seines endgültigen Untergangs. Als Afzelius Ende der 1830er-Jahre sein großes Prosawerk *Volkssagen und Volkslieder aus Schwedens älterer und neuerer Zeit* herauszugeben begann, versuchte er dieses schattenhafte Volk, das bis dahin meist nur in aller Frühe wie Nebelschleier auf einem Moor ineinander auf- und wieder auseinandergegangen war, zu fixieren.

»Elfen nehmen sowohl in der heidnischen als auch in der christlichen Spukwelt den vornehmsten Platz ein.« Als er dies schreibt, stehen immer noch Elfenmühlen und Elfenaltäre draußen in der Natur; dort werden Opfer dargebracht, es wird gesalbt und in einer sündigen Mischung gebetet: Man ruft heidnische Götzenmächte und katholische Heilige an und missbraucht den Namen Gottes. Wirbelt dieser Bodensatz aus Heiligem und Unheiligem aus der Volksseele auf, nennt er die Gewährsmänner und ihre Frauen einfältiges Landvolk. Sie glaubten, die Elfen erstarrten, wenn sie so lange in ihren Schwärmen draußen tanzten, bis der Hahn krähe. In dieser Starre verblieben sie bis zur nächsten Nacht, und gehe man an diesem unsichtbaren Wesen vorbei, könne man sich eine Krankheit zuziehen. Aus dem Innern der Elfenhaufen ertöne Harfenspiel, und im Gras zeigten sich die Spuren ihrer Tänze.

Afzelius versucht das unheilige Gesindel zu ordnen und hat in Erfahrung gebracht, dass es unterschiedliche Arten von Elfen gebe, als da zunächst die Hulden, das Hügelvolk und das Hainvolk seien. Die Hulden erklärt er als weise Frauen, die auf die Höfe kämen und neugeborenen Kindern Huldengesänge darbrächten. Das Hügelvolk seien eigentlich unselige Heiden, die außerhalb ihrer Grabhügel umherirrten, und beim Hainvolk handle es sich um Hinterbliebene vorzeitlicher Opferpriesterinnen und heilkundiger Frauen. Es gebe auch Kirchenelfen, Hofelfen und Wasserelfen und – sehr selten – Elfen mit Flügeln. Es ist leicht erkennbar, wie der ganze Spuk allmählich vertrocknet und an Lebenskraft verliert, sobald man ihm mit Erklärungen und Systematiken beizukommen versucht. Afzelius bewegt sich in einem Grenzgebiet, wo Max Webers »Entzauberung« noch nicht ganz in Kraft getreten ist. Sicherlich, er will die verzauberte Welt rational erklären und in ein System bringen, hält die Aussagen der Volksdichtung zum Teil aber auch für verlässlich, und dann möchte er eine historische Wirklichkeit dahinter sehen:

Unglaubliche Geschichten über Entführungen durch Berggeister und über Bergtrolle, von glaubwürdigen Männern vorgetragen und von besonders bedenkenswerten Umständen bekräftigt, können Anlass zu der Vermutung geben, dass Schwedens Urvolk, die wilden Bergbewohner, noch nicht ausgestorben ist…

In der Abteilung über Riesen- oder Jotna-Geschlechter, Bergtrolle und Bergbewohner schreibt er, die Geschichte aller Länder beginne mit Sagen über einen ursprünglichen und hochgewachsenen Volksstamm, der trotz überlegener Körperkräfte von einem kleineren, aber klügeren Volk unterworfen worden sei. Er beruft sich auf die Bibel, »die stets ein unbeflecktes Geschichtsbuch bleibt über das, was sich zu Beginn der Zeiten auf Erden zugetragen hat«. Das erste

Buch Mose erzählt von einem grausamen und tyrannischen Geschlecht von Riesen, das von Kain abstammte. In unseren Breitengraden soll entlang dem Finnischen Meerbusen und in Norrbotten ein Volk von Riesen gelebt haben. Dann drangen die Asiaten (das heißt die Asen) in Schweden ein und kämpften einige hundert Jahre mit diesen Riesen, die sich schließlich in die tiefsten Wälder zurückziehen und in Bergspalten und Erdhöhlen niederlassen mussten.

Es herrschte auch die Vorstellung, dass es in den Bergen einen Hohlraum gebe, in dem das Volk der Trolle wohne. Der Bergkönig höchstpersönlich konnte herauskommen und sich eine der Jungfern holen, die sich den Liedern nach immerzu in den Wald verirrten, wenn sie zur Kirche gehen wollten. Oder er konnte seine Tochter mit einem Trinkhorn hinausschicken, falls gerade ein Mann vorbeiging. Der Trank, den die Trolle anboten, hatte narkotische Eigenschaften.

Den ersten Trunk er trank aus dem Horn,
Vergaß dann den Himmel, vergaß dann die Erd.

Der junge Mann vergisst bei drei Zügen auch Gott, Gottes Wort und die Braut. Ungefähr so, als hätte er Heroin genommen. Afzelius schreibt über den Trank, dass er alles Vergangene aus dem Gedächtnis lösche und den Gast, der ihn koste, mit allem zufrieden mache, was es im Berg gebe. Man bekommt Sand in die Augen gestreut, das Hässliche und Eklige wird begehrenswert. Wir kennen das aus Henrik Ibsens *Peer Gynt*, wo Peer nach einigem Zögern den Goldnapf des Trolls leert.

PEER GYNT *überlegend*: Es steht freilich geschrieben: Du sollst
dich zwingen!
Und man lernt's mit der Zeit ja wohl leichter schlingen.
Meinthalben! *Fügt sich.*
DER DOVRE-ALTE: Sieh, Freund, das zeugt von Vernunft. –
Du spuckst?
PEER GYNT: Man gewöhnt sich wohl noch in die Zunft.

Es bedarf noch einiger Trollkünste mit scharfen Werkzeugen, damit Peer die Dinge auf Trollweise sieht. Aber eigentlich war er schon dazu bereit, seit er an einem großen Waldhang zwischen den rauschenden Laubbäumen der grün gekleideten Tochter des Dovre-Alten begegnet war. Ihr Vater scheint in so einem Steinhaufen zu wohnen, von dem in *Wärend och wirdarne* die Rede war. Es lässt sich aber auch anders sehen.

> DIE GRÜNGEKLEIDETE: Wenn du auf Vaters Schloß mit mir
> gehst, Dürft dich der Schein leicht zum Glauben verleiten,
> Daß du mitten in einer Geröllwüste stehst.
> PEER GYNT: Just wie bei uns! Daß man's glauben sollt!
> Für Ruß und Rost möchtest du alles das Gold
> Und jede glitzernde Scheib für aus alten
> Fetzen und Flicken zurechtgemacht halten.
> DIE GRÜNGEKLEIDETE: Schwarz, das scheint weiß, und grob,
> das scheint fein.
> PEER GYNT: Groß das scheint klein, und schmutzig, das scheint
> rein!

Über die Gutenachtgeschichten der Kindermädchen und das Werk fleißiger Aufzeichner gerieten die Gestalten des Volksglaubens in die Fantasie belletristischer Autorinnen und Autoren. Ibsen wurde wahrscheinlich von Peter Christen Asbjørnsens Huldenmärchen *Høyfjellsbilleder* (Bilder aus dem Hochgebirge) inspiriert, kann die Geschichte über Peer Gynt aber auch selbst gehört haben, wie er als Stipendiat im Gudbrandsdalen nach Volksdichtung forschte. August Strindberg hatten es getötete Kinder angetan. Die Geister ermordeter Kinder irrten an einigen Stellen des Waldes umher, man hörte sie wimmern und nach der Person, die sie ausgesetzt oder erstickt hatte, »Mama! Mama!« rufen. Nachts hängten sie sich an Wagen und belasteten, obwohl sie klein und jämmerlich waren, die Fuhre so sehr, dass die Pferde kämpfen mussten, als würden sie Mühlsteine transportieren. Bei den Sami heißt das Phänomen *eupahras*, und das Weinen der ermordeten Kinder hört man weit in den Bergwald hinauf.

Es überrascht nicht, dass August Strindberg sich für die Geschichte unnatürlicher Mütter interessiert. In dem Drama, das er *Die Kronbraut* nennt, ist Kersti eine Frau, die ungewollt ein Kind bekommt, bei ihrer Hochzeit aber trotzdem die Krone der Unschuld tragen möchte. Im Mühlwehr wimmert das ermordete Kind, und das Stück ist ein starkes Gebräu aus allgemein tief sitzendem Aberglauben und überall verbreiteten makabren Geschichten, das Strindberg mit unvergleichlichem Gespür für Folkloristisches nachgebessert hat. Vermutlich hat er, der Namenswahl nach zu schließen, auch Afzelius' *Volkssagen und Volkslieder aus Schwedens älterer und neuerer Zeit* gelesen. Eine heilkundige Frau ist ebenfalls dabei, sie heißt hier Brita. Soeben hat sie auf dem Fußboden einen kleinen Grabhügel gebildet, nimmt nun ein wenig Erde aus ihrem Sack und streut sie Kersti auf den Kopf.

> BRITA: Ich weihe dich mit Erde, ich kröne dich mit der Erdkrone, Schande über dich!
> KERSTI: O schäme dich, schäme dich!
> EINE KINDERSTIMME wiederholt: Schäme dich!
> KERSTI: Wer war das?
> EINE KINDERSTIMME: Wer war das?
> BRITA: Errate! … Das war der Schratt!
> KERSTI: Wer ist der Schratt?

Sie erfährt, dass der Schratt ein Wiedergänger ist und der Tod der Sünde Lohn. Sie möchte natürlich sterben und knüpft sich das Strumpfband um den Hals. Da kommt der Kindsvater Mats nach Hause und fragt nach dem Kind.

> MATS: Kersti, Liebste, schläft er denn?
> BRITA: Tief drinnen im Wald! … Pfui über dich!

In Waldmooren, wilden Sümpfen und Morasten, in denen nach einem Totschlag die Leiche vergraben wurde, hörte man es nachts schreien. Ein Feuermann war der Geist eines Mannes, der zu Lebzeiten zu seinem Vorteil Grenzsteine versetzt hat. Diese Gespenster sind wie die Geister der ermordeten Kinder dazu da, ihren Mördern ein schlechtes Gewissen zu machen. Afzelius liefert gern Erklärungen, welche die Spukereien in eine sittliche Ordnung stellen, die eine Strafe oder zumindest den Schrecken vor Vergeltung verspricht. Er glaubt fest daran, dass manche Übernatürlichkeiten historische Erklärungen haben können. Ebenso wie die mythologischen Spekulationen mancher Aufzeichner sollte der Historiker Hans Hildebrand auch dies am Ende des 19. Jahrhunderts kritisieren.

Was Afzelius definitiv verwirft und als Irrglauben einfältigen Landvolks zurückweist, ist das launisch eintreffende Urböse, das aus dem Wald hervorkommt und den Menschen Krankheiten anhängt, sie vergewaltigt, ermordet und mit Wahnsinn schlägt.

Ein Wald heißt Tiveden

Ein Wald heißt Tiveden, steht in der *Erikskrönikan*. Er lag auf der Grenze zwischen Närke und Västergötland, und es gibt heute noch stark hügelige Reste davon. Im Übergang von der heidnischen zur christlichen Zeit war Tiveden ein gefährlicher Landstrich zwischen Västergötland und Svealand, in dem verschiedene Adelsgeschlechter um die Königsmacht kämpften und sie auszudehnen versuchten. Die großen Wälder bildeten Grenzen, an denen lokale Gesetze und Sitten ihre Geltung verloren. Am Wald Ödmården zwischen Gästrikland und Hälsingland endete der Gerichtssprengel Uppland. Holaveden liegt zwischen den Seen Vättern und Sommen in Östergötland an der Grenze zu Småland. Skuleskogen grenzte Ångermanland von Norrland ab, von dem man einst annahm, es sei von Unmenschen mit Zähnen wie Zuchteber und Schweineborsten auf dem Rücken bewohnt. In diesem nördlichen Wald gibt es Pflanzenarten, die dort nicht hinzugehören scheinen. An den Steilhängen wachsen nach wie vor Winterlinden und Haseln, und die Kräuterflora ist reich und überraschend. Kolmården ist und war ein sehr karges Waldgebiet zwischen Sörmland und Östergötland. Dieser Wald hat aber auch seine lichtere Seite. Südöstlich, im Östgötateil, wachsen noch der Gemeine Schneeball und Echter Kreuzdorn.

Die großen Grenzwälder hatten eigene Namen. *Ved* in Tiveden und Holaveden ist das gemeingermanische Wort für Wald und Holz, das auf Altschwedisch *vidher* hieß. Holaveden bedeutete der tiefe (hohle) Wald. Mård in Ödmården und Kolmården kommt vom Altschwedischen *mardher* und bedeutet steiniges und blockreiches Waldland. Der Wortbestandteil *kol* zielt vermutlich darauf ab, dass das Gebiet vom Feuer verwüstet wurde. *Öd* geht zurück auf das alte *Audh* und bezeichnet die Öde. *Ti* in Tiveden ist umstritten. Es kann vom alten Namen eines Waldgottes stammen – Tyr oder Ti. Skuleberget hieß zu der Zeit, als gelehrte Männer schrieben, wie sie dorthin gereist und zur berühmtesten der Höhlen hinaufgeklettert waren, *Scula mons*. Der Berg kann seinen Namen von dem alten Wort für Versteck und Höhle, *skul*, erhalten haben.

In diesen Wäldern gab es Pfade, die zu Almen und Meilerstellen führten. Dass man auf einem solchen Pfad einem Menschen begegnete, war ungewöhnlich und erschreckend. *Motmadher* (»Gegenmann«) hieß im Altschwedischen ein Mann, der einem im Wald in unbekannter Absicht entgegenkam. Die Reitpfade verliefen in hoch gelegenem Terrain, vorzugsweise auf Geröllhalden. Die Tiefe des Waldes blieb in unserer Geschichte dagegen jahrhundertelang unberührt. Dort hauste angeblich ein seltsames Volk: die Nachfahren der Bergbewohner, die Kinder Jotnars. Propst Olaus Johannes Broman, ein Zeitgenosse Rudbecks d. J. und Verfasser des Buches *Glysisvallur*, war der Meinung, das ursprüngliche Jökenheim, das Heim der Riesen, liege in Hälsingland. Inspiriert von Rudbeck, schrieb er den Riesen eine finstere Herkunft zu: Ihr Stammvater sei Njörd, der Gott, den die Griechen Uranos und die Römer Saturnus nannten. Aus Njörds vielen Söhnen wurden Bergbewohner, Bergtrolle und verschiedene Arten von Riesen.

Wahrscheinlich wusste man sehr wohl, dass diejenigen, die aus unterschiedlichen Gründen – Ächtung zum Beispiel – in den Wald gingen, eigentlich aus den Dörfern stammten. Doch der Glaube, dass es sich um die Nachfahren eines ursprünglich hochgewachsenen und wilden urzeitlichen Volkes handle, das von unternehmungslustigen Einwanderern vertrieben wurde, lebte weiter. Man findet diesen Glauben, zumindest als Wunsch, auch bei Afzelius und einigen seiner Zeitgenossen. Er wollte glauben, die Nachfahren der Riesen hätten sich so gut versteckt und lebten so abgeschieden, dass sich jemand von ihnen noch zu späteren Zeiten in seinen Schlupfwinkeln in den großen Bergwäldern aufhalten könne.

Riesenhaft an Wuchs und Kraft, waren sie fürchterlich und scharten oft große Räuberbanden um sich. Die Waldhäuptlinge lebten bald allein, bald zu zweien oder dreien in derselben Berghöhle.

Dorthin zu kommen war für Jäger oder Wanderer nicht gut. Bisweilen hatten sie eine ganze Bande von Gewalttätern unter sich, sogenannte Wegelagerer; diese sandten sie in die Wälder aus, zu Wegen und Pfaden, damit sie Reisende und Kaufmannsfuhren beraubten.

Der nüchterne und gelehrte Historiker Hans Hildebrand, der in seiner Mittelaltergeschichte die Unwegsamkeit und Gefahren der Welt des Waldes beschrieb, versuchte Afzelius zu korrigieren, der sich mitsamt seiner Gesellschaft gern über das Ursprüngliche entsetzen wollte. Dass sie nie unbewaffnet reisten, beruhte dagegen nicht auf romantischem Wahn. Bis weit ins 19. Jahrhundert war die Gefahr, überfallen zu werden, groß, wenn man durch die riesigen Wälder fuhr. Carl Jonas Love Almqvist hat in einem Brief die Angst vor Überfällen auf einer gewöhnlichen Reise mit einem Bauernkarren geschildert. Das war in den 1820er-Jahren, als er sich auf den Weg durch die värmländischen Wälder gemacht hatte, um seinen Traum vom schreibenden Bauern zu verwirklichen. Er lässt sich nicht nur von den Geschichten des Kutschers beeindrucken, sondern scheucht sich auch noch mit Gedanken an den Räuberroman *Rinaldo Rinaldini* auf:

Ich kam an einem Abend dort an, ehe der Mond aufgegangen, sodass es bereits recht schummerig war. Wir näherten uns einem großen Walde (Brattefors Heden) von einer Meile Länge. Wie gewohnt unterhielt ich mich mit dem Kutscher. Er war ein großer und grau gekleideter Mann. – Nun, was hört man von diesem Walde? Er ist, antwortete er, schon ein wenig unsicher – bekannt für Schelme und Räuber. – Jaja, das heißt in grauer Vorzeit, übernahm ich wieder. Kurz vor Weihnachten haben wir zuletzt davon gehört, erzählte er. – Ach ja, gibt es in dieser Gegend keine Dörfer? – Im ganzen Walde nicht. Er brachte nun immer noch mehr Räubergeschichten, während der Wald sich gegen uns erhob. Hat der Herr denn keine Waffe? fragte er schließlich. – Ich benutze nur diesen Knüppel, sagte ich, damit habe ich mich bisher durch die Welt geschlagen. (Bei der Frage des Kutschers nach meiner Bewaffnung fiel mir mein schöner Rinaldini und andere romantische Erzählungen ein, die da meinen, die Kutscher selbst seien

Räuber und wollten auf diese Weise die Stärke des Reisenden ausforschen.) – Mein grauer Kamerad merkte nun an, dass man sich mit mehr Waffen versehen solle, und stieg mit meiner Erlaubnis ab, um einen ansehnlichen Weidezaunpfahl abzubrechen und ihn durch mehrere Schläge auf den Boden zu erproben, und sagte: Ja, wer dir standhält, muss ein ordentlicher Schädel sein! Meint er meinen Schädel, fragte ich mich im Stillen; daraufhin bat ich ihn, sich wieder neben mich zu setzen, damit wir weiterfahren könnten. Und das wir taten auch. Der Wald wurde immer dunkler und fürchterlich schöner.

Wegelagerer und Räuber wurden sie genannt. Wir sagen Banditen. Wie heutige Kriminelle waren sie immer schon ein bunt gemischter Haufen. Scholare, die für ihren Lebensunterhalt während des Studiums legitimierte Bettelgänge unternehmen mussten, stahlen und drifteten ab. Es gab Priester, die man als entlaufen bezeichnete. Sie waren eher verstoßen und exkommuniziert worden, nachdem sie ein weltliches oder kirchliches Gesetz übertreten hatten. Ledige Frauen mit einem Kind kamen manchmal gar nicht umhin, sich der Gesellschaft im Wald anzuschließen. Sie konnten Räuberweiber werden, wie es im Lied über Herrn Tyrssons Töchter in Vänge heißt.

Weiter im Süden Europas waren die Menschen, die sich in den Wald verzogen hatten, oft Deserteure jener Armeen, die in Kriegswelle auf Kriegswelle den Kontinent heimsuchten. Sie mussten nicht einmal desertiert sein. Es reichte, wenn man sie entlassen hatte, nachdem auf die eine oder andere Weise Frieden geschlossen worden war. Wer auf voll beladenen Kriegsschiffen von Schweden auf den Kontinent verfrachtet worden war, musste sehr oft zusehen, wie er wieder zurückkam. Die Art der Versorgung war dieselbe wie schon im Krieg: Aus Plünderung wurde Diebstahl oder Straßenräuberei.

In den Wäldern Südeuropas gab es Straßenräuberbanden, die sich zu illegalen Gesellschaften auswuchsen und in nie enden wollenden Guerillakriegen bekämpft wurden. In Ländern mit starker Unterdrückung durch feudale Fürsten konnten die Räuber zu Volkshelden avancieren. So auch in den Grenzregionen zu Dänemark, wo sich entlaufene Soldaten und unter den Steuerlasten verarmte Bauern in den Wäldern herumtrieben. Führten sie einen Schlag gegen die verhassten Gutsherren und ihre Vögte, konnten sie in den Dörfern auf Hilfe und Unterschlupf zählen.

Der Wald war der große Zufluchtsort, wo sich die Ausgestoßenen und diejenigen, die der Gemeinschaft freiwillig den Rücken gekehrt hatten, verstecken konnten. Den Schrecken zu überwinden, den man in den besiedelten Gegenden vor dem Wald empfand, muss jedoch schwierig gewesen sein. Es gab dort gefährliche und vor allem unzuverlässige Wesen, die sich mal aus einer Laune heraus hilfsbereit zeigten, mal aus tierischem Blutdurst töteten. Voraussagungen wurden geraunt, es wurde trügerisch vor nicht vorhandenen Gefahren gewarnt, und zwischen den Bäumen ertönte Hohngelächter.

Man hauste in Reisighütten und Erdhöhlen. Unter umgestürzten Riesenbäumen wurden lange Gänge und enge Räume gegraben und an Felsen schräge Wände errichtet. In der Tiefe des Waldes hatte man seine Ruhe und die Zeit, einen Herd zu mauern und sich wie in den Armeleutehütten nahe den Dörfern einzurichten. Kinder wuchsen hier auf, falls sie die ersten Winter überlebten.

Die meisten Plünderer in den nördlichen Landschaften waren wahrscheinlich Lokalgrößen, Bauernknechte und Kätnerjungen, die vor der zu erwartenden Strafe für Sodomie, Diebstahl oder Misshandlung geflohen waren. Für Reisende waren sie natürlich ein Schrecken und für die Bauern, denen sie Vieh und Pferde stahlen, eine Plage.

Im Skuleskogen sollen sich die Räuber lange Zeit wie Läuse im Schafspelz festgebissen haben. Sie raubten Reisende aus und nannten dies »Zoll erheben«. Einem einsamen Wanderer wurde Nasenzoll abgeknöpft. Einspännerzoll, der etwas mehr einbrachte, musste berappen, wer mit Pferd und zweirädrigem Wagen kam. Zweispännerzoll war ein fetter Fang. In ihrer Hochzeit im 17. Jahrhundert sollen die Räuber von den Bauern der Gegend beschützt worden sein. Es ist gut möglich, dass sich etliche Bauern als Hehler Geld verdienten, wenn die Räuber beim Verkauf des Diebesguts Hilfe brauchten. Mit diesem Schutz war es jedoch vorbei, als sie zu Zeiten Karls XII. Vieh zu stehlen begannen. Als sie einmal Schafe schlachten wollten, die auf einer Insel weideten, wurden sie in einen Hinterhalt gelockt. Ein Zugezogener, der bei den Bauern sein

Ansehen heben musste, mischte sich unter die Räuber und zeigte ihnen, dass die Schafe auf Mjältön waren. Während sie die Tiere einzufangen versuchten, ruderte der Infiltrant mit dem Boot davon und trommelte die Bauern zusammen, die auf der Insel eine Räuberjagd veranstalteten. Außer dreien, die sich ertränkten, seien alle erschossen worden, gab der blinde Spielmann Otto Nordin in Näs 1949 einem Volksgutsammler zu Protokoll. Die Geschichte findet sich im Volkskundearchiv des Nordischen Museums, wo unglaublich viele Bände voll Dichtung, Traum und Glauben archiviert sind.

Dass Karl XI. auf einer Reise in den Norden in die Haupthöhle von Skule hinaufsteigen wollte, ist vielleicht eher Wahrheit als Dichtung. Steht man unterhalb der Höhle und sieht, teilweise von einer Birke verdeckt, dieses schwarze Loch hoch oben, versteht man, dass sein Gefolge ihm davon abriet, das letzte Stück zu erklimmen. Außerdem wirkte die Leiter zerbrechlich. Er verzichtete, und der Bauer, der sie führte, tat einen Ausspruch, den die Heimatenthusiasten für alle Zukunft bewahren sollten:

»Sie hielt wohl, die Leiter. Aber der Kerl hat Angst gekriegt.«

Die Höhle ist groß und hat einen vier Meter hohen und breiten Gewölbebogen aus Fels. Trotzdem ist kaum anzunehmen, dass die Räuber im Skuleskogen ihr Diebesgut an einen so hoch gelegenen Ort gebracht haben, und ebenso wenig, dass sie permanent dort oben lebten. Im strengen Wintern hielten sie sich wahrscheinlich in Almhütten auf. Dass in den Hütten jemand gehaust hatte, merkten die Leute beim Almauftrieb. Man schob es aber auf die Wichte.

Die Tiefe des Waldes lockte mit Verwandlungen. Aus Riesen wurden Räuber, aus Banditen Wichte, aus Wölfen Werwölfe und aus Mördern Gespenster im Sumpf. Die Geschichten von Waldräuberüberfällen auf Reisende verkehrten sich langsam in Legenden von Heldentaten. Bandenführer waren dann Räuberhauptmänner und bekamen individuelle Namen wie Asar-Faste und Sauka-Thor und eigene Sagen. In Ödmården hieß der örtliche Schrecken Sote. Die Geschichten über ihn reichen angeblich bis ins 14. Jahrhundert zurück. Seiner Ächtung soll eine Rechtsverletzung zugrunde gelegen haben.

Das Bild, das die Heimatforscher von ihm haben, gleicht dem

von Heinrich Kleists Michael Kohlhaas, dem Rechthaber der Romantik, der ebenfalls in den Wald gehen musste. Im England des 16. und 17. Jahrhunderts feierte man auf Sommerfesten Robin Hoods Andenken, indem er als Maigraf bekränzt mit seiner Marian aus dem Wald auf die Dorfstraße tanzte. Alle waren überzeugt, dass er die Reichen bestohlen und die Armen beschenkt hatte.

Veredelt halten die Räuber Einzug in die Literatur. Snorri Sturluson erzählt in seinem Königsbuch von dem Jämtländer Arnljot Gellini. Dieser kommt wie ein Waldfürst in kostbarem roten Leibrock und mit einem goldbesetzten Speer bewaffnet an den norwegischen Königshof. Arnljot ist ein Wegelagerer, der tatsächlich mit einem frühen und wichtigen Weg durch die Öde verknüpft ist. In der Saga von Olaf dem Heiligen erzählt Snorri, dass Arnljot 1027 auf demselben Weg über das Skalfjäll ging, auf dem König Olaf gen Norwegen zog. Offenbar wurde dieser Weg schon lange benutzt, denn man hat dort oben eine Axt aus der Zeit um 700 gefunden.

Arnljot Gellini übernachtete zusammen mit dem Isländer Thorodd Snorresson auf dem Dachboden der Sælohütte. Am Abend kamen zwölf reisende Handelsleute samt ihren Waren dorthin. Sie aßen und lärmten und legten sich schließlich auf die Bank vor dem Feuer schlafen. Von den Essensresten angelockt, die sie auf den Vorplatz hinausgeworfen hatten, kam ein großes Trollweib in die Hütte und verschlang, was von der Mahlzeit noch übrig war. Dann zerfleischte sie die Handelsleute und warf die Leichen ins Feuer, um sie zu braten. Einer war noch am Leben und schrie so, dass Arnljot Gellini oben auf dem Dachboden es hörte. Snorri schreibt:

Da stand Arnljot auf, ergriff seinen Hellebardenspeer und stieß ihn ihr durch die Schulter, daß die Spitze ihr aus der Brust hervordrang. Sie wandte sich jäh um infolge des Stoßes, schrie furchtbar auf und stürzte aus dem Hause. Arnljot konnte den Speer nicht halten, und sie schleppte ihn mit davon.

Der Held fuhr auf seinen Skiern nach Norwegen weiter und trat mit Schmeichelei und einer Silberschale vor den König. Er ließ sich sogar taufen und kämpfte auf Olafs Seite in der Schlacht bei Stiklestad. Dort tat er sich nicht genug hervor, um in die Annalen einzugehen, stand aber nach der Schlacht auf der Liste der Toten. Damit war seine Verwandlung vollendet, und er ging einem großartigen literarischen Schicksal entgegen. Der Dichter Karl August Nicander besang ihn als einen Helden unserer ehrenvollen Vergangenheit. Ein Redakteur aus Östersund machte sich 1896 daran, über Arnljot einen Roman zu schreiben, Bjørnstjerne Bjørnson verfasste einen ganzen epischen Zyklus über ihn, Verner von Heidenstam berichtete über ihn in *Die Schweden und ihre Häuptlinge*, und bei Wilhelm Peterson-Berger wurde er zum Opernhelden. Sprechrollen bei Laienspielen an Heimatabenden hat er bis in unsere Tage.

Zum literarischen Stoff wurde nicht der aufregende Teil von Snorris Geschichte, der über Arnljot Gellini und das Trollweib. In den Tagen des Unionsstreits wurde Arnljot vielmehr ein früher Repräsentant jener Schweden, die für die »Sache der Wahrheit« kämpften. Das hieß die Befreiung Norwegens unterstützten. Und sehr viel später fanden manche Jämten in Peterson-Bergers Musikdrama Nahrung in den separatistischen Ideen von einem unabhängigen Jämtland. Wozu man einen alten Räuber nicht alles benutzen kann!

Die Waldgesellen, die näher an unserer Zeit lebten, wurden nicht selten verklagt und landeten in Gerichtsbüchern und Strafregistern. Daraus kann man ersehen, dass sie alles andere als Waldfürsten waren, schon eher verkommene Söhne aus der Umgebung. Einer, Matts Thomasson hieß er und wurde Diebsfinne genannt, stammte aus Knösjön in Ångermanland. Er war in der Siedlung Risnäs im Kirchspiel Stigsjö bei seiner eigenen Patin eingebrochen. Sie ertappte ihn auf frischer Tat und rief ihm nach: »Lieber Patensohn, gib mir wenigstens die Kirchgangskleider zurück – ich werde dir ein Lispund Käse geben.« Aber er ließ nicht mit sich reden. Im Wald hatte er einen Mann namens Hindrik überfallen, auch er ein »loser Finne«, der allein in einer alten Badestube hauste. Zu ihm soll Matts gesagt haben: »In Risnäs soll gut stehlen sein, weil dort unverriegelte Häuser sind.« So wurde es von Hindrik vor Gericht bezeugt und zu Protokoll gegeben. Er habe auch versucht, Matts auf den rechten Weg zu bringen, und ihn ermahnt, zu gestehen und ein Kind Gottes zu werden. Er gestand zusammen mit einem

Kumpan namens Gubb-Johan, einem entlaufenen Dieb, der so manches auf dem Kerbholz hatte. Matts wurde am 6. November 1667 zum Tode verurteilt.

Die Sache kam vors Hofgericht, das die Strafe auf neun Spießrutenläufe samt Landesverweis herabsetzte. Matts wurde ins Grenzfjäll zu Norwegen gebracht und freigelassen. Aber er kam natürlich zurück. Er hatte Frau und Kinder zu Hause. In den folgenden Jahren versteckte er sich in den Wäldern Ångermanlands und Medelpads. Er wurde festgenommen und in meiner ehemaligen Heimatgemeinde Säbrå in Eisen gelegt. Er floh, lebte im Wald und wurde abermals festgenommen. Die letzten Spuren, die sich in den Gerichtsbüchern über ihn finden, beschreiben das Elend seiner Frau und der vier Kinder. Sie versteckten sich ebenfalls im Wald und wagten sich, obwohl sie hungerten, nicht in die Dörfer, um dort zu betteln.

Obwohl alle in den Bauerndörfern diese bedauernswerten Schicksale gekannt haben müssen, scheint man sich aus dem bäuerlichen Trott und der Plackerei in den Katen fortgesehnt zu haben. Denn was sind die Geschichten über edle Räuber und ihr freies Leben anderes als die Tagträume gefesselter Menschen? Friedrich Schiller schrieb *Die Räuber* praktisch in Leibeigenschaft. Als Medikus ohne richtigen Offiziersgrad bei einem vornehmen Grenadierregiment hatte er keine Möglichkeit, seine Freiheitsträume zu verwirklichen oder heftige Gefühle von Zorn und Aufruhr auszuleben. Nachdem er in jugendlichem Übermut und ohne es sich eigentlich leisten zu können auf eigene Kosten *Die Räuber* herausgegeben hatte, verbot ihm der Herzog, das Regiment zu verlassen. Er machte es jedoch wie sein Held Karl Moor und floh.

Zur vollen Blüte kam die Räuberromantik in der Trivialliteratur. Ich glaube, *Den vissnade rosen eller röfvaranföraren in Holaveden* (Die welke Rose oder Der Räuberanführer in Holaveden) kann als repräsentativ betrachtet werden. Es wurde bei Dalkullan Publishing & Importing Co. in Chicago gedruckt und in Krokodilslederimitat gebunden. Der Roman war eine Nummer der Serie »Werke berühmter Autoren«, allerdings wird nirgends ein Autor genannt. Höchstwahrscheinlich wurde das Buch von Edel Lindblom geschrieben, die 1907 in Schweden einen Roman selben Inhalts herausgebracht hatte.

In *Den vissnade rosen* wächst der Junge Alban in der Hütte seiner Zigeunermutter in Småland auf. Bevor sie stirbt, möchte sie, dass er einem in der Nähe lebenden Grafen einen Brief bringt. Es geht natürlich um die Herkunft des Jungen. Im Schloss wird Alban barsch abgewiesen, und er tötet einen Hund, den man auf ihn gehetzt hat.

Einige Jahre später ist die Gräfin im Schloss sehr erregt.

›Hast du das Gerücht über die Räuberbande in Holaveden gehört, Sebastian?‹, fragte sie und legte ihre grazile Hand auf des Grafen Arm. ›Man sagt, die Bande sei weit verzweigt, und auch unsere Gegend sei von einem Angriff dieser schrecklichen Räuber stark bedroht, welche in den Wäldern von Holaveden, Tiveden und Kolmården ihren Unterschlupf haben.‹

Geografisch gesehen, handelt es sich also um umfassende Aktivitäten. Der Anführer der Bande ist natürlich der mittlerweile erwachsene Sohn der Zigeunerin. Alban Vilde heißt er. Er brütet über dunklen Erinnerungen, aber auch über einer welken Rose, die er als Kind von einer kleinen Gräfin geschenkt bekommen hatte. Das Losungswort der Räuberbande lautet übrigens *Die welke Rose*. Die Räuber verteilen »das Gold, welches der Reiche im Überflusse besitzt, unter den Armen, doch ohne Blutvergießen«. Daraus wird ersichtlich, dass die Geschichte ihre Spannung nicht aus Action bezieht. Sie dreht sich von vorn bis hinten um Liebesaffären. Alban bessert sich unter dem Einfluss einer sich aufopfernden Gattin und wird Bauer – »wie ein Sühneengel hatte sie in den Stunden der Anfechtung an seiner Seite gestanden und ihm mit starker Hand geholfen, sich aufzurichten aus dem Schlamm der Erniedrigung«.

Heute spielen kriminelle Männer in fast allen Filmen eine Rolle. Und spielt Clint Eastwood die Hauptrolle, ist der moderne Räuber zuinnerst so edel und melancholisch wie Alban Vilde und Karl Moor.

Die Tiefe des Waldes ist sowohl in der trivialen als auch in der ambitionierteren Literatur ein Bild der menschlichen Seele. In den Wald sind tiefe Abgründe und gemütliche Lichtungen projiziert.

Verwandlungen

Mit frenetischem Fleiß machte sich das 19. Jahrhundert daran, die Gestalten des Volksglaubens aufzuzeichnen, zu bewahren und umzudichten. Diese Behandlung ließ sie nach und nach erstaunliche Metamorphosen erfahren. Wichtig war natürlich ihre Salonfähigkeit. Sowohl Afzelius' *Volkslieder* als auch seine *Volkssagen* hätte man in der guten Stube auf den Tisch legen können. Schmutz und Derbheiten mussten entfernt werden. In Norwegen sammelten Peter Christen Asbjørnsen und Jørgen Moe *Norwegische Volksmärchen*, die sie ab 1841 heftweise herausbrachten. Askefisen (Aschenfurz) tauften sie in Askeladden (Aschenjunge) um. Elfen, schreibt die Ethnologin Lotte Motz, würden durch *alfrék* in die Flucht getrieben – das heißt durch hinterlassene Ausscheidungen. *Ganga alfrék* bedeutete auf Altisländisch »to perform one's bodily functions«, wie sie es ausdrückt. Der Wunsch, sich fein und gebührlich zu artikulieren, brachte die Sammler von Anfang an dazu, das Material von skatologischen und sexuellen Einschlägen zu säubern.

Danmarks Sagnhistorie (Dänemarks Sagengeschichte) von N. M. Petersen und die *Kinder- und Hausmärchen*, die die Brüder Grimm 1812 herauszugeben begannen, hatten die Schweden inspiriert. Gunnar Olof Hyltén-Cavallius war der Meinung, jede Provinz Schwedens sollte »ethnologisch, archäologisch und linguistisch« untersucht werden. Auch außerhalb der wissenschaftlichen Bereiche entstand eine rührige Heimatkultur, die in ihren Jahresschriften heute noch Volkskundliches aufzeichnet. Es kommt zu einer Flut von Literatur über die Vorstellungen des Volksglaubens. Am gründlichsten sind dabei die Deutschen mit dem *Handwörterbuch des deutschen Aberglaubens* in zehn mächtigen Bänden vorgegangen. Das Sammeln und die Herausgabe des Materials dauerte Jahrzehnte. Der Teil über Waldgeister erschien 1938–1941, in einer Zeit, in der es kaum schlimmer gekommen wäre, hätten in Deutschland Werwölfe und Gespenster regiert.

Darin ist zu lesen, dass es dort, wo einst das germanische Waldreich war, wilde Leute, Hexen und Riesen unter den Waldgeistern gibt (im *Handwörterbuch* steht alles im Präsens). Die Wälder wer-

den auch von Holzleuten und Moosleuten sowie vielerlei Wald-
frauen und Waldmännern bevölkert. In Tirol heißen sie Fanggen,
Fänken, Nörgel und Salige Fräulein. Die Waldleute sind im Allgemeinen klein, verhutzelt und stark behaart. Ihre Gesichter sind
faltig und rissig, die Haare wirr. Sie tragen Kleider aus Moos, und
überraschenderweise waschen sie sich, wenn auch nur mit Tau.
Ungefähr so wie nordische Trolle leben sie in Ehe miteinander,
bereiten Essen zu, spinnen Garn und haben das gleiche Verhältnis
zu den Menschen: Wenn sie geärgert werden, rächen sie sich, sind
ansonsten aber hilfsbereit. Das Geschenk eines Waldgeistes kann
ein Stück Rinde sein, das sich in Gold verwandelt, oder ein Garn-
knäuel, das nicht abnimmt, so viel man auch strickt.

Es lässt sich schwer einschätzen, welche Stimmung geherrscht hat,
wenn ein Sammler vor einem Gewährsmann saß. Er war mit seinem Enthusiasmus und seinem Notizbuch gekommen – später mit
einem Fonografen und Wachsrollen und noch später mit einem Ton-
bandgerät. Wie haben sie ihn empfangen? Waren sie schüchtern?
Oder sprudelten manche über, waren so schlagfertig und sprachlich
begabt wie der Småländer Mickel aus Långhult? Er brachte seine
Geschichten zu Papier, das hatte er von Propst Cavallius erhalten,
dem Vater des Ethnologen Hyltén-Cavallius. Diese Bogen sollte er
gegen ein Trinkgeld mit Märchen und Sagen füllen.
    Sicherlich waren die Leute, die Auskunft gaben, verdutzt. Was
wollten die feinen Leute mit ihren Liedern und Reimen und Märchen? Steckte eine geheime Absicht dahinter, sollten sie nachgerade hereingelegt werden? Die Frage ist auch, ob Frauen mit den
Frauen, die auf den alten Stoffen saßen, leichter ins Gespräch
kamen. Jedenfalls fanden sich unter den Sammlern mit der Zeit
immer mehr Frauen. Oft stammten sie aus der Gegend und waren
Pfarrfrauen, Gutsfräulein oder Lehrerinnen.
    Und dann war da das Gedächtnis, dieses schüttere, löchrige Ge-
webe. Die Löcher mussten gestopft, dem Gewebe Zusammenhalt
gegeben werden. Im Schwedischen Volksliedarchiv kann man sich
Aufnahmen anhören, in denen alte Frauen in halb Vergessenem
tappen und andere aus einem übernatürlich guten Gedächtnis
schöpfen und plappern und trällern. Eine Lehrerin, Eva Stattin aus
Valsjöbyn, die mittlerweile selbst zu den Alten und Gedächtnis-

starken zählt, habe ich auf Band halb in der Erinnerung versunkene Lieder hervorlocken hören: »Können Sie das auch singen? Erinnern Sie sich noch, wie es weiterging?« Die freundliche Stimme kitzelt schließlich Lieder wie *Småståschen fire fem* oder *Lill-Pelle spring kring* aus einer alten Frau heraus. Dann riecht es wieder nach feuchten Wollsocken, die zum Trocknen auf der Leine über dem Herd hängen, nach gekochtem Kaffee und ganz leicht nach Ziegenstall, wenn die Worte und die Melodie aus dem Kopfhörer dringen. Das Material muss jedoch viele Filter passieren, nicht zuletzt sprachliche. Was bleibt von einem Volkslied, wenn es aus der nordjämtischen Mundart transkribiert wird? Selbst wenn man die tadellose wissenschaftliche Ausgabe der Lieder in *Sveriges medeltida ballader* (Schwedens Mittelalterballaden) liest, kann man in Grübeleien darüber verfallen, was ihnen genommen wurde. Schon die Schrift und der Druck müssen vieles Raue und Derbe abgeblättert haben.

Leonard Fredrik Rääf war pessimistisch, was die Zukunft des Volksguts betraf. Mitte des 19. Jahrhunderts begann er mit der Herausgabe der *Samlingar och anteckningar till en beskrifning öfver Ydre härad i Östergötland* (Sammlungen und Notizen zu einer Beschreibung des Härads Ydre in Östergötland), die neben vielem anderen aufgezeichnete Mythen und Sagen enthalten. Über die Waldgespenster schreibt er: »Von der Existenz dieser bei unseren Vorvätern viel gerühmten Wesen hat die heutige Generation in dieser Gegend nicht die geringste Ahnung.« Dieses Märchen sei von »unserem neuen Langweilerverstand, dessen Eiseskälte die farbenfrohsten Blumen der Romantik und des Lebens getötet hat«, verdrängt worden.

Unter älteren Konservativen war die Ansicht, dass die neue Zeit knochentrocken, technisch und überrational sei, nicht selten. Das Märchen hatte jedoch eine viel größere Lebenskraft, als Rääf und andere verbliebene Romantiker glauben mochten, und zwar gerade durch ihre Sammel- und Aufzeichnungsarbeit. Durch die Märchensammlung der Brüder Grimm sollte die germanische Waldmystik überleben, aber auch als kulturelles Kapital überbetont werden. Jacob und Wilhelm Grimm waren Historiker und Philologen der romantischen Schule, für die der Ursprung der Kultur im Volkstümlichen lag. Dieses könne in einer zu artifiziellem kulturellen Ausdruck heruntergekommenen Zeit linguistisch wiederbelebt werden und sie mit der uralten Weisheit der »Volksseele« und ihrer Kenntnis über die Natur befruchten.

Dass dies später zu germanischen Mystifikationen äußerst unangenehmer Art führen würde, konnten die Brüder nicht vorhersehen. Ebenso wenig hatten sie wohl davon geträumt, dass ihre *Kinder- und Hausmärchen* nach der Bibel das meistverkaufte Buch des Abendlands werden würde.

Das Märchen gebar das Kunstmärchen. Und darin fanden die merkwürdigsten Verwandlungen statt. Graue Waldwesen tendierten dazu, kleiner und niedlicher zu werden. Der Wichtel tappte herbei und aß wie früher Brei aus der Schüssel, aber jetzt trug er eine Mütze und hatte blanke Knöpfe an der Lederhose. Bald landete er auf Weihnachtskarten, doch glänzender Farbdruck ist für das Unmenschliche nicht ohne Gefahr. Niemand wollte mehr im Dunkeln das Böse zischen hören; man wollte Wesen haben, an denen Kinder Spaß hatten. Und am besten trugen sie auch noch zu deren Erziehung bei; es war nicht die einzige Aufgabe, die sie erhalten sollten.

Es riecht nach Wolfspelz

Wieder mal hat sich eine Jungfer auf gefährliche Wege begeben:

> Und wie sie kam in den Wald, den blau'n,
> Die Linde zittert im Haine –
> Da stieß sie alsbald auf den Wolf, den grau'n.
> Denn sie war im schrecklichen Walde.

Die Jungfer versucht sich nun vom tödlichen Biss freizukaufen, indem sie dem Wolf Strophe um Strophe ihr seidenes Gewand, ihre Silberspangenschuhe und ihre rote Goldkrone anbietet. Aber der Blutdurst des Wolfes ist nicht zu besänftigen. Als sie auf einen Baum klettert, geht er um den Stamm herum und heult. Dann beginnt er die Wurzeln des Baumes freizugraben, damit er umfällt. Unterdessen sattelt der Jüngling sein Pferd im Stall. Er reitet nun schneller, »als ein Vögelein fliegt«, der Jungfer zu Hilfe. Aber er kommt zu spät.

Und als der Jüngling kam an den Ort,
Die Linde zittert im Haine –
Nur blutige Reste fand er dort.

Eine Frau bleibt dort draußen nie unbehelligt. Hirten, Bergtrolle, Wegelagerer, Bären, Wölfe und Werwölfe warten nur darauf, ihr Werk an ihr zu verrichten. Das Lied über die Jungfer, die dem Wolf begegnet, findet sich auch in der Sammlung von Afzelius. Dort heißt es *Warulfven* (Der Werwolf), und der Wolf hat sich in ein halb menschliches, halb übernatürliches Wesen verwandelt, das unter dem Baum derart heult, dass weitere dreißig Wölfe hinzukommen. Sie reißen den Baum um, und die Jungfer schreit, dass es bis zu Herrn Peders Burg zu hören ist. Er kommt herbei, findet aber nur noch ihren blutigen Schuh, ihr Strumpfband, ihren Rock und ihr Zungenband. Dieser Teil ihres Körpers kann noch sprechen und verflucht ihn.

Man ahnt allmählich, warum die Jungfer in den Wald gegangen ist. Als sie vor seiner Tür gestanden und geklagt hat, es regne so stark auf den Scharlachpelz, hat er sie gleichgültig aufgefordert, ihn zu wenden. Er ist also ein treuloser Geliebter, der sie verstoßen hat, nachdem sie ihm zu Willen war. Sie ist in den Regen und die Kälte hinausgejagt worden. In einer Variante des Liedes hat sie die Mutter anfangs um Erlaubnis gebeten, zu ihrem Geliebten zu gehen, »denn sie war in Liebe gebunden«.

Es ist das Schicksal eines schwangeren Mädchens, das im Lied *Die Jungfrau im blauen Wald* erzählt wird. Die Werwölfe gelüstet es besonders nach der Leibesfrucht. Im Norden ist der Wald kein Ort für Liebesspiele, sondern ein dunkler Raum, in dem die Sündhaften Vergeltung erwartet. Dort richtet sich die Raublust des Wolfes und des Bären auf die Frau und ihr ungeborenes Kind.

Männer konnten sich durch Gestaltwechsel in Werwölfe oder auch in Bären verwandeln. Frauen konnten zu weise werden, wenn sie im Wald lebten, und mit Wölfen in enge Verbindung treten. Eine weise Frau, die Wölfe in ihren Dienst nahm, nannte man Wolfsmutter. Sie schickte das Rudel aus, um Rache zu nehmen oder allgemeines Elend anzurichten.

Gestaltwechsel galten in älteren Schriften als erwiesen. Es gibt Geschichten von erlegten Wölfen und Bären, die Gürtel und Rän-

Dieser monströse Wolf stammt aus Gévaudan in Frankreich, wo sich im 18. Jahrhundert die Wolfsangst regelrecht zur Panik gesteigert hatte.

zel oder sogar ein Messer bei sich getragen haben sollen, nachdem man ihnen die Haut abgezogen hatte. Tote Männer hätten Wolfspfoten gehabt. Sei ein Mann zu bestimmten Zeiten ein Werwolf, verberge er die entlarvende Pfote im Kittel. Man erkenne ihn aber an seinen zusammengewachsenen Augenbrauen und dem zerkratzten Gesicht und daran, dass er niemals weine. Letzteres war jedoch widersprüchlich und galt nicht, solange der Mann in seiner Tiergestalt lebte. Begegne man einem Wolf oder einem Bären auf geringe Entfernung und sehe in den Augen des Tieres Traurigkeit oder gar Tränen, könne man sicher sein, dass es sich um einen zwangsweise verwandelten Mann handle.

Oft waren es Sami oder Finnen oder Männer fremder Volksgruppen, von denen behauptet wurde, sie verwandelten sich in Raubtiere oder verhexten ihre Feinde in Werwölfe. Mitte des 18. Jahrhunderts erzählt Propst Nyrén in seinen Erinnerungen an frühere Tage über »Norrländer oder die sogenannten Bettellappen oder Haftelmacher oder Zigeuner, welche zu jener Zeit in großen Haufen im Lande umherstrichen«, und über »dieses landstreicherische Pack, wie es von Bauern Fahrgelegenheiten erzwungen, wie es Werwölfe unter sich gehabt«. Der Propst erzählt dies als »Geschichten des Landvolks«, doch nur ein Jahrhundert zuvor hatte einer seiner Amtsbrüder den Geschichten über Gestaltwechsel noch Glauben geschenkt. Pfarrherr Olaus Petri Niurenius in Umeå berief sich auf Herodot, um die Angaben zu beglaubigen. Neben der Bibel waren seit alters die antiken Autoren Garanten für den Wahrheitsgehalt einer Legende.

Das Phänomen trat aber nicht nur bei Bauern und bei Landstreichern auf. Im 17. Jahrhundert heißt es von einem Adligen, Jakob Jakobsson Snakenborg, er sei auf allen Vieren herumgerannt und habe rohes Fleisch gegessen. Seine Lykantropie war selbstverständlich subtilerer Art; man nahm an, er stehe unter dem Einfluss Saturns und leide an der Modekrankheit Melancholie. Wenn er sich manchmal auf die Hinterbeine setzte, dann habe er sehr traurig gewirkt. Nach drei Jahren habe er sich zurückverwandelt und sei wieder ein Mensch geworden, habe allerdings seinen Schwanz und an einer Hand Krallen zurückbehalten.

Olof Rudbeck glaubte nicht an die Existenz von Werwölfen. In seiner *Atlantica* führt er eine Erklärung dafür an, dass Herodot schreibt, die Skythen würden sich an bestimmten Tagen des Jahres in Werwölfe verwandeln. Hätte Herodot gewusst, was das Wort *Varg* (Wolf) im Schwedischen bedeutet, dann hätte er verstanden, wie die Dinge liegen, schreibt Rudbeck. Das alte nordische Wort für *varg* war *ulv. Varg* bezeichnete ursprünglich einen menschlichen Räuber und Viehdieb. Hätte Herodot unsere Sprache gekonnt und außerdem in unseren Landschaftsgesetzen etwas über die Ausrüstung von Leuten und Schiffen für die Seeräuberei gelesen, »dann hätte er wahrlich geglaubt, dass die Menschen an vielen Tagen zu Wölfen und im Winter wieder zu Leuten gewendet worden seien«.

Propst Broman betrachtet im Kapitel über Tierfang in *Glysisvallur* die Geschichten über Gestaltwechsel und Verhexung sehr skeptisch. Er glaubt, wer wie ein Bär wüte, sei geisteskrank. Es könne sich aber um Magie handeln, wie er einräumt. Oder um eine Vergiftung. Den antiken Autoren zufolge, die er zitiert, war das

Bärengehirn äußerst giftig. Aß man es, konnte man einen Tobsuchtsanfall bekommen und nachgerade verrückt werden. Aber meistens handele es sich bei den Verhexungsgeschichten um das, was der Propst *Poëticum sive Fabulosum* nannte. Dichter und Geschichtenerzähler hätten alles erfunden. Allerdings erinnert er sich aus seiner Jugendzeit in Hälsingland an eine alte Frau, die sich verwandeln konnte und von Zeit zu Zeit als Bärin umgegangen sei. Die Leute im Dorf hätten sie Bärenmädel genannt.

Rudbecks Ausmusterung des Werwolfglaubens erreichte natürlich nur gebildete Kreise und selbst die kaum. In einem Gerichtsprotokoll von 1723 aus Oviken wird von einem wegen Mordes verurteilten Sami berichtet, dem Lappenmann Jakob Sjulsson. Vor Gericht wurde er gefragt, ob es wahr sei, was über ihn behauptet werde, nämlich dass er im Sommer als Bär umgehe und sein Hund als Wolf. Sjulsson antwortete nüchtern: »Solcherlei ist grundlos, und ich weiß nichts davon.«

Noch 1846 wird in einem wohlfeilen Druck »Eine sehr merkwürdige Geschichte von einem Wandersmann, der im siebzehnten Jahrhundert zehn Jahre lang in einen Wolf verwandelt war«, erzählt. Es handelte sich um einen armen Schneider, der verhext wurde, nachdem er eine Zigeunersippe abgewiesen hatte. Die Volkskundlerin Ella Odstedt, die Anfang der 1940er-Jahre Legenden über Verhexungen und Gestaltwechseln aus dem ganzen Land durchging, traf während ihrer Sammelarbeit auf Menschen, die immer noch glaubten, dass es im Wald Werwölfe gab.

Mit Werwölfen scheinen vor allem Fremde und Frauen als sexuelle Wesen verknüpft worden zu sein, die Fremden als Hexer und die Frauen als Opfer von Männern in Tiergestalt. Aber auch einem Bären, der nie ein Mensch gewesen war, wurde unterstellt, er bevorzuge schwangere Frauen als Beute und fräße mit Begierde ihre Leibesfrucht.

In dem Lied, das ein Sammler aus dem 19. Jahrhundert unter dem Titel »Der verzauberte Ritter« wiedergegeben hat, ist es die Stiefmutter, die den Mann in einen Werwolf verzaubert:

So machte sie mich zum Wolf gar grau
Die Pfade gar weit ich eile

Und schickte mich in den Wald so rau
Auch ihr wird noch Trauer zuteile.

Und sagte, mir würde niemals gut
Bevor ich getrunken des Bruders Blut.

Der Ritter muss über die Pfade des Waldes irren, doch gemäß der Instruktion kommt es zum Brudermord und führt am Ende zur Rückverwandlung des Ritters in einen Menschen. Die Stiefmutter selbst und das Kind, mit dem sie schwanger geht, fallen ihm zum Opfer.

Und als ich getrunken des Bruders Blut
Die Pfade gar weit ich eile
Da ward ich ein Ritter, kühn und gut
Auch ihr wird noch Trauer zuteile.

Es reichte nicht, dass der Frau das Kind aus dem Leib gerissen wurde. Eine Frau, die durch Magie versuchte, die bevorstehende Entbindung weniger schmerzhaft zu machen, konnte statt eines Kindes einen Werwolf gebären. Man braucht kein psychoanalytisches oder feministisches Instrumentarium, um zu sehen, was in diesen Geschichten offen zutage liegt. Der Blick auf die Sexualität der Frau ist so schonungslos und hasserfüllt, dass es nach Wolfspelz riecht.

Vergebens sucht man nach einer freien Frau, die unversehrt durch den Wald kommt. Bis zur *Völundarkviða* (Wölundlied) der Edda muss man zurückgehen, denn dort fliegt sie:

Meyjar flugu sunnan
myrkvið í gögnum ...

Doch da sind sie auch göttergleich, diese Mädchen, die durch dunkle Wälder gen Süden fliegen, um das kostbare Linnen zu spinnen, das der Zukunft gehört. In den Liedern des Mittelalters ging es gewöhnlich zu.

Der finstere Sendbote

Im Jahre 1114 beschloss die Synode in Santiago de Compostela, dass der Wolf sowohl am Tag vor Ostern als auch am Tag vor Pfingsten mit großem Aufgebot gejagt werden sollte. Es wurde vorausgesetzt, dass sich alle beteiligten, und blieb man aus, betrug die Strafe einen Sou oder ein Schaf. Die Kirche nahm sich der Wolfsbekämpfung auf mehr als eine Weise an. Französische Pfarrer verfassten ein beschwörendes Gebet gegen den Wolfsschrecken, das sehr lange Zeit gebetet wurde und in vielen Varianten bewahrt ist.

> Au nom du père + du fils + du saint esprit loups et louves je vous conjure au nom de la très-sainte et sursainte comme Notre Dame fut enceinte, que vous n'ayez à prendre ni écarter aucune des bêtes de mon troupeau, soit agneaux, soit brebis, soit moutons…, ni leur faire aucun mal.

Man betete also im Namen der Dreifaltigkeit, dass das Vieh auf dieselbe wundersame Weise behütet werden möge, wie Unsere Liebe Frau gesegnet worden sei, und dass weder Wolf noch Wölfin dem Lamm, dem Schaf oder dem Bock in der Herde etwas zuleide tun möge. Die Wolfsplage ging jedoch weiter. Die Herden der Bauern wurden unaufhörlich geplündert, und es gingen Gerüchte, dass Menschen den Bestien zum Opfer gefallen seien. Diese Gerüchte wurden von den Behörden bestätigt. Am 7. Januar 1606 proklamierte das Parlament in Toulouse, Wölfe hätten innerhalb von drei Monaten fünfhundert Männer, Frauen und Kinder getötet. Diese fabulatorischen Angaben bringen den Glauben an die Lykantropie erst richtig in Schwung. Der Werwolf (*le loup-garou* oder *l'homme-loup*) musste als Erklärung für den Blutdurst und die Bosheit des Tieres herhalten. Er wurde zum schlimmsten Dämon unter den übernatürlichen Wesen.

Im 16. und 17. Jahrhundert erörterten die Theologen die Werwolffrage. Konnten sich Männer in blutrünstige Wölfe verwandeln, oder waren sie Opfer dämonischer Besessenheit? Dass die Teufelskraft der Magie Menschen in wilde Tiere verwandeln konnte, war den Theologen nicht fremd. Wenn Satan der große Illusionist war, warum sollten seine Vertreter dann nicht zu Verhexung und Gestaltwechsel imstande sein? Die Zauberer nahmen womöglich freiwillig eine Gestalt an, die zu ihren mörderischen Instinkten passte. In Frankreich und andernorts auf dem Kontinent wurden darüber lange und gelehrte, in unseren Augen absurde Diskussionen geführt.

Meine Kenntnisse reichen nicht aus, um sagen zu können, ob es auch in einem anderen Land einen Olof Rudbeck der Vernunft gegeben hat, der den Aberglauben um den Wolf zurückwies. Über Werwölfe mochten die Ansichten auseinandergehen, aber nicht über den Wolf: Er war ein Tier des Teufels. Man stellte Silberkugeln her und tauchte sie in Weihwasser, um ihm den Garaus zu machen. Ludwig XI. stellte im 15. Jahrhundert gegen den Wolf eine spezielle Ausrottungsschwadron auf, *La Louveterie* genannt. Der Ruf *Au loup! Au loup!* konnte Panik auslösen. Am Ende war er nicht mehr nur der Alarm, dass ein Wolf in der Gegend war, sondern ein allgemeines Gefahrensignal.

Die nordischen Wölfe waren laut Olaus Magnus wild und blutdürstig und wollten vor allem die ungeborenen Kinder aus dem Leib einer Frau reißen. Bestätigung fand er bei dem langobardischen Geschichtsschreiber Paulus Diaconus, der berichtet hatte, dass Wölfe Müttern die Kinder von der Brust gerissen und sie zerfleischt hätten. Man fragt sich, ob der Wolf, sogar öfter als Rudbeck glaubte, nicht eine Metapher für menschliche Übeltäter im Krieg war.

1765 konnte man in Schweden über einen Wolf der Wölfe in Frankreich lesen. *Berättelse om det grymma människofrätande wilddjuret, som öfwer et års tid åstadkommit i Frankrikes södra provinser mycken uppmärksamhet, skada och olägenhet* (Bericht über das grausame menschenfressende wilde Tier, das in den südlichen Provinzen Frankreichs über ein Jahr viel Aufmerksamkeit, Schaden und Übelstand hervorgerufen hat) nannte ihr Übersetzer, M. O., die anonyme Schrift. Auf dem Titelblatt geifert die Bestie über dem Schädel eines Menschen. Es wird behauptet, sie habe in der Provinz Gébauden (dem heutigen Gévaudan) gewütet und fünfzig Menschen getötet. Ludwig XV. habe zweitausend Mann in rund vierzig große Treibjagden geschickt, um ihr ein Ende zu bereiten. 1765 sei sie endlich erschossen worden.

In der Schrift deutet nichts auf die Annahme hin, es sei ein Werwolf gewesen. Laut späteren Untersuchungen historischer Quellen waren in den Jahren 1764–1767 in Frankreich mehr als hundert Menschen von Wölfen oder Wolfshybriden getötet worden. (Man glaubte, wie sich herausgestellt hat, es habe sich um Kreuzungen aus Wölfen und Hütehunden gehandelt.) Vielleicht war der Glaube an Werwölfe zu guter Letzt doch rückgängig.

Die Sammler volkskundlichen Materials im 19. Jahrhundert waren überzeugt, dass der Glaube an übernatürliche Erscheinungen im Wald bald nur noch Erinnerung sein würde – und kaum das, wenn man sich nicht schnell der Sagen und Märchen annähme. Afzelius nannte die Legenden, für die er keine historische Erklärung fand, den Glauben »des einfältigen Landvolks«. Er war der Meinung, dass diese Denkweise bald von Volksschulbildung und Vernunft abgelöst sein würde. Und so geschah es auch – vielleicht. Als Viktor Rydberg seine *Medeltidens magi* (Die Magie des Mittelalters) schrieb, war er überzeugt, dass der freie und untersuchende Geist der Renaissance dem finsteren Denken ein Ende gesetzt habe.

Doch je machtloser sich die Menschen fühlen, desto leichter fällt es ihnen, um sich herum Dämonie am Werk zu sehen und womöglich selbst zu versuchen, durch geheime und verbotene Künste vorsichtig Einfluss zu nehmen. Es geschehen heute Dinge, von denen wir im Schweden der freiheitlichen Volksbewegungen nichts gehört haben. In Briefen und E-Mails werden Reichstagsabgeordnete und Kommunalpolitiker, vor allem Kommunalpolitikerinnen, heftiger Wortmagie ausgesetzt. Genau wie in der Schwarzen Kunst des Mittelalters handelt es sich dabei um böse Wünsche und tödlichen Willen, und auch die giftige Atmosphäre von Verleumdungen und Anschuldigungen ist die Gleiche.

Der Anthropologe Lévi-Strauss unterscheidet im Grunde nicht zwischen sogenannten primitiven Denkweisen und Vorstellungswelten und einem modernen Weltbild; intellektuell stehen wir auf demselben Grund. Die moderne Geschichte des Wolfs in unseren Wäldern gibt ihm recht. Die Einstellung zum Wolf ist voller Widersprüche, und der alte Glaube an die teuflische Natur dieses Tiers ist keineswegs ausgerottet.

Der Hass auf den Wolf findet nicht nur Ausdruck in dem Motto »Schießt, schweigt und grabt« und dessen Praktizierung. Es kommt auch vor, dass den Raubtierkundschaftern der Provinzregierungen die Autoreifen zerstochen werden. Da scheint es naheliegender, Machtlosigkeit als Triebkraft zu sehen. Wald und Fjäll sind immer schon Reiche jagender Männer gewesen. Restriktionen und Verbote haben die Gemüter zu allen Zeiten erhitzt. Beschränkungen des Scooterverkehrs und der Naturschutz für den Wolf sind Übergriffe aus jenem Stockholm, wo die verhasste Macht sitzt. Letzten Endes kann auch der Grundbesitzer seine Souveränität bedroht sehen – wie stets in der Geschichte. Im Januar 2001 erging sich auf einer Massenkundgebung in Årjäng ein Grundbesitzer in Wendungen, die sprachlich sowohl an mittelalterliche Landschaftsgesetze als auch an heutigen Sozialarbeiterjargon erinnerten:

Wir wollen Verfügungsgewalt über unseren Grundbesitz haben. Die Kombination große Raubtiere und sicheres Wohnen, diese Kombination geht nicht zusammen. Ich halte es für notwendig, den Wolf zu töten, wenn wir ihn sehen, und wir müssen seine Population schon jetzt dezimieren.

Lévi-Strauss nennt den Wolf den finsteren Sendboten der chthonischen Welt (*le sombre émissaire du monde chtonien*). In der Edda wird erzählt, der Urvater der Wölfe sei der böse Gott Loke und ihre Mutter die Riesin, die ihm Nachkommen gebar.

Ostwärts die Alte
im Eisenwald saß
und zog dort auf
die Wolfsgeschlechter.

Biologisch gesehen, ist der Wolf nichts anderes als ein Canide. Unsere Hunde waren ursprünglich Wölfe, und ihre Domestizierung liegt möglicherweise nur fünftausend Jahre zurück. Alles, was wir an unseren Hunden schätzen, ihren Jagdinstinkt und ihr intelligentes Verhalten im Wald, ihren starken Rudel- und Familiensinn, ihre rituellen Freundschaftsbezeigungen innerhalb des Rudels, all das gibt es auch beim Wolf. Mein jüngster Norrbottenspitz wagte es nie, sich dem Fressnapf zu nähern, bevor die ältere Hündin zu Ende gefressen hatte. Obwohl ihre Futterplätze ein gutes

Stück auseinander lagen. Jetzt, wo die Ältere tot ist, fängt die Junge am liebsten erst zu fressen an, wenn ich mich entfernt habe. Ich stehe in ihren Augen so weit oben in der Rangordnung, dass ich sie bestrafen könnte, wenn sie vor mir frisst. Dem Züchter der alten Hündin wurde ein ganzer Wurf bester Welpen von einer Lajka totgebissen, die in dem kleinen Rudel offensichtlich die Alphahündin war und wie eine Leitwölfin instinktiv entschied, welche Welpen leben durften.

Vermutlich ist es schwieriger, die Ähnlichkeit mit einem Wolf bei einem Gesellschaftshund einer Rasse zu sehen, die schon seit Langem gezüchtet wird, um ganz andere Eigenschaften als die eines Jagdhunds zu verstärken, und die dadurch, dass man sie wie menschliche Kinder behandelt, zudem stark infantilisiert ist. Ein Gesellschaftshund sitzt gern auf dem Schoß, obwohl er dort völlig ausgeliefert ist. Für einen erwachsenen Wolf, und sei er noch so zahm, wäre es undenkbar, sich körperlich derart auszuliefern.

Ein Grund für den verzweifelten Wolfshass in den Siedlungen liegt darin, dass der Wolf hin und wieder Hunde reißt. Er betrachtet ihn nicht als Beute, sondern als einen Konkurrenten in seinem Jagdrevier. Im Extremfall kann sich ein Wolf auch dann intensiv für Hunde interessieren, wenn er anderweitig keine Paarungsmöglichkeiten hat.

Im Raubtiermuseum »The big Four of Scandinavia« steht in einem Schaukasten eine ausgestopfte Wölfin. Sie hat sogar einen Namen: Ylva. Vier Jahre hat sie in den Wäldern zwischen Sunne und Arvika gelebt. In dieser Zeit war sie Anlass heftiger Debatten. War sie normal oder nicht? Ylva war nämlich Hunderüden gegenüber zudringlich. Erwiesenermaßen hat sie auch zwei getötet, doch auf Protestversammlungen und in Leserbriefspalten wurden es mehr. Wie viele Hunde sie insgesamt getötet hat, weiß man natürlich nicht. Es gehört zum Leben der großen Raubtiere, nach wie vor Geheimnisse zu haben – selbst wenn Ylva ab 1990 einen Peilsender mit sich herumtrug und Bären heute herankommen und ausgelegte Wurst fressen, damit Menschen in Autos sie bestaunen und fotografieren können. Ylva wurde am 24. Februar 1993 auf Beschluss der Umweltbehörde erschossen. Die Wolfsfreunde in der Initiative, die sich eigens gebildet hat, nannten den Beschluss ein Todesurteil.

Der Wolf von Gévaudan auf einem
Holzschnitt von Magnus Orrelius.

Ylva war nicht der einzige Wolf, dessen Bewegungen in der
Presse verfolgt wurden. Wir hatten zuvor schon den Hälsingewolf
und den Schonenwolf. Wölfe streifen ja weit umher, wenn sie neue
Reviere suchen oder sich paaren wollen. In den 1960er-Jahren war
der Wolf akut von der Ausrottung bedroht. Man rechnete, dass es
im Land weniger als zehn Wölfe gab. 1966 wurde die gesamte
Spezies unter Naturschutz gestellt. Anschließend wurden die Tiere
beobachtet – und verschwanden. Ein Wolf, den man 1971 in Padje-
lanta gesehen hatte, verschwand 1977. In der Gegend von Vittangi
östlich von Kiruna bekam ein Wolfspaar 1978 einen Wurf von sieben Welpen. Dieser wurde mit behördlicher Genehmigung dezi-
miert und der Letzte des Rudels ein Jahr später widerrechtlich abge-
schossen. Bei Stora Sjöfallet gab es 1976 drei Wölfe. Der Einzige, der
1980 noch lebte, wurde von Scooterfahrern gehetzt und getötet.

1980 jagten im värmländischen Grenzgebiet zu Norwegen drei
Wölfe. Nach ein paar Jahren waren es nur noch zwei; sie bekamen

1983 Junge. Schließlich hatte das Rudel acht Tiere, und eines Morgens sah ein Mann in Bograngen, der zu seinem Briefkasten ging, um die Zeitung zu holen, dass alle acht einen Elch jagten. Damit begann in zahllosen Leserbriefen und Berichten in *Nya Wermlands-Tidningen* und *Frykdalsbladet* die Värmlandsdebatte.

In der Aufregung wurde und wird noch immer vom Wolf als einer Bedrohung für Menschen gesprochen. Die Forscher John Linell und Tore Bjerke haben umfangreiches ethnologisches und historisches Material untersucht, um herauszufinden, wie oft Menschen von Wölfen getötet worden sein könnten. Normalerweise stellt der Mensch für Wölfe keine Beute dar. Angriffe werden durch Provokationen oder eine Störung des Individuums, wie zum Beispiel Gefangenschaft, hervorgerufen. Linell und Bjerke mussten zeitlich weit zurückgehen, um Angaben zu finden, dass Wölfe Kinder als Beute gerissen hatten.

In Schweden sind 4 Kinder registriert, die zwischen 1727 und 1763 von Wölfen getötet wurden, sowie 12 Menschen (11 Kinder und 1 Frau) zwischen 1820 und 1821. Im letzten Fall (auch Gysinge-Episode genannt) wurde festgestellt, dass der Übeltäter ein einsamer, aus der Gefangenschaft ausgebrochener Wolf war.

In den 1980er-Jahren nahm die Wolfspopulation in Schweden ganz langsam zu. Und erst im Winter 1991/92 betrug die Anzahl der Wölfe in Schweden mehr als die zehn, die es seinerzeit gegeben hatte, als man merkte, dass der Wolf von der Ausrottung bedroht war, und ihn unter Naturschutz stellte. 1991 kamen in Gillhov in Jämtland Welpen zur Welt; der Ort wurde zu einem Zentrum der Wolfsbeobachtung, der Information und bis zu gewissem Grad der Unterhaltung. Auch ich war in Gillhov und habe dem Wolfsgeheul gelauscht. Es herrschte eine eigenartige Stimmung dort mit all den enthusiastischen Menschen, die mit Autos und Bussen angefahren waren, um sich das kleine Rudel anzuhören. Es klang wie in der Urzeit. Mein Hund, der immer die Schnauze in die Höhe reckt und das Maul spitzt, um mit uns zu heulen, wurde still und sehr wachsam.

Die Verjüngung in Gillhov erregte große Aufmerksamkeit. Trotzdem gelang es zwei Wölfen, lange Zeit unbemerkt zu bleiben. Aber zehn zeigten sich. Die Leserbriefschreiber bezogen Stellung.

Man appellierte jetzt ernsthaft an die Politiker. Ein Reichstagabgeordneter äußerte am Rednerpult:

> Wir leben mitten in der Höhle des Wolfes, und ich stehe fest zu meinem Antrag, dass es aufs ganze Land verteilt maximal hundert Wölfe geben darf. Die Jagd muss unter bestimmten Auflagen freigegeben werden. Schießt!

Darauf, wie die Wölfe auf ganz Schweden verteilt werden sollen, ging der Redner nicht ein. Auf der Suche nach Beute legt der Wolf weite Wege zurück. Doch wo er etwas findet, bleibt er. Für Rentier züchtende Sami bedeutet der Wolf lange und qualvolle schlaflose Nächte. Er ist der Dieb und Schlächter, den der Großvater bis zum bitteren Ende jagen durfte, wenn er konnte. Den man heute dagegen nicht antasten darf, selbst wenn er mitten in der kalbenden Renherde gerissen und getötet hat. Es gibt eine Entschädigung. Man kann sich aber vorstellen, wie befriedigend es ist, Rene als Raubtierfutter großzuziehen.

Im Sommer lasse ich eine kleine Schafherde draußen weiden und höre mir die Berichte über die Wölfe im Lokalradio von Uppland sehr genau an. 2002 wurde auf Gräsö ein Wolf erschossen, als er Vieh angriff. Es folgte ein langes Gerichtsverfahren, und der Gräsöbauer wurde schließlich verurteilt. Im Winter 2002/03 fand man nicht weit von uns in Kolarmora Blut und analysierte es: eine läufige Wölfin. Das merkte ich mir. Falls die Wölfin trächtig würde, hätten wir im Sommer ein ganzes Rudel hier. Dann gäbe es morgens immer ein nervöses Nachzählen. Im August 2004 hat in Knutby ein Wolf Schafe gerissen. War das Zufall? Es stellte sich jedoch heraus, dass die Umweltbehörde allein 2002 in Norduppland 120 von Wölfen getötete Schafe registriert hat.

Man beginnt anders über den Wolf zu denken, wenn man nachts aufwacht und die Mutterschafe blöken hört, als wenn man im Wald von Gillhov im Mondschein sitzt und dem Wolfsgeheul lauscht.

Als im Jahre 2000 eine staatliche Expertise über den Wolf fertiggestellt wurde, rechnete man mit höchstens zweiundsiebzig Wölfen in Schweden. Die Gutachter waren der Ansicht, dass die Population, um überlebensfähig zu sein, aus mindestens zweihundert

Tieren bestehen müsse. Im Winter 2005/06 gab es in unserem Land zwischen 109 und 117 Wölfe. Sie sind von Inzucht und Wilderei bedroht.

Versus milleni centeni septuageni

Im Jahre 1046 wurde einem jungen Mönch das strenge Klosterleben in St. Evre in Lothringen zu viel. Er flüchtete in die Freiheit des Waldes, doch dauerte es nicht lange, und er wurde eingefangen und ins Klostergefängnis gesperrt. Dort sollte er Buße tun, indem er lateinische Hexameter schrieb, am besten mit einer Heiligenlegende oder sonst einer frommen Geschichte als Vorlage. Er schrieb jedoch ein Tiermärchen, das den Titel *Ecbasis cuiusdam captivi per tropologiam* (Die Flucht eines Gefangenen, tropologisch) erhielt. So entstand das erste Tierepos Europas, woran der Verfasser wahrscheinlich überhaupt nicht dachte, als er die Versfüße zählte. Schließlich waren es immerhin »eintausendeinhundertsiebzig Verse«, bevor er so müde war, dass er der Arbeit kein Wort mehr hinzutun wollte. So steht es am Schluss. Der Mönch in St. Evre war ein Spaßvogel.

Er beginnt das Epos damit, seine Kindlichkeit in der Vergangenheit zu bereuen: »Ich dachte an nichts Vernünftiges (*nil cogitans sanum*).« Esel haben ihm die Brüder als Spitznamen verpasst. Jetzt aber wird er mit Hexametern Buße tun, und er kratzt sich am Kopf, kaut Nägel und zerstößt die Feder, denn er hat Schwierigkeiten mit den Versfüßen, tut aber, was er kann. So beschreibt er seine Mühen.

Er sei untätig gewesen, während die Klosterbrüder die Getreide- und Traubenernte eingebracht hätten. Da habe er sich die Freiheit gewünscht – wie ein an einen Pfahl gebundenes Kalb. Und nun wird seine Erzählung bildlich (sie erzählt *per tropologiam*) und geht in die Geschichte des Kalbs über. Sie beginnt im April beim Ostervollmond. Die Hirten treiben die Schafe ins Grüne auf die Weide, und das Kalb sehnt sich nach draußen. Es wendet sich an Jesus, damit es losgebunden werde, und kommt tatsächlich von dem Pfahl frei, kann aber gerade mal blindlings umherjagen und jubeln und mit den Hufen im Rhythmus des Hexameters stampfen, bis das Gegenteil des guten Hirten auftaucht. Es ist der Wolf, der ihm ein Nacht-quartier in seiner Höhle anbietet. Dies muss natürlich autobiogra-fisch und bildlich gelesen werden: Wolf bedeutet Teufel.

In der nun folgenden Konversation zwischen dem sardoni-schen Wolf und dem kindlichen, zu Tode erschrockenen Kalb wird nicht nur Jesus angerufen, sondern auch Jupiter und Pluto, der Gott der Unterwelt. Das Kalb verspricht Jupiter einen Geißbock auf dem Opferaltar, wenn er der Wolfshöhle entkomme. Die Allegorie ist hier leicht durchschaubar: Das Kalb nennt sich einen bart-losen Jüngling und ungetreuen Mönch, der aus der Stadt Toul geflohen sei.

Es lässt sich spekulieren, ob hinter der Wolfsgestalt eine Person steckt. Ist der Flüchtige im Wald einem Räuberhauptmann begeg-net? Das Klosterleben in Frankreich war am Ende des 10. Jahr-hunderts sehr streng reformiert worden, und es waren auch noch andere als der Mönch von St. Evre geflohen und lebten, so gut es eben ging.

Auf jeden Fall tischt der Wolf dem Kalb jetzt ein Gastmahl auf. Seine Absicht ist natürlich, es so zu mästen, dass es für den Wirt eine fettere Mahlzeit abgibt. Die Freunde des Wolfs tragen dazu bei: Der Otter bringt Fisch, der Igel Äpfel. Kräuter und würzige Blätter werden angeboten, Salat, Rettich und alle Gaben des Wal-des – alles, um das Kalbfleisch schmackhafter zu machen. Das Menü scheint ein Bio-Siegel zu tragen, und das hat damit zu tun, dass der Wolf fürchtet, das Kalbshirn könnte vergiftet werden und ihn mit Wahnsinn anstecken.

Boten bringen jetzt noch mehr Speisen. Heringe, Frösche, Forel-len, Aal und Lachs aus dem Rhein sind nur ein kleiner Teil vom Überfluss des Banketts. Der Dichter – der Mönch – gibt sich hem-mungsloser Essensfantasie hin.

Es herrscht eine ausgelassene Stimmung bei diesem Gastmahl, aber irgendwann schläft der Wolf ein. Er träumt schlecht, und das Kalb ist in seine Träume verwickelt. Als er erwacht und seinen Traum gedeutet haben möchte, bittet der Igel ihn, das Kalb zu ver-schonen; der Traum bedeute wahrscheinlich, dass es sich rächen werde, wenn sie das Kalb schlachteten. Doch der Wolf denkt nicht daran, auf sein Osterlamm, wie er es nennt, zu verzichten.

Da wechselt die Szene. Zu Hause im Kloster haben die anderen

Tiere entdeckt, dass das Kalb verschwunden ist, und ziehen los, um es zu suchen. Als sie vor der Höhle des Wolfes stehen, wird dieser nervös. Ihm fällt nichts Besseres ein, als eine Fabel zu erzählen. In der Fabel unseres entlaufenen Mönchs steckt also eine weitere Fabel, schließlich soll sie kunstreich sein. Die Innenfabel hält den Handlungsverlauf genau in dem Moment auf, in dem es richtig spannend wird, und fungiert somit als Cliffhanger.

Als sich wieder die äußere Fabel durchsetzt, verschärft sich die Lage des Wolfs. Von einer Anhöhe aus hält der Otter Ausschau und meldet, die Tiere des Klosterhofs seien im Anmarsch. Merkwürdigerweise lässt der Dichter sie vom Fuchs begleiten. Dieser Hühnerdieb kann unmöglich ein Verbündeter der Klostertiere gewesen sein. Gab es in der Leitung des Klosters eine Person, die an einen Fuchs erinnerte und die der Mönch *per tropologiam* porträtieren wollte?

Der Wolf wird von Panik ergriffen und flieht aus seiner Höhle. Doch der Stier spießt ihn an einen Baum, und er stirbt jämmerlich. Befreit hüpft das Kalb zu seiner Mutter heim. Das heißt zur Kirche.

Es wäre eine schöne Vorstellung, dass der Ausreißer seine Inspiration in den Eichenwäldern Lothringens empfangen habe, wo es im 11. Jahrhundert sicherlich vor Tieren wimmelte. Doch lebte das volkstümliche Tiermärchen wie noch in meinen Kindertagen in Liedchen und Reimen weiter, so vermählte es sich hier mit orientalischen Märchen und antiken Fabeln. Der Ausreißer am Schreibpult seines Gefängnisses wusste, dass es nicht genügte, nur über jene Geschöpfe zu schreiben, die im Wald zwitscherten und knurrten. Er musste auch Kenntnisse über Tiere in den entlegenen Welten der Gelehrtheit nachweisen, sollte seine Dichtung bei der Klosterleitung Anklang finden. In der Innenfabel der Geschichte sind sie denn auch alle da: das Kamel und der Panther, das Einhorn und der Leopard – all die exotischen Tiere aus den Märchen, die so weit gewandert waren. Die Nachtigall, die Amsel, der Papagei und der Schwan geben ein Konzert. Römische Götter werden angerufen, und römische Dichter wie Prudentius und Vergil dürfen Zeilen beisteuern. Horaz wird zitiert und immer wieder paraphrasiert, und das ganze Epos endet mit einer langen Passage aus seinen Satiren, wobei nicht mehr als zwei Wörter geändert sind.

Man möchte glauben, *Ecbasis* habe, als sie aufgefunden wurde, wohl bewahrt und frisch wie eine verborgene Nuss im Wald gelegen. (Es war Jacob Grimm, der die Handschrift fand und publizierte.) In Wirklichkeit aber hat diese Buchecker gekeimt und jahrhundertelang über ganz Europa Triebe und Schösslinge verbreitet. Das Tierepos wurde vor allem als Fuchsmärchen ein großes Genre. Schließlich fand Goethe mit seinem Riecher für Frisches und Herbes das Märchen vom Fuchs in einem Volksbuch. In Gestalt von Märchen und Tierfabeln hatte man es seit den Tagen des phrygischen Sklaven Äsop gewagt, über die Obrigkeit zu spotten. Als Goethe dann sein Hexameterepos in zwölf Gesängen *Reineke Fuchs* schrieb, tat er es mit Abscheu über die Exzesse der Französischen Revolution. Sein Fuchs ist kein speichelleckender Höfling, sondern ein Volksverführer und Mörder großen Stils. Aber es sind alle Figuren des Tiermärchens dabei: der Löwe Nobel, der Wolf Isegrim und der Dachs Grimbart. Goethe muss seine gute Laune wiedererlangt haben, als er Versfüße zählte und die Tiere in Hexametern sprechen ließ, denn *Reineke Fuchs* ist ein Märchen, das im pfingstlichen Wald beginnt, frühlingshaft, duftend und voller Vogelgesang.

Das griechische Wort *ecbasis* im lateinischen Titel des mönchischen Tierepos kann ganz real Flucht bedeuten, wie die Flucht des Kalbes von Pfahl und Kette. Es kann aber auch Gedankenflucht und Digression bedeuten. Wir haben nur des Dichters eigene Worte darüber, dass er im *carcer* des Klosters gesessen habe und von dort geflohen sei. Fand die Flucht nur in Gedanken statt? Der Mönch, der mühsam Hexameterverse verfassen sollte, schaute vielleicht aus dem Fenster und fantasierte eine Fabel über die Freiheit draußen im frühlingshaften Grün zusammen, wo der Ostervollmond aufging, als sich die Dunkelheit herabsenkte.

Война dieser Herr wirklich im Wald gewesen, oder hat er sich nur hinausgesehnt, als er das Kloster wie ein Gefängnis empfand?

Wir wissen nicht, wer er war und wie er hieß. Viele Vermutungen wurden angestellt, auch einige sehr qualifizierte. Ich hing eine Zeit lang derjenigen an, dass er Humbert geheißen habe, um das Jahr 1000 in Lothringen geboren worden und am 5. Mai 1061 in Rom gestorben sei. In diesem Fall hätte er in Bruno von Toul, dem späteren Papst Leo IX., einen mächtigen Beschützer gehabt. Humbert war ein fleißiger Verfasser von Heiligenbiografien und wurde irgendwann von seinem Papst nach Rom gerufen. Dort wurde er zum Kardinal von Silva Candida und Bischof in Roms Hafenstadt Santa Rufino ernannt. Er war dafür bekannt, knallhart logisch zu argumentieren und niemals Rücksicht auf das Bedürfnis der Menschen nach Trost und Gnade zu nehmen.

Aber so kribbelnd der Gedanke sein mag, dass ausgerechnet der muntere Dichter der *Ecbasis* mit seinen kindlichen Einfällen Kardinal des hellen Waldes, *silva candida,* geworden sein soll, so unmöglich ist er auch. Oder können Macht und Jahre einen Menschen so total verändern?

Vernünftige Tiere

Im mittelalterlichen Europa trug der Wolf einen Namen: Isegrim. Das bedeutete Eisenmaske, und Isegrim war kein Wolf, der im Wald jagte, sondern ein hochgestellter und sehr grausamer adliger Wolf, bekannt mit dem schmeichlerischen Höfling Fuchs, der von Zeit zu Zeit heuchlerisch auf Pilgerfahrt ging. Sie lebten in einer Welt, wo der noble Löwe König war und wo es Leoparden und Kamele und Elefanten gab, alle sehr vernünftig und der menschlichen Sprache kundig. Vielleicht waren die orientalischen Tiermärchen mit Pilgern hierhergewandert und hatten sich mit Volksmärchen und Geschichtchen über Füchse und Wölfe und andere Tiere des hiesigen Waldes vermischt. Sie waren sehr alt.

Meine Großmutter war keine Märchenerzählerin, aber mit kleinen Stückchen über die Boshaftigkeit des Fuchses und die Grausamkeit des Habichts konnte sie ebenso aufwarten wie mit Sprichwörtern, die gar zu große Zuversicht dämpfen sollten: Vögel, die am Morgen singen, holt am Abend die Katze. Sie kannte weder Äsops Fabeln noch die von La Fontaine, aber sie wusste, dass die Ameise fleißig ist und die Grille faul.

Olaus Magnus soll gern Bestiarien gelesen haben. Darin fand er Geschichten über wilde und exotische Tiere, aber auch über solche, die wir heute Fabeltiere nennen und an deren Existenz er zumindest teilweise glaubte. Das lateinische Wort *bestia* kann sowohl Tier im Gegensatz zum Menschen als auch Raubtier oder, besser noch, wildes Tier bedeuten. Heutzutage kann man an Orten wie der British Library in dunklen Computerräumen in Bestiarien blättern – Blatt für Blatt erscheinen per Mausklick ihre prachtvollen Illustrationen und fein säuberlichen Texte auf dem Bildschirm. Man findet sie auch im Internet, und es ist ein eigenartiges Gefühl, dort durch die gleiche Welt zu streifen wie ein Mensch im Mittelalter oder unser Olaus Magnus im 16. Jahrhundert. Der Mensch ist klein und böse, und die Tiere sind groß, und mal sind sie fromm dem Speerstich ergeben, mal wüten sie mit blutrünstig aufgerissenem Maul.

Er konnte auch etwas über unsere Waldtiere lesen. Über den Fuchs, den Hasen, den Marder, das Wiesel, den Wolf und den Bären. *Dialogus Creaturarum moralisatus* hieß ein Tierbuch, das im 15. Jahrhundert in ganz Europa verbreitet war. In Schweden war es 1483 das erste gedruckte Buch. Der Text ist auf Latein, aber es gibt ihn mittlerweile auch übersetzt. Er besteht aus Gesprächen zwischen Tieren, und der Autor betont im Vorwort, dass sich die Tiere in Wirklichkeit nicht in dialektischer Form miteinander unterhielten. Mit ihren Eigenheiten erzählten sie uns aber etwas, woraus wir Lehren ziehen könnten. Und genau das war der Witz der Bestiarien. Sie waren erzieherisch und mahnten zum Nachdenken. Das 110. Gespräch zwischen den Tieren in diesem Buch handelt vom Eichhörnchen und vom Baummarder. Das Eichhörnchen sei ein kleines Tier, heißt es dort, etwas größer als ein Wiesel.

Seinen Namen ›der Bunte‹ hat es daher, daß es am Bauch weiß ist und auf dem Rücken eine feine graue Färbung hat, so daß man das Tier wegen seiner prächtigen Beschaffenheit bewundert. [Der Schreiber spricht hier vom Winterfell des Eichhörnchens.] Es haust in den Bäumen nach Art des Pirols und zeugt Nachkommen. Mit den Fellen dieser Tiere als Schmuck der Kleider und ganz besonders der Mäntel erregen die Menschen Aufsehen. Das Tier selbst will jedoch keineswegs mit seinem Fell auffallen. So klein das Eichhörnchen auch ist, so ist es aber dennoch wegen seines edlen Felles ein auffälliges Tier. Dasselbe gilt für den Baummarder.

So weit könnte der Text auch in einem Lehrbuch der Zoologie stehen, was es im 15. Jahrhundert aber nicht gab. Doch nun kommt der nachdenklich stimmende Inhalt.

Der Baummarder und das Eichhörnchen tun sich zusammen. »Da wir so edel sind, werden wir die Niedrigen und Verachteten verfolgen.« Und sie beginnen damit, indem sie eine hässliche Kröte aufziehen, einem Uhu die Eier und das Nest zerstören und dann über eine Affen herfallen: »Weshalb schämst du dich nicht, der du schlechter bist als alle? Denn du bist schwanzlos und zeigst uns dein Hinterteil.« Der Affe klettert vom Baum herunter und reißt die beiden Mobber in Stücke. Darauf folgt ein Schlusssatz, ein im feudalen Europa kühner Gedanke:

> Also dürfen Adlige und Mächtige wegen ihres edlen Charakters keineswegs Niedrigen und Armen zusetzen. Denn der Adel liegt nicht in der Würde der Vorfahren, sondern in der Charakterbildung.

In Bildern und Gesprächen können die Tiere Königskronen und Richterroben tragen und als Ärzte verkleidet sein. Der Wolf trägt als Arzt seinen mittelalterlichen Namen Isegrim, und er versucht den Fuchs hinsichtlich der Prognose für einen Patienten zu täuschen. Der Fuchs gewinnt jedoch, weil er die Sache mit Eisenkraut (*Verbena officinalis*) getestet hat. Wollen Bär und Wolf sich auf ein und dieselbe Idee einigen, wird als Erstes natürlich der große, träge Bär um die Beute betrogen. Am Ende aber wird der Parasit von der nachdenklichen Kraft in Bärengestalt vertrieben.

Magnus Erikssons Landrecht hat Initialen im selben Geist wie die Bilder der Bestiarien. Da spielt der Hase Dudelsack, und der Fuchs steht auf der Kanzel und unterweist die einfältigen Gänse. Der Kranich stößt auf den Fuchs herab, und der Wolf verschlingt einen Schwan. Diese verschmitzten Spielereien illustrieren Gesetzestexte in trockenem Altschwedisch.

Bestiarien waren keine Modeerscheinung in der Zeit von Olaus Magnus; Tierbücher sind ein sehr altes Genre. Es waren Produkte, die an Schreibpulten und in Bibliotheken entstanden. Man streifte nicht durch den Wald, um Material dafür zu sammeln, sondern berief sich auf gelehrte, vorzugsweise antike Autoren, um dem Text Autorität zu verleihen.

In der englischen Handschrift *Bestiarius* aus dem 15. Jahrhundert wurden über hundert merkwürdige und sagenhafte Tiere aufs Pergament gebracht. Hier verheddert sich die Antilope mit ihren Hörnern im Gebüsch der Sünde und wird von einem Jäger getötet.

Die Antilope ist ein Tier, das in vielen Bestiarien auftaucht. Es gibt sie in *Bestiarius*, einer englischen Handschrift aus dem 15. Jahrhundert in der Königlichen Bibliothek von Kopenhagen. Diese Handschrift, auf Pergament geschrieben und gemalt, hat ein handliches Format und über hundert kolorierte Zeichnungen. Über die Antilope heißt es in mehreren Bestiarien:

> Es gibt ein Tier, das heißt Antilope, mit so scharfen Sinnen, dass kein Jäger ihm nahe kommen kann. Es hat lange Hörner, wie eine Säge geformt, und es kann damit die größten Bäume absägen. Wenn es Durst hat, geht es zum Fluss Euphrat, um zu trinken. Dort aber gibt es ein dichtes Gestrüpp. Wenn das Tier darin mit seinen Hörnern spielt, verfängt es sich und brüllt, weil es nicht mehr entrinnen kann. Das hört der Jäger, der nunmehr herbeieilt und es erschlägt.

Man kann sich fragen, warum die Antilope, die doch in der Natur beobachtet worden sein muss, mit derart sagenhaften Hörnern und merkwürdigen Gewohnheiten ausgestattet wurde. Die Erklärung folgt. Das Tier ist ein Sinnbild des christlichen Menschen, und die beiden langen Hörner, die es trägt, stehen für die zwei biblischen Testamente. Mit ihnen kann ein Mann, der in Nüchternheit und Keuschheit leben möchte, alle fleischlichen Sünden absägen. Aber man muss sich vor dem Gestrüpp der Lust in Acht nehmen, will man nicht vom Teufel vernichtet werden; vor allem Wein und Frauen bilden das Dickicht, in dem sich der von Gott Abgewandte verheddert und dem ewigen Tod entgegengeht.

Mussten die Tiere in ihren Hörnern oder Mäulern eine allegorische Bildwelt tragen, war es nicht verwunderlich, dass sie übernatürlich gerieten. Sie lebten ihr Leben in Handschriften, die im Laufe der Jahrhunderte verbessert und mit Zusätzen versehen wurden. Viele von ihnen leiten sich vom *Physiologus* her, dessen Urschrift vermutlich in Alexandria und wahrscheinlich auf Griechisch verfasst wurde. Sie ist verloren gegangen, doch in Übersetzungen hat sich das Buch weit über Europa verbreitet – anfänglich auf Syrisch, Armenisch und Äthiopisch. Die erste Übersetzung ins Lateinische stammt aus dem 9. Jahrhundert. Da hatte der *Physiologus* bereits an die vierhundert Jahre auf dem Buckel. Kein anderes Buch, die Bibel ausgenommen, soll in unserem Kulturkreis während so vieler Jahrhunderte eine derart weite Verbreitung gehabt haben.

Trotzdem war es nicht der Urquell unseres Wissens über die Tiere. Dies geht auf antike Autoren wie Plinius, Herodot, Aristoteles und viele andere zurück. Am weitesten zurück liegen natürlich die Geschichten, die von Mund zu Mund gingen. Dort unten im schriftlosen Gedächtnis knurren Ungeheuer wie Grendel im *Beowulf.* Im Land der Dänen, an König Hrodgars Hof, erzählte man von diesem Unhold, dessen Mutter eine Hexe war, dass er »in den langen Nächten der Nebelmoore lag und lauerte«. Aber auch Grendel kam aufs Pergament, und je mehr die gelehrten Männer schrieben, desto sonderbarer wurden die Tiere und desto sittlich lehrreicher ihr Verhalten.

Auch in unseren Tagen sind noch so gut wie jeden Sommer seltsame Tiere zugange. 1992 war ein gutes Jahr. Da wurde sowohl in Njurunda der Waran als auch im Rödösund das Storsjö-Ungeheuer gesichtet, und in Finnland streifte ein Löwe durch die Fichten.

Heute sind diese Tiere Stoff für die Abendzeitungen und haben uns vielleicht nicht viel zu lehren. Die Fabeltiere hingegen führten in der Literatur lange Zeit ein seriöses Leben. Noch Ende des 17. Jahrhunderts drückte sich Haquin Spegel recht unbestimmt aus, wenn es um ihre Existenz ging. Greif und Vogel Phönix gehören ebenso zu seiner Fauna wie der fußlose Paradiesvogel, der sich nie in »der Erden Dreck und Trübnis« niederlässt. Und dass man sich nicht immer nur in der schmutzigen und tristen Wirklichkeit aufhalten musste, war wohl neben dem pädagogischen Eifer ein starker Antrieb zum Fabulieren.

Olaus Magnus zweifelte nicht daran, dass es merkwürdige Ungeheuer gab, und ließ einige auf seiner *Carta Marina* abbilden. Er ist jedoch tatsächlich durch die nördlichen Wälder Schwedens geritten, wo es der Eichhörnchen »sehr vil und in solcher Menig alle Zeit auff den Bäumen hat wie der Fisch im Wasser«. In fünf Büchern seines großen nordischen Historienwerks beschreibt er unsere Fauna, stets mit Betonung der extremen Kälte des Winters und der Unwegsamkeit der Wälder. So hätten die Tiere des Nordens ein besonders dickes Fell, um die strenge Winterkälte aushalten zu können. Es gebe »weisse Beeren, schwartze, wilde Ochsen, hohe, wilde Esel, genge Reyniger, greuliche Wölff, fressige Brasser, scharpffsehende Luchse, betrügliche Ottern, nütze Biber, scheue Rehe, forchtsame Gemsen, listige Füchs«.

Die Aufzählung ist auf eine literarische Kontrastwirkung angelegt – schwarze Auerochsen und weiße Bären gehören in die Welt der Fabeln. Ebenso fächert sie ein Spektrum von Eigenschaften auf, die den Tieren zugesprochen werden. Wildheit ist gleichbedeutend mit Grausamkeit und Heißhunger, nicht mit Scheu und unbekanntem Leben. Die Tiere unterliegen mit ihren feststehenden Epitheta menschlicher Kontrolle. Wir wissen, woran wir mit ihnen sind. Laut moderner anthropologischer Untersuchungen ist das auch heute noch so. Nach Ansicht eines modernen Menschen sind Krähen gewitzt und Hunde logisch. Und der Wolf ist für viele Menschen noch genauso grausam wie einst im Mittelalter.

Als René Descartes im 17. Jahrhundert seinen großen Durchgang durch die Schöpfung machte, beschrieb er die Tiere als Automaten. Ihrem Gehirn fehle jene Drüse, welche die Seele anreize und zur Empfindung befähige. Sie hätten überhaupt keine Seele, sondern seien Roboter mit einer Mechanik, die bewirke, dass sie auf der Welt umherlaufen, fressen und sich paaren. Auf populärer Ebene setzte sich Descartes' Sicht der Tiere jedoch nie durch. Die gesamte Literatur über einen Kröterich, der im Wind in den Weiden meditiert, oder über Enten, die Donald und Daisy heißen, und eine Maus, die Micky genannt wird, wäre undenkbar, wenn wir im Grunde unseres Herzens nicht wie Olaus Magnus glaubten, dass der Schöpfer all diesen Tieren eine große, angeborene Klugheit geschenkt habe.

Ein Tabuwort war ein Ersatzname für ein gefürchtetes Tier. Es wäre herausfordernd gewesen, seinen richtigen Namen auszusprechen. So wurde der schwedische Wolf *ulv* zum *varg*, was kein schöner Ersatz war, denn ein *gorvagher* war ein Dieb, der Vieh abschlachtete, und ein *kasuvargher* ein Mordbrenner. Oft aber deuten die Namen eine Vertraulichkeit an, die mit dem Geist der Tiermärchen und einer Sicht der Tiere als unseresgleichen zusammengehören. Warum nannte man das Mauswiesel sonst Hermännchen? Der Bär wurde ein Großvater, Alter oder Honigesser. Aber auch Bär war ursprünglich vermutlich ein Ersatz für ein älteres germanisches Wort, das zum Tabu wurde, *rksos*, das mit dem lateinischen *ursus* verwandt ist.

Wenn man hört, dass der Wolf der Graue genannt wird, kann man der Angst vor den flüchtigen Schatten auf einem See oder im Wald auf die Spur kommen. Namen wie Graubein und Das böse Ding atmen ebenfalls Furcht. Aber auch andere Tiere tragen Namen, die zwischen Furcht und Vertraulichkeit, zwischen Abscheu und spielerischer Neugier schillern.

Herr und Pferd

»Mein Sohn, du brauchst ein Pferd und einen Sattel.« Unsere heilige Birgitta unterweist ihren Sohn darin, was im Leben vonnöten ist, und Ritter Karl versteht die Bildsprache seiner Mutter sicherlich: Das Pferd ist die Taufe, die Steigbügel sind die Gebete, und was den christlichen Ritter in Gottes Nähe hält, ist der Sattel.

Dass das Pferd unentbehrlich war, wusste er. Ein Herr von Stand war schließlich eins mit seinem Pferd und behandelte es besser als die Hunde und das Gesinde. Das sagt Michel de Montaigne, und als Schlossherr und Besitzer von Reitpferden und Jagdhunden muss er schließlich gewusst haben, wovon er spricht.

Humanist til hest (Humanist zu Pferde) nennt Bjørn Bredal eines seiner Bücher über Montaigne. Statt seines Daseins in dem berühmten Turm, wo er seinen Arbeitsraum hatte, greift Bredal seine Beweglichkeit, seine Reisen und Ausblicke auf. Man kann aber ebenso an das enge körperliche Verhältnis zwischen Reittier und Herr denken. Der eine Körper muss sein ganzes Leben den Bewegungen des anderen folgen. War man ein Herr von Stand, begab man sich nirgendwohin, ohne das warme Tier unter sich zu spüren. Auf diese Weise, so wollte es Birgitta, sollte ihr weltlicher Sohn Gottes Nähe spüren.

Wir wissen nicht, wohin Herr Olof unterwegs war, als er sich in den Wald begab. Aber dass er ritt, war eine Selbstverständlichkeit, und sie war schon so alt, dass die Verbindung von Mensch und Pferd ein Fabelwesen hervorgebracht hatte, Kentaur genannt: ein Pferd mit dem Oberkörper, den Armen und dem Kopf eines Mannes. Gleichwohl hatte Lukrez im Jahrhundert vor unserer Zeitrechnung in seinem *De rerum natura* (Über die Natur der Dinge) den Glauben an das Menschentier äußerst nüchtern abgefertigt:

> Glaube drum nicht, es könnten aus tierischem Samen von
>   Pferden
> Und aus Menschen Centauren entstehen und weiter so leben.
> Oder Geschöpfe wie Scylla mit ihrem von rasenden Hunden
> Rings umgürteten Leib und dem Fischschwanz, oder auch andre
> Wesen, bei denen die Glieder so ungleichartig erscheinen.

Die vergessenen antiken Autoren haben erst die Humanisten der Renaissance zu studieren begonnen. Montaigne las sie in seinem Schlossturm, um seine eigenen Gedanken zu belegen und neue Impulse zu erhalten, und – obwohl er ein guter Katholik war – vermutlich auch, um die Denkbarrieren des Glaubens und der Theologie zu umgehen. Modernen Denkerinnen zufolge gibt es jedoch noch andere Barrieren:

In der Literatur wie im sogenannten wirklichen Leben sind Frauen, Kinder und Tiere nur ein obskures Gewusel, über das sich phallologisch Die Zivilisation erhebt. Dass sie das Andere sind, ist (vgl. Lacan u.a.) in der Sprache begründet, der Vatersprache. Solange das Spiel Mann vs. Natur heißt, ist es kein Wunder, dass die Mannschaft all diese Nicht-Männer abschiebt, die die Regeln nicht lernen wollen und stattdessen quietschend und bellend und schnatternd ums Spielfeld toben!

So schreibt Ursula K. LeGuin in *Stimmen schreien in der Wildnis*. Montaigne aber, der sich selbst als Krieger und Adliger sah und dessen Gedankenturm ordentlich und männlich aufragt, macht in seinem Essay über die Tiere einen Gegenzug, mit dem weder LeGuin noch, was das betrifft, Lacan gerechnet haben. Er beugt sich vom Rücken seines Pferdes herab und lauscht interessiert einer Kategorie von Quietschern und Schnatterern. Er hat einen seiner langen und gut durchdachten Essays den Tieren gewidmet.

Waren sie noch nicht Lacans »Die Anderen«, so waren sie zu Montaignes Zeiten immerhin »Die Niedrigeren«. Mehr als fünfhundert Jahre Christentum hatten Spielregeln und Beurteilungsstandards aufgestellt. Hier im ersten Buch Mose 9,2:

Furcht und Schrecken vor euch soll sich auf alle Tiere der Erde legen, auf alle Vögel des Himmels, auf alles, was sich auf der Erde regt, und auf alle Fische des Meeres; euch sind sie übergeben.

Um die Sache anders zu sehen, musste Montaigne bis zu den antiken Denkern zurückgehen, vor allem zu dem Atheisten und leidenschaftlichen Gegner von Religion und Aberglauben Lukrez. Dieser wird in seinem Tieressay oft zitiert. Jedoch nicht die Passage, in der die Ungeheuer verworfen werden; Montaignes Wissen über Tiere hat etwas Schwebendes an sich, und er behauptet, eine Gesellschaft zu kennen, in der Menschen einen Hund als König verehren.

Er beginnt damit, dass er seine Katze beobachtet. Er spielt mit ihr, und dabei fragt er sich, ob die Katze nicht ebenso großes Vergnügen an dem Spiel habe wie er: »... wer weiß, ob ich nicht mehr ihr zum Zeitvertreib diene als sie mir?«

Es ist in jener Zeit ein merkwürdiger Gedanke, eine Katze zum Subjekt ihres eigenen Daseins zu machen. Subjekt und Persönlichkeit, wie wir sie ausgearbeitet haben und wie wir sie uns mit all ihren individuellen Eigenheiten denken, gab es vor Montaigne nicht; was er hier in seiner Sprach- und Gedankenarbeit ausformt, ist ein menschlich unabhängiges Ich. Die Katze bekommt eines umsonst.

Kann sie denken? Schlussfolgerungen ziehen? Der Essay ist ein leidenschaftliches Plädoyer für die Ebenbürtigkeit der Tiere mit uns und in vielen Fällen ihre Überlegenheit. Die Schwalben suchen mit Urteils- und Unterscheidungsvermögen den besten Platz für ihre Nester aus und bauen sie nach Prinzipien, die undenkbar wären, wenn sie nicht die Eigenschaften und Effekte eines rechten beziehungsweise stumpfen Winkels sowie einer runden im Vergleich zu einer eckigen Form kennen würden.

Würden sie abwechselnd Wasser und Lehm herbeitragen, wenn sie nicht wüßten, daß Hartes durch Anfeuchten weich wird? Würden sie ihre kleinen Paläste mit Moos oder Flaumfedern auspolstern, wenn sie nicht vorhersähen, daß die zarten Glieder ihrer Jungen darin wolliger und molliger zu liegen kommen? Würden sie sich vor Regenschauern schützen und ihre Unterkünfte gen Morgen errichten, wenn sie die verschiednen Wirkungen der Winde nicht kennten und nicht bedächten, daß der eine ihnen zuträglicher ist als der andre?

Er meint, wir würden, wenn wir die zweckmäßige Vorgehensweise der Tiere beurteilten, auf eine natürliche und sklavenartige Neigung verweisen. Wir nennen diese Neigung Instinkt, wohingegen Montaigne darin die sanfte und mütterliche Führung der Natur sieht. Sie nehme das Tier bei der Hand und führe es richtig, während sie uns Menschen dem Zufall und Schicksal überlasse und wir mittels Künsten herausfinden müssten, was wir zum Überleben brauchen. Nach weiterem Überlegen und Nachschlagen in den Schriften kommt er zu dem Schluss, dass »es keinen vernünftigen Grund gibt zu meinen, die Tiere täten aus zwanghaftem Naturtrieb, was wir aufgrund eigener Wahl und erworbner Kunstfertigkeit tun«.

Die Beispielsammlung im weiteren Verlauf des Essays soll zeigen, dass sich die Tiere untereinander und auch mit Tieren anderer als der eigenen Art verständigen können, dass sie wie wir organisieren, Vor- und Nachteile abschätzen sowie Überlegungen und Methoden anwenden können. Es gebe Ochsen, die bis hundert zählten. Sie blieben einfach stehen, wenn sie den Göpel die hundert Mal gedreht hätten, die sie gewohnt sind. Hunde träten als Schauspieler auf, und es gebe Tiere, die heilkundig seien – wie die Schildkröte, die, um sich zu entgiften, nach Majoran sucht, wenn sie eine Kreuzotter verschlungen hat. In gewisser Hinsicht sollten wir die Tiere nachahmen. Sie führten keine Kriege. Montaigne, Angehöriger der Kriegerkaste seiner Gesellschaft und stolz darauf, erzählt vom Chaos und der Sinnlosigkeit des Krieges. Die Tiere paarten sich auf eine Weise, die wir nachahmen sollten. Er zitiert Lukrez, der Frauen empfiehlt, auf allen Vieren zu stehen, um leichter schwanger zu werden, und vor allzu großer Einfühlung ihrerseits in den Akt warnt:

> Die Frau verhindert die Empfängnis, wenn sie überhitzt, mit mahlendem Gesäß, darüber prall geschwellt die Brust, des Mannes Pflugschar aus der Furche drängt und ihrer Lust Gewalt ihn so verwirrt, daß sein Gesäm ins Leere spritzt.

Montaigne ist mit einer sprachlichen und gedanklichen Zivilisierungsarbeit beschäftigt, die für das künftige Denken in Europa von großer Bedeutung sein wird. Er ist nicht der Meinung, dass wir wie die Tiere werden sollten, nicht einmal beim Geschlechtsverkehr. Aber wir sollten bedenken, dass die Tiere öfter als wir zweckmäßig vorgehen. Unser Verhältnis zu ihnen sei das zwischen Herrscher und Sklaven, wir sollten sie jedoch als in der Schöpfung Ebenbürtige betrachten. Das eigentliche Programm des Essays nennt er im ersten Teil, wo er den menschlichen Hochmut angreift:

> Die Anmaßung ist unsere naturgegebene Erbkrankheit. Das unglückseligste und gebrechlichste aller Geschöpfe ist der Mensch, gleichzeitig jedoch das hochmütigste. Er sieht und fühlt sich hienieden im Schmutz und Kot der Erde angesiedelt, dem übelsten,

totesten und stinkigsten Winkel des Weltalls untrennbar verhaftet, hausend im untersten und vom Himmelsgewölk entferntesten Geschoß des Bauwerks, nur den Tieren des Landes zugesellt, die von allen drei Gattungen [denen die gehen, schwimmen und fliegen] doch am schlechtesten weggekommen sind; und da geht er hin, setzt sich in seiner Einbildung über den Mondkreis und macht den Himmel zum Schemel seiner Füße!

Es ist ein mittelalterliches Bild der Welt, wonach wir in Kot und Fäulnis leben. Die eigentliche und erstrebenswerte Heimstatt des mittelalterlichen Menschen aber war der Himmel. Hier findet eine Desillusionierung statt. Der Mensch, ein niedriges Geschöpf, das weder schwimmen noch fliegen könne, habe nur in der Fantasie ein Heimatrecht über den Kristallsphären. Unten auf Erden sei er ein Geschöpf unter anderen Geschöpfen. Er stelle sich jedoch auf eine Stufe mit Gott und weise den Tieren »so viel Fähigkeiten und Kräfte zu, wie er für angemessen hält«. Sie hätten aber andere Eigenschaften, als menschliches Gutdünken ihnen zuerkenne. Montaignes paradoxer Schluss in diesem Essay über die Tiere ist, dass wir sie nicht kennen.

Montaigne spricht eigentlich nur über Tiere, die er und andere Denker domestiziert oder in Gefangenschaft studiert haben. Gleichwohl stand nahe bei seinem Turm der Wald. Was er über den Wald und seine Tiere dachte, erfahren wir jedoch nicht.

Die Anderen

Die Tiere des Waldes sind zumeist nur als Schatten oder erahnte Bewegungen zu sehen. Lediglich mein Hund kann ihre Witterung aufnehmen und sie anzeigen. Meine Nase ist für ihre in der Luft verbliebenen Spurenkringel zu unentwickelt – wenn es sich nicht gerade um den herben Geruch von Fuchspisse oder den Gestank aus der Brunftkuhle eines Elchhirschs handelt. Manchmal habe ich eine Wahrnehmung wie ein Hund, und mir steigt ein kräftiger, guter Geruch nach Tierfell in die Nase. Er stammt aber immer von sonnenwarmem Moos.

Eines Abends Mitte April stehe ich an meinem Fenster und schaue zum Wald hinüber. Die Dämmerung in dem mir bei Tageslicht alltäglich vertrauten Wald ist dicht und blauschimmernd braun. Ein kleiner Felsen ragt dort auf. Er verändert an der Spitze langsam seine Form. Da erkenne ich es: eine Ricke. Sie wendet mir ihre Flanke zu. Obwohl die Sicht und das Dämmerlicht unstet sind, sehe ich, dass sie beschlagen ist. Sie hat einen dicken Bauch.

Überlegt sie? In der Brache unten gibt es viele grüne Büschel. Soll sie sich dorthin wagen? Oder ist der Hund draußen? Sie hört bestimmt den Fernseher, denn da laufen gerade Nachrichten. Dieses Geräusch kann ihr jedoch egal sein. Das ist stationär. Vielleicht käut sie wieder. Ich weiß nicht einmal, ob Rehe sich dazu hinlegen.

Sie hat sich bewegt, doch ich habe nicht mitbekommen, wann. Ich sehe sie jetzt direkt von vorn, und sie hat ein Gesicht wie ein Faun.

Als ich das erste Mal von Lacan und seinem Begriff »Das Andere« las, musste ich an meine Urgroßmutter denken. Sie lernte erst im hohen Alter lesen, als ihr Mann, der Soldat, der es beim Exerzieren mit seiner Rotte auf Malmahed gelernt hatte, ihr nach beharrlicher Überredung diese Kunst beibrachte. (Wozu sollen Weiber denn lesen können, lautete sein Einwand.) Sie benutzten das Gesangbuch dazu. Schreiben konnte sie nie. Ihre Einstellung zu uns selbst und zu den fremden Geschöpfen in der Umgebung, die sie sich also nicht angelesen hatte, war gespalten.

Es war zu Beginn des vorigen Jahrhunderts, meine Mutter war ein kleines Mädchen, das im Sommer seine Großeltern besuchte. Ihr Vater war Sattler in Bie, und sie fuhr von dort mit dem Pferdefuhrwerk nach Julita, knapp zehn Kilometer entfernt. Der Milizsoldat Lötman und seine Frau wohnten dort in einer Soldatenkate direkt am Waldrand. Nachts wachte das Mädchen auf der Küchenbank auf, weil der Soldat mit seiner Frau flüsterte. Es war kurz vor dem Morgengrauen, und die beiden saßen auf einer Bank am Fenster. Plötzlich wurden sie ganz aufgeregt.

»Jetzt kommt er!«

Sie sah nur die Rücken der Großeltern und wusste nicht, was sie beobachteten.

»Siehst ihn?«

»Ja! Jetzt ist er da. Ist schon ein kleiner Schlawiner.«

Obwohl sie ihn leise lachen hörte, hatte meine Mutter Angst vor ihrem Großvater. Zu Kindern sagte er nie etwas, außer dass sie gehorchen sollten. Sie traute sich nicht, aufzustehen und selbst nachzusehen. Als sie dann mit ihrer Großmutter allein war, fragte sie, wen sie gesehen hätten. Die Großmutter antwortete ausweichend, aber nach einigem Gebettel sagte sie:

»Es sind die Anderen, die kommen nachts raus.«

Damit war die Sache erledigt. Meine Mutter erinnerte sich jedoch, dass sie mehrmals aufgewacht war und die beiden am Fenster sitzen und hinausspähen sah. Sie wusste nicht, wer die Anderen waren. Elfen vielleicht. Sie fragte nicht weiter.

Ich weiß eigentlich auch nicht, wer für meine Urgroßmutter die Anderen waren. Aber ich glaube, ich bekomme sie auch manchmal zu Gesicht. Bei der Kate Lindbol in Roslagen hatte ich vor den Brennholzschuppen eine Schlachtbank gestellt. Darauf nahm ich normalerweise Hechte aus. Im Sommer kam es im Morgengrauen vor, dass ein kleines Wesen erschien. Es flitzte auf die Bank und beschnüffelte alle Ritzen. Und in diesem Augenblick fiel es mir wieder ein: »Siehst ihn ... Jetzt kommt er!« Ich glaubte zu sehen, was auch die Alten in der Soldatenkate im sommerlichen Morgengrauen gesehen hatten: einen kleinen geschmeidigen Kerl mit braun glänzendem Pelz und dreieckigem Kopf, dessen Haare an der Schwanzspitze schwarz waren. Unter dem Kinn hatte er einen sahnegelben Fleck, und dieses Weißgelb setzte sich unter dem Bauch fort; das sah man, wenn er sich die Schlachtbank rauf- und runterwand und nach Fischblut schnupperte. Er machte serienweise kleine Sprünge, stellte sich hin und wieder auf die Hinterbeine, die Vorderpfoten an der Brust, lauschte und spähte. Da hieß es mucksmäuschenstill am Fenster stehen. Schon der Schatten einer Bewegung konnten ihn unter den Steinsockel des Brennholzschuppens scheuchen.

Nachdem ich ihn das erste Mal gesehen hatte, hob ich oft Fischeingeweide auf, um sie abends auf die Bank zu legen; danach brauchte ich nur noch zu warten. Womöglich hatten die Eltern meiner Großmutter das auch so gemacht. Und nie habe ich ein Tier gesehen, das es mehr verdient, Schlawiner genannt zu werden. Im Sprachgebrauch des Soldaten Lötman bedeutete das so viel wie Kanaille.

Diese Kanaille hat mehrere Erscheinungsformen. Diejenige, die ich auf der Schlachtbank in Lindbol gesehen habe, war ein Großes Wiesel, auch Hermelin genannt. Sein weißes Winterfell mit der schwarzen Schwanzspitze hatte viele Jahrhunderte lang als Material für fürstliche Mäntel und Umhänge herhalten müssen. Bevor die feierliche Eröffnung des Reichstags zu der nüchternen Veranstaltung von heute wurde, war der hermelinverbrämte Königsmantel auf dem Silberthron drapiert. Unsere heilige Birgitta hielt es für sündhaften Luxus, als ihr Sohn Birger bei einem Papstbesuch einen Mantel aus Hermelinpelz mit Silberglöckchen trug.

Auf unserem Hof in Hotagen in Jämtland hauste in einer halb zerfallenen Steinmauer ein Hermelinweibchen. Im Sommer sahen wir ihre Jungen im Gras spielen und die Treppe einer Hütte am Weg rauf- und runterspringen. Bei der Almhütte, und zwar in ihrem Steinsockel, hauste eine kleine Kanaille, ein Mauswiesel. Es wird im Winter ebenfalls weiß, hat aber keine schwarze Schwanzspitze.

Es heißt, das Hermelin, das vor allem von Nagern lebt, wandere nach ein paar Tagen der Jagd in ein neues Fanggebiet weiter und könne innerhalb von vierundzwanzig Stunden fast zehn Kilometer zurücklegen. Die Kanaillen in Lindbol und Valsjöbyn sind jedoch geblieben, wahrscheinlich weil sie Fischabfälle bekommen haben. Das Weibchen in der Steinmauer begnügte sich allerdings nicht damit. Eines Morgens im Herbst war ein erlegter Birkhahn verschwunden, der an der Heizkellerdecke an einem Rohr gehangen hatte. Vom Körper des Vogels war nichts mehr übrig, nicht einmal der Kopf mit der Schnur, an der er gehangen hatte. Das Gefieder bildete einen fein säuberlichen Kranz auf dem Fußboden.

Wenn die Hunde das Hermelinweibchen sahen, scheuchten sie es in die Steinmauer. Dort fauchte es dann und schmatzte ein aufgeregtes tjitt tjitt tjitt!

In einer toten Espe erschien eines frühen Morgens in einem alten Spechtloch ein dreieckiger Kopf mit kleinen runden Ohren. Ich stand, gegen die Windrichtung, mucksmäuschenstill und wartete. Nach einer Weile glitt das Tier mit dem dunkelbraunen glänzenden Fell und dem sahneweißen Lätzchen ganz aus dem Loch. Ein Marder, der größte seiner Art, ein Baumkletterer und gewaltiger Springer. Er soll einen Abstand von vier Metern zwischen den Bäumen bewältigen können. Sein dichter buschiger Schwanz

Ein Marder mit sahneweißem Lätzchen, gemalt von J. W. Palmstruch.

war wie ein Steuerruder, als er sich von Espe zu Espe davonmachte. Weg war er.

Manchmal marodiert er abends in den großen Wacholdern in der Einfriedung vor unserem Haus. Die Bäume schütteln sich, und kleine Vögel schwirren heraus. Wenn er aus einem Wacholderbusch hervorkommt, ist er zielbewusst und blitzschnell. Wir stehen am Küchenfenster und fühlen uns von seinem Besuch geehrt, er ist kein alltäglicher Gast.

Es ist schon mehrmals vorgekommen, dass meine Hunde einen Marder in einem Baum gestellt haben. Der Norrbottenspitz ist eine alte nördliche Rasse, die in früheren Zeiten der Felle wegen auf Eichhörnchen- und Marderjagd spezialisiert waren. Er ist ein sogenannter Baumbeller, der Auer- und Birkwild im Baum festmacht und Standlaut gibt, bis der Jäger bestenfalls angeschlichen kommt und schießt.

Wenn ein kleiner hitziger Spitz Marder jagt, dann geht es ab. Bogenrücken und Buschenschwanz wogen über das offene Gelände, bis der Marder einen Baum erreicht, auf den er fliehen kann. Ist dieser klein und unbelaubt, kann ich so nahe hingehen, dass ich das mir zugewandte dreieckige Gesicht und den starren, aufmerksamen Blick aus den schwarzen Perlaugen sehen kann. Das Tier denkt nicht daran, mich auch nur eine Bewegung machen zu lassen, die ihm entginge.

Der Standlaut ertönt regelmäßig und scharf. Zusammengekauert fixiert der Marder von dort oben die beiden Gefahrenpunkte. Ändert er vorsichtig seine Stellung, um sicherer zu sitzen, wippen die schwachen Äste. Es ist ein kaltes Gefühl, von einem Marder beobachtet zu werden. Niemals, denke ich, kann man einem solchen Wesen nahe kommen. Mich und den Hund hält er für das, was wir sind: zwei Raubtiere. Seine Ordnung ist eine andere als die des Menschen.

Zwei Elchkälber stehen an einem zeitigen Frühlingsmorgen auf einer kleinen Anhöhe in Hotagen und glotzen direkt auf mein Zelt herunter. Ich bin hinausgekrochen, weil ich meine Blase entleeren muss, aber meine Bewegungen erschrecken sie gar nicht. So unerfahren sind sie noch mit Menschen! Im Wald hört man jedoch die Mutter warnen. Es klingt wie Husten und Grunzen auf einmal. Allmählich gehorchen die Zwillinge. Als mein Mann mit Reif im Bart und in die Stirn gezogener Rättviksmütze aus dem Zelt kriecht, staksen sie auf ihren hohen Beinen davon. Und die Mutter verstummt.

An einem Weihnachtsabend hat unsere Norrbottenhündin Silva elf Elche gestellt. Die großen Tiere bewegen sich vorsichtig und unruhig innerhalb ihres Bannkreises. Als ich näher komme, wird der Standlaut gellender. In dem wüsten Gelände ist es nicht möglich, still auf Skiern dahinzugleiten, weshalb sie mich gehört hat. Auch die großen Tiere haben mich gehört, denn als ich sie sehe, löst sich der Stand auf. Zuerst sucht ein Elchtier das Weite, dann ein Hirsch mit großer Schaufelkrone, und schließlich folgen ihnen die anderen in gleitendem sparsamen Gang. Sie werden vom Schnee und den Fichten verschluckt, während ich dastehe und sie zähle. Für ihre schweren Körper auf den hohen Beinen scheint es keine Hindernisse zu geben. Silva wirkt erleichtert, als ich sie abrufe.

Im Hochwinter sammeln sie sich zu solch großen Rudeln. Einmal sah ich von meiner Arbeit auf und entdeckte einen Elch an meinem Komposthaufen. Und noch einen. Sie glitten. Und noch einen. Wie können derart schwere Tiere sich so bewegen, als stellten kleine Fichten, Baumstümpfe und Reisig keine Hindernisse dar? Sechs Stück waren es schließlich, die in meinem Blickfeld vorüberschwebten. Es wirkte übernatürlich.

Sie sind von einer anderen Art. Sie hören mich schon von Weitem trampeln, selbst wenn ich zu schleichen glaube. Sie nehmen meine Gerüche wahr. Aber ich nicht die ihren. Erst wenn einer von ihnen aufgeschärft im Schlachtschuppen hängt und aus der Decke geschlagen wird.

Wir haben eine Almhütte in Hotagen. Sie liegt in der Enklave, die unser Waldland bildet. Tritt man über unsere Besitzgrenze, beginnen die Kahlschläge, die sich meilenweit erstrecken. Heute ist das Terrain von Forststraßen durchzogen. Vor dreißig Jahren gab es auf dieser Seite des Sees lediglich einen Abfuhrweg, und der lag weit von unserer Hütte entfernt. Damals gehörte das Gebiet noch den Anderen.

Der Raufußbussard horstete hier und kreiste miauend über uns, wenn wir seinem Nest in der Felswand zu nahe kamen. Von der Landzunge gegenüber der Bootslände ließ sich ein großes Otterweibchen ins Wasser gleiten. Bei ihrer Höhle oben konnte man die Jungen spielen sehen, wenn man ein Fernglas zu Hilfe nahm. Die Biber hatten in der Almbucht ihre Burg. Sie fällten am Ufer entlang Birken, und wir glitten im Kanu dahin und sahen ihre vom Wasser gestreiften Köpfe in der Abendsonne glänzen. Wenn sie uns entdeckten, taten sie mit dem schuppigen silbergrauen Spaten, der ihren Schwanz darstellt, einen gewaltigen Schlag und verschwanden. Der Hund im Bug zitterte.

An einem steilen Uferhang pickte mal hier, mal da ein Auerhahn. Wir hatten Auerwild bis dahin nur gestellt und schreckensstarr in einem Baum sitzen oder ihren großen fleischigen Körper über ein Moor befördern sehen. Hier indes spazierte er unbeschwert umher. Er war groß und kohlschwarz, und die Wülste über seinen Augen waren weder angeschwollen noch hochrot wie bei der Balz. Für ihn war es Alltag.

Auf der Landzunge zeigte sich die Luchsin, die auf dem Weg ins Wasser war, um ans andere Ufer zu gelangen und dort ihre unruhige Wanderung aufzunehmen. Es war nämlich Februar, und sie hatte sicherlich Junge in der Höhle. Setzt die Paarungslust ein, dann geht die Luchsin auf Jagd. Sie schleppt Beute für ihre Jungen an, damit sie was zu fressen haben, während sie unterwegs ist, um gefreit zu werden und zu ranzen. Im Spätwinter entdeckt man fast überall Luchsspuren. Dann suchen die Männchen nach Weibchen, und wahrscheinlich zischen sich die Männchen gegenseitig an und schlagen mit den Pranken nach einander, wenn sie sich über den Weg laufen. Sie pinkeln scharf, um ihre Anwesenheit zu markieren. Es ist eine unruhige Zeit.

Frühmorgens in der Almhütte, mit einer Tasse heißem Tee, meinte man aus einer Taucherglocke heraus auf eine andere Welt zu sehen. Dort draußen bewegten sie sich, die hohen grauen Schatten. Die kleinen flitzten. Der Wald aus Eisenhut wogte, wenn sich etwas die überwucherte Almweide hinaufbewegte. Kam dieses Etwas beim Sommerstall an, sah man, dass es ein Fuchs war. Ein Sperber stieß senkrecht herab, um zuzuschlagen. Traf oft daneben. Das gefiel uns. Man hält zu den Kleinen.

Ich habe in Jämtland niemals einen Bären gesehen. Er hinterließ nur auf meinem Weg im Wald große blauschwarze Haufen. Drückte Tatzenspuren in den weichen Boden. Dann sang ich. Wollte damit nichts zu tun haben, denn ich hatte immer einen Hund dabei, und das kann unangenehm werden. Ansonsten weicht der Bär normalerweise aus. Pfarrer Sivertsson in Hotagen erzählte jedoch, er habe den Bären dastehen und durch die Tatzen pfeifen sehen.

Meines Erachtens habe ich von den Anderen sehr wenig gesehen, obwohl ich fast an jedem Tag des Jahres in den Wald gehe. Sie halten sich fern. In der Dämmerung schnürt ein Fuchs vorbei, schnell und pfeilgerade. In dringenden Angelegenheiten unterwegs. Hat er ein schönes dichtes Fell und einen buschigen Schwanz, darf er leben, selbst wenn er zwischen Rehkitzen und jungen Hasen marodiert. Ist er dagegen kahl und mager und steht sein Schwanz wie ein Zweig vom Körper ab, wird er erschossen und in Dieselöl verbrannt. In manchen Jahren ist die Zahl der räudigen Füchse groß, und sie müssen schwer leiden.

Die Anderen leiden still. Ohne Hilfe. Das Elchtier mit dem abgeschossenen Kiefer verhungert. Von den Rehen, die halb verhungert durch den Winter gekommen sind, gehen schließlich immer welche zugrunde. Sind der Fuchs oder der Luchs zur Stelle, geht es schneller. Öfter, als ich sie lebendig wie Schatten durch die Fichten gleiten sehe, entdecke ich ihre Überreste, nachdem sie gerissen wurden. Die Luchsin sitzt auf dem Baum und wartet. Hinterlässt manchmal einige wenige Knochenreste einer Beute, die sie davongeschleppt hat. Der Seeadler kreist, lässt meine Hündin nicht aus

den Augen. Ich rufe sie zu mir und nehme sie an die Leine. Federn –
ja ganze Federkleider liegen auf dem Pfad. Wer hat zugeschlagen?
War es ein Eichelhäher, kann der Täter ein Hühnerhabicht gewesen
sein. Abends hören wir den Waldkauz huhuen. Ich stochere in seinem Gewölle, um zu sehen, was er gefressen hat.

Eines sehr frühen Morgens im Sommer sehe ich einen Hund
über einen Acker laufen. Er beobachtet uns. Meine Hündin dagegen hat noch keine Witterung genommen. Sie merkt, dass etwas
vorgeht, denn sie steht stockstill bei mir. Jetzt biegt der wunder-
liche kleine Hund mit dem abfallenden Hinterteil in Richtung Wald
ab. Was ist das für ein Benehmen? Was ist das überhaupt für ein
Hund? Keiner, den wir kennen. Und wenn er entlaufen wäre, würde
er dennoch näher kommen.

In diesem Augenblick – just als er sich in den Wald verdrückt –
wird mir klar, dass es ein wildes Tier ist. Und es gibt nur eines mit
einem derart langen Hinterteil. Den Marderhund, das scheueste
unserer Waldtiere. Mir klopft das Herz, und der feuchte Nasenspiegel meiner Hündin bebt. Doch weg ist er, der Marderhund.

Ein Wolfsrüde wanderte in Paarungslust durch das nördliche
Roslagen. Riss siebzehn Schafe in einem Dorf, nicht weit von uns
entfernt. Jedenfalls nicht für einen schnell laufenden Wolf. Ich
hatte Schafe auf der Weide und fürchtete mich jeden Morgen vor
dem, was ich zu sehen bekommen könnte. Aber sie lagen da und
käuten wieder, ihre Kiefer mahlten, sie sahen mich an und quarrten
ihren gurrenden Gruß. Sie gehören zu uns.

Eines aber kann sie verwandeln: wenn sie irgendwie das ein-
gefriedete Areal verlassen und draußen im Wald lammen. Dann
schlägt ihr alter, tief vergrabener Instinkt durch, und man kommt
nur schwer an sie heran. Sie haben sich verwandelt und sind nun
die Anderen. Und genau wie Montaigne geahnt hat, sind wir für
sie die Anderen: »denn wir verstehn sie keineswegs besser als sie
uns!«

Der Seerosenschlemmer

Im dreizehnten Gesang des Kalevala schnallt sich Lemminkäinen den lederbeschlagenen rechten Ski an und auch den linken, den er mit Talg und Butter geschmiert hat. Er hat nun einen Stoßski und einen Gleitski, und er ergreift den Stock, der so gut gemacht ist, das er einen Otter wert erscheint. Allein der Teller kostet einen Rotfuchs. Er will auf Elchjagd gehen.

Aber die Waldleute wollen ihn wegen seiner Liederlichkeit und Gier in die Schranken weisen; Hiisis Jungs bauen einen Elch, dessen Lemminkäinen nicht Herr werden kann:

> Dürrer Baumstumpf dient zum Haupte,
>   Weidenäste werden Hörner,
> Schlinggewächs vom Strand die Füße,
>   Pfähle aus dem Sumpf die Waden,
> Pfahlzaunholz gereicht zum Rücken,
>   dürre Gräser geben Adern,
> Wasserrosen werden Augen,
>   Blumen aus dem Teich die Ohren,
> Fichtenrinde wird zum Felle,
>   faules Holz zum andern Fleisch.

Es ist ein vom Wald selbst geschaffener Elch, den man dort täglich als Fichtenrinde, schlanke Erlenstämme und zu Förna verrottendes Moderholz flüchtig durchs Blickfeld gleiten sehen kann. In Jämtland lautet sein alter Name *brinn*, vermutlich ein Wort für die Farbe von Elchhaut und Erlenrinde. Dieser unsichtbare Elch riecht nach sonnenverbranntem Moos, und seine Hufe glänzen im Moor.

Hiisis Elch ist der Wald, und er ist auch der Tod. Lemminkäinens Jagd endet mit seinem Untergang.

Der Elch, dieses hohe, großmäulige Wesen, dieses voluminöse System biologischen Austauschs, dieser lautlose Schatten, der wie ein Gewitter durch die dürren Asthaufen des Kahlschlags krachen kann, scheint zum Fabeltier wie geschaffen zu sein. Mit weißem Fell und aquamarinblauen Augen zeigt er sich flüchtig in den Wäldern Värmlands und wird den Gläubigen zum Christus.

Olaus Magnus gab die alte Verrücktheit weiter, dass der Elch ein Tier ohne Knochen sei. Oder war es gar nicht pure Verrücktheit? Im Sommer weiden in der Einfriedung vor unserem Haus Pferde, und ich sehe nie, dass sie sich nachts hinlegen. Als ich ihre Besitzerin fragte, wie sie denn beschaffen seien, dass sie, ohne umzufallen, im Stehen schlafen könnten, antwortete sie, die Tiere hätten in den Gelenken einen Mechanismus, der ausgekoppelt werde, wenn sie schliefen. Ob es wohl ein Pferdekenner war, der als Erster über Elche und ihre Gelenke einsichtsvolle Vermutungen angestellt hat?

Caesar hatte die Sache bestimmt nicht persönlich untersucht, als er von der großen Wunderlichkeit im Herzynischen Wald berichtete. Er oder sein Schreiber hatten sie von einem älteren Autoren, und ursprünglich soll sie von dem antiken Geografen Strabon stammen – wenngleich es Elefanten waren, wovon er berichtete. Bei Caesar sehen sie folgendermaßen aus:

Ferner der Elch. Er gleicht an Gestalt und Farbenwechsel des Fells dem Reh, ist aber etwas größer; seine Hörner sind nur ein Stumpf, und seine Beine ohne Knöchel und Gelenke. Wenn er ausruhen will, legt er sich deshalb nicht nieder und kann sich, wenn er durch einen Zufall niederstürzt, nicht aufrichten oder aufhelfen. Bäume dienen ihm daher als Lager; an sie lehnt er sich an, und so ruht er, nur etwas rückwärts gebeugt, aus. Wenn nun die Jäger an den Spuren bemerken, wo er sich hinzubegeben pflegt, so untergraben sie entweder alle Bäume in der Wurzel oder hauen sie so an, dass sie nur noch dem äußersten Schein nach stehen. Lehnt sich dann ein Elch seiner Gewohnheit nach daran, so drückt er den geschwächten Baum durch seine Last nieder und fällt selbst mit zur Erde.

Anderthalb Jahrtausende sollte auch die Beschreibung des Plinius weiterwandern, wonach der Elch für seine Schnellfüßigkeit berühmt sei, aber auch für seine Oberlippe, die so groß sei, dass er beim Äsen rückwärtsgehen müsse, damit er sich nicht darin verheddere. Dass er unterm Kinn einen mit heißem Wasser gefüllten Hautbeutel habe, womit er Angreifer bespritze, war eine ebenso bekannte Sache wie die, dass er nicht erlegt werden könne und seine

Haut undurchdringlich sei. Dies schrieb auch Schiller noch in seinem *Wallenstein* über »ein Koller aus Elendshaut«. Am 6. November 1632 erfuhren zumindest die Schweden, dass es nicht stimmte.

Für die Dichter war der Elch schon immer ein Fabeltier. Die männliche Brunst erhielt ihren unverblümten Ausdruck in *Fridolins Lustgarten* von Erik Axel Karlfeldt, der über den Elchhirsch schrieb, dass er das Weibchen mit seinem streitbaren Horn gewonnen habe. Dahinter steckte der Gedanke, den Paarungstrieb allumfassend zu machen. Karlfeldt hat noch einen anderen Elchhirsch, der, hochgekrönt und mit einer Rose auf jedem Ende seines Geweihs, in seiner Brunst höflicher ist.

Sven Rosendahl wandelte auf Karlfeldts Spur, als er in *Medan ännu göken gal* (Während der Kuckuck noch ruft) einen Elchhirsch schilderte. Dieser ist ein alter Riese mit Schaufelgeweih, »uraltem« Kopf und »unerhörtem« Widerrist; er gräbt Kuhlen und uriniert darin. In Fäden hängt ihm der Geifer aus dem Maul. Als er das Elchtier besteigt, tritt und keucht er wie ein Schmiedebalg, und die Leiber zucken und schnaufen.

Zu sehen bekommt man von einem Elch meistens nur einen gleitenden grauen Schatten. Das Gekeuch und der Geifer sind ebenso fabulatorisch wie die Details in den Beschreibungen von Olaus Magnus und Caesar. Hatte Karlfeldt eigentlich je einen Elch im schwedischen Wald gesehen? Er war lange Zeit sehr selten, um die Wende vom 18. zum 19. Jahrhundert praktisch ausgerottet. Rosendahls Buch entstand in einer elchreicheren Zeit, 1978, als allmählich große Kahlschläge mit Weidenröschen und Espentrieben dem Tier Äsung boten.

Im Januar und Februar besteht seine Nahrung größtenteils aus Kieferntrieben. Im Sommer aber steigt er auf hohen Beinen mit Schalen, die schwarz wie Stiefel glänzen, in den See und nascht dort Seerosenwurzeln und Froschlöffel. In den Nebeln des Morgengrauens streift er still und gleitend umher und schnappt mit empfindlichem Maul nach Drahtschmielen, Weidenröschen und Ebereschen.

Björn von Rosen schreibt in *Grüne Welt*, einem Buch voll intensiver Anwesenheit im Wald:

Das Elchmaul ist nicht nur das feinste je erfundene Instrument, um Witterung aufzufangen, es ist auch – und das wird einem klar, sobald man es eine Weile betrachtet hast – in seiner Gestaltung ein Kunstwerk, das stark und deutlich das Prinzip des Witterns selbst ausdrückt, wie die riesigen Ohren das des Hörens.

Nein, er keucht nicht, noch geifert er. Er gehört zu den Stillen und Lauschenden. Und er weiß nichts vom Tod:

> Mit allen Augen sieht die Kreatur
> das Offene. Nur unsere Augen sind
> wie umgekehrt und ganz um sie gestellt
> als Fallen, rings um ihren freien Ausgang.
> Was draußen *ist*, wir wissens aus des Tiers
> Antlitz allein; denn schon das frühe Kind
> wenden wir um und zwingens, daß es rückwärts
> Gestaltung sehe, nicht das Offene, das
> im Tiergesicht so tief ist. Frei vom Tod.
> *Ihn* sehen wir allein; das freie Tier
> hat seinen Untergang stets hinter sich
> und vor sich Gott, und wenn es geht, so gehts
> in Ewigkeit, so wie Brunnen gehen.

Wir ordnens

Rilkes achte *Duineser Elegie*, gegen Ende:

> Und wir: Zuschauer, immer, überall,
> dem allen zugewandt und nie hinaus!
> Uns überfüllts. Wir ordnens. Es zerfällt.
> Wir ordnens wieder und zerfallen selbst.

Mein Mann kocht vor dem Holzschuppen einen Elchkopf aus. Stochert und kratzt. Es sind auch Fliegenlarven darin, mehr oder weniger tiefgefroren. Endlich liegen das Gehirn und die Augen auf dem Vorplatz, und ich finde, er war tapfer. Als alles fertig ist, kommt er ins Haus und wird mit einem Schnaps belohnt, versteht sich.

Er erhält eine schöne Trophäe, und der Schädel des Elchhirschs birgt nun auch keine Geheimnisse mehr für uns. Stirnbein und Geweih hängen hoch oben an der Wohnzimmerwand. So wollen wir es haben. Alles müssen wir über sie wissen, die Geschöpfe des Waldes. Wir müssen sie schießen und aufbrechen, Geweih und Haut präparieren. Sie mit Teleobjektiven zoomen und sezieren. Menschen, die glaubten, der Elch trage ein einziges spiraliges Horn mitten auf dem Schädel und einen Beutel heißes Wasser unterm Kinnbart, halten wir für kindisch.

Die Gefährlichen draußen im Nebel, die Wesen, die sich verwandeln und ihre Gestalt wechseln, bergen ebenfalls keine Geheimnisse mehr. Wir haben sie in Archiven und Handbüchern katalogisiert und mit modernen psychologischen Methoden analysiert. Jetzt können wir über sie lächeln oder uns über Abergläubigkeit und Übeldenken entsetzen. Wir pflichten Goethe bei, dass er eine lächerliche Angst vor der Dunkelheit hatte, und wir glauben, dass das, was Herr Olof gesehen hat, Nebelschleier waren. Über Räuber und ihre Freiheit wissen wir, dass es verkommene Bauernburschen waren, die in aller Regel im Zuchthaus landeten.

Märchen?

Natürlich haben wir Märchen. Alle Kinder wissen, dass man einem Hund die Schnauze zu einer Spirale drehen oder dass eine Ente sprechen kann, wenn auch nasal.

Die Räuber wohnen in Mietshäusern oder im Kittchen und vergewaltigen in Fußgängertunneln Frauen.

Die Elfen tragen Namen wie Himbeerduft und Silberflügel.

Freilich ist die Welt groß. Doch der Wald schrumpft.

GARTEN DES TODES

Ferdinand von Wrights Bild der Werkstatt, in der geschossene Vögel ausgestopft wurden.

Die Nachtigall in Finnland

Gab es in Finnland *Luscinia luscinia*? Niemand wusste es genau. Die Lotbüchse von Julius von Wright schuf Gewissheit: Bei dem Vogel, der da herunterkam, handelte es sich zweifellos um eine Nachtigall. Bis hinauf ins südliche Savo gab es sie also. Oder es hatte sie gegeben, bis sie geschossen wurde. Auf diese Weise wurden Mitte des 19. Jahrhunderts ornithologische Streitigkeiten entschieden.

Die Propsttochter Maria Elisabeth Tuderus heiratete 1801 im Alter von sechzehn Jahren Henrik Magnus von Wright und bekam fünfzehn Kinder. Die drei ersten starben der jungen Mutter weg, bevor sie ein Jahr alt waren. Neun erreichten das Erwachsenenalter. Drei von ihnen wurden die malenden und jagenden Brüder von Wright. Magnus, Wilhelm und Ferdinand besorgten gemeinsam *Svenska Foglar efter naturen och på sten ritade* (Schwedische Vögel nach der Natur und auf Stein gezeichnet). Bruder Julius veröffentlichte ein Heft über die Vogelfauna der Gegend von Kuopio und war der geschickteste Jäger unter ihnen. Er konnte einem Vogel nach dem anderen durchs Auge schießen und den Pfeifenkopf eines rauchenden Bauern treffen. Bruder Wilhelm wartete, bis zwei Enten im Flug sich auf einer Linie befanden und erlegte dann beide mit einem Schuss. Die Legenden von den die Wälder durchstreifenden Brüdern mehrten sich.

Ferdinand von Wright hat ein Bild der Werkstatt gemalt, wo er und sein Schwiegervater an der Feilbank beschäftigt sind. Es gibt auch eine Hobelbank und einen Hackklotz, doch keine Späne oder Holzkräusel auf dem Fußboden. Außer Werkzeugen ist an den Holzwänden ein Imkerhut mit Schleier zu erkennen. An einem Haken hängt ein Mantel, dessen Pelzfutter nach außen gewendet ist, damit es zur Geltung kommt. Auf den breiten Dielen des Bretterbodens liegen ein Schwan mit aufgeklappten Flügeln, ein starrer Eichelhäher und ein schlafender Hühnerhund. Der Hund interessiert sich nicht für die Vögel, denn sie sind tot. Ein schwach rosafarbener Fleck auf der rechten Brusthälfte des Schwans verrät, wo er getroffen wurde. Auf dem Fußboden sind jedoch weder Blut noch fliegende Federn zu sehen; das Interieur ist blitzsauber und wird von den Farben des Holzes und einem ruhigen, grünlichen Licht beherrscht, das durch das Fenster auf Ferdinands freundliches Gesicht fällt. Er trägt eine kleine gestreifte Kalotte.

In all seiner Gepflegtheit zeigt das Werkstattinterieur mit den toten Vögeln dennoch die Voraussetzungen für die ornithologische und künstlerische Arbeit der Brüder Wright. Magnus von Wright beschreibt in seinem Tagebuch von 1848, wie er um drei Uhr aufsteht und mit geschultertem Gewehr zur Vogelerkundung auszieht. Es ist ein sommerlich warmer Maimorgen, und der See liegt spiegelblank da. (Man kann sich gut das Vogelkonzert im Morgengrauen vorstellen.) Magnus gelingt es, einen Wiesenpieper, eine Schafstelze, eine Bachstelze, eine Klappergrasmücke, einen Fitis, einen Waldlaubsänger, ein Braunkehlchen, einen Kuckuck, einen Ortolan und andere zu schießen. Über den Ortolan schreibt er: »Dieser hortulana ist der Erste, der hier geschossen wurde.«

Einen Schwan oder einen Seeadler schoss Wilhelm von Wright am besten in den Flügelknochen, damit er herunterfiel und vom Hund geholt werden konnte. Wilhelm war auch heilkundig und so geschickt mit den Händen, dass er den Flügel schienen konnte. Nachdem die Verletzung verheilt war, durfte der Vogel wieder fliegen. Bis dahin hatte er ihn so sauber und detailgetreu wie das Werkstattbild von Ferdinand porträtiert.

Die Brüder wuchsen auf dem Hof Haminanlaks mit dem Wald und Tieren auf. Die Unterrichtsstunden beim Hauslehrer waren summarisch. Als Magnus von Wright gut zwanzigjährig zum Kunststudium nach Stockholm kam, schrieb er:

Erst in späterer Zeit begriff ich so recht, welch großen Eindruck die herrliche Natur auf Haminanlaks auf meinen Sinn gemacht hatte, wie sehr ich den See, die Wälder und die Vögel liebte – mit einem Wort, alles unter Gottes freiem Himmel.

Er zog in die Welt hinaus, um abbilden zu lernen, was er liebte. Und es zu schießen – weil er ein ernsthafter Künstler und Sammler war, der die Arten sicher und immer am frischen Material bestimmen wollte. Deshalb können Ornithologen heute das Alter und Geschlecht der von den Brüdern akribisch wiedergegebenen Vögel bestimmen. So ging wissenschaftliche Vogelerkundung schon lange vor sich. Als Olof Rudbeck der Jüngere sich 1695 zu seiner Lapplandreise aufmachte, war das Gewehr, das an seinem Sattel hing, nicht nur eine Sicherheit, falls die Gesellschaft Raubversuchen ausgesetzt sein würde. Es war vor allem ein Instrument für seine Vogelstudien. Sein prachtvolles Vogelbuch mit der weißen Schnee-Eule und all den anderen sorgfältig wiedergegebenen Arten gründet auf direkten Studien an toten Vögeln.

Reiche Schlossherren, die in ihren Naturalienkabinetten große Sammlungen besaßen, wussten, dass Federn toter Vögel changieren und sich lösen und Schmetterlingsflügel zu braunem Staub zerbröseln. Sie ahnten, dass die Mineralproben und Kuriositäten im Besitz desinteressierter Erben einstauben und am Ende in alle Winde zerstreut würden. Deshalb ließen sie ihre Sammlungen von Künstlern abbilden. Die gedruckten oder ungedruckten Bildwerke mit Vögeln, Schnecken und Mineralien vom Ende des 18. und Beginn des 19. Jahrhunderts sind oft auf Bestellung von Naturalienkabinettbesitzern entstanden. Magnus von Wright erhielt den Auftrag, Graf Nils Bondes Vogelsammlung auf Hörningsholm in Sörmland abzubilden. Seine Aufnahmeprüfung war ein frisch geschossener Dompfaff.

Er arbeitete auch weiterhin mit dieser Art Material. Frisch geschossene Vögel lieferten die Jäger des Gutshofs, und er nahm auch selbst an den Jagden teil. Für jeden Vogel, den er auf lithografischen Stein zeichnete, sollte er vom Grafen drei Reichstaler erhalten, außerdem fünfzig Reichstaler Vorschuss. Das Unternehmen wurde bald ausgeweitet: Nun sollte die gesamte Vogelfauna des Kirchspiels Mörkö abgebildet werden, und sein Bruder Wilhelm musste ihm zu Hilfe kommen. Die Brüder, dreiundzwanzig beziehungsweise achtzehn Jahre alt, wohnten jetzt bei einem naturinteressierten Propst auf dem Pfarrhof Mörkö.

Im Oktober 1828 erschien schließlich das erste Heft von *Svenska Foglar*. Aus der Auftragsarbeit war ein selbstständiges Unternehmen geworden, das zehn Jahre währen sollte. Als 1838 das letzte der dreißig Hefte gedruckt wurde, hatten die Brüder auf 178 Lithografien 180 Vogelarten abgebildet. Ich habe mir oft gewünscht, das große Werk nicht in drei steinschweren Bänden vom Ende der 1920er-Jahre zu besitzen, sondern in leichten, gebundenen Heften. Von dem Vermögen, welches das Originalwerk heute darstellen würde, erhielten die Brüder nichts. Als Wilhelm verarmt und vom Konkurs bedroht starb, besaß er kein einziges Exemplar der kostbaren *Svenska Foglar*. Magnus arbeitete nach der Zeit in Sörmland für einen Hungerlohn als Kartenzeichner. Irgendwann wurde er mit einem Gehalt, das ihm eine Heirat erlaubte, Hilfslandvermesser und schließlich Zeichenlehrer an der Universität in Helsinki. Ferdinand wurde ein beliebter Landschafts- und Vogelmaler. Jahrzehntelang reproduzierte man seine »Kämpfenden Auerhähne«, die in ganz Finnland an den Wänden hingen. Er selbst musste die letzten dreißig Jahre seines Lebens wegen einer schleichenden Nervenkrankheit zumeist das Bett hüten.

Mitte des 19. Jahrhunderts lithografierten die Brüder ein großes Werk über die Vögel Finnlands. Sowohl diese Bilder als auch die in *Svenska Foglar* waren in einer vorwissenschaftlichen und allmählich wissenschaftlichen Tradition angefertigt, die mit der Abbildung von Gegenständen aus Naturalienkabinetten begonnen hatte. Mit ihrer Hilfe sollte eine sichere Identifizierung ermöglicht werden. Das Moiré der Gefieder wurde mit hingebungsvoller Genauigkeit wiedergegeben, ebenso jede Nuance ineinander übergehender Farben. Iris und Pupillen eines jeden Vogels besitzen einen unverkennbaren Charakter und verraten oft das Alter des Tiers. Der Augenring der Amsel, den man im Sommer sieht, ist gelb und tendiert nach rostrot. Betrachtet man das Bild mit dem Vergrößerungsglas – wie Wilhelm es sicherlich bei dem toten Vogel getan hat –, scheint der Ring aus Haut zu bestehen, gleichmäßig moiriert oder gekörnt. Das Federkleid der Nachtigall, eines Käfigvogels, den Wilhelm zuerst aquarelliert hat, ist am Hals diffus nuanciert, verliert dann allmählich seinen olivbraungrünen Ton und geht in das klarere und immer dunkler werdende Braun der Schwungfedern über. Diese stillen Vogelporträts, stets im Profil und starr blickenden Auges, gleichen wirklich den ausgestopften Exemplaren der Naturalienkabinette. Aus der Nähe betrachtet, haben sie allerdings nichts an sich, was einfach festzulegen wäre. Sind die Körper auf dem Papier auch still wie der Tod, so sind die Farben immer noch lebendig und irren und laufen ineinander und in des Waldes eigene Farben über. In Halsflecken und Schwungfedern finden sich von der Schneeschmelze bis zum Herbstfrost alle Schattierungen des Riedmoores wieder: kaltblaue Himmelsfetzen zwischen toten Kiefernästen, in der Sommerhitze vertrocknetes Moos und der Kupferglanz der Kiefernrinde in der Abendsonne. Der Kranich hat ein rotes Siegel auf dem Scheitel, das wie ein Steinbeerblatt im Herbst leuchtet. Das Gefieder seines langen Halses ist dumpf schwarzblau, als hätte es die Farbe des im Vorfrühling faulenden Eises auf dem See angenommen.

Farben gibt es also, das Spiel der Töne und Schattierungen des Waldes und des Moores, des Binnensees und des Meerwassers. Aber keine Illusionen für unseren leicht zu täuschenden Gesichtssinn, sondern stets illustrative naturhistorische Abbildungen. Und nie eine Bewegung. Kein Aufflug wie bei Liljefors, keine Gewässer, die der Wind und das Abendlicht für das Auge pantherfleckig machen. Keine diffusen Eiderentenflügel in gestrecktem Flug über einer Meeresoberfläche, deren Farbe von den dichten Wolken am Himmel getrübt wird.

Bruno Liljefors kam fünfundzwanzig Jahre nach den Brüdern Magnus und Ferdinand von Wright nach Düsseldorf, um Malerei zu studieren. Der erste Meister, dem er dort begegnete, war Carl Friedrich Deiker. Liljefors berichtet über ihn in einem Brief, den er der Mutter nach Hause schreibt:

> Ich wurde einem eminenten Tiermaler vorgestellt, Prof. Deyker, einem gemütlichen Herrn, gewaltigen Jäger überdies, an dessen Uhrenkette eine Menge Wildschweinzähne u. dgl. baumelte, vermutlich Trophäen einer veritablen Großtat im Wald. An den Wänden hat er an die 20–30 Gewehre, Messer, Hörner, Taschen u. alles Mögliche, ausgestopfte kämpfende Hühnerhabichte, Elch- u. Hirschgeweihe und fuderweise Pelzwerk. Er malt ausgezeichnete Sachen.

Ein Jahr später, 1883, ging Liljefors nach Paris und lernte die Anschauung der Impressionisten von der Farbe kennen, die reflektiertes Licht sei und bei jedem neuen Blick wechsle. Bereits 1884 wurde eines seiner Bilder im Salon angenommen, was ihm den Weg zu internationaler Anerkennung bereitete. Es war das Bild eines Hühnerhabichts, der mit weit ausgebreiteten Flügeln auf Birkhühner herabstößt. Der scharfe Blick des Habichts, zwei starre Pupillen beiderseits einer gestreiften Schnabelwurzel, bildet den Brennpunkt der Szene. Liljefors erinnerte sich nachträglich daran, dass das Bild zu einer Zeit entstanden war, als er allein in einer Bauernhütte im uppländischen Ärentuna überwintert hatte.

In jenem Winter gab es auf den Wiesen von Vaxmyra in der Nähe meiner Unterkunft ungewöhnlich viel Birkwild. Der Herbst war nass gewesen, und der Hafer, der zum Trocknen draußen stand, keimte und faulte und blieb massenhaft auf der Erde liegen, und in gewaltigen Scharen zog es das Birkwild der Gegend dorthin – vor allem Hähne, wie üblich –, die zwischen den Mahlzeiten an den Feldrändern zwischen Grashuckeln und Büschen lagerten. Der Hühnerhabicht fand sich ein, um sich seinerseits von den Birkhähnen zu ernähren, und mir, der ich damals viel unterwegs war und jagte, kam die Idee zu diesem Bild.

Um diese Idee zu verwirklichen, pflanzte er geschossene Birkhühner und einen Hühnerhabicht in eine junge Kiefer, »sodass es nach Schwung und Leben aussah, obwohl das Ganze wie das stillste Stillleben dalag«. Wie er vor diesem Gerippe aus Stöckchen, die tote Tierkörper stützten, seine ursprüngliche Vision lebendig erhalten konnte, ist ein Rätsel. Aber er hat es geschafft. Das Schneelicht, der Wirbel von Daunen und Federn, die frostgepuderten Kieferntriebe und die Schärfe der Schwungfedern in der diesigen Luft sind weit jenseits mühevoller Konstruktionen wiedergegeben.

Das Bild war zu unruhig, um die volle Wertschätzung zu erlangen, und hing außerdem so hoch, dass die feinen Details unmöglich zu erkennen waren. Man sah in dieser Explosion von Federn rings um fliehende Körper und aufgerissene Schnäbel sicherlich Schreck und Verwirrung. So sehen wir das wohl noch immer. Es ist aber nicht sicher, dass auch Liljefors es so sah. Wahrscheinlich hatte sich seine Sicht des Spiels zwischen Raubtier und Beute schon beim Jagen entwickelt. Der steinige uppländische Acker mit den Haufen an faulendem Hafer bot den Birkhähnen Nahrung im Überfluss, dem Hühnehabicht Beute und dem Maler ein Motiv. Mehr noch als ein Bild vom Schrecken der Beute und der Grausamkeit des Raubtiers ist es ein Bild vom Spiel der Kräfte in der freien Natur – und vom Gleichgewicht. Liljefors wusste, dass wildes Leben stets in Veränderung und Bewegung begriffen ist. Seine Sichtweise der Geschöpfe in ihrer natürlichen Umgebung hat vor ihm schon Linné formuliert: »Letzten Endes bewegt sich das Tier auf den Tod zu, sein Leben ist kurz wie ein Traum.«

Bruno Liljefors' Vater hatte in Svartbäcken in Uppsala ein Pulvermagazin. Dort muss es wie bei Pulver-Kalle im Katrineholm meiner Kindheit gerochen haben: Waffenfett, Lederschmiere und Schwarzpulver. Jagdlust lag in dieser Atmosphäre, doch die Beute, mit denen die Schulkameraden vom Land auf langen Jagdlisten prahlten, war weit entfernt. Der Junge jagte rings um die Scheunen am Rande der Stadt Krähen und kleine Vögel, zuerst erfolglos mit Pfeil und Bogen, dann mit einem Vorderlader. Nach einem Unglück mit dem Gewehr musste er dazu übergehen, mit Steinen zu werfen, worin er große Geschicklichkeit entwickelte. Er war zwar noch ein Junge, unterstand aber dem Paradox, das passionierte Jäger ausleben: *Töte, was du liebst.*

Für Liljefors war dies vielleicht kein Widerspruch. Als Jäger war er der Habicht, der die Taube schlug, der Fuchs, der den Hasen mit einem Biss in den Hals überraschte. Das Spiel des Raubtiers mit der Beute – wittern, anschleichen, spähen und schließlich schlagen oder springen – konnte er aus zwei Richtungen betrachten. Die Beute kannte keinen Schrecken, nur Bereitschaft. Gespitzte Ohren. Schnuppernde Nasenspiegel. Ein in langen Beinen ruhender Sprung.

Raubtier und Raubtierbeute seien, schrieb Liljefors, »zwei sehr interessante Parteien«. Oft war er die eine der beiden Parteien. Er tötete mit dem Gewehr, liebte mit dem Pinsel. In seinen Bildern sah er die Katze als das Raubtier, das sie ist, wenn sie dem Katzenklo und häuslichen Gefängnis entkommt. Seine Wilderer und Jäger gehören ebenfalls zum Reich des Wildes, sie lauschen wie der Wolf, und ihre Gesichter sind genauso unergründlich.

Trotz aller Arrangements mit toten Vögeln und Konstruktionen mit Gestellen in jungen Kiefern und auf Felsen, und obwohl er

Enten über Wasser an Leinen hängen musste, war die Jagd die Voraussetzung aller Tierbilder von Liljefors. Beim Jagen fing er Momente intensiven Lebens ein. Darüber hinaus bot ihm die Beute die Möglichkeit, sein Motiv aus der Nähe zu betrachten, was auch die Bedingung für die Präzision der Malerei aus der Entfernung war.

Den Blick aus der Nähe auf jedes Detail und jede Abstufung, die gierige Beobachtungslust, die nie befriedigt wurde, hatte er schon als Kind. Seine Begabung und sein Hunger saßen im Auge. Er war noch nicht alt, als ein Bauer seinem Vater zwei Birkhühner brachte, die bei der Mahd getötet worden waren. Als er mit über siebzig Jahren das autobiografische Buch *Das Reich des Wildes* schreibt, erinnert er sich, dass diese Vögel sein Farbensehen und seine Wirklichkeitsauffassung revolutioniert haben:

> Ich war wie verhext bei der Betrachtung ihrer grau und braun moirierten Federn. Meine zuvor gewohnten Begriffe von schönen und hässlichen Farben wurden angesichts dieser schönen Zusammenstellungen auf den Kopf gestellt, die wie aus grauer Vorzeit abgelagert schienen und vom Wald, vom Moor, vom Moos auf den Steinen, vom Nachthimmel zwischen den Zweigen erzählten. Man konnte ewig in diese Welt blicken, es gab darin weder einen Boden noch ein Ende, nur unablässig Neues.

Die Augen gebrauchen

Es sind die Künstler, die vor langer Zeit ihre Motivtiere wirklich gesehen haben. Sie sind sehr nahe hingegangen: In den Vanitasbildern des 17. Jahrhunderts kriecht die Fliege über das Weiß im Auge der vergänglichen Jagdbeute. Leonardo da Vinci fertigte anatomisch zuverlässige Skizzen von Vögeln in der Luft an, um das Geheimnis ihres Fluges zu ergründen. Die Handschriften des Spätmittelalters geben wie die ornithologischen Tafelwerke des frühen 19. Jahrhunderts die Vögel detailliert und im Profil wieder. Sie sind aber nicht um ihrer selbst willen abgebildet, sondern in das Laubwerk und die Ranken eingefügt, die heilige Texte umrahmen.

In *The Sherborne Missal*, einem katholischen Messbuch und Heiligenkalender aus der Wende vom 14. zum 15. Jahrhundert, sind in den Initialen und Rahmen Vögel abgebildet. Sie durchdringen die ernste Bildwelt wie Gezwitscher an einem Maimorgen frisch ausgeschlagene Bäume. Sie mischen sich unter Prälaten und Heilige, die mit feierlichen Handlungen und Aufstellungen beschäftigt sind. Gestaltet hat sie ein Illuminator, dessen Namen wir sogar kennen. Er hieß John Siferwas und war ein Dominikanerbruder, der für diese wichtige Arbeit ins Benediktinerkloster Sherborne in Dorset berufen wurde. Mit seinen Kenntnissen und seinem Talent, die ihn so gefragt machten, leitete er vermutlich eine

The red robin. Vielleicht drang das Perlen der klaren Tonfolgen des Rotkehlchens zu den Fenstern des Klosters herein.

Arbeitsgruppe von Illustratoren. Die Mönche saßen jedoch nicht an Zeichenpulten und fantasierten irgendwelche Vögel zusammen. Es gab diese Vögel im Klostergarten und im Eichenwald vor den Fensterluken, und die meisten lassen sich leicht identifizieren. Lediglich vier entziehen sich gänzlich der Bestimmung. Fast alle sind überdies auf Mittelenglisch benannt, wohingegen die Texte für die Messen des liturgischen Jahres natürlich auf Latein verfasst sind. Dieses Latein reichte für die Vogelfauna Dorsets jedoch nicht aus.

Die meisten Vögel finden sich in den sorgfältig ausgearbeiteten Rahmen auf den Seiten. Sie sind nuanciert mit all den Streifen, Flecken und Moirés ihres Federkleids wiedergegeben. Der Buchfink präsentiert seine rote Brust und die weißen Flügelbinden. Die Schnepfe ist in den Schutzfarben für ein Leben in der Sumpfwiese pointilliert. Der Specht hat eine rote Haube und weiße Backenflecken. Der Kranich legt den langen Hals zurück, wenn er den Schnabel öffnet und trompetet. Der Maßstab entspricht jedoch nicht der Größe der Vögel im Vergleich untereinander, sondern ist dem Bildraum angepasst. So ist zum Beispiel aus dem kleinen Königsfischer ein gewaltiger Vogel geworden, und der Eichelhäher ist größer als der Storch. Die Körper sind in die Länge gezogen und elegant gestreckt.

Nur in drei Fällen haben die Vögel direkt mit dem Text zu tun: Das Rotkehlchen, *the robin*, teilt den Kosenamen mit dem Abt des Klosters Robert Buyrnung, und der Künstler hat das Bild des Rotkehlchens an zwei Stellen spielerisch und humorvoll die Seite mit dessen Porträt teilen lassen. Auf dem Bild der Heiligen Drei Könige an der Krippe ist auch der Stieglitz, der in der mittelalterlichen Malerei stets mit der Madonna und dem Kind verbunden ist. Die Lerche, der Singvogel der Höhe, preist die Himmelfahrt Christi, dessen Fußabdruck noch auf der soliden Klippe zu sehen ist, wo das Ereignis seinen Anfang genommen hat. Ansonsten sind die Vögel nur da, um da zu sein, so wie sie einfach da waren, als die Mönche sich im Eichenwald und zwischen den Obstbäumen des Klosters umschauten. Trotzdem müssen wir uns klarmachen, dass die Illuminatoren mit Vorlagen gearbeitet haben, die sie in Arbeitsbüchern voller Muster und Figuren bei sich trugen. Wie sich herausgestellt hat, gibt es in mittelalterlichen italienischen Skizzenbüchern Verwandte der Vögel des Sherborne-Missals. Es ist verlockend anzunehmen, sie seien draußen im Wald und im Garten unmittelbar mit dem Blick eingefangen worden. Doch genau wie die Tiere in *Ecbasis*, dem Gedicht des Buße tuenden lothringischen Mönchs, haben sie offensichtlich ein über den ganzen Kontinent verzweigtes Netz von Verweisen auf Verwandte. Sie gehören eher einer Kulturwelt als einer speziellen natürlichen Umgebung an.

Dass sie gewissenhaft studiert worden sind, diesem Eindruck kann man sich nicht entziehen. Irgendwo sind sie mit einem Pfeil geschossen, auf einer Leimrute oder mit einem Netz gefangen worden und haben vor dem Essen im Refektorium in Käfigen und auf dem Spültisch gesessen. Sie haben unter dem indiskreten Blick des Künstlers auf einem Pult gelegen. In einem anderen mittelalterlichen Bildwerk, *The Luttrell Psalter* aus dem 14. Jahrhundert, sieht man unter einem Baum einen Mann Vögel fangen. Er hat einen

Kescher mit einem langen Stiel und einem herunterhängenden Seil, mit dem er, wenn er den Vogel erwischt hatte, wahrscheinlich das Fangnetz zuziehen konnte. Es ist allerdings schwer vorstellbar, dass ein Vogel während dieser Prozedur sitzen blieb. Vielleicht war der Ast mit Leim präpariert. Mittelalterlichen Gedankengängen zu folgen ist nicht leicht.

Sir Geoffrey Luttrell aus Irnham in Lincoln war der Adlige, der zu Gottes und seiner eigenen Ehre dieses kostbare Werk mit Heiligenkalender und Hymnen finanziert hat. Er ist darin in voller Kriegsmontur auf seinem Streitross abgebildet. Auf der blauen, mit weißen Blüten bestickten Schabracke des Pferdes sind Jagdfalken aufgereiht. Die Bildfläche der Schabracke wird von seinem Schwert gekreuzt und ebenso sein Wappen von einem Balken. Beiderseits des Balkens sind Jagdfalken abgebildet. Das Wappen ist auf einen Schild gemalt, den seine Frau, deren Kleid ebenfalls mit Falkenwappen gemustert ist, ihm reicht.

Das Bild im Bild, das der Schild darstellt, erinnert daran, dass der Ausdruck *mis en abîme* ursprünglich aus der Heraldik stammt. Heute ist er ein literaturwissenschaftlicher Terminus; das Bild im Bild ist zu einer Geschichte in einer Geschichte geworden, die gleichzeitig deren Gesamtheit umfasst. Sir Geoffrey war der Falke für sein Selbstbild so wichtig, dass die Falken mit ihm in den Krieg zogen und dereinst sein Grab bewachen sollten.

Die Falkenjagd war das Vergnügen der Fürsten und Adligen. Als unsere heilige Birgitta ihre Reise zum Papst unternahm, hatte sie als Geschenk weiße Falken vom Falkberget im jämtländischen Oviksfjäll dabei.

Es gibt nur einen weißen Falken, den Grönlandfalken (*Falco rusticolus candicans*). Früher trug er den Namen *Hierofalco*, der heilige Falke, und *sacri falcones* waren im Mittelalter ein Begriff. Im Vogelbuch der Brüder von Wright erfährt man, dass der Grönlandfalke größer ist als der Jagdfalke und bis auf die blaugrauen Flecken auf dem Rücken ganz weiß. Er horstet auf Nordgrönland und in den arktischen Teilen des amerikanischen Kontinents. Er zieht jedoch umher und hat sich auch in Europa schon oft gezeigt. Unter anderem hatte ihn Gustaf Kolthoff, Liljefors' Kompagnon bei der Arbeit am Diorama des Biologischen Museums, in Uppland beobachtet. Wir wissen nicht, ob die heiligen weißen Falken in Birgittas Gesandtschaft Grönlandfalken waren, sie müssen aber auf jeden Fall sehr kostbar gewesen sein.

Die fürstlichen Jäger finanzierten Handschriften mit Bildern von Beutetieren, Pferden und Hunden. Kaiser Friedrich II. war Kreuzfahrer und überhaupt in viele Kriegsunternehmungen verwickelt. Hielt er sich jedoch in einer seiner Residenzen auf, dann jagte er, und besonders gern mit Falken. Er hat ein sechsbändiges Werk über die Jagd mit Falken hinterlassen, *De arte venandi cum avibus*. Dem Kaiser wird nachgesagt, ein vergnügungssüchtiger, des Atheismus verdächtiger Skeptiker gewesen zu sein. Zumindest kann die skeptische Seite seines Wesens zu jener Naturtreue der Tierdarstellungen in dem Buch beigetragen haben, die sie berühmt gemacht hat. Da hat wirklich jemand seine Augen gebraucht, statt zur Fabelwelt der Bücher zu greifen. Man nimmt an, dass es der Kaiser persönlich war. Falls tatsächlich er das Werk verfasst hat, war er ein früher und bedeutender Ornithologe.

Der Falke jagt im Sturzflug aus großer Höhe. Er wurde daran gewöhnt, zum Jäger zurückzukehren und sich auf dessen Hand zu setzen, die in einem verstärkten Handschuh steckte. Dort bekam er zur Belohnung ein Stück Fleisch. Dürfte er die Beute zerreißen und sich daran gütlich tun, würde er am selben Tag nichts mehr jagen. Mit Falken wurde alles gejagt, was flog: Kraniche, Schwäne, Rebhühner, Regenpfeifer, Stare, Lerchen, Gänse, Enten. Diese Form der Jagd war auch für adlige Damen geeignet, denn sie konnten sie ausüben, ohne sich die kostbaren Kleider blutig zu machen.

In dem in der Universitätsbibliothek Heidelberg aufbewahrten *Codex Manesse* ist die Falkenjagd des Markgrafen Heinrich von Meißen so lebendig dargestellt, dass man sieht, wie der Fürst die Hand ausstreckt, damit der Falke darauf landen kann, während sein Knappe einen Federbusch an einem Stiel schwenkt. Es ist das Signal für den Falken zurückzukehren. Ein anderer Falke wurde an der Brust verletzt, und ein Wappenknecht zeigt dem Fürsten mit einer Geste an, dass er Hilfe braucht. Die Dramatik der Jagd ist in den mittelalterlichen Bildraum gedrungen. Das hier ist keine steife Aufstellung, sondern eine Darstellung, die wir filmisch nennen würden: Man sieht in mehreren Stadien den Sturzflug eines Falken im Angriff auf einen Kranich.

In Kaiser Friedrichs II. Buch über die Falkenjagd brilliert der mittelalterliche
Künstler mit der Vogelperspektive auf die Menschen und ihr Tun.

Im französischen Stundenbuch *Les Très Riches heures du Duc de
Berry* gibt es ein dramatisches Bild einer Wildschweinjagd. Neun
Jagdhunde fallen über den erlegten Keiler her, dessen Hauer unter
ihren muskulösen Körpern hervorlugen. An der Jagd sind drei
Männer beteiligt, aber keiner von ihnen ist ein Fürst. Einer hält
den Leithund an einem Seil. Der Hund hat den Kopf zwischen die
Hinterläufe des Keilers gesteckt, um an dessen Hoden heranzu-
kommen. Ein Mann bläst das Jagdhorn, und der Dritte packt einen
Hund an den Ohren, um ihn zu beruhigen. Dem Hund tropft der
Geifer aus dem Maul. Der Hundeführer hat löchrige Strümpfe,
aber ein fürstliches Emblem auf der Schulter.

Ansonsten ist das Motiv meist eine Hirschjagd, das ritterliche
Vergnügen par excellence. In der mittelalterlichen Literatur gibt es
immerhin an einer Stelle eine Jagdszene, die so realistisch
geschildert ist, dass selbst der Aufbruch des Tiers nicht fehlt. Sie
steht in der Sage über Tristan und Isolde. Darin haben norwegische
Seeräuber Tristan an einer unbekannten Küste an Land gesetzt. Er
hört in der Ferne Jagdhörner und Hundegebell, und bald bricht,
verfolgt von einer Meute Hunde und von Jägern, die rufen und

Trompete blasen, ein Hirsch aus dem Wald. Als die Hunde am Widerrist des Tiers hängen, stürzt es und erhält mit einem Speer den Gnadenstoß. Einer der fremden Jäger will dem Tier gerade die Kehle durchschneiden und es zerlegen, bevor es aus der Decke geschlagen ist. Da protestiert Tristan.

Was tut Ihr, Herr! Muß man solch ein edles Wild zerstückeln wie ein geschlachtetes Schwein? Ist das hierzulande Brauch?

Der Jäger antwortet, in Cornwall habe man das schon immer so gemacht. Aber er nimmt es Tristan nicht übel und lässt ihn vorführen, wie seiner Meinung nach ein Tier aufzubrechen und zu zerlegen sei.

Tristan ließ sich auf die Knie nieder und häutete den Hirsch ab, bevor er ihn zerlegte; dann zerteilte er ihn, indem er, wie es sich gehört, das Gerippe ganz rein zurückließ; darauf hob er die Kleinteile heraus, das Maul, die Zunge, die Haken und die Herzader.
Und Jäger und Meuteführer sahen, über ihn geneigt, voller Entzücken zu.

Weder die französische noch die cornwallsche mittelalterliche Art des Aufbrechens gleicht der unseren. Tristan hat jedoch Erfolg mit seiner Vorführung. Er wird an König Markes Hof eingeführt, wo er zusammen mit Isolde, der Frau des Königs, Liebesglück und Tod erleben sollte.

Es war die Jagd, die den Abbildnern die nähere Betrachtung der Tiere ermöglichte. Die Jäger brachten ihnen die Objekte an die Zeichenpulte. In die gelehrte Literatur fand dieses Wissen jedoch nur schwer Eingang. Schon der Gelehrte, den wir nach seinem in der Bibliothek von Alexandria verwahrten Buch Physiologus nennen, verließ sich am liebsten auf die alten Autoren. In der Welt der Bücher gediehen Vögel ohne Füße und Hirsche mit einem einzigen spiraligen Horn. Das Wissen der Jäger war den Gelehrten nicht wichtig. Trotzdem müssen die Quellen, aus denen Physiologus geschöpft hat, ursprünglich einem Strom mündlich erzählter Jägergeschichten entsprungen sein. Die Jäger wussten selbstverständlich seit vorgeschichtlichen Zeiten, wie ihre Beute aussah, und würden sich nie der Behauptung schuldig machen, der Elch habe eine so lange Oberlippe, dass er beim Äsen rückwärtsgehen müsse.

Eine schriftliche Schilderung von jemandem, der in Schweden wirklich einen Elch gesehen hatte, gab es erst 1581. In diesem Jahr erschien das Buch *Tractatus de magno animali*, doch es sollte noch lange dauern, bis es seinen Weg zu uns fand. Es war von einem Italiener geschrieben und in seinem Heimatland gedruckt worden.

Apollonius Menabenus war in den 1570er-Jahren für einige Zeit am Stockholmer Hof Leibarzt Johanns III. Er blieb nicht lange in dem schmutzigen und kalten Land, dessen Bewohner in seinen Augen grobe und einfältige und von geistiger Blindheit geschlagene Menschen waren. Das Wissen von dem großen Tier, das heißt dem Elch, nahm er aber auf jeden Fall mit nach Hause. Sein Buch ist die Abhandlung eines Arztes über ein Tier von großem medizinischen Nutzen. Menabenus behauptet, ein Verband aus den Sehnen eines Elchs heile Krämpfe. Seine Schalen könnten gegen Epilepsie angewandt werden. Der Elch leide selbst an Fallsucht, und wenn er in einem Anfall zusammensinke, lege er sich die Schalen ans Ohr und heile sich auf diese Weise selbst.

Dies klingt wie das übliche Fabulieren über Märchentiere. Doch der italienische Arzt hat tatsächlich einen Elch gesehen, wahrscheinlich im Tiergarten des Stockholmer Schlosses, und er hat dessen Fleisch gekostet. Er teilt etliche Fakten über den Elch mit:

> Im Übrigen kann angeführt werden, dass die Jäger (meist sind es Bauern) diese Tiere im Herbst, Winter und Frühjahr mit dem Gewehr zu schießen pflegen und dass alle Tiere an den König geliefert werden. So geht das in Schweden zu. Überall in diesen Gegenden essen die Bewohner das Fleisch dieser Tiere, sowohl frisch als auch eingesalzen. Da ich selbst vom frischen Fleisch dieses Tieres aß, fand ich seinen Geschmack mächtig und bitter. Wie muss man sich dann erst den Geschmack des eingesalzenen Fleisches vorstellen!

Was Menabenus über den Elch schreibt, ist ein Beispiel für die ganz und gar menschenzentrierte Auffassung von Tieren: Welchen Nutzen haben sie? Wie können wir sie anwenden? Letztlich stammt

In einem seiner Jagdbücher zeigt Gaston Phebus de Foix, wie man einen Hirsch zerwirkt.

diese Sichtweise aus dem ersten Buch Mose, wonach Gott und die Menschen von ein und derselben Art sind und die Tiere von einer anderen:

> Lasst uns Menschen machen als unser Abbild, uns ähnlich. Sie sollen herrschen über die Fische des Meeres, über die Vögel des Himmels, über das Vieh, über die ganze Erde und über alle Kriechtiere auf dem Land.

Aus dem Paradies vertrieben

Von Anfang an haben die Tiere in der Kunst das Leben gelebt, das in der Schilderung vom Paradies im ersten Buch Mose bedichtet worden war. Gott hatte im Augenblick der Schöpfung gesagt: »Allen Tieren des Feldes, allen Vögeln des Himmels und allem, was sich auf der Erde regt, was Lebensatem in sich hat, gebe ich alle grünen Pflanzen zur Nahrung.« So kam es, dass Wölfe fromm auf Wiesen weideten, wo Löwen mit Lämmern spielten. Als aber die Menschen vom Baum der Erkenntnis gegessen hatten, wurden sie aus dem Garten des Lebens vertrieben und in die Wildnis voll Kampf und Tod östlich von Eden verwiesen.

Auch die Künstler verfielen allmählich der Sünde und dem Irdischen und entfernten die biblischen Figuren aus ihren Gemälden. Als sie die Landschaft um ihrer selbst willen den Bildraum übernehmen ließen, zogen auch die Tiere aus Eden aus und verhielten sich nach Art der Tiere.

Der Schweizer Konrad Gessner war praktizierender Arzt, Naturwissenschaftler, Theologe und Polyhistor. Er hätte nichts dagegen gehabt, alles zu wissen, was es zu wissen gab, und er arbeitete an einer Bibliografie sämtlicher auf Latein verfassten Bücher. In Schweden gab es keine ihm ebenbürtige Kapazität, doch muss sein Gehirn ungefähr so wie das von Johannes Bureus oder Olof Rudbeck ausgestattet gewesen sein. Mit einem Unterschied: Er war von Natur aus Skeptiker und wollte am liebsten mit eigenen Augen gesehen haben, was er beschrieb. Das ließ sich nicht immer einrichten, denn seine *Historia animalium* verzeichnet auch Tiere wie das Nashorn. Sein Anspruch als Skeptiker sollte das als Tierbuch für belesene Jäger und Naturinteressierte gedachte Werk jedoch für die Zoologie grundlegend werden lassen. Es umfasste fünf Bände und wurde in den 1550er-Jahren gedruckt.

Historia animalium nannte zweihundert Jahre später der Schwede Magnus Orrelius ein mehr als achthundertseitiges Werk über Tiere. Es erschien heftweise und wurde 1750 als Buch vorgelegt. Der Text war schwedisch, nicht lateinisch; er hatte sich nur den Titel von Gessner geborgt, vermutlich sollte die Anspielung Autorität verleihen. Seine Tierbeschreibungen bewegen sich auf einer populäreren Ebene als die der Naturwissenschaftler, und er hat sie mit Holzschnitten illustriert. Sie sind grob und dilettantisch, haben aber großen Charme. Einige hat er nach Vorlagen in den naturhistorischen Werken, woraus er kompilierte, selbst geschnitten.

Er war der Sohn eines Dragoners aus Orrviken in Jämtland, der auf dem Feldzug, den Karl XII. gegen Norwegen befehligt hatte, gestorben war. (Der König hatte die gleiche Idee wie König Sverre fünfhundert Jahre vor ihm, nämlich das Land durch eine Invasion in Trøndelag zu erobern.) Der Rückzug nach der Niederlage war eine Tragödie, und die Jämtländer haben sie nicht vergessen. Angeführt von Carl Gustaf Armfeldt, versuchte die Armee in der Weihnachtszeit 1718, sich über das Tydalsfjäll zurückzuziehen. Der König war tot, und der Rest seiner Kriegsunternehmung endete damit, dass Tausende schlecht ausgerüsteter Soldaten bei bitterer Kälte und Schneesturm erfroren.

Der vaterlose Orrelius kam in die Trivialschule von Frösö und dann aufs Gymnasium in Härnösand. Das Universitätsstudium musste er wie seinerzeit der Jämtländer Anders Kempe abbrechen. Bei Orrelius wissen wir mit Sicherheit, dass der Grund Armut war. Er ging jedoch nicht vor die Hunde, sondern nahm eine Stelle als Hauslehrer an und schrieb unermüdlich unter harten Bedingungen, wie seinerzeit Anders Kempe. Oder wie Magnus Hendric Brummer, der ebenfalls unter dürftigen Umständen an seinem Waldlexikon schuftete. Das große Problem war natürlich, dass die Bücher, die man benötigte, so teuer waren. Orrelius benutzte vermutlich die Büchersammlungen seiner Arbeitgeber.

Als 1766 die Pressefreiheit eingeführt wurde, begannen Orrelius' Schriften nur so aus den Druckerpressen zu strömen. Als Gelegenheitsarbeiter in Druckereien hatte er kurze Wege dorthin. So wurde er professioneller Schriftsteller, ein sogenannter Brotschreiber, und schrieb über Tiere. Da er Herrnhuter war, verfasste er auch Predigten und scharfzüngige theologische Auslegungen, und er produzierte eine Menge giftiger Pamphlete gegen die Sittenverderbnis, den Modewahn und die Herrschsucht von Frauen. Zweimal landete er in Sachen Religion vor Gericht, berappelte sich aber und wurde schließlich Buchhändler in Norrköping. Ab 1769 war er für ein paar Jahre Redakteur für Außenpolitik bei *Norrköpings Tidningar.*

Seinen Namen wählte er nach seinem Heimatort Orrviken. In seinen Tierbeschreibungen geht er methodisch vor, er knüpft aber gleichzeitig an Fabeln und Tiersagen an. Sie haben einen Anstrich von Sensationsschreiberei, schließlich musste er seine Erzeugnisse ja verkaufen. (Er hat auch die schon erwähnte französische Schrift über den Wolf, »das grausame menschenfressende wilde Tier«, übersetzt.) Orrelius war kein Systematiker, und er schaffte es auch nicht, wie in den Abonnementsanzeigen versprochen, das gesamte Tierreich zu behandeln. Eine gewisse Einteilung lässt sich aber entdecken: Er spricht von Raubtieren, nagenden Tieren, einhufigen und spalthufigen Tieren sowie Krallentieren und menschenähnlichen Tieren. Darüber hinaus hat er eine Abteilung mit seltenen Tieren des amerikanischen Kontinents hinzugefügt.

Das Buch hat eine tadellose physikotheologische Einleitung.

Das Werk preist den Meister. Soll der große Meister und unsichtbare Gott in seinem Wesen und seinen Eigenschaften gebührend erkannt werden, müssen seine herrlichen Werke und Taten genau betrachtet werden.

Orrelius legt sein Erstaunen über die Vielfalt und Unzählbarkeit des Universums dar. Verwundert sinnt er über »die unüberschaubare Anzahl von Himmelskörpern« und ihre überwältigende Größe nach: Das Klümpchen Erde sei klein gegen die gesamte Sternenwelt, und dennoch habe noch niemand alle Tiere der Erde zählen können. (Ohne dass er es wusste, war Linné gerade damit beschäftigt.) Den Zweck des Universums sieht er vor allem im Gebrauch, den der Mensch von Tieren, Pflanzen und Mineralien machen kann. Einiges diene als Nahrung, anderes als Heilmittel. Der Nutzen sei dem Schöpfungswerk eingeschrieben.

Er beginnt seine Tierbeschreibungen mit dem Löwen, *Leo*, dem Träger von Edelmut, Tapferkeit und vielen anderen königlichen Tugenden. Es folgen der Luchs, *Lynx*, und dann das »große, starke und grausame Krallentier, der Bär, *Ursus*. Bären, die Vieh gerissen haben, müssen ihm aus seiner jämtländischen Kindheit vertraut gewesen sein, und er schreibt darüber: »Sie sind von so grausamer, gefräßiger und überdies betrügerischer Art, dass niemand ihnen Gutes zutrauen mag.«

Vom Wolf, *Lupus*, behauptet er, dass er in den 1720er-Jahren selten gewesen sei, später aber überhandgenommen hätte. Er sei gefräßig und geizig. Der Fuchs, *Vulpes*, übertreffe andere Tiere an List und Ränken. Orrelius teilt den Raubtierhass seiner Zeit aus vollem Herzen. Einen gewissen Nutzen, räumt er ein, könne man an den Häuten und Eingeweiden dieser Totschläger haben. Leber und Lunge des Fuchses ließen sich zum Beispiel als Medizin bei Lungenschwindsucht verwenden.

Orrelius, ein hitziger Moralist, steht in einer älteren und bald aufgegebenen Tradition zoologischer Beschreibungen, in der das Niveau der Tiere an Klugheit oft die Grundlage für ihre Einteilung bildete. Ihre Eigenschaften werden niedermenschlich genannt. Gleichzeitig aber ist er von der Naturwissenschaftlichkeit seiner Zeit beeinflusst. Er liefert eine sehr genaue Beschreibung der rauen und mit Stacheln besetzten Zunge des Bären. Ist der Abschnitt über den Bären insgesamt traditionell moralisierend, so ist die Partie über den Biber mit mehr Fakten gespickt und modern:

> Der Biber sieht von der Schnauze bis zu den Hinterfüßen, die gleich dem Schwanze zu erkennen geben, dass er sowohl im Wasser als auch auf dem Trockenen lebt, wie eine Waldmaus aus; er ist ziemlich lang und dick wie ein halbjähriges Schwein. Die größten Biber sind 3 bis 4 Fuß lang und um den Leib 12 bis 15 Zoll breit und wiegen 2 à 3 Lispund. In Anbetracht des Kopfes gleicht das Tier einer Bergratte; die Schnauze ist etwas lang und ringsum mit Haarbüscheln versehen; die Kiefer sind beide gleich groß und stark, haben jeweils 10 große und kräftige Zähne, worunter zwei Schneidezähne sind, die aus dem Maule ragen, von ungefähr einem Zoll Länge, ziemlich stark, sodass der Biber damit die größten Bäume fällen kann; die anderen 8 sind Backenzähne, von safrangelber Farbe und etwas kleiner als die vorigen.

Dass er über den Biber mit detailreicher Sachlichkeit berichten kann, beruht vermutlich darauf, dass dieses Tier im Unterschied zu den meisten anderen in der Literatur gut beschrieben war. Man interessierte sich schon lange für dieses Tier, wegen des kostbaren Bibergeils, jenes Sekrets, das der Biber aus Drüsen an der Analöffnung und dem Geschlechtsorgan ausscheidet und das für Arzneien verwendet wurde. Wenn die Beschreibungen von Orrelius plump und dürftig wirken, kann man wohl schlussfolgern, dass er keine modernen Vorlagen gefunden hat. Er musste im Geist einer älteren Zeit moralisieren und fügte jedem Abschnitt außerdem ein Zeichen zur Symbolfunktion des Tiers an. Es konnte für Weisheit, Vorsicht oder Fürsorge (für die Brut) stehen und damit in einer Form, die wir vielleicht archetypisch nennen würden, entsprechende Eigenschaften beim Menschen spiegeln.

Der Mensch, *Homo*, nimmt in dem Buch den größten Raum ein. *Anthropologie*, schreibt Orrelius, beinhalte, dass der Mensch eine gründliche und klare Kenntnisse über sich selbst erhalte.

Dass der Mensch zum Tierreich gezählt wird, dürfte nur denjenigen verwundern, der niemals gehört, dass sowohl neuere wie ältere Philosophen ihn als ein vernünftig Tier beschreiben.

Von der hohen Wertschätzung der Ursprünglichkeit und des Naturzustands, die Rousseau gerade entwickelte, konnte Orrelius noch nichts gehört haben. Im alten Geist ist er der Meinung, dass ein Mensch, der schlecht oder gar nicht erzogen werde, »nicht um ein Haar besser wird als die unvernünftigen Tiere«. Er berichtet von verwilderten Kindern, die im Wald gelebt hatten und von Jägern eingefangen wurden: Johannes aus Leyden, der mit fünf Jahren im Krieg verloren ging und als Sechzehnjähriger wieder aufgefunden wurde. Er ging auf allen Vieren, schnüffelte wie ein Hund, aß Gras und Kräuter. Ein irischer Junge mit dem gleichen Schicksal wurde auf Märkten vorgeführt. Er konnte ebenfalls nicht aufrecht gehen und blökte wie ein Schaf. Ein Mädchen in Frankreich lernte immerhin Strümpfe stricken, obwohl es selbst keine Kleider tragen wollte. Der von General Koskull eingefangene polnische Bärenjunge wurde an den Hof gebracht, damit sich die königlichen Hoheiten an seiner Tierhaftigkeit delektierten.

Nicht einmal den Menschen als kultiviertes Wesen schätzt Orrelius besonders hoch ein. Seine Sichtweise ist noch pures Mittelalter: Der Leib sei ein Madennest, eine Erdhülle, ein stinkender Abtritt. Leben sei riskant. Schon die Geburt setze den Menschen der Ansteckung mit Krankheiten aus, und er werde faulen und sterben, so sei es ihm bestimmt. Er wettert über den Versuch des Menschen zu leben:

> Er schämt sich seiner Herkunft, lebt unter täglichen Widerwärtigkeiten und stirbt voll Erstaunen und Erschrecken. Die Kindheit ist ein Affenspiel, die Jugend ein Haufen Unordentlichkeiten, das mittlere Alter ein Tummelplatz der Verrücktheiten und das Alter eine Zufluchtsstätte der Gebrechlichkeiten. Er weint, wenn er geboren wird, leidet, solange er lebt, und stirbt gemeinhin unzufrieden.

Orrelius' Beschreibung der Tiere, ihrer Grausamkeit, Ränke und ihres Geizes besitzt bereits moralische Intensität. Sie steigert sich noch, als er zum Menschen kommt; man hat das Gefühl, das eigentliche Anliegen des Buches liege darin, mit diesem sündigen und misslungenen Geschöpf abzurechnen, das der Mensch sei oder zu dem er vielmehr ausgeartet sei. Als er vierzig Jahre später eine Schrift mit dem Titel *Swenska fiskefänget* (Schwedischer Fischfang) herausgab, tat er dies anonym und nannte sich bezeichnenderweise »MenschUn-Freund«.

1776 veröffentlichte Orrelius mit *Inledning till djurkänningen* (Einleitung in die Tierkunde) ein neues und moderneres Tierbuch. Linné wusste ja nun schon längst, dass er sich wegen dieser Konkurrenz keine Sorgen zu machen brauchte. Als die *Historia animalium* erschienen war, hatte er geglaubt, sie sei von einem Studenten verfasst worden, der in seinen Vorlesungen mitgeschrieben habe, ein *plagiarius*, wie Linné aufgeregt schrieb und in der ersten Hitze sein Projekt, die Tiere systematisch zu beschreiben, aufgeben wollte.

Unter der Leitung von Lars Roberg waren an der Medizinischen Fakultät der Universität Uppsala schon früh zoologische Dissertationen geschrieben worden. 1749 verteidigte der Jämtländer Aeschill Nordholm unter dem Vorsitz von Anders Berch eine Dissertation über den Tierfang in Jämtland. Anders Hilleström hatte eine Arbeit über die Bärenjagd in Västmanland vorgelegt. Ein übergreifendes zoologisches Werk mit wissenschaftlichem Anspruch wurde in Schweden jedoch erst 1746 mit Linnés *Fauna Suecica* und etwa ein Jahrzehnt später mit dem zoologischen Teil seiner *Sys-*

tema Naturae publiziert. Nun wurden die Tiere ordentlich gezählt: Laut *Fauna Suecica* gibt es in Schweden 2266 Tierarten. Davon sind 53 Säugetiere, 221 Vögel, 26 Amphibien, 77 Fische, 1691 Insekten, 198 Würmer. Hier geht es nicht um lebendige Beschreibungen, sondern um Systematik. Linné interessiert sich in erster Linie für die Insekten (Gliedertiere) und dabei vor allem für ihre Mundwerkzeuge, die zur Unterscheidung der Arten aus der Nähe betrachtet werden konnten. Die Säugetiere bekamen nur fünfzehn stark komprimierte Seiten.

Möchte man etwas über die Tiere des Waldes erfahren, über ihre Natur, ihre Eigenart und ihr Aussehen, muss man zu dem Künstler und Abbildner gehen, der zu Beginn des 19. Jahrhunderts die Brüder von Wright zu ihren Vogelbildern inspiriert hat. Magnus von Wright erzählt in *En del av mina lefnadsöden* (Ein Teil meines Lebensschicksals), wie er im Winter 1811/12 in Kuopio einen Major Aminoff kennengelernt hat: »Dieser Mann war mit den zu jener Zeit bereits erschienenen 8 Heften der Schwedischen Zoologie versehen und ließ mich die meisterhaften Tafeln betrachten, was mir ein unbeschreibliches Vergnügen bereitete.«

Es ist auch heute noch vergnüglich, J. W. Palmstruchs *Svensk Zoologi* (Schwedische Zoologie) zu lesen. Die Beschreibungen im ersten Teil des Werks stammen von Conrad Quensel, im zweiten von Olof Swartz, der die Texte zu Palmstruchs *Svensk botanik* (Schwedische Botanik) verfasst hat. Er war damals Schwedens bedeutendster Botaniker, hatte aber auch zoologische Untersuchungen verfasst, unter anderem über Insekten.

Der Rittmeister und Ritter Palmstruch hat ausgezeichnete Farbbilder angefertigt. Bei einem Streifzug durch sein Werk begibt man sich in eine Bilderbuchtierwelt. Die Tiere sind bereitwillig in geeigneter Pose erstarrt und bis ins kleinste Schnurrhärchen ausgearbeitet. Sie wurden von einer geschickten Künstlerhand kontrolliert; sogar ihre Grausamkeit, ihre Raubgier und ihre Schlauheit sind gekonnt und meisterlich festgehalten. Die Bücher, die für die Betrachtungsweise der Tiere lange Zeit von großer Bedeutung sein sollten, sind in einem Grenzbereich angesiedelt, wo sich strikt wissenschaftliche Beobachtung mit einfühlendem Vermenschlichen und Moralisieren vermischt. Aus dem Vorwort wird deutlich, dass diese Sichtweise der Tiere mittelalterliche und noch ältere Wurzeln hat; danach können Tiere grausam, weise oder auch friedliebend sein. Diese Sicht mischt sich mit einem Denken, das schon auf Darwin vorauszudeuten scheint, in seiner Wortwahl aber trotzdem biblisch ist:

> Unter den Tieren so gut wie unter den Menschen, die sich selbst überlassen, bestimmt die Stärke das Vorrecht; ist Erstere mit Schlauheit und Mut verbunden, so ist Zweiteres sehr viel sicherer. Der Löwe und der Tiger, die Tyrannen der Tiere, zeichnen sich durch Grausamkeit und Gewalt aus; ihnen gebricht es weder an List noch Mut noch Körperkraft noch Geschmeidigkeit; Schrecken geht ihnen voran, und in ihrer Spur der Tod. Der Elefant, ein Friedensfreund, gleicht einem würdigen König; er gründet seine Herrschaft auf Milde; in seinem Benehmen zeigt er edlen Stolz, der Furcht abhält und Ergebenheit erheischt.

Die weitere Reihenfolge der beschriebenen Tiere ist: Elch, Spornammer, Kreuzotter, Makrele, Hirschkäfer, Seestern und Otter. Sie lässt sich wohl damit erklären, dass im Buch die Bildfolge der zuerst publizierten Hefte beibehalten wurde, die deren Entstehungsgeschichte folgt. Es vermittelt jedoch den Eindruck eines freundlichen Durcheinanders, weit entfernt jeglicher Linné'schen Systematik. Man betritt auch keine Waldwelt. Doch der König des Waldes und etliche andere Waldtiere fehlen nicht. Und obwohl es das Elchtier ist, das aggressiv werden kann, wenn es ein Kalb hat, muss wie üblich in der Literatur der Elchhirsch für wilde Grausamkeit herhalten:

> Die Brunftzeit fällt im Herbst auf den Sept.; dann frißt das Männchen Sumpfporst, wird wild und sucht überall Weibchen, schwimmt durch breite Flüsse und ist bisweilen angriffslustig. Wird der Elchhirsch böse, sträuben sich ihm die Haare auf Mähne und auf Adamsapfel, wodurch er ein grimmes Aussehen annimmt.

Dem Fuchs wird »eine Neigung zur Raubgier« nachgesagt und außerdem die Fähigkeit, zu überlegen und Schlüsse zu ziehen. Wir erkennen hier den schlauen Reineke Fuchs aus der Welt der Tiermärchen. Seine Jagd auf Hühner werden Mordtaten genannt, aber es wird auch gesagt, dass die Zärtlichkeit für ihre Nachkommen die Füchsin ihren Egoismus vergessen lasse. Es werden Beschreibungen und Proben der »Durchtriebenheit, die der Wolf mit seinem Handwerk vereint«, gegeben, und die Wortwahl zeigt schon, welch durch und durch vermenschlichte Sichtweise hier herrscht. Der Wolf habe ein heimtückisches Aussehen, und seine Augen leuchteten in der Dunkelheit, eine verblüffende Behauptung in der Zeit vor den Autoscheinwerfern. Können schwache Wagenleuchten wirklich so viel Licht verbreitet haben, dass es von Tieraugen am Waldrand reflektiert wurde?

Es heißt, der Marder sei zweifellos das schönste Raubtier, was man nur unterschreiben kann: »Sein anmutiger Kopf ist oben flach, hat eine spitze, dunkelbraune Schnauze, wobei das äußerste Ende die Lippen überragt, auf deren oberer 4 Reihen langer Schnurrhaare sitzen.«

Alles steht im Zusammenhang

Die Tierfabeln alter Zeiten wollten die Ungeheuerlichkeit und Vielfalt der Schöpfung anschaulich machen. Vorstellungen von Wesen wie den Werwölfen sollten veranschaulichen, wie die böse Kraft des Teufels mit der guten Kraft Gottes um die Herrschaft auf Erden und in den Menschenseelen kämpft. Allein Montaignes Gedanken über die Katze als Subjekt ihres Daseins bringen ein bisschen frischen Wind in diese Gedankenwelt. Erst als der Glaube an die Schöpfungsgeschichte nachlässt, und vor allem, nachdem Darwin mit seiner Entwicklungslehre auf den Plan getreten ist, werden die Tiere als solche interessant. Ihr Leben wird nun als etwas vom Leben der Menschen (wenn auch nicht von seiner Interessensphäre) Getrenntes begriffen. Ihr Kampf ist nicht mehr der Konflikt zwischen der Grausamkeit des Raubtiers, die des Teufels ist, und der unschuldigen, von Gott verliehenen Frommheit der Beute.

Liljefors sah das Raubtier und seine Beute als »zwei sehr interessante Parteien«. Eine solche Aussage ist immerhin der Versuch, sich von Sentimentalität zu befreien. Er bezog für keine der Parteien Stellung und glaubte auch nicht, dass das Beutetier Todesangst empfinde. Das Raubtier sei daran interessiert, sich Nahrung zu beschaffen, und das Beutetier, am Leben zu bleiben. Beide besäßen Mittel, den Kampf zu gewinnen: Der Fuchs habe sein Maul und der Hase sein vortreffliches Gehör und seine langen Beine. Der Bussard sein scharfes Auge, einen spitzen Schnabel und Krallen, die Birkhenne ihr gesprenkeltes Tarnkleid. Während der Balz sei sie außerdem gegen eine andere ebenso gesprenkelte, wackelnde Beute unter den Fichten austauschbar.

Ich schreibe dies an einem frühen Morgen, an dem sich Frühling und Vorsommer die Waage halten und die größer gewordenen Buschwindröschen staunend strahlen. Vor einer Stunde habe ich unter einer Fichte ein Rehkitz entdeckt. Es war natürlich die Hündin, die Witterung genommen und an der Leine gezerrt hatte. Das Kitz lag neben dem Stamm, und rings um seinen kleinen Körper ragten dürre Fichtenzweige auf. Die weißen Flecken auf seinem Rücken und an den Schenkeln sahen in dem Fichtenverhau zunächst wie Sonnenflecken aus. Das zusammengekauerte, man möchte fast sagen, zusammengeklappte Kitz hat sonst nichts, womit es sich verteidigen kann: einen Trompe-l'œil-Effekt, der ein Geschöpf mit guter Nase allerdings kaum täuschen kann. An der Stelle, wo ich das Kitz gesehen habe, halten sich normalerweise Wildschweine auf, und der Dachs hat einen festen, ausgetrampelten Pfad, auf dem er abends aus seinem Bau herauswatschelt. Ganz zu schweigen von dem überall umherstreifenden schnüffelnden Fuchs.

Das Rehkitz ist ein Bild größter Verletzlichkeit. Man kann sich kaum dagegen wehren, beim Anblick des Geschöpfs, wie es da zusammengekauert auf die Ricke und das Euter wartet, nicht stark berührt und besorgt zu sein. Es ist ein Geschenk, ihm einen Moment lang so nahe sein zu können, dass man jeden tarnenden Fleck und Streifen im Haarkleid des ansonsten wehrlosen Tiers erkennen kann. Für diesen Anblick haben Maler und Naturforscher getötet. Ich hatte jedoch jenes Ding dabei, das unsere Einstellung gegenüber dem Wild verändert hat und sie endgültig verändern dürfte: meinen Fotoapparat.

Wenn die Hasen auf dem Haferacker sitzen und ihre Löffel spitzen, wenn der Fuchs vorbeieilt und sie in den Wald scheucht, wenn eine Schar Hohltauben wie ein blauer Schatten herabstößt und sich in pickende Individuen auf Nahrungssuche auflöst und wenn der Rehbock sich auf dem kleinen Felsen sehen lässt, dann sagen wir immer: Jetzt haben wir eine biologische Bildtafel vor unserem Küchenfenster. Wir sollten besser Diorama sagen, denn die Bildtafeln in der Schule basierten auf jenen Naturschauen, die man Ende der 1890er-Jahre im Biologischen Museum auf Djurgården in Stockholm gestaltet hatte. Dort wurde ein Diorama aufgebaut, das Bruno Liljefors und der Konservator Gustaf Kolthoff bereits in Uppsala gemeinsam geschaffen hatten. Es waren groß angelegte, tiefe Ansichten von Tieren in ihrer natürlichen Umwelt, eine illusorische Zusammenstellung ausgestopfter Körper und gemalter Effekte. »Man sieht kaum, wo die wirklichen Gegenstände aufhören und die Kunst anfängt«, schrieb ein enthusiastischer Kritiker.

In meiner Schulzeit hatten die Kulissen des Dioramas Buckel. Das Gefieder der Vögel wirkte staubig, das Fell der Tiere war glanzlos. Später wurde alles renoviert, und heute lässt sich die Idee, die diesem Panorama von Tieren in ihrem Biotop zugrunde liegt, wohl besser nachvollziehen. In dem großen Raum im ersten Stock wird das Blickfeld ringsum von den schwedischen Landschaftstypen mit hundertdreißig Vogel- und ungefähr dreißig Säugetierarten eingenommen.

Diese Idee hatte ihren Ursprung natürlich in dem damals sehr starken und lebhaften nationalen, um nicht zu sagen: patriotischen Bewusstsein. Seht her, was wir haben! Welch Gewimmel, welch Reichtum und welche Eigenart! Liljefors' künstlerische Kollegen waren aus dem idyllischen Grèz-sur-Loing in Frankreich zurückgekehrt und hatten die strenge nordische Landschaft und nicht zuletzt ihr Licht entdeckt.

Die Naturwissenschaft näherte sich dem Durchbruch zu dem, was wir heute ökologische Betrachtungsweise nennen. Im Diorama wird das Zusammenspiel mit der Umwelt hervorgehoben. Liljefors selbst wollte in Koexistenz mit dem Wald und den uppländischen Wacholderhügeln leben. Auf einem Selbstporträt kauert er mit einer Schrotflinte überm Arm, gut in die Landschaft eingefügt und mit Schneeflecken und Vorjahresgras getarnt. Über das Tier im selben Lebensumfeld hat er geschrieben:

> Der Zusammenhang zwischen dem wilden Tier und seiner Umgebung erscheint so organisch, dass z. B. ein Hase, der aus einem Busch aufgescheucht wird und davonläuft, wie eine Frucht wirkt, die sich aus ihrer Hülle löst.

Es war diese Sicht der Tiere in ihrem Lebensumfeld, die das Diorama ausdrücken wollte. Zur selben Zeit, als den Naturwissenschaftlern und Künstlern die Augen dafür aufgingen, dass der Wald eine Welt ist, in dem alles miteinander im Zusammenhang steht, begannen in den bis dahin fast unberührten Wäldern Norrlands die großen Holzeinschläge für den Export. Das Wissen, dass die verschiedenen Arten in Fauna und Flora einander die Voraussetzung zum Leben boten, wurde weiterentwickelt. Doch konnte es sich, als in den 1970er-Jahren die technologisch fortgeschrittene Forstwirtschaft den rationellen Kahlschlag forderte, nicht geltend machen. Seine Reste leben in der politischen Rhetorik weiter, wirken sich aber selten auf die Praxis aus.

In den 1870er-Jahren begann eine intensive Periode naturwissenschaftlicher Forschung, die sich in Faunen, Floren, Handbüchern und Zeitschriften nach und nach auch populärwissenschaftlich in der breiten Öffentlichkeit niederschlug. Dort fand sich natürlich eine von Darwin und seinen Mitstreitern beeinflusste Betrachtungsweise der Tiere. Es war keine Selbstverständlichkeit mehr, dass die Farbenpracht der Schmetterlinge und Erpel vor allem dazu diente, den Schönheitssinn der Menschen anzustacheln und sie dazu zu bewegen, die Schöpfung zu preisen oder Gedichte zu schreiben. Nun tarnten sich die Tiere mit ihren Farben, versanken in ihrem Lebensumfeld, sättigten es mit ihrer Anwesenheit und wirkten darin zusammen. Der Lebenskampf wurde betont und war die Voraussetzung für die Auswahl, welche die Natur selbst vornehme: Die stärksten und ihrer Umwelt am besten angepassten Individuen bekämen die lebenskräftigste Nachkommenschaft.

Den Ausdruck *survival of the fittest* soll Herbert Spencer als Synthese aus Darwins Theorien geprägt haben, und er verschärfte

Das Rehkitz, das die Norrbottenhündin bei uns im Wald aufgespürt hat.

Darwins *struggle for existence* zu dem bedeutend dramatischeren *struggle for life*. Darwins deutscher Anhänger und Interpret Ernst Haeckel machte den Darwinismus zu einer *Weltanschauung*, einer Vorstellung davon, wie die ganze Welt zusammenhängt. Es wurden ungute Schlussfolgerungen gezogen, die Zuchtwahl galt angeblich auch im sozialen Leben, wo die Begriffe *Kampf ums Dasein* und *Lebensraum* Anwendung fanden. So wurde Darwin von August Strindberg gelesen und nicht nur von ihm.

Die Betrachtung des biologischen Lebens als eines schonungslosen Kampfes gab es bei Darwin durchaus. Er glaubte, letzten Endes würde eine große Anzahl niederer Menschenrassen von »den höher zivilisierten Rassen« besiegt und vernichtet. Auch erachtete er den Unterschied zwischen den Geschlechtern als unerschütterlich und für das biologische Leben entscheidend. Hier konnte sich Strindberg den Zündstoff für jenes Feuer holen, das zumindest auf dem Gebiet der Misogynie das größte in unserem Land war.

Hat Strindberg *Über die Entstehung der Arten* denn tatsächlich gelesen? Wenn man das Buch liest, dann sieht man, dass Darwin auch die Abhängigkeiten betont. Er hat in seinem Garten Experimente gemacht, die seine Auffassung stützten, das Instinktleben der einen Art sei mit dem der anderen Art so verflochten, dass beide daraus Gewinn zögen. Die Ameise und die Blattlaus stünden über Antennen in Verbindung, die nichts mit einem Kampf auf Leben und Tod zu tun habe, sondern mit friedlich erzieltem Gewinn. In *Über die Entstehung der Arten* beschreibt er das Aufblühen und Aussterben der Arten, allerdings auf eine Weise, der wir mehr Aufmerksamkeit schenken sollten. Über die Verwicklung des biologischen Lebens schreibt er:

> Das Erlöschen darf uns nicht wundernehmen; wenn uns etwas wundern müsste, so sollte es vielmehr unsere einen Augenblick lang genährte Anmaßung sein, die vielen verwickelten Bedingungen zu begreifen, von welchen das Dasein einer jeden Species abhängig ist.

Darwins Experimente und Forschungen haben ihn demütig gemacht. Er war nicht immer geneigt, jene Schlussfolgerungen über das menschliche Leben zu ziehen, die seine enthusiastischen Nachfolger, ausgehend von seinen Theorien, als selbstverständlich betrachteten.

Die Kritik des Hasen

Liljefors' *Das Reich des Wildes* enthält eine knappe, aber starke Poesie, obwohl es sich eigentlich um sehr realistische Beschreibungen von Tieren und Landschaften handelt. Björn von Rosen, Erik Rosenberg, Sven Rosendahl und der Ornithologe Bengt Berg schreiben später in derselben Tradition. Begründet hat sie Linné. Seine wissenschaftliche Naturbeobachtung konnte bei aller Sachlichkeit mittendrin lyrisch und geradezu spielerisch werden. Ein moderner Höhepunkt dieser Art von Naturbeschreibung, die Poesie mit Wissen vereint, sind Harry Martinsons Naturessays. Die

Einleitung zu *Midsommerdalen* ist eine groß angelegte Beschreibung der Ankunft des Frühlings und der Zugvögel. Da gibt es Himmelsperspektiven, gewaltige Entfernungen, hochliterarische Bilder und Allusionen – und eine fast pedantische Lust, zu belehren und zu benennen. Sie besitzt auch ein Element eigener Anschauung: die Bachstelzen am afrikanischen Strand.

Jahr um Jahr derselbe Prozess, ewig alt und ewig wieder neu: Der nordische Sommer kommt zu uns, mit dem Frühling als Galionsfigur. Er kommt beladen von Pomonia und Santa Flores und zieht mit der Wärme des Golfstroms und dem Schneepflug des Frühlings weiter über Land, hoch in den Lüften umkreist von hellen Wolkenhaufen, trompetenden Kranichscharen aus Zentralafrika, Bachstelzen aus dem Sudan. (Ich habe sie dort mit eigenen Augen am Strand zwischen den Einsiedlerkrebsen wippen sehen. Im Sudan scheint die Bachstelze ein typischer Strandvogel zu sein.) Einzelne Vogelarten kommen von weiter östlich, z. B. die Spornammer aus China, während die schnellen Schwalbenscharen meist von den griechischen Inseln kommen.

Der Naturessay ist ein Genre, in dem sich geübte und kundige Tier- und Landschaftsbeobachter stimmungsvoll ausgedrückt und ihrem Erlebnis jenen Wert zugeführt haben, der sich mit pantheistischen, ökologistischen oder nationalistischen Termini interpretieren lässt. Dies gilt auch für diejenigen, die von einer so handfesten Betätigung wie der Jagd ausgegangen sind.

Der Kunstwissenschaftler Allan Ellenius vertritt die Ansicht, Liljefors habe in seinen Bildern und seiner Prosa eine ökologische Überzeugung formuliert. Ökologie, ein von Haeckel geprägter Begriff, ist ja eigentlich der Teil der Biologie, der sich mit der Lebensweise von Tieren und Pflanzen, mit ihrer Anpassung aneinander und an die äußeren Verhältnisse sowie mit ihrer Abhängigkeit von diesen befasst. In unseren Tagen wurde der Begriff jedoch ideologisch aufgeladen und ersetzt nicht selten eine religiöse Deutung der Welt. Es wurde Ökologismus daraus. Liljefors' Sicht der Natur ist im Sinne Haeckels also ökologistisch. Doch sie hat Obertöne. Wenn er in späteren Jahren schreibt, dass junge Birkhühner ihm die Augen für die Welt der Farben geöffnet hätten, wird ganz deutlich, dass seine Vision über die Farbenlehre hinausreicht: »Man konnte ewig in diese Welt blicken, es gab darin weder einen Boden noch ein Ende, nur unablässig Neues.« Es ist die Meditation eines alternden Mannes über die Schöpfung, deren Reichtum ihn schwindeln macht.

Der Jäger, die richtige Art Jäger, erlebe den Wald einsam, schreibt Liljefors. Er bewege sich leise wie ein Tier vorwärts:

> Hier ist das Reich des Wildes. Diese wunderbare Welt, wo Ordnung und Vervollkommnung den Besucher gleichsam einladen, sich von seiner besten Seite zu zeigen. Er fühlt sich klein, aber dennoch auf wundersame Weise zu Hause.
>
> Die Tiere des Waldes haben ihn längst bemerkt und warten im Verborgenen ab. Aus Gebüsch und Dickicht verfolgen viele Äuglein das Vorgehen des Fremdlings. Vielleicht wird hier und dort über ihn gelacht – in der Einsamkeit, wie er glaubt.

Er spricht dem Wild »einen Hauch von Unerreichbarkeit und Spott« zu, ein »Komm und hasch mich, wenn du kannst«, was den Indianer in ihm weckt. Er sieht das Tier als einen Widerpart mit unzähligen Auswegen und sich selbst als unterlegen. Er vermutet, dass es einfacheren Jägern und bellenden Dorfkötern gegenüber »eine gewisse Geringschätzung« empfinde. Folglich gehe es darum, als Jäger in puncto Wald das Intelligenzniveau des Beutetiers zu erreichen.

> Dass der Hase seine Beine benutzt, wenn er verfolgt wird, ist klar – er weiß aber auch, dass er laufen kann, und er wird wohl nicht oft von wirklicher Angst oder Furcht behelligt. Mitunter kann man bei einer Stöberjagd auch beobachten, dass sich das Tier benimmt, als treibe es mit seinen Verfolgern fast Späßchen.

Nur ein Hase könnte diese Beschreibung kritisch einschätzen. Ein Mensch kann nur sagen, dass Liljefors ihn unbedingt verstehen will. Es ist seine Leidenschaft, sich in das Beutetier, in dessen innere Welt hineinzuversetzen. Und dies ist keine gänzlich instinktgesteuerte Welt, wo der bedingte Reflex Gesetz ist. Liljefors glaubt, dass der Fuchs sich amüsiert, wenn er den Dachshund an der Nase herumführt, und das Tier das Vergnügen sogar noch verlängern will, indem es »gutmütig interessiert« in ein alternatives Loch schlüpft, statt in den Wald zu fliehen. Er weist jegliche Emblematik zurück:

›Der zottelige Wolf‹ hieß es im Märchen. Es gibt nichts Feineres und Saubereres. Das wilde Tier ist bis ins Kleinste Ordnung und Schönheit. Und Gleichmut. ›Das Tierische‹ ist eine Erfindung des Menschen.

Der Tiger tötet die Antilope nicht aus irgendeiner Wut oder schlechten Laune heraus oder weil er eine besonders schwarze Seele hätte.

Stets Gleichmut und Gleichgewicht. Sogar in der scheinbar wilden Raserei eines Kampfes. Das Aufplustern des Uhus, das Fauchen der Katze und ihre Attitüden haben – außer in Deckung zu gehen – den Zweck, sich dem Gegner widerborstig zu zeigen. Die Erfahrung hat sie gelehrt, dass dies auf einfachere Gemüter Eindruck machen kann. Der Kampf selbst wird auch bei höchstem Tempo mit kaltem und klarem Kopf geführt. Kein Danebenhauen oder irgendwelche konfusen Bewegungen wie beim Menschen mit seinen schwachen Nerven.

Ein schwer verletztes Tier sieht sich – falls es außerstande ist, sich zu verteidigen oder zu fliehen – beherrscht nach einer Möglichkeit um, der ungünstigen Lage zu entkommen, in die es geraten ist. Es sieht dem Menschen gelassen ins Auge. Kein Schrecken, nicht einmal ein Tadel in seinem Blick. Vielleicht gar eher Weisheit. Und vollkommenes Unverständnis für irgendeine Art von Unterwerfung.

Gerade als ich dies lese, bekomme ich eine Nachricht von einem Freund, der in der Nähe seines Hauses einen Waldkauznistkasten hat. Vor ein paar Tagen sah er unter dem Kasten einen, wie er glaubte, toten jungen Kauz. Jetzt war das Käuzchen verschwunden, und ich erhalte eine traurige Mail darüber. Einen Tag später traf mein Freund einen Eulenexperten, der bei ihm vorbeigeradelt kam. Ihm zufolge ist das Junge wahrscheinlich nicht tot. Die jungen Waldkäuze würden oft das Nest verlassen, bevor sie flügge seien. Sie kletterten dann wieder am Stamm hoch, purzelten erneut herunter und schlügen mit ihren Stummelflügeln. Also das Ganze von vorn – aber in diesem Moment habe mein Freund wohl das Junge gestört. Würden die jungen Käuze auf dem Erdboden von etwas erschreckt, legten sie sich stockstill auf den Rücken und zeigten die Krallen.

Kein plötzlicher Tod also und auch keine Unterwerfung. Sondern die Gefahrenbereitschaft, die Liljefors Weisheit nennt.

Liljefors hat den heftigen Wunsch, als Jäger nichts zu tun, was das Tier tadeln oder erschrecken könnte. In seiner Waldwelt gibt es letztlich kein Leiden, und er vermeidet es, das Krankschießen zu erwähnen. Vielleicht war er ein sehr geschickter Schütze, so geschickt wie die Brüder von Wright. Ein Hase, der eine Schrotladung ins Hinterteil bekommt, kann jedenfalls nichts bezeugen.

Töten, fangen, zähmen, sammeln

Eine Seite der Jagd meiden die Poeten, und nicht einmal ein so eminenter Tier- und Jagdmaler wie Liljefors greift sie auf: das Handwerk des Jägers, wenn er das Tier aufbricht, es also vom Weidloch bis zum Brustbein aufschärft und die Eingeweide herausnimmt. Ebenso wenig schildert er, wie das Raubtier seiner Beute den Bauch aufschlitzt oder ihm die Zähne ins Euter schlägt. Der Realismus, den das Kunstpublikum haben möchte, hat seine Grenzen. Liljefors' Enten trudeln ins Wasser, der Hund ist auf dem Sprung, um sie zu apportieren. Wir erfahren nie, wie es aussieht, wenn die Küchengehilfin oder die Hausfrau zwei Finger in die mit einem Messer geweitete Analöffnung steckt und das Darmpaket herauszieht. Der Fuchs wandert mit einer Krähe im Maul über die Sommerwiese davon. Der Rest ist sein Geheimnis. Wenn sich die Fuchsfamilie einen Vogel teilt, sieht man, nicht sehr deutlich, einen Fleischfetzen im Nervenzentrum des Bildes. Der Rest sind gespreizte Schwungfedern und Schwanzfedern, zart blühender Wiesenkerbel, spielende junge Füchse mit Welpenwolle und Stummelschwänzchen.

Die klassischen Jagdschilderungen in der Literatur zeigen dieselbe Zurückhaltung. Das Töten und Aufschärfen waren jedoch wie das Fangen, Zähmen und Sammeln die Praxis, auf der sowohl die poetische als auch die wissenschaftliche Naturbeschreibung beruhte.

Ein erlegter Bär wird für eine Doktorarbeit unter Medizinprofessor Lars Roberg aufgeschärft und seziert. Der Disputator Jacob Sjöberg aus Småland verteidigte sie zwei Tage vor dem großen Brand in Uppsala am 15. Mai 1702. Die Dissertation ist auf Latein verfasst, der Name des Bären allerdings in mehreren Sprachen wiedergegeben, bemerkenswerterweise auch im Lappischen des 18. Jahrhunderts: *kwobs*. Die Arbeit beschreibt eingehend Lebensweise und Nahrung des Bären und berichtet von Bärenjagd, Fang und Zähmung des Tiers. Die Illustration zeigt einen schwarzen Jungen, der einen Bären am Band führt; bestimmt wurden beide auf Märkten vorgezeigt. Trotz ihres Unterhaltungswerts ist es eine wissenschaftliche Untersuchung. Mit dem sorgfältigen Sezieren erfuhr das einfache Handwerk, das die Jäger beim Aufbrechen ihrer Beute immer schon ausgeübt hatten, Anwendung und Bedeutung innerhalb der Naturforschung.

Im Jahrhundert darauf begab sich auch die Jagd in die Naturforschung. Sven Nilssons *Skandinavisk Fauna* (Skandinavische Fauna) erschien 1820 als Gebrauchsbuch mit dem Untertitel »Handbuch für Jäger und Zoologen«. Dass es eine Schlagseite hat, merkt man an Nilssons Beschreibung des Wolfs. Er hasste nicht nur den Wolf, sondern alle Raubtiere. Er war der Sohn eines Bauern aus Schonen und wurde einer der bedeutendsten Zoologen unseres Landes.

Auch in Schulbüchern wurden Tiere vor allem als Jagdbeute behandelt. Schuljungen sammelten eifrig Eier, und es gab viele erwachsene Enthusiasten, die große Sammlungen besaßen. Mithilfe von Exkursionsfaunen konnte man die Eier identifizieren. Carl Agardh Westerlund warnte die Eiersammler in seinem Handbuch zwar davor, die Nester zu sehr zu plündern. Aber da die Eier Beuteobjekt und Währung waren, wurde die Warnung verständlicherweise in den Wind geschlagen. Für ein Uhu- oder Falkenei musste man mehrere Eier gewöhnlicherer Vogelarten zum Tausch anbieten. In Memoiren wird das Eiersammeln mit aufrichtigem Realismus »Vogelnester plündern« genannt. Es war eine abenteuerliche Beschäftigung. Bruno Liljefors erzählt, wie er durch Schnee gestapft und durch Feuchtgebiete gewatet ist und als Junge mithilfe eines dünnen Seils in eine Kiefernkrone und schließlich bis an die Spitze ihres dürren Wipfels gestiegen ist, um an den Horst eines Fischadlers zu gelangen.

Eiersammlungen kann man immer noch kaufen. Im Frühjahr 2005 wurden 140 ausgeblasene Eier verschiedener Vogelarten, auf Baumwolle in einer Holzlade mit gläsernem Deckel, in einem unserer Auktionshäuser aufgerufen. Die Sammlung stammte aus den 1930er-Jahren, und der Aufrufpreis belief sich auf 90 000 Kronen. Das Naturhistorische Reichsmuseum in Stockholm besitzt eine Eiersammlung von 28 000 Gelegen. (Hier werden nicht die Eier gezählt; hier liegt in jedem Fach der Inhalt eines ganzen Nestes.) Als man in den 1960er-Jahren beobachtete, dass die Eier der Greifvögel immer dünnere Schalen bekamen und beim Brüten deshalb manchmal zerbrachen, zog man die Eier dieser Sammlung als Vergleichsmaterial heran. Erik Rosenberg, Ornithologe und Naturessayist, streifte durch Fjälls und Moore, Uhufelsen und Auerhuhnwälder, und entdeckte vor oder zur selben Zeit wie Rachel Carson, dass die Anwendung von DDT als Insektenbekämpfungsmittel die Ursache dieser Schalenverdünnung war.

Albert Engström hat eine Karikatur von sich gezeichnet, wie er auf Hasen ansitzt. Der Hase ist zu ihm gekommen, und er tätschelt ihn.

Engström war kein richtiger Jäger. Er mochte die Jagdgelage und die Kameradschaft mit Bruno Liljefors und Anders Zorn, hätte den Hasen aber, statt zu schießen, gern auf den Arm genommen und gekost. Diese Lust haben viele: dem Wild nahe zu sein, es anzufassen und zu streicheln.

Die Memoiren naturkundiger Jäger wie Björn von Rosen und Bruno Liljefors sind voller Geschichten über gefangene und gezähmte Tiere. Der junge Fuchs in der Küche, das Eichhörnchen in der Hosentasche, Otter, die mit Lust und Liebe an den Abenteuern kleiner Jungs teilnehmen, und der Rabe, der am Frühstückstisch auf sein Käsebröckchen wartet – so hatte man schon immer Freude an Tieren. Lord Grey of Fallodon, britischer Außenminister während des Ersten Weltkriegs, beschreibt, wie sehr er kleine Vögel liebt und sie in der Hand füttert. Sein *The charm of Birds* von 1927 ist eines der schönsten Beispiele einer poetischen Prosa, die auf Beobachtung und Wissen beruht. Das Buch handelt vor allem vom Gesang der Vögel.

Die Hand mit Brotkrümeln auszustrecken und das sanfte Picken eines Schnabels und möglicherweise das Kratzen von Krallen in der Handfläche zu spüren ist eine Art, das Tier aus der Nähe betrachten zu können. Der Wunsch, richtig nahe zu kommen, die Grenze zwischen uns und den Anderen aufzuheben, hat aber auch etwas Zweideutiges an sich. Die Versuchung zum Übergriff.

Bruno Liljefors hatte überall, wo er wohnte, außer einem Maleratelier ein Tierhaus. Darin saßen starren Blicks die Adler und Eulen. Er zeichnete und malte nicht nur nach totem Modell, sondern auch nach lebendigen, gefangenen Tieren. Aber eigentlich mochte er das nicht. Die Tiere würden »gleichsam verblödet«.

Die Beschreibungen von Quensel und Swartz in Palmstruchs *Svensk Zoologi* beruhen häufig auf Beobachtungen von Tieren in Gefangenschaft. Man zog den Schluss, dass sich das Tier in einem Käfig oder einer Fanggrube genauso verhalte wie in Freiheit und die Gefangenschaft seine wahre Natur nachgerade entlarve:

Der Bär ist von Natur aus verdrießlich und wild. Seine Lebensweise ist einzelgängerisch und düster … Manchmal scheint seine schlechte Laune bloß von Anwandlungen herzurühren, was sich oft erst dartut, wenn er seine Freiheit verloren hat.

Dies wird hier über gefangene Bären berichtet, die zu Dudelsack und Trommeln getanzt, Wassereimer mit einer Winde aus einem Brunnen gezogen und Holzlasten und Säcke geschleppt haben. Die Römer ließen die Tiere Verbrecher zerreißen und glaubten wohl, sie hätten das gleiche Vergnügen daran wie das Publikum.

Johan Ekeblad, Hofmeister der Königin Christina, erzählt seinem Bruder Claes in einem Brief über eine groß angelegte Bärenhatz anlässlich eines Staatsbesuchs im November 1650:

Am gestrigen Dienstag kämpfte am Nachmittag um 2 Uhr in Gegenwart beider Königinnen der Löwe mit dem Bären, was dergestalt ablief, dass da, als der Löwe anfangs herauskam, eine kleine gescheckte Kuh war, die ihn von einem Ende zum anderen jagte. Danach war da ein Büffelochs, der den Löwen auf die Hörner nahm und ihn hoch in die Luft warf, und fürchteten viele, dass er ihn umbringe. Hiernach ließ man den Bären heraus, welcher mit schrecklichem Furor sich gleich auf einen Kerl stürzte, der aus Zeug gemacht war, und ihn in 1000 Stücke riss. Danach war er hinter dem Löwen her, aber der Löwe lief stracks davon. Zuletzt legte sich der Bär so, dass er dem Löwen heimlich auf den Rücken springen konnte, wo er sich festkrallte und den Löwen 4 oder 5 Mal in den Rücken biss. Der Löwe lag gleichwohl still, bis ihm der Bär zuletzt die Pranke in den Rücken schlug. Da schlug der Löwe mit solch hartem Hieb zurück, dass der Bär gar schauerlich schrie und sich nicht mehr dorthin wagte. Danach ward der Löwe aus der Arena gelassen, und der Bär kämpfte mit dem Auerochsen, gewann indes nicht. Danach ward ein Pferd hereingelassen, welches nicht mehr tat, als dem Bären einen Hieb in die Flanke zu versetzen. Sodann war des Kämpfens ein Ende. Gab also nichts mehr zu sehen, als dass der Bär sich in eine große Wanne setzte, die inmitten des Hofs eingegraben und voll Wasser war, und darin badete er schön. Nachdem dies zu Ende, ist nichts mehr erfolgt, als dass alle sich über die geringe Courage des Löwen wunderten.

In *Svensk Zoologi* wird berichtet, Karl XII. habe bei Kungsör Jagden ausgerichtet, bei denen kein Gewehr benutzt werden durfte. Es beweise größeren Mut, die Bären zu erstechen und zu erschlagen, nachdem sie in Netzen eingeschlossen wären. »Mehrere Bären wurden lebend gefangen, und es wurde ihnen auferlegt, auf 2 Beinen und mit Knebeln im Rachen nach Kungsör zu gehen.«

In *Verfall und Untergang des römischen Imperiums* schreibt Edward Gibbon, in den römischen Arenen seien sehr seltene Tiere aus Äthiopien und sogar Indien vernichtet worden. In einer seiner inhaltsreichen Fußnoten erzählt er, wie ein Kaiser eigenhändig ein nie zuvor gesehenes Tier abgeschlachtet habe:

Commodus tötete einen Kamelopard, eine Giraffe (Cassius Dio 72,10), das größte, sanfteste und nutzloseste Tier unter den großen Vierfüßlern. Dieses merkwürdige, nur im Innern Afrikas vorkommende Tier ist in Europa seit dem Wiederaufleben der

Wissenschaft nicht mehr gesehen worden, und wenn Buffon (Histoire naturelle, Bd. 13) sich auch bemüht hat, die Giraffe zu beschreiben, so hat er doch nicht gewagt, sie zu zeichnen.

Gibbon hält sich zurück, doch spürt man seine Abscheu, dass man allein zur Befriedigung der Mordlust und Eitelkeit eines Kaisers ein geduldiges Tier aus Afrika nach Rom verfrachtet hat. Commodus hat es weit getrieben, aber auch heute werden noch Tiere geopfert, nur weil sich mit unserer Neugier Geld verdienen lässt. Vor vierzig Jahren habe ich in einem Zoo in Spanien einen Bären gesehen. Die gesamte Anlage roch beißend nach Kot, verfaultem Fleisch und kranken Tieren. Eingesperrt in einem winzigen Käfig, begafft und gereizt, war der Bär wahnsinnig geworden. Er konnte nur mit dem Kopf wackeln. Das ging Stunde um Stunde so, stellten wir jedes Mal, wenn wir zu dem Käfig zurückkehrten, fest.

Wilde Tiere zu »zähmen« bedeutet, ihnen beizubringen, ihr Verhalten so anzupassen, dass sie unter für sie völlig unnormalen Bedingungen an Futter kommen – wie die bettelnden Bären im Tierpark von Skansen oder ihre ruhelosen und resignierten Nachbarn, die Wölfe. Die Gesetzgebung ist der Entwicklung unseres Gefühls für das Wild und sein Recht auf Eigenleben gefolgt. Es ist nicht mehr erlaubt, junge Füchse oder andere frei lebende Tiere zu zähmen. Kolmården und andere Tierparks dürfen sie aber in Einfriedungen halten. Lässt sich auf diese Weise dazu beitragen, von der Ausrottung bedrohte Arten zu erhalten und zu verjüngen, mag dies berechtigt sein. Aber warum sollen wir irgendwohin fahren und Tiere begaffen, die wir auch im Fernsehen und auf DVD sehen können? Kindern prägt sich dem Wild gegenüber eine Herrscherattitüde und eine unangenehm sentimentale Einstellung ein. Es ist ein Relikt aus Zeiten, als man außerhalb königlicher Schlösser Tiere in stinkenden Wildgruben hielt (wo sie natürlich mit Krankheiten dahinsiechten) und Bären zwang, zum grausamen Vergnügen der Menschen auf Märkten zu tanzen. Schon dadurch, dass man für wilde Bären Wurst auslegt und in Autokarawanen ankommt, um sie zu fotografieren, trägt man dazu bei, das Verhalten des Tiers und seine natürliche Menschenscheu zu deformieren.

Zibben und Lämmer, Geißen und ihre Zicklein, Pferde, Kühe, Hühner und Enten sind die Tiere, die man in Tierparks inklusive

Skansen halten sollte. Sie sind wie Hunde und Katzen seit alters Begleiter des Menschen. Aber ein zahmer Wolf ist nur verdorbene Ursprünglichkeit; er ist uns sehr fremd und sollte es auch bleiben. Wenn die Wölfe geschlechtsreif werden, ist nur noch schwer mit ihnen umzugehen. Ihrem natürlichen Instinkt folgend, müssten sie nun anfangen, meilenweit umherzustreifen. Es ist sogar fragwürdig, Wolfshybriden zu halten. Wer kann denn das Bedürfnis eines halb wilden Tiers nach Bewegung und nach Impulsen und Eindrücken für seine fein entwickelte Nase und seine Ohren befriedigen? Ich habe gerade genug damit zu tun, in Zeiten des Leinenzwangs mit unseren Jagdhunden zu gehen, und wenn ich schon erschöpft bin, wollen sie immer noch suchen und laufen. Sie haben ebenso gut entwickelte Körper und Jagdinstinkte wie Raubtiere. Trotzdem gehören sie unserer Welt an, und wenn ich meine Thermoskanne und Butterbrote auspacke, setzen sie sich und sind aufmerksam wie Skansenbären.

Irgendetwas fehlt in den prosapoetischen Tierbeschreibungen und Kunstwerken, die uns mit ihrem lyrischen Realismus so begeistern. Worauf immer sie gründen – Ökologismus, Pantheismus oder Nationalgefühl –, schweben sie ein Stück über dem Boden, auf dem sich wachsam und halb verhungert die Tiere bewegen. Sie sehen gern von der schmuddligen Seite unseres Umgangs mit den Tieren ab und werden mitunter auch mal zweideutig und sentimental.

Fährt man auf einer großen Autobahn dahin, bekommt man massakrierte Füchse, Rehe und Dachse zu sehen. Auf einem Zaunpfosten lauert der Mäusebussard auf die Gelegenheit, sich ohne energieaufwendige Jagd den Bauch ordentlich vollzuschlagen.

Ein Novembernachmittag: Über der Landschaft und der Autobahn erhob sich ein Vogel in die Lüfte. Er war so weit weg, dass ich ihn nicht identifizieren konnte. Hoch über dem Waldstreifen flog er vor einem grauen, schweren Dämmerhimmel. Wohin er unterwegs war, weiß ich nicht und werde es auch nie erfahren. Auch nicht, ob er sich über den Wald erhoben hatte, um sich bei seiner Nahrungssuche einen Überblick zu verschaffen, oder aus reiner Lust.

Haben Vögel Einfälle? Wir wissen es nicht.

Immer wenn ich einen einsamen Vogel am Himmel sehe, verfolge ich ihn mit den Augen. Er sagt mir, dass es in unserer streng von Menschen beherrschten Welt immer noch von Geschöpfen wimmelt, die wir nicht völlig unter unsere Kontrolle bringen können, auch nicht mit Peilsendern und Wildbeobachtung vom Hubschrauber aus. Es ist eine fremde und meist unsichtbare Welt. Es muss sie geben dürfen.

Drei Männer zwischen den Hörnern

Ende des 18. Jahrhunderts konnte man sich darüber sorgen, dass in Mälardalen zu viel gejagt wurde. Über den Bestand im Norden war man dagegen nicht beunruhigt. Die Bauern aus Norrland kamen mit ihren Fuhren nach Stockholm und in andere Städte und machten vor allem mit Vogelwild Geschäfte. Ihre Schlitten waren aber auch mit getrocknetem Renfleisch, Fässchen voll Moltebeeren, Leinenballen aus Ångermannland und selbstverständlich mit Häuten und Lederwaren beladen. Eine Voraussetzung für das Geflügelgeschäft war die Winterkälte. Die Bauern verkauften die Vögel, die lange Zeit mit Schlingen gefangen worden waren, gefroren.

Schon zu Olof Rudbecks Zeiten war für die Norrländer der Verkauf gefrorener Vögel von Bedeutung. In seiner *Atlantica* berichtet er, dass in manchen Wintern viele Vögel aus Finnland und Russland kämen und die Bauern dann

> … gute Gewinne aus ihrer Schießerei erwartet, besonders winters in Stockholm, wohin bei guter Gefühigkeit einige 100 Fuhren überführt werden, dieweil der Vogel, sobald er geschossen, hart wie Eis friert und 2 oder 3 Monate gleichbleibend frisch gelagert werden kann, ein Vorzug, welchen die südlichen Länder nicht haben können, da er dort durch die Wärme am zweiten oder dritten Tage verwest, wie es sommers auch hier geschieht.

Magnus Hendric Brummer macht in seinem Wald- und Jagdlexikon erstaunliche Angaben über Geflügel und Niederwild, die aus dem Norden nach Stockholm gebracht und dort verkauft würden. Er schreibt, es handle sich um jährlich 12 000 Auerhühner,

50 000 Birkhühner und 60 000 Haselhühner. Hasen und Schneehühner gar nicht erst mitgezählt. Trotzdem zeigt sich Brummer, der im Allgemeinen für Behutsamkeit mit den Ressourcen des Waldes plädiert, über die Wildvögelbestände im Norden Schwedens nicht besorgt. Fast hundert Jahre später, 1879, schreibt Charles Emil Hagdahl in *Kok-konsten som vetenskap och konst* (Kochkunst als Wissenschaft und Kunst) mit Begeisterung über die heimischen Waldhühner als Rohware.

Das Haselhuhn nimmt seines feinen Fleisches wegen doch die erste Stelle ein. Der norrländische Vogel, dessen Fleisch aufgrund seiner Nahrung in den großen Wäldern einen wilderem Geschmack bekommt als das anderer Vögel und der meist mit der Schlinge gefangen wird, hat den Vorteil, dass er nicht zerschossen ist und somit besser gelagert werden kann. Er wird in besondere, extra dafür gebaute Schlitten gepackt, friert darin ein und kann dann weit transportiert werden; er hält sich auf diese Weise ein halbes Jahr, wird aber natürlich trocken.

Er warnt vor Vögeln aus Dalarna, die von minderer Qualität seien, und rät Hausfrauen und Köchinnen, den aufgetauten Vogel auf einmal zu verwenden.

… mehrmals wieder eingefroren, wird er mit jedem Mal schlechter und schließlich ganz untauglich; er bekommt ein weniger appetitliches Aussehen, seine Federn verkleben, und er nimmt einen unangenehmen Geruch an, worauf beim Einkauf gefrorener Vögel geachtet werden sollte. Trockenem Geflügelfleisch, das gefroren war, hilft man ein wenig auf, indem man den Vogel in nicht entrahmter Milch abbrüht und anschließend spickt; doch wenn im Herbst die jungen Vögel ausgewachsen sind und noch nicht gefroren sein können, sind diese Vorsichtsmaßnahmen überflüssig, denn dieses Wild ist ein Leckerbissen sondergleichen, das seinen hohen Ruf verdient.

Besonders das Fleisch des Haselhuhns war so beliebt, dass für drei Personen sicherlich mehr als ein Huhn draufging, wie Hagdahl beispielsweise für *Gelinottes à la crème suédoise*, in Sahne gebratenes

Haselhuhn, angibt. Ich habe dieses wunderbare Fleisch ein einziges Mal gekostet. Wir wussten damals nicht, dass sich Haselwild keinen neuen Partner beziehungsweise keine neue Partnerin suchen, wenn eines der beiden Tiere geschossen wird. Mit jedem Haselhuhn, das man schießt, kann man den Bestand folglich mehr als beabsichtigt verringern.

Hagdahl verstand die wirtschaftliche Bedeutung des Vogelfangs.

Auerhuhn, Birkhuhn, Haselhuhn und Schneehuhn sind gleichermaßen schöne wie nützliche Vogelarten und ein wahrer Segen für unsere waldreichen Provinzen; schade nur, dass sie nicht als solcher gewürdigt werden.

Er scheint zu meinen, diese Ressource sollte noch besser genutzt werden. Dass der Segen ein Ende haben könnte, befürchtet er nicht. Doch einer von dort oben im Norden hatte schon an der Wende vom 17. zum 18. Jahrhundert bemerkt, dass es in den Wäldern immer weniger Tiere gab. Propst Broman in Hälsingland liefert in *Glysisvallur* eine lebendige Beschreibung der Wälder seiner Kindheit, in denen es vor Leben nur so gewimmelt und gezwitschert habe.

…wollte man nur ein wenig in das Waldland gehen, so sah man hier und dort zuhauf Elche, Hasen, Hermeline, Eichhörnchen, Marder und dergleichen springen; Bären und Wölfe zeigten sich bald jeden zweiten Tag, um dem Vieh zu schaden, zumindest aber um die Hunde und Hirten wach zu halten. Die Waldvögel flogen nahe an die Dörfer heran und setzten sich auf bald jeden zehnten Baum oder schwirrten einem scharenweise um die Ohren, abgesehen von denen, welche die Erde und Haine mit lieblichem Gesang erfüllten…

Er erzählt von so großen Vogelschwärmen, dass es nicht einmal möglich gewesen sei, die balzenden Waldhühner an ihren Balzplätzen zu zählen. Seen und Buchten waren voll schwimmender Wasservögel, siebzig bis achtzig auf einen Schlag, »sodass man mit einem einzigen Gewehrschuss aus freier Hand 3, 4, 5, 6 Stück töten konnte«.

Geht man noch weiter zurück zu Olaus Magnus' Beschreibungen der Tiere in den nordischen Wäldern, sind die Bilder dieses Reichtums noch sorgloser. Er weiß, dass die Jagd auf Eichhörnchen wirtschaftlich bedeutend ist und in großem Stil betrieben wird. Aber Eichhörnchen, schreibt er, gebe es so viel »wie der Fisch im Wasser«.

Natürlich hätte man gern Propst Bromans Wald in Hälsingland mit seinen Scharen an Hochwild und hüpfendem Niederwild gesehen und den Chorgesang der Vögel gehört, die dicht bei dicht in den Bäumen saßen. Es gibt keinen Grund, an seiner Darstellung zu zweifeln. In den Wäldern mit den Eichhörnchenschwärmen, durch die Olaus Magnus geritten ist, wären meine Hunde vor Aufregung verrückt geworden. Als Norrbottenspitze stammen sie von jenen »Baumbellern« ab, die man in ebendieser Gegend zur Eichhörnchenjagd benutzt hat.

Trotzdem reizt ein anderer Wald das Vorstellungsvermögen noch viel mehr: der beinahe undurchdringliche Laubwald der Warmzeit, reich an uralten Bäumen, Kräutern, Flechten, Moosen, Farnen und überreich an Tieren. Wisente und Riesenhirsche gab es dort. Wir haben sie nie zu sehen bekommen. Auch nicht die Sumpfschildkröten, die aus schwarzen Mooren krochen. Sie starben aus, als das Klima rauer wurde und der reiche Laubwald des Trichterbechervolks sich langsam in lichte Kiefernheiden und dichtes Fichtendunkel verwandelte. Die Wildschweine wurden vertrieben und verschwanden. Unsere heutigen Bestände stammen aus Gehegen, aus denen sie ausgebrochen sind, und ursprünglich aus Ländern wie Polen und Ungarn. Die Biber verschwanden, weil ihr Geil so kostbar war. Auch sie wurden von außen wiedereingebürgert. Der scheue Schwarzstorch lässt sich nur als seltener Sommergast blicken, und seine Ankunft ist ein aufsehenerregendes Ereignis für Ornithologen. Als er noch in den alten Mischnadelwäldern mit Mooren und Schlenken nistete, nannten unsere Vorfahren ihn Odinsschwalbe.

Reiher haben wir noch. Bei uns in Roslagen horstet ein Paar auf einer kleinen Insel im See. Als Sten Selander in einem Wald hochstämmiger alter Ulmen oder Buchen einen Reiherhorst entdeckte, überkam ihn »das Gefühl von etwas Urzeitlichem und Steinzeitwildem angesichts der gewaltigen Vögel hoch oben in den Baumkronen«. Das erzählt er in seinem Buch *Det levande landskapet i*

Sverige. In unseren Tagen horstet der Reiher am liebsten auf Nadel-bäumen, doch als Selander die Horste in den hohen Laubbäumen sah, dachte er, Reiher habe es schon im steinzeitlichen Wald gege-ben. Das war ein Wald, wo die Laubbäume ungefällt alterten und sich noch keine Fichtentriebe eingeschlichen hatten, um aus der skandinavischen Halbinsel ein Nadelwaldgebiet zu machen, eine riesige Zapfenvorratskammer für Eichhörnchen.

Gehetzt von Leuten, die zum Jagen nur Pfeile, Speere und Schleudern hatten, dröhnte der Auerochse durch die nördlichen Wälder. Seine Jäger konnten ihm aber auch Fallen stellen. *Bos taurus primigenus* hat man ihn im Unterschied zu seinem Nach-fahren, unserem Nutztier *Bos taurus,* genannt. Er war auf dem prächtigen Tor der Großstadt Babylon abgebildet. In Altamira in Nordspanien bekamen wir als Besucher noch in den 60er-Jahren die Ochsen direkt auf den Steinwänden der Höhlen zu sehen, bevor diese in den 70er-Jahren geschlossen und durch ein Museum ersetzt wurden. Man wollte nicht riskieren, dass sich das Höhlenklima ver-änderte, das elftausend, ja vielleicht sogar neunzehntausend Jahre die Bilder vor Zersetzung geschützt hatte.

Die gewaltigen Ausmaße des Auerochsen in Ocker und Schwarz an der Felswand wirkten wie eine gemalte Hyperbel, mit der Ehr-furcht und Schrecken hervorgerufen werden sollten. Es handelte sich indes kaum um einen Kunstgriff, denn sie waren tatsächlich groß. Die Stiere wogen bis zu eine Tonne und konnten eine Wi-derristhöhe von zwei Metern erreichen. Auerochsen hatten ein schwarzbraunes Fell, jedenfalls die Stiere, aber keine Mähne. Ihr Schädel war länglich und gerade, ihre Hörner spitz und gebogen. Zwischen den Hörnern eines Auerochsen hatten drei Männer Platz. Das steht zumindest in einem mittelalterlichen Tierbuch.

Als König Sverre seine Kriegszüge gegen Nidaros unternahm, waren die großen Ochsen schon mehr als ein Jahrtausend aus unseren Wäldern verschwunden. Aber unser kulturelles Gedächt-nis hat sie bewahrt. In einem der ältesten norwegischen Runen-lieder, jenen Gedichten, mit deren Hilfe man Namen und Reihen-folge der Runen memorierte, gibt es die Rune *u* oder *ur,* die ursprünglich *urr* hieß, und das war der Name des Auerochsen. Die Rune *fe* (Vieh) erhielt einen Namen, der Gut und Eigentum bedeu-tete. Schließlich zählte man sein Vermögen in Nutztieren.

Den Auerochsen gab es in ganz Europa und bis hin nach Sibirien und Zentralasien. Aristoteles und Plinius d. J. erwähnen seinen Nachfolger, den Bison, in Makedonien, und Caesar vermeldet den Auerochsen im Herzynischen Wald. Er schreibt, die jungen Männer der Germanenstämme erhielten durch die Jagd auf ihn jenes Training, das sie zu zähen und mutigen Kriegern mache.

Der Auerochse galt als so bedrohlich, dass Könige wie der gallische Dagobert im 7. Jahrhundert wahre Kriege gegen ihn führten. Zu Beginn des 12. Jahrhunderts war er in Frankreich denn auch gründlich ausgerottet. Doch in Nordeuropa gab es ihn stellenweise noch ein paar hundert Jahre. Der letzte Auerochse soll 1627 in Polen getötet worden sein.

Der Elch ist das zweite der großen und merkwürdigen Tiere, die Caesar in seiner Kriegsschilderung aus Gallien erwähnt. Aus den Wäldern Frankreichs war er schon im frühen Mittelalter verschwunden. In Flandern gab es im 10. Jahrhundert noch Elche, die durch Bejagung aber bald ausgerottet waren. Im *Nibelungenlied* wird von einer Elchjagd am Rhein berichtet. Die paar Elche, die es im Herzynischen Wald in Zentraleuropa noch gab, wurden schließlich im 12. Jahrhundert vernichtet. Schon im 9. Jahrhundert war ein erlegter Elch dort eine solche Sehenswürdigkeit, dass ihm in Ellwangen, das seinen Namen – ursprünglich *Elchenfang* – von ebendiesem Ereignis herleitet, ein Denkmal gesetzt wurde.

Die europäische Wildkatze kam in Südschweden bis in die Steinzeit vor. Sie hatte wie der Wolf ein grobes, zottiges Fell, einen kräftigeren Knochenbau und größere Zähne als gewöhnliche Katzen sowie einen dichten, buschigen Schwanz. In Schottland gibt es sie noch. In Marokko habe ich im Morgengrauen große Katzen gesehen, auf welche die Beschreibung unserer Wildkatze passt, sie waren sogar noch größer. Sie kamen, bevor die Leute aufwachten, und schnüffelten rings ums Hotel nach Abfällen. Sie kamen jeden Morgen und boten einen erschreckenden Anblick. Man konnte verstehen, dass die Wildkatze in den nordischen Wäldern verfolgt und getötet worden war. Aber nicht die Bejagung war ihr Untergang, sondern dass sie hybridisierte. Nicht jedes Verschwinden einer Tierart beruht auf dem Menschen. In moderner Zeit allerdings meistens schon.

Propst Broman war sich völlig im Klaren darüber, warum die

Tiere in seiner heimischen Umgebung weniger wurden und verschwanden. Er nennt dafür zwei Ursachen. Die eine gehört in den Bereich der Physikotheologie: Gott habe uns in der Schöpfung die Tiere geschenkt – aber er könne dieses Geschenk auch wieder zurücknehmen. Die zweite Ursache sieht er rational, und zwar in den Veränderungen, die mit dem blühenden und staatlich unterstützten Eisenhüttengewerbe einhergingen:

> Die Ursache dürfte die Rache des Herrn für die Sünden des Landes sein, in Sonderheit Uneinigkeit, Zank, Streit, Eigennutz, Dieberei und dergleichen verderbliche Verheerungen mehr... samt dem höchst schädlichen Verkohlen, welches im Grunde die Wälder aussterben macht und mit seinem vergifteten Gestank und Rauch sowohl Tiere wie Vögel vertreibt, nachdem ihre herkömmlichen Aufenthaltsorte und Heimstätten abgeholzt und abgebrannt worden.

Rehe waren in Schweden in den 1830er-Jahren nahezu ausgerottet. Lediglich in Schonen hatte sich ein kleiner Bestand gehalten. Als hundert Jahre später das erste Reh in Ångermanland gesichtet wurde, folgte ihm die Lokalpresse auf seinem Weg in den Norden. Mit der Ausrottung des Wolfs breiteten sich die Rehe wieder aus und sind heute bis nach Jämtland hinauf zu finden. Im Winter jedoch fristen sie, von Luchsen, Bären und Hunden bedroht und vermutlich darbend oder schier verhungernd, in den Fjällgegenden von Hotagen ein unsicheres Leben. Im tiefen Schnee kommen sie nur schwer an Nahrung, und die Kälte ist streng.

Das Reh fühlt sich in offenen Landschaften mit Laubgehölzen und Dickungen wohl. Sten Selander schreibt:

> Selbst wenn sie es wie jedes andere Wild in Zukunft schwerer haben werden, da dann alle freien Flächen mit Fichtenwald bewachsen sind, können wir sicher sein, uns noch lange des graziösesten Anblicks erfreuen zu dürfen, welchen die schwedische Natur zu bieten hat: Rehe in geflügelter Flucht über eine herbstliche tauglänzende Lichtung, wo Ahornblätter wie glühende Flocken fallen.

Sicher können wir uns nicht sein. Die Einstellung hat sich geändert. Die meisten Hausbesitzer freuen sich nicht mehr über die Rehe, sondern verfluchen sie, weil sie die Tulpen fressen.

Luder, Legebüchse, Fangeisen und Krähenauge

Ein Bär schläft im Winter. Er liegt in keiner Starre, sondern mit leicht gesenkter Temperatur in einem mehr oder weniger tiefen Schlaf. So liegt er, seit er beim ersten Schneefall seinen Winterschlaf angetreten hat. Bei Neuschnee lässt sich sein Versteck aufspüren.

Man kann am Erdboden seine Fährte, die mal stärker, mal schwächer wird, mit Hunden verfolgen. Bären haben riesige Reviere, die sie mit einem Sekret aus den Duftdrüsen in ihren Zehenballen markieren. Noch leichter erkennbar sind Fährten, die sie mit ihren Pranken und Klauen in der Erde hinterlassen, wenn sie für das erwählte Winterlager Gras und Moos zusammentragen. Ist es weich und gut isoliert, legt sich der Bär hinein, und die Fährte endet.

Wollte man einen Bären umstellen, musste man wissen, wo sich sein Winterlager befand. Dieses Wissen war ein sicherer Gewinn, geradezu ein kleines Vermögen. Im 19. Jahrhundert konnte man für einen umstellten Bären in der Nähe einer Bahnstation bis zu fünfhundert Kronen bekommen. Wer ihn umstellt hatte, konnte ihn sich mit den Bärenjägern in der Gegend teilen oder sein Wissen an Herrschaften verkaufen, die sich an der Jagd auf unser größtes Raubtier versuchen wollten.

Der Bär erwachte wahrscheinlich vom geifernden Hundegebell. Möglicherweise tauchten aggressive und robuste Bärenbeißer in der Öffnung seines Lochs auf und bekamen ein Ohr abgebissen oder eine tiefe Schramme auf der Schnauze. Ein Bär taut nicht langsam auf, bis er wach ist. Wird er geweckt, ist er sofort verteidigungsbereit. Man stocherte mit Spießen und Stangen in seinem Lager, um ihn zu wecken und zu reizen. Wenn er herauskäme, so dachte man, würde er angesichts der vielen Leute kirre werden. Der Übermacht ringsum. Man spannte normalerweise ein grobes Netz,

Ein umstellter Bär wird mit einem Netz eingeschlossen. Aus einem Kupferstichalbum von J. E. Riedinger, 1729.

mit dem man ihn unmittelbar vor der Öffnung einfing. Dort konnte er reihenweise kriegerische Gesichter mit großen Augen und gebleckten Zähnen, Spieße, Haken und Messer erblicken. Die meisten waren nur gemalt.

Schon Olaus Magnus spricht von Jagdlappen, bemalten Schildern mit streitlustigen Gesichtern, die rings um die Öffnung eines Winterlagers aufgestellt wurden. Zu seiner Zeit hatte man zum Schießen nur Armbrüste. Der Rest musste mit dem Spieß erledigt werden. Olaus Magnus behauptet, der Bär würde vor Schreck Beeren scheißen – sei er doch ein gewaltiger Beerenfresser. Danach greife er stürmisch an und werde erschossen.

So elegant ging es wohl nicht immer zu, aber die Methode, einen Bären zu umstellen und ihn zu erschießen, wenn er aus dem Winterlager kam, wurde bis weit ins 19. Jahrhundert praktiziert. Die Jagdlappen gehörten jahrhundertelang dazu. Auch Magnus Hendric Brummer erwähnt sie. Zu seiner Zeit bestand jedes Bündel aus ungefähr fünfzig Lappen, sechs Viertelellen lang und eine Elle breit, die mit einem Seil zusammengehalten wurden. (Die Länge der Elle variierte im Land, konnte aber sechzig Zentimeter betragen, und auf eine Elle gingen gut vier Viertelellen.) Die Lappen waren mit Ölfarbe bemalt und zeigten »eine ungestalte bunte Figur, gemalt, um bei dem Wild Befürchtungen zu wecken«. Was der Bär (oder der Wolf) tatsächlich zu sehen meinte, wissen wir nicht. Aber irritiert und gereizt war er wohl. Für die Jäger und ihre Hunde konnte dies böse enden. Propst Broman berichtet von schweren Verletzungen durch Bären: Einem Mann seien Kopfhaut und Gesicht abgerissen worden, »samt der Nase und dem Mund; musste wohl noch lange danach in größtem Elend leben«. Der Propst, der auch heilkundig war, hatte sich selbst um einen anderen Jäger gekümmert, den es schwer erwischt hatte: »Jacob Olofsson aus Överniöte im Kirchspiel Njutånger riss ein Bär ein so großes Stück aus dem Rücken, dass die Lungen und der Atem dort austraten.«

Im Mai 1833 schrieb ein Bergmeister in Luleå, G. F. Ekenstam, einen Brief, in dem er von einer Wolfsjagd erzählt:

Die vor vierzehn Tagen vom Gellivaara Markt zurückgekehrten Luleå-Händler berichten von einer ungeheuren Niederlage, den die ärgsten Feinde der Lappen, die Wölfe, Anfang des vergangenen Aprils erlitten hätten, in Gellivaara nicht minder denn in den Lappmarken Jockmocks und Quickjocks. In Gellivaara sollen in einer Woche 70 St. niedergemetzelt worden sein und in den anderen Lappmarken in derselben Zeit 50. Dass eine stattliche Zahl Opfer der Rache der Lappen wurde, kann man überdies aus dem Preis für Wolfshäute erschließen, der auf 3 Rtl. 16 Sk. das Stück gefallen ist. Die Lappen erinnern sich nicht, dass sich in den letzten 20 Jahren so günstige Umstände für ihr Wolfsmorden vereint hätten, dieweil Tau und Frostwetter sich so abgewechselt haben, dass der Harsch zwar sehr wohl die Skiläufer getragen hat, die Wölfe aber überhaupt nicht und in den Wäldern gleichzeitig viel Schnee gelegen hat.

Einen Wolf im Tiefschnee oder im Harsch, der ihn nicht trägt, auf Skiern zu verfolgen ist eine äußerst grausame Jagd. Der Wolf wird gehetzt, zerschneidet sich am Harsch die Beine und ist am Ende so erschöpft, dass der Skiläufer ihn durch einen Schlag mit dem Skistock betäuben und erstechen kann. Bergmeister Ekenstam benutzt für die rücksichtslose Hetzjagd der Sami auf den Wolf das Wort Rache. Die Einstellung gegenüber diesen Raubtieren war unversöhnlich und hasserfüllt. Sie bedrohten den Lebensunterhalt der Sami. Ihr Ziel war, sie auszurotten, und wurde von den Behörden unterstützt. Magnus Hendric Brummer stellt die Raubtiergeißel mit der dänischen Tyrannei vor Gustav Vasa auf eine Stufe. Die Dänen nennt er »die menschlichen Unthiere, die bisher ein seufzend und armes Landvolk gequält und verfolgt haben«. Und über Gustav Vasa sagt er, dass sich »seine väterliche Fürsorge bis zur Ausrottung der wilden Thiere erstreckte«. So konnte man die Raubtierjagd auch sehen, als patriotische Tat.

Der Hass auf den Wolf ist bei manchen Menschen immer noch lebendig, und es werden immer noch Wölfe zu Tode gehetzt, heute allerdings mit Scootern. Wer wissen will, auf welche Art und Weise Jagd auf die großen Raubtiere gemacht wurde, muss einen Katalog der Grausamkeiten lesen. Die Methoden wurden von einem Hass diktiert, der in der Bedrohung der Versorgung wurzelte, welche die Raubtiere in der Tat darstellten. Man schrieb und sprach über die Jagd in rein kriegerischen, wenn nicht gar militärischen Termini. Das Ziel bestand einzig und allein darin, den Tieren ein Ende zu bereiten. Aber im Unterschied zu den erfolgreichsten Menschenausrottern des 20. Jahrhunderts hatte man nicht die Einstellung, die Opfer seien minderwertig; man schrieb ihnen eher zu viel Klugheit, Berechnung und Absichten zu.

In Magnus Erikssons Landrecht steht:

> Es darf niemand mit Fallen in eines anderen Mannes Wald gehen, außer nach Bären, Füchsen und Wölfen; ihnen mag ein jeder ungestraft den Garaus machen.

Im Namen der Raubtierausrottung durfte man also das Eigentumsrecht, das auch die Jagd beinhaltete, übertreten. Das Landrecht erlegte jedem Bauern auf, ein vier Klafter langes Wolfsnetz im Haus zu haben. Dass der Wolfsgarten auf dem eigenen Grund und Boden in gutem Zustand war, dafür musste man ebenso selber sorgen wie für den Zaun. Begutachtet wurde das Netz am vierten Pfingsttag. (Man scheint die unendlich vielen Feiertage und Heiligenfeste zu manch Nützlichem verwendet zu haben.) Wer sein Netz nicht in gutem Zustand hielt, musste Strafe zahlen. Alle waren verpflichtet, an der Treibjagd auf Wölfe teilzunehmen. Vor Wolfshöhlen und Winterlagern von Bären spannte man, wie eine Reuse mit Fangarmen, grobe Netze.

Olaus Magnus schreibt über die Wölfe im Norden, dass sie besonders blutrünstig und wild seien. Sie würden mit eisernen Sicheln umgebracht, die man an einen Kadaver im Schnee binde. Der Wolf werde von dem Aas angelockt, und dann schnitten ihm die scharfen Eisen die Füße ab. Auf diese Weise müsse er »seine Strafe erleiden«. Diese Methode klingt eher grausam fantasievoll als effektiv.

Die meisten und zuverlässigsten Angaben zu Raubtierfallen haben wir aus dem 18. und 19. Jahrhundert. Seit dem Mittelalter (und sicherlich schon vorher) hatte man Wolfsgruben ausgehoben. Im 18. Jahrhundert waren sie 10–12 Fuß tief, und ihre Wände waren mit Stöcken gespickt. Es wird von Fängen von bis zu acht Wölfen auf einen Schlag berichtet.

Beim Wolfsgarten, von dem bereits im mittelalterlichen Landrecht die Rede war, handelte es sich um einen eingefriedeten Luderplatz, das heißt ein Areal, das mit Aas oder einer lebendigen Beute versehen war. Man legte einen Pferdekadaver dort aus oder band einen lebendigen Ziegenbock an, der den Wolf mit seinem Gemecker anlocken sollte. Das Raubtier gelangte zwar in den Wolfsgarten, kam aber nicht mehr heraus.

Man baute Baumfallen, zumindest für kleinere Räuber. Wurde ein Strang berührt, fiel ein präparierter Stamm auf das Tier und zerquetschte es.

Fangeisen, große für Bären und kleinere für Füchse, kann man immer noch draußen im Gelände finden. Das sägegezähnte Eisen schnappte mit voller Wucht um das Bein zu. Als ich einmal im Holmskogen oberhalb von Valsjöbyn ein kräftiges Bäreneisen fand, wurde mir klar, dass dieses Fanggerät ein langwieriges und schreckliches Leiden verursacht haben musste. Magnus Hendric Brummer schreibt:

Damit werden Otter, Vielfraße, Marder, Dachse und Füchse gefangen; ist eine sichere, leichte und minder mühsame Fangart, sollte aber mit Sorgfalt ausgeführt werden; in Sonderheit ist das Fangeisen sauber, poliert und frei zu halten vom Roste und an Stellen auszulegen, dortselbst man sicher weiß, dass die genannten Thiere ihren Pass haben. Bisweilen geschieht es, dass Adler in tief ausgelegten Fangeisen festsitzen.

Greifvögel wurden intensiv bejagt. Man wollte neugeborene Lämmer schützen und dem Marodieren in Hühnerhöfen und Taubenschlägen ein Ende bereiten.

Fuchsangeln oder auch Wolfsangeln brachte man mithilfe eines jungen biegsamen Baums in einem Baumstumpf an. Wurde das Aas berührt, schnellte der Baum hoch, und das Tier flog in die Luft. Es gab Fuchsfallen aus einem Stamm oder einem hochkant stehenden Brett, fünf oder sechs Fuß lang und gespalten. Als Köder legte man einen Katzenkopf oder eine Stück Fleisch darauf. Der Fuchs sollte danach springen und nach Möglichkeit mit den Pfoten in dem Spalt hängen bleiben. Man setzte Falltüren in Zäune ein, die herunterklappten und den Fuchs einklemmten. Über einen schmalen Waldpfad hängte man eine Schlinge, die ihn erwürgte, wenn er mit dem Kopf hineingeriet und durch seine Fluchtbewegung zuzog. Es gab Vielfraßkästen mit Eisenstacheln am Boden und einer Klappe, die zufiel, und nach demselben Prinzip gebaute Luchsfallen.

Als Aas oder Luder, wie es hieß, dienten oft Schlachtabfälle. Man schleifte bis zum Luderplatz Gedärm über den Boden, um eine Duftspur zu ziehen. Katze, gebraten oder geröstet, galt als besonders guter Köder. In Jämtland hatte man eine Waffe gegen den Wolf, die man in einem Stück Fleisch versteckte. Es war ein dünner, spitzer Elchknochen (Wolfsknochen genannt), der in das Fleisch gepresst wurde. Verschlang der Wolf nun das Aas, trat der Knochen daraus hervor und setzte sich in seiner Gurgel oder im Magen fest. Ich besitze so einen kleinen Wolfsknochen, den habe ich als makabres Souvenir von einem Nachbarn bekommen.

Irgendwann begann man, das Aas mit Arsenik zu vergiften. Gegen Füchse gab es ein besonderes Gift im Handel, *nux vomica*, Krähenauge genannt. In einen Kalbsknochen konnte man statt des Marks Knallsilber (Knallsäure enthaltendes Quecksilber) stopfen. Wenn das Tier an dem Knochen nagte, explodierte die Ladung und zerschmetterte ihm den Kopf. Eine Legebüchse war ein präpariertes

Gewehr, das losging, sobald ein Tier, das sich den Köder schnappen wollte, einen Strang berührte.

Es dauerte seine Zeit, bis das Gewehr als Waffe allgemein verbreitet war. Im Norden fing man die Waldhühner mit Schlingen, nicht nur mangels Schusswaffe, sondern weil sie auf diese Weise weniger verwundet wurden. Schlingen konnten von halbwüchsigen Kindern und sogar von alten Frauen bedient werden.

Im Süden fing man essbare Kleinvögel für die feinere Küche mit Dohnen. Sie wurden aus Rosshaar und einem gebogenen Zweig angefertigt und an einem Baumstamm befestigt. Zum Anlocken hängte man Beerenrispen in die Schlinge; die Fallen ließen sich in großer Zahl acht, höchstens zehn Schritt voneinander entfernt praktisch unsichtbar anbringen. Für Eichelhäher, Seidenschwänze und Dompfaffen wahrlich ein Garten des Todes.

Erst zu Beginn des 19. Jahrhunderts wurde das Gewehr, genauer gesagt die Lotbüchse, ein Vorderlader, allgemein üblich. Sie war ganzgeschäftet, hatte einen sechs- oder achteckigen Lauf und ein sogenanntes Schnappschloss (Uhrfedermechanismus) – angeblich ein schwedischer Beitrag zur Waffengeschichte. Es handelte sich um eine lange und schlanke kleinkalibrige Kugelwaffe. Beim Abfeuern schlug der Flint auf Stahl, sodass der Funke das Pulver im Lauf entzündete. Die Kugel, Lot genannt, wurde oft selbst gegossen. Stocherte man nämlich die Kugel aus der geschossenen Beute heraus, konnte man das Blei wiederverwerten. Wenn man genügend zusammenhatte, ließen sich neue Kugeln daraus gießen. Diese selbstgegossenen Kugeln hatten unterschiedliches Gewicht und flogen meist in recht eigenen und eigentümlichen Bahnen. Wegen des Dralls der Kugel war der Gewehrlauf gezogen, was die Flugbahn stabilisierte und die Treffsicherheit erhöhte. Mit einer guten Lotbüchse konnte ein guter Schütze angeblich auf dreihundert Meter Entfernung treffen. Das war freilich Jägerlatein. Eine Büchse mit glattem Lauf traf auf fünfzig bis sechzig Meter Entfernung. Lotbüchsen mit gezogenem Lauf hatte es bereits im 16. Jahrhundert gegeben.

In Palmstruchs *Svensk Zoologi* vom Anfang des 19. Jahrhunderts heißt es, im Norden gebe es auf jedem Bauernhof vier, fünf Gewehre. Das waren in der Regel keine teuer eingekauften Waffen.

Einen Schaft mit Schloss konnte auch der Dorfschmied herstellen, ein Lauf hingegen war schwieriger. Von Dorfschmieden gebohrte Läufe gewährten keine hohe Treffsicherheit.

Henrik Magnus von Wright, der Vater der malenden Brüder, hatte auf Haminanlaks eine Schmiede und eine feinmechanische Werkstatt. Sohn Adolf entwickelte sich dort zu einem geschickten Büchsenmacher. Jäger und Bauern kamen auf den Hof, um sich ihre Lotbüchsen reparieren und justieren zu lassen. Auf Hasenjagd ging man mit einer kurzen Schrotflinte, ebenfalls ein Vorderlader. Man modernisierte die Waffen vom Steinschloss- zum Zündhütchensystem.

Mit der Zeit wurde die Remington zur allgemein üblichen Waffe. Sie dominierte bereits in den 1860er-Jahren. Die Remington war ein Armeegewehr, das beim Auftreffen nur geringe Wirkung entfaltete. Man feilte jedoch die Spitze der Vollmantelkugel ab und erreichte auf diese Weise einen Dumdumeffekt mit kräftiger Sprengwirkung. Später wurde dann das Modell Husqvarna 1900 die bis in unsere Tage verbreitetste Jagdwaffe. Mein Mann jagt mit einem Husqvarnastutzen aus den 1930er-Jahren Elche.

Damit die Jagd ein Erfolg wird, bedarf es jedoch mehr als einer Waffe.

Unter dem Stichwort *Hund* schreibt Brummer in seinem schwedischen Wald- und Jagdlexikon: »Ohne denselben vermag ein Jäger nichts auszurichten.« Das gilt auch heute noch, sieht man von den großen Treibjagden, die für königliche Hoheiten und Wirtschaftsbosse veranstaltet werden, einmal ab, denn dabei werden Hunde nur zur Nachsuche von krank geschossenen Tieren eingesetzt, und dieser traurigen Angelegenheit dürfen sich eigens angestellte Leute annehmen. Für den normalen Jäger ist der Hund jedoch noch genauso wichtig wie zu Brummers Zeiten. Brummer teilt die Hunde nicht nach Rassen in unserem modernen Sinn ein, sondern danach, wozu sie gebraucht werden. In seiner Beschreibung scheinen mit Jagdhunden Stöber gemeint zu sein, und seine Hühnerhunde gleichen ebenfalls Stöbern, müssen aber doch Apportierer oder anderen Ursprungs gewesen sein. Die sogenannten Baumbeller, diese norrländischen Jagd- und Wachhunde, erwähnt er nicht. Er schreibt, Blut- und Bärenhunde seien groß, böse und gefräßig und würden zur Bärenjagd benutzt. Auch die Art der Namensgebung für das Individuum spielt auf die Verwendung und die Jagd- oder Wacheigenschaften an. Diesen Brauch erwähnt auch schon Propst Broman. In seinem Dorf in Hälsingland hießen die Hunde im 17. Jahrhundert Borg, Storm, Skytt, Väckter, Ramse, Kurre und Häcktor.

Heutzutage heißen die Hunde, die in Stockholm im Humlegården Gassi geführt werden Ronja, Claudia, Bruce und Oskar. Sie werden wie Jungen und Mädchen genannt, nicht wie Rüden und Hündinnen. Jäger dagegen benutzen nach wie vor die richtigen Geschlechtsbezeichnungen und oft auch traditionelle Namen. Stöber werden in Schweden seit alters mit Infinitivformen von Verben benannt: Springa, Sjunga, Dansa, Klinga ... Dackel heißen immer schon Skott und Boj oder haben andere kurze und leicht zu rufende Namen. Ein alter Dackelbesitzer und guter Essayist, Carl-Erik av Geijerstam, ein Klassiker obendrein, war ganz begeistert, dass ich in einem Buch Hundewelpen (im 17. Jahrhundert) mit komparativen Konjunktionen aus dem Lateinisch benannt habe. Da Welpen einander anfangs gleichen, hießen sie Ita, Sic, Tot, Similis und Idem.

Die Zeit zwischen dem ersten März und dem zwanzigsten August ist für Jagdhunde eine Zeit des Wartens, in der sie angeleint oder eingesperrt sind und sich damit begnügen müssen, nach Wühlmäusen zu buddeln. Ein Hund ist ein kleiner Wolf, der am liebsten das ganze Jahr und überall jagen möchte. Einschränkungen hat es aber immer schon gegeben.

Elche und Eichhörnchen jagen

Als eine jämtländische Verordnung aus dem 13. Jahrhundert die Jagd in den Grenzregionen zu Norwegen schriftlich regelte, lagen den Bestimmungen alte Abmachungen und einschlägige Streitereien zugrunde. Es ging vor allem darum, den Unterschied zwischen Allmende und Wald in bäuerlichem Besitz aufrechtzuerhalten. Die weitläufigen, sich ins Fjäll hinanziehenden Wälder wurden von den Bauern gegen eine Abgabe zum Jagen und Fischen genutzt.

Dort jagten aber auch, wie wir heute sagen würden, professionelle Fänger, die mitunter von weit her kamen. Wollte man einen Elch schießen, war die Hetzjagd auf Skiern die übliche Methode. Elche aus dem Wintereinstand sprengen, nannte man das. Diese für das Tier stressige und schließlich erschöpfende Jagd wurde nur im Hinblick auf die Beute geregelt. Die Bauern waren der Meinung, ihnen stünde zumindest ein Teil davon zu, wenn das Tier am Ende auf ihrem Grund und Boden fiel. Laut Gesetz sollten sowohl Leute von der norwegischen Seite als auch *austmenn*, also Leute aus dem Osten, für Übertretungen belangt werden. Später, im 14. Jahrhundert, missbilligten die Bauern, dass die Vögte im Namen der Krone Fängern für diese Gebiete Jagdlizenzen erteilten. Schließlich hatten sie, die Bauern, Abgaben dafür bezahlt, dass sie dort jagen, fischen und mähen durften.

At veida dyr ok ikorna heißt es in der Verordnung aus dem 13. Jahrhundert, und das bedeutet: Tiere, sprich Elche, und Eichhörnchen jagen. Die kleinen Tiere mit dem kostbaren Fell waren sehr begehrt.

Wenn das Fell des Eichhörnchens im Vorwinter dicht war, wurde aus seinem Pelz Grauwerk bereitet. Marder, Fuchs, Otter und Biber gaben ebenfalls wertvolles Pelzwerk. Sogar Hasenfelle wurden verwertet; aus Hasenhaar strickte man Handschuhe und Strümpfe.

Das Eichhörnchen, in Jämtland *granoxe*, Fichtenochse, genannt, wurde im Mittelalter mit dem Netz gefangen, aber auch mit Pfeil und Bogen gejagt, wobei die Pfeile stumpf waren, damit die Haut nicht beschädigt wurde. »Baumbeller« markierten, wo ein Eichhörnchen saß. Versteckte es sich zu tief in seinem Nest, versuchte man es herauszuklopfen, und man fällte auch mal einen Baum, um des Tiers habhaft zu werden. Das Holz war weniger wert als das Fell. Sogenannte Schlagbäume wurden mit in Bierwürze eingeweichten Pilzen präpariert. Berührte das Eichhörnchen den Pilz oder auch das Brotbröckchen, fiel ein Holzklotz herunter.

Die Eichhörnchenjagd war bis weit ins 20. Jahrhundert von Bedeutung. Für ein schönes Fell konnte man in den 30er-Jahren 2,50 Kronen bekommen, was dem Tagesverdienst eines Holzfällers entsprach.

Auch das Fleisch des Eichhörnchens wurde verwertet und vor dem Kochen getrocknet. Es galt als gut, schmeckte aber leicht süßlich. In Hotagen erzählten mir alte Leute, dass die Jäger, wenn sie ihre Beute abends abbalgten, die Eichhörnchenmägen auf die Herdmauer klebten. Dort brieten sie dann. War der Magen mit Fichtensamen gefüllt, ließ man ihn sich schmecken. Hatte das Eichhörnchen Pilze gefressen, verzichtete man lieber.

Aber auch noch andere Beutetiere als das Eichhörnchen waren wirtschaftlich von Bedeutung, allen voran der Marder. Bis weit ins 20. Jahrhundert wurden so kleine Tiere wie Hermeline gejagt oder mit Fallen gefangen, weil man ihnen ans Fell wollte. Auf dem Speicher über unserem Stall in Valsjöbyn fand ich einen Mantel aus schwarzem Tuch, der mit braunen und weißen Hermelinfellen gefüttert war. Der Mann der ehemaligen Besitzerin, ein Sami und Liederdichter, hatte die Hermeline gefangen und ihre Häute bereitet. Und der Dorfschneider hatte seiner Frau den schicken Pelzmantel daraus genäht.

Olaus Magnus, der im Mai 1518 durch die Waldgemeinden Hälsinglands und Jämtlands geritten war, hatte das Paarungsspiel der Hermeline beobachtet. Es waren unzählige Tiere, und es ging wild zu. Diese Tierchen würden jedes dritte Jahr meist wegen unmäßigen Fressens an Größe zunehmen und zum großen Gewinn der Krämer ein langhaariges Fell bekommen, schreibt er. Hermelinfelle waren damals eine fürstliche Kostbarkeit. Steuern wurden oft in Fellen erbracht, in erster Linie Eichhörnchenfellen. Das Landschaftssiegel Jämtlands zierte im Mittelalter ein Bild des wirtschaftlich unentbehrlichen Eichhörnchens.

Eine leichte Beute war der nicht sehr scheue Polarfuchs. Man interessierte sich aber nicht für die weißen Felle, sondern jagte nur Tiere, die im Winter einen blauschwarzen Pelz hatten. Blaufüchse wurden sie genannt. Auch auf Rotfuchsfelle legte man Wert, am meistens aber natürlich auf den Pelz des Kreuzfuchses. Ein Fuchsfell brachte in den 1920er-Jahren so viel ein wie ein Monat Waldarbeit.

1574, zu Zeiten Johans III., wurde in Stockholm eine Fracht von 3400 Biberhäuten verschifft. Das war kein Einzelfall. Dreihundert Jahre später war der Biber in unserem Land ausgerottet. Man betrachtete ihn als Schädling des Waldes, den er durch seinen Dammbau unter Wasser setzte. Er galt als Raubtier, das von Fisch lebte. Gejagt wurde er sowohl seines Fells als auch seines Fleisches wegen. Vor allem aber war man auf das Bibergeil aus, bis ins 20. Jahrhundert ein teures Produkt aus der Apotheke.

Man fing die Biber mit Netzen und Fallen, mit Hunden und Spießen, mit Fangeisen und Gewehren und sogar mit Harpunen. Als Siedler in die einst biberreichen Gebiete kamen, waren die Tiere von Jägern, die sich mit ihren Hunden dort aufgehalten und in einem einzigen Wasserlauf an die dreißig, vierzig Biber gefangen hatten, mitunter so gut wie ausgerottet. Das Geil war kostbarer als die Felle. Es wurde als Medizin verwendet. Man glaubte, es heile Hysterie und wirke bei Augenleiden. In der Volksmedizin kannte man es schon lange; man mischte das Bibergeil in den Tabak. Von den langen scharfen Vorderzähnen des Bibers glaubte man, sie besäßen magische Kräfte und man könne damit Schneidewerkzeuge schärfen. Auch könnten sie Böses abwenden. Für den Schwanz hatten Quacksalberinnen Verwendung. Ein paar Messerspitzen Bibergeil, einer Wöchnerin verabreicht, brachten angeblich die Wehentätigkeit in Gang.

In den 1830er-Jahren wurden für ein Lot (ungefähr 15 Gramm) Bibergeil vier Reichstaler bezahlt. Ein ausgewachsenes Männchen konnte während der Brunft neunzig Lot Geil in den Drüsen haben. Der Jahreslohn eines Knechts betrug damals ungefähr drei Reichstaler. Biberjagd bedeutete viel schnelles Geld.

Jagdordnungen gab es bereits in Magnus Erikssons Landrecht. Sie zielten jedoch nie auf Wildschutz oder Wildhege. In den Wäldern wimmelte es schließlich von Tieren. Die Frage war, wer wo das Recht hatte zu jagen. Ab Mitte des 14. Jahrhunderts wurde die Jagd der Bauern ernsthaft eingeschränkt. 1437 wurde ihnen verboten, in Friedenszeiten *de gute holmische armbroste*, das heißt in Stockholm hergestellte Armbrüste, zu tragen. Wie im übrigen Europa war die Hochwildjagd auch in Schweden ein adliges Privileg. In England und Frankreich wurden die Reste der ehemals großen Eichenwälder zu fürstlichen Vergnügungsparks. Die Jagd war die einzige Beschäftigung, die einem Adligen das Kriegführen ersetzen konnte. Sie wurde in Stundenbüchern und auf gewebten Tapisserien als höfisches Spiel mit gezähmten Falken abgebildet oder als Hirschjagd mit vornehm schlanken Hunden, die juwelenbesetzte Halsbänder trugen. Es fließt kein Blut, wenn ein weißer Hirsch vom Pfeil eines Fürsten getroffen wird. Ein derart realistisches Jagdbild wie die Wildschweinjagd in *Les Très Riches Heures du Duc de Berry* sieht man selten. Dort sind es Diener und grobe Hunde, die sich um das Töten kümmern. Fing man das weiße Einhorn ein, wurde die Jagd als rein vergeistigte Beschäftigung dargestellt. Da war man nicht auf Fleisch, sondern auf Unschuld und Erlösung aus.

In Schweden verfügte Gustav Vasa, dass in den Allmenden, die er zu Kronland gemacht hatte, auch das Jagdrecht der Krone zufiel. Das war ein handfestes Eigentum, denn für Übertretungen wurden Geldstrafen, Verbannung und in ernsten Fällen die Todesstrafe festgesetzt. Karl IX. untersagte den Bauern, »verbotenen Tieren nachzugehen«, das heißt Elchen, Hirschen und Rehen. Für die Grundbesitzer der nördlichen Wälder galt dies allerdings nicht.

In der Waldordnung von 1647 steht, dass »des Reiches große Wälder überfließen von allerlei Waldtieren und Vögeln, nützlich und nötig zur Nahrung, Kleidung und Erquickung wie auch zu des Landes Ehr und Zier«. Gleichzeitig legt die Ordnung fest: »Alles Hochwild, Elche, Hirsche und Rehe seien im ganzen Reiche geschützt, niemand habe das Recht, sie zu schlagen, zu fangen oder zu schießen, er sei denn dazu privilegiert.« Durch die Rechte des Adels, von Gustav III. bis zu einem gewissen Grad eingeschränkt, drohte das Hochwild allmählich ausgerottet zu werden.

Zu Beginn des 19. Jahrhunderts erkannte man den Ernst der Lage. Das Hochwild und der Schwan wurden für zehn Jahre unter Naturschutz gestellt. Für uns nimmt es sich merkwürdig aus, dass ein Schwan eine Jagdbeute sein soll. Charles Emil Hagdahl führt in seinem Kochbuch jedoch Schwanenrezepte auf. Der Schwan soll wie eine Wildgans zubereitet werden, und um die Jahreszeit, in der man die großen Vögel am besten jagt, lyrisch schildern zu können, muss Hagdahl zu Esaias Tegnér greifen: »Die Hasen werden weiß, und die Vogelbeeren glühen.«

1808–1817 herrschte allgemeines Jagdverbot. In der zweiten Jahrhunderthälfte wurden die neuen Waffen effektiver. Das ganze Jahrhundert hindurch gab es mal Jagdverbote in den Zeiten März–August, August–November und August–Oktober und mal vollständige Verbote. Das Totalverbot verschwand erst um die Jahrhundertwende.

Die Jagdordnung von 1864 enthielt keinen Schutz für Raubtiere. Man wollte sie nach wie vor am liebsten ausgerottet sehen.

Die Jagdgesetzgebung in moderner Zeit ist auf die Hege des Wildbestands ausgerichtet. Das jagdbare Wild wird nicht durch Abschuss verringert. Sie berücksichtigt auch die Forderung der Waldbesitzer, den Elchschaden an Dickungen, vor allem von Kiefern, zu begrenzen. Spätestens seit dem 13. Jahrhundert werden Jagd und Jagdrecht von den unterschiedlichen Interessengruppen stets heiß diskutiert. Die Sami haben selbstverständlich nicht die gleiche Einstellung zum Wolf wie die Stockholmer. Mittlerweile haben sich Gruppen gebildet, die bedingungslos für das Recht aller Tiere auf Leben und einen natürlichen Tod eintreten, was in der Regel bedeutet, dass sie vor Kraftlosigkeit verhungern.

Der Wolf ist geschützt, der Bär darf nur mit spezieller Lizenz geschossen werden, und der Bärenbestand nimmt zu. Das war auch beim Elchbestand der Fall. In den 50er-Jahren hielt man vielerorts das Verbot aufrecht, Elchtiere zu schießen, und von Zwillingskälbern sollte möglichst nur eines geschossen werden. Die Elche verbreiteten sich, ihre Population nahm zu. Mit den großen Abholzungen, den Kahlschlägen, auf denen Jungholz und Kiefernaufforstungen aus dem Boden schossen, erhielten die Elche üppige Weiden, die aufzusuchen sie nicht viel Energie kostete. In den 1970er- und 80er-Jahren kam es zum Elchboom, wie man in Schweden sagte. In den 80er-Jahren betrug der Abschuss mancherorts fünfzig Prozent; der Elchbestand musste wegen der Schäden an den Waldpflanzen niedrig gehalten werden.

In dieser Zeit wurde die Elchjagd zu einer Art Volksbewegung. Die Jagdgesellschaften in den nördlichen Dörfern, deren Jagdrecht früher auf dem Grundbesitz eines Vollbauern beruhte, gingen dazu über, von den Forstunternehmen große Areale zu pachten. In den 1980er-Jahren bezahlte man in Hotagen pro Hektar 15 Kronen Pachtzins. Die Mitgliedschaft in einer Jagdgesellschaft war keine teure Angelegenheit. Man war dabei, zahlte Trophäengebühren an die Provinzialregierung und teilte sich die Pachtkosten. Gute Schützen gehörten der Jagdgesellschaft aufgrund ihrer Meriten schon lange an. Als dann auch verstärkt Leute aus dem Süden die Jagdprüfung ablegten und zu den Jagdgesellschaften stießen, konnten die Grundbesitzer mit der Mitgliedschaft Geschäfte machen. Man ließ sich in der Gesellschaft durch einen Jäger vertreten, und kein Waidgenosse wusste, wie viel man kassierte. Die Steuerbehörden wahrscheinlich auch nicht. Diese Volksbewegung löste eine lebhafte Geschäftstätigkeit aus. Eine Jagdpacht von 200 Hektar in unserer Gegend in Roslagen, für die Steuern bezahlt wird, kostet heute 25 000 Kronen im Jahr. Plus Mehrwertsteuer.

Die Jäger, die nicht aus den Dörfern stammen, kommen mit teuren, neuen Waffen und auch sonst nobler Jagdausrüstung an. Sie nehmen extra Urlaub, um zu jagen, reisen weit und haben insgesamt hohe Ausgaben. Mit dem finanziellen Einsatz wächst der Anspruch auf Einflussnahme. In den Jagdgesellschaften knistert es. Viele Ältere erinnern sich an die Zeiten, als die Treffsicherheit und die Kenntnis über die Bewegung der Tiere den größten Einfluss verliehen. Damals musste man in schwierigem Gelände seine Elchlasten noch zur Straße tragen. Die kräftigsten Männer trugen eine Keule, die über fünfzig Kilo wiegen konnte. Heute fährt man mit kleinen Forsttraktoren durch die Jagdbogen, egal, wie unwegsam sie sind, und keiner muss etwas tragen.

Jagd im Holmskogen, September 1983

Sonntagmorgen sechs Uhr: Arnulf und Abraham tauchen auf, käsig, aber fröhlich wie Kinder. Sie hätten gern Kaffee und haben im ganzen Dorf nur aus unserem Schornstein Rauch aufsteigen sehen. Wurstbrote und einen Schnaps, heißen Kaffee. Sie sind siebenhundert Kilometer gefahren.

Den ganzen Tag kommen Autos angedonnert. Schüsse aus Stutzen zischen gegen die Bergflanken. Jetzt werden die Zielfernrohre eingeschossen. Die Hunde sind unruhig; es sind neue Stimmen im Chor. Schließlich bellen sie wie besessen, Stunde um Stunde.

Jagdtreffen im Vereinshaus. Autos. Autos. Als sie losfahren, fragt Arnulf:

»Hast du die Messer schon gewetzt?«

Und Börje sagt lächelnd:

»Weißt du, ich feile sie.«

Montag im Morgengrauen. Dschungelmarsch. Ein Regenwald aus Grauerlen, Milchlattich, Eisenhut und Weiden, Weiden, Weiden – lange Gerten, gewaltige struppige Weidenknäuel. Der Elch hat den Milchlattich abgeäst und im schwarzen Schlamm eine Fährte hinterlassen. Zwischen den verwelkten Farnstauden steht blass braun eine Bischofsmütze.

Wir rasten auf dem Preiselbeerplateau und sehen, wie sich das blau schimmernde Morgengrauen über dem See rosig färbt. Die Berge mit ihren weißen Schneeflecken gleichen schlecht abgebalgten Tieren. Das Herz pumpt, in den Lungen sticht es. Bergauf, bergauf, immer nur bergauf, und es geht flott voran, vor mir lange Männerbeine. Die Bäche suchen sich plappernd ihren Weg bergab, und wir steigen, wackeln, stiefeln schwer und schweigend durchs Geröll bergauf.

Der Posten: im Moor Frost, starres Schönmoos. Das Riedgras ist im allerersten und grauen Licht des Morgens blassgelb. Feuchte schwarze Klötze in der Feuerstelle. Jahrzehntelange Hinterlassenschaften von Kaffeefeuern bilden eine ganze Meilerstelle.

Graues Licht. Börje ist grüngrau und der Rauch schwarzgrau – kärglicher Morgen, kalter Wind. Bald werden die Hunde von der Koppel gelassen.

Schon eine Viertelstunde später hören wir das Treiben. Der Laut der Hunde ist hell und eifrig – es geht schnell. Börje nimmt den Stutzen, entsichert ihn aber noch nicht.

Stille. Die Magennerven regen sich.

Das Treiben entfernt sich, ist jetzt nicht mehr zu hören. Ich habe im Bach gelbes Moorwasser für den Kaffee geholt, und in dem schwarz verschorften Kessel beginnt es zu sieden.

Ein Schuss.

Noch einer.

Nicht sehr weit entfernt. Und dann Stille. Mir ist übel. Wird es hierherkommen, womöglich krankgeschossen?

Vier Minuten später erneut ein Schuss. Wir halten ihn für einen Signalschuss. Das Funkgerät in der Kiefer beginnt wie wild zu plappern.

Karl-Ove ruft Abraham. Er hat ein Elchtier geschossen und bittet um Hilfe beim Aufbruch. Abraham hat den nächsten Posten inne, Karl-Ove wiederum den nächsten – ich mache mich auf den Weg dorthin, eile durch das Ried. Am Waldrand blitzt es rotorange, es ist Karl-Ove mit einem langen Messer.

Dort liegt das Tier. Ein Auge starrt gerade nach oben und ist ein Stück herausgetreten. Helles, schaumiges Lungenblut im Maul. Schwarzes Fell. Es ist fett. Keine Milch im Euter, Gott sei Dank! Es besteht zwar kein Verbot, Elchtiere zu schießen, aber trotzdem. Schwarze Schalen, wie ungeputzte Lackschuhe. Das Maul lang und zart. Das Tier ist warm, sein Fell fühlt sich wie das unserer Hündin an, nur rauer. Ich ertappe mich dabei, dass ich einen warmen, fellbekleideten Knochen tätschle und ekle mich vor meiner mörderischen Zärtlichkeit. (Ich erinnere mich, dass ich als Kind ein totes Eichhörnchen im Puppenwagen spazieren gefahren habe.)

Nun schlagen wir es aus der Decke. Die weißen Häute machen die Messer schnell stumpf. Wir müssen sie in einem fort schärfen. Die Hände tun weh. Dem Tier fließt Blutwasser aus dem Maul, als wir seinen großen Kopf herumdrehen. Die Zunge hängt heraus, blaugrau. Der Gaumen ist grau und gewellt, im Unterkiefer scharfe braune Zähne.

Bis jetzt ist es mit den weißen Häuten und dem rosa Fleisch in den Weichen noch appetitlich. Das Tier ist ja noch ganz. Sein Pansen ist gespannt und riesig. Doch dann schärft Abraham den Bauch auf, sticht falsch zu und flucht. Es passiert, was nicht passieren soll: Gelbgrüner Panseninhalt sickert heraus, riecht stickig. Am Ende ist es purer Jauchegeruch.

Der Pansen ist grau und glänzend, die Gedärme sehen aus wie ungekochte *värmlandskorv*, diese lange weiße Wurst aus Fleisch und Kartoffeln. Das Tier hat einen gewaltigen Komplex aus Mägen: Labmagen, Blättermagen, Netzmagen – wie heißen sie bloß noch alle? Ein Elch scheint ein großes, kompliziertes und in jeder Hinsicht unbequemes biologisches Austauschsystem zu sein.

Klumpen von geronnenem Blut. Blut und Wasser. Blut und Dung. Blut und Panseninhalt. Matsch. Aus dem Bauch dampfen stickige Körperwärme und Mief. Ich löse die Leber und lege sie ins Moorgras. Sie ist grau, schwer und groß. Das Herz liegt in seinem Fett. Es ist ein kräftiger Muskel und hat jetzt quer einen Messerschnitt. Die Lungen sind hellgraurot, und wo der Schuss in die poröse Masse eingetreten ist, haben sich blauviolette Blutkuchen gebildet.

Im Riedgras liegen nun endlich, gespannt und riesig wie zuvor, der Pansen und die Mägen. Darin gärt es wohl immer noch.

Schneiden und sägen, schneiden und sägen. Knochensplitter, dunkles Fleisch. Gewaltige Rippen, wie die Spanten eines Schiffs. Der Atlas wird gebrochen, der Kopf ist ab; die Zunge wird eingezogen und herausgeschnitten. Die bekommt der Schütze.

Die weiße Innenseite des Fells ist jetzt blutig, und im Rumpf sind eimerweise Blut und Blutkuchen. Abraham schöpft mit den Händen. Schneidet und sägt wieder. Die Schulterstücke lösen sich. Die Keulen, das Rückgrat in drei Teilen. Schließlich ist die Decke leer, und der Kopf liegt zungenlos im Heidekraut. Am Rand des Moores liegen die beiden Keulen, die Schultern, die Rückenstücke und die Flanken mit den Rippenspanten. Auch die Leber, die Gurgel und die Nieren sind dort, mit Zwergbirkenlaub bedeckt. Das Herz ruht im Moos.

Der erste Rabe fliegt darüber, schwatzt.

Ich trotte zu Börje zurück. Ein Finger schmerzt (Schnittwunde von Abrahams Messer, das ausgeglitten ist), das Blut tropft. Meine Hände sind braun von getrocknetem Blut. Ich wasche sie mir in dem eiskalten Moorbach. Die Wunde pocht in der Kälte. Ich verlaufe mich ein Stück, finde aber schließlich zu unserem Posten mit dem kräftigen Feuer in den Birkenklötzen und dem siedenden Kaffeewasser zurück. Börjes Gesicht ist leicht geschwollen, und er hat rote Augen. Eier, hartes Brot, Fleischklößchen. Und heißer Kaffee, der nach Moor schmeckt, würzig und muffig.

Ein Signalschuss!

Wir gehen zurück. Am Schlachtplatz sind jetzt noch mehr Männer. Börje soll seinen Teil der Last übernehmen und ich seinen Rucksack. Er packt das Fleisch auf das Traggestell, schlägt die Stücke in schwarzes Plastik ein und umwickelt sie mit einer kräftigen Schnur. Als wir William eine Keule aufbürden, steht er gebeugt da – wird es gehen? Einer nach dem anderen ist fertig beladen. Wankend und mit federnden Knien finden alle ihr Gleichgewicht.

Wir gehen nun bergab. Die Läufe der Stutzen wippen. In dem zertrampelten Milchlattich geht es schwer abwärts. Ich höre die Stimmen der Männer in einiger Entfernung. Ich gehe und gehe und spüre, dass das rechte Knie schmerzt.

Auf dem Preiselbeerplateau ruhe ich mich im Beerengestrüpp aus und betrachte die norwegischen Fjälls. Die Sonne bescheint die abfallenden Bergheiden dort drüben, Flecken, Streifen und Karos wandernder Sonne. Ich gehe und gehe, bis ich die Straße sehe und die Stimmen nicht mehr so weit entfernt sind. Börje hat sich hingekniet, um das Traggestell abzulegen. Er sieht mitgenommen aus. Sie verstauen das Fleisch jetzt auf dem Anhänger. Die Hunde, mit klaren Augen und klugen Affengesichtern, schnüffeln dem Blutgeruch nach.

Immer mehr Männer kommen aus dem Wald herunter, ihre schweißnassen Jacken und Hemden haben sie über ihr Traggestell gelegt. Ihre Unterhemden dampfen in der Kälte. Die Hunde keuchen. Es sieht aus, als lächelten sie mit gelben Augen.

Ein Mann kommt mit federnden Knien, er trägt eine Keule, die mehr zu wiegen scheint als er. Einen anderen hat die Fleischbürde aus dem Gleichgewicht gebracht, er ist gestolpert und in einen Bach gefallen. Nun ist er bis zu den Schenkeln nass.

Jetzt erhebt sich ein alter Mann, der an der Straße Posten bezogen hatte. Seine Augen sind tränentrüb vom Wind und seine Finger vor Gelenkschmerzen ganz dick.

Die meisten der zwanzig Leute der Jagdgesellschaft haben sich jetzt um den Anhänger mit dem Fleisch versammelt. Die Hunde zerren an abgewetzten Leinen und wollen raufen. Sie sind müde und aufgeregt. Mit einem Knall werden Bierdosen geöffnet, die Männer lachen und erzählen. Autos wenden und schlittern im Kies. Nun kommen die Letzten herunter, sie hatten die Posten ganz oben bezogen. Sie tragen nur ihre Rucksäcke und Stutzen. Einer hinkt, und seine Lederhose ist an den Knien nass. Er setzt sich ein Weilchen in die Sonne, trinkt sein Bier und blinzelt in den blassen Sonnenschein zwischen den Fichten. Das Wasser im See unten glänzt hart wie Metall.

»Keine Jagd am Nachmittag!«

Johann, der Jagdleiter, verkündet:

»Die Hunde müssen ausruhen.«

Die Autos setzen schleudernd zurück, schlittern, dass der Kies um die Reifen spritzt. In einem Heckfenster sehe ich einen Hund: zwei starr aufgerichtete Ohren. Die Hunde müssen ausruhen. Tatsächlich?

Nachdem alle abgefahren sind, wobei der große Anhänger als Letzter davonschaukelt, löst sich sanft ein Unglückshäher von einem Ast und nähert sich einem Blutfleck im Gras.

Sonntagnachmittag. Nach einer Woche Jagd wird jetzt verteilt. Acht ausgewachsene Tiere und fünf Kälber wurden erlegt. Ich werde mich noch heute um unseren Anteil kümmern, aber später. Zumindest anfangen, heute Abend. Möchte nicht ans Auslösen und Aufteilen, ans Verpacken und Etikettenschreiben und Kleinschneiden und Durchdrehen denken. Jedenfalls nicht jetzt. Ich genieße die Sonne an Johans Scheunenwand.

Drinnen im Dunkel der Scheune hängen Keulen und Schultern. Dort ruht ein Kopf, den ein Schütze als Trophäe mitgenommen hat. Die Hunde liegen angeleint außer Beißweite voneinander und nagen an Läufen. An dem langen Tisch stehen fünfzehn, fast zwanzig Männer und hantieren mit ihren Fahrtenmessern. Das Fleisch leuchtet dunkelrot. Gelbes Birkenlaub, späte Ringelblumen. Aus dem Küchenfenster duftet es nach Kaffee. Die Männer haben Schuppen und Hundehaare auf ihren Helly-Hansen-Pullovern. Sie tragen, mit Sicherheitsnadeln befestigt, noch ihre orangefarbenen Bänder an den Mützen. Wolken von Schnapsgeruch und weißem Dampf dringen aus ihren Mündern.

Die Älteren hacken und schneiden und massakrieren. Hackfleisch und Gulasch stehen in Aussicht. Die Jüngeren, die einen Kurs im Zerwirken gemacht haben, warnen und mahnen: Mensch, pass auf! Jetzt schneidest du das Roastbeef durch! Die Knochen donnern auf den Tisch, es riecht nach Blut und Fleisch. Die Braten plumpsen auf die Waage, die auf dem Grund aufschlägt. Herzhälften, Leberstücke, Suppenknochen, Rückenwirbel.

Börje sitzt an der Scheunenwand und spielt Akkordeon. Arnulf begleitet ihn auf der Gitarre. Sie spielen *Livet i Finnskogarna*: Erst, da geht es rauf, und dann geht's wieder ruuunter ... Zwei Männer tanzen mit ausgestreckten Armen umeinander herum, ein watschelnder Bärentanz.

Bald sind die achtzehn Haufen Elchfleisch fertig, und ein Mann geht mit den Losen in seiner Mütze herum. Kameras klicken und knattern, die Alten schwingen mächtig ihre Messer und grinsen in die Sonne. Vor Börjes Mund steht ein weißer Schleier, und ihm werden allmählich die Finger klamm. Er spielt *Drömmen om Elin*, kann in der Kälte aber bald nicht mehr.

Jetzt wird ausgelost. Die Leute von weiter unten im Land werden ihre Fleischanteile in Plastikwannen packen und sich auf den Heimweg machen. Sie werden heute Abend und heute Nacht sieben- oder achthundert Kilometer fahren. Morgen müssen sie wieder zur Arbeit.

In Strömsund werden sie Pause machen, eine Wurst essen und am Kiosk ein bisschen plaudern.

»Wie ist es bei euch gelaufen?«

»Wir haben ordentlich was geschossen. Doch, ja.«

Bär, Wolf und Luchs

Im Dorf Ålåsen auf dem Weg durch den Wald nach Strömsund ist ein Bärenspieß erhalten. Seine Spitze steckt noch in der Scheide aus Elchhorn, und der Schaft ist von Bärenklauen heftig zerkratzt. Der Spieß war lange Zeit die gängige Bärenwaffe. Fast ausgerottet wurde der Bär aber natürlich mit Bäreneisen und den neuen, treffsicheren Gewehren.

Nirgends bekommt man die Einstellung früherer Zeiten gegenüber Raubtieren so gut zu fassen wie in der eigenen Gegend. Als ich in Jämtland lebte, kursierten noch die Geschichten über *bjenn, skråggen* und *gaupa*. So nannten die Jämten früher die großen Raubtiere Bär, Wolf und Luchs.

Jämtländische Bärenjäger waren im 19. Jahrhundert auch in großem Stil Bärenausrotter. Ehe sie das Gewehr für immer an den Nagel hängten, hatten sie zig Bären geschossen. A. Gerdin aus Offerdal, der bis ins 20. Jahrhundert hinein lebte, hatte fünfundfünfzig Bären getötet. Acht davon in nur einem Jahr, 1851.

1864 wurden die Schadensprämien für Raubtiere kräftig erhöht. Als die Bären zu Beginn des 20. Jahrhunderts im Küstengebiet und im südlichen und östlichen Jämtland bereits ausgerottet waren, gab es in Hotagen noch immer einen Bestand, und zwar in Richtung Grenze bei Frostviken. Bis 1893 gab es auf Bären Abschussprämien. Außer diesen fünfzig Kronen erhielt der Jäger noch einmal so viel oder mehr für das Fell. Wenn das Fleisch zudem den Wert von ein oder zwei Kühen hatte, wird verständlich, dass diese gefährliche Jagd sich lohnte. Man verdiente an einem erlegten Bären so viel, dass sicherlich auch Tiere geschossen wurden, die weder Rene noch anderes Vieh gerissen hatten. Für das Fell wurde gut bezahlt, besonders wenn es schwarz und grobzottig war. Die kleineren und helleren Bären richteten unter dem Vieh keinen Schaden an. Es waren die großen, ausgewachsenen Braunbären, die mitunter Tiere töteten, wenn diese zur Sommerszeit im Wald weideten. So ein alter Schlachtbär konnte ein Pferd erledigen.

Als der Jagdsport, wie man es nannte, aufkam und die Herren aus dem Süden zum Jagen bis in unsere Gegend fuhren, veranstaltete man Bärenjagden und begann, Informationen über umstellte Bären zu verkaufen.

Damals gab es im nordwestlichen Jämtland noch Jäger, die beim Zerwirken das Blut des Bären tranken, um stark und mutig zu werden. Dass es üblich war, aus Bärenblut Pfannkuchen zu backen, ist wohl den Frauen zuzuschreiben. Ihr Respekt vor den Männlichkeitsriten war nicht fest zementiert; für sie war das Blut wahrscheinlich eine so ausgezeichnete Zutat wie jede andere.

Der Bärenbestand hat sich dort mittlerweile erholt. Der Bär bewegt sich über weite Strecken des Gebiets. Die Gemeinde Krokom erhält während der Elchjagd in der Regel zwei Bären zugeteilt, wovon einer dem Samidorf Hotagen zusteht.

Die Bärenjagd ist in dieser Gegend noch immer ein großes Ereignis. Über einen erlegten Bären wird stets im Lokalradio berichtet, und die Zeitungen bringen Fotos von Jägern, Hunden und der Beute. In etlichen Häusern gibt es gerahmte Fotos, auf denen, umgeben von Jägern und aufgeregten Hunden, ein Bär mit einem Stock im aufgerissenen Rachen liegt und die Zähne zeigt.

Der Wolf wurde in Hotagen in den 1920er-Jahren ausgerottet. Damals hatten große Wolfsrudel in Hotagsfjällen so viele Rene gerissen, dass die dortigen Renzüchter gezwungen waren wegzuziehen. Als die Zeiten sich besserten, zogen die Sami des heutigen Samidorfs Jingevaerie dorthin.

Es gab Wolfsjahre, von denen die Leute noch lange sprachen. Im Winter 1909 strichen große Wolfsrudel durch die unmittelbare

Umgebung von Flyberg. Die Kinder durften nicht aus dem Haus. In Hotagen erzählt man vom Wolfswinter 1918. Zwei Sami, Jonas Hidriksson und Anders Sivertsson, waren damals gegen Tagelohn als Wolfsjäger angestellt. Per Persson in Bågavattnet oberhalb von Valsjöbyn tötete Ende der 1920er-Jahre zwei Wölfe, indem er vergiftetes Aas auslegte. Er bekam von den Renzüchtern dafür zwei Rene. Die Abschussprämie auf Wölfe betrug damals 250 Kronen.

Im Dorf Hotagen sah Edvard Gruvelgård als Junge mehrmals ein Rudel von sieben, acht Wölfen draußen auf dem See vorbeilaufen. Das war zu Beginn der 1920er-Jahre. Danach hat es in dieser Gegend keinen Wolf mehr gegeben, und erst einmal ausgerottet, kehrt der Wolf schwerlich wieder zurück. In Laxsjö wurden im Winter 1993/94 drei Wölfe gesichtet.

Der Vielfraß wurde wie der Luchs als Schädling bejagt. Er ist selten, doch zu Beginn der 1990er-Jahre wurde auf der Straße zwischen Hotagen und Rötviken ein Vielfraß beobachtet. Dagegen hat sich der Luchsbestand in den vergangenen Jahren wahrscheinlich erhöht. Im Spätwinter geht die Luchsin auf Jagd und bringt die Beute ihren Jungen, bevor sie loszieht, um sich ein Männchen zum Paaren zu suchen. In dieser Zeit stößt man rings um die Dörfer auf viele Luchsspuren.

Schluss in Kapernaum, Alte!

In den 1920er-Jahren gab es so wenig Arbeit, dass viele aus der Gegend von Hotagen emigrierten. Für diejenigen, die in den Dörfern zurückblieben, wo sich der Frost oft genug sowohl die Gerste als auch die Kartoffeln holte, konnte das eingesalzene Fleisch eines erlegten Elchs darüber entscheiden, ob man durch den Winter kam.

Es gab nur wenige Elche. In Valsjöbyn haben mir alte Leute erzählt, dass sie oft tagelang hinter einem Elch her waren. Obwohl sie das Fleisch so weit tragen mussten, verwerteten sie buchstäblich alles: Lungen, Leber und Fett. Es wurden *pölsa*, ein Haschee aus Innereien, und Lungenmus gekocht und aus den Hufen eine Sülze wie von eingekochten Schweinsfüßen bereitet. Das Fleisch wurde in der Sauna geräuchert, der Großteil aber in großen Holzbottichen eingesalzen.

Die Elchhäute wurden ebenfalls verwertet. Im Nachbardorf Rötviken gab es eine Gerberei. Es kam aber auch vor, dass die Leute die Häute zu Hause bereiteten. Dazu mussten diese als Erstes gewässert werden, das heißt so lange im Wasser liegen, bis sich die Haare lösten. Danach wurden sorgfältig die Schleimhäute abgeschabt. Anschließend wurden sie gespannt und getrocknet. Bevor sie ganz trocken waren, musste man sie weich machen, wozu man sie rieb.

Um Elche zu fangen, hat man in dieser Gegend bis ins 20. Jahrhundert Fanggruben benutzt. Eine Jagdgesellschaft in unserem Sinne gab es früher nicht. Ein paar Männer taten sich zusammen und nahmen Hunde mit. 1949 bildete sich in Valsjöbyn eine Jagdgesellschaft, die dann fünfzig Jahre lang denselben Leiter hatte. Ab 1930 galt die Regelung, Elche drei Tage im Herbst zu jagen. 1952 wurde dieser Zeitraum auf fünf Tage ausgedehnt. Man bezahlte anfangs keine Jagdpacht, sondern gab dem Grundbesitzer den Keulenanteil.

Harte Zeiten und geringe Verdienstmöglichkeiten bewirkten mitunter, dass die Jagd zum Lebensunterhalt betrieben wurde. Waldhühner, vor allem Schneehühner, fing man mit Schlingen. Früher waren sie aus Rosshaar. Später verwendete man Messingdraht, und wer heute die Erlaubnis hat, mit Schlingen zu fangen, benutzt stets rostfreien Draht. Ein Schneehuhnjäger hatte an die zweihundert oder mehr Schlingen. An einem Tag 20–30 Schneehühner zu fangen war nicht ungewöhnlich. Rührige Vogelfänger hatten im Winter tausend oder mehr Schlingen im Einsatz.

Zeitig im Herbst legte man erst einmal einige Dutzend Schlingen auf den Viehsteigen. Damit beschaffte man sich Geflügel für den Eigenbedarf. Doch wenn es dann kalt geworden war und die Vögel eingefroren werden konnten, erhöhte man die Zahl der Schlingen durchaus auf fünfhundert und mehr. Im Winter fuhr man mit Schlitten über die Seen, um an den Straßen, die zum Markt in Östersund führten, die Aufkäufer zu treffen.

Wenn es sich lohnen sollte, dann musste man viele Vögel mitbringen, denn die Preise waren nicht hoch. Angaben aus dem

Diesen aufmerksam lauschenden Wilderer malte Bruno Liljefors.

18. Jahrhundert zufolge bekam man damals für ein Schneehuhn gerade mal so viel, dass man sich eine Feige kaufen konnte. Zu Doktor Hagdahls Zeiten erbrachte ein Schneehuhn 25–30 Öre. Aus Schlingen und anderen Fallen, z.B. Schlagbäumen, konnten Kinder und Ältere, die bei der anderen Arbeit nicht völlig unentbehrlich waren, den Fang entnehmen. Waldhühner wurden aber auch an den Balzplätzen geschossen. Man nutzte die Gelegenheit der Auerhahnbalz. Es war zwar verboten, balzende Vögel zu jagen, aber auch schwer zu kontrollieren, und es wurde gang und gäbe. Die Jäger übernachteten in der Nähe der Balzplätze und machten sich auf, sobald die Balz begonnen hatte und Schusslicht herrschte. Sie pirschten sich an die Hähne heran und standen still, bis der Auerhahn trunken vor Brunst und taub für die Umwelt den Kopf zurückwarf und glöckelte. Dann warteten sie bis zum nächsten Glöckeln und machten wieder ein paar Schritte.

Mit den großen Abholzungen sind die meisten Auerhahnbalzplätze verschwunden. Die Waldhühner haben sich weiter hinauf und in die kleinen Restbestände alter Fichtenwälder zurückgezogen. Noch in den 1970er-Jahren konnte man an kalten Wintermorgen auf dem Ivarberg in Valsjöbyn Birkhühner wie dicke schwarze Früchte in den Birken sitzen sehen. Heute sieht man dort keine mehr.

Behörden und auch Privatpersonen wurde bereits im 17. Jahrhundert klar, dass die Wildbestände durch gar zu schonungslose und hart betriebene Jagd bedroht waren. Es gab jedoch keine

Möglichkeit, die Jagd in den riesigen Einöden zu kontrollieren. In armen Landstrichen trieb der Hunger die Menschen dazu, rücksichtslos zu jagen, wenn sich ihnen die Gelegenheit bot. Hatten die Dörfler auf dem Fjäll ein Rudel Wildrene gesichtet, konnte es geschehen, dass sie alle Mann hoch loszogen und tagelang fortblieben, so bedeutsam war das Fleisch, das man nach Hause bringen und auf Vorrat einsalzen konnte. Die Sami fuhren unter Umständen mit einem Tross Ackjas auf Jagd und blieben wochenlang fort.

Die Wildrene im Fjäll waren scheue, wachsame Tiere, die sowohl im Wald als auch über der Baumgrenze lebten. Sie kamen nicht wie die zahmen Rene im Winter vom Fjäll herunter, sondern scheinen über das Kahlfjäll, die Moorheiden und durch die Waldgebiete gezogen zu sein. Oft wurden sie von Sami und Dorfbewohnern gemeinsam gejagt, oder aber die Dörfler verpachteten ihre Jagdrechte gegen einen Anteil am Fleisch an die Sami. Wildrene jagte man vorzugsweise im Herbst und Vorwinter, wenn sie fett und nicht ganz so scheu waren. Man verfolgte sie aber auch im Spätwinter über den Harsch. Die Herden konnten eingekreist und zu einem Abgrund getrieben werden. Die Sami jagten sie mit einer zahmen Renkuh als Köder. Man benutzte Schlingen und Fallen und derlei Dinge mehr, die menschlicher Einfallsreichtum hervorgebracht hat. Vor vielen tausend Jahren hob das Jägervolk Fanggruben für Wildrene aus.

Nichtsesshafte Finnen zogen wildernd durch die Lande. Sie waren geschickte Skiläufer und pirschten oft auf Wildrene. Dazu streifte sich der Jäger ein weißes Hemd und eine weiße Mütze über, um nicht gesehen zu werden. Ihr rechter Ski war kürzer und mit Fell bezogen. Auf dem Frühjahrsharsch, der den Mann, aber nicht das Ren trug, kam es so zu einer reinen Hetzjagd, die damit endete, dass das Tier vor Erschöpfung zusammenbrach.

Eine geglückte Jagd soll schließlich mit dem Erlegen der Beute enden. Die Jagd auf Wildrene war so erfolgreich, dass sie mit der Vernichtung des Wildrenbestands endete.

Das zweite große Hochwild, der Elch, wurde ebenfalls so intensiv bejagt, dass er ab Beginn der 1830er-Jahre für zwanzig Jahre im östlichen und zum Teil mittleren Jämtland mehr oder weniger ausgerottet war. Danach erholte sich der Bestand rasch und rätselhafterweise wieder. Doch nur ein Winter mit tiefem Schnee und langer Harschperiode, und er nahm wieder ab. Der Winter 1850/51 war in dieser Region eine Zeit der Vernichtung.

Zu Beginn des 20. Jahrhunderts war es wegen der weiten Entfernungen und der allgemeinen Wilderei schwierig, den Elchbestand in Jämtland zu berechnen. Wie wir aber wissen, war eine Elchfährte ein Ereignis, das oft dazu führte, dass mehrere Männer zur Jagd auszogen.

Während des Ersten Weltkriegs und in den unmittelbar darauf folgenden Jahren war der Elchbestand Jämtlands von der Ausrottung bedroht. Die Wilderei war umfangreicher denn je. Den an Wildhege Interessierten war es gelungen, in den Jahren 1921 bis 1925 den Elch unter Schutz stellen zu lassen. 1926 war es verboten, Elchtiere zu schießen.

Auch nach 1925 war ein geschütztes Gebiet vonnöten, wo sich die Elche ungestört vermehren konnten. Nach vielen Diskussionen mit den Grundbesitzern kam man überein, die Landzunge Botelnäset zwischen den Seen Hotagen und Häggsjön zur Elchschutzzone zu erklären. Sie galt für zehn Jahre.

Natürlich wurde gewildert. Einige Dörfler erinnern sich noch an die Versteigerungen von beschlagnahmtem Fleisch im Lager beim Laden. *Eine* Auktion blieb besonders im Gedächtnis: Als der Landgendarm die Tür des Lagers öffnete, um mit dem Verkauf zu beginnen, war das Fleisch wieder gestohlen.

Erik Olof Älg – zu Deutsch Elch – hieß ein Wilderer aus Stensvattnet in Ångermanland. Er begann in der Hungerzeit der 1860er-Jahre zu jagen. Da er ledig war und allein lebte, konnte er hungernden Familien Fleisch abgeben. Er brachte Elchfleisch, Hasen und Hühner zu den Katen. Manchmal wollte er Tabak oder Kaffee dafür haben. Schnaps war auch in Ordnung.

Er war ein erfolgreicher Jäger, und schließlich wurde demjenigen, der ihn anzeigte und beweisen konnte, dass er unerlaubt jagte, eine Belohnung in Aussicht gestellt. Da zeigte ihn sein Bruder an, und Älg saß seine Zeit im Gefängnis in Härnösand ab. Als er herauskam, teilten er und sein Bruder sich die Belohnung.

Erik Olof Älg lebte in einer Erdhütte. Im Alter erbettelte er sich seinen Lebensunterhalt und wurde zur Zielscheibe des Gespötts.

Im 19. Jahrhundert war die Verbitterung über die Jagdgesetz-gebung mit ihren sprunghaften Wechseln zwischen Totalverbot und begrenzten Schonzeiten oft groß. Auch war man keine Be-grenzungen gewohnt, die das Jagdrecht der Grundbesitzer ein-schränkten. Die Wilderei gewann an Sympathie, wenn auch kaum in den Fällen, wo dem eigenen Recht zu nahe getreten wurde. Wenn darüber geredet wurde, wie pfiffige Wilderer den Landgendarm und andere Behördenvertreter ausgetrickst hatten, vermehrte dies den populären Legendenschatz. Der Wilderer wurde schließlich zu einer literarischen Figur in Heimatschilderungen und Jagdgeschich-ten.

Der Vollbauer J. R. Sundström aus dem Kirchspiel Stigsjö in Ångermanland dürfte die Wilderer in seinem Gebiet eher in Schach gehalten als sie glorifiziert haben. Aber er hatte Humor und eine erzählerische Ader, die ihn antrieb. Seine Wilderergeschichten sind mittlerweile klassisch.

Sundström lebte auf dem von ihm bewirtschafteten Hof Risnäs. Ab 1912 war er auch Reichstagsabgeordneter, zuerst für die Libe-ralen und dann für den Bauernbund. 1934 debütierte er mit dem Buch *Ljuger gör jag inte, sa Janne Vängman* (Lügen tu' ich nicht, sagte Janne Vängman). Er schrieb sechs Jahre lang über seinen schlagfertigen Wilderer. Als seine Augen nachließen, diktierte er die Bücher seiner Frau Emmy Karolina. Sein Stil steht dem mündlichen Erzählen sehr nahe, doch bemühte sich Sundström auch um Pas-sagen hochliterarischer Naturschilderungen, besonders zu Beginn einer Geschichte. Da gab es Beschreibungen nationalromantischen Charakters mit farbenprächtigen Sonnenuntergängen, blauenden Seen und funkelndem Schnee. Seine Bilder vom Wald und der Wald-hütte sind sowohl realistisch als auch stimmungsvoll. Hier eine Schilderung aus dem Buch *Slut i Kapernaum käring, sa Janne Väng-man* (Schluss in Kapernaum, Alte, sagte Janne Vängman):

Auf den Flechten in der Almhütte von Högsjön lag Janne Väng-man und horchte auf das Tosen des Herbststurms. Es klang wie ein rauschender Wasserfall, wenn die Sturmböen draußen durch die Fichtenzweige fuhren. Manchmal war vom Högmyråsen her ein dumpfes Krachen zu hören, denn oft genug stürzten alte Baumriesen mit Fäulnis im Stamm um, wenn der schwere Atem des Nordwests ihre Stärke auf die Probe stellte. In den Granit-schornsteinen blubberte es zuweilen, dann schlug die von giftigen Rauchkringeln umgebene Feuerflamme in den Raum und rüttelte an den Holzkellen, die zum Schutz vor den spitzen Nagezähnen der Waldmaus im Winter von der Decke hingen. Gen Högmyren heulte ein Fuchs, und die Schneehühner antworteten mit infernalischem Gelächter.

Das Vorbild für die Figur des Vängman war Johannes Vänglund, der 1858 geboren worden war und noch lebte, als die Bücher erschienen. Angeblich war er auf Strömsund zunächst wütend, doch er gewöhnte sich an den Ruhm und soll es gar nicht ungern gesehen haben, dass in den 1940er-Jahren Leute ins Altersheim kamen, um ihn sich anzugucken.

Vänglund war angeblich ein redegewandter Sprachkünstler, und sicherlich schöpfte Sundström viele Ausdrücke direkt aus dieser Quelle. Die Kraftausdrücke der Janne-Vängman-Figur sind verzwickt und biblisch inspiriert. Er spricht reines Ångermanländisch. Mit den Augen dieser Figur vermag der wohlhabende Vollbauer Sundström zu sehen, dass Armut und Not Männer wie Vängman und seinen Kumpan Nordieng zur Wilderei zwingen. In Nordieng trifft Vängman einen Leidensgenossen, der bei der Verfolgung einer Elchfährte im winterlichen Gelände vor Hunger gestorben ist:

Ach ja, Brodde, jetzt liegst du da. Hast deine Harfe in die Weide gehängt. Warst so arm wie ich; deine Tasche ist leer, und daheim hast eine Alte, die guckt aus dem Fenster und wartet – auf dich und was Gutes zu essen. Gott segne alle Menschen dieser Welt!
  In diesem Augenblick sah er einen großen Elch kommen, gemächlich, die Geweihkrone zum Widerrist gerichtet. Vängman riss das Gewehr an sich und schoss.

Vängman denkt an Broddes Witwe, nachdem er das Tier niedergestreckt hat. Er sagt zu seinem Gefährten Åkerlund:

Wir sind arm, Åkerlund, entsetzlich arm in unserer Gnadenfrist bis zum bitteren Ende. Trotzdem sollten wir der Alten seinen Elch geben.

Vängmans reale Kumpane hatten an dem Wildvorrat in den Wäldern ordentlich was zu beißen. Langsam aber drang die neue Sichtweise ins Bewusstsein der Grundbesitzer und derer, die nicht um des Überlebens, sondern des Erlebens wegen jagten. 1830 wurde der Schwedische Jägerverband gegründet, und zwei Jahre später erschien die erste Ausgabe seiner *Tidskrift för Jägare och Naturforskare* (Zeitschrift für Jäger und Naturforscher). Darin wurden genau wie heute Verbote und Restriktionen diskutiert. Seit 1940 heißt sie *Svensk Jakt* (Schwedische Jagd), und heute ist jede zweite Nummer eine aufwendige Publikation mit reichlich Bildmaterial. Sie erscheint alle vierzehn Tage als Nachrichten- und Anzeigentabloid. Darin kann die Wut über Vorschriften, die von den Provinzialregierungen erlassen wurden und die man für falsch hält, nach demokratischen Regeln ventiliert werden. Trotzdem erreichen die Beamten wahrscheinlich Meckerbriefe und anonyme Mails, genau wie es nach wie vor Wilderer gibt. Die meisten sind sich jedoch einig, dass die Restriktionen, die viele Jäger im 19. Jahrhundert als behördliche Übergriffe betrachtet hatten, Voraussetzung dafür waren, dass wir auch in Zeiten, in denen die Gewehre gefährlich hocheffektiv und die Freizeitjäger zahlreich sind, noch Wildbestände haben. Llewellyn Lloyd, der einst aus England nach Schweden kam, ein großer Bärenjäger wurde und ein noch größerer Produzent von Jägerlatein, schrieb in seinem 1830 erschienenen *Jagt-Nöjen i Sverige och Norrige* (Jagd-Vergnügen in Schweden und Norwegen) mit einer gewissen Enttäuschung über unser Land. Er hatte geglaubt, hier gäbe es Wild im Überfluss. Er musste bald einsehen, dass es um Beute schlecht stand. Ursache sei

… der unaufhörliche Ausrottungskrieg, den man hierzulande mit wenigen Ausnahmen gegen alles Wild führt, trotz der Verordnungen, die erlassen wurden, um das Wild einen gewissen Teil des Jahres zu schützen.

Im Sommer, desgleichen im Frühjahr, erfolgt das Töten durch Schießen und mittels Fallen, und in dem langen Winter wird alles verwendet, worauf menschlicher Erfindungsgeist verfallen kann, um das Wild aussterben zu lassen.

Ohne Jagdgesetze wäre in Kapernaum tatsächlich Schluss gewesen.

Tiergott oder Jagdbeute

Im 19. Jahrhundert begann man, die Menschen der paläolithischen Sammler- und Fängergesellschaften Jägervölker zu nennen.

Wenn man liest, was damals über unsere ferne Vergangenheit geschrieben wurde, möchte man meinen, die Männer dieses Jägervolks hätten die Kinder mit Fichten und Elchtieren gezeugt. Frauen kommen in diesen patriotischen Geschichtssuaden nämlich überhaupt nicht vor. Es ist, als hätte es niemals Häuteschaberinnen und Modellierinnen von Tonkrügen, Flechterinnen und Weberinnen oder Bäckerinnen an erhitzten Steinplatten gegeben. Es können keine Beeren, Nüsse, Schnecken, Insektenlarven und andere Leckereien gesammelt worden sein, denn große Jäger recken nicht den Hintern in die Höhe und wühlen nach Nahrung.

Pollendiagramme aus meiner ehemaligen Wohngegend in Jämtland verraten, dass dort bereits zweieinhalb Jahrtausende vor Christi Geburt Weidewirtschaft betrieben wurde. Wer hat denn die Schafe gehütet und die Ziegen gemolken, wer die Wollbäusche auf die Spindel gesponnen, Lederstreifen geflochten und Häute gerieben?

Das Resultat weiblicher Mühen mit weichem und vergänglichem Material ist zusammen mit ihren Webeblättern und Rührbesen verrottet. Die Elchjäger dagegen haben sich mit Steinäxten Denkmäler in Felsplatten geschlagen. Das Harte und Spitze blieb bestehen.

Auf den Felsen am Nämforsen in Ångermanland sind Bilder von Hunderten von Elchen eingeritzt, zusammen mit Männern und Schiffen. Manche Schiffe haben Elchköpfe am Bug. Es ist ein Reichtum an Figuren, man hat zwischen fünfzehnhundert und zweitausend gezählt, und die ersten wurden vier Jahrtausende vor Christus in die Steinplatten geschlagen.

Am Nämforsen verlief eine Meeresbucht, von der aus Pfade über die Fjälls zur Atlantikküste führten. Hier gab es den wichtigen Flint, aus dem Äxte hergestellt wurden, und es mussten Kaufleute hierhergekommen sein, die mit Flint handelten. Der Nämforsen rauscht heutzutage sparsam, doch an manchen Tagen im Sommer lässt man für die Touristen Wasser ab. Vor sechstausend Jahren war der Wasserfall das ganze Jahr über mächtig, und es gab dort einen Platz, wo man sich sicherlich zum Tauschhandel traf, aber auch zu Kulthandlungen. Sonnenräder und andere Bildelemente in den Felszeichnungen deuten auf Kontakte zu Kulturkreisen weiter im Süden hin. Was die Bilder im Wasserfall aber tatsächlich bedeuten und warum sich Generation um Generation die Mühe gemacht hat, sie einzumeißeln, wissen wir nicht. Es existieren jedoch Theorien darüber.

Lange Zeit herrschte die Hypothese vor, die Sverker Jansson in seinem Buch *Hällristningar vid Nämforsen* (Felszeichnungen am Nämforsen) wiedergibt: Ein Volk von Jägern erzähle auf den Felsen über die Jagd.

Der Nämforsen ist außerdem die größte Falle, die das Jägervolk hatte, größer und effektiver als jede Fanggrube. Die Tiere, die in den Wasserfall gejagt wurden, trieben unerbittlich durch die Strudel zu den Inseln hinunter und wurden dort an die Ufer gespült, wo die Jäger sie leicht übernehmen konnten.

Tommy Hammarström, selbst Elchjäger, stellt diese Theorie in seinem Buch *Älgen* (Der Elch) infrage. Er hält die Jagdschilderung nicht für glaubhaft. Elche seien keine Hirsche wie die Rene und Wildrene. Sie ließen sich nicht in geballter panischer Bewegung über Felsabstürze in Wassermassen jagen. Sie seien Individuen, die selbst eine Einschätzung der Lage vornähmen und eher umkehrten und durch die Treiberketten brächen.

Es gibt eine weitere Theorie. Der Archäologe Anders Fandén deutet in *Schamanens berghällar* (Die Felsplatten des Schamanen) die Felszeichnungen als Kultbilder. Bei den Männern inmitten der Elchherden handle es sich um Medizinmänner und Zauberer in Ekstase. Der Elch sei ihr heiliges Tier, ein mächtiger und mystischer Waldgott, den man anbete und preise.

Was weiß man über Leute, die vor sechstausend Jahren gelebt haben, darüber, was sie dachten, was sie trieben? Ist überhaupt sicher, dass das Volk, welches die Zeichnungen einritzte, große Elchjäger waren? An ihren Wohnplätzen haben die Archäologen Gräten und Knochen von Lachsen, Robben und Bibern gefunden; Elchknochen wurden am Nämforsen dagegen sehr wenige ausgegraben. Insgesamt 150 Gramm.

An eine Felswand im See Skärvången im Kirchspiel Hotagen hat ein Volk vor fünftausend Jahren mit Fett und Rot-Ocker Bilder von Elchen und Menschen gemalt. Wir wissen, dass an diesen Seeufern ein Volk von Fischern gelebt hat. Den einzelnen Generationen gehörten nicht viele Menschen an, aber sie hatten allein um die Seen, die heute Valsjön und Rengen heißen, mehrere Siedlungsstätten. Wenn sie wussten, dass irgendwo Fische laichten oder Wildrene vom Fjäll herunterkamen, zogen sie dorthin. Ihre Waffen waren Bogen und Pfeile mit Schieferspitzen sowie Harpunen aus Knochen. Ihre Häuteschaber waren aus Quarzit. Sie besaßen aber auch Gegenstände aus Flint, die sie aus der heutigen norwegischen Küstenregion bezogen haben müssen. Sie bewegten sich sicherlich über große Gebiete und hatten Kontakt zu anderen Stämmen.

Essen kochen konnten sie zwischen heißen Steinen, in Ledersäcken. Aus anderen Funden wissen wir, dass sie Kleingetier, Insekten und Eier gesammelt haben. Beeren müssen damals wie heute wichtig gewesen sein, wogegen Pilze und Kräuter eine weitaus größere Rolle spielten. Sicherlich haben sie kleine Pelztiere mit schönem Fell gejagt: Marder, Otter und Hermeline. Wir wissen, dass später, in der Eisenzeit, Häute und Horn wichtige Handelswaren aus dem Norden waren. Diesem Volk scheinen praktische Jäger angehört zu haben, denn an Stellen, wo sie wussten, dass der Elch auf seinen Wanderungen durchkommt, haben sie ein langes System von Fanggruben ausgehoben. Derlei Systeme wurden bis ins 19. Jahrhundert genutzt, in einzelnen Fällen sogar bis ins 20. Von 4000 vor Christus bis ins 17. Jahrhundert waren sie allgemein in Gebrauch. Jämtland hat die meisten Fanggruben im ganzen Land. Namen wie Gravbränna und Gravarvågen erinnern an diese *älggravar*, Elchgräber.

Die Fanggrubensysteme sind oft von Nordost nach Südwest oder von Ost nach West ausgerichtet. Man bediente sich der Seen als Hindernisse, die den einzig möglichen Ausweg versperrten. Der Elch wanderte im Vorsommer am Wasser entlang ins Fjäll und kehrte im Spätherbst ins Waldgebiet zurück. Dann war er fett und hatte ein gutes Fell. Nach dem Schneefall im Spätherbst ließen sich die Gruben mühelos tarnen. Man bedeckte sie mit kümmerlichem Holz, durch das der Elch leicht hindurchtrat. Darauf legte man Moos, Reiser und Schnee. Auf dem Grund der Grube wurden manchmal spitze Stangen oder ein Speer aufgestellt. War die Grube tief und eng, saß das Tier fest und konnte sich nicht mehr bewegen. Dann waren keine spitzen Gegenstände nötig. Um den Elch durch das Fanggrubensystem zu zwingen, zäunte man das betreffende Areal ein und versah es mit nur einer Öffnung. Die Fanggruben wurden sowohl für Elche als auch für Wildrene genutzt.

In Hotagen hat man vierzig Fanggruben gefunden. In der Umgebung von Valsjöbyn gibt es Grubensysteme auf der Südseite des Valsjön sowie zwischen Stor-Rössjön und Lill-Rössjön. Ein weiteres System liegt nordöstlich der Hasslingseen. Auch am Ausfluss des Stor-Hasslingen gibt es Fanggruben. In den 1970er-Jahren setzten ihnen die Forstmaschinen hart zu und zerstörten sie teilweise.

Wir kennen aus der nordischen Mythologie der Eisenzeit und später keine ausgesprochenen Jagdgottheiten – wir, die wir von einem Jägervolk abstammen sollen. Loki fing einen Lachs, Thor kämpfte mit Riesen und einer kosmischen Schlange. Odin interessierte sich vor allem für Poesie und Weisheit. Unter den Wanen im Dunkel vor den Asen gab es Ull, eine Art Wintergott mit einer Mütze auf dem Kopf. Er lief Ski, aber dass er gejagt hat, ist damit nicht gesagt. Ein paar Jagdkönige und jagende Helden lassen sich finden. Als Olof Skötkonung eines Morgens auf der Jagd war, schlug sein Habicht fünf Birkhühner. Und als Rolf Krake König Adil in Uppsala besuchte, waren er und seine Begleiter wie Jäger gekleidet und hatten Falken auf der Schulter. Ein värmländischer Kleinkönig, der Halvdan Vitben geheißen haben soll, war ein so eifriger Jäger, dass er den Namen *Veidakonung*, Waidkönig, erhielt.

Bei den Männern zwischen den Elchen auf den Felszeichnungen im Nämforsen tritt das Attribut der Männlichkeit nicht stark hervor. Man muss aus seiner bescheidenen Beschaffenheit keine Schlussfolgerungen ziehen, doch kann erwähnt werden, dass im Süden unseres Landes die Männlichkeit auf den Felszeichnungen einen aktiven und erhobenen Eindruck macht. Dort wurde sie mit Kriegszügen in Verbindung gebracht.

Exzesse

Krieg und Jagd waren in der Geschichte lange Zeit wenn nicht gleichwertige, so doch immerhin verwandte Betätigungen. Die Jagd musste den Krieg ersetzen, wenn untätige Fürsten in Friedenszeiten von Langeweile gepackt wurden.

In den letzten Jahrzehnten des 19. Jahrhunderts wurde in der Diskussion um die Verteidigung die Jagd mit dem Krieg verknüpft. Junge Männer, die zu Jägern erzogen würden, hätten bessere Voraussetzungen, Soldaten zu werden. Bei der Jagd könnten sie lernen, Strapazen auszuhalten, ihr Beobachtungsvermögen zu trainieren, kaltblütig Gefahren einzuschätzen und vor allem mit Waffen umzugehen. Gegen Ende des 19. Jahrhunderts kam die Forderung auf, das alte Militärsystem des Einteilungswerks durch eine Volksbewaffnung zu ersetzen, und deshalb waren diese Gedankengänge natürlich relevant.

Das ausgehende 19. Jahrhundert brachte auch die Verbindung von Entwicklungslehre und der Geschichte des Menschen als Jäger. Darwin selbst war in *Über die Entstehung der Arten* überzeugt, dass die Entwicklungslehre auch auf unseren eigenen Ursprung und unsere Geschichte ein Licht werfen würde. Doch als er 1871 über die Entwicklung des Menschen schrieb, betrachtete er eher dessen Suprematie als Selbstverständlichkeit. Kraft seiner körperlichen Konstitution, seines Gehirns und seiner Fähigkeit zu sozialem Zusammenwirken sei er »lord of the jungle« und »king of the beasts«. Im Grunde hat Darwin nicht erklärt, wie und woran der Mensch sich angepasst hat, damit er sich zu einer der erfolgreichsten Arten entwickelte. Warum wurden nicht alle Affen Menschen?

In alter Zeit war der Mensch als Gottes Ebenbild der Ansicht, höher zu stehen als die Tiere und das Recht zu haben, sie auszunutzen und zu beherrschen. Nun bekam diese alte religiöse Überzeugung rationale und wissenschaftliche Argumente geliefert. Die Hypothesen der Entwicklungslehre wurden auch auf unser Verhältnis zu Menschen anderer Kulturen angewandt. Und so wurde der europäische Mensch schließlich als selbstverständlicher Herrscher über unterlegene und primitive Menschenarten betrachtet. Oder Rassen, wie man sagte.

In den 1920er-Jahren kam eine äußerst unangenehme Theorie hinzu, als der Anatom Raymond Dart den Schädel eines Menschenaffen mit großem Gehirn, von ihm Australopithecus benannt, analysierte. Der Fund stammte aus Transvaal, auf dessen Grasebenen es keine Wurzeln, Früchte, Beeren und Nüsse gab und auch keine andere Affen- oder Menschenaffenkost zur Verfügung stand. Hier musste gejagt worden sein!

Schnell gelangte man zu dem Schluss, der Australopithecus habe Waffen aus Knochen hergestellt und mit Erfolg andere Tier in der Savanne erschlagen. Es sollen nachgerade die Jagd und das Töten gewesen sein, wodurch sich bei diesem Geschöpf das künftig Menschliche entwickelt habe. Die Individuen mit der größten Lust und Neigung zu töten hätten überlebt. Ihre Erbanlagen seien auf den modernen Menschen übergegangen.

Bis weit in die 1960er-Jahre haben Forscher geschrieben, die Jagd habe die Geschichte des Menschen dominiert, und unser Intellekt, unsere Interessen und Gefühle, mithin das ganze Fundament unseres sozialen Lebens wurzle in der geglückten Anpassung an die Jagd und das Töten. Ein Forscher namens William S. Laughlin schrieb 1968, der Zivilisationsprozess beruhe auf dem Leben des Menschen als Jäger: »Hunting is the master behavior pattern of the human species.«

Die Theorie, die unsere Urahnen als schlaue und brutale Mörder darstellt, wurde nicht mit Stolz präsentiert. Die Forscher fanden sie selber peinlich. Vielleicht steckten hinter der Auffassung vom Menschen als »the killing ape« die unfassbaren Gemetzel und Grausamkeiten zweier Weltkriege. Die Theorie fiel erst in den 70er-Jahren und wurde durch einen differenzierteren Blick auf den Ursprung unseres sozialen Lebens und unserer intellektuellen Entwicklung ersetzt. Nun waren wir eher Menschen beim Kadaver, die dankbar die von Raubtieren hinterlassenen Beutereste schmatzten. Dies entspricht durchaus mehr der Neugier des Menschen und seiner Erfindungsgabe, wenn es um die Erschließung neuer Nahrungsquellen geht. Und dazu hat er in seiner Umgebung sicherlich schon lange Kleingetier getötet.

Bei einer Jagdgesellschaft, an der mein Mann teilnahm, prahlte ein Gast damit, während eines Jagdurlaubs in Afrika einen Affen geschossen zu haben. Macht man dergleichen nur wegen des Vergnügens, davon erzählen zu können? Oder weil es Spaß macht, den Affen aus dem Baum purzeln zu sehen? Oder, was wahrscheinlicher ist, weil man es nicht lassen kann?

Jäger, die sich als gar zu *trigger happy* erweisen, sind in den Jagdgesellschaften, die ich kenne, nie Dauermitglieder geworden. Ich bin auch noch niemandem begegnet, der von sich behauptet hat, er jage aus Vergnügen und Erregung am Töten. In gewöhnlichen Jagdgesellschaften spricht man von Spannung, Kameradschaft und Naturerlebnissen, aber auch vom Fleisch, wenn es darum geht, was das Jagen bringe.

Viele Dorfjäger haben wie mein Mann eine ambivalente Einstellung zum Töten, und es berührt sie äußerst unangenehm, wenn ein Tier krankgeschossen wird. Die Nachsuche stellt sowohl die Hunde als auch die eigenen Nerven auf eine harte Probe. Sitzt ein Schuss gut und geht das Tier zu Boden, ohne sich noch weit zu bewegen, ist ein Jäger natürlich aufgekratzt. Stolz ist dagegen ein Gefühl, das man mit Trophäen an der Wand demonstriert, auch wenn man vorgibt, in der Diele lediglich ein Geweih zu brauchen, um die Mütze daran aufzuhängen. Einen Elchhirsch mit zwölf oder zwanzig Enden am Schaufelgeweih zu schießen ist nicht schwieriger als den Träger eines mageren Gabelgehörns, den die Waidgenossen Fahrradlenker nennen werden. Den alten Elch zu überlisten kann kniffliger sein, und diese Ehre gebührt eigentlich dem Jagdführer, dem Hund und dem Hundeführer. Sie fällt jedoch immer dem Schützen zu. Vielleicht verehren die Jäger einen Gott namens Zufall?

Fanden Großjäger wie Llewellyn Lloyd Vergnügen daran zu töten? Warum sollten sie sonst mit Lust und Liebe an Jagden teilgenommen haben, die als Massenschlächterei arrangiert waren?

Mittlerweile ist bei der Jagd gefleckte militärische Tarnkleidung üblich. Man kauft sie nicht mehr im Überschusslager der Armee. Sie wird in Jagdzeitschriften angeboten und ist sehr teuer. Vielleicht ist sie ja praktisch. Aber ist sie nur das?

In unserer älteren Geschichtsschreibung wurden hinsichtlich Karls XII. Krieg und Jagd stets miteinander in Verbindung gebracht. Seine beklemmenden Bärenjagden bei Kungsör sind als die ersten

Großtaten eines künftigen Kriegsgenies dargestellt worden. Für Verner von Heidenstam verhießen die jugendlichen Heldentaten Karls XII. nichts Gutes. In *Die Karoliner. Erzählungen aus der Zeit Karls XII.* kündigen sich im Kapitel *Der Thronerbe* Massensterben und eine menschliche Niederlage an, als sich der junge König betrunken und in absolut schlechter Gesellschaft in Jagd und Krieg übt:

> Er warf den Rock ab. In Hemdsärmeln, den Degen in der Hand, ging er zu den Kameraden in das östliche Wohngemach.
> Es war mit getrocknetem Blut überspritzt. Die Dielen am Fußboden waren braun von Blutlachen durchtränkt, und an Porträts der Wände, in welchen die Augen ausgestochen waren, hingen Haufen von Haaren und altem geronnenen Blut.
> Außerhalb der Kammer hörte man blöken. Ein Kalb wurde hereingeführt und mitten ins Zimmer gestellt.
> Der König biß sich auf die Unterlippe, sodass sie weiß wurde, und in einem einzigen sausenden Hieb schlug er den Kopf des Kalbes ab. Mit blutunterlaufenen Nägeln warf er darnach den Kopf durch das zerschmetterte Fenster hinunter auf die Vorbeigehenden.

Für Karls Schwager Fredrik I. war die Jagd möglicherweise ein Ersatz für die Kriege, in die er nicht ziehen durfte. Der fulminante Krieg und die Niederlage Karls XII. hatten die Stände vorsichtig gemacht. Fredrik soll eigenhändig sechs Bären, drei Wölfe, drei Luchse und zwölf große Elche getötet haben. Wenn er im uppländischen Tierp auf Jagd war, ging es folgendermaßen zu:
Ein Bär wurde mit Stangen aus seinem Winterlager gestochert. Die Mannschaft drückte das Tier mit Fangeisen um Hals und Lenden nieder, und mit einem Schlag auf den Kopf wurde es betäubt. Dann band man den Bären mit kräftigen Seilen und transportierte ihn auf dem Schlitten nach Hallsta, wo die königlichen Hoheiten samt Entourage übernachtet hatten. Der König sollte ihn nun schießen, was aber geschehen musste, wenn der Bär in Bewegung war, da es sonst keine Heldentat wäre. Es ging lange hin und her, ob seine deutsche oder seine schwedische Mannschaft das Seil kappen sollte. Nachdem dies geklärt war, lag der Bär immer noch betäubt

und schreckensstarr auf dem Schlitten. Er wurde mit der Hundepeitsche geschlagen, kam zu sich, fuhr hoch und wurde vom König erlegt.

Heidenstam hat gesehen, dass totale Macht zum Exzess führt. Diese Sichtweise findet sich auch in Carl Henning Wijkmarks Porträt von Hermann Göring. In *Die Jäger auf Karinhall* ist der Exzess an Jagd und Sexualität gebunden. Die Beute sind Tiere und prostituierte Frauen, und es gibt nichts, was ihre Ausnutzung behindert oder einschränkt. Die totale Macht bewegt sich auf eine Grenze zu, die ständig zurückweicht und Willen, Lust und Laune immer mehr Raum lässt, sich grotesk darin zu verwirklichen. Vielleicht ist dies auch der Kern in Heidenstams Schilderung vom Jugendexzess Karls XII. im Schlosssaal.

Göring wurde ein großer Jagdfürst. Er hatte 1934 das Jagdgesetz des Deutschen Reiches ausgearbeitet und sich selbst zum Reichsjägermeister ernannt. Seine Jagdreviere in Deutschland waren riesig, aber er jagte auch im polnischen Wald von Białowieża. Das besetzte Polen sollte von Partisanen und Juden gesäubert werden, die in diesem Wald Zuflucht gesucht hatten. Dies geschah mithilfe von Hunden und jagdlich trainiertem Personal. Der Wald wurde zur Todesdomäne, wo die Treibjagd in Massenhinrichtungen endete.

Der weinende Bär

Komm in den Wald, du schöner Knabe, komm, o komm!
Zu des Todes
lieblichem Garten …
Zu des Todes Rosen und Küssen:
komm, meine Bärin, lass uns ringen!
C. J. L. Almqvist: »Björninnan« (Die Bärin)

Waldemar Bergstrand, 1902 in Hotagen geboren, begann im Alter von sechs Jahren, mit Schlingen Schneehühner zu fangen. Wie so viele andere junge Männer dieser Gegend wurde er in den 1920er-

Jahren arbeitslos und sah sich gezwungen, in die USA zu emigrieren. Ein paar Jahre später ging er nach Kanada und bestritt seinen Lebensunterhalt als freier Jäger: Er wurde Trapper. Von den Indianern lernte er wilde Minke fangen, und als er 1937 nach Jämtland zurückkehrte, konnte er viele Kenntnisse über die Jagd weitergeben und viel erzählen. Während der großen Fuchskampagne in den 1960er-Jahren soll Bergstrand über neunhundert (931) Füchse getötet haben.

Sein ganzes Leben lang sind die Tiere vor ihm geflohen, wie sie es vor Menschen zu tun pflegen. Am Ende seines Lebens aber wollte er sich den scheuen Schatten ohne Waffe nähern. Er sagte: »Früher habe ich der Jagd wegen gejagt – und um davon zu leben. Im Lauf der Zeit hat sich meine Einstellung geändert. Heute widerstrebt es mir, Tiere zu töten.«

Diese Ambivalenz geht bei älteren Jägern oft in ein intensives Interesse ohne Gedanken an das Resultat der Jagd über. Die Zeit der Schusslisten und Beuteverzeichnisse ist vorbei. Die Angebergeschichten sind zu Ende. Der Jäger, der so viel über seinen Wald und dessen Bewohner weiß, blickt in das Dunkel und erkennt dort keine Widersacher. »Sie sind so schön anzuschauen in ihrer eigenen Welt«, soll Waldemar Bergstrand auf seine alten Tage gesagt haben.

Auch ein alter Jagdschilderer kann umschwenken. In Sven Rosendahls *De tysta nätterna* (Die stillen Nächte) ist die Hauptfigur der Dachs und der Mensch sein Feind. In seiner Witterung liegt Gestank.

Die Jagdgottheit im antiken Griechenland wurde nicht durch eine haarige und aufgerichtete Männlichkeit gekennzeichnet. Die Göttin der Jagd war keusch; ihre lebenslange Jungfräulichkeit hatte sie von Zeus als Geschenk erhalten. In ihrem Wesen lag die Ambiguität des Jägers. Artemis jagte und schützte das Wild. Der Wald, über den sie herrschte, war ihr Heiligtum.

Möglicherweise lebte etwas von der antiken Sicht des Waldes als eines sakralen Raums bei den christlichen Einsiedlermönchen weiter. Sie ließen sich im Wald nieder, und es gibt über sie Geschichten und Bilder, die zeigen, wie sie in dem Raum, den sie wahren wollen, die wilden Tiere schützen. Auf einem spätmittelalterlichen Gemälde eines anonymen Meisters steht eine fürstliche Jagdgesellschaft vor einem Heiligen, der eine gejagte Hindin auf dem Schoß hat. Er zieht den Pfeil heraus, der das Tier verletzt hat, und der Fürst kniet ehrfürchtig vor ihm.

Die Geschichten über Tiere, die bei Menschen Schutz suchen, sind sehr alt; es gab sie bereits in der Antike, sie wurden weitergegeben und variiert. In *Björninnan* schreibt Almqvist: »Es ist nicht ungewöhnlich, einen Bären zu sehen, der den Kopf schüttelt und beinahe weint.« Die Fabel über Androklus und den Löwen wird als ein Beispiel für Dankbarkeit von Montaigne sehr elegant wiedergegeben.

Ein Freund, der meine Arbeit begleitet, schreibt mir:

Jetzt, da du bei den Tieren angelangt bist, möchte ich dir eine Geschichte aus dem Wald erzählen. Sie ist vielleicht nicht für dein Buch verwertbar, aber du sollst sie trotzdem hören – ich glaube, zumindest mit dieser Version der Einzige im Kosmos zu sein. Sie scheint in die Kategorie Wandermärchen zu gehören.

In der Arbeiterkaserne, wo ich im Alter von fünf bis zwölf Jahren lebte, wohnte über uns die alte Mutter Lövgren. Sie erzählte mir von dem Bären.

Ihr Mann, schon lange tot, hieß natürlich Lövgren. In seiner Jugend war er Holzfäller gewesen – ich vermute, in den Wäldern von Grangärde. Als er einmal dort fällte – oder vielleicht gerade sein karges Brot kaute –, kam ein Bär zu ihm her. Vermutlich lautete die Geschichte Mutter Löfgrens so, dass Lövgren zuerst erschrak, dann aber merkte, dass der Bär wohl um etwas bat. Er streckte seine Tatze vor, und siehe, Lövgren entdeckte darin einen großen und scheußlichen Holzsplitter, von dem das Tier sich vergebens zu befreien versucht hatte. Lövgren zog den Splitter heraus, und der Bär machte sich davon. Am nächsten Tag aber kam er zu dem Schlag zurück und legte Lövgren als Dank für seine Hilfe ein großes Stück Fleisch vor die Füße.

Das Interessante bei dieser Geschichte ist, dass ich der Quelle so nahe war – Lövgren hatte sie »erlebt«, und von ihm zu meinen fest gespitzten Ohren gab es als Zwischenglied nur seine Frau.

Doch zurück zu dem dankbaren Bären. Du hast auf der Grundlage der Geschichte von Androklus und dem Löwen vielleicht selbst einst Lateinübungen geschrieben. Haben diese archetypischen Begegnungen von Tier und Mensch nicht etwas Denkwürdiges an sich?

Ja, sie sind denkwürdig. Dass sie immer und immer wieder erzählt werden, dass sie variiert und abgewandelt werden, wissen wir. Aber werden sie auch erneut erfunden? Sie scheinen uns seit Jahrtausenden etwas anderes sagen zu wollen, als dass wir Herren über die Tiere der Schöpfung seien.

DER VERWANDLUNGSRAUM

In der Tiefe des Waldes

1899 gab es in Schweden noch in alle Himmelsrichtungen meilenweit Wald, dunkle Waldestiefen und karge, ausgedehnte Kiefernheiden. Wälder ohne Wege und ohne Bebauung, in denen man selten einem Menschen begegnete. War man bei rauem Wetter in so
einem großen Wald allein, konnte man untergehen.

» Wißt ihr, was ein zehn Meilen großer Wald bedeutet? «, schreibt
Selma Lagerlöf in *Eine Herrenhofsage*. Die ersten Leser des Romans
wussten es, zehn Meilen sind hundert Kilometer. Sie konnte auch
sicher sein, dass die allermeisten die Märchen der Brüder Grimm
gelesen hatten und mit dem Wald als tückischer Scheinwelt und
einem Raum für Verwandlungen wohl vertraut waren.

Selma Lagerlöf hat oft über die Tiefe des Waldes geschrieben. Sie
verwendete diesen Begriff für das Unausgelotete der Menschenseele ebenso wie des Geländes. Über den Propst in *Die Löwenskölds*
schreibt sie, dass er in der Waldestiefe umherritt, nachdem er sich
auf dem Heimweg von einem Sterbebett verirrt hatte. Und in dieser Waldestiefe hatte er eine erschreckende Verwandlung mit-
erlebt. Eines seiner Gemeindemitglieder sollte ihn sicher durch den
Wald bringen. Als sie jedoch zu einem tiefen Moor kamen, versuchte der Mann, ihn und sein Pferd vom Steg zu drängen und in
den Tod zu treiben. Der Propst rettete sich, indem er ihm den
Lederbeutel mit General Löwenskölds Ring zuwarf, welcher der
Leiche im Grab vom Finger gestohlen worden war. Als das Aufgebot des Kirchdorfes den Banditen aufspüren will, müssen sich
die Männer in den großen Wald begeben. Dieser erstreckt sich
meilenweit wie ein gewaltiges Fell aus Fichten und Kiefern. Die
großen Föhren aus der Vorzeit stehen noch aufrecht und nun so
dicht, dass ihre Kronen übereinanderliegen und gleichsam ein Dach
bilden. Kleine Gewächse sind alle vor Lichtmangel erstickt, nur
Moos bedeckt den Boden. Hier drinnen begegnen sie einem Lei-
chenzug.

In der gleichen düsteren Waldestiefe werden in *Der Wechselbalg*
Kinder ausgetauscht. Eine Trollin nimmt das Kind mit dem rosen-

roten Mündchen und den klaren blauen Augen an sich und lässt dafür ihren ungestalten Nachwuchs am Weg zurück. Der Trolljunge ist groß und hässlich und hat borstige Haare. Er hat spitze Zähne und am kleinen Finger eine Kralle. Für die Mutterliebe stellt er jene Herausforderung dar, die Kinder mitunter sein können. In dieser Erzählung überlebt die Liebe die Verzerrung und den grauenhaften Erscheinungswechsel, die sich in der Tiefe des Waldes vollzogen haben.

Anfangs nimmt sich die Bauersfrau des Trolljungen aus reiner Barmherzigkeit an. Er ist immerhin ein Kind. Sie gerät jedoch mit sich selbst in Konflikt, weil sie im Grunde den Abscheu ihrer Umgebung gegen das Hässliche und Abweichende teilt. Mit der Zeit wird ihr Kampf für den Troll absurd. Sie versteift sich auf eine Haltung, die sie nicht erklären kann. Der Troll wird auch durch ihre Behandlung niemals liebenswert. Er hält an seinen widerwärtigen Gewohnheiten fest und ist und bleibt abscheulich. Als er größer wird, entwickelt er sich zu einem Störenfried und zutiefst destruktiven Geschöpf. Trotzdem hält sie die Hand über ihn. Sie setzt ihre Ehe aufs Spiel und gefährdet den Wohlstand und die Redlichkeit ihres bäuerlichen Daseins. Schließlich brennt das Haus ab, und es herrscht allgemein die Meinung, dass der Troll das Feuer gelegt hat. Die Bauersfrau kann dagegen keinen Einwand vorbringen, trotzdem schützt sie den Übeltäter weiterhin. Als ihr Mann sie verlässt, macht sie keine Anstalten, ihn zum Bleiben zu bewegen. Versteinert sitzt sie in ihrem Aschenhaufen, und niemand versteht, warum sie das dunkle Geschöpf nicht verleugnet, sondern bis zur Aufopferung all dessen schützt, was ihr lieb ist.

Warum macht sie das? Vielleicht weil er die dunkle Seite des schönen Menschenkinds ist? Ihr eigenes Kind kommt am Ende wieder nach Hause, doch wird nichts darüber gesagt, dass der Troll zu seiner Mutter zurückkehrt. Beherbergt der rechtschaffene Bauernhof künftig das ganze Doppelwesen und damit die Wahrheit über den Menschen? Wir erfahren es nicht. Aber wir haben gelernt, dass die helle Seite des Menschen stirbt, schlägt man seine dunkle.

Wenn sich in der Tiefe des Waldes nun schon die Wahrheit über den Menschen verbirgt, dann kann auch Gott dort zu finden sein. In *Die Legende von der Christrose* erzählt Selma Lagerlöf von einer Unio mystica im tiefsten Wald. Es ist eine bitterkalte Weihnachtsnacht im Wald von Göinge, wo vogelfreie Räuber hausen. Dort darf ein frommer Abt erleben, dass der Wald in Kälte und winterlicher Dunkelheit zu blühen anfängt. In Lichtwoge auf Lichtwoge werden die Herrlichkeiten des Frühlings und des Sommers lebendig. Grindige und verschwollene Räuberkinder toben wie junge Füchse im Moos. Alles ist freigebiger Hochsommer.

> Welle um Welle kam, und jetzt war die Luft so von Licht durchtränkt, daß sie glitzerte. Und alle Lust und aller Glanz und alles Glück des Sommers lächelten rings um Abt Johannes. Es war ihm, als könnte die Erde keine größere Freude bringen. Aber das Licht strömte noch immer, und Abt Johannes fühlte, daß überirdische Luft ihn umwehte. Zitternd erwartete er des Himmels Herrlichkeit.

Als das Lichterlebnis aber so weit geht, dass Engel vom Himmel herabsteigen und sich eine Taube auf seine Schulter setzt, brüllt sein bigotter und hartherziger Begleiter: »Zeuch zur Hölle, von wannen du kommen bist!«

> … als die Worte des Laienbruders ertönten, verstummte urplötzlich der Gesang, und die heiligen Gäste wandten sich zur Flucht. Ebenso flohen das Licht und die milde Wärme vor Schreck über die Kälte und Finsternis in einem Menschenherzen. Die Dunkelheit sank wieder auf die Erde herab; die Kälte kam, die Pflanzen verwelkten, die Tiere enteilten; das Rauschen der Wasserfälle verstummte; das Laub fiel von den Bäumen.

Der Abt stirbt im Wald auf der Grenze zwischen Lichtseligkeit und Schrecken vor der Dunkelheit.

In *Die verschollene Kirche* arbeitet Selma Lagerlöf erneut mit der widerspruchsvollen Perspektive der Waldestiefe – und auch hier verwendet sie diesen Begriff. Der Prosatext datiert vom September 1914 und hat die tiefe Verzweiflung über den Krieg zum Thema.

> Meine Seele ist arm und dunkel und verwildert geworden, sie ist voll von Bildern des Schreckens und Grauens, sie ist geplündert

und scheu und heimatlos, sie weiß weder Rat noch Ausweg, möchte sich nur verbergen und verschwinden vor aller Angesicht ...

In *Die verschollene Kirche* ist der Wald der Herrschaftsbereich der Verwilderung und Barbarei. Paradoxerweise kann man dort nach Unschuld, Reinheit und Glauben suchen. Die Alten hätten ihr gesagt, zutiefst im Innern des Waldes gebe es eine weiße Blume, eine Quelle und die Ruine einer verfallenen Kirche. Selma Lagerlöf war keine bekennende Christin und hatte ein kompliziertes Verhältnis zum Glauben. Doch der Fall Europas in die Barbarei des Krieges weckt in ihr die Sehnsucht danach. Und die Tiefe des Waldes verbirgt den Glauben unter Verwilderung und Unmenschlichkeit.

Selma Lagerlöf selbst konnte nicht in den Wald gehen. Sie hatte zeit ihres Lebens Hüftprobleme. Sie hinkte, und mit dieser schweren Behinderung war es einfach unmöglich, durchs Gelände zu wandern. Selbst auf ebenen Stadtstraßen ermüdete sie und bekam Schmerzen, wenn sie zu lange ging. Ihr Wald ist deshalb nicht aus nächster Nähe und mit botanischem Interesse gesehen. Er ist auch kein romantischer Rahmen für den grübelnden und sich nach Schönheit sehnenden Menschen. Er ist ganz und gar ein Umwandlungsraum der Seele.

Wenn sie von den Tieren des Waldes erzählt, verfolgt sie andere Absichten als die Wiedergabe zoologisch korrekter Beobachtungen, wie man es von ihr erwartete, als sie ihr großes Schullesebuch schrieb. In uralter Tradition verwendet sie die Tierfabel, um das Innere des Menschen zu schildern, unsere Sehnsucht nach Transzendenz und die dunklen Züge von Grausamkeit und Blutdurst in der menschlichen Seele.

In *Wunderbare Reise des kleinen Nils Holgersson mit den Wildgänsen* wird erzählt, wie sich die Tiere jedes Jahr Ende März auf dem Kullaberg in Schonen versammeln. Außer den Vögeln sind es »die Edelhirsche, die Rehe, die Hasen, die Füchse und die übrigen wilden Vierfüßler«, die den Berg für ihr jährlich stattfindendes Spiel erwählt haben. Über so triviale biologische Verrichtungen wie die Paarung geht es weit hinaus und daran vorbei. Mit Ausnahme der Füchse führt Selma Lagerlöf keine Raubtiere an, auch keine Greifvögel. Hier balzen Auer- und Birkhähne, Lerchen singen, und Hasen vollführen Späßchen in diesen Vorspielen zur Klimax des Ganzen, dem großen Kranichtanz. Die Tiere bewegen sich also, sie spielen, hüpfen und singen nicht, um sich im Paarungskampf zu behaupten und in der Nahrungssuche zu üben. Spielerisch widerlegt Selma Lagerlöf die cartesianische und später positivistische und darwinistische Betrachtungsweise der Tiere, die in der Zeit, als sie auf dem Höheren Lehrerinnenseminar Naturwissenschaften studierte, herrschten. Das Spiel auf dem Kullaberg wird nicht von einer zwingenden Biologie regiert. Die Balz der Waldhühner, die Purzelbäume und Sprünge der Hasen und der Jubel der Lerchen dürfen ganz Selbstzweck sein; das Spiel während des Tierfestivals auf dem Kullaberg gestaltet sich nach seinem eigenen Recht.

Schließlich der Höhepunkt: der Tanz der Kraniche. Die großen Dämmerungsvögel dringen noch weiter über den biologischen Zwang hinaus; ihr Tanz deutet auf Transzendenz hin. Im letzten Satz heißt es, was die Tiere beim Anblick des Kranichtanzes fühlten, sei die »Sehnsucht nach dem Unerreichbaren, nach dem hinter dem Leben Verborgenen«. Alle diese kleinen hopsenden und piepsenden Tiere verspüren nun den Drang, »ungeheuer hoch hinaufzusteigen, ja bis über die Wolken hinauf, um zu sehen, was sich darüber befinde, einen Drang, den schweren Körper zu verlassen, der sie auf die Erde hinabzog, und nach dem Überirdischen hinzuschweben«.

Wenn der in Dämmerung gekleidete Kranich sich in geheimnisvollem Schwindel bewegt, hat der Tanz etwas Fremdes an sich: »Ein Zauber lag darin.« Graue Schatten spielen ein Spiel, das sie von Nebeln über abgelegenen Mooren gelernt haben. Wieder arbeitet Selma Lagerlöf in ihrer Waldwelt mit einem Paradox: Das Wilde und Geheimnisvolle, das mit Zauber Verwandte, verweist auf das Überirdische. In diese Sehnsucht nach dem Jenseits legt sie Züge von Heidentum und Außermenschlichem. Wenn in der verzauberten Märznacht die Kraniche tanzen, kommt das Wilde und Ungezähmte der Transzendenz näher als das Humane und Zivilisierte.

Auf dem Kullaberg wird nur ein einziges Raubtier erwähnt, nämlich der Fuchs. Der Fuchs Smirre hat für die Entwicklung der Intrige des Buches eine wichtige Funktion. Während die Tiere spielen, bleibt das Wilde und Herbe jedoch latent. Smirre erregt sich und tötet eine Gans. Er kann der Versuchung nicht widerstehen, es ist eine schnelle Instinkthandlung. Die anderen Füchse verurteilen ihn, weil er den Frieden der Kullabergspiele gebrochen hat. Ihm wird ein Ohr abgebissen, damit man ihn wiedererkennt (was für den weiteren Handlungsverlauf wichtig ist), und dann wird er aus Schonen vertrieben. Die jungen Füchse heulen vor Lust, als sie ihn jagen. Der Schrei der Gans und der Blutgeruch des abgebissenen Ohres hat ihre Raubgier geweckt.

Auch die »streitkundigen Hirsche« und ihr Kampfspiel wecken bei den Tieren zweideutige Gefühle. »Sie fühlten keinen Zorn gegeneinander, doch hoben sich überall Flügel, Nackenfedern sträubten sich, und Krallen wurden gewetzt.« Die Streitlust ist aber so weit gedämpft, dass nur »ein brennender Eifer um sich gegriffen hatte, zu zeigen, daß auch sie voller Leben seien«.

Der große Kranichtanz auf dem Kullaberg ist eine berühmte und klassische Schilderung. Verborgener ist ihr dunkles Pendant weiter hinten im Buch, in *Die Neujahrsnacht der Tiere*. Dort gewährt Selma Lagerlöf in einer dunklen Geschichte über Raubtiere und Haustiere der Blutgier und dem Jagdinstinkt ernsthaft Zutritt.

Ein Geistlicher ist in einer Neujahrsnacht auf dem Heimweg von einem Krankenbesuch. Beim See Dellen in Hälsingland reitet er mit seinem Abendmahlsgerät durch den Wald. Plötzlich geht das Pferd eigene Wege, und statt nach Hause trabt es den hohen fichtenbewachsenen Blacksåsen hinauf. Auch die Haustiere, Ziegen, Schafe und sogar Hirtenhunde, ziehen, vom selben Zwang wie das Pferd des Propstes getrieben, dort hinauf. Er darf nun einem sonderbaren Ritus beiwohnen. Die Tiere halten ein Thing ab, und zur Entscheidung steht, wer leben darf und wer sterben muss. Diejenigen Tiere, die im kommenden Jahr von Raubtieren geschlagen werden sollen, erhalten ein Feuerzeichen.

Wer da mit schwingender Kienfackel die Auswahl trifft, ist der Waldgeist, eine Gestalt, größer als der höchste Baum im Wald, in einem Mantel aus Fichtenreisern und mit Haaren aus Fichtenzapfen. Die Geschichte hat einen tragischen und unheimlichen Ton. Die brennende Fackel des Geists brandmarkt anscheinend wahllos. Weder die Leitkuh noch das kluge Pferd werden verschont, ebenso wenig die Tiere armer Kätner. Hier gibt es keine Barmherzigkeit.

Makabererweise sind auch die Raubtiere auf den Berg gezogen, nicht, um sich ihre Zuteilung abzuholen, sondern um sich an dem Spektakel zu ergötzen. Sie heulen blutrünstig. Schwänze peitschen, Zungen hängen aus Mäulern, und beim Anblick ihrer Beutetiere trampeln sie ungeduldig. Luchse schleichen »mit steifen Beinen und klotzigen Gliedmaßen, wie große mißgestaltete Katzen« umher. (Selma Lagerlöf hat vermutlich nie einen Luchs in seinem gleitenden Gang gesehen.) Jedes Mal, wenn sich die Fackel über einem Haustier senkt und es brandmarkt, brechen die Raubtiere in Gebrüll aus, laut und lüstern. Die gekennzeichnete Kreatur schreit, als wäre ihr ein Messer ins Fleisch gerammt worden.

Den Propst schaudert. Er »wurde von innigem Mitleid erfasst für das arme Vieh, das also in die Gewalt der Raubtiere verfiel, obgleich es ja eigentlich keinen andern Herrn haben sollte als den Menschen«. Es gelingt ihm immerhin, sein Pferd vor der Brandmarkung zu bewahren, indem er die Agende hinhält. Das christliche Kreuz vertreibt die Schreckenserscheinung; der Waldgeist stößt einen gellenden Schrei aus und lässt die Fackel fallen. Es wird dunkel und still, so wie immer in einer Winternacht im Wald.

Nach dem Eingreifen des Propstes auf dem Blacksåsen werden die Wölfe und Bären im Kirchspiel ausgerottet – »allerdings scheinen sie, nachdem er gestorben war, leider wieder zurückgekehrt zu sein«. Der Sieg christlicher Barmherzigkeit ist nicht von Dauer. Es gibt eine Gesetzmäßigkeit, welcher der Mensch nicht beikommt. Was Selma Lagerlöf aus *Der große Kranichtanz auf dem Kullaberg* verbannt hat, nämlich Raubgier und biologischen Zwang, darf hier in der Winternacht zu seinem Recht kommen. Sie siedelt es weit im Norden im Wald an. Es kann ferngehalten und vielleicht bekämpft werden, allerdings nicht auf Dauer.

Der Student in Uppsala, Gunnar Hede, erfährt in *Eine Herrenhofsage*, dass sein väterliches Erbe bald verkauft werden muss. Es liegt in Västerdalarna und besteht aus einem »alten baufälligen Herrenhaus und einigen Morgen Äcker und Waldboden«. Er ist Sklave des Gedankens, das Leben in dem alten Herrenhaus sei sorgenfrei und würdig gewesen. Deshalb hängt er sein Studium an den Nagel und zieht als Hausierer durch die Lande, um Geld zu verdienen. Er möchte den Hof und das Leben, das er damit verbindet, retten.

Er kauft im Norden des Landes Ziegen und will sie zu einem Markt in Värmland bringen, um sie dort mit Gewinn zu verkaufen. Auf dem Weg durch den zehn Meilen großen Wald gerät er mit seiner Ziegenherde in ein Unwetter. Es gibt keine Rettung vor den Schneemassen, der Kälte und dem Sturm. Der Wald bietet keinen Schutz, er ist die reine Härte. Hilflos klagen und meckern die Ziegen der großen Herde und lecken Hede in ihrer äußersten Not die Hände. An den Hörnern schleift er sie weiter. Ihm schwindelt allmählich, er sieht »Hörner und Hufe hervorstaken«. Die hilflosen Ziegen tragen nun das Attribut des Bösen und erschrecken ihn, obwohl sie doch nur Opfer seiner Fahrlässigkeit sind. Hinter seinem Optimismus sieht er kalte Böswilligkeit, projiziert sie aber auf die Ziegen. »All dies wirkte so furchtbar auf ihn, dass er fühlte, er sei nahe daran, den Verstand zu verlieren.«

Er verliert tatsächlich den Verstand. Als seine Verlobte ihn verlässt, vollendet sich seine Verwandlung. Er vergisst, dass er ein Herr von Stand ist, und zieht weiterhin als Händler umher, obwohl die Schulden längst alle bezahlt sind. Sein Schrecken vor Vierfüßlern, besonders vor Ziegen, ist noch genauso groß wie damals im Wald. Begegnet er welchen, dann knickst er. Sein Kramsack ist zu schwer, als dass er sich verbeugen könnte, und der weibliche Knicks wird zur äußersten Erniedrigung. Er geht »stumpfsinnig und verrückt« von Hof zu Hof; der Herr von Stand hat sich in einen Niemand verwandelt.

Sub limen

Selma Lagerlöf lässt Abt Johannes in der Weihnachtsnacht im Wald jenes Lichterlebnis haben, das Photismus genannt wird und in der Mystik oft beschrieben ist. Für die Mystiker hebt es die Grenze zwischen dem Irdischen und Himmlischen auf und vermittelt dem Menschen ein intuitives Wissen von der kosmischen Ordnung – von Gott. Dieses Wissen lässt sich nicht auf rationalem Weg oder durch die Sinne erlangen. Einen Augenblick oder eine Zeitlosigkeit lang wird der Mensch mit dem All vereint.

In der Neujahrsnacht lässt Selma Lagerlöf den Pfarrer in

Hälsingland an der Grenze zur Welt der Tiere stehen. Und der Wald lässt ihn eine grausame Gesetzmäßigkeit erleben: Die Raubgier herrscht ohne Gnade. Selbst wenn er die Machtlosigkeit des Menschen gegenüber dem biologischen Zwang nicht ganz versteht, erhält der Leser eine Ahnung dessen, was Selma Lagerlöf sehen konnte, wenn sie sich jenseits des christlichen Humanismus, in dessen Rahmen sie sich sonst bewegte, einem unheimlichen Verständnis öffnete.

Als Aufschimmern einer plötzlichen, aber tiefen Einsicht beschreibt sie in ihren Geschichten, was in unserem Bewusstsein normalerweise unterschwellig, *sub limen*, vorhanden ist. Es ist das Sublime, ein Begriff, mit dem Schriftsteller und Philosophen seit der Spätantike gearbeitet haben. Für Kant war es das Erhabene, für Freud das Unheimliche. Das Sublime kann wie bei Selma Lagerlöf etwas sein, das wir fürchten, aber auch etwas, das wir als eine tiefe, lebenspendende Einsicht erfahren.

In *Jerusalem I* geht Gertrud, die Tochter des Lehrers, in den Wald, schwer deprimiert und voll bitterer Rachegedanken nach Ingemar Ingmarssons Verrat. Sie geht in die Tiefe des Waldes – wieder verwendet Selma Lagerlöf diesen Begriff, um anzukündigen, dass ein Verwandlungserlebnis bevorsteht.

Gertrud blieb plötzlich stehen. Sie erkannte auf einmal die Stelle. Der Bach hieß der schwarze Bach, und man erzählte sich sonderbare Dinge von ihm. Es war mehrmals geschehen, daß Menschen wunderlich hellsehend geworden waren, während sie über diesen Bach gingen. Ein Hirtenjunge, der über den Bach ging, sah einmal einen Hochzeitszug, der weit ganz nördlich in dem Kirchsprengel nach der Kirche wanderte, und ein Köhler sah einmal einen König mit der Krone auf dem Kopf und dem Zepter in der Hand zur Krönung reiten.

Gertruds Herz hörte fast auf zu schlagen. ›Gott sei mir gnädig, was werde ich jetzt zu sehen bekommen‹, seufzte sie.

Es ist jedoch keine unheimliche Gespenstererscheinung, die sie einen Augenblick später auf der anderen Seite des Bachs wahrnimmt. Langsam kommt ein schöner junger Mann auf sie zu.

Als sein Blick Gertrud traf, fühlte sie sich durchströmt von Frieden und Seligkeit und sanfter, stiller Ruhe. Und als er an ihr vorübergegangen war, da war nichts mehr von all ihrem Kummer und all ihrer Bitterkeit zurückgeblieben, alles Böse verschwand wie bei einer Krankheit, die geheilt war und Gesundheit und Stärke hinterlassen hatte.

Gertrud hat eine Christusvision gehabt, die für ihr Leben entscheidend wird. Statt sich an Ingmar Ingmarsson zu rächen, schließt sie sich einer Sekte kirchlicher Abtrünniger an, die nach Jerusalem auswandert. Vor ihrer Abreise findet sie Ingmars verlorenes Vatererbe und bringt es ihm. Sie gibt ihn frei und verzeiht ihm.

Mitte der 70er-Jahre kam ich nach Valsjöbyn im nordwestlichen Jämtland und ging von da an einen Pfad in den Wald hinauf, an einem kleinen See vorbei, der, so er überhaupt einen Namen hatte, Brortjärn hieß, und weiter zu einem zweiten, Rörtjärn genannt. Damals gab es hier keine Bebauung, ja noch nicht einmal eine Forststraße. Fuchs und Marder schlichen durch dieses Gelände. Gelegentlich lag auf dem Pfad Bärenkot, war er frisch, kehrte ich um. Rings um die beiden glänzenden Seeaugen im Fichtenwald saßen Birkhühner in Birkenwipfeln, und dahinter im Dunkel des Waldes knappte der Auerhahn. An einer steilen Stelle des Pfades, den ich fast täglich ging, stieg mir ein Duft in die Nase, der eher zu den Gärten meiner Kindheit in Katrineholm gehörte. Hier zwischen den hohen Fichten war er eigentlich unvorstellbar. Er war aber da, und ich roch ihn Tag für Tag. Er erinnerte an den Geruch von Moosglöckchen, aber um diesen wahrnehmen zu können, muss man tief ins Moos kriechen und die Nase fast in die Glöckchen stecken. Hier gab es weit und breit nichts, was derart gut riechen konnte. Ich dachte, dieser Geruch stamme von großen Blumen – und zwar von vielen. Ich kam einfach nicht dahinter, was da so duftete. Sosehr ich auch das Terrain durchschnüffelte, sah ich nichts als Blaubeergestrüpp und karge Flora: Wald-Wachtelweizen, Schattenblume und den einen oder anderen Siebenstern. Den Ursprung des satten Dufts fand ich nicht.

Es wurde Winter. Eines Tages setzte ich mir in den Kopf, auf Skiern erneut zu den steilen Waldhängen hinaufzufahren. Es war schwierig und vielleicht dumm, denn ich musste mich in die Stöcke hängen und mühsam über die Buckel arbeiten, um nach oben zu gelangen. Der Hündin machte es Spaß, durch die Marderreviere zu sausen.

Es war ein klarer und kalter Tag. Als ich zu der steilen Stelle kam, war da wieder dieser Duft. Das konnte nichts Blühendes sein, wir hatten schließlich fünfzehn Grad minus. Und was da duftete, war im Herbst nicht zersetzt worden. Unveränderlich durchzog der Wohlgeruch die Kälte wie eine Ahnung.

Immer wieder mühte ich mich in jenem Winter an dem Steilhang unterhalb des Rörtjärn ab und suchte nach der Quelle dieses Dufts, entdeckte sie aber nie. Zu Hause konnte ich mir dann sagen, dass ich mir alles nur eingebildet habe. Kam ich aber wieder zu der Stelle, war er meist ganz deutlich, ja unbestreitbar. Manchmal war er auch zurückhaltend und ausweichend, kam und ging mit einem Windhauch. Wenn ich ihn nicht wahrnehmen konnte, vermisste ich ihn sehr. Traurig stakte ich dann wieder nach Hause.

Viele Jahre später ging ich an einem Herbsttag wie üblich den steilen Pfad hinauf. Es war ein glasklarer frostiger Tag. Für den Abend war Schnee angekündigt, aber noch war der Himmel blau und abgeräumt. Kleine Meisenschwärme bewegten sich leise zwitschernd durch den Wald, ansonsten war es still. Ich ging gebückt und suchte Trompetenpfifferlinge.

Da war er wieder. Vage an andere Düfte erinnernd – Moosglöckchen, Anis, Lilien und Bittermandel. Er selbst ist dagegen überhaupt nicht vage. Er ist durchdringend und real. Von nun an suchte ich systematisch. Aber ich suchte lange am falschen Ort, auf der Erde, und bald schon lag mein Suchgebiet unter tiefem Schnee begraben.

Es war am 12. Oktober 1992, da roch ich ihn ganz nah und deutlich. Im darauffolgenden Frühjahr fand ich ihn. Cremegelb wie der Rahm einer Fjällkuh quoll er aus den Ritzen der Rinde einer alten Salweide, die schräg zwischen den Fichten stand.

Einigen von Ihnen, die Sie dies lesen, ist sicherlich längst klar, dass mir über fünfzehn Jahre lang der Geruch des Wohlriechenden Weidenporlings in die Nase gestiegen war. Botanischen Gedanken gegenüber war ich jedoch verschlossen gewesen. Ich war zusammen mit Selma Lagerlöf und den Meistern der Mystik in den Waldestiefen unterwegs; meine Fantasie baute an dem Erlebnis herum, und ich dachte an die Erfahrung, die einige der großen Mystiker hatten machen dürfen: den Wohlgeruch des Leibes Christi in der Welt. Ich konnte aber nicht glauben, dass ich eine Offenbarung gehabt hatte. In dieser Hinsicht bin ich ein armer Mensch, das wusste ich. Trotzdem fragte ich mich manchmal, ob ich nicht an das Unerklärliche gerührt hatte. Es war doch so ausgeprägt und besaß in keiner Weise die Vagheit und den leicht auslöschlichen Charakter eines Tagtraums.

Es war also *Haploporus odorus*, der Porling, der fast ausschließlich an Salweiden wächst und durch unsere Abholzungen stark bedroht ist. Der Wohlriechende Weidenporling, den ich auf dem Weg hinauf zum Rörtjärn und Holmskogen gefunden habe, wächst mittlerweile gefährlich nahe an einer Forststraße und im Winter zudem an einer Scooterspur. Sie waren erst dort oben angelegt worden, nachdem ich ihn zum ersten Mal gerochen hatte. Und man hat sie so nahe an der alten Salweide angelegt, dass diese bei der Rodung aus purem Glück nicht hatte dran glauben müssen.

Mystiker und Dichter, die womöglich nie in einem richtigen Wald wanderten, sind uns vorangegangen und haben unser Gehirn für sublime Erlebnisse von Licht und Seligkeit im Waldesdunkel bereitet. Doch die Zahl derer, die dieses Dunkel für die Menschenseele als bedrohlich und gefährlich erachteten, ist weit größer.

In der Tiefe des Waldes gerät Gunnar Hede an eine Grenze, wo er den Verstand verliert. Dort vollzieht sich eine erniedrigende und zersplitternde Verwandlung. Das Sublime wird zu Unheimlichkeit und Zwang. Der Wald der Seelenverwirrung ist steril. Als Ingrid scheintot in ihrem Sarg liegt, erlebt sie Gunnar Hedes Psychose als ein Umherirren in einer Wüstenlandschaft mit verstreuten Felsblöcken. Von Nahem erweisen sich diese Felsformationen als Tiere mit »mächtigen Pratzen und großen Rachen mit scharfen Zähnen«. Die Bühne für diesen Zusammenbruch ist versteinert und verwüstet; der von Kälte gepackte Wald ist zu einer Wüste geworden. Die Ungeheuer sind keine Ziegen mehr, sondern Fabeltiere, die auf Beute lauern, und der Geisteskranke wandert durch eine verarmte und zugleich lebensgefährliche Landschaft. In *Eine Herrenhofsage* hat Selma Lagerlöf sehr starke Effekte verwendet. Man kann sie gotisch nennen und den Roman als einen Ausläufer der romantischen Gestaltung des Sublimen sehen. Aber eigentlich war sie hier einer noch älteren Tradition nahe.

Ein Fehltritt, und der ganze Wald wird verrückt

In zweiten Buch ihrer Offenbarungen beschreibt die heilige Birgitta die Welt als einen dunklen und tragischen Ort. Sie sei eine Wüste und zugleich ein Wald, in dem die Menschen angsterfüllt nach Hilfe riefen.

> Die Wüste und der Wald waren indes so unwegsam und eng, dass sie aufgrund der Dichte nicht hindurchdringen oder auch nur ihre Wanderung beginnen konnten, auch fehlte ihnen die Kraft, einen Weg zu bauen. Was aber riefen sie? Sie riefen dies: O Gott, komm und hilf uns, zeig uns den Weg und leuchte uns, die wir Deiner harren!

Johannes der Täufer wird in dieser Bildwelt die Axt an den ersten Baum anlegen und den christlichen Pilgerweg durch den Wald hin zur Stadt Gottes zu roden beginnen.

Birgitta war eine auf Pilgerwegen erfahrene Reisende. Als Hofmeisterin der Königin Blanche von Namur war sie mit Magnus Erikssons Hof nach Nidaros gereist. Der Ritt führte Meile um Meile durch Wälder und Unwegsamkeit. Von ihren Reiseeindrücken gelangt jedoch keine Konkretion in die Offenbarungen. Darin ist die Landschaft, diese unwahrscheinliche Mischung aus Wüste und Wald, ganz und gar seelischer Natur. Es ist der gleiche Wald, in dem sich Dantes Pilger verirrt.

> Wie war der Wald so dicht und dornig,
> o weh, daß ich es nicht erzählen mag
> und die Erinnerung daran mich schreckt.
> Viel bitterer kann selbst der Tod nicht sein.

Es ist »der zweite Tod«, vor dem der Pilger sich fürchtet, die Vernichtung der Seele. Mithilfe des Willens wird er versuchen, Gottes

Weg zu finden und ihm zu folgen, um seine Seele zu retten. Zuerst aber reist er bekanntlich durch die Hölle und das Fegefeuer. Auch in der Hölle kommt er zu einem Wald. Von all den Schrecklichkeiten, die Dante sich als Strafe für politische Widersacher, Schurken in der Geschichte und gewöhnliche Sünder ausgedacht hat, ist es wahrlich nicht das Schlimmste, im Wald der Hölle zu landen. Hier wird keiner in Blut gekocht oder im Schlamm erstickt. Düster ist er gleichwohl.

> Noch ehe Nessus wieder drüben ankam,
> umfing im Weitergehn uns ein Gehölz,
> und nirgends war ein Pfad darin zu finden.
> Da war kein grünes Blatt, nur dunkles Laubwerk,
> kein glatter Zweig, nur knorriges Geäste
> und keine Früchte, Dornen nur und Gift.

Riesige geflügelte Wesen mit menschlichem Antlitz und bekrallten Füßen heulen in den Bäumen. Aus dem Gebüsch ertönt Wehgeschrei und verwirrt den Pilger, der keine Menschen sieht. Vergil fordert ihn auf, einen Zweig zu brechen. Als er es tut, ruft dieser: »Was zerbrichst du mich?«, und aus dem Bruch quillt Blut. Einen Zweig zu brechen bedeutet hier, einen Menschen zu verstümmeln; der Wald der Hölle enthält zerstörtes Leben, das in Bäume verwandelt wurde. Nackt und zerkratzt kommen die Verdammten in wilder Flucht hier an. Gleichzeitig rufen sie: »Komm schnell, o Tod, komm schnelle!«

> Doch hinter ihnen wimmelt' es im Walde
> Von schwarzen, hungrigen und raschen Hunden,
> gleich Bracken, losgelassen auf die Beute.
> Die schlugen ihre Zähne dem Geduckten
> Ins Fleisch, zerrissen es in Stücke, schleppten
> Sodann die Glieder weg, die zuckenden.

Vergil und der Pilger sind im Wald der Selbstmörder angekommen. Als die beiden Wanderer siebenhundert Jahre später an den gleichen Ort kommen, ist er »ein Wald, der sich selbst verirrt hat«. In Niklas Rådströms lyrisch dramatischer Umdeutung, *Dantes gudomliga komedi* (Dantes göttliche Komödie), lauert darin die Geisteskrankheit: »Ein Fehltritt, und der ganze Wald wird verrückt«. Es fällt schwer, den Fehltritt und die Verrücktheit nicht mit den Verwandlungen der Waldlandschaft durch den ökonomischen Rationalismus in Verbindung zu bringen.

Moderne Interpreten der Komödie haben hervorgehoben, dass der Pilger erst dann den Weg findet, wenn er sich verirrt. Für sie weist nicht der Wille den Weg, sondern das, was wir das Unterbewusste nennen. In unserer Zeit gilt der dunkle Wald des Mittelalters, genau wie die moderne Großstadt, als Bild der Psyche in ihrer Ganzheit, und sie ist nur zum Teil bekannt und erforscht. Sie ist von Wegen durchzogen, die zu Begegnungen mit dem Unerwarteten führen. Das kann Vernichtung, Erneuerung oder eben Verrücktheit zur Folge haben. Der Gedanke, dass man im Wald verrückt werden kann, ist jedoch schon alt, im Mittelalter war er vermutlich sehr konkret.

Im Jahre 1302 wurde eine kleine norwegische Prinzessin mit dem schwedischen Herzog Erik Magnusson verlobt. Die Braut, Ingeborg hieß sie, war erst ein Jahr alt, weswegen die Hochzeit aufgeschoben werden musste. Laut *Erikskrönikan* war ihre Mutter, Königin Eufemia, ganz vernarrt in ihren Schwiegersohn. Man nimmt an, dass sie ihm die ersten epischen Rittergedichte auf Schwedisch zum Geschenk machte. Eines davon war die lange Verserzählung über Ivan Lejonriddaren (in Deutschland als Iwein bekannt), aus deren Schlussstrophe hervorgeht, dass sie für die Übersetzung aufgekommen sei.

In seiner altschwedischen Version hat das lange Gedicht über vierhundert Strophen. Es anzuhören war aber sicherlich nicht nur anstrengend, ist es doch packend und zudem reich an Liebesabenteuern. Die frivoleren Teile der Konversation zwischen dem Ritter und seiner Dame wurden zensiert. Dem Mann der Kirche, der von Eufemia den Auftrag erhielt, das Reimgedicht in schwedische Knittelverse zu bringen, wird das Liebesgegurre zu langatmig, und er sagt: »Diese Dummheiten werde ich übergehen und sagen, was danach geschehen.«

Dantes Pilger verirrt sich in einem Wald, der so grauenhaft ist, dass »die
Erinnerung daran mich schreckt«. Illustration von Gustave Doré für eine
Ausgabe der *Göttlichen Komödie* aus dem 19. Jahrhundert.

Zusammen mit den Versepen *Flores och Blanzeflor* (Flores und Blanzeflor) und *Hertig Fredrik* (Herzog Fredrik) landete *Ivan Lejonriddaren* schließlich in der Büchersammlung König Magnus Erikssons. Man hat sie in einem Verzeichnis über die Bücher des Königs aus dem Jahr 1340 gefunden. Magnus Eriksson war der Sohn Ingeborgs aus der Ehe, die nach vielen politischen Komplikationen schließlich 1312 geschlossen worden war.

Wir wissen eigentlich nicht viel darüber, womit man sich zu jener Zeit an den schwedischen Fürstenhöfen vergnügte. Das Schicksal Herrn Olofs, der auf seinem Ritt durch den Wald unter die Elfen geraten ist, wurde in der Form des langen Liedes und Tanzes gestaltet. Doch als dieser Ritter bei Morgennebel und Frost in den Tod ritt, hatte sein Umherirren in einem wegelosen Außerhalb nicht viel mit der Wirklichkeit zu tun. Bis hinauf in den Norden wurde der Wald nun aufgeteilt und ins Innerhalb verlegt, das man aus Verordnungen und Eigentum errichtet hatte. Dies geschah im 14. Jahrhundert, als die norrländischen Flusstäler kolonisiert wurden.

Herrn Olofs Verirrung gehört der Literatur an und wurde bei Gastmählern aufgeführt. Ein Vortänzer führte den langsamen Tanz an, den man im Uhrzeigersinn tanzte – schritt, würden wir sagen –, um keine bösen Kräfte zu wecken. Die erste Strophe wurde mit Refrain vorgesungen. Bei der nächsten Strophe hatten die Tänzerinnen und Tänzer die zwei Glieder des Kehrreims – *fällt der Tau, legt sich Reif … Herr Olof kehrt heim, als das Laub grünt im Walde* – gelernt und konnten ihn mitsingen. Nur der Vortänzer hatte alle Strophen im Kopf. Außerdem musste er über ein großes Repertoire verfügen, um sich beliebt zu machen. Einen so traurigen Tanz wie den über Herrn Olofs Ritt vorm Morgengrauen dürfte er allerdings selten vorgetragen haben. Er erzählt schließlich von hilflosem Verirren und endet mit dem Tod. Am Anfang des Lieds über Ivan Lejonriddaren steht, es sei zum Vergnügen derer bestimmt, die es hören wollten, doch verlangte man von einem Tanzlied bestimmt mehr, als dass es nur vergnüglich sei. Es musste starke Gefühle wecken und am besten an verbotene Dinge rühren.

Bevor Erik Magnusson diese Lieder als Verlobungsgeschenk erhielt, waren Ritterromane in Schweden unbekannt. Doch in Norwegen hatten sich dank seiner Verbindungen zu England westliche Rittersagen und Lieder verbreitet. Eufemia war an einem Fürstenhof auf Rügen aufgewachsen und sicherlich mit der feudalen Ritterkultur des Kontinents vertraut. Mit *Ivan Lejonriddaren* kam am schwedischen Hof das Romanelesen auf. Im Ausland war lautes Vorlesen Teil der höfischen Kultur, und folglich lässt sich leicht vorstellen, dass man nun auch am erheblich ländlicheren schwedischen Hof anfing, laut vorzulesen. Man tat es natürlich zum Vergnügen, aber auch um über das Gelesene nachzudenken und zu sprechen. Da gab es viel über höfische Sitten und Ritterideale zu lernen, die von der Wirklichkeit und dem Alltag der feudalen Ritterwelt so merkwürdig abgekoppelt waren. In Schweden, wo man am Hof weiterhin bäurische Gewohnheiten gepflegt haben dürfte, müssen sie noch wirklichkeitsfremder gewirkt haben. Die Zeit, als die Fürsten der großbäuerlichen Welt angehört hatten, lag noch nicht weit zurück. Aber vielleicht wollte Königin Eufemia mit dem Lied über *Herra Ivan* ihrem Schwiegersohn ja eine Lebenshaltung vermitteln und nicht nur ritterliche Manieren im Gebaren. Die Geschichte muss ihm den Zugang zu einer neuen Gedankenwelt eröffnet haben.

Bei dem übersetzten Versroman handelte es sich um Chrétien de Troyes' *Yvain le chevalier au lion*. Der Held dieser bretonischen Geschichte, die dem Roman zugrunde liegt, war ursprünglich »le chevalier de Liun«, also ein Ritter aus dem Ort Liun in der Bretagne. Als dies missverstanden wurde, scheint ein erfinderischer Bearbeiter nach dem Modell der alten Sage von Androklus und dem Löwen in die Handlung einen Löwen eingebaut zu haben.

Der Roman ist auch nach siebenhundert Jahren noch eine spannende und bedenkenswerte Lektüre. Er handelt von einem der Ritter der Tafelrunde und beginnt an einem Festabend an König Artus' Hof. Überraschenderweise geht der König früh zu Bett; die Ritter sind in streitsüchtiger Stimmung. Schließlich erzählt einer von einem Abenteuer an einer Quelle im Wald. Die Episode ist eigentlich eine Niederlage des Rittergedankens und eine Schande für den Erzähler, denn als er zu der Quelle vorgedrungen war, hatten dunkle Kräfte die Oberhand über ihn gewonnen und ihn niedergeschlagen. Ivan, der Sohn König Yrians, beschließt natürlich, an dieser Quelle seine Kräfte zu erproben, und so geht es schließlich dahin. Er erlebt zahlreiche und gefährliche Abenteuer, und die Liebe, die ihm nach seinen Eskapaden an der Quelle begegnet, beschert ihm sowohl überirdisches Glück als auch tiefes Elend. Ivan betreibt die Suche nach ritterlicher Ehre und Abenteuern so eifrig, dass er zu lange von seiner Auserwählten fortbleibt und sie ihn verstößt.

Im unveränderlichen Wald der Sage

Liest man die mittelalterlichen Romane, betritt man einen Wald, der ganz Europa zu bedecken scheint. Die Ritterburgen und königlichen Schlösser mit ihrem sagenhaften Luxus an Gold und Marmor, Seide und Juwelen liegen wie glänzende Solitäre in dessen Dunkel. Das Hauptvergnügen an diesen Höfen ist die Jagd.

Wollte man aus seinem Leben als Ritter mehr machen, musste man Abenteuer suchen. So wie der moderne Kriminalroman am laufenden Band Morde und Gewaltsituationen schafft, damit der Held (neuerdings auch die Heldin) seinen Scharfsinn unter Beweis stellen und seinen Mut erproben kann, schafft der höfische Ritterroman nach dem gleichen Prinzip reihenweise Abenteuer. Der Held wird geprüft und bewährt sich in aller Regel. Auf die moralische Probe werden Ritter wie Ivan jedoch nie gestellt. Sein Versprechen, nach einem Jahr zu seiner Frau heimzukehren, bricht er nicht, weil er untreu oder falsch wäre. Er hat sie vor lauter Abenteuern einfach vergessen.

Er ist durch einen Wald geirrt, der immer nur ein Wald der Sage ist. Hier befindet sich die mit Laub und Blumen bedeckte verzauberte Quelle. Er findet dort eine Art Schale aus reinstem Gold, die er mit Wasser füllen und über einer smaragdenen Platte ausgießen muss. Er weiß, dass es schiefgehen wird, aber er muss es probieren. Und tatsächlich bricht mit Sturm und Hagel und Frost ein schreckliches Unwetter los. Bäume stürzen um und erschlagen ihn fast, ihm ist angst und bang, und er verfällt in Dämmerschlaf. Als er aufwacht, scheint die Sonne, und in den Bäumen singen Nachtigallen und andere Vögel. Ihm ist wieder richtig wohl zumute, doch das hält nicht lange an, denn nun kommt von einem Schloss in der Nähe ein grausamer, zorniger Ritter auf seinem Pferd angestürmt. Das Unwetter hat seinem Besitztum Schaden zugefügt, und Ivan muss mit ihm kämpfen. Der Sieg macht ihn zum neuen Hüter der Quelle, und irgendwann übernimmt er auch die Frau des Ritters.

Die Schlösser im Wald der Sage sind meist von Riesen oder feindlichen Schurken besetzt, die es niederzuringen gilt. Danach geht es wieder ab in den Wald. Kommt der nächste Ritter, sieht es wieder genauso aus, dieselbe Quelle sprudelt unter Laub und Blumen hervor, und derselbe Schurke stürmt heran. An diesen verzauberten Orten ändert sich nie etwas. Der wilde Mann, der aufgetaucht ist, als vor Ivan sein Verwandter Kalegrewanz

Ivan kommt im Kampf mit einem Riesen sein getreuer Löwe zu Hilfe. Illustration zu Chrétien de Troyes' *Yvain le chevalier au lion* aus dem 13. Jahrhundert.

(*Calogrenant* bei Chrétien de Troyes) in diesem Wald war, zeigt sich erneut und sieht noch genauso grässlich aus.

Der Wald gebiert Wunder und Prüfungen, je weiter der Ritter in ihn vordringt. Er ist auf einer völlig anderen Ebene des Bewusstseins angesiedelt als der Wald rings um die Burgen, in denen der Roman vorgetragen wurde. Die Sagenschlösser, die sich in diesem Wald erheben, sind mit ihren Höfen vom historischen und politischen Geschehen völlig abgekoppelt.

In dem etwas älteren Rolandslied, das zur Gattung der *Chansons de geste* (»Tatenlieder«) gehört, nimmt der Held an einem Krieg teil, der tatsächlich stattgefunden hat, und der König in diesem Lied ist Karl der Große, der seine Barone und seine Mannschaft in den Kampf gegen die Sarazenen führt. Der *Roman breton*, das Genre, zu dem *Ivan Lejonriddaren* gehört, hat sich sein Material aus der bretonischen Volkssage geholt und Politik und Geschichte dahingestellt sein lassen. Sein Wald ist ein Raum der Abenteuer und Verwandlungen. Hier kann ein Sturm aufkommen, wenn man aus einer Quelle Wasser vergießt und die Grausamkeit von Wildtieren sich in ergebene Hilfsbereitschaft verwandelt. Ivan rettet einen Löwen vor einer Schlange und bekommt dafür einen Kampfgefährten fürs Leben. Der Wald der Ritterromane war ebenso voller Undinge wie der Wald der mittelalterlichen Balladen.

Bricht man unter den Strapazen zusammen, landet man unter einer Linde. Andere Bäume gibt es im Wald der Sage nicht. Im Rolandslied dagegen ruht der Held zwischen den Kämpfen ganz realistisch unter einer Pinie. Wenn er kämpft, und er kämpft fast ununterbrochen, dann nicht gegen Riesen und Zauberer, sondern gegen »de hedna skurkar«, die heidnischen Schurken, um mit dem Übersetzer ins Schwedische aus den 1880er-Jahren zu sprechen.

> Graf Roland reitet mitten über das Schlachtfeld,
> In der Hand hält er Durendal, das gut spaltet und schneidet.
> Den Sarazenen fügt er sehr große Verluste zu.
> Wenn ihn da jemand hätte sehen könne, wie er den einen tot auf
>   den anderen warf,
> Wie das helle Blut dort die Erde bedeckte!
> Sein Panzerhemd und seine Arme sind davon ganz blutüber-
>   strömt,
> Ebenso der Hals und die Schultern seines guten Pferdes.

Werden hier Kämpfe ausgefochten, dann fließen Blut und Hirnsubstanz, Knochen brechen, und Haare werden ausgerissen. Dieser Realismus ist dem Ritterroman fremd, der nicht historisch ist, aber auch nicht widerlich dadurch, dass er ständig Schilderungen von Menschengemetzeln wiederholt.

> Als Roland das ungläubige Volk sieht,
> Das schwärzer ist als Tinte
> Und nichts Weißes an sich hat außer den Zähnen ...

... ist man auf die Herrschaft über Europa aus. *White Power* würden das manche heute nennen. Ivan dagegen ist kindlicher, er ist bloß auf Abenteuer aus. Der schwarze wilde Mann, auf den er im Wald trifft, ist im Grunde eine freundliche Seele, die ihn zurechtweist, als er nach der verzauberten Quelle sucht, und ihn vor dem warnt, was passieren kann, wenn er mit ihrem Wasser herumspielt. Aber Ivan reitet natürlich sofort los, um genau das zu tun. Er ist schließlich im Abenteuerwald.

Im Wald landet Ivan auch, als seine Frau ihn mit sehr harten Worten bittet, aus ihrem Leben zu verschwinden. Stumm fährt er vom Tisch auf und läuft davon. Draußen reißt er sich die Kleider vom Leib. Sein Gehirn ist voller Zorn und Schmach, hat er doch nicht nur die Liebe seiner Frau verloren, sondern auch seine Ehre. Er fühlt sich so erbärmlich, dass er lieber tot als lebendig wäre. Nackt läuft er durch die Dornen und Zweige im Wald.

Heilsame Magie

Es gibt die Ansicht, Ivan sei im Wald verrückt geworden. Raserei und Torheit waren in der mittelalterlichen Dichtung beliebte Themen. In der Artussage verliert Ritter Lancelot praktisch viermal den Verstand. Tristan hat seine Phase als wilder Mann im Wald, und als er sich an den Hof König Markes wagt, redet er Unsinn. Der Held des Rolandslieds rast und inspiriert damit eine lange Reihe von Poeten bis hin zu dem Renaissancedichter Ludovico Ariosto, der seinen Roland im Wald tatsächlich total verrückt werden lässt – vor Eifersucht. Doch dadurch, dass er einen dünnen und leicht flüchtigen Trank trinkt, kommt er allmählich wieder zu Verstand.

> In mannigfache Krüg' ist's eingegossen,
> Wie grade jeder passend sich erweist.
> Der größte Krug dort barg des Milonssprossen
> Gewalt'ges Denken, seinen hohen Geist.
> Und ein Erkennungszeichen war geblieben:
> ›Rolands Verstand‹ war deutlich draufgeschrieben.

Hier gibt es Abenteuer, Großtaten mit der Waffe, Liebesverwicklungen und nicht zuletzt die Flucht der Liebenden in den Wald und ihr heißes Glück, genau wie im mittelalterlichen Ritterroman. Der Italiener Ariosto schildert die Leidenschaften und Abenteuer in eleganten reimverschlungenen Ottavereimen und vor allem mit einer Ironie, die sich in der mittelalterlichen Vorlage nicht findet.

In unserer Zeit regen diese Episoden zu psychologischen Deutungen und Vermutungen über die tiefere Bedeutung der Tatsache an, warum Ivan und die anderen wahnsinnigen Ritter offenbar den Verstand verlieren. Gisela Wilhelmsdotter, eine der schwedischen Wissenschaftlerinnen, die sich in die Sage von *Herra Ivan* vertieft haben, vertritt die Auffassung, Ivan breche zusammen, um ein besserer Mensch werden zu können. Dadurch, dass er verrückt im Wald herumrenne, lerne er Demut und suche nicht mehr aus ritterlichem Hochmut nach Abenteuern, sondern aus dem Verlangen, Gutes zu tun. *L'honneur, l'amour* und *la courtoisie* sind in Chrétien des Troyes' Sage die Rittertugenden Yvains. Jetzt muss er auch noch *la temperance*, Mäßigkeit und Gleichmut, lernen. Er hat in der Zeit im Wald ein höheres Stadium von Ritter- und Menschsein erlangt.

Robert Pogue Harrison bringt in *Wälder. Ursprung und Spiegel der Kultur* eine ähnliche Interpretation. Für ihn zeigt die Ivansage eine menschliche Entwicklung mittels Abbau von Vernunft. Der Held kehrt in jenes Stadium zurück, in dem der Mensch ein wildes Wesen war. Er isst wie ein wildes Tier rohes Fleisch und läuft nackt umher.

Schon Olaus Magnus hat darüber nachgedacht, ob im Menschen ein wildes Tier schlummere. Er glaubte aber nicht so sehr an die Erneuerung und Wiedererlangung von Kräften durch tierisches Verhalten. In einem Abschnitt über das Töten von Bären und das Trinken von Bärenblut zitiert er Plinius d. J., der ebenfalls keinen Gewinn für den Menschen darin sah, Blut zu schlürfen. Es sei nicht Sitte, dass der Mensch mit den Wunden wilder Tiere in Berührung komme, ebenso wenig könne es gesund erscheinen, dass der Mensch ein wildes Tier werde. Und er fragt sich, wer solche Fantastereien erfunden habe.

Eine gute Frage. Trotzdem hat man weiterhin an derlei Fantastereien geglaubt. Harrison verweist auf Nietzsche, der in seiner *Genealogie der Moral* behauptet hat, dem Wilden, das uns von innen wie von außen bedrohe, freien Lauf zu lassen, sei die einzige

Möglichkeit, den Verfall und das Verkümmern des Menschengeschlechts aufzuhalten. Harrison betrachtet Ivans Wahnsinn und besinnungslose Herumrennerei im Wald als eine erneuernde Rückkehr ins Naturstadium. Das Tier darf hervorbrechen und den überkultivierten und geschwächten Menschen erlösen. Zum Glück muss man nicht daran glauben, man hat es in Deutschland in einer dunklen Phase aber bedauerlicherweise getan.

Erich Auerbach dagegen sieht in seinem Aufsatz *Der Auszug des höfischen Ritters* (in *Mimesis*) keine tiefere ästhetische Bedeutung in Ivans kämpferischem Abenteuer an der Quelle und auch in den Waldszenen keinen symbolischen oder religiösen Sinn. Er legt dar, dass die Handlung der Rittersagen ausschließlich als Test konstruiert worden seien. Geprüft würden Unternehmungsgeist und Mut.

> Die Welt der ritterlichen Bewährung ist eine Welt der Abenteuer; sie enthält nicht nur eine fast ununterbrochene Reihe von Abenteuern, sie enthält vor allem nichts anderes als das, was zum Abenteuer gehört; […] es ist eine eigens für die Bewährung des Ritters geschaffene und präparierte Welt.

Auerbachs Resümee seiner eingehenden Lektüre von Chrétien de Troyes' *Yvain* lautet, dass die höfische Kultur für eine Literatur, welche die Wirklichkeit in ihrer vollen Breite und Tiefe erfasse, entschieden ungünstig gewesen sei. Es habe jedoch andere mittelalterliche Gattungen gegeben, die der menschlichen und literarischen Entwicklung Impulse verliehen hätten.

Mögen die Abenteuerserien und Heldentaten der Ritterromane auch naiv wirken, so sind sie doch immerhin vergnüglich zu lesen, und sie haben bis in unsere Tage immer wieder Dichter inspiriert. Cervantes nahm sich im *Don Quijote* ordentlich ihre Verlogenheit vor. Jan Guillous Saga vom Kreuzritter Arn lässt den Rittergedanken aufleben, dass Prüfungen zu bestehen seien und Mut bewiesen werden müsse. Er baut die Heldentaten in einen lehrreichen historischen und politischen Kontext ein, der dem ursprünglichen Ritterroman fehlte. Der Geist des Abenteuers aber ist derselbe, jungenhaft und ansteckend.

Die Welt war noch nicht sehr erforscht, als zu Beginn des 14. Jahrhunderts in Schweden erstmals die Eufemiaepen gelesen wurden. Man konnte wohl annehmen, dass tief in den Wäldern Europas merkwürdige Dinge existierten – womöglich sogar solche wie *le vilain*, dem der Ritter in Chrétien de Troyes' Original aus der zweiten Hälfte des 12. Jahrhunderts begegnet. Dieser Schurke ist ein wilder Mann und Hirte, der grausame Tiere wie Löwen, Bären und Panther mit Zauberei in Schach hält. In der altschwedischen Übersetzung ist er schwärzer als ein Mohr und sein Kopf größer als der eines Pferdes. Die Haare stehen ihm ab wie Hagebuttenzweige, der Bart ist spitz und die Nase krumm wie ein Bockshorn. Topasgelbe Augen und Füße mit langen krummen Nägeln vervollständigen die Erscheinung.

Der Hofstaat, der im Laufe eines Jahres von Königshof zu Königshof zog, wusste, wie sich der endlose Fichtenwald rings um seine Reitpfade ausnahm. Das Gefolge ist wohl eher auf misstrauische und schreckensstarre Bauern gestoßen, als dass es wilden Schurken mit krummen Nägeln begegnet ist.

Es war durchaus bekannt, dass die Erde in der Vorzeit von merkwürdigen Wesen bevölkert gewesen war. Stand denn nicht im ersten Buch Mose, dass es zu der Zeit, als die Gottessöhne bei den Töchtern der Menschen gelegen hätten, auf Erden Riesen gegeben habe: »Das sind die Helden der Vorzeit, die hochberühmten.«

Für uns ist es schwierig, wenn nicht gar unmöglich zu verstehen, wie sich die Menschen im Mittelalter ihre Welt vorgestellt haben. Wir wissen auch nicht so genau, wie sie sich selbst und ihr Inneres gesehen haben. Dachten sie wirklich in Begriffen der Entwicklung? Es ist ziemlich unwahrscheinlich, dass im Ivanroman in den Augen seiner ersten Leser anhand einer Serie psychologisch bedeutsamer Ereignisse eine menschliche Entwicklung gestaltet wurde. Erlösung, das war es, wonach sie strebten, und man darf nicht vergessen, dass Erlösung überdies ein sehr konkreter Begriff war und Rettung bedeutete. Auch glaube ich nicht, dass man dem überfeinerten und geschwächten Kulturmenschen in der Dichtung durch Verrücktheit und Wildheit ein Reinigungsbad geboten hat. Liest man den Ivantext genau, entdeckt man, dass da ein ganz anderes Bad seine Wirkung tut, nämlich ein gewöhnliches Wannenbad.

Wie verrückt ist Ivan Leijonriddaren eigentlich? Da steht nur, dass er in seinem Zorn und seiner Schmach nach dem Ausbruch seiner Frau den Verstand und die Fassung verliert. Aber schon in der Strophe nach dem Bruch mit seiner Frau handelt er rational. Weil er eine Waffe braucht, um sich Essen verschaffen zu können, raubt er einem im Wald jagenden Jüngling Pfeil und Bogen. Dann wandert er umher und schießt Tiere, die er, gerade wie ein Habicht, roh verspeist, und er hat auch weder Kräuter noch Zwiebeln, um das Fleisch zu würzen. So lebt er lange ohne Brot, leidet Hunger und Not.

Er trifft auf einen Eremiten, der im Wald in einer Hütte lebt. Wieder folgt ein Abschnitt sehr vernünftigen Handelns. Ivan bringt dem Eremiten jeden Tag seine Jagdbeute und legt sie ihm vor die Tür. Dieser Sonderling im Wald, der offensichtlich regelmäßig Verbindung zur Außenwelt hält, ersteht für einen Teil davon Brot und Wein und bereitet die restlichen Fleischstücke zu.

> Er vergalt ihm die Mühe des Jagens
> mit seinem Wildbret.
> Das wurde umstandslos
> auf dem Feuer gar gemacht.
> Es fehlte an Pfeffer,
> Salz und Essig.

Das ist eine zivilisierte Kost, und am wichtigsten scheint es Ivan zu sein, dass der Eremit für ihn bäckt. Als er von dem Brot isst – »er hatte früher, Gott weiß es, nie so Klägliches gegessen« –, kommt er allmählich wieder zu Kräften. Er isst, so viel er nur kann, und irgendwann hat sein widerstrebender Wirt kein Brot mehr. Dass der Eremit ihm das Essen immer aus dem Fenster reicht, liegt daran, dass er vor Ivan Angst hat, denn er bemerkte deutlich, »daß er nicht recht bei Sinnen war«. Aber war er das wirklich? Für einen Geisteskranken kommt er mir ungewöhnlich rational vor.

Auch kommt er nicht aus eigener Kraft und durch die Rückkehr in ein wildes Naturstadium wieder zu Kräften. Eine stolze Frau, die durch den Wald reitet, findet ihn, als er nackt unter einer Linde schläft. Sie salbt ihn mit einer Salbe, die magische und heilsame Kräfte besitzt, und schenkt ihm ausgesucht schöne Kleider. Sie sorgt dafür, dass ihre Zofen ihm ein Wannenbad bereiten, ihn rasieren und ihm die Haare schneiden. Dass Ivan wieder er selbst wird und zu neuen Abenteuern aufbrechen kann, beruht auf Magie und zivilisierten Gebräuchen. Kräutersalbe mit mystischen Eigenschaften, Wannenbad, Rasur, Haarschnitt und schöne Kleider – vor allem aber das steinharte Brot des Eremiten bilden den Weg zur seelischen Balance. Schwarzbrot besaß dem Volksglauben nach große Kraft.

Der Ritterheld und seine Geliebte in Joseph Bédiers *Tristan und Isolde* fliehen ebenfalls in den Wald, nachdem König Marke ihren Liebeshändel entdeckt und Isolde eingesperrt hat. Sobald Tristan sie befreit hat, machen sie sich auf und davon. »Er zerschnitt die Stricke, die ihre Arme fesselten, und indem sie die Ebene verließen, tauchten sie in den Forst des Morois. Dort, in den weiten Wäldern, fühlte sich Tristan so sicher wie hinter der Mauer eines starken Schlosses.«

Sie hetzen in einem harten, aber holden Leben herum. Gleichwohl sehnen sie sich nach der Zivilisation; irgendwann fragen sie nach Brot und schicken ihren Diener, damit er ihnen welches eintausche. Das Brot verleiht ihnen neue Kräfte. Tristan baut Laubhütten, die sie immer wieder verlassen müssen, um weiterzufliehen. Sie magern ab, werden blass, und ihre Kleider verwandeln sich in Lumpen. »Sie lieben sich und leiden nicht.« Tristans Liebe wächst, als wurzelte sie tatsächlich im Waldboden. Sie ist ein tiefes Gefühl, das verletzen und stechen kann, vor allem aber umgarnen. Immerhin ist es magischen Ursprungs: Ihr heftiges Verlangen nach einander rührt von einem Zaubertrank. Gleichwohl ist ihre Liebe schön, und am schönsten blüht sie, als sie in den tiefen Wald von Morois gelangen.

Es schien Tristan, als triebe ein wilder Brombeerstrauch mit spitzen Dornen, mit duftenden Blüten seine Wurzeln in das Blut seines Herzens und fessele mit starken Ranken an den schönen Leib Isoldes seinen Leib, sein ganzes Sinnen und Begehren.

Auch Tristan wurde zu den inspirierenden Verrückten der mittelalterlichen Literatur gezählt. Dabei hätten er und Isolde wirklich verrückt werden können, als der getreue Begleiter Gorvenal Tristans

Tristan und Isolde trinken den Liebestrank und spielen Schach. Das Schiff bringt sie an die Küste Cornwalls, wo Verwicklungen sie erwarten, von denen sie glücklicherweise noch nichts wissen.

Erzfeind Guenelon getötet hat. Um die Liebenden zu erfreuen, hängt er Guenelons abgeschlagenen Kopf in das Astwerk der Laubhütte. Als sie erwachen, starrt dieser sie an. Sie erschrecken zu Tode, weil sie glauben, dass er lebt und von draußen hereinschaut. Aber sie werden nicht verrückt. Betrachtet man den Text näher, so ist Tristan immer im Vollbesitz seiner Sinne. An König Markes Hof mimt er einen Geisteskranken, grotesk verkleidet und verdreckt wie ein Bettler. Er spricht dort wie ein Vorläufer von Hamlet, wortreich und in einer sehr literarischen Mischung aus Verrücktheit und Tiefsinn.

Als die Liebenden tot sind, suchen sich die Brombeerausläufer aus Tristans Grab ihren Weg zu Isoldes Grabstelle und in ihren Sarg. Die Verflechtung ihrer Körper in unbezwingbarem sexuellen Verlangen ist ein Werk der Zauberei. In dieses Drama, das so tragisch endet, menschliche Entwicklung und psychologische Komplikationen hineinzuinterpretieren ist ein Spiel, das wir modernen Menschen wohl allein spielen müssen. Die Menschen des Mittelalters haben an handfestere Dinge geglaubt.

Zurück zu was?

Wir sehen den Wald nicht mehr als einen Raum der Verwirrung und tückischen Verwandlungen. Wird ein mittelalterlicher Ritter im Wald verrückt, lautet die moderne Deutung, verleihen ihm Wald und Verrücktheit neue Kräfte. Der Wald wird, mit einem jungianischen Terminus, der Schatten, der dem Bewusstsein einverleibt werden muss. Der Pilger verirrt sich, damit er den rechten Lebensweg findet. Die Interpreten unserer Zeit betrachten die Natur und das Unbewusste als Helfer.

Als jene Romane und Gedichte geschrieben wurden, glaubten die Menschen jedoch noch mehr an Magie und Gebete, und ganz besonders verließen sie sich auf Zaubertränke. In Shakespeares *Ein Sommernachtstraum* wirkt der Zaubersaft aus einem magischen Kräutlein als Aphrodisiakum. Die Handlung spielt »in einem Wald bei Athen«, der mit seinem taufeuchten Grün an die Weiden und Laubhaine in England erinnert. Vor allem aber ist er ein Verwandlungsraum, in dem die Magie Verwirrung stiftet und alle Hierarchien auf den Kopf stellt. Liebespaare irren auf der Jagd nach falschen Partnern umher, und der Elfenkönig Oberon kann seine Königin Titania nach einem einfältigen Handwerker, der einen Eselskopf aufhat, sexuell verrückt machen.

In diesem Sommernachtswald ist der Mensch gegen Blendwerk und Verzauberung machtlos. Die Mächte der Natur sind zwar launisch, aber eigentlich nicht böswillig. Bei den Naturwesen geht es preziös und puppenhaft zu: Elfen schlüpfen in Eichelschalen, Schlüsselblumen bekommen Tautropfen als Ohrringe. Shakespeare erzählt von menschlicher Torheit und von der Blindheit und Wechselhaftigkeit in Liebesdingen. Genau wie in der Frührenaissance Ariosto bedient er sich der Ironie, um seine Zeitgenossen mit Streichen zu amüsieren, die er der klassischen Literatur und einem mittelalterlichen Sagenschatz entlehnt. Ganz ungefährlich für die geistige Gesundheit ist es nicht, sich in die Tiefe des Waldes zu begeben. Womöglich bekommt man Zaubersaft in die Augen geträufelt. Doch die Sinnesverschiebungen sind nicht fatal, und irgendwann kommen alle mit heilem Verstand wieder heraus.

Das Drama spielt dennoch mit gefährlichen Dingen, die in der Welt des Renaissancemenschen nach wie vor Gültigkeit besaßen. Im 16. Jahrhundert lebten die meisten noch in einer Vorstellungswelt, in der die Magie eine Weltmacht und die Naturkräfte alles andere als verspielt waren. Unser Historiker Olaus Magnus berichtet, wie Menschen dadurch geformt werden, dass sie unter dem Druck unbeeinflussbarer Kräfte in der Wildnis leben. Zwei Kapitel seiner *Historien der mittnächtigen Länder* handeln »Von der grossen Grausamkeyt der wilden Leuth, so in der Wildniß wohnen« und »Noch mehr von der groben Art der wilden Leuth, so in der Wildniß wohnen« und ihrem harten Leben weit außerhalb der zivilisierten Welt. Wie üblich verwendet er Beispiele aus der klassischen Literatur.

Er möchte nicht die Ursprünglichkeit des Waldvolks vorführen, auch nicht, dass es einem wünschenswerten Naturstadium angeblich näherstand und mit den Kräften um sich herum in Harmonie lebte. Vielmehr hebt er hervor, dass diese Leute, um unter schwierigen Bedingungen ihr Leben zu fristen, hart kämpften und erfinderisch seien. Ihre Hütten seien »gar artig und künstlich gemacht, als wann sie eyn umbgewanntes Schiff weren«, damit sie »der Grösse der Wind, die an demselbigen Ort nicht weniger Schaden thuen, dann die grosse Ungewitter, die sich auff dem Wasser erheben«, widerstehen würden. Den Vorteil, den er darin sieht, Waldbewohner in der Wildnis zu sein, sei möglicherweise, dass man dem »unträglichen und unersättlichen Tribut und Schätzen der gräulichen Tyrannen« entgehe.

In moderner Zeit arbeiten wir gern mit der Vorstellung unbewusster Kräfte und psychologischer Komplikationen, mit Tiefenpsychologie und Mytheninterpretationen, wenn wir ältere Texte über den Menschen und die Elemente verstehen wollen. Wir fangen die aus unserem Inneren aufsteigende Angst ab, die unsere Schuld am harten Zuschlagen der Naturkräfte hervorruft.

Für Olaus Magnus und seine Zeitgenossen waren sie etwas Konstantes. Man beherrschte sie nicht, und sie ließen sich nicht manipulieren. Fiel man von Gott ab, konnte man sich natürlich in Gestalt eines Sturms oder einer Überschwemmung seinen Zorn zuziehen. In der *Historien der mittnächtigen Länder* fordern harte Naturverhältnisse jedoch in erster Linie den Unternehmungsgeist heraus. Es ist schwierig, in der modernen Literatur eine Entsprechung zu Olaus Magnus' sachlicher Einstellung zum Naturgegebenen zu finden.

Vermutlich erkennt die Mehrzahl der Abendländer heute keine metaphysische Welt mehr an oder glaubt, dass ein göttlicher Gesetzgeber Ordnung ins Chaos gebracht hat. Gleichwohl scheinen wir in unserer Gedankenwelt nach einer Macht zu trachten, die im natürlichen Verlauf Ordnung schafft und Gesetze dafür erlässt. In vielen Zusammenhängen verwenden wir das Wort Natur in der Bedeutung (einer von vielen), die im Wörterbuch der Schwedischen Akademie definiert ist als

… Bezeichnung für die Macht, die als Ursprung aller Dinge und Stifter der Ordnung und Gesetzmäßigkeit aller physischen Vorgänge gedacht wird; auch für diese Ordnung und Gesetzmäßigkeit selbst.

Wenn wir die Natur als gut erachten und meinen, sie sei uns wohlgesinnt, räumen wir ihr den Status einer weisen und allmächtigen

Schöpferin ein. Wir haben auch ein Gefühl der Zusammengehörigkeit mit ihr und können in ihr so etwas wie religiöse Verzückung erleben. Erdbeben, Überschwemmungen und Erdrutsche verursachen uns nicht nur deshalb Angst, weil wir Abläufen, die wir nicht steuern können, schutzlos ausgeliefert sind. Wir ahnen auch unsere Schuld daran, dass das Spiel der Naturkräfte Zigtausenden von Menschen den Tod bringt. Wir nutzen das bereits abgedroschene Wort Umweltzerstörung und das noch verschlissenere Wort Katastrophe weiter ab. Diese Angst gleicht der Furcht des mittelalterlichen Menschen vor dem Strafgericht Gottes in Gestalt von Überschwemmungen und schweren Stürmen.

Trotzdem bebauen wir Strände, die dem Meer gehören. Auf dem Boden, den wir für die Holzwirtschaft annektiert haben, sind ursprünglich Bäume mit einem Wurzelsystem gewachsen, das Sturmwinden Widerstand geboten hat. Nun pflanzen wir dort leicht auszureißende Fichten an. Dahinter steckt der Gedanke, dass wir, da es für die Hervorbringungen unserer Wissenschaft und unserer Technologie keine Grenzen gibt, die Natur überlisten könnten. Gleichzeitig meinen wir, zu ihr zurückkehren zu müssen, weil wir dann besser und gesünder würden. Um von unserer Gespaltenheit und Gedankenverwirrung wegzukommen, gehen wir hinaus in die Natur. Dann bedeutet das Wort Natur eine schöne Landschaft oder einen Grüngürtel, nicht aber von Erdbeben heimgesuchte pakistanische Berge oder Salzwüsten in Utah.

Die Natur, in der bestimmten Form wohlgemerkt, kommt in einer gewöhnlichen Suchmaschine im Internet dreizehn Millionen einhunderttausend Treffer, darunter manch bizarre (»In *naturen. net* finden Sie Finanznachrichten und aktuelle Informationen über die Finanzwelt«). Man kann zu einem Immobilienbüro namens »Wohnen in der Natur« gelangen, man kann in ihr Touren unternehmen und »aktiv« sein. Es gibt Naturräume, Naturpfade, Naturhütten und Naturausflüge. »Zurück zur Natur« steht als Slogan auf dem Joghurtbecher, in Beschreibungen von Kläranlagen, Büchern mit Kochrezepten, Berichten über Kindertagesstätten und Gegenwartskunst.

Der Ausspruch wird Jean-Jacques Rousseau zugeschrieben. Sein großer Erziehungsroman *Émile* beginnt mit den Worten: *Tous est bien, sortant des mains de L'Auteur des choses, tous dégénère entre les mains de l'homme*. Alles ist gut, wenn es aus den Händen des Schöpfers hervorgeht; alles entartet unter den Händen des Menschen.

Die Natur, von der er spricht, ist das ursprüngliche Verhalten des Menschen in der Wildnis. Der Mensch sei gut und habe gut gelebt, bis ihn Kultur und Zivilisation mit Gier, Machthunger und Standesunterschieden ruinierten. Unnötiges Wissen und Spekulationen hätten ihn verdorben. Rousseau wollte weg von der Affektiertheit der Standesgesellschaft, die ihn als unerzogenen Tölpel ohne Zukunftsaussichten hinstellte. In einem fest gefügten Gemeinwesen, in dem die Aristokratie die Umgangs- und Aufstiegsbedingungen bestimmte, war er trotz seiner Begabung bloß ein Plebejer. Dieser Plebejer schaffte es jedoch, Bücher zu schreiben, die das Denken auf den Kopf stellten und die Gefühle in Fahrt brachten. In Zeiten einer Aufklärung, welche die Vernunft an die erste Stelle setzte und es für die Schreibkunst starre Regeln gab, stürmte er mit seiner Empfindsamkeit voran und pochte auf das Recht rücksichtsloser Subjektivität.

Seine Schwärmerei für die von Natur aus guten Menschen war nichts Neues. Die Geschichte der Vorstellung vom guten Wilden reicht bis in die Antike zurück. Shakespeare hat in seinem Porträt des rohen Caliban in *Der Sturm* gegen ihn polemisiert. Doch Rousseaus Zeitgenossen Diderot und Voltaire glaubten wirklich an *le noble sauvage*, den edlen Wilden.

Rousseau vertrat die Ansicht, der Mensch habe sich bereits dadurch an der Natur vergangen, dass er den Boden zu bestellen begann. Das Flachland mit seiner von Menschen kontrollierten und ausgenutzten Erde war nicht sein Ideal. Er wollte Stürme, Felsen, dunkle Wälder, Berge und Steilhänge haben. Eine solche Landschaft flöße ihm angenehme Schauder ein, schrieb er in *Julie ou La Nouvelle Heloïse*. Nachdem Madame de Staël den Roman gelesen hatte, meinte sie, die Schweizer Natur stehe in vollem Einklang mit *les grands passions*.

Die Natur, durch die Rousseau strich, war allerdings nicht wild. Er wanderte im Wald von St. Germain bei Paris und durch ländliche Idyllen in der Schweiz. Zweifellos war er ein Vagabund, in seiner Jugend war er Landstreicher gewesen. Seine *Bekenntnisse* gelten als entlarvendes Selbstporträt, als kleiner Dieb und Ausreißer weckt er jedoch die von ihm gewünschte Sympathie. Mehr als alles andere erzählt dieses Buch von der Lust, aus Verhältnissen auszubrechen, die unerträglich oder einfach nur zu eng geworden sind. Es ist eine Huldigung an das Umherstreifen und an ein unabhängiges Leben. Den Himmel als Dach zu haben, in der Nacht die Sterne durch das Astwerk der Bäume zu sehen, beim Gesang der Nachtigall zu erwachen, wenn die Luft tauig und frisch ist – derlei Erlebnisse schildert er mit Begeisterung. Er fühlte sich in der Welt nicht zu Hause und wollte ihr den Rücken kehren. *Le monde* war für ihn die Welt der Menschen und in erster Linie die mondäne Welt. Er glaubte nicht, dass das Glück dort zu finden sei.

> Ich erklimme Felsen und Berge, stoße vor in die Tiefe der Täler und Wälder, um mich so weit wie möglich dem Gedächtnis der Menschen und den Nachstellungen des Bösen zu entziehen. Sitze ich im schattigen Hain, fühle ich mich vergessen frei und ruhig, als hätte ich keine Feinde mehr oder als könnte mich das Laub der Bäume vor ihren Nachstellungen schützen, wie es sie aus meiner Erinnerung entfernt. Ja, in meiner Torheit bilde ich mir sogar ein, dass, bloß weil ich nicht mehr an sie denke, sie auch nicht mehr an mich denken.

Am Ende seines Lebens, als er sich von der Welt abgewandt hat, in der er so großen Gedanken- und Gefühlstumult ausgelöst hatte, schrieb er *Die Träumereien eines einsamen Spaziergängers*. Er ist alt (einundsechzig Jahre!) und behauptet, resigniert zu haben. Er scheint auch nicht mehr an Verfolgungswahn zu leiden, der in einer Gesellschaft mit harter politischer Repression ja nicht unbegründet war. Sein Stil ist jetzt einfacher und schöner denn je. Er strahlt eine Ruhe aus, von der man wünscht, Rousseau hätte sie bei seinen einsamen Wanderungen im Park bei Ermenonville außerhalb von Paris empfunden.

> Für mich ist auf Erden alles zu Ende. Man kann mir hier nichts Gutes mehr tun, aber auch nichts Böses. Ich habe in dieser Welt fortan weder etwas zu erhoffen noch zu befürchten. So ruhe ich denn sicher am Boden des Abgrunds, arm und unglücklich zwar, aber auch unerschütterlich wie Gott selbst.

Wenn die Worte »Zurück zur Natur« in vielen und oft ganz unmöglichen Zusammenhängen verwendet wird, dann handelt es sich um eine Ausartung der politischen und kommerziellen Sprache. Der Ausspruch verkauft und überzeugt möglicherweise diejenigen, die über seine Bedeutung nicht nachgedacht haben. Aber hinter der Vorstellung, dass es etwas gebe, zu dem man zurückkehren könne, steckt vielleicht etwas von der Sehnsucht, die Rousseaus klare und prägnante Sprache seiner späten *Träumereien* vermittelt.

Lieben lernen

Der Wald war in der Gesellschaft, in der ich aufwuchs, eine wichtige rhetorische Angelegenheit. Es war Krieg. Trenchcoats (Schützengrabenmäntel) über der Pfadfinderkluft, machten wir am 6. November, dem Gustav-Adolf-Tag, einen Fackelzug zur Kirche. Der Nationalismus ruhte auf dem Fundament der Exportindustrie. In unseren Schulbüchern wurden der Wald und die Erzfelder gepriesen. Die flachen Berge Luossavaara und Kirunavaara wurden im Schulunterricht lyrischen Manipulationen ausgesetzt und den »stolzen Fjälls« hinzugerechnet, zu denen der Schwede aufblickte. Unablässig wurden die Frische und das Grün des Waldes besungen, während man ihn zu Papierbrei verkochte. In der schwedischen Brust waren nicht nur Stahl und Erz, es rauschten auch tiefe Wälder darin.

Unsere Lehrer waren Apostel der Eiszeit, Gustav Vasas und des schwedischen Waldes. Achtsamer Umgang mit dem Wald wurden sowohl in der Sulfit- als auch in der Sulfatgesellschaft gelehrt.

Die Attacke auf den Wald wurde in meiner Familie unter weiblichem Befehl geritten. Meine Großmutter und meine Mutter führten die Fahrradtruppe zum Blaubeerwald, zu Himbeerschlägen und Preiselbeerschwenden. Wir hatten Thermoskannen mit Kaffee, Milch in Vichywasserflaschen mit Bügelverschluss und kalte Pfannkuchen dabei. Diese Ausflüge standen im Zeichen des Nutzens, ohne Tamtam. Ich wurde ermahnt, tief die klare September-

Der Wald im August mit Pilzen und Beeren auf einer Bildtafel für die Schule aus den 1940er-Jahren.

luft einzuatmen. Sie sei von nützlichem Ozon erfüllt, sagte meine Mutter.

Wir trugen Baumwollkleider, gestrickte Pullover und Gummistiefel. Mutter hatte sich zum Schutz der Haare, die Fräulein Lundgren im AIS-Damensalon einmal in der Woche wusch und ondulierte, ein Kopftuch zu einem Turban gebunden.

Wir pflückten die Beeren mit der Hand. Blecherne Beerenpflücker mit Gitterboden waren bei uns verpönt. Die Arbeitsmoral musste hochgehalten werden. Das erste Teilziel war, den Boden des Korbs zu bedecken. Wütend, verbissen und mit krummen Rücken gingen Großmutter und Mutter in den Schlägen zu Werke. Gegen Abend wurden die übervollen großen Körbe auf den Gepäckträgern nach Hause balanciert.

Es war Krisenzeit und schwierig, die Lebensmittelmarken für Einmachzucker zusammenzubekommen. Großmutter hatte jedoch eine Sonderzuteilung, weil sie auf dem Markt in Katrineholm selbst gemachte Bonbons verkaufte. Sie verwendete den Zucker aus den Säcken.

Wir reinigten die Beeren auf Wolldecken, an deren Flor Nadeln, Blätter und Pflanzenreste hängen blieben. Ein paar Tage lang dampfte die Küche vom Einkochen, und Mutter bekam blaurote Hände. Wir entfernten den Sitz aus einem Stuhl, hängten ein Stahldrahtgestell mit Seihtuch in den Rahmen, und so durfte die Beerenmasse in einen Topf abtropfen. Flaschen, von denen das Etikett mit der Aufschrift *Kronbrännvin* entfernt worden war, konnten ohne Sterilisierung für Saft verwendet werden. Der Schnaps hatte Bakterien und Schimmelpilzsporen ferngehalten. Waren die Flaschen schließlich verkorkt, wurden sie mit dem Hals in erhitztes flüssiges Harz gehalten. Das Eingemachte in den Gläsern erhielt eine Oberfläche aus geschmolzenem Paraffin, und als Deckel band man mit einem Baumwollgarn zwei Lagen Butterbrotpapier darüber. Schimmelte der Inhalt, galt dies als Zeichen mangelnder Hygiene. Pech gab es nicht. Ich hätte gern die Etiketten geschrieben, aber ich durfte nicht. Es sollte eine ordentliche Handschrift sein: *Himbeermarmelade 1942.*

Die Preiselbeeren waren geduldig. Mutter sagte, sie enthielten Benzoesäure, und diesmal, glaube ich, hatte sie recht. Die eingemachten Preiselbeeren kamen in Höganäskrüge, auf denen als Deckel ein Teller lag. Sie bildeten das Fundament des immer gleichen Werktagsnachtischs: Preiselbeeren mit Milch und zerbröckeltem Knäckebrot. Die Farbe, welche die Milch dabei annahm, finde ich noch heute schön. Manchmal stoße ich in einer Boutique darauf. Dort heißt sie altrosa.

Zum Pilzesammeln streifte man umher. Dabei von Gier besessen zu sein half nicht. Hier hießen die Voraussetzungen Gedächtnis und Wissen, vor allem aber musste man Glück haben. Einem benommenen Arbeitssklaven offenbarte sich kein Riesenschirmling im Dunkel des Waldes. Er war ein Geschenk, kein Anrecht.

Beim Pilzesammeln gab es eine Art Leichtsinn. Immerhin waren wir dem Tod sehr nahe. An dem schwarzen mit Wasser gefüllten Grubenloch, in dessen Tiefe man wie einen zottigen Steinbuckel einen Elchkadaver schimmern sah, wuchsen Blutreizker. Riesenrötlinge und Grüne Knollenblätterpilze boten sich dar. Unsere Gehirne könnten zerstört und unsere Nieren zerfressen werden, die Lungen unter Krämpfen schrumpfen. Vater, in Charmeusehemd mit Reißverschluss und degradierter Anzughose sowie Baskenmütze auf dem Kopf, beschrieb ausgelassen die Gefahren. Wir kamen nach Hause, aßen und waren nach wie vor bei Gesundheit. Wir hatten Tod und Pech ein Schnippchen geschlagen.

Möglicherweise geschah es beim Beeren- und Pilzesammeln, dass sich der Wald in mein Inneres senkte und darin blieb. Ich erkenne jeden hohen und sonnigen Septembertag wieder. Unmittelbar bevor das Dunkel der Fichten beginnt, schillert in Licht und Wind der Rotschwingel. Die Sonnenspiegel des Birkenlaubs glitzern, die dunklen Blätter der Schwarzerle glänzen, und die Stämme spiegeln sich in schwarzem Moorwasser.

Preiselbeeren könnten genauso gut braun sein, olivgrün oder schmutzig gelb. Aber sie sind nun einmal lackrot. Von den Stängeln des Weidenröschens wirbelt der Flaum. In den Steinbeerenblättern zeigen sich Schwefelgelb, tiefes Rot und alle Zwischentöne, und sie haben schwarze Flecken. Sie sind für nichts da, für die Lust des Auges, für den Schattengesang der Drossel, für das Wasser, das in den Bächen perlt. Und ich bin ein Kind, das von Zerstörung nichts weiß. In den Farnblättern säuselt nur das Säuseln. Mein Mann und ich gehen dahin, Wind umspielt unsere Wangen. Er fühlt sich wie kleine Vogelflügel an. Alles Unnötige, aller Gram und alle Enttäuschung liegen im Moos, überwachsen wie alter Eisenschrott. Eigentlich war es so leicht zu lieben. Hier lernten wir es.

Die schwedische Volksschule, in der wir Vaterlandsliebe lernen sollten, war 1842 entstanden. Damals stand noch der Religionsunterricht im Mittelpunkt. Um ein vollwertiger Bürger zu sein, musste man die Zehn Gebote, ihre Erklärung in Luthers kleinem Katechismus und die wichtigsten jener Geschichten beherrschen, welche die mythische Grundlage des Christentums bilden. Bei der Konfirmation und der Katechese wurden diese Kenntnisse abgefragt.

Die meisten Menschen hatten kaum andere Bücher als das Gesangbuch, den Katechismus und einen Almanach im Haus. Eine Bibel war teuer, doch Johan Olof Wallins Gesangbuch wiederum war, genau wie von ihm beabsichtigt, für alle zu haben. Meine Urgroßmutter lernte damit lesen, aber erst nachdem die Kinder groß waren und sie Zeit für sich selbst hatte. Schreiben lernte sie nie.

In der frühen Volksschule gab es kein Material für Lese- und

Schreibübungen. Zu Zeiten meiner Großmutter wurde im Gesangbuch und in der Bibel gelesen. Schreiben lernte sie in einem Kasten mit feinem Sand und einem Stöckchen als Stift. Meine Mutter durfte eine Schiefertafel benutzen. Ich hatte Federhalter, spitze Stahlfedern und ein Tintenfass, das in einer Vertiefung der Schulbank stand.

Im 19. Jahrhundert wurde die Gesellschaft komplizierter. Es wurden andere Kenntnisse als die der Bibel gebraucht. Naturwissenschaft und Geschichte mussten im Bewusstsein verankert werden. 1868 erhielten die Kinder in Schweden ein Lesebuch. Nach und nach wuchs es auf drei Bände an, und auch von ihm lässt sich sagen, dass es für alle zu haben war. Es bestand aus einer Vielfalt von Texten und Holzschnitten. Selma Lagerlöf sollte aus dieser Lesebuchflickendecke später mit epischer Flügelspannweite und aus souveräner Flugperspektive etwas Ganzes machen. Der Keim vieler ihrer Ideen findet sich aber bereits im *Läsebok för folkskolan* (Lesebuch für die Volksschule). In der Geschichte *Det okända härliga landet* (Das unbekannte herrliche Land) darf ein Junge namens Harald auf einem Vogelrücken eine Reise über Schweden machen. Ein Schwan zeigt ihm in kurzen Resümees all die Herrlichkeiten, die das Vaterland ausmachen. Selma Lagerlöf beschrieb Schweden später auf die gleiche Art, freilich in einer langen und abwechslungsreichen Geschichte entfaltet.

Das Lesebuch für die Volksschule sollte zum ideolgischen Instrumentarium werden, mit dem man die Gesellschaft an den Gefahren vorbeilotste, die Industrialisierung und Urbanisierung mit sich brachten. Das Schulbuchkomitee stellte die profane Literatur auf eine Stufe mit der religiösen; Sittlichkeit und Moral sollten nun mithilfe von Fabeln, Gedichten und Sprichwörtern gelehrt werden. Man wollte aus den Schweden nicht nur ordentliche Leute, sondern auch ein Volk machen. Die Vaterlandsliebe, die zu entwickeln so wichtig war, wurde mit etwas verknüpft, das in Worte auszudrücken dem Volk so fremd war – Naturgefühl.

Auf der Ausgabe von 1907 des Volksschulelesebuchs ist eine Fichte abgebildet. Mehr als ein halbes Jahrhundert lang sollten im ersten Band dieselben Gedichte und Texte die Grundausstattung schwedischer Dichtung stellen und Vaterlandsgefühl und Moral kodifizieren.

Auf dem Einband des *Läsebok för folkskolan* (Lesebuch für die Volksschule) duckt sich ein kleines Haus unter eine große Fichte.

Lausche auf der Fichte
Rauschen
An ihrer Wurzel steht
dein Heim«

Früher sah man diesen Spruch oft in Wohnungen auf gestickten Wandbehängen. Er stand auf dem Deckel des Volksschullesebuchs, und dass Handarbeitsgeschäfte daraus Stickmuster machten, ist nicht verwunderlich; der Text ist bereits wie auf einem Wandbehang gerahmt. Er steht über der riesigen Fichte. Unter deren unterstem Astkranz duckt sich ein kleines Haus. Die Fichtenwurzeln bilden Jugendstilranken um den Titel des Buches, und um den Stammansatz ist harmonisch ein Sträußchen Leberblümchen arrangiert.

Der Literaturwissenschaftler Lars Furuland zeigt in *Ljus över landet* (Licht überm Land), dass die Schweden mit diesem Einbandbild eine neue Sichtweise der Fichte bekamen.

Als Elias Martin während seines Englandaufenthalts 1760–1780 eine romantische nordische Landschaft mit einer struppigen, geneigten Fichte vor hohen Felswänden malt, ist diese Fichte ein Ausdruck der wilden und bedrohlichen Natur. In die nationale Mythologie hat sie noch nicht Einzug gehalten.

1907 ist sie zum Schutzbaum geworden, zur Hüterin des Eigenheimidylls. Das Motto des Nationallesebuchs, »Lausche auf der Fichte Rauschen ...«, war ursprünglich nicht schwedisch. Elias

Lönnroth hat es in seiner Kalevalaübersetzung als finnisches Sprichwort wiedergegeben, und Zacharias Topelius erweiterte in einem Gedicht die Ermahnung, es nicht nur auf das Heim, sondern auch auf das Vaterland zu beziehen. Sein Gedicht steht nicht im Lesebuch. Dagegen hat man ein Sonett von Viktor Rydberg an das Motto geknüpft »Lausche der Fichte bei deiner Mutter Haus!«. Ein heimkehrender reuiger Sohn, »dem Lebensrausch entrückt«, lauscht einer großen Fichte, die über die Landflucht klagt. In einer Auswahl für Kinder nimmt sich das Sonett eigenartig aus. Die Fichte rauscht vor Trauer.

Die Kiefer ist ein weiteres nationales Emblem in dem Lesebuch. Der korrekten botanischen Beschreibung sind geistige Bilder eingeprägt.

Die nackten Stämme und die dunklen Kronen verleihen dem Kiefernwald einen Ausdruck von Ernst und Düsterkeit, zugleich aber auch von Kraft und Härte.

Der Beschreibung der Fichte merkt man noch deutlicher an, dass hier ein Nationalcharakter ausgeformt wird und dass dieser Charakter männlich ist:

Durch seinen nach oben strebenden Stamm, den pyramidenförmigen Wuchs und die Schatten spendenden Äste vermittelt der Baum den Eindruck von Festigkeit und Zähigkeit, Ernst und Ruhe.

Angst und Beschwörung

In der zehnten Auflage war das Buch dunkelgrün, und der Einbanddeckel vermittelte den Eindruck, Schweden ducke sich dankbar unter die Fichte. Der Wald sollte in dem Lesebuch also großen Raum einnehmen und tut es auch. Aber er dominiert nicht. Vielleicht glaubte das Lesebuchkomitee, das Naturgefühl des einfachen Volkes sei mit dem Wald verknüpft. Aber das stimmte nicht ganz. In jedem Dorfgemeinschaftszentrum und Vereinshaus, wo man die alten Hintergrundkulissen aufbewahrt hat, drücken vielmehr auf Leinwand gemalte Birkenwäldchen und Seen die Liebe des Volks zur Natur aus. Diese Vorliebe für die mittelschwedische Idylle teilten auch die Lesebuchredakteure. In einer Darstellung der Landschaftstypen entlang der Fahrrinnen Stockholms verweilen die Autoren gern bei Stränden mit Laubwäldern.

> Der Blick eilt an den dunklen Nadelwaldgürteln vorbei und ruht mit großem Behagen auf den zwischen Wäldern und Bergen zusammengedrängten Wiesen, von einem Grün, so rein und fein, mit Bäumen, so mannigfach an Art und Farbe, dass man unvermutet ein südländisches Tal zu schauen vermeint.

In den ersten Jahrzehnten seit Bestehen des Lesebuchs war in Schweden die Schwärmerei für die Wildnis in Gang gekommen. 1886 wurde der Schwedische Touristenverein gegründet, und bald schon versuchten sich Wanderer und Fjälltouristen ernsthaft an den Strapazen in der nördlichen Bergwelt. Die Schulkinder sollten in Bild und Prosa eine großartigere Natur schätzen lernen. Ein Holzschnitt von den Wasserfällen in Trollhättan zeigt, wie das Wasser zwischen steilen Felsen hindurchschießt, auf denen Streifen schwarzen Fichtenwalds stehen. Eine überschwängliche Schilderung der Fjällwelt Sulitelmas spricht von einer Landschaft, die zu sehen einem Normalsterblichen kaum praktisch möglich war. Die Aussicht von einem Berg wie dem Omberg war sicherlich zugänglicher.

> Einem großartigeren und hinreißenderen Anblick als dem, der sich hier öffnet, begegnet man selten. Aus dem Dunkel des Waldes kommend, findet man sich unverhofft von eitel Sonnenschein umgeben; anstatt der stillen, vielleicht etwas stickigen Ruhe unter den Fichten dort unten findet man sich von einem kühlenden Lüftchen umweht, das an eine Meeresbrise erinnert; man atmet leichter und doppelt so stark, und der Sinn hebt sich.

Auch ein Aufstieg auf einen nicht allzu hohen Berg in der Nähe der Festung Karlsborg am Vättern vermittelt dieses Gefühl der Befreiung. Der dunkle Wald weicht, besiedeltes Land und See breiten ihre Anmut aus. Was nationalen Stolz einflößen sollte, war die Aussicht über Fjälls und Meeresküsten, aber auch menschliche Anlagen wie große Schlösser, Leuchttürme und ergiebige Gruben. Das Landschaftsideal war eine Kulturlandschaft mit Laubwald, nicht dunkler Fichtenwald, wie es das Einbandbild und das Motto vorn auf dem Lesebuch suggerieren. Diese Zwiespältigkeit gleicht der Angst vor dem Wald.

Der Wald schleicht sich auf jeden Fall ins Lesebuch ein, nicht anders als in eine kultivierte Landschaft. Die erste Abteilung bietet ein Gewimmel von Tieren aus dem schwedischen Wald. Ein Fuchs mit schönem dichten Fell keucht an einem Holzzaun, ein Hirsch spiegelt in einer Quelle sein Geweih. Die Illustration zu einer Fabel zeigt einen Hasen, der mit einer Schnecke um die Wette rennt. Die Vögel werden mit zoologischer Korrektheit beschrieben, allerdings wird Vögeln, die im Herbst fortziehen, ein Gefühl für die Heimat und das Land ihrer Kindheit zugeschrieben, da sie im Frühling in Scharen wieder in den Norden zurückkehren. Der Elch, »das größte aller Landtiere«, bekommt drei Seiten und ein stattliches Bild eingeräumt, obwohl er nur spärlich vorkommt – was auch im Text steht. Der Bär ist vor dem Hintergrund eines Fjälls abgebildet.

In dem Buch steht viel über die Jagd, und dem Pilzesammeln wurde ein eigenes Kapitel gewidmet. Das musste gelehrt werden, denn Pilze waren keine populäre Kost. Die Birke hat einen eigenen Abschnitt mit einer sehr sachlichen botanischen Beschreibung. Sie brauchte man vermutlich nicht lieben zu lernen.

Ein ganzes Kapitel des Lesebuchs lehrte die Aufforstung rings um die Höfe.

Es gibt in unserem lieben Vaterland so viele Höfe, so viele Dörfer und Katen und Hütten auf blanker Erde oder in nackter Ebene. Wandert man daran vorbei, so hält man sie für grau und garstig, arm und unschön. Unwillkürlich merkt man, dass da etwas fehlt.

In Wahrheit hatten wohl nicht alle Katen und Bauernhöfe von Anfang an auf blanker Erde gestanden. Durch die Abholzung für den Hausgebrauch wurde dem Waldboden rings um die Häuser der Halt genommen. Mancherorts kümmerte man sich vielleicht nicht so sehr darum. Jetzt wurde der bürgerliche Geschmack gelehrt.

Es ums Haus herum nett und hübsch herzurichten und gleichzeitig das Wilde in Form von Aussichten zu verehren sind nach wie vor zwei wichtige Elemente unseres Naturgefühls. Alle Sommerhausgebiete bringen dieses Paradox zum Ausdruck. Nicht weit von unserem Grundbesitz in Roslagen haben sich Städter in ihrer Sehnsucht nach einem natürlichen Leben Grundstücke gekauft und in kleine schmucke Eigenheimgärten verwandelt. Tagetes und Bergenien haben Schlüsselblumen und Maiglöckchen ersetzt, die Eichenhügel wurden eingeebnet und in Rasen umgewandelt. Hundertjährige Wacholderbüsche wurden gefällt und in einem Fall gegen Zypressen ausgetauscht. An der Stelle, wo früher Holunderknabenkraut wuchs, hat man einen Carport gebaut. An den Grundstücksgrenzen lauern Fichten und Kiefern auf die Rache, die sie irgendwann nehmen werden.

Der Mensch nagt schon seit dem Mittelalter am Wald, doch die großen Abholzungen für die Zwecke der Exportindustrie begannen in der Zeit unseres Lesebuchs. Und erst im darauffolgenden Jahrhundert sollte es ernsthaft darum gehen, den alten Wald zu entfernen. Im Lesebuch wird freilich beschrieben, wie er dadurch, dass er Schnee und Wasser länger zurückhält als offenes Land, Überschwemmungen verhindert. Man weiß, dass es in Waldgebieten öfter und regelmäßiger regnet.

Ein Autor hat die Folgen der Verwüstung des Waldes so beschrieben: Wind und Kälte ohne Schutz, Hitze ohne Schatten, Äcker ohne Regen, Land ohne Quellen, jeden Sommer ausgetrocknete, im Herbst und Frühling strömende Bäche und Flüsse und in Sümpfe verwandelte Seen.

Im Kapitel *Der Wald* findet sich unausgesprochen die Angst, das Nationalvermögen könne zu Ende gehen und Schweden sich außerstande sehen, seine Bevölkerung zu ernähren, mit der Folge noch größerer Emigration. Doch obwohl man einsah, was der Wald für den Ausgleich des Klimas, den landwirtschaftlichen Nutzen und die Exportindustrie bedeutete, schrieb man in dem Lesebuch, der Wald solle lediglich auf jenen Böden stehen bleiben, die nicht kultivierbar seien.

Der Wald, und darin besonders die Fichte, erhält mit seiner Höhe und seinem Ernst in dem Lesebuch emblematische Bedeutung. Die Metapher wirkt jedoch seltsam zwiespältig, wenn das nationale Symbol des Stolzes und der Festigkeit zu Fall kommt.

Sieh die stolze Föhre dort am Hang und daneben die Fichte, wie fest und ruhig sie allem Anschein nach da stehen! Jahrzehnte schon trotzen sie Stürmen und Unwettern und scheinen zu glauben, dass nichts sie von der Stelle bewegen kann. Aber was blitzt da im matten Glanz der Wintersonne? Stahl ist es, der da funkelt; die Axt des Holzfällers, die ein kräftiger Arm in den Stamm des Baums treibt. Ein gewaltiges Krachen ist zu hören. Mit einem dumpfen Seufzer fällt der Riese des Waldes zu Boden.

Hier steht die uralte Standhaftigkeit des Nadelwalds gegen ein Sinnbild für Stärke, Beweglichkeit und Entwicklung. Die Fichte begegnet einem Symbol, das mit neuem nationalen Entwicklungskapital geladen ist – dem Stahl. Bei der Erstausgabe des Lesebuchs waren seit dem Wunder am Hochofen in Edsken, wo es gelungen war, mit der neuen Bessemermethode Roheisen in Stahl umzuwandeln, erst zehn Jahre vergangen. Und der schwedische Stahl sollte auf dem Exportmarkt kräftig zubeißen. Mit einem Seufzer fällt das Uralte.

Fleiß und Ehre

Im Kapitel *Järvsö* geht das Lesebuch auf die forstwirtschaftliche Praxis ein. Es wird erklärt, dass der Wald in Jagen eingeteilt ist, die zum Abholzen gewisser Größenordnungen verkauft werden können. »Hat der Bauer mehr Wald, als er benötigt – und das ist oft der Fall –, verkauft er sein Jagen oder einen Teil davon zum Abholzen.« Die Kinder erhalten eine kleine Ahnung von den schwindelerregenden Geschäften, die in Nordschweden abgewickelt werden: »… der Kauf wird oft vom einen an den anderen abgetreten, bis er bei dem landet, der den Wald abholzen wird. Normalerweise werden die großen Holzkonzerne Eigentümer des Waldes.« Problematisiert wird dies in dem Lesebuch nicht. Es ist die Rede von »ungeheuer weiten Wäldern«, die jetzt abgeholzt würden, und von »einem Gewimmel von Arbeitern in den Wäldern, wo man früher nur den Wolfsluchs heulen und den Fuchs bellen hörte«.

Die Waldarbeiterhütten für fünfzehn, zwanzig Mann werden als Stätten reinster Gemütlichkeit beschrieben, wo man in fröhlicher und zwangloser Stimmung an der Feuerstelle Speck brät und sein Pfeifchen schmaucht. Kein Wort von der Rackerei im Winterwald mit Akkordhetze und Stücklohn. In diesen Schilderungen herrschen Aufbruchstimmung und Arbeitsfreude, und man fragt sich, ob die idealisierenden und heroisierenden Darstellungen in Laientheaterstücken an Heimatabenden nicht eher auf diesen Lesebuchtexten beruhen als auf Erfahrungen bei der Waldarbeit. Es waren Schriftsteller wie Gustav Hedenvind-Eriksson und Karl Östman, die sich an die realistische und oft schonungslose Schilderung der Waldarbeit machten. Im Lesebuch hat man pädagogische Ziele: Die Kinder sollen Arbeitsfreude und Fleiß lernen und nichts über Leute lesen, die über Löhne nörgeln und den Raubbau der Forstunternehmen beklagen.

Das Kapitel *Alnösundet* handelt von der Arbeit in einem Sägewerk. Die Plackerei der Stapler, die eine gefährliche Arbeit verrichteten, wird ausführlich geschildert. Wuchsen die Stapel in die Höhe, musste man Bohlen auslegen und darüberbalancieren. Noch in den 1970er-Jahren lebte in unserem Dorf ein alter Mann, der Stapler gewesen war und gesägtes Holz geschleppt hatte. Er hieß Knut Andersson und erzählte, dass er bei der Arbeit Gummigaloschen getragen habe. Normale feste Schnürstiefel waren schlecht für die Füße, weil das schwere, noch nicht getrocknete Holz das Körpergewicht erhöhte. Auf der Schulter hatte er ein Lederpolster. Die genaue Beschreibung des Lesebuchs, wie die Aufschichtung eines Bretterlagers vonstatten geht, stimmt mit seiner Schilderung überein. Der Lesebuchautor musste Staplern bei der Arbeit zugesehen und sogar das Gewicht des Holzes gespürt haben.

Sobald ein neuer Wagen mit Holz aus der Säge angekommen ist, nehmen sich die Stapler, das heißt die Arbeiter, die das Holz zu Stapeln aufschichten, seiner an. Eine Bohle wird hochgehoben; der Stapler nimmt sie rasch auf die Schulter, die, um nicht wund zu scheuern, mit einem Polster geschützt ist, stemmt die andere Hand in die Seite und macht sich auf seine mühevolle Wanderung. Er geht nicht, er läuft mit der schweren, nassen Bohle die Laufplanke hinauf, die von der Erde den hohen Stapel hinaufführt. Dort entledigt er sich seiner Last, die mit einem lauten Knall auf die darunterliegenden Bohlen aufschlägt. Noch ehe der Wagen entladen ist, trieft der Mann vor Schweiß, aber er gönnt sich erst Ruhe, wenn alles Holz hinaufgetragen ist. Dann sucht er sich ein schattiges Plätzchen, wo er sich abkühlt und den rinnenden Schweiß abwischt.

Mit dieser Schilderung wird die Arbeit wirklich geehrt. Sie endet in einer so hochgestimmten Apotheose der Exportindustrie, dass sie unvermittelt in Verse übergeht:

Lange sieht man draußen auf dem Meer den Dampfer, der mächtige Rauchwolken ausstößt, und das Schiff, das mit weißen Segeln über die Wogen dahinschwebt. Schließlich entschwinden sie dem Auge,
doch was das Vaterland hervorgebracht,
sie zu des Südens reichen Ländern bringen,
und für den Namen Schwedens Ehr und Acht
und seinen fleiß'gen Söhnen Ruhm erringen.

In heutigen Lehrbüchern wird der Holzexport in Zahlen referiert, und der entscheidende Punkt ist das wirtschaftliche Ergebnis. Das war natürlich auch früher so; dank der niedrigen Löhne im Wald und an den Sägen erzielten die Sägewerksbesitzer sagenhafte Vermögen.

Im Kapitel *Ångermanälven* findet sich eine ordentliche Darstellung vom Triften. Über die Eingriffe in den natürlichen Lauf der fließenden Gewässer und die großen Investitionen in die Triftstraßen wird allerdings nichts mitgeteilt. Das Lesebuch schildert einen Wirtschaftszweig, dem es an Ökonomie zu mangeln scheint und der wie die übrigen Zweige der Forstwirtschaft hauptsächlich Ehre produziere. Wieder waren es die Schriftsteller, die vom Abholzen, von der Abfuhr, der Trift und der Arbeit an den Sägen ein realistisches Bild lieferten.

In dem Lesebuch gibt es ausführliche Beschreibungen, wie man aus dem Wald so Nützliches wie Kohle, Brenn- und Bauholz gewinnt. Man empfiehlt Plenterung statt Kahlschlag – in einem Buch für Sieben- bis Achtjährige! Aber man sollte das Buch natürlich sein Leben lang behalten und auch noch als Erwachsener gedankenversunken darin lesen.

Die Siebenjährigen von 1901, die in ihrem Lesebuch lernten, dass das Plentern die rechte und behutsame Hiebmethode sei, waren schon über sechzig und arbeiteten noch immer, als es mit den richtig großen und effektiven Kahlschlägen losging. Manche von ihnen hatten bereits als Fünfzigjährige mit der Motorsäge gearbeitet. Als Siebzigjährige sollten sie dann Prozessoren über Kahlschläge fahren und die Stämme fällen, entasten und aufarbeiten sehen.

Nach 1966, als im jämtländischen Hotagen die Trift eingestellt wurde, dröhnten die Holztransporter durch das Dorf, in dem ich wohnte. Sie fuhren paarweise. Die Laster mit ihren Holzaufliegern kamen in immer dichteren Abständen.

Wir zogen unsere Tretschlitten an den Schneewall der Straße und warteten, bis sie vorbei waren. Im Sommer sprangen wir auf den Blumenteppich des Grabenrands. Holztransporter brauchen viel Platz und werden von einem dieselgeschwängerten Fahrtwind umweht, der einem hart auf den Magen schlägt.

Nach ein paar Monaten fingen wir an, sie zu zählen. Vierzehn Holztransporter innerhalb von vierundzwanzig Stunden passierten unser Dorf auf dem Weg nach Norwegen. Sie kamen nicht aus einem fernen Land, sondern aus Gunnarvattnet, wo wir zu unseren Bergtouren starteten, aus Bakvattnet, wo wir Ski fuhren, und vom Binnsjön, wo wir Preiselbeeren sammelten.

Hätten wir uns hingesetzt und weitergerechnet, wären wir, ausgehend von der Holzmenge, die jeder LKW transportierte, auf die Zahl der Quadratkilometer an Wald gekommen, den sie pro Jahr abfuhren. Aber wir taten es nicht. Wir lebten tagsüber mit unserer Zivilisation, ihren Bequemlichkeiten, ihrer Schmerzlinderung und Zerstreuung. Wir sahen die Holztransporter und ihre Fracht und ließen manchmal ein paar Worte darüber fallen. Wir wussten viel, aber wir kümmerten uns nicht um alles, was wir wussten. Wir waren in dieser Hinsicht nicht viel anders als Menschen, die dicht gedrängt an aufgeklärteren Orten wohnen.

Nachts aber konnte ich vom Geräusch eines kräftigen Dieselmotors und dem Donnern eines schwer mit Holz beladenen Aufliegers aufwachen. Ich wartete darauf, dass es verklingen würde. Hörte es in Richtung Hovden und Grenze verschwinden und stellte mir vor, wie es durch den Wald nach Jule und Lierne donnerte. Wie dieses Donnern dort jemand anders weckte. Irgendjemand lag jetzt in einem alten norwegischen Holzhaus und horchte, viele Kilometer entfernt, aber nach wie vor an den Steilhängen über unserem großen Bergsee. Der Motor arbeitete sich die Steigung zum Fjäll oberhalb von Nordli hinauf. Draußen im Dunkeln spitzten Luchs und Vielfraß die Ohren.

Da fiel mir ein, dass etliche der senkrechten Waldhänge über dem Wasser des Sandölas jetzt abgeholzt waren und man diesen Wald mit Hubschraubern abtransportiert hatte. Es war unwahrscheinlich, dass wie früher der Luchs dort umherschlich, mit feuchtem Nasenspiegel schnupperte und den beißenden Geruch von Dieseltreibstoff witterte. An vielen Stellen gab es gar kein Waldesdunkel mehr, nur noch kahle Felsflanken.

Wenn ich wach lag und das Geräusch und die Erdvibrationen längst verebbt waren, dann dachte ich an dieses Buch.

Verwandlungen

Vor langer Zeit gab es ein Waldesdunkel, das die Lebensbedingungen des Menschen bestimmte. Als Einschläge ihn schon den Himmel sehen ließen, als er den Wald schwendete und die Äcker diesen auffraßen, gab es zwischen den Bäumen noch genug Dunkelheit, um das Innere des Menschen und seine Kultur in ein Chaos zu verwandeln. Das wusste man seit der Antike. Die Verwandlung, die sich in Artemis' Wäldern vollzog, war tragisch.

Ein paar Jahrtausende später, gleich zu Beginn des 20. Jahrhunderts, konnte ein Autor noch immer von der grausamen Verwandlung erzählen. Doch Joseph Conrads Geschichte, wie der Mensch von dem Wald, den er beherrschen möchte, besiegt wird, spielt in

Afrika. Er verwendet nicht das distanzierende Wort Dschungel. In *Herz der Finsternis* schreibt er Wald.

Der Kolonialbeamte Kurtz wird vom Wald verwandelt; in seiner Machtversessenheit und Gier nach Elfenbein läuft er Amok. Im Grunde aber hat der Wald nur das hervorgerufen und verwirklicht, was bereits in Kurtz steckte, als er sich in den Wald begab.

> Die Wildnis aber war ihm früh auf die Schliche gekommen, und sie hatte sich für seinen phantastischen Raubzug schrecklich gerächt. Ich vermute, sie hat ihm Dinge über ihm selbst zugeflüstert, von denen er nichts wußte, von denen er keine Vorstellung hatte, bis er mit jener großen Einsamkeit ins Zwiegespräch geriet – und das Flüstern hatte sich als unwiderstehlich faszinierend erwiesen. Es löste ein lautes Echo in ihm aus, weil er innen hohl war ...

Im 20. Jahrhundert nahm sich der Mensch die politische und technologische Macht heraus, den Wald umzugestalten. Es vollzog sich eine gewaltsame, eine fast undenkbare physische Verwandlung des großen Waldraums.

Seitdem ist es nicht mehr der Wald, der uns verwandelt. Kein zehn Meilen großer Wald flüstert aus seinem Dunkel heraus. Wir haben verwirklicht, was wir über uns selbst nicht hören wollen.

DIE KATASTROPHEN

Der Held Gilgamesch, König von Uruk, stellt bei der Löwenjagd seine Stärke unter Beweis.

Gilgamesch im Zedernwald

Das erste schriftliche Zeugnis darüber, was Menschen gedacht und gefühlt haben, ist auf zwölf Tontafeln bewahrt. Es ist die Geschichte von Gilgamesch, einem König, der vor fast fünftausend Jahren im Lande Uruk gelebt hat. Er war Städtebauer und ein gewaltiger Sieger über die wilde Natur. Mauern, Bewässerungsdämme, Straßen und hohe Gebäude waren sein Werk. Nicht nur Zivilisation, sondern auch das, was wir Kultur nennen, ist mit seiner Lebensgeschichte verbunden. Sein Heldenepos wurde im gesamten Orient kopiert, und die Tontafeln mit dem Text fand man in den Ruinen der berühmten Bibliothek Kaiser Aussurbanipals in Ninive. Die Sumerer lebten im Zweistromland Mesopotamien, dem heute zerrissenen Irak. Zu Beginn seines Lebens als König ist Gilgamesch dem in unserer Zeit gestürzten und hingerichteten Herrscher nicht unähnlich:

Nicht einen gibt es, der ihm gleichkommt,
und hocherhoben sind seine Waffen.
Wegen des Spielballs stehen seine Gefährten bereit.
In finstere Stimmung verfallen die jungen Männer von Uruk,
in der Lage, die ihnen nicht angemessen.
Nicht läßt Gilgamesch den Sohn zu seinem Vater heraus.

Der König wird gefährlich, darf er nicht alle Wettkämpfe gewinnen und alle Bräute deflorieren. Doch eine Göttin setzt dieser Gewalt ein Ende, indem sie sich ein Stückchen Lehm abkneift und dem Helden einen Kameraden schafft. Enkidu heißt er, ein Naturgeschöpf.

Dicht behaart ist er an seinem ganzen Leibe,
versehen mit Locken wie eine Frau.
Seiner Haarmähne Locken sprießen so üppig hervor
wie Nissaba selbst.
Nicht sind ihm die Menschen
Und nicht das Kulturland bekannt.

Enkidu muss von einer Tempelprostituierten zivilisiert werden, um mit dem jungen Herrscher verkehren zu können. Nachdem er den Duft ihres Geschlechts gerochen und sechs Tage und sieben Nächte mit ihr geschlafen hat, ist er nicht mehr so natürlich. Die wilden Tiere fliehen ihn. Nach einem großartigen Kampf wird er nun Gilgameschs Freund, und er liebt ihn »wie eine Gattin«. Die beiden ziehen zusammen zum Zedernwald auf dem heiligen Berg. Aber das Göttliche schließt das Schreckliche in sich ein: Im Wald verbirgt sich das Ungeheuer Humbaba. Den Zedernwald darf kein menschliches Auge je schauen, und es führen keine Pfade durch ihn.

Er aber kann sechzig Meilen weit im Wald das Rufen hören.
Wer ist denn der, dem es gelänge,
in seinen Wald zu dringen?

Angesichts der Herausforderung ist Gilgamesch der Beherztere der beiden. Er sagt zu Enkidu, er möge ihn zum Schmied begleiten, denn nun sollen Äxte geschmiedet werden. Sie würden des riesigen Waldes Herr werden. Mit vielen warnenden Wiederholungen und der mehrfach geschilderten Gefährlichkeit des Waldes, mit Opferriten und vorausweisenden Träumen wird die Geschichte auf den Augenblick hingeführt, in dem die beiden Freunde vor der endgültigen Prüfung stehen.

Den fernen Berg erreichten die beiden gemeinsam.
Ihren Worten geboten sie Einhalt, zum Stehen kamen sie.

Ob auf der Tontafel kein Platz mehr war oder ob der Schreiber uns in Spannung halten will, weiß ich nicht. Denn erst auf der nächsten Tafel, der fünften, wagen sich Gilgamesch und Enkidu unter die Kronen der Zedern. Sie entdecken dort Humbabas riesige Spur. Und dann folgt auf der beschädigten Tontafel etwas in abgebrochenen Zeilen, was die erste Waldbeschreibung der Welt sein muss:

Beim Anblick des Berges jedoch reckt die Zeder ihren Reichtum
empor,
ihr süßer Schatten ist voller Wolle.

Ganz dicht gewachsen das Dornengestrüpp,
darin verhüllt der Wald [...]

In diesen Wüstengegenden war der Wald Duft und Kühle. Viel später, im 8. Jahrhundert vor Christus, als Jesaja weissagte, waren Wald und Wasser ein Geschenk Gottes für sein dürstendes Volk: »Ich will in der Wüste wachsen lassen Zedern, Akazien, Myrten und Ölbäume; ich will in der Steppe pflanzen miteinander Zypressen, Buchsbaum und Kiefern.«

Der Zedernwald war voller Leben. Hesekiel beschreibt, wie Vögel in der Krone dieses prächtigen Baums leben, »alles, was Flügel hat, wohnt im Schatten ihrer Zweige«. Jesaja erzählt von Gottes Rache an einem gierigen Fürsten, der Israel geplündert hat, und fragt: »Prahlt denn die Axt gegenüber dem, der mit ihr hackt, oder brüstet die Säge sich vor dem, der mit ihr sägt?« Nein, die Axt des Herrn rächt sich mit einer noch schlimmeren Verwüstung:

Seinen herrlichen Wald, seinen fruchtbaren Garten,
mit Stumpf und Stiel vernichtet er ihn;
es ist, wie wenn ein Kranker dahinsiecht.

Von den Bäumen in seinem Wald bleiben nur wenige übrig,
selbst ein Kind kann sie zählen.

Als Sacharja einen Gesang über den Fall von Großmächten dichtet, entlehnt er seine Bilder den Wäldern der Berghänge:

Klage, Zypresse! Denn die Zeder ist gefallen;
ja die Mächtigen wurden vernichtet.
Klagt, ihr Eichen des Baschan,
denn der undurchdringliche Wald ist dahingesunken.

Im alten Zweistromland töten, lange vor der Zeit der Propheten, Gilgamesch und Enkidu schließlich das Ungeheuer. Aber sie nehmen auch am heiligen Wald Rache:

Gilgamesch fällt die Bäume
Enkidu schaut sich ständig um nach gutem Bauholz.

Enkidu öffnet seinen Mund und spricht,
er sagt zu Gilgamesch:
›Mein Freund, wir haben die hochgewachsene Zeder gefällt,
deren Wipfel an die Himmel stieß.‹

In den Jahrtausenden, die seitdem vergingen, hat sich nicht viel
verändert: Enkidu schalmt an, Gilgamesch holzt ab. Das Holz triften sie den Euphrat hinunter zur Stadt Nippur.

Die beiden Helden sitzen auf den Baumstämmen, die flussab-
wärts treiben. Gilgamesch hat Humbabas Haupt dabei. Nun wird
er aus den Zedernstämmen ein Tempeltor bauen, einen Eingang zu
unserer Zivilisation.

Wald und Zeit

Als Nils-Erik Nilsson, Abteilungsleiter im Zentralamt für Forstwirtschaft in Jönköping, dem Band von *Sveriges Nationalatlas*
(Schwedischer Nationalatlas), der den Wald behandelt, betiteln
sollte, wollte er ihn »Forstwirtschaft« nennen. Es hatten aber noch
andere als der Redakteur ein Wörtchen mitzureden, weswegen das
Buch nun *Skogen* (Der Wald) heißt. Im Klappentext teilt Nilsson
mit, dass er »Wald« für einen verbrauchten Begriff hält.

Wörter können sich tatsächlich verbrauchen. Neuschöpfungen,
die in einen Jargon eingehen, haben eine kurze Lebensdauer. Wald
ist ein altes Wort, und sehr alte Wörter sind mit vergangenen
Bedeutungen aufgeladen.

Das schwedische Wort für Wald, *skog,* ist ein nordisches Wort
mit germanischen Wurzeln. Es bedeutete ursprünglich etwas, das
herausragt oder sich herausschiebt. Es entstand, als die germanischen Völker nicht mehr überall nur Wald um sich herum hatten, sondern in ihm etwas sahen, was im Verhältnis zu den Schwenden und Weiden herausragte oder sich in sie hineinschob. Nils-Erik
Nilssons Wunsch, den Band unseres Nationalatlasses mit den Karten und Diagrammen zum Wald »Forstwirtschaft« zu nennen,
zeigt, dass sich in seiner Welt der Wald nicht mehr in kultiviertes
Land hineinschiebt. Er ist Teil des bewirtschafteten Bodens.

Hat er recht?

Er hat recht, zu 95 Prozent. So groß ist in Schweden nämlich der Anteil des produktiven Waldlands am gesamten Waldbestand; der Rest war keinem merklichen menschlichen Einfluss ausgesetzt. Und das ist ein so kleiner Teil, dass die Begriffe Urwald und Naturwald im Register unseres Nationalatlasses gar nicht erst auftauchen.

Ein Wald, das sagt man nach wie vor. So wie man in der *Erikskrönikan* »ein Wald heißt Tiveden« geschrieben hat, kann man den Begriff auch heute noch auf einen speziellen Wald anwenden. Aber nur, solange dieser Wald noch steht.

Eigentlich gibt es keine speziellen und begrenzten Wälder. Kann sich ein Wald irgendwo mit Trieben und Samen festsetzen, so macht er sich breit. Wo immer Menschen einer Zivilisation ihre Städte aufgeben mussten, hat sich der Wald dieses Terrain zurückerobert. Er hat Tempelfußböden gesprengt und Stadtmauern zum Einsturz gebracht. In unserer Zeit sprießen die Triebe als Vortrupp des Waldes aus Böden, die für die Produktion und Bebauung bedeutungslos sind. Wir leben in einer Ära, in der der Mensch die Oberhand zu haben scheint.

Den Wald, den ich sehe, wenn ich den Blick von meiner Arbeit hebe, könnten wir binnen weniger Stunden in steinige Hügel voll Reisergestrüpp verwandeln. Er würde wieder wachsen, aber erst nach langer Zeit, denn der Boden gehört zur Kategorie schwer verjüngbar. Drei Meter hohe Wacholder und hochstämmige Kiefern, deren Rinde in der Abendsonne rosenrot leuchtet, bekäme ich hier nicht mehr zu sehen.

In Richtung See liegt hinter diesem kleinen Jagen ein weiteres, das, als wir hierherzogen, eine Kahlfläche war. Mittlerweile haben die angepflanzten Fichten Weihnachtsbaumgröße erreicht, und ihre Zweige leuchten im Verhau des Einschlags silbergrau. Bevor wir uns einen Pfad ausgehauen haben, konnten wir dort nur schwer vorankommen. Da man beim Abholzen große Espen und zudem noch aufrecht stehende tote Bäume zurückgelassen hat, gibt es in diesem Schlag nach wie vor Tiere. Mit seinem buschigen Schwanz als Steuerruder segelt der Marder hier durch die Espen. In den großen Erlen am Ufer sitzt der Reiher und lauert darauf, im Sturzflug hervorstoßen zu können. Insekten wuseln und knacken in umgestürzten Stämmen. Über dem leicht auszuspähenden Gelände breitet der Mäusebussard seine Schwingen aus und segelt durch die Luft. Im Winter taucht der Fuchs mit einem Satz nach Wühlmäusen, die er unter dem Schnee erlauscht hat. Als die Espenschosse sich ausbreiteten, ästen in deren Überfluss Elche und Rehe, bis sich in nur wenigen Sommern die Schafe das meiste des Vorrats geholt haben.

Durch sein langsames Wachstum, durch Windwurf und Waldbrände sowie durch unsere schnellen Abholzungen ändern sich im Laufe der Zeit, aber auch in sehr kurzen Zeiträumen Charakter und Aussehen des Waldbodens. Er wechselt die Bonität, das heißt sein Ertragsvermögen innerhalb eines gewissen Zeitraums. Er kann entwässert und gedüngt, gekalkt und gespritzt werden. Der Boden kann Kahlschlag ausgesetzt und mit Baumarten wiederbepflanzt werden, die hier früher nicht gewachsen sind. In nördlichen Lagen kann die Verjüngung misslingen. Dann erhält man ein Stück Tundra statt Wald.

Wald ist Veränderlichkeit. Die Erde hat 400 Millionen Jahre gebraucht, um Wälder hervorzubringen. Die ersten baumartigen Gewächse waren nicht höher als einen Meter, meist sogar viel kleiner. Sie hatten keine Wurzeln, sondern Fasern am unteren Ende, und aus Spiralen in den Astwinkeln entwickelten sich neue Triebe. Nadeln oder Blätter trugen sie keine. Aus diesen Pflanzen entwickelten sich in Jahrmillionen die mächtigsten Wälder, die es auf unserem Planeten gibt und die uns noch immer Wärme spenden und unsere Motoren antreiben.

Die Steinkohlewälder bestanden aus hohen Bäumen, die heute ausgestorben sind. Für eine Forstwirtschaft hätten sie nicht viel getaugt, denn sie bestanden vor allem aus Rinde und nur zum kleineren Teil aus Holz. Nachdem die toten Bäume jedoch auf den Grund der Sümpfe abgesunken waren, bildete sich prozesshaft Steinkohle. Bärlapp, Schachtelhalm und Farne sind bescheidene Hinterbliebene dieser Baumarten, die dreißig Meter hoch werden konnten.

Wald ist Zeit. Dank der fossilierten Bäume messen wir die Zeit in einer Tiefe, die ansonsten eine maßlose und namenlose Dunkelheit wäre. Wir bewegen uns in der äußersten Schicht all dieser Zeit, die der Wald für uns geschaffen hat. Hier an der Oberfläche sind unsere Gegenwart und unsere Geschichte angesiedelt. Verglichen mit den noch lebenden mehr als tausendjährigen Drachenbäumen und Mammutbäumen, sind wir so ephemer wie Trauermücken. Aber wir fühlen uns nicht so, denn wir sind viele, und im Moment haben wir die Macht.

1970 zog meine Familie in ein Dorf in Ångermanland. Der Hof lag hoch oben; Backstube und Schmiede waren schief vor Alter und schienen den Hang hinunterrutschen zu wollen. Von den Fenstern unseres Hauses aus sah man, wie sich die Waldkränze zum Horizont hin schichteten. Der erste Kranz war dunkelgrün, in einem bestimmten Licht wirkte er schwarz. Es folgten der dunkelblaue Kranz und der mit der dumpfblauen Farbe einer Taubenbrust. Dann kam der diesig blaue Waldstreifen und zuletzt der ferne graue, den der Regen, wenn er übers Kirchspiel Säbrå zog, so leicht auslöschte.

Die Farbabstufungen der Waldstreifen beruhten auf der räumlichen Entfernung. Sie zeigten aber auch, dass man Zeit brauchte, um dorthin zu gelangen, sehr viel Zeit, selbst mit dem Auto. Und es hatte viel Zeit gebraucht, um zu diesen mächtigen Kränzen ringsum heranzuwachsen. So wie das Holz unserer alten Nebengebäude ausgeblichen und silbergrau geworden war, schichteten sich die Wälder, bis sie silbrig und im Regen fast durchsichtig waren. Zu mir, die ich nie zuvor derart weit nur auf Wälder geblickt hatte, sprachen sie von Zeit.

Ich ging mit den Hunden in den Wald unserer Umgebung und kutschierte mit dem Auto durch die Gegend, um mir die entfernteren Wälder anzuschauen. Dabei entdeckte ich die Kahlschläge. Ich hatte keine Ahnung, dass in Schweden so riesige Areale abgeholzt wurden. Quadratkilometer auf Quadratkilometer waren in steinige Flächen und Verhaue verwandelt worden. Hier und da stand ein abgebrochener Stamm, den man vergessen hatte. Vergleichbares hatte ich bisher nur auf Jacques Callots Bildern von den Schlachtfeldern des Dreißigjährigen Kriegs gesehen.

Es waren die Kahlflächen der Graningeverken AB in Ångermanland. Zur gleichen Zeit fand in einem fernen Teil der Welt der Vietnamkrieg statt. Dort setzte die US-amerikanische Armee ein Gift ein, um die Bäume zu entlauben, damit die Verteidiger sich nicht in den Wäldern verstecken konnten. Die Menschen bekamen davon Krebs. Ich hatte das starke Gefühl, in einer Zivilisation des Todes zu leben. Dieses Gefühl wurde ich nie richtig los. Und doch haben wir in Schweden, genau wie es in unserem Nationalatlas steht, noch nie einen produktiveren Wald besessen als jetzt.

»Soll der Wald nicht im Dienste des Menschen wachsen, sondern gleichsam nur, um zu altern, zu fallen und zu vermodern?«, fragte Martin Svahn, der Mitte des 18. Jahrhunderts stellvertretender Landeshauptmann in Jämtland war.

Nicht nur in seinem Län, sondern in ganz Nordschweden breiteten sich riesige Wälder aus. Das Holz der lebenden Bäume stellte kein volkswirtschaftliches Vermögen dar. In weglosem Land konnten die Bauern schließlich nur mit dem handeln, was sich im Winter übers Eis transportieren ließ: Geflügel, Butter, Käse, Talg, Häute und Speck. Und mit Pferden, die sich selbst transportierten. Auch gab es keinen Exportmarkt, auf dem Schnittholz nachgefragt wurde.

In der Nähe der Dörfer hatte man den Wald rücksichtslos abgeholzt und geschwendet. Im Süden waren die Spuren jahrhundertelanger Beschädigungen zu sehen. Sobald aber Land der Krone auf die Bauern überginge, müsste die Achtsamkeit steigen. Denn hegt man nicht, was einem gehört?

Aus Kronwald sollte also Bauernwald werden, und diese Aufteilung wurde im 18. Jahrhundert eingeleitet. Dahinter steckte die Absicht, den Bauern eine bessere Basis für ihre Landwirtschaft zu geben.

Die Änderung der Eigentumsverhältnisse war ein langwieriger Prozess, und noch während er im Gange war, setzte ringsum die Nachfrage nach Holz ein, vor allem aus England. In Nordschweden wurden an den Mündungen der großen Flüsse Sägewerke gebaut. 1799 hatte man am Auslauf des Indalälven ins Meer die Schiffswerft Wifsta angelegt, und ein halbes Jahrhundert später gab es dort eine Dampfsäge. Entlang der Küste nach Norden schossen an allen Flussmündungen Sägewerke aus dem Boden.

Nun fielen die vierhundertjährigen Riesenbäume. Was zwischen 1850 und 1880 gefällt, getriftet, gesägt und größtenteils nach England exportiert wurde, waren Bäume einer Dimension, wie sie in

Schweden nie mehr vorkommen würden. Dass diese Ernte einmalig war, wussten die Holzhändler. An geringeren Dimensionen bestand kein Interesse.

Der Aufkauf des Waldes begann nun mit Macht. Der Mensch griff in die Zeit des Waldes ein und justierte sie. Von da ab musste alles schneller gehen.

Geld im Säckel

Die Sägewerksgesellschaften kauften den Bauern jetzt ihre Abholzungsrechte ab. Für die meisten Bauern war das wie ein Lottogewinn. Der Wald, den sie durch die Aufteilung des Kronwalds erhalten hatten, war noch nicht lange in ihrem Besitz, und seinen Wert konnten sie nicht selbst realisieren. Wie viel für das Holz bezahlt wurde, hing außerdem von den Exportmöglichkeiten ab, und diese Konjunktur beurteilten die Herren der Unternehmensgesellschaften, die Hasards gewohnt waren. Konnte im Herbst auf einem Markt beim Abschluss von Waldgeschäften das Geld nur so fließen, so war es beim nächsten Markt im Frühjahr womöglich vorbei damit. Floss es dann wieder, verkaufte vielleicht auch ein vorsichtiger Bauer, weil er es für das Beste hielt, die Gelegenheit zu nutzen. Die Unternehmen lockten und überredeten und schrieben schwer zu deutende Verträge. Kauften sie anfangs auf fünfzig Jahre die Abholzungsrechte, nahmen sie ab den 1870er-Jahren gleich den ganzen Hof.

In *Silverskogen sydväst om månen* (Der Silberwald südwestlich des Mondes) erzählt Gustav Hedenvind-Eriksson von dieser überhitzten Zeit, als die Repräsentanten der Unternehmen schnelle Geschäfte machten:

> Diese Herren waren gute Geschäftsleute. Sie bezahlten den Bauern für eine bestimmte Menge Holz, das auf angewiesenen Gewässern abgetrieben wurde, gern Vorschüsse und legten ihnen hinterher Verträge vor, die anstandslos unterschrieben wurden. Die Vertragsbestimmungen waren jedoch kunstvoll geknüpfte Schlingen. Und viele Bauern blieben in gutem Glauben und oben-

drein kaum des Lesens kundig oder außerstande zu berechnen, wie viel Holz sie in einem Winter hinunterbefördern konnten, leicht in diesen Schlingen hängen, was oft zu langwierigen Gerichtsverfahren führte. Unter diesen Umständen entstand folgende Redensart: Der alte Pfad nach Hammerdal, zum Hofgericht und zum König, ist bald ausgetretener als der Weg zum Haus des Herrn. Und wer diesen Gottesdienst bezahlen muss, kehrt nicht als reicher Mann zurück.

Wer reich wurde, wollte es gern auf eine Art und Weise zeigen, wie es in den Dörfern nie zuvor möglich gewesen war.

Auch sie ließen sich Schnauzer und Spitzbart wachsen, kleideten sich in Pelz und Kragen, Otterfellmütze und Seehundstiefel, rauchten dicke Zigarren und fuhren von Wirtshaus zu Wirtshaus. Sie schlemmten und tranken jenes fettbildende Getränk namens Porter mit dem hohen Ziel, feist und behäbig zu werden, zu ächzen, mit Kleingeld in den Hosentaschen zu klimpern, den Mägden Trinkgeld zu geben und sie zu betatschen, wo immer es ging – na! Reichsein war wahrlich recht angenehm.

Aber auch der Eigentumslose hatte an der Sauerstoffzufuhr des Lebens teil, die der Wald-Rush mit sich brachte. In *En fiol och en kvinna och andra historier* (Eine Fiedel und eine Frau und andere Geschichten) von 1912 erzählt Karl Östman, wie ein Bauernknecht sich fühlen konnte, der endlich Geld in der Börse hatte.

Sven kam vom Holzfällen und trällerte, dass es in den Wipfeln der Fichten widerhallte, wie er da auf dem Waldpfad zum Dorf ging. Hunger hatte er und pitschnasse Füße, nachdem er den ganzen Tag im Schnee gestanden hatte, der im April so triefig ist. Aber das war kein Grund, sich zu grämen.
　　Er hatte heute gut verdient. 27 Stück zu 20 Öre, die er allein mit seiner Axt und dem Schäleisen geprägt hatte, lagen, weiß wie Fische an einem Sonnentag am Meeresstrand, bei der Moorenge. Und glaubten sie ihm nicht, die alten Knacker, seine Kollegen im Bretterschuppen hinterm Stall, die sich ihm, dem Jungen, gegenüber immerzu so misstrauisch und neidisch anhörten, mussten

sie eben bitte schön hingehen und die Klötze zählen ... Fünf Kronen an einem Tag und ein molliges, weiches Mädel, das nach Wald duftete – für trideriderittan dittan dittan-a-an-dej.

War der Säckel wieder leer, bekamen nicht nur arme Knechte Kopfschmerzen. Der gesellschaftliche Kater nach dem ersten Rush lässt sich aus dem Norrlandbericht von 1904 ablesen. Darin ist festgehalten, dass die Bauern, als sie ihren Wald verkauften, seinen tatsächlichen Wert gar nicht kannten. Ausschlaggebend waren oft Erbstreitereien und die Verlockung eines Sümmchens Bargeld. Die Folge waren eine vernachlässigte Landwirtschaft und Verschuldung, Abwanderung vom Ort und schlimmstenfalls Emigration. Der Norrlandbericht vermittelt das Bild einer ländlichen Gegend, die schon lange vor dem Aufbau einer Industrie, die der Bevölkerung neue Erwerbsmöglichkeiten bieten konnte, verarmte. Der Ausbau der Triftstraßen erforderte so viele Arbeiter, dass Norweger und Värmländer als Wasserbauer angeheuert wurden. Sie nahmen auch in der Trift Arbeit an. Doch das war Saisonarbeit, und als die Flüsse und Ströme ausgebaut waren, hatte man für die Männer keine Verwendung mehr. Für die Einheimischen war die Arbeit auf den Kahlschlägen das einzig Verlässliche.

Es gab keine andere Art, einen Baum zu fällen, als ihn per Hand mit taktfesten Axthieben und dem knurrenden Zischen des Fuchsschwanzes durch frisches Holz zu Fall zu bringen. Ein Holzfäller schlug ein paar Dutzend Bäume am Tag. Er entrindete, entästete und sägte sie in die vereinbarte Länge. Rücken und Gelenke wurden dabei sehr strapaziert, und Hiebverletzungen waren an der Tagesordnung. Es war ein gefährlicher Beruf, der außerdem Erfahrung und einen klaren Kopf erforderte. Die Berechnung der Fallrichtung des Baums war lebenswichtig.

Anfangs war die Axt das einzige Werkzeug des Holzfällers. Er fällte und entästete den Baum und entrindete den Stamm damit. Um ihn von der Stelle zu bewegen, schlug er die Axt hinein und konnte ihn so ziehen. Allmählich verwendete man zum Ablängen der Bäume Bügelsägen. Den Bügel seiner Säge fertigte der Holzfäller selbst an, ebenso wie er seinen Axtstiel selber schnitzte. Der Verbrauch an Stielen war groß. Schlimmstenfalls konnten am Tag zwei, drei Stück draufgehen.

In den 1880er-Jahren kam beim Fällen die Zugsäge in Gebrauch. Sie war bis zu zwei Meter lang und wurde in den 1910er-Jahren von der Einmannsäge abgelöst. Das Schäleisen wurde allgemein üblich. Zu Beginn des Jahrhunderts entstand in Orten wie Edsbyn, Fagersta, Sandviken und Orsa eine Kleinindustrie, die Holzfäller mit Werkzeug versorgte. Individuell angepasste Axtstiele hatte man aber weiterhin, und auf das Schäleisen schmiedete man mitunter einen Bleiklumpen, damit das Eisen beschwert und dadurch kraftvoller wurde.

Sägeblätter und Axthäupte kaufte der Holzfäller im Dorfladen. Hier gab es auch Hafer für die Pferde, die die Holzfuhren zum See hinunterziehen mussten. Zu Beginn der Saison im Herbst legte man Vorräte an Kaffee und Speck aus den Schlachthöfen in Chicago an. Der Fuhrmann, der eine Holzbringung übernommen und Holzfäller eingestellt hatte, stand in dem Laden für große Posten an Proviant und Werkzeug in der Kreide. Die Abholzungen des Winters würden ja Bargeld erbringen, um die Schulden zu bezahlen. Aber das Risiko war groß.

In den 1990er-Jahren lebten in Valsjöbyn, wo ich gewohnt habe, noch immer etliche Männer, die erzählen konnten, wie die Waldarbeit früher vonstatten ging. Ihre Berichte liegen der hier folgenden Geschichte des Waldes zugrunde.

Wir setzten uns abends in einem alten Haus zusammen, mittlerweile Versammlungslokal und aufgrund seiner Lage *Västaåa* genannt, was so viel wie westlich des Flusses heißt. Dort hörte ich zu und machte mir Notizen, um Material für *Hotagens Minne*, die Geschichte des Dorfes und der Gegend, zusammenzubekommen. Ursprünglich habe ich daraus eine Computerversion erstellt, um es im Laden und in der Touristeninformation zu zeigen, später eine Homepage selben Namens (www.hotagensminne.se).

Die Waldarbeiter konnten ihre Familiengeschichte oft bis in die Pionierzeit zurückverfolgen, als zu Beginn des vorigen Jahrhunderts die Triftknechte in die Gegend kamen. Sie stammten aus Värmland oder Hälsingland, und manche sind für immer geblieben.

William Fryklunds Großvater kam bereits in den 1890er-Jahren. Wie man am Namen erkennt, stammt er aus der Gegend der Fry-

Noch immer gibt es in Küchen Wandbehänge, auf denen die Plackerei der Pferde und Fuhrmänner bei den Holzfuhren dargestellt ist.

kenseen in Värmland. Nils August Stattin, der Vater von Helmer, Edvard, Alfred, Erik und Johan Stattin, kam zu Beginn des 20. Jahrhunderts aus Ångermanland. Stattin fuhr für Karl Isaksson und nahm eines der Pferde in Zahlung. Auf diese Weise wurde er selbst Fuhrmann.

Die Söhne dieser Waldarbeiter traten bereits als Jungen in ihre Fußstapfen. William Fryklund war dreizehn. Er fing also schon vor seiner Konfirmation an, im Wald zu arbeiten. Es war eine Arbeitserlaubnis erforderlich, um so junge Burschen zu der harten Waldarbeit heranzuziehen. Sie mussten gesund und kräftig sein. Johan Stattin fing mit vierzehn Jahren an. Er hatte keine Arbeitserlaubnis, doch die Lehrerin stellte ihm eine aus. Er lieh sich von seinem Vater ein Pferd und machte, noch keine fünfzehn Jahre alt, seine erste selbstständige Holzbringung.

Er musste also dafür sorgen, dass für das Forstunternehmen ein Jagen abgeholzt und das Holz nach Valsjöbyn hinuntergebracht wurde, damit es, sobald das Eis taute, ins Triftwasser kam. Johan wurde Fuhrmann, und der Fuhrmann war derjenige, der mit dem Vertreter des Unternehmens die Abmachungen traf.

Der erste dieser Vertreter in Valsjöbyn hieß Lövroth und war bei *Mons Trävaruaktiebolag* angestellt. Valsjön, wie das Dorf am Ende des 19. Jahrhunderts hieß, hatte keine richtige Straßenverbindung zur Umwelt. Dennoch war man abhängig von dem, was im übrigen Schweden und weit draußen in Europa geschah. Die Dörfer in

Hotagen scheinen in den folgenden Jahrzehnten, in denen Holz geschlagen und zu den Sägewerken getriftet wurde, mehr Verbindung zur Außenwelt gehabt zu haben als heutzutage. In der Pension wohnten kontinuierlich Gäste, vor allem Leute, die mit Forstgeschäften zu tun hatten.

Abgeschlossen wurden die Geschäfte in der Pension und auf den Märkten in Östersund und oft zwischen Leuten, die vielleicht nie den Fuß ins Dorf gesetzt hatten.

Versteigerungen der Holzbringungen wie andernorts gab es hier nicht. Man richtete sich nach dem Angebot, das vom Unternehmen unterbreitet wurde. Ein Holzfäller wurde vom Fuhrmann entlohnt und nach Stück (Stamm) bezahlt. Oft waren es mehrere Holzfäller, dauerte der Transport zur Triftstraße jedoch lang, reichte ein einziger Holzfäller, der dem Fuhrmann zuarbeitete.

Normalerweise fällte ein Mann 15 Stück am Tag und verdiente damit ungefähr fünf Kronen. Der Stamm musste entästet und entrindet werden. Bei Kälte war das Entrinden schwierig. War das Wetter mild, löste sich die Rinde in großen Stücken. Ein Spitzenfäller konnte am Tag auf 18 Stück kommen. 1939 bekam William Fryklund 39 Öre pro Stück. War der Baumstumpf zu hoch, musste er 50 Öre Strafe bezahlen.

Die Arbeit der Holzfäller konnte bereits im frühen Herbst beginnen, der Hauptteil der Holzbringung erfolgte jedoch, sobald Schnee und Eis trugen. Außer Holzfällern und Fuhrmännern gab es im Jagen noch Vorbringer und Rücker und manchmal auch einen Vorarbeiter. Wenn Schnee gefallen war, räumte der Vorbringer die Stichwege zu den Abfuhrwegen, damit das Pferd durchkam. Gustaf Linder und Erik Stattin waren besonders tüchtige Vorbringer. Sie hatten keine Mühe, Wege zu finden. Der Rücker zog das Holz zusammen. Beladen wurde der Schlitten mit vereinten Kräften, und jede Schicht wurde mit einer Kette festgezurrt. Die Fuhren waren gewaltig, wogen laut einer Quelle bis zu dreizehn Tonnen.

Die Aufgabe des Vorarbeiters war es, den Weg befahrbar zu halten. Dazu begoss er ihn mit Wasser, sodass er glatt wurde, gefror und gut trug. Zum Bremsen an den Hängen schaufelte er Ameisenhaufen auf den Weg. War dieser steil und kurvig und seitlich geneigt, legte er Leitstangen aus.

Unten am See maß der Vermesser das Holz aus, und nach seinem Maß bekam man bezahlt. Die Vermesser gehörten dem Vermessungsverein in Sundsvall an. Es gab auch Kontrolleure, die Stichproben ihrer Arbeit machten. Im Winter wohnten im Gasthaus und in der Pension immer zwei, drei Vermesser.

Gemessen wurden die Länge sowie am schmalen und am starken Ende der Durchmesser des Stamms. Der Durchmesser wurde in Zoll angegeben, die Länge in Fuß. Zwei Mann hantierten mit Maßband und Kluppe, ein Dritter, der Schreiber, markierte den Messzettel. Später gab es dafür Karten mit eingestanzten Löchern. Die Maße, die der Vermesser ausrief, waren also Spitze, Länge und Wurzel. Zum Beispiel:

»Drei! Sechzehn! Siebeneinhalb!«

Die Vermesser schrien in einem fort, es gab keine Pausen unten auf dem Eis. Ihre Einschätzungen und Messungen gaben den Ausschlag, was die Fuhrmänner und Holzfäller am Ende bekamen. Es war keineswegs sicher, dass diese harte Arbeit genügend einbrachte. Die Gewerkschaften hatten in dieser Gegend keine starke Stellung, und die Fuhrmänner und Holzfäller mussten nehmen, was das Forstunternehmen anbot.

In Valsjöbyn war der Händler Herman Orsa der Hauptunternehmer und finanzierte den Fuhrmännern die Arbeit vor. Das Gleiche galt für die Trift. Der Händler lieferte seine Ware auf Kredit. Erbrachte die Holzbringung nicht den erhofften Verdienst, war das Ergebnis Schulden bei Herman Orsa. So konnte es passieren, dass ein Fuhrmann für seine Schulden ein Jagen in Zahlung geben musste.

Ein Hofbesitzer in Valsjöbyn übernahm für eine Saison die Trift von Gunnarvattnet aus. Der Wasserstand war zu niedrig, und die Arbeit ging nicht wie berechnet voran. Als er die Leute auszahlte, die für ihn gearbeitet hatten, stand er beim Händler in der Kreide und war schließlich gezwungen, binnen zehn Tagen seine Schulden zu bezahlen. Er musste seinen Hof aufgeben. Irgendwann konnte er ihn – zu einem höheren Preis – zurückkaufen, verlor ihn aber erneut auf die gleiche Weise. Am Ende bekam er seinen Hof aber doch wieder zurück.

Sowohl die Holzbringung als auch die Trift brachten Bewegung in die dörfliche Ökonomie, aber auch Unruhe. Neue Elemente hatten

Einzug gehalten: Spekulation und Risikobereitschaft. Der Händler Herman Orsa tätigte mit seinen Kompagnons in den Nachbardörfern umfangreiche Forstgeschäfte, die der Kreuger-Crash allerdings fast zunichte machte. Die Schalmungen, die sie aufgekauft hatten, waren auf einen Schlag nichts mehr wert, und Herman Orsa stand kurz vor dem Bankrott. Er landete jedoch auf den Füßen und war am Ende der größte Waldbesitzer im Dorf. Die Holzfäller und Fuhrmänner standen am Ende der harten Arbeit eines ganzen Winters manchmal mit plus/minus null in der Brieftasche da. Es schwang Bitterkeit mit, wenn die alten Männer erzählten.

Während der Fällarbeiten im Winter wohnten die Männer oft weit vom Dorf entfernt in Waldarbeiterhütten. Die großen Exemplare waren gediegen gezimmerte Bauten. Sie hatten eine richtige Feuerstätte, oft mit gusseiserner Platte auf steinernem Fundament. Das wurde hochgemauert, damit man zum Essenmachen die richtige Arbeitshöhe hatte. Anfangs zog der Rauch einfach durch eine Öffnung im Dach ab, allenfalls gab es einen Rauchfang aus Brettern. Später hatte man Herde mit Abzugsrohren aus Blech. Gustav Hedenvind-Eriksson nannte die Waldarbeiterhütte »jene Behausung, die in der Winternacht Kraft aufspeichern musste«.

Große Hütten waren so unterteilt, dass am einen Ende die Pferde Platz hatten. In der Wand ließen sich Durchbrüche öffnen, sodass man etwas von der Wärme der Tiere abbekam. Schlafen legte man sich unter Schaffelldecken. Den Kopf bettete man auf ein zusammengelegtes Kleidungsstück. Kissen gab es keine. Sich ein Kissen mitzubringen galt als weichlich.

In diesen Hütten spielte sich das Winterleben der Männer ab, nach Hause kamen sie nur am Wochenende. Die Abende der kurzen Wintertage waren lang. Aber man hatte im Schein des Feuers und später der Petroleumlampe einiges zu tun. Man schnitzte Axtstiele und feilte Äxte, Sägen und Schäleisen. Man schliff seine Schneidewerkzeuge am Schleifstein, was im Winter, wenn es fror, problematisch war, selbst wenn man warmes Wasser dazu benutzte.

In der Hütte wurden Pferdegeschirre kontrolliert und Kleider und Schuhe getrocknet. Um die Feuerstätte hing stets eine ganze Batterie Arbeitshosen, dicke Westen und Arbeitshemden. Frieshosen waren besonders geschätzt, da sie die Wärme gut hielten und nicht so schnell nass wurden. Man flickte nicht nur Risse in der Arbeitskleidung. Es kam vor, dass man nach einem Unglück auch sich selbst oder einen Arbeitskollegen zusammenflicken musste. »Man kniff rasch zu und nähte.« Mit Pechdraht und Ledernadel.

Das Essen wurde auf der gusseisernen Platte zubereitet. Das klassische Waldhüttengericht war Speckpfannkuchen. Man rührte aus Weizenmehl und Wasser einen Teig an und ließ ihn quellen. In einer Pfanne ließ man Speck aus, und wenn das Fett heiß war, wurde darin zusammen mit den Speckwürfeln der Teig ausgebacken. Bei dem Speck handelte es sich um den fetten amerikanischen, der stark gesalzen im Dorfladen kistenweise verkauft wurde. Die Fleischstreifen darin waren leuchtend rosa, aber auf sie kam es gar nicht so an. Vielmehr auf das Fett. Die Pfanne konnte beim Braten halb voll Schmalz sein.

Harte Waldarbeit verbrauchte 7000 bis 9000 kcal am Tag. Heute begnügen sich die meisten mit der Hälfte dieser Kalorienaufnahme oder weniger. Die auf Speck und Mehl basierende Waldarbeiterkost gilt als sehr einseitig. Die Valsjöer aßen in ihren Hütten aber auch Erbsen- und Fruchtsuppen. Sie hatten eingemachte Preiselbeeren dabei und machten sich Blutbrot warm. Klöße, Specksoße und Rührkuchen standen ebenfalls auf dem Speiseplan.

Klöße machte man aus Gerstenmehl, geriebenen Kartoffeln und Milch, die zu einem festen Teig verarbeitet wurden. Sie wurden mit gebratenen Speckwürfeln und Molkenkäse gefüllt und garten so lange in kochendem Salzwasser, bis sie oben schwammen. Die Specksoße wurde mit Milch zubereitet und zu Kartoffeln gegessen. Der Rührkuchen war ohne Ei.

Das Allerwichtigste war natürlich Kaffee, und jeder hatte seinen eigenen Kessel dabei. Schnaps gab es werktags keinen. An Kartoffeln nahm man immer den gesamten Wochenbedarf mit hinauf und bewahrte sie bei den Pritschen auf, damit sie nicht gefroren. Kaffee, Zuckerhüte, Speckkisten und Mehltüten wurden ebenfalls zu den Hütten hinauftransportiert. Mit Abwaschen und Saubermachen nahm man es nicht immer so genau. Von einem Valsjöbyer wird erzählt, er habe die Wurst mit demselben Messer geschnitten, mit dem er kurz zuvor einen Pferdehuf ausgekratzt hatte. Er habe es nicht einmal am Hosenboden abgewischt. Mehr Ordnung und Gemütlichkeit gab es natürlich, als dann die Köchinnen kamen. Nach Valsjöbyn kam die erste Köchin 1938. Sie erhielt pro Mann und Tag 50 Öre.

Die Pferde waren wichtige Arbeiter im Wald. Ihre Gesundheit und Kondition konnten über das Ergebnis entscheiden. Sie wurden mit Hafer gefüttert und erhielten reichliche Portionen. Man hütete sich, sie unnötig zu ermüden. Das erklärt auch, warum die Männer, selbst wenn sie in der Nähe des Dorfes arbeiteten, die Nacht lieber in einer Hütte verbrachten. Die Pferde mussten ausruhen. Sie mussten gut gehalten werden, damit sie keine Krankheiten bekamen wie etwa Mauke, eine Art Ekzem an den Sprunggelenken. Stand das Pferd zu lange still, konnte es kreuzlahm werden.

»Die Pferde waren der Augenstern der Fuhrleute. Den Pferden galt ihr erster Gedanke und ihr letzter.« Die alten Holzfäller in Valsjöbyn vermittelten ein ganz anderes Bild der Pferdehaltung als Gustav Hedenvind-Eriksson in seinem Roman *Ur en fallen skog* (Aus einem gefallenen Wald). Darin werden die Pferde mit ihren schweren Holzfuhren mit einer Mischung aus Hafer und Arsenik gescheucht.

Am üblichsten war eine Kreuzung aus Nordsvensk und Ardenner. Siebenundsiebzig betrug die größte Anzahl von Pferden im Dorf. Bei großen Holzbringungen kamen die Männer und Pferde von überall her zusammen. Im Sommer wurden die Tiere in riesigen Herden zum Weiden auf die andere Seite der Seen Rengen und Valsjön gebracht. Johan Stattin lieh sich für seine erste Holzbringung ein Pferd von seinem Vater. Mit siebzehn hatte er ein eigenes. Seinen letzten Holztransport mit Pferd machte er 1966. Damals endete eine Epoche in der Geschichte der Waldarbeit in Valsjöbyn.

Silberzange und Prozessor

Harry Martinson schrieb in *Der Weg nach Glockenreich* einen kleinen Abschnitt über die Waldarbeit. Als Bolle vorbeitrottet, sieht er Holzfäller, die von den Verheißungen von Arbeit und Verdienst in Bann geschlagen sind.

> Das waren die Metzger des Baumes, und mit der Zweigaxt entkleideten sie die Tanne ihres Mantels, unter dem sie ihren Stamm mit Rauschen und Stimmung und dunklen Verheißungen von etwas, was im Jenseitigen lag, umgeben hatte. Sie entlarvten den Wald. Ihre Axt hieb ebenso leicht den Zweig ab, der dem Auerhahn als Nachtlager gedient hatte, wie den Ast, auf dem der Singvogel gesessen. Ein einziger Axthieb war genug, um für ewige Zeiten den Wipfel zu kappen, der einmal der Spielmannsturm für Drossel und Kuckuck gewesen war. Sie entkleideten den Wald, und das bedeutete wiederum den eigenen Wald jedes einzelnen Baumes, und gingen geradewegs auf das Nutzholz los. Und dennoch entgingen sie der Verzauberung nicht. Ihre eigenen Vorstellungen und Erwartungen vom Walde zu entästen und abzuschlachten vermochten sie nie.

Dass Drossel und Kuckuck ihre Gesangsstätten und der Auerhahn seinen Balzplatz lassen mussten, war und ist eine Realität. Rauschen und Stimmung waren nichts, worüber man im Hochwald nachdachte. Doch dass die Holzfäller ihre wirtschaftliche Zukunft entästeten und abschlachteten, dem hätte zur Zeit des Holzbooms niemand beigepflichtet. Und so kam es ja auch nicht. Der Wald wuchs wieder nach. Den Lebensunterhalt der Waldarbeiter in Gefahr brachten nicht einmal die Endnutzungen und schon gar nicht die maßvolle Form des Plenterhiebs. Die wirkliche Bedrohung begann in den 1940er-Jahren im Wald zu knurren.

Mein Vater stellte in den 1950er- und 60er-Jahren Forstmaschinen her. Er las Harry Martinson und erlebte sogar während der Probefahrten im Hochwald stark dessen Waldstimmungen. Von der Staatlichen Forstverwaltung in Bispgården in Jämtland kam er in den Lärm der Werkstatt zurück und berichtete, wie gut die Pferde und Männer dank seines ersten Geräts zusammengearbeitet hätten. Er brachte geräucherten Renbraten mit, und sein Lodenmantel roch nach Weihnachtsbaum.

Ich besitze ein kleines Silberschmuckstück, das er hat anfertigen lassen. Man kann es öffnen und in einen gezähnten Greifer einen Bleistift stecken; zieht man an der Kette, dann bewegt sich der Stift über die Tischplatte. Es handelt sich um die Miniatur einer Packzange.

Sein nächstes Produkt waren Grubber, die anfangs von Pferden gezogen wurden. Damit sollte der Boden auf einem Kahlschlag für die Aufforstung bereitet werden.

Mein Vater starb 1966, und ich habe mich seitdem oft gefragt, wie er die weitere Entwicklung der Forstwirtschaft und der Maschinen gesehen hätte. Ob er wohl auch noch bei den Grubbern mitgemacht hätte, die den Boden des Kahlschlags in großen Furchen aufrissen? Hätte er die Holzerntemaschinen bewundert, die einen Baum in einem einzigen Arbeitsgang fällen, entrinden und entästen und dabei nicht mehr menschliche Kraft beanspruchen, als man zur Bedienung einer Garnitur Hebel braucht? Bestimmt, denn er glaubte fest an die Fähigkeit des Menschen, mithilfe der Technik Probleme zu lösen und das Dasein zu verbessern. Was aber hätte er zu den großen Kahlflächen gesagt?

Ende der 40er-Jahre ließ sich im Wald ein neues Geräusch vernehmen. Ein Brüllen, ein Knurren, das laut und wieder leiser wurde: die Motorsäge. Die erste hieß Bebo. Die alten Waldarbeiter in Valsjöbyn erinnern sich voll Zärtlichkeit an sie, obwohl sie unbetankt 18 Kilo wog. Sie betrachteten sie als ein technisches Wunder mit Fallstromvergaser, manueller Kupplung und dreiecksbezahnter Kette. Jetzt konnte die Akkordarbeit im Wald einen ganz anderen Verdienst einbringen. An einem Vormittag ließen sich schnell siebzig Kronen erarbeiten, wohingegen früher ein ganzer Tagesverdienst bei zwanzig, höchstens dreißig Kronen gelegen hatte.

Bald wurde alles mit der Motorsäge gefällt, und ein einziger Waldarbeiter schaffte am Tag vierzig Bäume. Die Belastung des Rückens und der Gelenke war nicht mehr so hoch wie früher, doch bekam der Holzfäller neuen Kummer: Nach einem Arbeitstag vibrierte er am ganzen Körper, und ihm dröhnte der Kopf. Wie die Abgase der Säge auf die Dauer wirkten, konnte er nicht wissen. Und wie stand es mit Verletzungen?

Im Jahre 1949 wurden 13 572 Waldarbeiter verletzt, 20 starben. Im Jahre 1967 wurden 11 066 Waldarbeiter verletzt, 34 starben.

1967 gab es knapp halb so viele Holzfäller wie 1949, was die Statistik noch erschreckender macht.

Nicht einmal die Abholzung der Riesenbäume in dem schlafenden zehn Meilen großen Wald hatte die Landschaft dermaßen umgestaltet wie die Forstwirtschaft, die gegen Ende der 60er-Jahre ihren Anfang nahm. Damals war die Trift eingestellt worden, und die Holztransporter, die jetzt die Sägewerke und Papierfabriken belieferten, donnerten mit ihrer Last dahin. Das Netz an Forststraßen in zuvor unberührten Gegenden wurde immer größer und engmaschiger.

Nun kamen die großen Holzerntemaschinen, anfänglich Prozessoren genannt. Den Bäumen sollte der Prozess gemacht werden, und aus den Holzfällern wurden Maschinenarbeiter. Ein Mann und eine Maschine konnten jetzt in einer Schicht sechshundert Bäume fällen.

Was wurde aus den anderen Holzfällern? Entstand in der Gegend eine Holzindustrie?

Nein, es wurde still.

Die Leute in den Dörfern mussten ein neues Wort lernen: KAHLSCHLAG. Dieses Wort wurde im Laufe der Zeit ziemlich aufgeladen. Es wurde sogar zu einem Ausdruck für Zerstörung. Man konnte von einer völlig anderen Sache behaupten, sie sei ein Kahlschlag. Im Gehirn. In der Schule. In unserer Zivilisation.

Die 70er-Jahre waren gleichzeitig eine Ära der Wortkosmetik. Da wurde aus einem Müllabladeplatz ein Wertstoffhof und aus einem Kahlschlag eine Verjüngungsfläche. Doch derlei Wortschminke konnte die Wirklichkeit nicht immer überdecken. Der Balzplatz des Auerhahns im Wald wurde nicht verjüngt. Er wurde zerstört.

In den 70er-Jahren vertraten die großen Forstunternehmen in

Schweden eine Ideologie, in der sich die Werte des Waldes nur in Holzmasse und Exportpreisen ausdrücken ließen. Die Arten, für die sich die Forstindustrie interessierte und die sie wieder aufgeforstete, waren die Kiefer und vor allem die Fichte. Nach der Endnutzung schoss auf den Kahlschlagflächen jedoch junger Laubwald hoch und verdrängte die Pflanzungen. Lange Zeit hieß es, das Besprühen mit dem Herbizid Hormoslyr sei die effektivste Methode, mit dem Laubwaldeintrag fertig zu werden. Man sprühte aus Flugzeugen, mit Traktoren und tragbaren Spritzen. Arbeitslose Holzfäller saßen zu Hause, statt dass sie rodeten, und die Preiselbeeren wurden vergiftet.

Hormoslyr war ein Markenname für Phenoxysäuren. Die Wirkung des Präparats war ein gewaltiges und unnatürliches Wachstum. Besprühte man damit Espen- und Birkenschosse, wuchsen die Triebe so schnell, dass sie zu Tode gestresst wurden. In dieser Hinsicht war es ein Gift für unsere Zeit. Man verwendete es bereits seit Ende der 1950er-Jahre. In den 1970er-Jahren entbrannte eine erbitterte Debatte über diese Bekämpfungsmethode. Ihre Gegner wiesen nach, dass eine der Phenoxysäuren geringe Mengen Dioxin bildete, einen der giftigsten Stoffe überhaupt. Es schädigt Embryos und verursacht Krebs. Ich erinnere mich noch an die Angst, die ich ausgestanden habe, wenn sich ein Sprühflugzeug näherte.

Die Argumente gegen die Anwendung von Hormoslyr wurden zuerst zurückgewiesen und die Risiken bagatellisiert. 1972 verbot man immerhin die Besprühung aus der Luft. 1975 wurde sie wieder erlaubt, allerdings unter der Voraussetzung, dass die Behörden und die preiselbeerenpflückende Öffentlichkeit informiert würden. 1977 erfolgte ein Verbot von 2,4,5-T, jenes Präparats, das im Verdacht stand, bei Leuten, die damit umgingen, ein erhöhtes Vorkommen bösartiger Tumore ausgelöst zu haben. Erst 1992, nachdem man sie mehr als vierzig Jahren angewendet hatte, wurden Präparate auf der Basis von Phenoxysäuren ganz verboten. Noch immer aber stößt man im Boden auf Tonnen mit diesem Gift. Es ist eben schwer, sich der Irrtümer der Vergangenheit zu entledigen.

Die Holzerntemaschinen waren nun so effektiv, dass sie das gesamte Volumen eines Baumes aus dem Wald herausholen konnten. Als man schließlich auch noch die Nadeln mitnahm, bedeutete dies, dass alle potenziellen Nährstoffe verschwanden. Also musste gedüngt werden. Der Wald wuchs, dass es krachte; ein Wald, der alle fünf oder sieben Jahre gedüngt wird, wächst um fünfzig Prozent schneller. Es war jedoch eine tödliche Nahrung. Die Nitrate und Phosphate wurden in die Bäche, Flüsse und Seen geschwemmt – die dann versauerten.

Derselbe Prozess läuft auf einem Kahlschlag ab, wenngleich »natürlich«, falls man für einen derart verkorksten Prozess ein solches Wort überhaupt benutzen kann. Sind die Bäume abgeholzt, heizt die Sonne den Boden auf und setzt Stickstoff und andere Nährstoffe frei. Sie werden vom Regen fortgeschwemmt, sie gelangen in die Seen – die dann versauern. Das Leben wird erstickt.

An einem Sommernachmittag wanderte ich durch den Wald südlich der Kingenseen in Hotagen. Wenn ich mich richtig erinnere, war ich auf dem Weg zu einem kleinen Waldsee, um dort zu angeln. Der Tag war heiß, und um ein Stück abzukürzen, wollte ich über einen großen Kahlschlag gehen. Mir war nicht klar, wie schwierig es ist, sich durch den zurückgelassenen Verhau und die tiefen Spuren der Forstmaschinen zu kämpfen. Durchgeschwitzt und müde kam ich zu einer Rinne mitten in dem Gelände. Darin war einmal ein Bach geflossen, doch er war jetzt versiegt. Seine steinige Ränder waren trocken. Ein paar verbeulte Blechdosen lagen dort unten. Die Fahrer hatten das Öl ihrer Maschinen gewechselt. Die letzte Wasserpfütze war sämig vor Öl und leuchtete in den Farben des Spektrums. Man konnte in dieser Hitze nicht daraus trinken.

Eine Luchsspur führte zu der alten Wasserstelle hinunter. Aber auch die Luchsin hatte nichts zu saufen gefunden. Sie war ein Stück das ausgetrocknete Bachbett hinaufgewandert und dann wieder in den Kahlschlagverhau verschwunden.

Ich überlegte, ob sie wohl zurückkommen würde. Wie tief hatten sich ihr die alten Stellen eingeprägt? Lernte sie gleich beim ersten Mal, dass es für sie hier nichts mehr gab – oder kehrte sie nach dem Muster, das ihr Gehirn gelernt hatte, als ihre Mutter sie und die Wurfgeschwister aus der Höhle entließ, immer wieder zurück?

Mein Hund wollte nach kurzer Verwirrung nie wieder in die Richtung gehen, wo man uns in der Nachbarschaft einen großen Kahlschlag beschert hatte. Früher war dort eine Waldpartie gewesen, in der wir beide jeden Tümpel und jedes flechtenüberwucherte Moderholz kannten. Sie war moorig gewesen und zu einem Waldsee und einem Bach abgefallen, den die Biber gedämmt hatten. Wo sind die Biber geblieben?

Die Luchsspur und die verlassenen Biberbaue habe ich in mir bewahrt.

Verwüstung

Katastrophe ist heutzutage ein häufig verwendetes Wort. Laut Wörterbuch der Schwedischen Akademie bedeutet es eine plötzlich eintretende Wendung und kommt von einem griechischen Wort für Wendepunkt. Die Erklärung in der Nationalenzyklopädie bewegt sich näher an der modernen Verwendung des Wortes und sagt, es bedeute Umsturz und Zerstörung.

Der französische Zoologe und Paläontologe George Cuvier, der bis 1832 lebte, hat eine Theorie konstruiert, wonach sich in der Erdgeschichte immer wieder unerhörte Katastrophen ereignet hätten. Die Erdkugel sei in Konvulsionen geraten, die Meere hätten gekocht, und die Berge seien zersprungen, Pflanzen und Tiere von Sintfluten, Lawinen und Erdbeben vernichtet worden. Alles habe neu erschaffen und von Grund auf wieder aufgebaut werden müssen. Doch die neuen Tiere und Pflanzen seien ebenfalls dem Untergang durch Katastrophen geweiht gewesen. In dieser Weise sei die Erdgeschichte verlaufen, bis schließlich der Mensch auf den Plan trat. Seit er mit seiner Vernunft die Entwicklung zu steuern begonnen habe, damit die Erde ihn nähre, sei die Lage ruhig wie in einem wohlgeordneten Haushalt.

Es gab damals noch andere als Cuviers Katastrophentheorie, aber auch sie wurden fallen gelassen. Heute ist uns klar, dass die Rationaliät des Menschen nicht nur ein Segen ist. Wir wissen ferner, dass die Erde mit dem, was auf ihr übrig geblieben ist, immer weitermacht. Vernichtung und Zerstörung bewirken auch Umgestaltung. Wir besitzen aber nicht nur Andenken an das, was es vor der Katastrophe gegeben hat, wie etwa Steinkohlelager und fossilierte Knochen, sondern haben auch Pflanzen und Tiere, die von Farnbäumen und Dinosauriern abstammen. Fichte, Kiefer und Buchfink sind keine Neuschöpfungen. Die Erde fuhr unverdrossen in ihren Experimenten größeren oder kleineren Formats fort. Wie groß ihre Umgestaltungskapazität ist, hängt vom Artenreichtum ab. Es muss ein Vorrat vorhanden sein, aus dem geschöpft werden kann.

Der schwedische Nadelwald besteht aus zwei Arten: Kiefer und Fichte. Insgesamt haben wir nicht ganz vierzig verschiedene Baumarten. Nehmen wir Japan zum Vergleich, das auf einer kleineren Fläche einhundertsiebzig Arten wilder Bäume hat. Eichenarten gibt es in Schweden zwei, in Mexiko zweihundertfünfzig.

In meiner frühen Schulzeit schienen die Lehrer auf die Eiszeit und auf Gustav Vasa fixiert zu sein. Später habe ich begriffen, wie bedeutend der Druck dieser beiden Größen war. Weder unsere Gesellschaft noch unsere Landschaft hätten ohne sie so ausgesehen, wie sie aussehen.

Wir leben auf einem erst spät aus dem Eis hervorgetauten Felsengrund. Noch haben es nicht alle Arten, die hier möglich wären, geschafft einzuwandern. Den Druck des Eises haben nur sehr wenige Arten überlebt, und diejenigen, die ihn überlebt haben, wuchsen dort, was heute norwegische Küste heißt. Die krummstämmige *Betula tortuosa* und die seltene *Betula callosa* mit ihrer rot schimmernden Rinde sind für die Forstwirtschaft nicht von Wert. Diese Birken sind jedoch Überlebende aus der Zeit zwischen den großen Vergletscherungen.

Im Fjäll sind die Bäume im Birkenwald knorrig, ihre Rinden haben einen hohen Anteil an Schwarz, und ihre Blätter sind nicht dünn wie die anderer Arten, sie fühlen sich zwischen den Fingern eher grob an. Unter den Bäumen wachsen Säuerling, Krähenbeere, Hartriegel, Goldrute, Alpenscharte, Sumpfherzblatt und vieles mehr, nicht zuletzt Moose und Flechten in einem schillernden Muster. Das kann man betrachten, während im Kaffeekessel Wasser aus dem Bach säuselt. So sah der Wald zwischen den beiden Vergletscherungsperioden aus. Auch damals sirrte der Bergfink seinen einzigen Ton.

Der Fjällbirkenwald ist kein Holzvorrat. Er ist ein großes und verworrenes Andenken, das weiter zurückreicht, als wir uns vorstellen können. Und er ist eine Ressource für Erneuerung.

In einem Hain auf der Pfarrwiese von Häverö wächst die Nestwurz, eine kleine Orchidee ohne Chlorophyll. Sie lebt als Saprophyt auf verrotteten Pflanzenteilen.

Unter dem großen Inlandeis war der Boden steril. Als er freigelegt wurde, blockierten Bakterienstämme und Pilze den für Pflanzen lebensnotwendigen Stickstoff. Nach ein paar tausend Jahren ansteigender Wärme hatte sich das Eis zurückgezogen, und zwischen den Moosen, Flechten und Gräsern der Tundra trieben Bäume aus. Kiefer, Birke und Espe wanderten als Erste ein. Es kam ein Rückschlag mit kälterem Klima, die Bäume verkümmerten und starben ab. Doch in der nächsten Wärmeperiode kamen sie wieder, und nun schlugen unter ihnen Gefäßpflanzen Wurzeln.

Die Geschichte des Waldes in Schweden ist lang und verwickelt. Klimaveränderungen und große Meere wie das verschwundene Yoldia unterbrachen die Einwanderung und das Wachstum. Sobald aber die Wärme ein Hindernis aufgebrochen oder überwunden hatte und, vom Druck des Eises befreit, der Felsboden und das Land sich hoben, trieben im aufgetauten Boden die Bäume wieder aus. Zwischen Flechten und Moosen schlichen sie sich aus zwei Richtungen an: aus dem Norden Kiefer, Birke, Salweide und Grauerle und aus dem Süden Hasel, Ulme und Eiche. Nach und nach wanderten auch Linde und Esche ein.

Die Fichte, die heute den Wald und unsere Vorstellung von ihm dominiert, gab es hier ursprünglich nicht. Als sie kam, bedeutete dies eine große und dunkle Veränderung. In Jämtland denke ich oft an die Moorbirkenwälder, von denen die wandernden Völker von Jägern, Fischern und Sammlern umgeben waren. Ihre waldbedeckten Berge bildeten keine dunklen Kränze unterm Fjällhorizont. Im

Herbst flammten sie gelb. Im Frühling trugen sie Wolken von hell-grünem Laub.

Was ist im Wald eine Katastrophe?

Klimaveränderungen sind Wendepunkte und große Umgestalter. Unsere Nadelwälder stammen aus einer solchen Wende zum Kälte-ren, und für die Menschen, die in den nördlichen Moorbirkenwäl-dern und im Süden in den Edellaubwäldern gelebt haben, musste sie eine unheilverkündende Verschlechterung gewesen sein. Dass sie sich langfristig gesehen auf ihre Lebensweise katastrophal aus-wirkte, war für jene Generationen vermutlich nur schwer zu über-blicken. Es hing davon ab, wie viel gemeinschaftliche Erinnerung sie in Liedern und Geschichten bewahrt hatten, die heute verloren sind.

Veränderungen können nur kurz und trotzdem entscheidend sein. Ein kleiner unansehnlicher graubraun gestrichelter Schmet-terling namens Birken-Moorwald-Herbstspanner kann sich so zahlreich vermehren, dass der Bergfink im Moorbirkenwald von der Samenfresserdiät zur Larvenschwelgerei übergeht. Der kleine Schmetterling kann seine Lebensgrundlage jedoch auch auffressen und den Moorbirkenbestand fatal reduzieren. Auf lange Sicht könnte er dadurch die Existenz des in Larven schwelgenden Bergfin-ken aufs Spiel setzen.

Ein Blitzeinschlag im Urwald wirkte an der Stelle, die das Feuer abbrannte, umgestaltend. Solche Stellen kamen zahlreich und un-regelmäßig vor; der Blitz schlug wahllos ein. Sten Selander schrieb: »So gut wie jede Norrlandskiefer, die schon ein paar hundert Jahre hinter sich hat, trägt in ihrem Holz Feuernarben als Zeugnis dafür, dass sie einen oder mehrere Waldbrände überlebt hat.« In Gebie-ten, wo es lange nicht gebrannt hat, konnte es Bäume allen Alters geben, vom Schössling bis zum dreihundertjährigen Riesen.

Als der Mensch den Wald in seine Wirtschaft einbezog, war ein Waldbrand eine Katastrophe. Olaus Magnus schreibt über Brände, dass die Glut in den Nadeln, besonders in Wacholdernadeln, tü-ckisch sei:

Wann man die Weckholderspitzen zu Aschen brennet, kan man eyn gantz Jar gluende Kolen und Feuer darin erhalten, uind so es etwan die Bauren übersehen, daß sie Weckholder brennen und nit wol außleschen, darff wol eyn Wind darein kommen und es also anblasen, daß eyn grosses Feuer in den Wälden darauß würd, welches hin und wider leuffet und grossen Schaden auff den Eckern thut.

Ihn bekümmert also nicht, dass der Wald abbrennt, sondern die drohende Zerstörung der Äcker, auf denen das Brotgetreide wächst.

Das Feuer war ein Helfer, wenn man aus Waldland Schwenden und Äcker machen wollte. In seiner *Atlantica* zeigt Olof Rudbeck in einem Bericht über die Brandrodung, dass sie ein gefährliches Unterfangen sein konnte. Selbst wenn man mit dem Entzünden des Feuers wartete, bis es windstill war, konnte der Brand verheerend werden. Rudbeck war ein brillanter Erzähler, der den Schönheitswert im Anblick eines brennenden Waldes nicht unterschlug.

Wenn er nun so entzündet ist und gerade gut brennt, erscheint er demjenigen, welcher ein wenig davon entfernt ist, als ein Feuerfluss. Besonders gefällig sieht es aus, wenn Schwenden auf Ländereien abgehauen werden, die zum See hin gelegen. Dann erscheint es, als flösse das Feuer wie ein Strom aus den Bergen, und sei es, dass etwelche Frachtschiffe oder Fischerboote am Strand liegen, müssen sie in Acht genommen werden, damit sie nicht Feuer fangen, sondern ablegen: so wie es dereinst geschah, als ich in Drottningeholm weilte, wo eine Schwende abgebrannt wurde. Ist der Sommer kräftig und heiß gewesen, müssen die Brenner solcher Schwenden das Feuer sorgsam hüten, denn es pflegt sonst der ganze Wald in Flammen aufzugehen, wie itzo vor 4 oder 5 Jahren 2 oder 3 Jahre nacheinander geschehen, da die Moose so ausgetrocknet waren, dass die fette Erde … sich so entzündete, dass sie verbrannte.

Erst in unseren Tage sollte man in Waldbränden eine Möglichkeit der Erneuerung erkennen. Sowohl Botaniker als auch Entomologen interessierten sich dafür, was im Nationalpark Tyresö nach dem großen Waldbrand von 1999 geschah. Das Gebiet war stets als Waldweide genutzt worden, und Teile des Waldes waren bis zu dreihundertfünfzig Jahre alt, die ältesten Kiefern sogar vierhundert. Nun grillte eine Gesellschaft, Diplomaten übrigens, dort

Würstchen und bewirkte, dass innerhalb einer Woche 450 Hektar sehr alter Wald abbrannte.

Blitzeinschläge haben im Laufe der Zeit im Nadelwaldgürtel Nordeuropas immer wieder solche durchgreifenden Störungen verursacht. Obwohl diese Brände zufällig waren, ergaben sie in der Entwicklung des Waldes schließlich ein regelmäßiges Muster. In vor- und frühgeschichtlicher Zeit haben mehr als alles andere Brände den Wald beeinflusst. Unsere schwedischen Nadelwälder haben in jedem Jahrhundert mindestens zwei-, dreimal gebrannt. Wo der Boden sumpfig war und der Blitz es schwerer hatte, ein Feuer zu entfachen, konnten zwischen den Bränden dagegen Jahrhunderte vergehen.

Meistens handelte es sich dabei um Bodenbrände, wobei lebende Bäume erhalten blieben und ein Großteil der Humusschicht und des Lebens darin überlebten. Große, wütende Wipfelbrände, bei denen die Bäume sterben, kamen seltener vor. Überhaupt gibt es dank effektiverer Bekämpfung keine derartigen Waldbrände mehr oder allenfalls in geringerem Umfang. In Götaland hörten sie Mitte des 18. Jahrhunderts auf, in Nordschweden hundert Jahre später.

Ein Brand bedeutet nicht für alle Zerstörung. Für manche Arten sind Brände sogar lebensnotwendig. Es gibt Insekten, die verbrannte Waldpartien auf große Entfernung riechen und dorthin fliegen. Sie lassen sich in dem vom Feuer geschädigten Holz nieder, das sie für ihre Fortpflanzung brauchen. Die Sporen eines kleinen Pilzes, *Daldinia loculata*, werden vom Wind verbreitet und setzen sich in der Rinde fest. Der Pilz entwickelt sich erst, nachdem der Baum gebrannt hat. Das belebt ihn derart, dass er den verkohlten Stamm bald über und über bedeckt. Sogleich kommen ein paar ganz spezielle Insekten (man fragt sich, woher) und lassen sich den Pilz schmecken. Eines heißt Zünsler, ein anderes Breitrüssler. Diese Geschöpfe, so wird behauptet, treffe man fast nur in einem vom Feuer geschädigten Wald an. Sie bedanken sich außerdem für die Gastfreundschaft, indem sie den Pilz bestäuben.

Heute werden auf Kahlschlägen kontrolliert Brände gelegt, um die Artenvielfalt zu begünstigen. Das staatliche Forstunternehmen Sveaskog hat sich beispielsweise zum Ziel gesetzt, jährlich fünf Prozent seiner abgeholzten Flächen abzubrennen. Für die Organismen des Waldes der größte Störfaktor sind heute natürlich die Abholzungen der Forstwirtschaft.

Im Urwald bedeutete Windwurf für eine Fülle von Arten die Umgestaltung ihres Lebensmilieus. In der langsamen Zeit des Waldes und in Abläufen, die nichts beschleunigen kann, werden die umgestürzten Riesenbäume zu Moderholz, das Flechten und Moose überziehen. Tief im Innern des Holzes zischt es vor Leben, und außen trägt es glänzende dunkelgrüne Zweige von Preiselbeersträuchern. Porlinge und Pilze wuchern in Form- und Farbvariationen, die man sich nicht vorstellen kann, solange man sie nicht gesehen hat. Und viele scheinen einen Namen zu haben – wenn es denn gelingt, sie zu bestimmen. Sie heißen beispielsweise Beringter Flämmling, Dünnstieliger Helmkreisling, Becherkoralle und Mosaikschichtpilz. Das überschäumende Schöpfungsvermögen des Waldes weckt auch den Erfindungsreichtum des Menschen.

Im Totholz können die Samen Halt finden und sich entwickeln. Die Nestwurz im Schatten einer Hasel verrät, dass darunter eine gefallene Größe liegt. Sie vermorschte und verrottete hier zur Nahrung dieser kleinen blassen Schönheit.

Für den Menschen ist Windwurf eine Katastrophe. Im ersten Buch von Olaus Magnus *Historien der mittnächtigen Länder* handeln mehrere Kapitel von unserem fürchterlichen Klima und vor allem von den Stürmen.

Daß die Wind und Ungewitter in den mitnächtigen Ländern sehr erschröcklich und gefährlich sein, wissen alle Gelehrte, so die Natur und Eygenschafft der Länder gelernet und erfahren haben, sehr wol.

Der Sensenmann und die Totengräber

Am Dreikönigstag 1954 fuhr ich mit meiner Familie mit dem Auto zu einem Gottesdienst in einer kleinen Kapelle an der Küste außerhalb Gävles. Die Landstraße führte durch einen Wald voller Windwurf. Überall lagen zersägte und unlängst von der Fahrbahn gezogene Stämme, und Männer mit Motorsägen waren noch immer mit der Beseitigung der Hindernisse beschäftigt. Stellenweise mussten wir zum nächsten Durchlass kreuzen.

Woran ich mich am besten erinnere, wenn ich an den Anblick dieses Waldes denke, sind der schneefreie Boden und grobe, übereinandergefallene Kiefernstämme, mächtige Wurzelteller, graues Dämmerlicht und Angst. Zuletzt hatte ich eine derart trostlose Zerstörung kurz nach dem Krieg gesehen, damals jedoch nur auf Zeitungsbildern. Hier lag der umgestürzte Wald als Widerspruch zu allem, was wir für selbstverständlich hielten. Im Gegensatz zu Olaus Magnus glaubten wir nicht, dass Naturkräfte stärker sein konnten als unsere Technologie und gesellschaftliche Planung. Schweden war in jeder Hinsicht ein verschontes Land.

Der Sturm hatte sich am Morgen des 3. Januar erhoben und war in der Nacht mit Windstärken von bis zu dreißig Metern pro Sekunde am stärksten gewesen. In diesem milden nachweihnachtlichen Winter war der Boden nicht gefroren, was die Wirkungen noch verstärkte. Im östlichen Gästrikland riss der Nordoststurm den Wald auf einer derart großen Fläche mit sich, dass binnen weniger Stunden fünfzehn normale Jahresabholzungen umgeblasen wurden und der Nutzholzvorrat sich um bis zu vierzig Prozent verringerte. Es dauerte fünf Jahre, die Wälder auszuräumen und wiederaufzuforsten. Das Beste, was sich von diesem Sturm sagen lässt, ist, dass keine Menschen dabei umkamen.

In den Fjällgebieten Hotagens habe ich Stürme erlebt, die Dächer abgedeckt und hundertjährige Kiefern ausgerissen haben. An das Geräusch, wenn losgerissene Zweige herabplumpsten und schließlich auf das Dach und an die Holzwände hämmerten, erinnere ich mich am besten. Es ging uns nicht gut dabei. Übelkeit und Kopfschmerzen waren die unmittelbaren Auswirkungen des Sturms auf uns Hausbewohner. Abgesehen vom Stromausfall. Wir hatten jedoch einen Holzherd, Kachelöfen und Petroleumlampen. War Schlechtwetter angekündigt, füllte ich immer Eimer und große Plastikkanister mit Wasser, da der Windkessel ohne Strom nicht funktionierte. Wenn es heftig stürmte, gingen unsere Nachbarn, ein älteres Ehepaar, zu Bett. Sie verkrochen sich, um das Ende abzuwarten, das auf die eine oder andere Weise kommen würde. Eines Morgens nach einer Nacht mit Sturm und Schnee fand ich in der Wehe, die ich von der Vortreppe zu schaufeln versuchte, einen alten Lapphund, der dort geschlafen hatte. Sein Trieb, unsere läufige Hündin zu besuchen, hatte den Orkanböen und dem Schneesturm getrotzt.

Im September 1969 kostete ein schwerer Sturm zehn Waldarbeiter das Leben und zerstörte ungefähr 25 Millionen Kubikmeter Holz. Im November desselben Jahres folgte erneut ein Sturm, der laut Berechnungen zirka 10 Millionen Kubikmeter mitgerissen haben soll. Ein paar heftige Unwetter 1995 und 1999 holten sich jeweils etwa die Hälfte dieser Sturmernte.

Eyvind Johnsons Roman *Eine große Zeit* beginnt mit einer mehrseitigen Sturmschilderung. In dem Roman, der im Europa des 8. Jahrhunderts spielt, ist der Sturm eine Metapher für große und schwer überschaubare Veränderungen. Johnson schildert, wie der Krieg Karls des Großen und selbst seine zivilisatorische Arbeit in der Welt der kleinen Leute verheerende Umwälzungen bewirken. Wie Gras im Sturm beugen sie sich Kräften, die sie nicht beeinflussen können.

Man sagt gern, ein schwerer Sturm mäht die Bäume nieder. In *Eine große Zeit* macht der Tod in flatterndem Mantel und mit bellenden Hunden auf den Fersen einen Spaziergang. Mit bekrallten Füßen tritt er alle Hindernisse beiseite und schwingt seine Sense über den Tiefen.

Der Sturm über der Adria gestaltete ebenfalls große Teile der Landschaft um; er »drang wahrhaftig so tief in sie hinein wie jene Gigantenklauen oder Gottesnägel, die Flüsse aus dem Wasser in der Erde und Ströme von Tränen aus Menschenaugen hervorbringen«. Mit seinen Pflugscharen pflügte er tiefe und dauerhafte Furchen, und Johnson lässt seinen Geschichtsschreiber von dieser »Fehde zwischen Mächten, von denen wir nicht mehr kennen als ihre Gewalt und ihre Rücksichtslosigkeit, diese unberechenbaren Kräfte der Lüfte, dieser wild pflügende *plovus* ...« berichten. Die Zerstörung durchdrang alles, was wächst, bis hinunter zum Gras:

> Im Innern des Landes wurden Baumstämme geknickt, Pinien wurden aus dem Boden gerissen, wenn der unzureichende Halt der Wurzeln brach. Olivenbäume, hundertjährige Fruchtträger für viele Münder, und stolze Zypressen wurden gezwungen, sich zu beugen, dass ihre Borke zu Fetzen absplitterte, der Bast ächzte und stöhnte und uralte Äste abgerissen wurden. Das Gras zischte seine Klage, die Erde dampfte.

Der Sturm vom Januar 2005 fegte über weite Landstriche hin. Vor allem Småland und Halland waren ihm ausgesetzt, aber auch Teile Schonens, Blekinges und Östergötlands. Die Ausläufer erstreckten sich im Westen bis ins westliche Götaland und im Norden bis in die Gemeinde Södertälje in Stockholms Län.

Für die Betroffenen war der Sturm namens Gudrun sicherlich der schlimmste seit Menschengedenken und womöglich der Geschichte überhaupt. Aber er war eigentlich nicht schlimmer als der Sturm im September 1969. Wirft man einen Blick in die statistische Übersicht des Schwedischen Meteorologischen und Hydrologischen Instituts, zeigt sich, dass die damals gemessenen Windstärken die gleichen waren wie im Januarsturm 2005. Doch im Unterschied zu damals fegte der Sturm 2005 über eine völlig andere Waldlandschaft. Er konnte die Bäume müheloser fällen, es waren doppelt so viele. 2005 erschütterten die Auswirkungen einer historischen Veränderung, die 1969 bereits in Gange war, die Welt der Menschen. Sie machte Waldbesitzern, die hohe Darlehen aufgenommen und jahrelang für einen mit Sicherheit kommenden Ertrag gearbeitet hatten, die Zukunft zunichte. Es gab Bauern, die in einer Größenordnung von zehn Jahren Abholzung Wald fallen sahen. Das Zentralamt für Forstwirtschaft rechnet, dass durch den Windwurf auf 90 000 Hektar insgesamt 50 Millionen Kubikmeter Holz draufgingen. Vielen kleinen Waldbauern und Eignern vernichteten die »unberechenbaren Kräfte der Lüfte, dieser wild pflügende *plovus*« die Pension oder den Schutz gegen Arbeitslosigkeit und schlechte Agrarkonjunktur.

Die Menschen in den Gebieten Smålands und Hallands, wo sich die schlimmsten Auswirkungen des Sturms offenbarten, müssen geglaubt haben, »die besten Kräfte der Hölle seien entfesselt worden«, wie Johnson über den Sturm des Jahres 775 schreibt. Er hat nicht ohne Grund die Sturmmetapher mit der Schilderung einer großen Veränderung in den Lebensbedingungen des Menschen, einer historischen Umwälzung, gekoppelt.

Das Motto des Romans *Eine große Zeit* ist ein kleiner prosalyrischer Passus, der ebenfalls die Ausgesetztheit des Menschen in der Geschichte mit den Bedingungen der biologischen Welt metaphorisch verbindet.

Auf einem Espenblatt leben –
auf einem Espenblatt kann sich niemand in Sicherheit fühlen.
Und dennoch wohnen dort kleine Geschöpfe, die nicht wissen,
daß ihr Land ein Espenblatt ist. Für sie ist es die Heimat, eine
Heimat in einer Welt, der Welt des Espenblattes.

In unserer Zivilisation lassen wir oft unsere tiefe Abhängigkeit von
Naturkräften und biologischen Voraussetzungen außer Acht. Wir
glauben, die Technik werde ihnen letzten Endes beikommen. Wie
Herren sitzen wir auf dem Espenblatt und meinen, über die Schöpfung zu herrschen.

In diesem Geist nutzen wir die Kernkraft, ohne das Problem der
Endlagerung ihrer giftigen Produkte wirklich gelöst zu haben. Wir
verlassen uns auf Penicillin, obwohl immer mehr Bakterien dagegen resistent sind, und wir bauen Häuser direkt an Flüssen, die ein
ums andere Mal über die Ufer treten und große Gebiete unter Wasser setzen. Beim Autofahren haben wir gelernt, vor den Gefahren
hoher Geschwindigkeiten und unvorhergesehener Begegnungen
die Augen zu verschließen, und setzen unser Vertrauen in Airbags
und verstärkte Karosserien. Dunkle Ahnungen, dass unsere Welt
gefährlicher geworden sei, plagen uns in Form von Krebsangst.
Doch können wir den Ursachen, wie es scheint, nicht einmal gemeinsam in der EU zu Leibe rücken. Es würde die Chemieprodu-
zenten zu viel kosten und Arbeitsplätze und Aktienausschüttun-
gen gefährden.

Wir pflanzen Fichten, wo früher Laubwald wuchs. Zwischen
1920 und 1980 wurde in Schweden mit staatlicher Unterstützung
fast ein Viertel des Laub- und Mischwalds abgeholzt. In den 1980er-
Jahren wurde nach Paragraph 5, Absatz 3 des Forstgesetzes mit
staatlichem Geld sogenannter untauglicher Wald abgeholzt. Er
bestand unter anderem aus Eichengehölzen und Mahdwiesen.

Nach dem Januarsturm 2005 konnte man in Halland sehen, dass
die Buchenwälder mit ihren kahlen Ästen und kräftig verankerten
Wurzeln stehen geblieben waren. In dieser Landschaft sind Buche,
Linde und Eiche uralten Ursprungs. In Bäumen, die ihr Laub abwer-
fen, verfängt sich in den vom Meer kommenden Winterstürmen
der Wind nicht so sehr.

In den Jagen mit den Fichtenaufforstungen in Halland und Små-

Die Samenkiefern sind abgeholzt und fortgeschafft, jetzt kann das Brennholz mitgenommen werden. Waldbewirtschaftung kleinen Stils zu Hause in der Gemeinde Häverö.

land lagen die abgebrochenen Stämme und umgestürzten Bäume dreifach übereinander. Die Fichtenzweige, nichts als riesige Tücher aus Nadeln, hatten den Wind aufgefangen, und die Stämme waren in leuchtend gelbweißen, spitz aufragenden Brüchen gesplittert oder von scheinbar unermesslichen Kräften entwurzelt worden. In dieser Verwüstung aus umgeknickten, abgebrochenen und übereinandergestürzten Bäumen lauerten Unterschiede in der Spannung und Druckbelastung, die Menschenleben kosteten, als die Aufräumarbeiter in den vom Sturm gefällten Wald kamen.

Das Espenblatt hatte gezittert, und die Geschöpfe, die darauf lebten, mussten von vorn anfangen.

Ein Jahr nach dem Januarsturm 2005 fasste die Regierung den Beschluss, 450 Millionen Kronen an Wiederaufforstungshilfe zu zahlen. Auf 90 000 Hektar waren 250 Millionen Bäume gefällt worden. 89 000 Hektar sollen wieder bepflanzt werden, und 79 000 Hektar dieser Pflanzungen werden Nadelwald sein; die Fichte wird wie gehabt dominieren.

Diejenigen, die im Wald Eigentümerverantwortung tragen, und diejenigen, die über die Waldpolitik Macht haben, betonen immer wieder, dass wir in Schweden unseren Wohlstand größtenteils dem Wald zu verdanken haben. Deshalb halten sie es nicht für falsch oder gar verhängnisvoll, zu viele Fichten auf Laubwaldböden zu pflanzen. Das alte Forstgesetz ließ auch gar nichts anderes als Fichten- und Kiefernpflanzungen zu; das enthebt sie ihrer Verantwortung, und sie verweisen auch gern darauf. Und was die Rentabilität betrifft, ist die Fichte zudem allen anderen Baumarten überlegen; sie bildet die Rohstoffbasis unserer Holzwirtschaft.

Man erlaubt nach wie vor Endnutzungen, die mit Fichten bepflanzte Jagen dem Wind aussetzen. Wir ziehen aus der rentablen, schnell wachsenden Fichte großen wirtschaftlichen Gewinn, besonders in Landesteilen mit hohen Niederschlägen und mildem Klima. Dieser Gewinn ist so groß, dass es nichts zu bereuen gibt und nur ganz wenig zu ändern.

Mehr als die Hälfte des Waldgebiets in dem vom Sturm verheerten Halland waren Fichtenpflanzungen. Die Kiefer war auf Heideboden gepflanzt worden, für anderes hielt man die Erde dort nicht für geeignet. Das war ein Irrtum. Die Kiefer wurde grobastig und lieferte kein gutes Nutzholz. Man versuchte es auf allen diesen Flächen erneut, diesmal mit Fichtenpflanzungen.

In den sturmgeschädigten Gebieten werden nun hauptsächlich Fichten gepflanzt. Die ehemalige Infrastrukturministerin Ulrica Messing sagte in ihren Stellungnahmen zur Wiederaufforstungshilfe leider nichts davon, was man sich in ihrem Ministerium und in der Regierung für die Zukunft vorstellte. Glaubten sie, es würde weniger stürmen? Oder verließ man sich auf das Glück?

Wie man sich im staatlichen Sektor der Holzwirtschaft die Zukunft vorstellt, ist aus dem Blättchen *Kubiken* von Sveaskog ersichtlich. In einem Interview warnte der Chef des Unternehmens in dem vom Sturm verheerten Småland die Waldbesitzer davor, die Fichte aufzugeben.

›Es wird auch in Zukunft klug sein, in die Fichte zu investieren‹, sagt er nachdrücklich. Die Fichte sei der Birke aus wirtschaftlicher Sicht weit überlegen, selbst dann, wenn man 10 Prozent Windwurf einkalkuliere. Was durchaus geboten sei. Man soll den Fichtenbestand auch weiterhin durchforsten. Das lohne sich absolut im Vergleich zu einem sturmfesteren, nicht ausgelichteten Fichtenwald. Es sei nicht nötig, aus Angst und Ratlosigkeit das Standbein zu wechseln, unterstreicht Fredrik Klang.

Der Bezirksleiter schien nicht so recht ans Glück zu glauben. Er war vielmehr ein Anhänger des Prinzips der Massenproduktion und des Massenverbrauchs: Ein bisschen Schwund muss man einkalkulieren. Und ebenso wenig wie irgendein Aufkäufer aus der privaten Holzwirtschaft wollte er die Produktion umstellen müssen.
Wir müssen heute viel Schwund in die Verluste einkalkulieren, wenn die Stürme wie der Sensenmann vorgehen. Wo einst der Altwald fiel und wo sich in Südschweden ursprünglich sturmfester Edellaubwald erstreckte, haben Grubber neue Gräber ausgehoben.

Eine Gesellschaft auf andere Klimavoraussetzungen umzustellen braucht Zeit. Mehr Zeit als die paar Jahre, die politische Mandate dauern. Es gibt kompetente und zugleich nachdenkliche Waldbesitzer, die wissen, dass ihre Kinder und Enkel unter anderen Bedingungen leben werden. Doch sie sind nach wie vor darauf angewiesen, dass die Industrie auf Fichte basiert. Sie müssen ihr Holz absetzen können.
Der Nachdenkliche traut den großen Unternehmen vielleicht nicht ganz, wenn sie versprechen: »Wir kümmern uns um deinen Wald!« Es kommt vor, dass diese Unternehmen den Bestand unachtsam durchforsten, was den Gewinn des Waldbesitzers schmälert. Durchforstung und Abholzung werden immer auf die für das Unternehmen rentabelste Weise erfolgen. Der Waldbesitzer hätte bei kostspieligeren, aber behutsameren Methoden auf lange Sicht vielleicht höhere Erträge.
Die großen Firmen legen im Bestand Stichwege an, die viereinhalb Meter breit sein sollen, oft aber größer ausfallen. Von dort aus wird dann mit Maschinen durchforstet. Die Stichwege liegen in einem Abstand von zwanzig bis dreißig Metern. Sie bilden die

Schneisen, in denen der Sturm Fahrt aufnimmt. Schneebrüche und Stürme werden nicht einkalkuliert. Auch Düngung erhöht die Gefahr von Windwurf, weil die Nadelmasse dadurch schwerer wird.

Mit einer Winde zu durchforsten und statt der Stichwege nur schmale Wege anzulegen ist auf kurze Sicht eine unrentable Methode. Auf lange Sicht aber erbringt sie das bessere Ergebnis. Ein Windschutz für die Fichtenpflanzung führt zu einem sturmfesten Wald. Der Besitzer eines kleinen oder mittelgroßen Waldes kennt seinen Wald und weiß, was er erträgt. Sofern er kein Freizeitbauer ist.

Trotz aller Aufräumarbeiten blieben nach dem Sturm 2005 Unmengen von rohem Stammholz im Wald liegen. Dies bedeutet für die beiden darauffolgenden Jahre, bevor das Totholz getrocknet ist, eine massenhafte Zunahme von Buchdruckern und Großen Waldgärtnern. Auch nicht entrindete Stämme an Holzlagerplätzen sind Brutstätten von Schadinsekten. Zu ihrer Bekämpfung hat das Zentralamt für Forstwirtschaft deshalb Ausnahmegenehmigungen zum Besprühen erteilt. In Götaland werden in achtundvierzig Gemeinden die Holzlagerplätze mit chemischen Mitteln besprüht. Dazu werden zwei Substanzen verwendet, beides Nervengifte und für Insekten unmittelbar tödlich. Sie töten aber auch Fische und andere Wassertiere. Wie viel von diesen Sprühgiften schließlich in fließende Gewässer gelangen, wissen wir nicht.

Aus Forschungsberichten weiß man, dass sich in den am schlimmsten vom Sturm heimgesuchten Gebieten die Quecksilberemission erhöhen kann. Es gibt dort bereits Probleme mit dem Gehalt an giftigem Methylquecksilber.

Schon bei der Endnutzung eines Jagen unter normalen Umständen tritt aus den oberen Bodenschichten Gift aus. Und zwar dadurch, dass die Forstmaschinen nassen und feuchten Boden zuschanden fahren und die Bakterien sich vermehren und normales Quecksilber in Methylquecksilber umwandeln können. Das Gift sickert in die Erde und gelangt mit dem Wasser in Bäche und Seen. Die Fische werden vergiftet, und sie zu essen ist gefährlich, besonders für Schwangere. Das Kind nimmt Schaden. Normalerweise sind ein paar Prozent der Jagen eines Gebiets Kahlschläge. Niemand weiß, wie groß der Giftaustritt ist, wenn nun in so einem Gebiet der Wald bis zur Hälfte vom Sturm niedergemäht wurde und immer noch als chaotischer Riesenverhau daliegt. Die Forscher rechnen mit einer Zunahme von fünfzig Prozent.

Der Sturm 2005 war nicht nur ein gewaltsames Naturereignis, das immer wieder einmal eintritt. Die Waldlandschaft wurde mittlerweile derart verändert und an die Industrie angepasst, dass ein Windwurf eine Kettenreaktion hervorruft, die wir noch gar nicht überblicken können.

Das Grab des Altwaldes

Wir leben im Quartär, einem geologischen Zeitalter, das eine sehr große klimatische Variationsbreite aufweist, der in unseren Breitengraden nur wenige Baumgattungen standgehalten haben. Die Fichte hat sich in Nordeuropa erst in den vergangenen 12 000 Jahren ausgebreitet. Vor 6000 Jahren sank die Temperatur erheblich, und vor ungefähr 2500 Jahren folgten auf diese Veränderung ein weiterer Temperaturrückgang sowie ein niederschlagsreicheres Klima. Dies begünstigte die Fichte, während zum Beispiel die Linde, die mehr Wärme braucht, damit ihr Samen keimt, benachteiligt wurde. Auch die Waldweide brachte der Fichte einen Vorteil, weil die Tiere sich in erster Linie über Laubbäume hermachen. Von großer Bedeutung war die Schwendewirtschaft. Adolf af Ström, den man den Vater der schwedischen Forstwirtschaft nennt und der in Stockholm das staatliche Forstinstitut, die Vorgängerin der Forsthochschule, gegründet hat, konnte anno 1824 von einer Reise durchs Land berichten:

> In Småland, woselbst das Schwenden sehr in Gebrauch ist ... sprießen Fichten- und Kiefernpflanzen in solcher Vielzahl auf, dass man glauben möchte, der Boden sei von Hand mit Baumsamen besät worden.

Im Laufe von Jahrtausenden ist die Fichte langsam vom Norden her in Schweden eingewandert. Mensch und äsende Tiere beschleunigten diesen Prozess. Schneller ging es dann in moderner Zeit, als man dort, wo früher Laubwald gewachsen war, Fichten pflanzte.

Schnell wachsende Fichten aus weit im Süden gelegenen Regionen gelangten durch Pflanzungen großen Stils ins Land.

In Südschweden wurden große Flächen mit Fichtensämlingen aus den Karpaten und anderen südlichen Standorten bepflanzt. Ein Baum ist indes auf das Klima programmiert, in dem seine Väter gelebt haben. Wird er aus seiner heimischen Umgebung verpflanzt, ist er in Gefahr. Die Karpatenfichten trafen auf Frühjahrsfrost, wenn ihr innerer Kalender auf Sommer eingestellt war, und auf herbstliche Kälte, bevor sie darauf gefasst waren.

So schrieb der kompetente und nachdenkliche Rolf Edberg in *Så länge skogen växer* (Solange der Wald wächst), seinem letzten Buch. Er war lange Zeit Fürsprecher eines Waldes, der unter natürlicheren Bedingungen sollte wachsen dürfen als heute üblich. Natürliche Prozesse verlaufen jedoch langsam. Und langsam bedeutet in der Industriegesellschaft unwirtschaftlich.

Es ist oft schwierig zu entscheiden, was man glauben soll, wenn man Expertenäußerungen über den Wald liest. Stefan Wirtén, ein hohes Tier bei Skogsindustrierna, dem Dachverband der Holzwirtschaft, behauptet, in Schweden könne die Abholzung ohne Weiteres um zehn Prozent gesteigert werden, ohne dass das Milieu des Waldes Schaden nähme. Zur selben Zeit warnt das Zentralamt für Forstwirtschaft vor größeren Einschlägen, weil die Abholzungen den Zuwachs überstiegen. Das staatliche Forstunternehmen Sveaskog stellt sich als Vorbild für private Unternehmen hin. Und gleichzeitig behauptet dessen Chef, Bo Deckered, es hätte katastrophale Folgen, wenn wir noch mehr Naturschutzgebiete bekämen. Professor Mårten Bendz, ehemaliger Chef der Waldbesitzervereinigung Södra Skogsägarna, sagt, die Einrichtung der Schutzgebiete habe die Schweden im Laufe eines Jahres (2004) 18 Milliarden Kronen gekostet.

Der Forstprofessor Sten Nilsson ist zu einer anderen Perspektive gelangt als unsere Politiker. Er arbeitet am internationalen Forschungsinstitut IIASA in Wien, ein gutes Stück von den Revierkämpfen in »Waldschweden« entfernt. Auf einer Forstkonferenz im Jahre 2004 sagte er in Anwesenheit der Infrastrukturministerin Ulrica Messing:

Wir brauchen einen sofortigen kräftigen Einsatz in der schwedischen Forstwirtschaft. Andernfalls steuert das gesamte Gewerbe auf eine Katastrophe zu. Ja, diese Frage ist so wichtig, dass der Einsatz von einer ›Havariekommission‹ unter direkter Federführung des Ministerpräsidenten kontrolliert werden sollte!

Nilsson sprach keineswegs über eine Umweltkatastrophe im Wald, sondern vielmehr darüber, dass die schwedische Forstwirtschaft im internationalen Vergleich zurückgeblieben sei. Er warnte: Die Holzpreise fielen schon seit Jahren. Ebenso die Preise der Produkte unserer Holzwirtschaft. Wir exportierten immer simplere Waren und hätten wichtige Kompetenzen verloren. Auch bei der Entwicklung von Forstmaschinen hinkten wir hinterher, und das Engagement der Industrie in der forstwissenschaftlichen Forschung nähme ab.

Nilsson hielt es für unglücklich, dass das Thema Wald gegenwärtig bei unterschiedlichen Ministerien und Behörden angesiedelt sei. Es sollte bei einem einzigen Ministerium gebündelt werden, damit seine Entwicklung Langfristigkeit und eine einheitliche Perspektive bekäme.

Die Ministerin war nicht mehr da, als er seine Befürchtungen darlegte. Vielleicht wusste sie, was er sagen würde, denn bevor sie ging, hinterließ sie die Botschaft, dass die übergreifenden Ziele der schwedischen Forstpolitik feststünden.

Da ich über diese Konferenz lediglich einen Bericht in der Zeitschrift *SkogsEko* des Zentralamts für Forstwirtschaft gelesen habe, weiß ich nicht, ob Sten Nilsson möchte, dass wir unsere Forstwirtschaft der Plantagenwirtschaft, die einen immer größeren Anteil am Weltmarkt hat, und der Industrieproduktion der Billiglohnländer in Osteuropa und Russland anpassen.

Die Debatte über den Wald ist verwirrend. Ist es eine Katastrophe, dass unsere Holzwirtschaft immer weniger an den Weltmarkt angepasst ist? Oder ist die Katastrophe unser um zehn Prozent überhöhter Holzeinschlag? Dass der Weißrückenspecht verschwindet und mit ihm alle Arten, die auf dasselbe Milieu wie dieser kleine Specht angewiesen sind – kann man das eine Katastrophe nennen? Dass nach wissenschaftlicher Einschätzung in schwedischen Wäldern 21 000 Arten in ihrer Existenz bedroht sind, ist das katastrophal?

Umweltfreunde mit langfristigen Zielen stehen Waldinteressenten, deren Richtschnur die Rentabilität ist, gegenüber. Wem soll man glauben? Eines fällt mir seit Jahrzehnten auf: Die Argumente und Gedankengänge derjenigen, die der Forstwirtschaft Behutsamkeit empfehlen, haben sich nicht verändert. Sie warnen schon immer vor großen Einschlägen, Besprühung, Düngung, heftiger maschineller Durchforstung und Pflanzung von Baumsorten, die in unserem Klima fremd sind.

Die Waldinteressenten aus der Industrie sowie Politiker und Staatsbeamte, in deren Verantwortungsbereich unser Waldunterhalt liegt, haben oft Kehrtwendungen vollzogen. Im Nachhinein beklagten sie dann die Besprühung mit Herbiziden, die Abforstung großer Areale, die Verbrennung von Abholzungsrückständen sowie Abholzungen, die biologisch wichtige Zonen, wie zum Beispiel Bachränder, nicht ausgespart haben. Sie sprechen von den Irrtümern vergangener Zeiten, aber nie von den Fehlern ihrer eigenen Zeit.

Für die Vorgehensweisen hat es stets Argumente gegeben, knallharte, logische Argumente. Sie sollten natürlich Beiträge zu einer lebendigen demokratischen Debatte sein, doch vor dreißig Jahren waren sie selten etwas anderes als Schminke im Gesicht der Macht. War die Schminke zerflossen, waren auch die Politiker weg und durch neue ersetzt. Die Argumente galten nicht mehr, und niemand war da, den man zur Rechenschaft ziehen konnte.

In den 70er-Jahren redeten die Verantwortlichen in den Führungsetagen der Forstunternehmen sachkundig dem Nutzen der Laubwaldbekämpfung mit Herbiziden das Wort. Sie führten den Beweis, dass die Endnutzung großer Areale für den Wald die beste Verjüngungsmethode sei. Zu meinem Erstaunen habe ich dann erlebt, dass einige von ihnen nach dem Ausscheiden aus dem Arbeitslebens umhergereist sind und für Umweltschutz und ökologischen Waldbau getrommelt haben. Aus den Falken waren Tauben mit Rente geworden.

Als wir in den 70er-Jahren über Kahlschläge und Besprühungen diskutieren wollten, war es für meinen Mann schwierig, bei einem Forsttag an der Hochschule Sundsvall-Härnösand einen Umweltdiskussionsredner wie Tommy Hammarström aufs Podium zu bekommen. Die Schulleitung hatte nur Leute von SCA eingeladen.

Es wäre jedoch ungerecht zu leugnen, dass auch bei Leuten, die am Waldbau sehr großes wirtschaftliches Interesse haben, ein neues Denken Einzug hält. Geht man heute sein Jagen mit einem Sachverständigen vom Zentralamt für Forstwirtschaft durch, ist das etwas ganz anderes als vor zwanzig Jahren. Der Beamte hat heute im Allgemeinen ein tiefer gehendes Interesse an Biotopen und Schützenswertem und zudem viel mehr Ahnung von den Dingen, die nicht unmittelbar rentabel sind. Er sieht die Wohnbäume und die Flora an den Bachrändern und achtet auf das, was entlang der Pfade und auf alten Baumstümpfen wächst. Auch in den großen Unternehmen gibt es auf höherer Angestelltenebene heute ein entsprechendes Wissen und Interesse. Das ökologische Engagement ist nicht mehr nur Wortschminke in farbenfrohen Jahresberichten und Werbematerialien. Die Veränderung vollzieht sich jedoch langsam, und für den urwaldartigen Wald, den es in Schweden noch gibt, sieht es schlecht aus.

Umweltminister Kjell Larsson versprach im April 2002, in der Veranschlagungsanweisung für die Umweltbehörde Änderungen vorzunehmen, um zu garantieren, dass keine Wälder mit Urwaldcharakter abgeholzt würden. Er schrieb:»Es soll nie behauptet werden können, dass es kein Geld gebe, richtige Altwälder zu bewahren.«

In der Praxis schützt der Staat den Altwald jedoch nicht mehr. Die Unternehmen üben Druck aus, und es herrscht, gelinde gesagt, Uneinigkeit über den Nutzen von Naturschutzgebieten. Die Landbewohner und Waldbesitzer wollen ihre Verfügungsgewalt über den Wald behalten, die durch ein Naturschutzgebiet annulliert würde. Etliche Umweltdiskussionsredner sind der Ansicht, dass es der Natur trotz der Zunahme an Schutzgebieten schlechter gehe. Außerhalb der geschützten Gebiete, die oft zu klein seien, um einer bedrohten Population Raum zu bieten, habe man den Wald einer Ausbeutung großen Stils überlassen.

Die Holzwirtschaft fordert, in Gebieten, die man abholzen möchte, den Naturschutz einzustellen. 2003 und 2004 wurde in den Altwäldern, die sich in Västerbottens und Norrbottens Län im Besitz der Staatlichen Grundstücksverwaltung und von Sveaskog befinden, die Natur inventarisiert. Das Ergebnis der Inventur von 2003 liegt im Hauptbericht der Umweltbehörde über *Skyddsvärda statliga skogar och urskogsartade skogar* (Schützenswerte staatliche Wälder und urwaldartige Wälder) vor.

Der Regierungspräsident von Norrbottens Län, Per-Ola Eriksson, protestierte heftig gegen diesen Inventurbericht und wandte sich an die Regierung in Stockholm. Dort kam man seiner Forderung nach einem einstweiligen Stopp für neue Naturschutzgebiete entgegen. Am 23. März 2004 sagte Ulrica Messing, die für Infrastruktur, Forstwirtschaft und regionale Entwicklungspolitik verantwortliche Ministerin, dass sie in den ausgewiesenen Gebieten das Abholzen nicht verbieten wolle. Damit ist also der letzte Rest der urwaldartigen Wälder Schwedens bedroht. Womöglich gibt es sie nicht mehr, wenn Sie diese Zeilen lesen.

Das Grab des Altwaldes ist entweder eine Plantage für Industrieholz oder ein Stück Tundra.

Seht die Ameise

Eine Endnutzung (Kahlschlag) kann in ausgesetzten nördlichen Lagen zur Entwaldung führen, das heißt, der Wald hat keine Möglichkeit mehr, sich natürlich zu verjüngen und wiederzukehren, und eine Pflanzung gelingt nicht.

In einem milderen Klima verjüngt sich der Wald nach einem Kahlschlag. Doch dazu, wie dies vor sich geht und welche Arten überleben, hat man bislang nicht sehr viele wissenschaftliche Beobachtungen angestellt. Der Forscher Mats Dynesius von der Universität Umeå geht gerade der Frage nach, wie Bodenanwendungen, unter anderem Waldbau, die biologische Vielfalt beeinflussen. Bereits im Titel seiner Untersuchung stellt er fest: *Vanliga växter gynnas av kalhuggning* (Kahlschlag begünstigt gewöhnliche Pflanzen).

Seine Testfelder hat er in norrländischen Nadelwäldern abgesteckt und dabei herausgefunden, dass es auf längere Sicht mehr Flechten und Arten von Gräsern, Kräutern, Bäumen und Farnen gibt, wenn norrländische Wälder ganz abgeholzt werden. Gewöhnliche Arten bekommen mehr Licht und Nährstoffe, wenn die Bäume weg sind. Moose, die auf trockenem Waldboden auszutrocknen drohen, und Arten, die von modernem Holz leben, überleben nicht. Es gibt Baumflechten, die verschwinden, wenn der Wald abgeforstet wird. Orchideen wie das Kriechende Netzblatt und das Herzförmige Zweiblatt verkümmern und kommen nicht wieder. Die Flechten, die an Bäumen wachsen, sterben, doch wandern die meisten wieder ein, sobald neue Bäume wachsen. Viele Moose gehen in dem neuen Milieu ein. Sie überleben in der Feuchtigkeit entlang den Bächen, aber auf trockeneren Böden ist das Moossterben groß.

Wie nach dem Abholzen die Artenvielfalt an Wasserläufen aussieht, ist Thema der Untersuchungen Kristoffer Hylanders, eines Forschers aus Umeå. Sein Objekt sind die Moose.

Moose bedienen sich zu ihrer Energieversorgung der Sonne. Sie haben im Allgemeinen ein Stämmchen und Blätter, aber keine Wurzeln. Sie vermehren sich durch Sporen und Brutkörper oder kleine Brutkapseln. Die meisten Arten können aus einer Kapsel, die sich gelöst hat, oder aus einem Blatt neues Moos bilden. Die Blätter sind dünn und ziehen Regenwasser, Tau oder Nebel an. In der Trockenheit schrumpfen sie aber auch leicht. Mit vorübergehenden Trockenperioden kommen die meisten Arten zurecht. Länger anhaltende Austrocknung dagegen überleben nicht alle.

Hylander arbeitet mit Testfeldern in schattigen und feuchten Milieus, wo sich die Moose wohlfühlen. Er hat Gegenden in Medelpad und Jämtland untersucht und auf kleinen Testflächen (20 × 50 Meter) rund achtzig verschiedene Arten gefunden.

Moose sind heikel. Manche Arten leben ausschließlich von toten Bäumen, andere brauchen Elchlosungen, um zu gedeihen. Auf den Kahlschlägen sterben natürlich diejenigen Arten, die zum Leben Bäume und Holz brauchen, während in den Randzonen der Bäche belassene Arten überleben. Moose auf nassem Boden und in Bachbetten kommen ziemlich gut zurecht, Arten auf Baumstümpfen und totem Holz nehmen auf den Kahlschlägen großen Schaden. Hylanders Schlussfolgerung lautet, dass eine je zehn Meter breite Randzone beidseits der Bäche zum Überleben vieler – gleichwohl nicht aller – Arten ausreicht. Seiner Ansicht nach sollte man die Randzonen jedoch mindestens auf das Doppelte verbreitern.

Einen Fichtenwaldschirm stehen zu lassen hat sich für viele Arten auf einer Abholzungsfläche als günstig erwiesen. Skogsforsk, das Forschungsinstitut der schwedischen Forstwirtschaft, das vom Staat und von der Forstindustrie finanziert wird, hat die Auswirkungen von Abforstung und von Schirmschlag auf die Flora miteinander verglichen. Der Versuch fand Ende der 1980er-Jahre auf fruchtbaren, entwässerten Torfböden mit hiebsreifen Fichtenwäldern in Västerbotten, Uppland und Småland statt. Es waren alte Wälder, reich an Gefäßpflanzen und mit etlichen auch in unentwässerten Fichtensumpfwäldern gewöhnlichen Arten. Das halbe Versuchsgelände wurde abgeforstet und aufgeräumt, auf der anderen Hälfte ein Schirmbestand von 140–200 Bäumen pro Hektar belassen.

Sieben Jahre lang verfolgte man die Veränderungen in der Flora. Nicht unerwartet stellte sich heraus, dass unter dem Fichtenschirm mehr Arten überlebten als auf dem Kahlschlag. Arten, die in schattigen Milieus leben und feuchten Boden brauchen, erging es auf dem Kahlschlag natürlich sehr schlecht. Dort dominierten einige wenige Pioniere, besonders solche, die vom Stickstoff begünstigt werden.

Das Merkwürdige und Ermutigende ist, dass sowohl der Staat als auch die Forstwirtschaft für diese Art Forschung aufkommen, und ebenso, dass das Zentralamt für Forstwirtschaft sich nun der Rücksicht auf die Vegetation an den Bächen verschreibt. Es hat sich etwas verändert. Die Forscher Per Angelstam und Grzegorz Mikusinski sind der Ansicht, dass in den 1990er-Jahren eine Kehrtwende stattgefunden habe, und sie behaupten, Produktions- und Umweltziele seien in der schwedischen Forstpolitik mittlerweile gleichrangig.

Es gibt, wenn schon keine Bestimmungen, so doch Ermahnungen seitens des Zentralamts für Forstwirtschaft, einzelne Bäume zu erhalten und vor Abholzung geschützte Flächen und Gebiete auszuweisen. Es wird versucht, durch Brände, durch das Kappen hoher Baumstümpfe und Verminderung des Wildverbisses Lebensmilieus wiederherzustellen und verschiedene Lebensprozesse auszugleichen. Es liegt in der Verantwortung des Staates, Bestände und Wälder zu schützen, damit sich größere zusammenhängende Areale bilden können. Diese Verantwortung wird allerdings nicht wahrgenommen, wie wir am Beispiel des Altwaldes in Norrbotten und Västerbotten gesehen haben.

Viel mehr wäre gewonnen, wenn wir Schweden über das, was im Wald wächst und lebt, mehr wüssten. Etwas, von dessen Existenz man nicht einmal weiß, kann man schließlich nicht vermissen, und man hat folglich auch kein Interesse daran, es zu schützen. Die Forstpolitik muss von einer kundigen und starken Öffentlichkeit beeinflusst werden. Die an der Debatte Beteiligten sollten geschicktere Pädagogen sein und ihre Begriffe nicht als selbstverständlich betrachten.

Ausdrücke wie biologische Vielfalt (Biodiversität) werden oft ohne jede Erklärung verwendet. Man erfährt nicht, warum die Vielfalt wünschenswert sein soll. Es ist schließlich nicht nur erfreulich und spannend, in der Welt unseres Waldes eine Vielfalt von Pflanzen und Tieren zu haben. Es ist auf lange Sicht überlebenswichtig für uns.

Wenn sich große Veränderungen vollziehen, braucht der Wald reiche genetische Ressourcen, aus denen er sich verjüngen kann. Egal, ob die Veränderungen natürlich oder von der Forstwirtschaft verursacht sind. Ein verarmtes, einseitig auf Rohstoffproduktion ausgerichtetes Waldmilieu ist sehr verletzlich. Anders dagegen ein Wald, in dem man im Moos das Herzförmige Zweiblatt entdecken und den Weißrückenspecht hämmern hören kann. Dieser Wald ist eine Quelle der Erneuerung. Ein Altwald, in dem der Luchs umherschleicht und Ameisen Städte bauen, die in Ameisendimensionen so groß sind wie Kalkutta, hält Klimaveränderungen und menschlichen Eingriffen stand. Wo auf Moderholz der Fältling wächst und in den Baumwipfeln die Eichhörnchen knabbern und sich mit den Kreuzschnäbeln um die Zapfen streiten, sind die Voraussetzungen für eine biologische Erneuerung vorhanden.

Vielfalt ist also nicht nur wünschenswert, sie ist notwendig. In Schweden gibt es immer noch eine ausbeuterische Einstellung zum Wald. Sie kann wie 2006 in einem Fernsehbericht über die Luchsjagd und ihre Einschränkung als höhnischer Kommentar zum Ausdruck kommen. Ein alter Jäger sagte über den Luchs: »Das ist doch nur ein fürchterliches Ungeziefer.«

Schießt man den gesamten Luchsbestand ab, ist er natürlich für immer weg. Genauso fatal ist es jedoch, eine Art, die als Ungeziefer oder allgemein als unnötig gilt, ihrer Voraussetzungen zu berauben. Dadurch entzieht man auch einer Reihe weiterer Pflanzen-

und Tierarten, die auf dasselbe Milieu angewiesen sind, die Lebensgrundlage. Der Weißrückenspecht teilt sich auf diese Weise mit einer ganzen Reihe von Flechten, Pilzen, Moosen und Insekten die Bedingungen, die ein älterer laubreicher Wald bietet.

Hätten mehr Menschen gegenüber dem, was im Wald lebt und wächst, eine gewissenhafte und neugierige Einstellung, wäre viel gewonnen. Knieten mehr von uns im Moos, um das Herzförmige Zweiblatt zu entdecken, und nähmen viele Menschen die Kopfhörer aus den Ohren und verließen die Joggingbahnen, um den Trommelwirbeln in totem Holz zu lauschen, dann würde der Wald Freunde und vielleicht Verfechter gewinnen. Das, wovon man nichts weiß, kann man schließlich nicht betrauern, falls es verschwindet.

Wer unwissend vorbeirauscht, bemerkt nur Hindernisse und Ungeziefer oder verspürt ein zu nichts verpflichtendes Gefühl für die Schönheit der Natur. Worin besteht eigentlich unser viel gerühmtes schwedisches Naturgefühl?

Jede und jeder Einzelne von uns sollte es sich einmal näher ansehen. Beinhaltet es ein tiefes Interesse? Macht es mich neugierig? Veranlasst es mich, Mühen in unwegsamem Gelände auf mich zu nehmen, weil ich etwas entdecken möchte?

Es kann auch ein spielerisches Element haben. Im Wald kommt die Fantasie auf Touren. Dort wohnen tief unter den Kiefernwurzeln *Die Wichtelkinder*. Astrid Lindgren hatte die Idee zu *Ronja Räubertochter*, als sie durch den Wald streifte. Fantasie und Verspieltheit hatte auch Carl von Linné, als er seine Andromeda entdeckte, die kleine Rosmarinheide, die von hässlichen Kröten im Sumpf bedroht wurde.

Carl Jonas Love Almqvist streifte an einem Sommertag durch die Gegend und entdeckte in der Nähe eines Ameisenhaufens einen großen Knochen von einem frisch geschlachteten Ochsen. Er glaubte zunächst zu sehen, dass der Knochen unter den Ameisen Schrecken hervorrief. Er wanderte weiter und überlegte. Vermutlich hatten die kühnsten, die als Erste auf den Ochsenknochen krabbelten, ihn als ein Geschenk des Himmels betrachtet. Als der junge Love nach Hause kam, schrieb er etwas über diese Begebenheit und wie sie zwei Ameisenhaufen beeinflusste, und nannte es nach antiken Vorbildern Satyr-Epopöe.

Ich besinge die stolzen und hochgeborenen Ameisen und die unter den Ameisen mächtigen Könige Myrmekonarkos, welche das Reich der Pakygastrer edel und rühmlich regierten, und den tapferen Herrscher der Okypoder Arkegonarkos.

Er ist kaum mehr als ein Gymnasiast und hat den Kopf voll mit antiken Versmaßen und dem Griechisch des Schulunterrichts. Folglich hat er keine Schwierigkeiten, sprechende Namen zurechtzuzimmern, die damalige Schuljungen durchschauen können: *Pakygastrer* sind Dickbäuche und *Okypoder* Schnellfüßler.

Die Begebenheit mit dem Ochsenknochen wird in der Ameisenwelt zu einem historischen Ereignis. Die Ameise Kyrtrandos, die einen Fichtennadelspieß trägt, reist durch eine labyrinthische Welt aus Städten, in denen hohe Nadeltürme zum Himmel ragen. Sie geht zum Palast des Königs, um von dem Ochsenknochen zu berichten. Dort angekommen, tritt sie durch ein Tor,

> …das so groß war, dass sechs aufeinanderstehende Ameisen hätten hindurchgehen können. Die wohlgearbeitetsten Fachwerke, schön behauene Balken aus fein polierten Wacholdernadeln, kostbar und wohlriechend, die aus fernen Ländern mühsam dorthin gebracht worden waren, bildeten die Wände, bestrichen mit kostbarem und leuchtendem Harz, worin das schönste Laubwerk ausgearbeitet war…

Alles ist en miniature. Es lässt sich denken, dass die fernen Länder hinter dem nächsten Baumstumpf liegen. Als ihre Soldaten den Ochsenknochen heimbringen wollen, singen die Ameisen das *Te deum*. Er ist schließlich groß wie ein Berg, und es legen sich dreitausend Ameisen ins Zeug. Etliche fallen tot um, doch der Rest kämpft weiter. Trotzdem müssen sie am Ende den Nachbarkönig und sein Volk um Hilfe bitten. Ein Herold besteigt auf einer tiefer stehenden Ameise ein Pferd. Er hebt seinen mit Wespenblut bestrichenen Fliegenbeinstab und macht sich auf den Weg. Das Ameisenvolk preist seinen Gott abermals mit Chorgesang.

Der Sendbote kommt zur Residenz des anderen Königs, die mit Pyramiden blendend weißer Ameiseneier geschmückt ist. Es gibt ein Bankett mit glacierten Wespenschwänzen und gebratenen Flie-

Elsa Beskow ließ Waldwesen mit Fliegenpilzhauben gegen bedrohliche Ameisen kämpfen und auf Fledermausrücken über allen Gefahren schweben. 1910
schrieb und malte sie *Die Wichtelkinder,* nachdem sie durch die västmanlän-
dischen Wälder gestreift war.

genlarven im eigenen Saft. Die beabsichtigte Zusammenarbeit wird
mit weiblicher List sabotiert, und um den Ochsenknochen bricht
ein Krieg aus.

Die Epopöe endet im Geist der Tierfabel damit, dass der Mensch
aufgefordert wird, sich zu schämen, wie Ameisen Krieg zu führen.
Man liest diese Seiten, in denen es nach Harz und Wacholderzwei-
gen duftet und kleine, tapfere Ameisen mit erhobenem Fichten-
nadelschwert aufeinander losreiten, gern ein weiteres Mal.

Genau wie Elsa Beskow und Astrid Lindgren ging Almqvist voller Fantasien durch den Fichtenwald. Kinder und kindliche Menschen tun das gern, und für uns und für den Wald ist das nicht
unwichtig.

Gedächtnisverluste

Als ich jung war und träumte, über ein Europa großer zusammenhängender Wälder zu fliegen, sah ich unten zwischen den Bäumen Feuer glimmen. Wo sie brannten, gab es Menschen.

Ein anderes, realistischeres Bild findet sich in Sten Selanders *Det levande landskapet i Sverige*. Er berichtet von den lichten Flecken menschlicher Kultivierung im Waldesdunkel des Nordens.

Ein alter Rat für jemanden, der sich im Sommer in der norrländischen Waldlandschaft verlaufen hatte, lautete, auf einem Bergrücken auf eine Kiefer zu klettern und sich umzusehen, ob irgendwo in der dunklen Nadelwalddecke hellgrüne Birken schimmerten: Dort bestand die Aussicht, auf Bebauung und Menschen zu treffen.

Der Birkenwald am Fuß der Fjälls ist laut Selander eine kulturelle Schöpfung. Nicht nur in seinem Norden, sondern in ganz Europa hat die Kultur stark auf den Wald eingewirkt. Der große Umgestalter des Waldes ist in historischer Zeit weder die Klimaveränderung, noch sind es Stürme oder Brände. Es ist der Mensch.

Im zweiten Gesang des Kalevala wird erzählt, wie sich die Bäume belauben und der Kuckuck zu rufen beginnt, nachdem die unerhörte Eiche gefällt ist.

Beeren wuchsen auf dem Boden,
    goldne Blumen in dem Grase.
Alle Arten Gräser wuchsen,
    vielerlei entstand an Formen.
Nur die Gerste wollt nicht wachsen,
    edle Aussaat wollt nicht aufgehn.

Ein Vogel zwitschert dem weisen Väinämöinen einen Rat ins Ohr: Er soll noch mehr Bäume fällen und für die Saat eine Schwende abbrennen.

Väinämöinen, alt und wahrhaft,
    ließ ein scharfes Schlagbeil machen,

schlug dann eine große Schwende,
    rodet' eine Riesenfläche,
Fällte alle stolzen Stämme…

Der Mensch hat den Wald nicht nur verändert. Er hat auch Wälder ausgerottet. Jegliche Entwaldung in Europa geschah, damit die Menschen auf dem ehemaligen Waldboden Ackerbau betreiben oder ihre Städte, Dörfer und Straßen bauen konnten. In unserer Zeit kamen noch große oder, besser gesagt, lange und breite Areale für Autobahnen und andere Straßen hinzu, auf denen der Wald endgültig entfernt wurde. Die Kulturlandschaft Europas mit ihren gewellten toskanischen Hügeln, ihren Weingärten an den Hängen Südfrankreichs und ihren Olivenhainen in Griechenland hat den Wald abgelöst. In älterer Zeit, vor der galloromanischen Epoche, war das heutige Frankreich zu zwei Dritteln mit Wald bedeckt.

Roland Bechmann bezeichnet in seinem *Des arbres et des hommes* (Bäume und Menschen) das menschliche Einwirken auf den Wald in den darauffolgenden Zeiten als eine »exploitation abusive«, eine Ausbeutung über die Grenzen des Nützlichen hinaus. In karolingischer Zeit holzte man für Äcker und Bebauung ab. Geschützt werden musste der Wald nur, wenn er als königliches Jagdrevier dienen sollte. Im 12. und 13. Jahrhundert fällte man über Bedarf. Und als die Zünfte wuchsen und mit ihnen die Abhängigkeit von Rohstoffen aus dem Wald, nahm auch die Ausbeutung zu.

Noch offensiver wurde die Abholzung der Wälder wegen des hohen Holzbedarfs für den Gruben- und Bergbau im 16. und 17. Jahrhundert betrieben. Auch Robert Pogue Harrison meint in seinem *Wälder. Ursprung und Spiegel der Kultur*, dass der Impuls, Wald abzuholzen und schlichtweg auszurotten, oft weit über den materiellen Bedarf hinausgegangen sei und psychische Ursachen habe: »Der destruktive Impuls in Bezug auf die Natur hat nur zu oft psychische Gründe, die über die Gier nach materiellen Ressourcen oder das Bedürfnis, eine Umwelt zu domestizieren, hinausgehen.«

Die unter umweltgesinnten Folkloreenthusiasten weitverbreitete Auffassung, dass man den Wald in früheren Zeiten geschont habe, weil er heilig gewesen sei, galt nur für sehr kleine Bereiche. Das Heilige musste sich mit einem Hain oder letztlich mit einem einzigen Baum begnügen. In christlicher Zeit galten die Reste eines heiligen Waldes als Aufenthaltsort des Bösen. Propst Olaus Broman schreibt in *Glysisvallur*, dass es in seinem 17. Jahrhundert noch Espenhaine gebe, in denen die Bauern aus Angst vor übel gesinnten Mächten, die darin hausten und sich rächen könnten, keine Bäume zu fällen wagten.

Schon seit ernsthaft damit begonnen wurde, den Wald für industrielle Zwecke auszubeuten, gab es auch weitblickende Männer, die aus Gründen der Vernunft vor der Entwaldung warnten. Thomas Tusser, Bauer, Gärtner und Poet in einer Person, glaubte bereits 1577 zu sehen, dass »men were more studious to cut than to plant trees«. In England und Schottland wurden bereits seit dem Mittelalter Bäume gepflanzt, und es gab sogar Erlasse zur Pflanzpflicht. Als jedoch die Krone dann das Eigentum der Klöster einzog und an Privatleute verkaufte, wurden große Wälder abgeholzt. Mit der Expansion des Schiffbaus und dem vermehrten Holzkohlebedarf der Industrie waren die Holzpreise gestiegen.

John Evelyn, einer der Gründer der Royal Society in England und deren Sekretär, veröffentlichte Mitte des 17. Jahrhunderts Schriften, die im abendländischen Denken eine größere Zurückhaltung einführten. Sein berühmtestes Werk heißt *Sylva* und stammt aus dem Jahre 1664 (der vollständige Titel lautet *Silva or A Discourse of Forest-Trees*). Er war der Meinung, der Mensch solle dem Wald nicht zu viel Holz entnehmen. Er sah die Gefahr nicht nur im Bergbau, sondern auch im Schiffsbau und in der Glasherstellung und warnte vor der Entwaldung.

Evelyn war sehr weitblickend und schrieb auch ein Traktat, *Fumifugium*, gegen die Luftverschmutzung in den Städten durch die Fabriken. Er und seine Nachfolger sowie Thomas Tusser, der vor ihm gelebt hatte, waren belesene Humanisten, die ihre Argumentation mit Zitaten von Dichtern wie Vergil und Boëthius untermauerten. Evelyns *Sylva* liest sich vergnüglicher als moderne Untersuchungen. Die damaligen Debattierer über den Wald hinderte nichts daran, auf die *Odyssee* zu verweisen, in der Laertes, der Vater des Helden, in Erwartung der Rückkehr seines Sohnes aus dem Krieg Bäume pflanzt. Die heutigen Waldforscher und Umweltdebattierer sitzen sprachlich wie ideenmäßig in den Käfigen ihrer Zeit.

Mitte des 18. Jahrhunderts ging der Naturforscher George Louis Leclerc du Buffon in seiner Ansicht über den Wald, der in Frankreich noch übrig war, ziemlich weit. Er glaubte, große Kahlschläge würden es dem Boden ermöglichen, die Sonnenwärme besser zu nutzen. Durch Abholzungen im großen Stil ließe sich das Klima ändern. Kahlschlag und Entwässerung würden für Tausende von Jahren Wärme produzieren. Er wollte Frankreich allerdings nicht entwalden, sondern sah im Wald eine Ressource und redete durchaus der Waldpflege das Wort.

Kahlschlag (Endnutzung) ist etwas anderes als Entwaldung. Ist seine Lage nicht zu nördlich, kommt der Wald wieder, sei es angesamt oder gepflanzt. Manche Arten gehen unter, wenn man sie nicht in besonderen Schutzzonen schont. Gewöhnliche Arten kommen wieder. Viele können sich besser entwickeln, wenn die Bäume entfernt werden und sie mehr Licht und Nährstoffe bekommen.

Es dauert ein paar Jahre, bis Fichten- und Kieferpflanzen auf einem Kahlschlag lebensfähig sind. Lange Zeit ringen sie mit Birkentrieben und Espenschossen. Himbeergestrüpp wächst heran, und Weidenröschen breiten sich mit einer rosenroten Fackelpracht aus, die bald wie Daunen im Wind verfliegt. Die großen Kahlflächen bringen jedoch nicht nur botanische Verluste. Über die abgeholzten Jagen waren zwischen den Bäumen Pfade verlaufen. Sie sind für immer verloren.

In der Nähe der Dörfer wurden die Pfade durch tägliche Gänge ausgetreten. Schließlich holte man aus dem Wald, was man brauchte: Kleinholz zum Kaffeekochen, Brennmaterial zum Backen, Rinde zum Gerben und Birkenrinde zum Dachdecken. Man holte Laub zum Füttern und Wacholder für Fassbänder und Weidezaunbindungen. Man hieb Fichtenreiser ab, um sie auf die Vortreppe zu legen und zerhackt auf den Küchenfußboden zu streuen. In den Spucknapf legte man Wacholderreiser. Man suchte im Wald nach Material, aus dem man einen Deichselnagel oder einen Rechenstiel schnitzen konnte, und die laubgierigen Ziegen sorgten dafür, dass der Raum zwischen den Nadelbaumstämmen nicht zuwuchs.

Seit nahezu fünfhundert Jahren gibt es Schilderungen über den Normalzustand eines Waldes in unmittelbarer Nähe dörflicher Bebauung. Er war rücksichtslos abgeholzt, abgeweidet, abgeschält und von Schweinen zerwühlt. Noch in der Kindheit meiner Mutter zu Beginn des vorigen Jahrhunderts war der Wald hinter den Häusern der Müllabladeplatz des Dorfs. Glas und Eisenschrott warf man dorthin. Dass man mit dem Fuß in einem eisernen Bettgestell hängen blieb, wenn man Buschwindröschen pflückte, war nichts Ungewöhnliches. Stiefel mit gelösten Sohlen grinsten im Moor. Aus dem Wald hinter den Häusern kamen die alten Frauen mit Schürzen voller Zapfen zurück, mit denen sie unter dem Kaffeekessel einheizten, um ihm Dampf zu machen. Fast immer nahmen sie ein bisschen Müll mit hinaus, den sie in einem Moorloch oder unter einer Fichte entsorgten.

Die Kühe trotteten auf Pfaden, die weiter wegführten und über die auch die Menschen trampelten. Die Pfade, die in Hotagen, der Gegend, wo ich zuletzt gewohnt habe, auf den Kahlschlägen vernichtet wurden, waren uralt gewesen. Sie waren mit Stiefelsohlen, den Schalen des Wilds und den bloßen Füßen der Ziegen ausgetreten worden. Gräser hatten sich gebeugt, Blaubeersträucher nachgegeben. Wurden während der Sommermonate die Pferde, von den Fuhren schwerer Holzlasten befreit, in den Wald gelassen, hatte sich das Gewicht ihrer Hufe in die Pfade gehämmert. Hier und da fanden die weißen Fäden der Morchelmyzele einen frischen, von einem Pferdehuf aufgeworfenen Erdhaufen.

Die Pfade führten zu alten Siedlungen, die schon lange aufgegeben und verfallen waren, zu Heilquellen und Malbäumen, zu Kohlenmeilern und Teermeilern. Sie führten zu Seggenmooren und zu den Scheunen, in denen das Heu verwahrt wurde, bis es schneite und man es mit dem Schlitten holen konnte. Von diesen Pfaden aus fand man seine Pfifferlingstellen und die Plätze, wo man vor langer Zeit auf Elche angesessen hatte.

Es gab ein ganzes Netz aus Pfaden, das sich immer feiner bis in die Ausläufer der Fichtenwälder zu den Mooren und Fjällheiden hin verästelte. Dieses Netz war zugleich das Adergeflecht eines lebendigen Gedächtnisses, ein System feiner Gefäße, das den Kreislauf der Erinnerung versorgte und den Kulturverlust verhinderte. Von einem Pfad aus konnte man zeigen, wo der Vater oder sogar der Großvater einem Bären begegnet war. Er führte zu der großen Kiefer mit der von Auerhahnschnäbeln zerrupften Krone. Darunter lagen, aus Nadeln und auf Nadeln, die groben Kotwürstchen der Auerhühner. Hier hatte während der Balz der Urgroßvater auf der Lauer gelegen und geschossen.

In Ångermanland baten mich die Leute aus der Umgebung, ihnen dabei zu helfen, eine Kiefer als Malbaum unter Denkmalschutz stellen zu lassen. Vor langer Zeit hatten bei ihr Elchjäger angesessen und mit Messern Merkzeichen und später Initialen in die Rinde geritzt. Die Provinzialregierung antwortete auf mein Gesuch, es gebe so viele Ansitzkiefern, dass es völlig sinnlos sei, ausgerechnet diese zu schützen. Sie musste also bei der Abholzungen dran glauben. Ich konnte auf den Kahlschlägen allerdings keine finden, die verschont worden wäre.

Das war in den abholzungsoffensiven 1970er-Jahren. Aber auch noch Ende der 80er-Jahre ließen die für den Tourismus Verantwortlichen in Valsjöbyn Dürrlinge uralter Kiefern abhauen und zu Brennholz machen. Die Touristen brauchten etwas, womit sie in dem Windschutz, den man ihnen gebaut hatte, Würstchen grillen konnten.

Der silbrige Stamm einer toten Kiefer kann dank der konservierenden Öle in seinem Holz tausend Jahre aufrecht stehen bleiben. Er reckt seine vom Sturm verdrehten Astkronen gen Himmel und zeigt an, was vor Hunderten von Jahren die vorherrschende Windrichtung war. Jetzt wurden etliche dieser silbergrauen, alten Kiefern gefällt. Es war schlimm, und besonders bitter war es, dass dies zum Teil auf unserem Grund und Boden geschah, ohne dass man uns gefragt hatte. Manche Stämme hatten sogar Spuren alten kulturellen Gebrauchs getragen.

Man weiß, dass eine Kiefer 550 Jahre alt werden kann, eine Fichte 400. Die Kiefer aber kann als Dürrling also gut noch ein halbes Jahrtausend dastehen. Als Ende des 19. Jahrhunderts der Wald in großem Stil ausgebeutet wurde, waren diese Riesen die Ersten, die fielen.

Forscher haben Studien über geschalmte und vernarbte Bäume erstellt, die mit ihren Verletzungen etwas vom historischen Verhältnis zwischen uns und ihnen erzählen. Da sie jahrhundertelang stehen können, stellen diese Bäume ein lebendes biologisches Archiv dar.

»Si les arbres parlaient, il ferait bien ouïr«, schrieb Jean de La Fontaine. Er dachte vor allem an die Liebesgeschichten, die wir zu hören bekämen, wenn die Bäume sprechen könnten. Liebende haben ihre Initialen ja zu allen Zeiten in Rinden geschnitten. Die

Bäume erzählen mit ihren Kerben und Narben aber noch etwas anderes.

Ein Baum, der Spuren menschlichen Einwirkens trägt, wird CMT (*culturally modified tree*) genannt. Lars Österlund, Dozent für forstliche Vegetationsökologie, hat Forschungsgruppen geleitet, die verschiedene Typen kulturell bearbeiteter Bäume im schwedischen Wald analysiert haben. Man hat außerdem historische Quellen aus dem Mittelalter und ethnologisches Material durchgesehen und dabei Bäume gefunden, die sowohl mit alltäglichen menschlichen Verrichtungen als auch mit kultischen Gebräuchen verbunden waren. Zweck der Studien war es nicht nur, das Vorkommen noch vorhandener CMT und solcher, von denen die Quellen berichten, zu registrieren, sondern natürlich auch, Argumente für den Schutz der letzten noch übrigen zu liefern. Es sind nicht mehr viele, und die wenigen, die es noch gibt, stehen in Naturschutzgebieten und Nationalparks.

Im Titel einer seiner Untersuchungen nennt Lars Östlund unsere CMT *Trees on the Border between Nature and Culture*. Sie standen ja auch rein geografisch in einem Bereich, wo der Wald im Alltag erreichbar und begehbar war. Dort konnte man die Bäume nutzen, ohne sie zu fällen. Aus dem Bast der Kiefer gewann man ein Notmehl, das bei den Sami nicht nur in Hungerjahren ein Nahrungsmittel war. Das Rohmaterial für Axtstiele schnitt man direkt aus dem Baum, der wieder zusammenwuchs, wenngleich eine große, sichtbare Narbe zurückblieb. Eine geringelte, tote Kiefer bleibt mit ihrem Mal rings um den Stamm aufrecht stehen. Kiefern wurden auch verletzt, um Teer zu produzieren. Diese Bäume haben Brandmale vom Pottaschebrennen. Lebende Bäume benutzte man auch für Heureiter bei der Heuernte im Moor, indem man einfach Querstäbe hineintrieb.

Gekennzeichnet wurden Stämme an Eigentumsgrenzen oder dort, wo man seinen Grund und Boden abgrenzen wollte, damit nicht anderer Leute Vieh darauf weidete. Ansitzstellen wurden in den Stämmen mit Merkzeichen oder Buchstaben markiert. Man schnitt auch Zeichen in den Stamm, um die Schneehöhe verschiedener Jahre anzuzeigen.

Die Sami schnitten in uralten Zeiten Bilder ihrer mythologischen Wesen in die Bäume sowie Hohlräume, in denen sie Speisen opferten. Oft gab es in den Dörfern einen Baum, zu dem man ging, um Krankheiten zu heilen. Das konnte eine gewölbte Wurzel sein, unter der Kinder hindurchkriechen mussten, oder eine leierförmig gewachsene Kiefer. Man riss einen Span aus einer Kiefer und fuhr sich damit an einem schmerzenden Zahn entlang, bis das Zahnfleisch blutete. Dann brachte man den Span und damit hoffentlich das Übel zurück und steckte ihn wieder in den Baum.

Im 17. Jahrhundert schnitten eingewanderte Finnen menschliche Figuren in Baumstämme. Sie sollten einen Feind darstellen. In der Hoffnung auf Fernwirkung schlug man dort, wo das Herz der Figur saß, einen Nagel ein, oder man schoss auf das Bild.

Dass es viele solcher durch verschiedene kulturelle Gebräuche gekennzeichneten oder verletzten Bäume gegeben hat, macht eine Inventarisierung deutlich, die man in einem unserer Naturschutzgebiete durchgeführt hat. Man fand von Sami bearbeitete Bäume, und zwar bis zu 116 Stück pro Hektar.

Für diese Bäume hat es keinen Schutz gegeben und auch kein großes Interesse seitens des Staates oder der Forstunternehmen. In der örtlichen Bevölkerung haben Menschen sich dafür eingesetzt, bestimmte, für sie bedeutsame Bäume zu schützen. Sie haben jedoch machtlos zusehen müssen, wie ihre Geschichte und ihre kollektive Erinnerung vernichtet wurden.

Der von Mund zu Mund weitergegebenen Lokalgeschichte dienten die Malbäume und Pfade früher als Gedächtnisstützen. Ging man die Pfade entlang, war es ganz selbstverständlich, auf Stellen zu zeigen, wo sich das eine oder andere zugetragen hatte, einiges Übernatürliche und anderes nur großartige oder tragische Natürliche. Man suchte Schutz unter großen Fichten, unter deren schleifende Zweigröcke Menschen schon in alten Zeiten gekrochen waren. Eine Fichte, die mehreren Generationen Zuflucht geboten hatte, wurde zum Wind- und Regenschutz. Neben ihr konnte man ein Feuer machen, wenn man auf dem Ansitz war und fror oder wenn man während der Heuernte im Moor dort übernachtete.

Diese Schutzfichten und Pfade sind nun vernichtet und mit ihnen die Erinnerung. Als die Holzerntemaschinen und Grubber über den Wald rings um die Hasslingseen in Hotagen herfielen, wurden noch ältere Erinnerungen beschädigt und zerstört, nämlich

In der Tiefe des Waldes kann man noch immer Denkmäler wie den Steinofen von Häverö finden. Er wurde vermutlich zum Kalkbrennen benutzt.

die Fanggruben der Jägervölker. Wir erleiden auch botanische Verluste, wenn die Pfade vernichtet werden. Nachdem wir darüber diskutiert hatten, was bei der Abholzung der Wälder alles verloren gegangen ist, schrieb mir Gunnar Eriksson:

Wir erleben den Wald ja stets entlang der Pfade. Wir Holzfäller und Botanisierer verlassen ihn zwar hin und wieder, um unsere Objekte zu suchen, doch ist meine Erfahrung, dass fast alles Interessante auf oder nahe den Wegen und Pfaden wächst. Der Rest sind Hainmoos und Blaubeersträucher, die ich keinesfalls abwerten möchte, aber die gibt es am Wegesrand ebenfalls. Pfifferlinge wachsen oft auf halb überwucherten Pfaden – gerade die Zeit des Verfalls ist für die Lebenden wichtig.

Dass der Verfall Voraussetzung alles Lebendigen ist und man sogar einen Schönheitswert in ihm erblicken kann, ist mir erst spät

421

aufgegangen. Ich glaube, es war einer der Sami in Hotagen, der mich zum ersten Mal darauf hinwies. Mein mittelschwedischer und kleinbürgerlicher Ordnungssinn störte sich an den Holzscheunen, die unter der Last der Schneemassen eingestürzt waren, und an den baufälligen Koten in den alten Samiquartieren. Im Laufe der Zeit habe ich gelernt, dass sie uns etwas erzählen.

Wir und unsere Einrichtungen sind nicht ewig. In einer Umwelt, wo alles Alte vernichtet wurde, wo die Pfade verschwunden sind und die Fichtenwaldjagen sich in schnurgerader Einförmigkeit ausbreiten, könnte man dazu verleitet werden zu glauben, wir hätten Macht über die Zeit und den Verfall. Dieses Gefühl vermitteln auch die modernen Betonstädte, in denen alle alten Holzhäuser abgerissen wurden. Nietzsche schreibt über Zarathustra, als er in die Stadt hinuntergeht, er gehe dorthin, wo das Schicksal der Erde von Männern und Frauen entschieden werde, die an Gedächtnisverlust litten.

Ich habe gelernt, das silbrige Holz der Scheunen und die grün schillernden Flechten, mit denen sie überzogen sind, voll Zärtlichkeit zu betrachten. Verlust und Verfall gehören zum Menschlichen: »Gerade die Zeit des Verfalls ist für die Lebenden wichtig.« Wie soll eine Erneuerung aussehen, wenn sie nicht wenigstens die Erinnerung an das birgt, was gewesen ist?

Achtmal um die Erde

Meilen und meilenweit kein Hof, keine Hütte, nur Wald, nichts als Wald. Hochgewachsene Tannen mit harter, holziger Rinde und hochsitzenden Ästen, kein Jungwald mit weicher Rinde und weichen Zweigen, die die Tiere hätten fressen können!

Der große Wald in Selma Lagerlöfs *Eine Herrenhofsage* ist Tier und Mensch gegenüber feindlich. In der Geschichte von *Gösta Berling* ist er ein rauschendes Grab, wohin der versoffene Pfarrer und Dichter gehen möchte, um vom Tod überwältigt zu werden.

Dort in der Ferne, wo die Bäume gerade und säulengleich aus dem ebenen Erdreich aufragen, wo der Schnee in schweren Schichten auf reglosen Ästen ruht, wo der Wind keine Macht hat und nur ganz sachte in den Nadeln der Wipfel spielt, dort wollte er immer tiefer und tiefer hineinwandern, bis ihn eines Tages die Kräfte verlassen würden und er unter den großen Bäumen vor Hunger und Kälte sterbend niedersank.

Sie nennt ihn einen zehn Meilen großen Wald. In Volksmärchen, Romanen und Liedern konnte man von einem sieben, zehn oder gar zwölf Meilen großen Wald sprechen.

Nicht nur zehn Meilen große Wälder, sondern auch eine Meile, also zehn Kilometer große Wälder sind in Schweden so gut wie verschwunden. In Norrbottens Län gibt es oder gab es bis in jüngster Zeit in einem Radius von hundert Kilometern noch vier davon: im Nationalpark Muddus, im Naturschutzgebiet Sjaunja, im Quellgebiet des Pärlälven und in einem Waldgebiet etliche Kilometer südlich des Pärlälven. Einer dieser eine Meile großen Wälder wurde in den 90er-Jahren als Schießübungsplatz für Roboterwaffen genutzt. Über einem anderen veranstaltete das Militär Tiefflugübungen.

In einem solchen Wald kann man mittendrin stehen und ist nach allen Seiten eine Meile weit von wegelosem Waldgebiet umgeben. Es ist nicht ganz sicher, dass diese vier Wälder noch stehen, wenn Sie diese Zeilen lesen.

Durch diese großen Wälder zu kommen war schwierig. Anfangs gab es nur Pfade oder Reitwege, und man wanderte oder ritt am liebsten auf hoch gelegenem Terrain. Seit der Steinzeit haben sich die Menschen auf dem Kamm der Geröllrücken fortbewegt, wodurch dort Wege entstanden sind. Der streng konservative Leonard Rääf entdeckte darin eine moralische Wahl: »Unsere Vorväter scheuten keine Mühe, Höhen und das Licht der Anschauung zu erreichen.« Wahr ist wohl, dass man dort oben eine weitere Sicht hatte und die Pfade nicht so anstrengend waren, weil sie auf trockenem Boden verliefen.

Noch im 16. Jahrhundert gab es in Norrbotten keine Straßen, die mit Wagen zu befahren gewesen wären. Es führten jedoch reichlich Reitwege zu den Marktplätzen, wo die *birkarlarna*, die Lapplandhändler, schwunghaften Handel trieben, indem sie Mehl, Kupferkessel, Friesstoffe und Eisenwaren gegen Renhäute, Fellschuhe, Grauwerk und Dörrfisch tauschten. Vögte kamen auf die Märkte und erhoben Fellsteuern. Die Reitwege führten nicht direkt durch den Wald, sondern folgten den Flüssen Lule, Muonio und Tana. Im Winter mussten aus den Wäldern Teer und Bauholz geholt werden, doch die Tiefe der Wälder wurde von der Umtriebigkeit des Menschen nicht berührt. Straßen wurden als Erstes an der Küste und entlang der Flüsse angelegt.

Wichtig waren natürlich die Winterwege über die zugefrorenen Seen. Sie konnte man mit beladenen Schlitten und Ackjas befahren. Straßen durch den Wald anzulegen bedeutete auch im Süden viel Arbeit. Über Moore legte man Pferdebrücken in einer Breite von fünf, sechs Stämmen an. Auf Fußpfaden reichten Stege oder Springsteine. Den richtig dichten großen Wald mied man und legte die Wege über Heiden an. Ein Weg, der gerodet wurde, damit ein Karren vorwärtskommen konnte, war der erste Fahrweg. Man hieb Bäume und Büsche ab und füllte die Hohlräume und sumpfigen Stellen mit Erde und Reisern auf. Über kleinere Moore verlegte man Knüppeldämme aus Stämmen, bedeckte sie mit Reisern und zuoberst einer Erdschicht. Zur Wegelast bildete sich ein staatliches Regelwerk heraus. Die Pfade waren von Büschen und Jungwuchs freizuhalten. Stege über Bäche sollten aus flach behauenem Holz von insgesamt drei Dezimeter Breite errichtet werden. Ende des 19. Jahrhunderts wurde die Anlage von Stegen ein königliches Gebot.

Reiste man durch Schweden, musste man zusehen, wie man durch den Wald kam. Auf der Vädersolstavla der Storkyrkan in Stockholm kann man die Stadt auf Inseln liegen sehen, die bärtig sind vor Wald. Das eigentliche Thema des Bildes sind jedoch die Sonnenringe. Ringe um die Sonne waren wert, erinnert und bildlich festgehalten zu werden, denn sie waren nicht nur unheilverkündende Zeichen, sondern auch der Ursprung fürchterlicher Unglücke für Mensch und Vegetation.

Olaus Magnus schreibt in den *Historien der mittnächtigen Länder*, wenn sich Sonnenringe oder -höfe zeigten, könne es geschehen, dass in den Wäldern große Bäume umkippten, Flüsse über ihr Bett träten, Erdwälle sich spalteten und eine unermessliche Zahl von Mensch und Vieh ins Verderben gestürzt würde, dass Wege durch gewaltige Schneefälle unbefahrbar würden und Reisende bei einem Temperatursturz weder voran- noch zurückkommen wollten oder könnten und von einem unerwarteten Elend hinweggerafft würden. Die Massen an Eis und Schnee in den nördlichen Landstrichen beschreibt er als überwältigend, und er berichtet, dass bei Unwettern undurchdringlicher Nebel herrsche, der bewirke, dass Reisende »niemandt sehen oder kennen oder ihm weichen können, der auff sie stösset, er sei gleich, wer er wölle, Freund oder Feind«.

In Wäldern aber wird man offt, fürnemlich so etwa zwen eynander begegnen und eyner dem andern weichen will, durch die Bewegung der Bäum sehr höchlich verhindert, dann es fället der Schnee so dick, daß sich die Bäum darunter biegen und krümmen, insonderheyt die Alberbäum. Die ligen etwan so dick voll, daß sie sich krümmen wie eyn gespandt Armbrust. So man sie dann nur eyn wenig anrüret, so fallet es mit Hauffen herab auff die Wanderer und verhindert sie sehr vil. Es fallen auch offtermals die Bäum geschrenckt übereinander umb, von wegen der Schwere des Schnees, daß man gar nit fortkommen kan, es sei dann, daß man Äxt und Beiel hole und eyn Weg mache, wie ich dann mit der Warheyt bezeuge, daß es mir und meinem Gesind zum offtermale geschehen ist.

Im nördlichsten Schweden war es auch ein paar hundert Jahre später nicht leichter, auf den Reitwegen voranzukommen. Wir können Linné ein Stück begleiten, wie er von Umeå aus nach Norden reitet und in Jämtböle übernachtet. Es regnet. Zum Essen bekommt er eine Auerhahnbrust vorgesetzt, die von einem im Herbst zuvor geschossenen Vogel stammt. Sie schmeckt besser als befürchtet. Es gießt in Strömen, und er kann sich am nächsten Tag erst spät auf den Weg machen.

Um die Mittagszeit begab ich mich auf meinen Weg, von dem ich gestehe, daß ich an Schwierigkeit noch nie seinesgleichen gekannt habe, denn alle Elemente waren wider mich. Der Weg war ein bloßer Steinhaufen, von Baumwurzeln durchflochten, dazwischen große Löcher voll Regenwassers, denn der Regen und der

Bodenfrost, der nun aus der Erde wich, unterstützten einander. Wo ich mich hinbewegte, hingen mir nasse Zweige in die Augen. Wo kleine Birken standen, waren sie so niedergebeugt, daß man nur schwer vorwärtskam. Die langlebigen Kiefern waren, nachdem sie sich so viele Jahre über andere erhoben hatten, von Juno entwurzelt und lagen quer und kreuzweis über dem Weg. Die Bäche, die hier und dort rannen, waren recht tief und die wenigen darüberführenden Brücken so morsch, daß man mit Lebensgefahr auf dem stolpernden Roß saß.

Juno ist der Sturm, in seiner Bildwelt eine strenge Göttin. Der große Wald im Norden war kein Ort der Naturanbetung oder Entspannung. Schon seit dem Mittelalter schrieben die Dichter über die Angst »im schrecklichen Walde«, den Schrecken, den die Menschen empfanden, und die Gefahren, die auf sie lauerten, wenn sie sich im Wald verliefen. Er war gefährlich. Er trennte Menschen voneinander, er machte sie einsam und womöglich wahnsinnig.

1884 schreibt der Kulturhistoriker Hans Hildebrand *In Sveriges medeltid* (Schwedens Mittelalter), nachdem er zunächst entwickelt hat, wie im Mittelalter das Wasser die Kontakte begünstigt habe, über den Wald:

> Die Wälder dagegen, die sich tief, dunkel und still um die Dörfer schließen, haben eine stark isolierende Wirkung. Sie verhindern die Verbindungen zwischen den Dörfern, sie zwingen die Menschen, sich an die Hilfsmittel zu halten, die sie in sich und in ihrer nächsten Umgebung finden, sie machen die Sinne tiefer, das Gemüt düsterer, den Willen träger, sie verleihen den Gewohnheiten Dauer. Nehmen wir die Wälder fort, zeigen sich die Folgen sowohl im Charakter der Menschen wie in den äußeren Bedingungen menschlichen Lebens.

Wir müssten jetzt also weniger düster sein, nachdem die großen Wälder verschwunden sind und durch die übrig gebliebenen Straßen gezogen wurden. 5 670 000 Kilometer Straßen gibt es in unserem Land. Über die Hälfte davon sind Forststraßen.

Diese Holztransportwege wurden in den 1970er- und 80er-Jahren mit staatlicher Unterstützung ausgebaut. Laut einer Norm der

Holzwirtschaft soll der Abstand zwischen Bäumen, die abgeholzt werden sollen, und der nächsten Straße einen halben Kilometer nicht übersteigen. Am liebsten sähe man es, wenn er nicht mehr als dreihundert Meter betragen würde. Es droht die totale Zersplitterung der Waldlandschaft, wird diese Regel angewandt. Sie gilt heute nicht immer als wirtschaftlich begründet. Der Staat ist restriktiv geworden. 1992 hat er die Unterstützung eingestellt, bezahlt sie jedoch nach wie vor für noch unfertige Wege und zur Deckung zugesagter Kreditgarantien aus.

Die Zersplitterung ist bereits Fakt. Die Wälder sind heute von einem Straßennetz durchzogen, das, in eine Linie gebracht, gut sieben-, wenn nicht gar achtmal um die Erde reichen würde. Der Naturinventarisator Åke Aronsson in Gällivare, der in den 1990er-Jahren Flurkarten und Satellitenbilder studiert hat, kommt auf achtmal. Er hat auch die vier eine Meile großen Wälder ausfindig gemacht, die es zu Beginn dieses Jahrzehnts noch gab.

Rolf Edberg glaubte dennoch, dass wir in Schweden wieder einen unbehelligten Wald mit natürlicher Verjüngung bekommen könnten. In *Så länge skogen växer* schrieb er:

> Meine wehmütige Vermutung ist, dass der Weg zurück zu einem Wald, der unter vollkommen natürlichen Bedingungen wächst, weit werden kann. Ein Getreideacker reift in einem Jahr zur Ernte heran, ein Waldacker in etwa einem Jahrhundert. Die Wunden nach den Jahrzehnten des Leichtsinns werden noch lange vorhanden sein. Wir wollen dennoch gern glauben, dass wir einen Wendepunkt erreicht haben und dass auch künftigen Generationen das Gefühl, die Sicherheit, die Zusammengehörigkeit und zugleich das Abenteuer gegeben werden, wie sie für ältere Wanderer im Wald ihrer Kindheit so selbstverständlich waren.

Dieser wehmütige Gedanke mag vielleicht tröstlich sein, aber dass der Wald, den es einmal gegeben hat, wiederkehrt, ist unwahrscheinlich. Zu vieles hat sich verändert. Von ein paar Jahrzehnten des Leichtsinns kann kaum die Rede sein. Es waren Zeiten streng ökonomischen Denkens und knallharter Argumentation für die Ausbeutung.

In Schweden ordnet man eine Untersuchung an, wenn etwas falsch gelaufen ist. Sie kommt oft spät, weil wir lange brauchen, bis wir merken, was eigentlich passiert. Unser Wunschdenken gaukelt uns etwas vor.

Der Untersuchungsbericht *Skogspolitiken inför 2000-talet* (Forstpolitik an der Schwelle zum 21. Jahrhundert) von 1992 wurde als Zukunftsdokument für den schwedischen Wald bezeichnet. Man wollte fünf Prozent der Waldfläche unseres Landes von der Bewirtschaftung ausnehmen. Das hätte zur Folge, dass die Naturschutzflächen binnen dreißig Jahren verdoppelt würden. Die Umweltbehörde möchte beim Schutz bedrohter Arten und natürlicher Milieus sogar noch weiter gehen. In den Lagen unterhalb des fjällnahen Waldes (600 000 Hektar), so die Behörde, seien große Schutzgebiete vonnöten, die bis zu 1000 Hektar umfassen sollten. Doch die Naturschutzgebiete werden seitdem in einer heißen Diskussion infrage gestellt.

Hat bei uns etwa ein neues forstwirtschaftliches Denken Einzug gehalten? Die Endnutzung ist nach wie vor die geltende Methode. Die Maßnahmen der Regierung zur Erhaltung von schützenswertem Wald bekunden gegenüber der öffentlichen Meinung einen Sinneswandel. Draußen im Wald jedoch herrscht Business as usual. Dort werden Ausnahmegenehmigungen erteilt.

Trotzdem hat sich die Einstellung der Forstunternehmen seit den 1970er- und 80er-Jahren geändert. Jetzt wollen führende Ideologen der Forstwirtschaft, dass man mit der Natur arbeite, nicht gegen sie. Das hätte zur Folge, dass die Kahlschläge nicht mehr ganz so kahl ausfielen wie früher. Sumpfwald soll nicht mit größter Selbstverständlichkeit abgeholzt und junger Laubwald in Schach gehalten, aber nicht ausgerottet werden. An den Bächen möchte man einen Schirmbestand erhalten. Und vor einer Abholzung soll das betreffende Areal inventarisiert werden. Ziel ist es, die Artenvielfalt zu bewahren. Wohnbäume und Balzkiefern des Auerhahns sollen geschützt werden.

Und wie wird dies in der Praxis befolgt?

Nie hat der Mensch so viel Macht über die Erde besessen, die er, um auf ihr und von ihr zu leben, bekommen hat. Wir haben die Macht des Begehrens. Den Zwang des Verzichts kennt die moderne Zivilisation nicht.

Der Begriff Wald wird von den Vertretern der Holzwirtschaft anders definiert als von den Umweltdebattierern. Und der Weißrückenspecht definiert ihn dadurch, dass er lebt oder stirbt, auf seine Weise. Ein Forstbürokrat wie Nils-Erik Nilsson definiert ihn überhaupt nicht; er hält in *Sveriges Nationalatlas* den Begriff Wald für verbraucht.

In künftigen Rückblicken auf die Forstpolitik des zwanzigsten Jahrhunderts und ihre Abholzungspraxis wird Forstwirtschaft vielleicht ein so abgewerteter Begriff sein, dass man ihn austauschen muss. Entweder beschönigt man ihn, indem man sie neu und ansprechender benennt, mit der Ausbeutung des Waldes aber unbeirrt fortfährt. Oder aber man ändert die forstwirtschaftliche Praxis so radikal, dass dafür ein neues Wort unumgänglich erscheint.

Wie auch immer, das Wort Wald wird das Wort Forstwirtschaft wahrscheinlich überleben.

In der Einleitung zu *Det levande landskapet in Sverige* schreibt Sten Selander, dass mit dem Beginn des Maschinenzeitalters eine neue geologische Epoche das Quartär abgelöst habe. Der Mensch sei damals zu einer den Naturkräften gleichgestellten Macht geworden. Selander ist der Meinung, dass wir die Erde bereits definitiv umgestaltet hätten. Das war 1955.

Selander sah früh klar und besaß eine bestürzende Einsicht in das, was sich Mitte der 50er-Jahre vollzog und bereits vollzogen hatte. Aufgrund dieser Einsicht schrieb er eines der wertvollsten Bücher über die schwedische Landschaft, die je veröffentlicht wurden.

Vierzig Jahre später schrieb Simon Schama *Der Traum von der Wildnis: Natur als Imagination*, worin er dem Menschen gerade mal eine modifizierende Rolle im Ökosystem einräumt.

Objektiv betrachtet agieren natürlich die verschiedenen Ökosysteme, die das Leben auf diesem Planeten aufrechterhalten, unabhängig von menschlichem Wirken, genau wie sie das vor dem hektischen Aufstieg des *Homo sapiens* getan haben. Doch es ist auch wahr, daß es schwerfällt, an ein einziges derartiges natürliches System zu denken, das nicht, zum Guten oder zum Bösen, durch menschliche Kultur in seinem Wesen verändert wurde.

Schamas und Selanders Sichtweise unterscheiden sich dadurch, dass sie den Begriff Landschaft verschieden definieren. Selander sieht in ihr eine naturgegebene Ursprünglichkeit, die durch menschliche Nutzung gewaltsam verändert werde. Für Schama ist die Landschaft ein kulturelles Produkt. Nicht einmal die Wildnis walte über sich selbst, denn es sei der Mensch, der sie verorte und benenne. Laut Schama hat der Mensch die Landschaft in dem Moment erfunden, als er sie entdeckt und dargestellt hat, nicht zuletzt im Bild. Das Wichtigste an Schamas Darstellung ist sein Entschluss, uns die Veränderungen nicht betrauern zu lassen oder uns ihrer schuldig zu fühlen. Er schreibt: »Und die Ansicht, die *Der Traum von der Wildnis* vertritt, ist es, daß dies kein Anlaß zu Schuldgefühlen und Reue ist, sondern gefeiert zu werden verdient.« Er scheint von unserer schuldbeladenen Beklemmung über den Zustand der Dinge genug zu haben.

Harry Martinson, ein Zeitgenosse Selanders, schrieb seine Betrachtungen über die Landschaft in erstaunter Hingerissenheit über ihre Vielfalt und ihren Reichtum, aber auch in einem Geist von Schuldbewusstsein und tiefer Trauer. Schama räumt zwar ein, dass der menschliche Einfluss auf die natürliche Umgebung »kein reiner Segen« gewesen sei, glaubt aber nicht an eine naturwüchsige Ursprünglichkeit.

Selander bezeichnet mit dem Wort Landschaft sowohl die naturwüchsige als auch die von Menschen geformte; wir haben die ursprüngliche Landschaft geformt und sie mit Schwenden, Äckern und Wiesen, mit Weideland, entwässerten Feuchtgebieten, Kahlschlägen, wiederaufgeforstetem Wald und abgeweideten Böden, die zu Heiden wurden, umgestaltet. Schamas Landschaft dagegen entsteht erst unter dem Blick des Menschen und ist in dem Moment, wo sie als Wildnis beschrieben wird, schon ein Kulturprodukt.

Er hat natürlich insofern recht, als das Wort Landschaft in seiner Sprache eine andere Bedeutung hat als in unserer. Es kam im 17. Jahrhundert über das Niederländische ins Englische und bezeichnete damals wie Hering und Leinen, Wörter, die zur selben Zeit dorthin einwanderten, ein kulturelles Produkt.

Wir gebrauchen das Wort dagegen schon seit dem Altschwedischen, weswegen Schamas Thesen in der Übersetzung ziemlich sonderbar wirken.

Sten Selander verwendet das Wort Landschaft in der Bedeutung, die im Wörterbuch der Schwedischen Akademie als »Gebiet, das hinsichtlich Geländeformen, Pflanzendecke, anthropogeografischer Verhältnisse u. dgl. eine Einheit bildet«.

Wir sprechen im Schwedischen sowohl von Naturlandschaft als auch von Kulturlandschaft. Ersteres existiert in Schamas Begriffswelt im Grunde gar nicht, ist er doch der Meinung, dass eine Landschaft stets vom menschlichen Blick und von unseren Beschreibungen geformt wird.

Selander dagegen hat keine Schwierigkeiten, sich Landschaften, die kein Mensch je gesehen hat, vorzustellen und zu beschreiben. Er sieht die Wasserströme des schmelzenden Landeises den Felsengrund erodieren oder Gletscherflüsse Geröll schleifen und dort, wo Schweden entstehen soll, als Oser ausspucken. Die Trauer in seinem Blick erschafft stets mit; er sagt, diese Geröllrücken würden dem Straßenbau zum Opfer fallen.

Bei kompetenten schwedischen Beschreibern unserer Landschaft findet sich ein Bodensatz der Trauer. Wir scheinen immer etwas Verlorenem nachzuweinen. Bei Schama wird diese Einstellung als Illusion abgetan.

Was mich betrifft, so verwende ich das Wort Landschaft natürlich im schwedischen und selanderschen Sinn und vermeide, wenn irgend möglich, die modische Bezeichnung Natur. Sie ist zu einem abstrakten und gelegentlich quasireligiösen Terminus verkommen. Will man dem Naturgegebenen einen religiösen Anstrich verleihen, kann man es Schöpfung nennen. Das Wort Natur beschreibt nichts von all dem, was um uns herum ist. Es bezeichnet dies nicht einmal, Natur gibt es innerhalb unseres Körpers schließlich ebenso sehr wie außerhalb. Dass die Natur an der Gemeindegrenze oder im Sommerhausgebiet anfangen soll, ist falsch.

Aber »die Natur« (in der bestimmten Form) ist mittlerweile ein Trostbegriff des säkularisierten Menschen, der dunkel erfasst, dass sein Anspruch an Energie und Raum unrechtmäßig und katastrophal ist. Moderne Menschen sehen die Natur wie das Volk Israels Jahwe gesehen hat: als Schutzgeist wie auch als Katastrophenauslöser. Man widmet ihr mittels Ökolabel einen frommen Seufzer auf Geschirrspülmittelflaschen und nutzt sie zur Herstellung von Wasserstoffbomben. An die Natur zu denken und in sie hinauszugehen vermittelt das Gefühl, es gebe etwas der Zivilisation Übergeordnetes, und der Gedanke an dieses Etwas ist tröstlich und heilsam.

Durch die Betrachtungsweise der Natur, der wir angehören, verläuft eine Trennlinie. Mal ist sie scharf, mal diffus. Für extreme Tierschützer sind Tiere nicht nur mit dem Menschen gleichwertig, sondern sogar von besserer und unschuldigerer Art. Man kann sagen, dass sie eine andere Ordnung als die des Menschen anstreben und den Humanismus ohne Weiteres schlachten.

Radikale Umweltfreunde wollen uns zurückführen und einem Naturzustand näher bringen. Sie scheinen willens zu sein, den Wohlstand aufzugeben, den die Holzwirtschaft Schweden gebracht hat. Dazu gehören im Übrigen auch Schulen und Krankenhäuser. Ich weiß nicht, ob sie deren Verlust einkalkulieren oder ob sie glauben, mit einer drastisch veränderten Umweltpolitik verschwände lediglich der oberflächliche und ungesunde Überfluss.

Auf der anderen Seite einer solch scharfen Trennlinie stehen diejenigen, für die Tiere Ungeziefer sind oder für die es keine größere Rolle spielt, ob die eine oder andere Art überlebt. Man kann es auch so ausdrücken, dass Dinge, um die sich die Mehrheit nicht kümmert, im Grunde genommen gleichgültig sind. Der in unserem Nationalatlasprojekt für den Wald zuständige Redakteur Nils Erik Nilsson schreibt über Arten, die in unseren Landschaften bedroht sind: »Gewiss ist es traurig, dass unsere Wiesenblumen verschwinden. Aber die Mäher sitzen längst in der Stadt und schauen sich im Kabelfernsehen Sportsendungen an.«

Um nicht in Zynismus zu verfallen, müssen wir uns wohl klarmachen, dass es zwischen dem Menschen und dem, was er Natur nennen möchte, eigentlich keine Trennlinie gibt. Wir müssen ferner begreifen, dass nicht alle vor dem Fernseher hocken und Sport gucken. Viele sind draußen und inventarisieren in ihrem Teil der Landschaft die Flora.

Die Hetze im Wald

Nils-Erik Nilsson, dem ehemaligen Abteilungsleiter und Professor für Forsteinrichtung, könnte man ein Stück in den Wald folgen, ganz so, wie ich in diesem Buch Herrn Olof, König Sverre, Olaus Magnus, Anders Kempe, Magnus Hendric Brummer, Elias Fries und vielen anderen Herren gefolgt bin. Nilsson ist der fröhlichste und optimistischste von ihnen. Im Klappentext des von ihm verantworteten Bandes von *Sveriges Nationalatlas* schreibt er:

> Ich persönlich fühle mich »nahe der Natur«, wenn ich bei einem Orientierungslauf in dem Moment, wo nach strömendem Regen die Sonne hervorkommt, durch eine Dickung aus Fichten und Birken dringe – oder um die ganze Wahrheit zu sagen –, ich fühle mich der Natur auch dann nahe, wenn es weiterregnet.

Ja, das ist vermutlich die ganze Wahrheit über sein Naturgefühl. Aber nicht über den Wald. In dem dichten Bestand junger Birken und Fichten stehen nämlich diejenigen, die dort daheim sind. Sie fliehen, wenn er kommt.

Nilsson rennt auf dem kürzesten Weg, den er sich bahnen kann, von Kontrollpunkt zu Kontrollpunkt. Im Grunde ist es wahrscheinlich lohnender, dem Rehbock zu folgen, der vor ihm flieht. Natürlich ist es nicht möglich, ausgerechnet Nilsson mit dem Bock, der ihm als Erstes ausweicht, zusammenbringen. Ich borge mir deshalb einen Bock aus der Untersuchung, die 1989 beim Zehnmeilen-Staffellauf auf Bogesundslandet nördlich von Stockholm mithilfe kontinuierlicher Telemetrie gemacht wurde. Der Zoologe und Wildforscher Olof Liberg leitete eine Forschergruppe an, die den Wettlauf begleitete. Er schrieb auch in der Zeitschrift *Svensk Jakt* darüber, wie die in jenem Wald heimischen Rehe auf die Masseninvasion der Läuferinnen und Läufer reagierten.

An jenem Sonntag steht irgendwo ein junger Rehbock mit einem Peilsender in einem Halsband und lauscht fremden Geräuschen. Der Maimorgen ist klar und windstill. Der Bock hat die Treiberwehr, die die Tiere aus dem Wettlaufareal vertreiben soll, längst gehört. Doch Rehe bewegen sich nicht so bereitwillig wie Elche.

Deshalb hat er sich nur zu einem Hang im nördlichen Teil seines Reviers begeben.

Das Treiben verstummt, und der Bock kehrt in den Süden zurück, wo er zu Hause ist. Den Nachmittag bringt er dann im Sumpfwald um einen See zu. Er bewegt sich mehr als sonst, denn er ist nicht ungestört. Auf drei verschiedenen Strecken kommen die Läuferinnen der Damenklasse in den südlichsten Teil des Waldes gerannt, wo er Schutz gesucht hat. Er fühlt sich trotzdem relativ sicher und kann vermutlich äsen. Doch seine Lage wird noch bedrängter werden. Am Abend gegen neun Uhr ist er eingeschlossen.

Jetzt kommen die Läufer der ersten und zweiten Etappe der Herrenklasse gerannt, und ein Strom von Läufern ergießt sich durch den westlichen Teil seines Reviers. Bis zu tausend Leute rennen vorbei, und etwas weiter südlich laufen in einem fort die zweitausend Teilnehmerinnen der Damenklasse.

Man fragt sich, was er von der Lautsprecherstimme hält, die einen halben Kilometer von ihm entfernt dröhnt. Dort liegt der Start- und Zielbereich, wo sich seit dem frühen Morgen siebentausendfünfhundert Wettläufer und unzählige Veranstalter und Zuschauer tummeln.

Er flieht zu dem Hang, wo er am Vormittag gestanden hat. Dort schlägt er eine andere Richtung ein und flieht nach Nordwesten. Er ist auf Läufer gestoßen, die sich vor dem Start aufwärmen. Um halb zwölf Uhr in der Nacht kann er einer frontalen Begegnung mit den Orientierungsläufern nicht ausweichen. Das flackernde Licht der Stirnleuchten kommt immer näher, und der Waldboden dröhnt von dumpfen Schritten. Es sind die Läufer der dritten Etappe der Herren, die angeströmt kommen. Der Bock flieht weiter in Richtung Nordwesten bis zum See Holmingeviken, wo er nicht weiterkommt. Er ist jetzt zwei Kilometer von seinem heimischen Bereich entfernt. Den Rest der Nacht steht er an den steil zum See abfallenden Hängen. Bestimmt sieht er einen Kilometer weiter nördlich, wo die Läufer über eine schmale Landzunge rennen, das unruhig sich im Wasser spiegelnde Licht der Stirnleuchten.

Am Morgen versucht er heimzukehren, aber um halb acht wird er von den Läufern der letzten Etappe der Herrenklasse daran gehindert. Wieder flieht er nach Nordwesten. Gegen zehn Uhr versucht er erneut in sein Revier zu gelangen. Als er dort ankommt, hat es auf der letzten Etappe einen Neustart gegeben, und eine neue Woge von Läufern bricht herein. Der Bock wird hinausgehetzt.

Erst am Nachmittag, nachdem er anderthalb Kilometer von seinem angestammten Platz entfernt gewartet und gelauscht hat, wagt er es, vorsichtig den Rückweg anzutreten. Am Nachmittag um zwei Uhr ist der Lauf zu Ende. Die Autos dröhnen davon. Der Wald gehört wieder ihm.

In den 1970er-Jahren kam eine heftige Debatte über Orientierungsläufe und ihre Auswirkungen auf Tier- und Pflanzenwelt auf. Gegen diese Invasionen waren nicht nur Tier- und Umweltfreunde, sondern auch Jäger. Alle wussten, dass die Tiere gestört wurden und ihre gewohnten Reviere verlassen mussten. Dass Rehe bisweilen erschöpft waren und apathisch vor Stress liegen blieben, war kein Geheimnis. Auch nicht, dass schon etliche zu Tode gehetzt worden waren.

1981 erschien ein Bericht der staatlichen Umweltbehörde über die Auswirkung von Orientierungsläufen auf Elche und Rehe. Dazu hatte man Läufe mit 600–2000 Teilnehmern untersucht. Bei den größeren Wettläufen wurden die Strecken ohne Rücksicht auf die Reviere der Tiere festgelegt. Die Gebiete wurde nicht abgetrieben. Der Bericht kam zu einem für den Sport erfreulichen Ergebnis: Diesmal waren keine Tier gestorben.

In der Zusammenfassung des Berichts heißt es:

Unter Berücksichtigung anderweitiger Ergebnisse lautet die Schlussfolgerung aus dieser Untersuchung, dass Elche mit tragbarem Aufwand effektiv aus dem Wettlaufgebiet getrieben werden können, weshalb bei der Festlegung der Strecke und Ausweisung der Freizonen hauptsächlich auf Rehe und Niederwild zu achten ist. Durch eine gute Veranstaltungsplanung lassen sich unseres Erachtens die Risiken für direkte Todesfälle aufgrund von Stress und Hetze minimieren.

Unter dem Druck dieser Debatte wurden für Rehe und Elche geschützte Bereiche ausgewiesen, und man versucht bei allen größeren Orientierungsläufen, die Tiere aus den Veranstaltungsgebieten zu treiben. Um so manchen sturen Elch zu verjagen, wurden mitunter Hunde eingesetzt. Das ist aus dem Blickwinkel des Menschen und der Umweltbehörde ein »tragbarer Aufwand«.

Wem gehört der Wald? Teilen wir ihn mit den Tieren und Pflanzen, oder gehört er nur uns? Wie tragbar ist die Masseninvasion bei einem Orientierungslauf?

Mitte der 60er-Jahre fand erstmals der O-Ringen-Lauf mit Teilnehmern aus Dänemark, Schonen und Blekinge statt. Damals rannten 167 Wettläufer durch den Wald. Seitdem wird dieser große Orientierungslauf jedes Jahr veranstaltet. 1976 fand er in Ransäter in Värmland statt. Da waren es etwa 15000 Teilnehmer. 1983 in Småland wetteiferten 22 498 Menschen miteinander. In den 90er-Jahren lag die Zahl der Teilnehmer zwischen 15- und 20000. Sie ist in den vergangenen zehn Jahren nicht gesunken. Dabei bewegen sich nicht nur diese zwanzigtausend Tapferen durch das Gelände. Es kommen noch Scharen von Veranstaltern, Händlern und Zuschauern hinzu. Die Werbung für den O-Ringen-Lauf des kommenden Jahres lockt mit »einem Volksfest, das großartige Erlebnisse während des Orientierungslaufs sowie bei allen Aktivitäten nach Beendigung des Laufs bietet«.

Zuerst lässt man Hunde und Treiber in das Gebiet, in dem der Lauf stattfinden soll, dann die Leute, welche die Strecken und die Start- und Zielbereiche festlegen, und schließlich zwanzigtausend Läuferinnnen und Läufer samt ihrem großen Gefolge. Die Tragbarkeit des Ganzen entscheidet sich danach, wie man das, was man »die Natur« nennt, der man doch so gern nahe sein möchte, sieht.

Ein Mann läuft durch den Wald. Er hat einen abgehärteten, schönen Körper, den er gegen Schmerz und Unlust widerstandsfähig gemacht hat. Er kann in einem schwierigen Gelände weite Strecken laufen, ohne schlapp zu machen. Er kennt seinen Körper und beherrscht ihn.

Trotzdem geschieht das Unbegreifliche: Er fällt, und als man ihn findet, schlägt sein Herz nicht mehr. Er ist bei seinem Lauf durch den Wald gestorben.

Es war von Anfang an ein Rätsel, wie ein gut trainierter Eliteläufer im Wald plötzlich sterben konnte. Die Ursache war allen schleierhaft. War er infiziert?

Aber ebenso wenig, wie ein Tier Herrn Olof bei seinem Ritt durch den Wald die tödliche Krankheit beigebracht hatte, war der Sportler von einem Tier gebissen oder infiziert worden. Auch wenn man das eine Weile glaubte.

Es haben noch mehr tüchtige Sportler auf diese Weise ihr Leben gelassen. Am schlimmsten war es in den 90er-Jahren, als sieben aktive Sportler an dieser unerklärlichen Krankheit starben.

Schließlich wurde das Rätsel gelöst. Die Ursache waren TWAR-Chlamydien, schwer nachweisbare Bakterien, die aufgrund ihrer hohen Temperaturempfindlichkeit außerhalb des menschlichen Körpers schnell inaktiv werden. Sie haben dem Mann bei seinem Waldlauf den Todesstoß versetzt.

Sind sie böse?

Ja, die Familie des Eliteläufers, seine Freunde und Klubkameraden und die meisten, die von diesem tragischen Todesfall lasen, waren sicherlich dieser Meinung.

Ein Elfenschuss. In einigen Varianten des Lieds über Herrn Olof war es ein Schuss oder ein Schlag, der ihn tötete. Meistens aber war es etwas Unsichtbares.

Astrows Sorge

In Anton Tschechows Stück *Onkel Wanja* versucht der Arzt Michail Lwowitsch Astrow mit den Menschen auf dem serebrjakowschen Gut über Forstwirtschaft zu reden. In der dort herrschenden düsteren Zerstreutheit hält man dieses Gesprächsthema für bizarr. »Wald und immer nur Wald. Eintönig, denke ich«, sagt die schöne Jelena Andrejewna. Nur Sonja versteht Astrows intensives Engagement:

Nein, es ist außerordentlich interessant. Michail Lwowitsch pflanzt jedes Jahr neue Wälder an, er hat schon eine Bronzemedaille und ein Diplom bekommen. Er sorgt dafür, daß die alten Wälder nicht vernichtet werden. Wenn Sie ihm zuhören, dann werden Sie völlig mit ihm übereinstimmen. Er sagt, Wälder verschönern die Erde, sie lehren den Menschen, das Schöne zu verstehen, und flößen ihm eine erhabene Stimmung ein. Wälder mildern das rauhe Klima. In Ländern mit mildem Klima verwendet man weniger Kräfte auf den Kampf mit der Natur, und darum ist dort der Mensch auch weicher und milder.

Iwan Petrowitsch, Sonjas Onkel Wanja, lacht über Astrows Theorien und sagt, er für seine Person werde die Öfen weiterhin mit Holz beheizen und die Scheunen aus Brettern bauen. Aber Astrow bleibt hitzig:

Du kannst die Öfen mit Torf heizen und die Scheunen aus Stein bauen. Gut, ich habe nichts dagegen, wenn man Wälder ausschlägt, wo es nötig ist, aber warum sie vernichten? Die russischen Wälder erzittern unter der Axt, Milliarden von Bäumen sterben, die Behausungen von Tieren und Vögeln werden verwüstet, die Flüsse versanden und trocknen aus, wunderbare Landschaften verschwinden unwiederbringlich, und das alles, weil der faule Mensch nicht Verstand genug hat, sich zu bücken und das Brennmaterial aus der Erde zu holen.

Er appelliert an Jelena Andrejewna und sagt, man müsse ein Barbar ohne Sinn und Verstand sein, wenn man all diese Schönheit verbrenne, die man nicht wiedererschaffen könne.

Der Mensch ist mit Vernunft und Schöpferkraft begabt, um zu vermehren, was ihm gegeben worden ist, aber bis heute hat er nichts geschaffen, sondern nur zerstört. Wälder gibt es immer weniger und weniger, die Flüsse versiegen, das Wild stirbt aus, das Klima ist verdorben, und mit jedem Tag wird die Erde ärmer und gesichtsloser.

Wenn Astrow an den Wäldern vorbeikommt, die er vor dem Kahlschlag gerettet hat, oder wenn er den Wald rauschen hört, den er selbst gepflanzt hat, meint er, sich in gewissem Umfang zum Herrn über das Klima gemacht zu haben und einen kleinen Anteil daran zu haben, dass Menschen in tausend Jahren glücklich sein werden. »Wenn ich eine Birke pflanze und dann sehe, wie sie grünt und sich im Winde wiegt, erfüllt sich meine Seele mit Stolz ...«

Er verstummt, als er merkt, dass er seine Umgebung langweilt. Doch es scheint etwas hängen geblieben zu sein. Die vor Überdruss verzweifelte schöne Jelena Andrejewna ruft aus:

> Wie Astrow eben gesagt hat: Ihr alle zerstört die Wälder ohne Sinn und Verstand, und bald wird es nichts mehr geben auf der Erde. …Weil…in euch allen der Dämon der Zerstörung sitzt. Euch tut es nicht leid um die Wälder, die Vögel, die Frauen, nicht einmal um euch selbst.

Astrow verliebt sich heftig in sie, gibt ihr aber letzten Endes die Schuld daran, dass auf dem Gut das Chaos ausgebrochen ist. Seiner Meinung nach haben sie und ihr Mann alle mit ihrem Müßiggang angesteckt. Auch er hat nichts getan, und während er für Jelena Andrejewna geschwärmt hat, haben die Bauern ihr Vieh in seinen frisch gepflanzten Wäldern weiden lassen. Er ist außer sich. »…ich bin davon überzeugt, daß, wenn Sie hierbleiben, die Verwüstung riesige Ausmaße annehmen würde. Ich würde zugrunde gehen…«

Er hat geglaubt, bei ihr Interesse für Waldpflege und Sorge über den stattfindenden Raubbau wecken zu können. In einem der längsten Monologe des Stücks versucht er ihr verständlich zu machen, was ihn in seinem Leben am meisten interessiert. Er beschreibt das Alltagsleben auf dem Gut, bevor Jelena Andrejewna und ihr Mann eingetroffen sind. Da habe es keinen Müßiggang und keine Zeitverschwendung gegeben. Astrow habe einen eigenen Arbeitstisch in dem Zimmer, wo Sonja und Iwan Petrowitsch die Gutsgeschäfte führen und mit ihren Rechenbrettern klappern. Dort sei es gemütlich und friedlich, und er sagt, er höre die Grille zirpen. (Vielleicht hat er eine in einem Käfig – oder ist es ein Heimchen, das in der Wand sitzt und singt?) Dieses Vergnügen gönne er sich aber nur einmal im Monat. Sein Alltag bestehe ansonsten aus Krankenbesuchen in schmutzigen und engen Bauernstuben. Und nun bittet er Jelena Andrejewna, sich die Arbeit anzusehen, die er mit Pinsel und Stift angefertigt hat:

> Jetzt schauen Sie her. Das Bild unseres Kreises, wie er vor fünfzig Jahren aussah. Das Dunkel- und Hellgrün bezeichnet Wälder; die Hälfte der Gesamtfläche ist mit Wald bedeckt. Wo das Grün rot

schraffiert ist, da gab es Elche, Rehe... Ich zeige hier Flora und Fauna. Auf diesem See lebten Schwäne, Gänse, Enten und, wie die Alten erzählen, von jeder Vogelart ganze Heerscharen: Wenn sie aufflogen, war das wie eine Wolke. Außer größeren und kleineren Dörfern sehen Sie da und dort verstreut verschiedene Siedlungen, Meiereien, Einsiedeleien von Altgläubigen, Wassermühlen... Hornvieh und Pferde gab es in Massen. An dem Hellblau zu erkennen. In diesem Bezirk zum Beispiel war das Hellblau ganz dicht; hier gab es ganze Pferdeherden, auf jeden Hof kamen drei Pferde. *Pause.* Schauen wir jetzt weiter unten. Wie es vor fünfundzwanzig Jahren war. Hier ist nur noch ein Drittel der Gesamtfläche Wald. Rehe gibt es keine mehr, aber noch Elche. Das Grün und das Hellblau sind schon sehr viel blasser. Und so weiter und so weiter. Gehen wir zum dritten Teil über: das Bild unseres Kreises in der Gegenwart. Grün gibt es noch, aber nicht durchgehend, sondern nur noch fleckenweise; verschwunden sind die Elche, die Schwäne, die Auerhähne... Von Siedlungen, Meiereien, Einsiedeleien und Mühlen keine Spur. Alles in allem das Bild eines schrittweisen und unbestreitbaren Verfalls, der offensichtlich noch 10–15 Jahre braucht, um vollständig zu werden. Sie werden sagen, das seien Kultureinflüsse, das alte Leben habe naturgemäß dem neuen Platz machen müssen. Ja, ich würde das verstehen, wenn anstelle der vernichteten Wälder Chausseen gelegt worden wären, Eisenbahnlinien, wenn hier Industrie, Fabriken, Schulen wären – dann wäre das Volk gesünder, reicher, klüger geworden, aber hier ist doch nichts dergleichen! In unserem Kreis sind noch dieselben Sümpfe, die Mückenschwärme, derselbe Straßenmangel, Armut, Typhus, Diphtherie, Feuersbrünste... Wir haben es hier zu tun mit einem Verfall, der herrührt aus einem die Kräfte übersteigenden Kampf ums Dasein; es ist ein Verfall aus Lethargie, aus Unbildung, aus dem völligen Fehlen von Selbstbewußtsein, wenn der frierende, hungernde, kranke Mensch, nur um die Reste seines Lebens zu retten, um seine Kinder zu schützen, instinktiv, unbewußt nach allem greift, womit er nur seinen Hunger stillen, sich aufwärmen kann, alles zerstört, ohne an den morgigen Tag zu denken... Es ist schon fast alles zerstört, aber als Ersatz dafür ist noch nichts, nichts Neues geschaffen. *Kalt.* Ich sehe Ihnen an, daß Sie das nicht interessiert.

Er sieht recht. Jelena Andrejewna gibt zu, dass sie während seiner Rede mit den Gedanken ganz woanders war.

Ich habe die Gespräche über den Wald hier sehr ausführlich wiedergegeben. Auf der Bühne bekommt man sie ja nie ganz zu hören. Viele von uns sehen *Onkel Wanja* ein-, zweimal oder vielleicht noch öfter in unterschiedlichen Lebensphasen. Doch die Regisseure glauben, das Publikum denke wie Jelena Andrejewna: Das Gerede über den Wald sei im Grunde uninteressant und langweilig. Sie streichen.

Tschechow war weitblickend, das volle Ausmaß dessen, was im zwanzigsten Jahrhundert mit den russischen Wälder geschehen würde, konnte jedoch auch er nicht ahnen. Die sowjetische Umweltkatastrophe sollte außerdem noch weit mehr als den Wald berühren.

Die einzige regulierende Kraft, die eine weitreichende Zerstörung und Überentnahmen verhindern kann, ist die Demokratie. In Ländern wie China und der ehemaligen Sowjetunion hat es von menschlichen Eingriffen verursachte ökologische Katastrophen gegeben, weil in einer Diktatur Kritik und Debatten auf keinen Fall erlaubt sind. Beschlüsse dürfen nicht infrage gestellt oder auch nur diskutiert werden.

Tschechow hat gesehen, dass in seinem Russland aufgrund von Kurzsichtigkeit und Not Raubbau betrieben wurde. Sein Stück ist 1897 erschienen. In Schweden hatten wir in der ersten Zeit der Waldausbeutung, die Hedenvind »Holzwarenzeit« genannt hat, keine Autoren mit solchem Einfühlungsvermögen in die Fragen des Waldes und der Sorge vor Überentnahmen.

Hört das Waldesrauschen, wenn die Berge im Nebel dampfen

Vogelgesang ist mittlerweile auf CD erhältlich, sollte der heimische Wald der Endnutzung anheimgefallen sein. Waldgeräusche kann man sich zudem im Web anhören. »Arbeiten, Abwaschen oder Lesen mit entspannenden Waldgeräuschen!« Der schwedische Naturschutzverein lockt mit einer 58-minütigen Klangschleife.

Im Wald ist das Rauschen nicht immer entspannend. Es kann auch trostlos sein. Manchmal rauscht nur das Rauschen im Wald. Das Rauschen des Nichts. Ein andermal habe ich ein Gefühl der Geborgenheit, wenn ich den Wind hoch oben durch die Kronen streichen höre, während ich, ganz daheim, unter einer Fichte sitze. Der Bach murmelt sein Ewigkeitsgebrabbel. An weniger heiteren Tagen schwatzt er über nichts: ein Geschnatter vieler leiser und eifriger Stimmen in einer unverständlichen Sprache. Dann kommen das Rauschen und das Murmeln wie aus einem Traum, aus dem man am liebsten erwachen würde. An einem anderen Tag ist alles Musik: Fichtenrauschen und Bachgebrabbel, das Geknispel der Eichhörnchen und das lange Pfeifen des Bergfinken.

Die Kirche von Hotagen liegt hinter einer weißen Reling vor dem kalten Wasser auf einer Landzunge. Am Jüngsten Tag wird sie mit allen ihren Gräbern und den großen, sich wiegenden Ornäsbirken an Bord direkt in den See auslaufen. Dann gilt es, in der Kirche zu sein.

Im Innern ist sie an diesem Juliabend sehr weiß, und auf dem Altar stehen Wiesenkerbel, Hahnenfuß und Rote Lichtnelken. Das Florilegium Musicum spielt im Chor auf historischen Instrumenten Musik des 18. Jahrhunderts. Sie spielen also mit leichtem Bogen auf Sehnen statt auf Stahlsaiten, Geige und Cello sind kleiner und leiser, haben aber einen geraden Ton. Das 18. Jahrhundert kannte kein Vibrato. Die Holzflöte, die wie eine Querflöte gespielt wird, ist ebenfalls leiser und heiserer. Das Cembalo klingt ein bisschen trocken. Über dem distinkten Ratschen der Kiele an den Saiten schwebt kein großer Klang, sondern ein Rascheln wie von dürrem Gras im Wind. Geiger und Cellist lassen ernst die langen Töne anschwellen. Die Kühle und Feuchtigkeit machen ihnen zu schaffen. Sie bekommen steife Finger, und die Sehnensaiten halten die Stimmung nicht.

Wir sind die ganze Zeit über nicht richtig anwesend. Der Abendhimmel vor den Fenstern ist groß und wird immer weißer.

Wärmer heute Abend? Gutes Angelwetter?

Es ist etwas seltsam, hier zu sitzen und dem 18. Jahrhundert zu lauschen. Nach mehr als zweihundert Jahren sind Bach, Scarlatti und Mozart hier angekommen, vom dröhnenden Postbus und von William Fryklund auf seinem Straßenhobel sicher überholt.

Warm wie schon lange nicht mehr. Vor den Fenstern schwärmen weiße Motten. Dann beißen die Fische sicherlich an. Zwischen den einzelnen Sätzen stimmt der blond gelockte Geiger sein Instrument, schraubt, spannt die Saiten.

Heutzutage spielen wohl nur Idealisten auf Sehnen, sagt mein Mann, als wir unten den Ornäsbirken hinausgehen. Und fügt hinzu: Du hast auf die Wurmdose doch einen Deckel getan?

Es ist Nacht. Ich kauere am Wasserfall und lausche dem Wind in den Fichten. Sie spielen auf Sehnen, wahrlich. Oder ist es weiter oben, im Birkenwaldgürtel, wo dieser helle gerade Ton entsteht? Kein Vibrato im Waldesrauschen. Kein großer Klang im Birkenrascheln. Nur dieser Ton, der in der Nacht anschwillt.

Der Himmel ist jetzt vollkommen weiß. Die Mücken tanzen. Ich bin zerstochen.

Einst kauerte hier ein Wildrenjäger, wie ich mit Fischblut und Erde vom Wurmversteck an den steif gefrorenen Händen. Er war ebenso musikalisch wie der blonde Geiger. Er lauschte dem Wasserfall, hörte ihn hämmern und rasseln, hörte den Wind im dürren Gras am Uferrand. Wenn der Ton in den Baumkronen anstieg, saß er ganz still. Eine Schnepfe pfiff und warnte, immer wieder. Er wagte sich nicht zu rühren, solange dieser Ton anschwoll, er wagte nicht einmal das Gesicht zu heben.

Haben wir all die Musik verwirklicht, die er damals gehört hat?

DAS ENDE DES PFADES

Die Wasser

Herr Olof reitet, und sein Atem dampft in der Kälte. In den Nüstern des Pferdes gefriert der Atem zu Eis, dicht und nadelspitz wie Frost im Vorjahresgras. Auf den Wasserstellen bricht das Eis der Nacht unter den Hufen. Noch ist kein Hahnenschrei zu hören, und die Sonne ist nicht über den Wald heraufgerollt, ein schummriger Vormorgen.

Im Moor fällt sein Blick auf diese Wesen.

Die feuchtigkeitsgesättigte Luft bewegt sich wie Nebel in steigenden Luftströmungen. Ist es diese Luft, die das Auge täuscht, die Seele in Schrecken versetzt und den Reiter dem Pferd die Sporen geben lässt?

Nicht alles Wasser fließt nach unten. Wasser ruht nie, sondern steigt nach oben, wenn der Wald atmet. Aus regenschwangeren Wolken fällt es auf die Erde zurück. Dreimal wird das gesamte Wasser des Luftmeeres während eines Mondumlaufs ausgetauscht. Es glänzt in Moorlöchern und schwellenden Mooren. Der Überfluss der Bäche im Frühling dringt in die Sumpfböden ein, und wo er austritt, bietet der See all dem fließenden Wasser nach der Schneeschmelze eine tiefe Schale.

Der Wald hält Wasser zurück und gibt Wasser ab. Er bindet Wasser. Trotzdem ist alles, was strömt und rieselt und schwarz glänzt und dort, wo es als Tau gefallen ist, wie Nebel treibt, nur ein kleiner Teil allen Wassers auf der Erde. Die Meere, sie halten fast alles zurück.

Über den Wäldern schwebt das Wasser, das aus den Bäumen kommt und das sie aus der Erde in ihre Kronen hochgesogen haben. Es stürzt herab, es sickert durch Laub und dringt durch Nadeln. Die Moose trinken, das Moor schwillt und die Bäche fließen.

Fällt das Wasser durch abgekühlte Luft, gefriert es. Es wird zu Reifkristallen, Verbrämungen und Flaum an Zweigen. Das Wasser im Wald versteift, der treibende Regen und der tropfende Tau erstarren. Herr Olof reitet durch ein vereistes Leben, das jedoch erwachen wird, sobald Sonnenwärme die Erstarrung löst.

Winter und Frühling halten sich die Waage, die Kraniche sind ins Moor gekommen, doch in aller Frühe ist es dort unten frostig. Nebel treiben Zauberrauch durch den Sumpfwald. Zu dieser Zeit des Jahres ritt Herr Olof aus und empfing seine tödliche Wunde. Käme er in das Moor Borudamyren, hätte er dort nichts zu bestellen. Die Ordnung, die dort herrscht, ist nicht die des Menschen.

Der Kranich, der durch den Sumpf stelzt, reckt Hals und Schnabel und warnt sein Gespons, wenn wir mit unserer an der Leine zerrenden Hündin kommen: Raubtier am Rand des Moores! Das Auto haben wir hinter dem ersten Schlagbaum abgestellt und sind vier Kilometer geradelt. Wir haben Proviant dabei und machen nun halt, um eine Tasse Kaffee zu trinken. Dann speichern wir die Stelle unter FAHRRAD im GPS und gehen zu Fuß weiter.

Das Naturschutzgebiet von Borudan liegt in einer Kastentalllandschaft westlich von Ortala am Väddöviken in der Gemeinde Norrtälje. Es besteht aus altem Laub- und Fichtenwald, Sumpfwald, Moor und Schilfgürteln in Richtung Måsjön. Siebenundfünfzig der neunzig Hektar sind Feuchtgebiete und fünfzehn Wasser.

Die Straße verlief zunächst nördlich des Sees Bornan, dessen Umgebung in das Naturschutzprogramm der Provinzialregierung einbezogen ist. Rings um Borudamyren wurde eine Feuchtgebietsinventur gemacht, und gemäß der Definition der Forstaufsicht wurde es als Schlüsselbiotop eingestuft.

Ein Schlüsselbiotop ist ein Waldgebiet, das gemäß einer beurteilenden Zusammenschau der Struktur des Biotops, seines Arteninhalts, seines historischen und seines physischen Milieus für die Flora und Fauna des Waldes heute eine enorme Bedeutung besitzt. Darin sind tatsächlich oder mit hoher Wahrscheinlichkeit Arten vorhanden, die auf der Roten Liste stehen.

Auf die Rote Liste kommen Arten, die ausgestorben, vom Aussterben bedroht, stark gefährdet, gefährdet oder gering gefährdet sind. Oder aber wir haben mangelnde Kenntnis über ihr Vorkommen.

Hier gibt es seltene und gefährdete Gefäßpflanzen wie die Raue Waldtrespe, eine Grasart, die in feuchtem Laubwaldhumus wächst. Auf einer kleinen Feuchtwiese soll es den ungewöhnlichen Bunten Schachtelhalm geben. Der Leuchtende Weichporling, eine sehr

Bereits im April hat oberhalb des Überrieselungsgebiets des Tisterbäcken das Lungenkraut geblüht.

gefährdete Art, findet sich hier, übrigens so reichlich wie sonst nirgends im Land. Wenn wir zu unterschiedlichen Jahreszeiten herkommen und das Gebiet näher kennenlernen, entdecken wir vielleicht etwas von all dem, was die Inventarisatoren gefunden haben. Wir würden den Frauenschuh wie steife Seide im Wind rascheln hören. Allerdings bin ich mir nicht sicher, dass ich die Raue Waldtrespe identifizieren könnte. Es gibt so viele Gräser hier.

Das Naturschutzgebiet Borudamyren ist vor Entwässerung, Wasserregulierung, Dämmung und Torfabbau sicher. Die Sumpfwälder dürfen nicht abgeholzt werden, auch kein Wald auf kleinen Inseln festen Bodens oder in Randzonen. Für die Anlage von Straßen, die Verlegung von Hochspannungsleitungen und für Hausbauten wird keine Genehmigung erteilt; es würde den Werten dieses einzigartig erhaltenen Gebietes Schaden zufügen.

Ein paar Tage vor diesem Ausflug hatten wir uns dem Borudamyren von Osten genähert. Da platschten und wateten wir den Tisterbäcken stromabwärts, und wurde das Wasser zu tief, kletterten und krabbelten wir den steilen felsigen Waldhang entlang.

Das Wasser sang. Es kommt aus einem System durch Bäche verbundener kleiner Seen (Vadsjön, Lillsjön, Blötängen, Holmsjön und Storsjön). Dieses wegelose, unwirtliche Gelände liegt südlich von Häverö. Ist man erst einmal an dem Schild vorbeigeradelt, das Autofahren auf der privaten Forststraße verbietet, befindet man sich in einem anderen Land als dem dicht besiedelten, agrarisch genutzten, das seit der Bronzezeit offen gehalten wird. Kaum fassbar, dass es bis zur Kirche von Häverö nicht mehr als drei, vier Kilometer sind. Es herrscht eine andere Ordnung hier. Eine strengere, freiere.

Wo der von der Schneeschmelze angeschwollene Tisterbäcken den Sumpfboden überschwemmt hatte, mühten sich grüne Blattmesserchen durch die Dünen des verwelkten Vorjahresschilfs. Darüber, am Rand des steilen, felsigen Waldes, strahlten Leberblümchen. Nicht alles und alle mögen unbedingt von einem Blick getroffen werden, doch die Leberblümchen erweckten den Eindruck, als hätten sie lange auf uns gewartet. Unten im Moor ließ sich in der ersten Blütezeit Ende April ein Kraut mit rosa und blauen trichterförmigen Blüten an ein und demselben Stängel sehen – *Pulmonaria obscura*. Der Botaniker C. F. Nyman schrieb 1867 darüber in *Utkast till svenska växternas naturhistoria* (Entwurf einer Naturgeschichte der schwedischen Pflanzen). Seine Aufzeichnung vermittelt das Glück, wenn der schmutzige und zähe Spätwinter endlich lockergelassen hat und das Wasser wieder fließt:

Schon zeitig im Frühjahr und, man kann sagen, noch ehe die Vegetation richtig aus dem Winterschlaf erwacht ist, zeigt sich in den noch unbelaubten Hainen, gleichwohl nicht überall, eine kleine Pflanze, die in einer Traube rötliche und bläuliche Blüten hat und deren Blätter noch ganz klein sind. Es ist das Lungenkraut, das eben aus seinem Schlaf erwacht ist, um ebenfalls einen Beitrag zum Kranz der Frühlingsblumen zu leisten. Seine Blüten schlagen nach und nach aus, wobei sie immer blauer werden; die Wurzelblätter sind erst zur Reife hin voll ausgewachsen. – Das Kraut schmeckt etwas schleimig und wird in England angeblich dem Grünkohl beigefügt. Früher wurde es bei Lungenleiden als nützlich erachtet.

Außer dem Lungenkraut und den Leberblümchen hat hier noch nichts geblüht. Als wir jedoch nun ein paar Tage später durch den Fichtenwald östlich des Måsjön streifen, haben auch die Buschwindröschen Knospen angesetzt. Sie wachsen am Waldrand, wo es reichlich Licht gibt. Zuerst platschen wir zwischen Erlen und knorrigen Birken dahin, die sich im Wasser spiegeln, schwarz in der einen Ecke, in einer anderen himmelblau. Ich fotografiere den himmlischen Anblick, ohne Kraniche. Sie haben natürlich das Weite gesucht. Mit schweren Stiefeln und einem vor Eifer hechelnden Hund können wir aus unserer Ankunft kein Geheimnis machen.

Ein Stück weiter stoßen wir auf Leberblümchen, viele rote und purpurrote und ein paar weiße. Hier und da sehen wir das gesegnete Lungenkraut, das zwar nicht heilen konnte, im kargen Wald aber Lichtblicke der Freude schenkt. Wir finden auch einen einsamen Horst Behaarter Hainsimse mit ihren kleinen schwarzbraunen Blütenknospen. Und schließlich ahnen wir mehr, als dass wir ihn sehen, jenen Ausläufer, der ein Leben unter dem Moos verrät. Vorsichtig lege ich die lange, dichte Traube der Schuppenwurz mit ihren weißen und rosaroten Blütenlippen frei. Elias Fries war der Ansicht, dass »sie völlig zu Recht den Unterirdischen oder Kobolden gewidmet wurde«. Nachdem wir sie ans Licht gepusselt haben, neigt sie sich denn auch einseitig zu deren geheimnisvollem Herrschaftsbereich hinab.

Wir befinden uns nun im Reich von Hainmoos, Fichte und Espe. Ein Blaubeerwald ist das nicht. Die wenigen Blaubeerstängel haben noch nicht ausgeschlagen und spreizen sich einsam. Hier sind vor allem die Gefilde von Totholz und Moderholz. Über die liegenden Stämme, seien sie nun vor Altersschwäche gestorben oder vom Sturm entwurzelt worden, kommt man nur mühsam voran. So sieht also ein Wald aus, der sich selbst überlassen wurde, seinen Symbiosen und seiner langsamen Zeit.

Alles ist mit Moos überzogen. Bei der Forststraße haben wir noch ein paar Baumstümpfe gesehen, die aber auch hohe Moosmützen trugen. Weiter im Innern des Waldes finden sich keine noch so entfernten Spuren von Abholzung. Womöglich ist es ein Altwald. Um als solcher bezeichnet werden zu können, muss das Alter der Bäume 130 Jahre überschreiten (in unserer Gegend in Norrlandslänen gelten 150 Jahre). Die Espen sind sehr kräftig, manche vielleicht zweihundert Jahre alt. Die großen Kronen haben im Herbst ihr Laub abgeworfen, das nun wie eine dichte, rattenbraune Decke weit rings um den Stamm gebreitet liegt. Die Fichten sind meist keine Riesen, obwohl es einige stattliche Exemplare davon gibt. Aus Lichtmangel sind sie in die Höhe geschossen und recken ihre Stangen gen Himmel. Ihre abstehenden Zweige tragen nur in den höchsten Schichten Nadeln. Hier herrscht ein harter und langwieriger Kampf um Licht und Nahrung.

Am Rand des Sumpfwaldes haben wir von Wildschweinen aufgeworfenes Moos gesehen. Wir nähern uns nun dem See, und dort brütet ihre Witterung so stark und beißend, dass sogar meine menschliche Nase sie wahrnimmt. Die Hündin zerrt aufgeregt an der Leine. Sie sollte jedoch dankbar sein, der Konfrontation mit einem Keiler zu entgehen, der, aus seiner Tagesruhe geweckt, schlecht gelaunt wäre.

Endlich haben wir uns bis zum Ufer vorgearbeitet und versuchen nun, über den See hin zu schauen. Doch der Gürtel des Vorjahresschilfs steht dicht und erstreckt sich weit. Wir klettern über steile Felsen und vom Sturm geknickte Stämme weiter Richtung Süden, bis wir mit dem Wasser in Berührung kommen, das weit über die Wurzeln der Erlen gestiegen ist und über unsere Stiefelränder zu schwappen droht. Jetzt sehen wir den blauen und offenen See. Es gibt ihn also immerhin. Draußen treiben Schilfinselchen. Vielleicht nistet auf einem davon ja ein Prachttaucher? Binsen soll es dort draußen ebenfalls geben. Über sie sagt C. F. Nyman:

Sie wächst gern dort, wo das Wasser so tief ist, dass es nicht bis zum Grund gefrieren kann, und tritt normalerweise so zahlreich und dicht gehäuft auf, dass sie auf dem Wasser richtige kleine Wälder bildet, in denen der Wind spielt und, während er darüberstreicht, die biegsame Binse krümmt, unter deren dunkle Halme die Schwertlilie gern ein paar leuchtend gelbe Blüten mischt.

Man kann unmöglich alles auf einmal sehen. Orte wie Borudamyren muss man immer wieder aufsuchen. Aus menschlicher Sicht geschieht dort sehr wenig. Aber wenn wir wieder zu Hause in unserer gewohnten Bequemlichkeit sind, in einer auf Gemütlichkeit und Begehbarkeit getrimmten Umgebung, die mit dem Motorrasenmäher bis zur Grasnarbe abrasiert ist, bestellt, bepflanzt und mit Straßen durchzogen, und in der es vor Automotoren dröhnt, dann kann es geschehen, dass ich nachts mit intensiven Erinnerungsbildern aufwache. Die Sumpflöcher des Waldes, des Moores und des felsigen Seeufers kommen zu mir zurück. Zu meinem Alltags-Ich sprechen sie von Trostlosigkeit. Aber zu dem Teil von mir, der in der Frühlingsnacht wach liegt, kommen sie mit der Erinnerung an Hunderte von Vogelstimmen, mit Witterungen und lang gezogenen Warnrufen und dumpfen, aber auch säuerlich frühlingshaften und ganz unten am Erdboden gesättigt süßen Gerüchen.

Wenn ich im Morgengrauen aufwache, weiß ich, dass alles noch da ist. Die Bekassine setzt im Sturzflug mit den Schwanzfedern die Luft in Bewegung, und dann ertönt ein Trommeln im Wald. Die Kröten sind in der Kälte der Nacht träge und blinzeln aus schweren Augenfalten. Wachsam, aber furchtlos staksen zwischen flechtenschorfigen Stämmen die Kraniche durch das Sumpfwasser. Für ein paar Stunden waren wir bei ihnen zu Gast.

Einen namenlosen Waldsee im nordwestlichen Jämtland nannten wir Lomtjärn. Jahr für Jahr, wenn die Multbeeren reiften, zogen wir rechtzeitig vor der Elchjagd dorthin. Mein Mann musste am Pelleposten, den er von unserem Nachbarn geerbt hatte, als dieser wegen seiner steifen Knie einen Posten an der Straße bezogen hatte, für Brennholz sorgen. Dieser alte Posten lag bei einer großen Fichte, die vor Regen schützte. Unterhalb des Steilhangs sah man den Waldsee, kaltblau an klaren Tagen, schwarz bei unfreundlichem, düsterem Wetter. Mit prächtigen Streifen und Flecken auf Rücken und Hals schwamm dort unten ein Taucherpärchen, gefolgt von seinen Jungen, die es Fuchs und Greifvogel glücklich hatte vorenthalten können.

Sicherlich war der Pelleposten alt und hatte schon die Namen anderer Posteninhaber getragen. Er war auch gemütlich mit seinem schwarz gebrannten Fleck der vielen Kaffeefeuer. Aber dieser Ort gehörte den Prachttauchern. Wurden sie auch ein paar Stunden von Axthieben und Stimmen beunruhigt, so vergaßen sie uns schon, sobald es dunkel wurde und wir fort waren. Dann orgelte dort nur der Fichtenwald.

Unterhalb des Waldsees lag ringsherum ein großes, rot schimmerndes Moor. Ich vermisse die jämtländischen Moore. Kein Teil des Waldmosaiks erzählt deutlicher von der wandelbaren Einstellung des Menschen zur Landschaft.

Moor und Sumpf

Auf dem Borudamyren nisten die Prachttaucher auf Inselchen, die so klein sind, dass sie wie Schilfflöße aussehen, und die Kraniche staksen zwischen den Erlen durch den Sumpf. Der Wald dieses Naturschutzgebiets ist eine aus vielen Flicken zusammengesetzte Decke. Ein Großteil dieser Flicken glänzt und ist schuld daran, dass das Gebiet als zu nass galt. Waldpflege hieß lange Zeit, dass Böden, in denen sich der Himmel spiegelte, von ihrer Wassersucht geheilt und zu produktiven Waldböden werden sollten.

Es hat einen Hass aufs Moor gegeben. Im Hintergrund stand natürlich die Einstellung zu nicht kultivierbarem Boden ganz allgemein. Der Boden sollte den Lebensunterhalt des Menschen hervorbringen. Reisende und Forscher des 18. Jahrhunderts wie Rudbeck der Jüngere und Linné sahen sich vor allem nach Nützlichem um, und Linné fragt sich, ob der Wald nicht mehr brächte, wenn er in Ackerboden umgewandelt würde: »Quaeritur, ob, wenn mehr Wald gefällt würde, der die Erde bedecken und allmählich verrotten würde, er nicht zu Schwarzhumus werden könnte?« Bei einer solchen Sichtweise ist es nicht verwunderlich, dass Rudbeck meinte, »Berge und hässliche Moore« verunstalteten die Landschaft. Man muss auch bedenken, dass Gummistiefel noch nicht erfunden waren. Aus Lyckesele berichtet Linné:

Gleich darauf begannen Moore, die meist unter Wasser standen, diese mußten wir eine ganze Meile lang begehen, zu denken mit welcher Mühe. Bei jedem Schritt ging das Wasser bis ans Knie, trafen wir nicht auf Grasbüschel, gings noch höher. Mancherorts hatte die Tiefe keinen Grund, so daß wir die ganze Strecke zurückgehen mußten. Unsere Stiefel waren voll kalten Wassers, denn an vielen Stellen war der Grund noch gefroren. Hätte ich dieses ertragen müssen wegen eines *delictum capitale,* wäre diese Strafe grausam gewesen, allein was soll ich nun sagen? Ich wünschte, diese Reise niemals auf mich genommen zu haben.

Nach dieser Wanderung, die er so grausam findet wie die Strafe für ein Kapitalverbrechen, setzt er sich an ein Feuer, das ihm im Rücken brennt, während ihm der Nordwind ins Gesicht bläst. Er hat die Reise gründlich satt. Lappland, das sind ja fast nur Moore! »Niemals kann der Pfarrer die Hölle so beschreiben, daß dies hier nicht noch schlimmer wäre. Niemals haben die Poeten den Styx so häßlich ausmalen können, daß dies hier nicht häßlicher wäre.«

Die Moore waren Sorgengebiete. Ein halbes Jahrhundert nach Linné seufzte Pfarrherr Johan Axel Huss in Föllinge über sie. An einem Wintertag im Jahre 1818 setzte er sich hin, um mit Tinte und ordentlich zugeschnittenen Gänsekielen eine Beschreibung seines Kirchspiels anzufertigen. Sie ging nach und nach der *Höglofliga Kungliga Lanthushållssällskapet,* der königlichen Landwirtschaftskammer, in Jämtlands Län zu.

Huss nannte seine Welt »die von mir bekleidete Fjäll- und Lappmarkspfarre«. Sie umfasste auch das Kirchspiel Hotagen, wohin wir mehr als anderthalb Jahrhunderte später kamen und das noch immer ziemlich genauso aussah. Es hat tiefe Wälder, ausgedehnte Moore und Fjälls. Wasserläufe seien zahlreich vorhanden, schreibt Huss, sie als Fahrwasser zu öffnen wäre wegen der Stromschnellen und Wasserfälle jedoch zu kostspielig. Der Bau von Wasserwerken käme diesem armen Landstrich ebenfalls zu teuer. Es gebe lediglich kleine Werke für den Eigenbedarf. Er glaubt, dass sich ein Teil des Moorbodens möglicherweise veredeln ließe, allerdings nur mit hohen Kosten und harter Arbeit. Drei Viertel der Kirchspiele in seinem Pfarrbezirk bedeckten Berge und Fjälls. Niederungsmoore und Hochmoore verhielten sich zu Weideland und anderem festen Boden wie zwanzig bis dreißig zu eins.

Trotzdem sorgten die Moore dafür, dass sich die Menschen im Pfarrbezirk den Winter über am Leben erhalten konnten. Die Heuernte im Moor erbrachte Riedheu, das man aus den vielen kleinen Scheunen nach Hause holte, sobald genug Schnee zum Schlittenfahren lag. Es diente als Winterfutter für die Ziegen und klapprigen Kühe. Ohne die unausrottbaren Ziegen hätten die Menschen nicht überlebt. Das Binnenland bis hinauf zur Baumgrenze wurde als Reich des Rieds bezeichnet.

Moore galten nicht als Aktivposten, als die Forstwirtschaft rationalisiert wurde. Die großen Holzentnahmen für den Export im letzten Jahrzehnt des 19. Jahrhunderts haben den Wald zu einer höchst bedeutsamen volkswirtschaftlichen Ressource gemacht. Es war nicht mehr nur Sache des Grundbesitzers, wie damit umzugehen war. 1903 wurde das erste Forstgesetz für Privatwälder erlassen. Karl Fredenberg, der spätere Direktor des Zentralamts für Forstwirtschaft und Chef der Staatlichen Forstverwaltung, gab zusammen mit Thorsten Örtenberg zwischen 1900 und 1904 die Zeitschrift *Skogsvännen* (Der Waldfreund) heraus.

Es hatte schon früher einen *Skogsvännen* gegeben. Der Gärtnermeister des Botanischen Gartens in Uppsala, Daniel Müller, hatte 1857 ein Buch über Aufforstung auf unfruchtbarem Böden herausgegeben, »um dem drohenden Brennholzmangel entgegenzuwirken, das Klima zu verbessern und das Land zu verschönern«. Diese Arbeit stand in einer sehr alten Tradition. Wie die Gärtner des 16. Jahrhunderts und der Waldfreund Thomas Tusser in England war Müller ursprünglich ein Poet. Doch für in Leder gebundene Waldbücher fürs Leben, die von nachdenklichen Meiern auf Herrenhöfen gelesen wurden, war nun nicht mehr die rechte Zeit. Jetzt sollten die Bauern mithilfe von Handbüchern und Zeitschriften dazu erzogen werden, effektiven und rationellen Waldbau zu betreiben. Müllers Bücher waren laut dem Nachschlagewerk *Nordisk Familjebok* (Nordisches Familienbuch) »die Frucht reicher Erfahrung und mit Wärme geschrieben«. Jetzt aber galten Forschung und ökonomische Kalkulationen mehr als Praxis und Einfühlung. Das Wort Waldfreund hatte eine neue Bedeutung erhalten.

Die Forstbürokratie wuchs, Beamte wimmelten bald wie Borkenkäfer über Versuchsflächen und durch die Korridore der Institutionen. 1902 wurde mit dem Ziel, den Waldbestand Schwedens zu schätzen, der Verein für Waldpflege gegründet. Ende der 1920er Jahre untersuchte man in der sogenannten Reichswaldabschätzung systematisch den Bestand. Sie findet nun jährlich statt, und die Versuchsflächen überziehen das ganze Land mit einem Raster. Vielleicht gleicht es in den Augen irgendeines Dichters oder Anarchisten der Landschaft in dem Gedicht *An die Volksheimischen,* das Gunnar Ekelöf voll Misstrauen gegen eine allzu rationelle Unterteilung des Menschenlebens und der Landschaft geschrieben hat. Darin schweben Müllhelikopter »hoch, o hoch über herrlichen Trimmdichwäldern, wo nie wieder ein Tippelbruder jemals noch tippelt«.

Die rationelle Forstwirtschaft sollte sich nun die Moore wie überhaupt Sumpfwälder, Feuchtgebiete und alle unproduktiven Teile des Waldes vornehmen. Seit ihrer Gründung 1909 war Gunnar Andersson Professor an der Handelshochschule. Der Name seines neu eingerichteten Faches, Wirtschaftsgeografie mit Rohstofflehre, macht bereits deutlich, wie man die natürlichen Ressourcen des Landes nun betrachtete. Auf der Handelshochschule wurden sie einem strikt ökonomischen und industriellen Denken unterworfen.

Andersson schrieb mehrere Arbeiten über den Wald, über den Torf in den Mooren und über Triftstraßen. Er wollte die Forstwirtschaft auf eine größere Rationalität hin ausrichten, und er warf den Besitzern des Bauernwalds Eigennutz, Vergeudung und Unverantwortlichkeit vor. Damit in die Forstwirtschaft Ordnung einkehre, müsse sie von der Landwirtschaft getrennt werden. Dann erst würden Schwedens Waldressourcen zur Rohstoffbasis für die Industrie, und das Land könnte sich erfolgreich entwickeln.

Heftige Diskussionen wurden um die vorige Jahrhundertwende über die »Versumpfungsfrage« geführt. Die Anhänger einer Schutzentwässerung (sie nannten sie gar Verteidigungsentwässerung!) sahen enorme Waldgebiete zugrunde gehen und zu unproduktivem Waldboden werden. Vor allem wenn sie mit Fichten bewachsen waren. Der ångermanländische Industriepotentat und Besitzer großer Wälder Frans Kempe war vom Gedanken der Schutzentwässerung besessen. 1916 gab es in seinen Wäldern Gräben mit einer Gesamtlänge von 12 000 Kilometern. Arbeiter, denen er das Recht verweigerte, sich gewerkschaftlich zu organisieren, hatten sie von Hand gegraben.

Seine Idee war, dass alle Moore entwässert und zu Wald gemacht werden sollten. In seinem letzten Buch über Forstwirtschaft behauptete er, es sei eines zivilisierten Volkes wie dem schwedischen unwürdig, innerhalb seiner Grenzen nicht kultivierbaren Boden zu haben. Alle Moorböden müssten in schöne Wälder umgewandelt werden. Und schön hieß für Kempe produktiv und mittels Durchforstung gut gepflegt.

Aus ihren Schulbüchern lernten die Kinder etwas über die Gefahr, die durch Moorböden drohte. Sie mussten mithilfe der Entwässerung besiegt werden, da sie sich sonst ausbreiten und die norrländischen Wälder völlig versumpfen würden. Die Schulkinder wurden zu tüchtigen Entwässerern erzogen. Sara Lidman erzählt in ihrem Roman *Im Land der gelben Brombeeren*, wie die Obrigkeit die Anbauarbeiten inspiziert. Die Kronkätner in den västerbottnischen Moorgebieten unterstanden wie überall in Norrlandslänen dem Entwässerungszwang und der Kultivierungspflicht. Die Trockenlegungsarbeit bedeutet in Lidmans Roman sowohl Sündenstrafe als auch Initiationsritus. Wird der Zorn eines Kätners geweckt, fährt dessen besserer Teil in die Kultivierung, und er entwässert und pflügt wie besessen.

Das Moor munterte auch die modernen Gehsportler nicht auf. Sie sahen das Moor wohl in gleicher Weise wie Linné und Rudbeck.

Auch bei Sara Lidman ist das Moor Sinnbild für Missmut und Lebensverzweiflung. Die schwindsüchtigen Bäume wirken menschlich, und die Moorlöcher verlocken zum Selbstmord als Ausweg.

Das Moor war mit zähem Gestrüpp und struppigen Grashügeln bedeckt, dazwischen lagen tückische Sumpflachen. Es war widerborstig und zudringlich zugleich, wollte die Menschenfüße, die es einmal in seinem Griff hielt, nicht wieder loslassen. Ein garstiger, übel riechender Jämmerling. Kurze Zeit im Herbst, wenn das Gestrüpp rot und das Gras gelb wurde, leuchtete der Sumpf, wenn man blinzelte und ihn im Ganzen betrachtete, in schönen Farben. Aber sonst klebte er als ein ebenso stiefkindmäßiges Anhängsel an einem fest wie zu anderen Jahreszeiten.

Im Vorsommer verbreitet die Moltebeerblüte eine zarte Schönheit. Meistens werden die weißen Blüten vom Sturzregen, von Frosteinbrüchen oder vom Wind vernichtet, und nur jedes siebte oder zehnte Jahr gibt es ein Erntejahr mit Glück und Leben im Dorf.

Für Sten Selander waren die riesigen lappländischen Moore »Heimstätten einer großen und bezwingenden Poesie in Moll, die mehr Menschen verstehen würden, verliehe ihr nur ein genialer Dichter Worte«. Derzeit benutzen die Worte der Feuchtgebiete vor allem Biologen. Selander betrachtete das Moor auch als den letzten Rest einer uralten schwedischen Wildnis mit ganz eigener Flora und Fauna. Die Pflanzenreste im Torf waren für ihn ein gewaltiges Archiv, in dem die nacheiszeitliche Geschichte des Landes verwahrt war.

Die Versumpfungstheorie hielt er im Großen und Ganzen für ein Hirngespinst. Dass er recht hatte, zeigte sich, als spätere Forscher die Wachstumsbedingungen des Waldes allmählich in den Griff bekamen. Als Selander *Det levnande landskapet i Sverige* schrieb, gab es jedoch noch immer einen heftigen Hass aufs Moor. Bauern, die entwässerten, erhielten zwar keine Goldmedaillen und lobenden Worte mehr für ihre Kultivierungsgroßtaten, aber es wurde weiterhin entwässert. Selander schildert das Misstrauen, das es nach wie vor gab.

Nichts in der schwedischen Natur ist so unbeliebt wie das Moor. Ortsnamen wie Ruskträsk oder Myrheden riechen schon von Weitem nach Depression und Lungenschwindsucht; und will uns ein Schriftsteller ein Bild des einsamen, menschenfeindlichen und armen Norrlands vermitteln, führt er uns fast immer ins Moor mit seinen eisigen Schneestürmen im Winter und den Schwaden von Mücken im Sommer.

Borudamyren war von der Frühjahrsflut angeschwollen, als wir an den Rändern dieses Moores umherstiegen. Der Winter war unglaublich schneereich gewesen. Jetzt war der Schnee geschmolzen, und es hatte viel geregnet. Der Tisterbäcken rauschte und bildete kleine Stromschnellen. Weiter oben, bei den Felsplatten und Steilwänden, wo vor allem Kiefern wuchsen, hatten das Schmelzwasser und der Regen nicht einmal Pfützen hinterlassen. Im Einströmungsgebiet war das Sickerwasser auf den Grundwasserhorizont abgesunken. Hatten es schwer durchlässige Schichten im Boden aufgehalten, war es nach unten geflossen und hatte tiefer liegende Teile mit Wasser gesättigt. In den Senken und kleinen

459

Tälern der Ausströmungsgebiete glänzte das Wasser an der Erdoberfläche.

Ist der Sommer trocken und heiß, dann sinkt der Grundwasserspiegel in den Waldgebieten des Borudamyrens. Am Ende bildet sich ein Unterdruck, der alle nach oben gerichteten Wasserströme umkehrt und nach unten zieht. Das Grundwasser unter uns ist eine bewegliche Welt und direkt mit den Wasserfluten und Strömen im Boden verbunden. Es tritt als Quellen zutage, und wenn es zwischen zwei undurchdringliche Bodenschichten gepresst wird, kann es durch den Druck der Erdmasse von oben plötzlich aus dem Boden schießen. Dann haben wir eine Springquelle.

Der Wald nimmt einen Großteil der Regen- und Schmelzwasserfluten auf und benutzt sie, um Nährstoffe aus dem Boden durch die Gefäße in die Baumkronen zu leiten. Der osmotische Wasserdruck verleiht den Blättern ihre Spannung. Das Wasser kühlt die Laubmasse, und der Wald transpiriert das Wasser in die Atmosphäre.

Ein großer Teil des eigentlichen Borudamyrens, den wir gesehen haben, als wir am Tisterbäcken entlang von Westen kamen, ist mit Birken bewachsen. Am südlichen Ende wird es zu einem Kiefernmoor. Rings um das Moor sind große Feuchtgebiete zusammengesetzter und wechselnder Art: Sumpfwiesen, Hochmoore, Sumpfwald, Feuchtwiesen und Überrieselungsflächen. Der Sumpfwald mit Erlen und Birken, an dessen Rand wir entlangplatschten, ist im Ausströmungsgebiet eines Waldlands wie diesem der übliche Typus. Weiter oben, wo wir wanderten, steht noch ein reifer Wald. In den Senken bilden sich feuchte Mulden und kleine Tümpel, doch der Boden bleibt dank der Transpiration der Bäume ziemlich trocken. Sollten diese abgeholzt werden, verringert sich die Verdunstung. Wird ein Drittel abgeholzt, bedeutet dies, dass sich auf dem Kahlschlag Sumpfboden bildet und eine Verjüngung des Waldes durch Wiederbepflanzung schwierig wird.

Kahlschlag ist die populäre Bezeichnung für den schlagweisen Hieb. Seit den 1940er-Jahren ist er in Schweden die vorherrschende Abholzungsmethode. Erst in den 1990er-Jahren begann die Forstwirtschaft die damit verbundenen Konsequenzen ernst zu nehmen. Die Forschung hat Frans Kempes These, dass zivilisierte Länder alle Feuchtgebiete entwässern und sie in produktiven Wald umwandeln sollten, auf den Kopf gestellt. Heute weiß man, dass schlagweiser Hieb und besonders der totale Kahlschlag die Versumpfung des Waldbodens bewirken. Man hat auch eingesehen, dass die Feuchtgebiete eine wichtige Ressource für die biologische Erneuerung sind.

Der Fichtensumpfwald rings um Borudamyren ist stellenweise seit mehreren hundert Jahren ungestört. Er kann tausendjährig sein, da er aufgrund seiner Feuchtigkeit keinen Bränden ausgesetzt war. Ansonsten ist die Fichte mit ihrer dünnen Rinde für Waldbrände anfällig. Dieser Wald verjüngt sich am liebsten im Schatten und in der Feuchtigkeit; zwischen den Fichten wachsen Schösslinge und können mit ihrem abfallenden, dreieckigen Profil auch dort Licht auffangen, wo die großen Bäume Schatten werfen und der Sonneneinfall gering ist.

Wir gingen durch den Fichtensumpfwald und stiegen durch weite Gebiete mit Totholz und Moderholz. In der ökologischen Forschung weiß man, wie wichtig Moderholz langfristig für die Lebensbedingungen von Insekten, Porlingen und anderen Pilzen ist. Es gibt Insekten ohne Flügel, die sich nur kriechend von einem Moderholz zum nächsten bewegen können. Der Rostrandige Feuerschwamm, *Phellinus ferrugineafuscus*, ist ein brauner Pilz, der sich wie ein Stück Samt an einem toten Fichtenstamm festsetzt. Er greift das Holz mit Weißfäule an und macht es so porös, dass sich die Haubenmeisen in hohe Baumstümpfe Nisthöhlen hacken können. Der Pilz braucht fünfzig Jahre, um sich im Moderholz zu entwickeln.

Die Zeit des Waldes ist langsam, und es gibt Arten, die müssen noch länger ungestört sein. Oft stehen sie mit anderen Pflanzen- und Insektenarten in Verbindung und spielen in der natürlichen Entwicklung des Waldes eine Schlüsselrolle. Der Fichtenporling, *fomitopsis pinicola*, greift geschwächte Bäume an und schafft auf diese Weise hohe Baumstümpfe, die Hunderten Arten von im Holz lebenden Käfern ein Lebensmilieu bieten. Er ist grau wie ein Elefantenfuß, entwickelt sich in mehreren kurvigen Schichten und hat einen roten, klebrigen Saum.

In einem altem Wald vermodert das Holz mithilfe von Pilzen und Porlingen zu Braunfäule und bildet den Humus, der für die Verjüngung nach einer Abholzung wichtig ist. Kurzdeckenböcke und Buchdrucker leben in toten Fichtenzweigen und nagen ihre undeutbare, aber fesselnde Schrift ins Holz. Spechte suchen so intensiv nach Borkenkäferlarven, dass man ihnen ziemlich nahe kommen und zuschauen kann, während sie ganz von ihrer Arbeit absorbiert sind.

Im Borudamyren gab es im Fichtenwald östlich vom Måsjön nicht sehr viele Blaubeersträucher. Dort war es zu schattig. Sie können sonst aber so sehr dominieren, dass eine bestimmte Art Wald mit offenen Lücken Myrtillustyp genannt wird. Kleine Schmetterlinge und Nachtfalter leben von den Blättern der Blaubeersträucher. Mindestens dreißig Arten sollen just diese Blätter bevorzugen. Man nimmt an, dass bei ungefähr vierzig Vogelarten Blaubeeren auf dem Speisezettel stehen. Großer Brachvogel, Grünspecht und Eichelhäher gehören dazu. Elch und Hase, ja sogar der Wolf laben sich an Blaubeeren. Hummeln und Bienen befruchten im Vorsommer die hellroten Blütenglöckchen. Auerküken, die in den ersten Wochen ihres Lebens ganz vom Protein des Insektenfutters abhängig sind, tun sich an den Schmetterlingslarven in den Blaubeersträuchern gütlich. Die Henne baut ihr Nest unter einer Fichte, von wo es nie weit zu dieser Kükenvorratskammer ist.

Der Fichtenwald oberhalb vom Måsjön ist wüst, und man sieht darin nicht weit. Das herrschsüchtige Hainmoos überzieht alles, was es erreichen kann, mit einem grünen Pelz. Wie jeder Wald, der keinen anderen als natürlichen Störungen ausgesetzt war, bildet er eine Welt des Zusammenhangs.

In der Fichtenkrone plappert und singt die Singdrossel. Zur Nahrungssuche kommt sie auf die Erde herunter, hüpft auf beiden Beinen umher und sucht nach kleinen Schnecken. Ihr Nest spuckt sie aus Totholz zusammen. Innen ist es glatt, und sie baut es weit unten in der Fichte. Türkisblaue Eier mit schwarzen Punkten liegen darin.

Weiter oben in der großen Fichte lebt das Wintergoldhähnchen. Sein Nestchen ist ein fast unsichtbarer Ball aus Hainmoos und Rotstängelmoos. Das Wintergoldhähnchenpaar pickt in den Fichtenzweigen Insekten und Spinnen. Die Haubenmeise lebt ebenfalls von Spinnenkost und was sie den lieben langen Winter in den Fichten sonst noch an Insekten finden kann. Von meinem Schreibtisch aus sehe ich vor dem Fenster den Waldbaumläufer nahezu in Spiralen um die Kiefernstämmen klettern. Er sucht in den Rissen der Rinde nach Spinnen und Spinneneiern und hat sein Nest unter einem losen Stück Borke.

Es macht Spaß, sich alles, was im Fichtenwald kriecht und wächst, näher anzuschauen. Aber niemand, nicht einmal jemand mit biologisch und ökologisch bester Ausbildung, kann jemals die Vorgänge, die das große und unendlich komplizierte System, das ein Wald darstellt, durchschauen und in Gänze darstellen.

Zusammenhänge unter der Erde

In der Unterwelt der Kobolde speichert ein bleiches Kräutlein die Kraft des Verschwundenen. Die Schuppenwurz, die wir im Wald beim Borudamyren gefunden hatten, wuchs fast unterm Moos verborgen. An ihr war nichts Grünes. Am Stamm entlang hat sie hohle Schuppen, in die sie Wasser und Mineralien einlagert, die sie aus den Wurzeln einer Wirtspflanze schmarotzt. In unserem Fall einer Espe.

Die Schuppenwurz ist ein Parasit, der zur Nahrungsaufnahme einen Umweg über die Wurzeln einer Hasel oder eines anderen Laubbaums in mullreicher Erde macht. An den verdickten Spitzen ihrer Wurzelfasern sitzen kleine Saugnäpfe, mit denen sie durch die Rinde der Wurzeln einer Wirtspflanze dringen kann. Das geschieht einen halben Meter unter der Erde. Befindet sich die Schwarzerle, Espe oder Hasel in der Winterstarre, bekommt die Schuppenwurz keine Nahrung, sondern lebt vom Vorrat, den sie in den doppelt gefalteten Hohlräumen ihrer Schuppen angelegt hat. Sie kann spärlich mit kleinen geschlossenen Blüten unter der Erde blühen. Im Frühling muss sie jedoch hinaus, damit die Hummeln sie finden und befruchten können. Nachdem sich die Frucht geöffnet und die Samen hinausgeschleudert hat, sorgen die Ameisen für ihre Verbreitung. Sie mögen die saftigen Auswüchse dieser Samen.

Es gibt noch verwickeltere Zusammenhänge in einem Wald. Andere chlorophyllfreie Pflanzen sind von Pilzen abhängig, mit denen auch die Bäume in einer wichtigen Verbindung stehen. Eine solche Lebensgemeinschaft nennt man Mykorrhiza, ein Wort, das

Aus dem Vorjahreslaub dringt
eine Schuppenwurz hervor, dazu ein Baumschössling, der zur
Wirtspflanze künftiger Schup-
penwurze werden kann.

auch für das Myzel steht. Dieses breitet unter der Erde spinnweben-
artige Fäden aus und kann viel Wasser und Nährstoffe aufnehmen,
vor allem Stickstoff- und Phosphorverbindungen. Diese Nährstoffe
kommen dem Baum zugute, und der Pilz, der kein Kohlendioxid
aufnehmen kann, erhält von seinem Wirtsbaum Kohlehydrate. In
diese Lebensgemeinschaft sind die Hutpilze des Waldes wie Täublinge, Röhrlinge, Pfifferlinge und Reizker, aber auch Fliegenpilze
und Schleimköpfe einbezogen. Durch das Myzel, das sich unter dem
sichtbaren Fruchtkörper des Pilzes in weitem Umkreis verbreitet,
wird den Wurzeln der Bäume Flüssigkeit samt Nährstoffen zugeführt. Im Herbst eines guten Pilzjahrs freut man sich über die Funde
im Moos. Die Nahrungsaufnahme der Bäume ist dann gering, doch
bilden sie durch die Fotosynthese noch Zucker, der wiederum den
Pilzen zugute kommt.

Björn Berglund nennt das Mykorrhizasystem im Wald eine Art
ökologische Gerechtigkeit. In einem seiner Essays über natürliche
Zusammenhänge in der Pflanzenwelt schreibt er:

Eine kleine Samenpflanze ist zufällig im Schatten eines großen
Baumes gelandet. Dort kann sie an den Fotosyntheseprodukten
des Baumes teilhaben. Durch den Stamm werden Kohlehydrate
nach unten in die Wurzeln befördert und dort von den Myzel-
fäden der Pilze, die mit vielen verschiedenen Pflanzenarten im
Wald in Verbindung stehen, abgeholt. Auf diese Weise kann
irgendein kleiner ›armer Schlucker‹ seinen Platz an der Sonne er-

halten, selbst wenn er im tiefsten Schatten einer anderen Art wächst. Eine Nadelbaumpflanze kann sich indirekt ein paar Blätter von einer Birke leihen, die durch ihren günstigen Standort viel mehr Sonne bekommt, als sie braucht; die Pilze regeln das. In der Natur ist das Leben in der Erde integrierter Bestandteil des Lebens am Licht.

Die Mykorrhiza, die im Wald die Nährstoffe verteilt, ist für das Ökosystem der ganzen Erde wichtig. In einer Fichtenpflanzung wird jedoch nicht viel von Pilzen an Bäume verliehen. Da sind keine »armen Schlucker«, keine aus angeflogenen Samen getriebenen Schösslinge, und es mangelt an jungen Laubbäumen und Kräutern. In unserer Gegend gibt es etliche Fichtenpflanzungen auf ehemaligen Ackerböden, eine davon, nicht größer als einen halben Hektar, auf unserem Grund und Boden. Diese Fichten müssen vor dreißig oder fünfunddreißig Jahren gepflanzt worden sein, also in den 70er-Jahren, als sich das forstindustrielle Denken durchgesetzt hat. Der Abstand zwischen den Bäumen beträgt anderthalb Meter, und sie stehen in Reih und Glied. Lediglich am Übergang zu einem hellen und mit jungen Laubbäumen bewachsenen Kahlschlag tragen sie an den unteren Zweigen Nadeln. Im Innern der Pflanzung haben sie bis weit oben, wo sie das Licht erreichen und damit die Nadeln halten können, nichts als dürre Zweige.

Der Boden unter den Bäumen auf diesem alten Acker ist glatt. Hainmoos wächst dort. Ich halte lange Ausschau nach etwas anderem, einer sprießenden Fichtenpflanze, einem kleinen Birkenreis. Aber nichts. Alles ist streng und leblos bis auf das recht trockene und leicht gelbliche Hainmoos. Ziemlich weit im Innern stoße ich schließlich auf einen feuchten Fleck, aus dem das Blatt einer Gefäßpflanze ragt; ich glaube, es wird eine Knoblauchsrauke daraus, sollte es denn die Schattenlage überleben.

Am Rand des Kahlschlags zieht sich ein breiter Graben hin. Im Frühjahr läuft er über und setzt die Baumwurzeln in der Fichtenpflanzung ein gutes Stück unter Wasser. Auf der anderen Seite wurde ebenfalls ein Graben angelegt. Und darüber gibt es eine Partie Mischwald, die mit Steinblöcken durchsetzt ist. Dort haben Buschwindröschen die verwelkten Leberblümchen abgelöst und sind mittlerweile verwuchert. Später im Jahr habe ich hier zwei sichere Pfifferlingstellen samt einiger Glückstreffer. Es werden Ebereschen blühen und spät Eichenschosse ausschlagen. Birken und Espen teilen sich den Raum mit den Fichten.

Die obere Schicht in einem Laub- oder Mischwald bildet die Streu. Sie besteht aus dem abgeworfenen Herbstlaub der Bäume und Büsche. Auf einem Hektar Waldboden können davon vier Tonnen liegen, im Trockengewicht gerechnet. Dazu kommt eine Tonne Gras, Kräuter und Tiere, und darüber hinaus bildet die Masse an toten Wurzeln, Tieren und Pilzmyzelien eine Fermentationszone im Boden. Alles wird von verschiedenen Organismen zersetzt, um am Ende wieder von derselben Beschaffenheit zu sein wie zu dem Zeitpunkt, als es von den Pflanzen aufgenommen wurde. Diesen Vorgang nennt man Mineralisierung, doch es ist ein weiter Weg bis dahin. Zuerst erfolgt die Humifizierung, die in Torfböden Tausende von Jahren dauern kann. In sauerstoffreicher Erde geht es schneller, in Südschweden binnen eines Jahres.

Unter der Erde gibt es zahlreiche Helfer. Hefepilze sitzen auf Blättern und Nadeln und zersetzen sie. Dann übernehmen Schimmelpilze und Bakterien. Manche Organismen sind Zwischenformen zwischen Bakterien und Pilzen, und wenn sie am Werk sind, finden wir, dass die Erde gut riecht. Große Zersetzer sind auch Schnecken aller Art, und in der Erde findet sich eine Makrofauna aus Regenwürmern, Tausendfüßlern, Springschwänzen, Asseln, Saftkuglern, Erdläufern und unzähligem mehr. Sie zerkauen das organische Material, das die Bakterien bereits halb zersetzt haben.

In älteren Zeiten hielten viele den Regenwurm für einen Schädling. Darwin erkannte dessen wichtige Funktion als Zersetzer und Belüfter des Erdreichs. »Man kann wohl bezweifeln, ob es noch viele andere Thiere gibt, welche eine so bedeutungsvolle Rolle in der Geschichte der Erde gespielt haben, wie diese niedrig organisirten Geschöpfe«, schreibt er über den Regenwurm. Schon lange zuvor hatte Gilbert White, der sanfte Pfarrer aus dem 18. Jahrhundert, begriffen, dass der Regenwurm in dem Zusammenspiel, das später ökologisch genannt werden sollte, eine wichtige Rolle spielt. White streifte durch die Haine rings um das Dorf Selborne im südenglischen Hampshire und schrieb über seine Funde in der Flora und Fauna Briefe. In *Natural History of Selborne* (Naturgeschichte von Selborne) schreibt er:

466

Die unscheinbarsten Insekten und Kriechtiere sind von viel größerer Bedeutung und haben viel größeren Einfluss auf den Naturhaushalt, als gleichgültigen Leuten bewusst ist. Sie sind mächtig in ihrer Wirkung infolge ihrer Winzigkeit, die ihnen wenig Beachtung zuteil werden lässt, sowie infolge ihrer Zahl und Fruchtbarkeit. Obgleich die Regenwürmer anscheinend nur ein kleines und geringes Glied in der Kette der Natur bilden, entstünde eine beklagenswerte Lücke, wenn sie verschwänden.

Die Mullbildung durch Regenwürmer und andere Zersetzer erfolgt im Laubwald. Durch den Laubfall erhalten Licht und Sauerstoff Zugang zum Boden. Im Nadelwald dagegen verrottet der Humus nur unvollständig; die Regenwürmer scheuen ihn, und die Zersetzungsarbeit der Pilzmyzelien geht nur langsam voran. Es bildet sich Moder, eine Übergangsform zwischen Torf, Rohhumus und Mull.

In der Monokultur der Fichtenpflanzung ist die Bodenschicht aufgrund des Lichtmangels leblos. Das Hainmoos bemüht sich zwar, stellt für andere Gewächse aber keine Grundlage dar. Geht man in den Mischlaubwald auf dem Jagen daneben, so ist dies für Fuß und Nase ein ganz anderes Erlebnis. Sobald der Schnee geschmolzen ist und der Sauerstoff freien Zugang hat, wird in einer intensiven Phase die Förna zersetzt; dem Menschen steigen verheißungsvolle Gerüche in die Nase und lassen kleine Erinnerungstriebe aus der Kindheit aufschießen.

In *Västgöta resa* (Reise nach Västergötland) schweift Linné von seiner Reisebeschreibung ab und stellt Tod und Verwesung in das große zusammenhängende und allzeit vonstatten gehende Schöpfungswerk.

… wenn Pflanzen und Tiere verwesen, werden sie zu Humus; Humus wird alsdann den Pflanzen, welche sich dort ausgesät und Wurzeln geschlagen haben, zur Nahrung, sodass die größte Eiche und die hässlichste Nessel aus einerlei Ding zusammengesetzt sind, nämlich den Partikeln von feinstem Schwarzhumus, durch die Natur oder einen lapis philosophorum, welchen der Schöpfer in jeden Samen gelegt hat, um den Humus in die jeweils eigene Art zu verwandeln. Hierdurch werden Tiere, wenn sie hinsterben, in Erde verwandelt, die Erde in Pflanzen, und die Pflanzen werden von den Tieren gefressen, um also Teil der Tiere zu werden, sodass die Erde, in Saat verkehrt, sodann unter dem Namen der Saat in den menschlichen Körper eingeht, dort von der Natur des Menschen in Fleisch, Knochen, Nerven etc. verwandelt wird; und wenn der Mensch nach seinem Tode verwest, verfällt die Kraft der Natur, und der Mensch wird wieder zu Erde, von der er genommen ist. Wenn nun Pflanzen sich in diesen Humus aussähen, wachsen sie üppig und verwandeln die Menschen-Erde in ihre Natur, sodass die schönste Jungfrauenwange zum hässlichsten Schwarzen Bilsenkraut wird und der Arm des stärksten Starkotters zum losesten Laichkraut: Ersterer wird von einem stinkenden *Cimex* aufgefressen und dadurch ein solches Tier; dieser *Cimex* wird alsdann von Vögeln gefressen und dadurch zu einem Vogel, der Vogel wird vom Menschen gegessen und dadurch ein Teil von ihm.

Die Wanze (*Cimex*) ist wie der Mensch ein Teil von Gottes großem unveränderlichen Haushalt. Jede Art hat ihren Platz, doch es ist schwer zu erklären, wie die Arten nach der Schöpfung und der Sintflut dorthin gekommen sind und in so hohem Maße variieren können. Linnés große zusammenfassende Werke über die Ordnung und den Zusammenhang in der Natur waren *Oeconomia naturae* und *Politia naturae*. Letztere beschreibt die Natur im Zustand des Kampfes und sollte auf Darwin dereinst großen Eindruck machen. In Linnés Welt war der Kampf ums Überleben Teil einer »Ordnungskette«, die äußerst sinnreich gefügt war und mittels deren die Arten einander in Schach hielten, sodass keine überhandnahm.

Linné war durch Urwälder geritten und hatte versucht, zu Fuß durch unzugängliche Moorgebiete zu gehen, in denen es keinerlei Spuren menschlicher Einwirkung gab. Ein ungenutzter Wald, der chaotisch um den Reitweg herum wuchs, machte ihn niedergeschlagen. Seinen Unwillen weckte, dass er schwer passierbar war und unmäßig austrieb, abstarb, verrottete und erneut austrieb. Er sollte für den Menschen nutzbar gemacht und nicht sich selbst überlassen bleiben. Linné hegte eine große Liebe zur kultivierten Landschaft.

Dass die Erde samt Menschen, Tieren und Pflanzen von Gott erschaffen war, erlebte er mit einer Intensität, die weit über konventionelles Erlernen und Glauben hinausging. Er konnte seinem Staunen über das Werk Gottes lyrischen Ausdruck verleihen. Obwohl ihm der Urwald und die Moore abscheulich wie die Hölle vorgekommen waren, sah er darin Gleichgewicht und Zusammenhang.

Es ist verlockend, Seite um Seite aus Linnés Beschreibungen von Gottes großem, gut geführtem Haushalt zu zitieren, nicht nur wegen ihrer stilistischen Brillanz. Sie wirken beruhigend auf ein modernes Gemüt, das von der Veränderlichkeit und Zerstörung aufgewühlt ist und in allem, was unmäßig wächst, um gefressen zu werden, zu fressen und zu sterben, inklusive Bakterien und Algen, nur Sinnlosigkeit sieht. In einer Rede *Om märkvärdigheter uti insecterna* (Über Merkwürdigkeiten bei den Insekten), die Linné 1739 vor der Königlich Schwedischen Akademie der Wissenschaften hielt, sagt er:

Meine Herren! Alles, was der allmächtige Schöpfer auf unserem Erdball eingerichtet hat, ist so wundersam geordnet, dass kein einzig Ding zu seinem Unterhalte nicht des Beistandes eines anderen bedarf. Der Erdball selbst mit Steinen, Erz und Kies nährt und erhält sich ja aus den Elementen: Gewächse, Bäume, Kräuter, Gräser und Moose wachsen auf dem Erdball und die Tiere schließlich von den Pflanzen. Alle werden sie am Ende wieder in ihren ursprünglichen Stoff verwandelt, die Erde wird der Pflanze zur Nahrung, die Pflanze dem Wurm, der Wurm dem Vogel und der Vogel oft dem Raubtier; wiederum verzehrt am Ende der Raubvogel das Raubtier, der Wurm den Raubvogel, das Kraut den Wurm, die Erde das Kraut: Ja, der Mensch, der alles zu seiner Notdurft kehrt, wird oft dem Raubtier, dem Raubvogel, dem Raubfisch, dem Wurm oder der Erde zur Nahrung. So geht alles im Kreis.

War man davon überzeugt, dass alles im Kreis ging und von einem in seinem fortdauernden Werk allgegenwärtigen Schöpfer aufs Beste geordnet war, erhielt man in seiner Gemütsruhe einen fürchterlichen Schlag, als Darwin das Ergebnis seiner Untersuchungen präsentierte. Was er sich in der Abgeschiedenheit des hässlichen alten Kastens in Down ausgedacht hatte, war eine aufregende Lektüre. In Darwins Welt herrschte überall ein Kampf um einen Platz im Dasein, und nachdem der Mensch ein Geschöpf Gottes gewesen war, wurde ihm nun eine triviale Abstammung zuteil. Darwin hatte Thomas Malthus gelesen, der in seinem *Bevölkerungsgesetz* einen bedrückenden Zusammenhang zwischen der Ökonomie der Natur und der des Menschen sah. Die Fruchtbarkeit des Menschen bedrohe seine Versorgung; die Ressourcen reichten schlicht nicht aus, was zu Kampf und Konkurrenz und schließlich zu einer fatalen Einschränkung führe – das heißt zu Hunger und Tod für die Schwächsten.

Ernst Haeckel, der Darwins Lehren in Deutschland bekannt machte, erfand das Wort Ökologie, um der Wissenschaft von der Ökonomie in den Lebensbedingungen von Organismen und deren Verhältnis zueinander und zu dem Milieu, in dem sie leben, einen Namen zu geben. Es ist wie das Wort *oeconomia*, das Linné in biologischem Zusammenhang verwendet hatte, aus dem griechischen Wort für Haus und Heim gebildet. Bei Linné steckte hinter der Bezeichnung *oeconomia naturae* schließlich ein Haushaltsgedanke. Das Wort Ökologie kam durch die Botaniker nach Schweden, wo es erstmals 1909 in einer botanischen Zeitschrift verwendet wurde.

Heute verwenden wir es mit größter Selbstverständlichkeit. Wir löffeln Ökojoghurt, weil die Werbung uns davon überzeugt hat, dass er für und nicht gegen die Natur ist. Das Wort appelliert an die Überzeugung, dass alles gut würde, wenn man die Natur sich selbst überließe. Der ursprünglich wissenschaftliche Terminus ist mit moralischen und quasireligiösen Bedeutungen aufgeladen worden. Hier ist etwas, woran wir glauben können. Je weiter wir uns von den natürlichen Zusammenhängen entfernen, desto mehr idealisieren wir sie.

Aber auch botanisch kompetente Leute, die ihre Nase fast buchstäblich ins Moos gesteckt haben, können wissenschaftliche Termini mit Werten aufladen. Björn Berglund schreibt in seinem Essay *Samarbete – naturens grundprincip?* (Zusammenarbeit – das Grundprinzip der Natur?):

Statt um die Ressourcen zu konkurrieren, teilen die Organismen alles, was es gibt. Das Lebendige hat weder Privatinteressen noch Machtansprüche. Teilen bedeutet in der Biosphäre, das Ganze als Ausgangspunkt zu nehmen, ›den Kuchen zu verteilen‹, in diesem Fall das Leben im Wasser und an Land unter Umsetzung aller physischen Vorräte. Welche Arten in die Vielfalt eingehen, beruht wohl weniger darauf, wie sehr sie miteinander um den Kuchen konkurrieren, als darauf, wie sehr sie sich aneinander anpassen können.

Berglund betont gern die Symbiose, die er als einen Ausdruck ökologischer Gerechtigkeit in der Natur betrachtet. Der amerikanische Umwelthistoriker Donald Worster schreibt in *Nature's economy*, dass Symbiosebeziehungen gar nicht so üblich seien, wie wir immer gern glauben, wenn wir sie als das platonische Ideal interpretierten, dessen vollkommener Spiegel die gesamte Natur angeblich sei.

Ja, wer möchte nicht gern um sich herum das Ideal ökologischer Gerechtigkeit und umfassender Symbiose verwirklicht sehen? Man muss aber nur in seinen eigenen Garten gehen, um zu merken, dass oft schmarotzt und etwas gefressen wird, ohne dass etwas dafür zurückkommt.

Darwin hat keinen Widerspruch darin gesehen, dass die Arten sich bekämpfen und zugleich gemeinsam am gedeckten Tisch sitzen. Sie könnten einander sogar Nahrung geben und zusammenarbeiten, wie der alte Anarchist Kropotkin glaubte. Seine Ideologie baute auf einem modifizierten Darwinismus auf, wonach den Organismen, unter anderem den Menschen, Zusammenarbeit mehr nütze als Streit. Der Däne Eugenius Warming erweiterte in seinem *Lehrbuch der Ökologischen Pflanzengeographie*, das im Original 1895 erschien, Haeckels Ökologiebegriff. Ihm war klar geworden, dass die Arten nicht von allein wachsen und sich entwickeln können. Es bestehe eine wechselseitige Abhängigkeit. An der Universität Uppsala gab es zu Beginn des 20. Jahrhunderts unter dem Namen *Schwedische Pflanzengesellschaft* ein reges, von Rutger Sernander geleitetes Seminar zu Ökologie und Pflanzensoziologie. Daran nahmen sowohl junge Studenten als auch kompetente Laien teil.

Die Anregung kam aus Warmings Forschung. Er selbst machte, was den Gesellschaftsbegriff in puncto Pflanzen betraf, Einschränkungen geltend. Er betonte, dass es in einer Pflanzengesellschaft keine durchgeführte oder organisierte Arbeitsteilung gebe. Sie gleiche keiner Menschen- oder Tiergesellschaft, in der Individuen und Gruppen zum Nutzen des Ganzen beitragen können, indem sie als Organe (im weitesten Sinne) fungierten. In einer Fichtenpflanzung wie jener, vor der ich sitze und trübsinnig werde, herrscht laut Warming uneingeschränkt Egoismus. Dort werde ein Krieg aller gegen alle ausgetragen, wie immer, wenn sich Individuen derselben Art den Platz teilen sollen.

Die mächtige Feindin

Wenn ich mich am Rand des Mischwalds auf eine umgestürzte Espe setze und in das sterile Dunkel unter den dürren Zweigen der Fichtenpflanzung schaue, fällt mir Fischereiinspektor Axel Borg aus August Strindbergs Roman *Am offenen Meer* ein. Er war kein Naturanbeter, sondern ein selbstbewusstes Wesen, das »in der tellurischen Schöpfungskette am höchsten stand«, und seiner Ansicht nach waren die Hervorbringungen des Menschen viel raffinierter als die der unbewussten Natur.

> … vor allem auch vorteilhafter für den Menschen, der seine Werke mit Rücksicht auf den Nutzen und die Schönheit schafft, die er als Schöpfer durch sie haben kann. Aber aus der Natur nahm er das Rohmaterial zu seinem Werk, und obwohl man Licht und Luft durch Maschinen hervorbringen konnte, zog er die unübertrefflichen Äthervibrationen der Sonne und die unerschöpfliche Sauerstoffquelle der Atmosphäre vor. Er liebte die Natur als eine Helferin und eine Untergebene, die ihm dienen mußte, und es ergötzte ihn, diese mächtige Feindin zu verleiten, ihm ihre Kräfte zur Verfügung zu stellen.

Fischereiinspektor Borg schreitet am Ende seines Aufenthalts in den Schären dem Wahnsinn und Untergang entgegen, und Strindberg selbst stand, als er diesen Roman schrieb, vor seiner Bekehrung und Unterwerfung. Als Übermensch und Herr der Natur ist Borg jedoch so lange exemplarisch, wie er sich über seine titanische Umschöpfung der Schöpfung und die Überlegenheit des Menschen über die Natur ergehen kann.

Schönheit besitzt die Fichtenpflanzung nicht. Diese wurde auch gar nicht angestrebt. Der Nutzen lässt sich unterschiedlich bewerten, aber in zwanzig oder fünfundzwanzig Jahren wird aus diesem Bestand auf jeden Fall Faserholz oder etwas später Schnittholz. Tagtäglich ein Stückchen Wald mit offenen Lücken vor Augen zu haben bedeutet, in die Veränderlichkeit zu sehen. Für einen *Homo economicus* mag es dagegen beruhigender sein, eine Fichtenpflanzung anzustarren. In ihrem Dunkel geschieht nichts, außer dass sich das Volumen von Jahr zu Jahr vergrößert. Dieser halbe Hektar Fichtenpflanzung ist ein gutes Beispiel dafür, wie die Kräfte der Natur in den Dienst des überlegenen Denkens und Planens des Menschen gestellt wurden.

Die mächtige Feindin, wie Borg die Natur nennt, wird die Fichtenpflanzung nicht vernichten. Sie harrt ihrer Zeit. Ihre Unterwerfung ist nur vorübergehend. Wird hier einmal kahl geschlagen, dann werden unvorhergesehene Dinge passieren. Dann wird es hell, und der Lichteinfall wird dem Moos und dem bisschen, was es hier an feuchtigkeits- und schattenliebenden Pflanzen gibt, schwer zusetzen. Die Drahtschmiele, die gleich vor der Pflanzung wächst, hat sicherlich Samen ausgestreut und kommt bei der Invasion der Gräser vielleicht als Erste, gefolgt von Waldreitgras, Rotem Straußgras und Wiesenknäuelgras. Auf großen Kahlschlägen in Jämtland habe ich die Drahtschmiele einsam silbrig und rot schimmernd wogen sehen.

Wenn aus dem Kahlschlag nach unserer Fichtenpflanzung in Roslagen ein Gräsermeer geworden ist, kommen die Nager herbeigeeilt und bauen im welken Gras Nester. Es gibt Wühlmausjahre, ein Fest für Eulen und Füchse. Das Auerwild zieht sich vom Nachbarjagen zurück, wo es Kiefernnadeln schnabuliert und seine Küken in den Blaubeersträuchern hat fressen lassen. Auch das Birkwild hält dem Druck der Greifvögel und Füchse nicht stand. Wenn es zu einem großen schlagweisen Hieb kommt, ist die Störung so massiv, dass die Waldhühner gänzlich verschwinden.

Das Leben auf dem Kahlschlag geht weiter, wenn die Grasnarbe sich geschlossen hat und Kräuter eingewandert sind. Zuerst kommt der Flaum der Weidenröschen angeflogen. Nach und nach sprießen Arten, die sich leicht verbreiten, wie etwa der Hohlzahn und die Taubnessel, und auch das Greiskraut, das Bodenfrost aushält und im Frühling und Sommer mehrmals blüht, findet auf dem Kahlschlag Halt. Mädesüß wandert vom Grabenrand her ein und besetzt den Bereich, der im Frühjahr gern überschwemmt wird. Espen tasten sich mit Wurzelschossen heran, und Himbeergestrüpp wächst in die Höhe. Die großen Kahlschläge im jämtländischen Hotagen waren oft jahrelang ein Füllhorn für Himbeerpflücker. Wir standen im dichten Gebüsch und füllten mit einem Gefühl von zeitlosem, sonnendurchflutetem Überfluss unsere Eimer.

Jetzt wäre es Zeit zu pflanzen, falls noch ein weitsichtiger Waldbesitzer seine Hand auf dem Kahlschlag hat. Wahrscheinlich grubbert er auch. Dadurch erhalten die Pflanzen Dränung und Frostschutz, und den Großen Braunen Rüsselkäfern wird Einhalt geboten. Sie laufen nicht gern über offenes Erdreich.

In der Erde hat Birkensamen gelegen und auf Licht gewartet. Jetzt wachsen die Schosse heran, und in ihrem Schatten geht es den Fichten lange Zeit ganz ausgezeichnet. Die Kiefernpflanzen werden ebenfalls vor Frost geschützt, überragen den jungen Laubwald aber bald. Bei Fichten kann es bis zu zehn Jahre dauern, bis sie ernsthaft durchbrechen. Dann ist es Zeit zu räumen, soll die Feindin nicht übernehmen und aus dem gesamten Areal einen Mischwald machen.

Letzten Endes, glaube ich, wird es so ablaufen, ein paar Besitzergenerationen nach unserer Lebenszeit. Auf den hiesigen Böden, von der guten Ackerkrume der Ebene Upplands weit entfernt, sind den Leuten noch nie große Kultivierungserfolge beschieden gewesen. Hier hat man sich leidlich mit Heringsfischerei durchgebracht. Man hat Apfelbäume und Flieder rings um die Häuschen gepflanzt und versucht, die Haselbüsche zu plündern, bevor die Eichhörnchen und Kleiber es taten.

Heute sind die ehemaligen steinigen Rodungen der Kätner mit Fichten bepflanzt. Die Steinhaufen an den Ackerrändern, Zeugen ihrer Kultivierungsbemühungen, liegen nun im dunklen Wald. Ich frage mich, ob es sich auf die Dauer wirklich lohnt, auf diesen

Fleckchen Fichten zu kultivieren, wenn aus den Bäumen dieser Fichtenpflanzung einmal Faserholz geworden ist. Sie werden kaum mit der Rentabilität der großen Holzindustrieplantagen konkurrieren können. Fichtenpflanzung und schlagweiser Hieb setzen hier eine Sukzession von Kleinbauern voraus. Heute haben wir hier lediglich Landwirtschaft, ohne Vieh, versteht sich. Und in fünfzig Jahren? Wahrscheinlich überhaupt nichts.

Das werden alles Sommerhäuser, sagten die Pessimisten in meiner jämtländischen Nachbarschaft.

Aber nicht einmal das wird auf die Dauer funktionieren. Derzeit wird bei Immobilienmaklern eine Kate in Roslagen teuer gehandelt, selbst wenn sie hier oben im Waldland liegt. Die Katen sind jedoch nur so lange begehrenswert, wie sie in lichten Rodungen stehen. Schleichen sich erst Fichten und Vorwuchs ein, um das Areal zu übernehmen, ist das Fleckchen Erde, das der Motorrasenmäher verteidigt, kahl und frei von Kräutern. Dann blüht kein Holunderknabenkraut mehr, und auch Schlüsselblume, Katzenpfötchen, Bachnelkenwurz, Kleines Mädesüß und Gamander-Ehrenpreis verschwinden. Die zierlichen Äste der Hagebutte, die eine sonnige Lage braucht, um zu blühen, werden von Espenschossen erstickt. Zwischen den Fichtenzweigen sind noch für ein paar Jahre Apfelblüten zu sehen, bevor das Dunkel sie verschluckt.

Der See verlandet infolge der einstigen Überdüngung der aufgegebenen Äcker. Langsam, aber sicher nähert sich der Blattteppich der Teichrose der Badeklippe und schlingt den Schwimmern seine glatten Stängel um die Beine. Im Spätsommer werden die Blätter gelb und von Käfern zerfressen und durchlöchert. Anfangs tröstet man sich noch damit, dass aus dem Badesee ein Vogelsee geworden ist. Doch dieses Stadium währt nicht viele Jahre. Irgendwann finden Kranich und Sumpfhuhn keine Nahrung mehr in dem verschlammten Matsch. Der See hat sich zum Schwingrasen entwickelt und wird auf lange Sicht zum Hochmoor werden.

Neben dem Haus ragt ein kleiner grünbrauner Haken aus den verkohlten Resten des Maifeuers. Er sieht bescheiden aus, ist aber der Feind, der alle Kräuter überschattet und erstickt; er wird im nächsten Frühjahr triumphieren. Denn nur der unbezwingbare Krummstab des Adlerfarns hat auf Dauer die Kraft, im Frühling die welke, rostbraune Laubdecke zu durchstoßen.

Eine Waldmafia aus Farn und Espenschossen hat die Oberhand gewonnen. Der Graben, den der Kätner vor hundert Jahren ausgehoben hat, wächst mit Salweiden zu. In einer feuchten Partie hinterm Stall ist es für den Rasenmäher zu steinig und uneben. Dort herrscht allgewaltig das Mädesüß. Ist man nur ein klein wenig nachlässig und pinkelt hinter der Hütte, kommen sofort die stick-

Unsere düstere Fichtenpflanzung ist eine Monokultur, in der es außer Hainmoos keine Bodenvegetation gibt.

stoffliebenden Nesseln. Solange sie frisch und zart sind, kann man
sie pflücken und dünsten. Im Sommer aber sind sie dunkelgrün
und verbreiten einen herben Gestank.

Dies ist nicht die Natur, die Sommerfrischler suchen. Die Natur,
mit der sie sich vereinigen wollten, als sie hinausgefahren sind, ist
hemmungslos fruchtbar geworden. Noch ist sie vielleicht schön,

zumindest solange Laub und Gras im Vorsommer unbeschädigt sind. Aber die mächtige Feindin, die erst nur ihre zartesten Triebe und lieblichsten Blüten vorschickt, wird bald aggressiv. Dann verdunkelt sich die nuancierte Herrlichkeit zu gleichmäßigem Grün und quillt in exzessivem Wachstum über. Käfer, Läuse und Flöhe knabbern und fressen das Laub an und legen Eieransammlungen in Blattachseln und alle Spalten und Löcher, die sie finden können. Aus Tausenden von Eiern entwickeln sich vielleicht einige Larven und zu gegebener Zeit noch weniger Puppen, weil auch die Vögel ihr Teil haben sollen. Der Wachstumsdruck wird so groß, dass der Dampf dieser grünen Masse einen beißenden Geruch annimmt. Den Kampf um das Licht und die Segnungen der Fotosynthese überleben nur hoch wachsende Arten. Und im üppig wuchernden Gras krabbeln die Zecken zielstrebig in Richtung Licht und Körperwärme.

Wir schätzen Symbiose und Kommensalismus. Wir betrachten es als Planwirtschaft und wohlwollendes Haushalten der Natur, wenn zwei Arten voneinander Nutzen haben oder eine Art von der anderen etwas hat, ohne ihr zu schaden oder sie zu beeinflussen. Parasitismus dagegen ist etwas anderes. Ein Schlupfwespenweibchen, das seine Eier in den betäubten Hinterleib seines Opfers legt, flößt uns Ekel ein. Die Zecke, die Säugetierblut einsaugt und zu einem unappetitlichen Klumpen mit gummiartiger Hülle anschwillt, verabscheuen wir, weil sie Borreliose und Hirnhautentzündung verbreitet. Diese Insekten sind jedoch keine Abweichungen oder zufälligen Entgleisungen im großen Haushalt. Die amerikanische Autorin Annie Dillard, die unter vielem anderen Ökotheologin genannt wurde und für die schonungslose Ambivalenz ihrer Naturschilderungen bekannt ist, schreibt:

Ich möchte wiederholen, dass die schmarotzenden Insekten zehn Prozent aller bekannten Tierarten ausmachen. Wie ist das zu begreifen? Jedenfalls vermitteln wir unseren Kindern die falsche Vorstellung von ihren Mitgeschöpfen auf der Welt. Teddybären sollten mit winzigen ausgestopften Bärenläusen ausgestattet sein, zehn Prozent aller verkauften Lätzchen und Klappern sollten mit bunten Schmeißfliegen, Maden und Fliegenlarven verziert sein. Was ist das für ein Zehnter, den wir dem Teufel zahlen? Wie viel Prozent Schmarotzer gibt es unter den Arten der Welt, die keine

Insekten sind? Könnte es sein, dass wir, wenn wir Bakterien und Viren mitzählen, in einer Welt leben, in der die Hälfte der Tiere vor der anderen Hälfte wegläuft – oder weghumpelt?

In Ursula K. LeGuins Erzählung *Unermesslich wie ein Weltreich – langsamer gewachsen* wird der Mensch mit seiner Aggression zu den Raubtieren und Schmarotzern auf einer verarmten Erde gezählt. Frieden scheint es nur dort zu geben, wo es keine Mäuler, Stacheln und Greifklauen gibt. Draußen im All finden die Forscher schließlich eine ruhige vegetative Welt. Dort rauschen Wälder ohne Tiere, und die Oberfläche des Planeten ist nie von Menschen beschmutzt worden.

> Hier aß niemand den anderen. Alle Lebensformen lebten von Photosynthese oder Saprophagie, lebten also von Licht oder Tod und nicht vom Leben. Pflanzen: unendliche Mengen von Pflanzen und keine einzige Spezies den Besuchern aus dem Hause Mensch bekannt. Unendliche Mengen von Schattierungen und Intensitäten von Grün, Violett, Purpur, Braun, Rot. Unendliches Schweigen. Nur der Wind regte sich, bewegte Blätter und Zweige, ein warmer, singender Wind, beladen mit Sporen und Pollen, der diesen süßen, blaßgrünen Staub über Prärien hoher Gräser blies, Heide, die kein Heidekraut trug, Wälder ohne Blumen, die kein Fuß je betreten, kein Auge je geschaut hatte. Eine warme, traurige Welt, traurig und still. Die Forscher wanderten wie Ausflügler über besonnte Ebenen voll violetter, farnähnlicher Pflanzen und unterhielten sich leise. Es war ihnen bewußt, daß ihre Stimmen das Schweigen von tausend Millionen Jahren brach, das Schweigen von Wind und Laub, Laub und Wind, der blies und erstarb und abermals blies. Sie sprachen leise; doch da sie Menschen waren, sprachen sie.

Wir zahlen sicherlich dem Teufel einen Zehnten, wenn wir in der Welt leben, die in Wirklichkeit die unsere ist. Aber ein Utopia, in dem die Menschheit als eine Verunreinigung gilt, ist eine viel erschreckendere Vision.

In einer alten Agrarregion, die der Wald allmählich erobert, können Zeugungspotenz und Lebenshunger im Hochsommer überwältigend sein. Man wendet sich von dieser losgelassenen Kraft des Fressens, Wachsens, Tötens, Ausbrütens und Jungekriegens ab und geht nach Hause in seinen Garten, wo man die Feinde zumindest vorübergehend unter Kontrolle hat. Nur aus der Nähe und für einen Moment betrachtet, kann man annehmen, der Wald taste sich vorsichtig voran: der Wurzelschoss einer Espe hier, eine Fichtenpflanze aus angeflogenem Samen da, ein Birkensamen, der im Gras Halt gefunden und eine hellgrüne, vielzungige Blattflagge gehisst hat. Nach ein paar Jahren begreift man, dass es sich nicht um den bescheidenen Versuch handelt, ein paar Bäume einzuschmuggeln, die zusammen mit Mädesüß und Waldstorchschnabel auf der Wiese leben sollen. Es ist eine Eroberung. Der Wald ist im Anmarsch.

Im nördlichsten Schweden bewegt sich der Wald nach oben. Heißt es in den Morgennachrichten. Die Bäume kröchen immer weiter hinauf, und bald seien die Fjälls bärtig. An einem anderen Morgen heißt es, wir würden bald in einer Tundra leben. Wiederum an anderen Morgen sind es Wüstengebiete, die sich ausbreiten. Wir erfahren außerdem, dass die Ausbeutung und industrielle Expansion unsere Erde allmählich in einen großen, vergifteten Ruderalplatz verwandeln, wo am Ende nur noch Kakerlaken, Skorpione und Ratten leben können.

In der Regel erhalten wir jeden Morgen ein paar Warnschüsse. Die Zivilisation ist bedrohlich, und die Natur schlägt mit Ausartungen zurück. Was soll man glauben? Wir sehen die Veränderungen, und sie erschrecken uns. Bereits Ende des 19. Jahrhunderts haben Forscher nachgewiesen, dass kein Naturtypus statisch in dem Zustand verharrt, in dem er sich zum Zeitpunkt unserer Beobachtung befindet. Er verändert sich und wird zukünftig anders aussehen. Herr Olof ist durch einen anderen Wald geritten als den, durch den ich streife.

Die ersten Naturschützer in Schweden wollten die Böden vor Beeinflussungen und Zerstörung retten. Es gelang ihnen, Gebiete unter Naturschutz stellen zu lassen, die mit der Sense gemäht und von Vieh beweidet wurden. Das Ergebnis ihres Einsatzes war traurig: Als sie nicht mehr bestellt wurden, wuchsen die Laubhaine, Weiden und Wiesen zu. Und obendrein schnell.

Vielleicht hatten sich die Forscher dadurch, dass sie das Archiv der Moore und die Informationsdateien der Geröllrücken studierten, zeitlich auf eine zu lange Perspektive eingestellt. Wie schnell sich die Landschaft verändern konnte, zeigten die geschützten Laubwiesen, aus denen Buschwald wurde. Man hatte sich daran gewöhnt, seine ländliche Umgebung für selbstverständlich zu erachten, weil sie so lange immer gleich ausgesehen hatte. Auch maß man den trivialen Mühen der Bauern und ihres Viehs keine Bedeutung bei. Man erkannte darin keine Landschaftspflege. Als Selander ein halbes Jahrhundert später über die Blauracke und die Spottdrossel schreibt, die verschwundenen Edelsteine der Weiden und Laubwiesen, betrauert er eigentlich eine Kulturform. Weder hat je der große Pan im schwedischen Fichtenwald geherrscht, noch ist unser Landschaftsideal arkadisch. Opfer forderten bei uns Kobolde, und Quellgeist und Flussgeist drohten mit Unheil, wenn sie nicht begütigt wurden. Und bis das letzte Heu eingebracht war, rief der Kuckuck über den gemähten Fluren.

> Sieht der Kuckuck das letzte Heu,
> ist's mit dem Gesang vorbei.

Das Urbild, zu dem wir uns zurücksehnen, ist die pastorale Landschaft, eine empfindliche Vereinigung natürlicher Voraussetzungen und kultureller Mühen. Als die Wiesen von den Kätnern bestellt und die Weiden von den Kühen und Schafen abgegrast wurden, da duftete der Wald nach Honig. Aber bereits der Sänger des Kalevala blickte auf etwas Verlorenes zurück:

> Alles werd, wie's einst gewesen,
>   einst in deinen bessern Tagen:
> Mondgleich strahlten Tannenzweige,
>   sonnengleich die Föhrengipfel,
> Honigduft im Walde wehte,
>   süßer Seim in blauer Wildnis,
> Malzgeruch entstieg der Schwende,
>   milder Butterdunst dem Bruchrand!

In langer literarischer und volkstümlicher Tradition tragen wir die üppig fruchtbare pastorale Landschaft als Ideal mit uns herum. Wir können sie aber lediglich als Denkmal darstellen. Denn die agrarwirtschaftliche Struktur, die sie lebendig erhalten hat, ist verschwunden.

Manchmal blättere ich in einer modernen Ausgabe von *Les Très Riches Heures du Duc de Berry*. Die darin enthaltenen Landschaftsbilder wurden in einer Zeit aufs Pergament gebracht, als die Menschen im Rhythmus immer wiederkehrender Tätigkeiten und Feiertage lebten. Sie waren in nächster Nähe von Wald und Tieren und Grün umgeben.

Die schönen großen Gebetbücher, *Books of Hours* genannt, sind vor allem in England und auf dem Kontinent entstanden. Unser kaltes und armes Land besitzt keine solchen Kleinodien wie *Les Très Riches Heures du Duc de Berry* oder *The Lutrrell Psalter*. Bei uns gab es keine reichen, fruchtbaren Böden und auch kein Feudalsystem, das die Bauern zu erarbeiten zwang, was zur Bezahlung solcher Kostbarkeiten nötig war. Die richtig großen Kriegsunternehmungen mit ihren reichen Plünderungen lagen ebenfalls außerhalb unserer Reichweite. Immerhin schafften es unsere Vorfahren, das Kloster Lindisfarne zu zerstören und niederzubrennen und viele Schätze von dort mitzunehmen, unter anderem die Leiche des heiligen Cuthbert. Den Raub hatten sie sicherlich bald versoffen. Wie durch ein Wunder entging den Plünderern *The Lindisfarne Gospel*.

In den Stundenbüchern waren von einem Blumenregen und einem Rahmenwerk aus Laub umgebene Gebete zu lesen. In einen Rahmen blühendes Grün eingefügt, zeigten die Bilder auf einer Wiese Maria mit dem Kind ebenso wie die Ricke mit dem Kitz. Seltsamkeiten in Bethlehem und am Jordan waren in derselben Umgebung abgebildet wie der mühselige Alltag zu Hause auf dem Acker und im Wald. Gottes große Uhr drehte sich, und man folgte ihr, indem man die Pergamentblätter umschlug. Wer sein *Book of Hours* las, blätterte in Blumen und Vögeln und erfreute sich der Kostbarkeit, der des Lebens und des Buches.

Das Buch der Stunden. Das Buch der Tage. Das Buch des Jahres und abermals des Jahres. Man strukturierte sein Leben, indem man sich an die Stundengebete und die wiederkehrenden kirchlichen Feste hielt.

Wir fänden es befremdlich, unser Leben in ein Gebetsschema zu pressen. Wir wollen offen sein für neue Möglichkeiten und

Aufbrüche. Dem Gang der Stunden, Tage und Jahre entgehen wir trotzdem nicht. Die Matutin haben wir durch den Wetterbericht ersetzt, und danach gehen die Stunden dahin bis zur späten Nachrichtensendung, unserer Vigil; auch wir leben das Leben alles Zeitlichen.

Eingeschlossen in ein Lebensmuster, in dem alles auf die Ereignisse in den Evangelien zurückweist, hatten die Menschen des Mittelalters, anders als Cicero und anders als Montaigne, nicht viel Gedankenfreiheit. Sie waren in ein grünendes Rahmenwerk eingefügt, und außerhalb dieses Rahmens lag eine grausame und schwer zu durchdringende Wildnis, für die in den Gebetbüchern kein Platz war. Wir leben zwischen Artefakten, und was wir noch an Agrarlandschaft haben, wurde von anderen und viel brutaleren Kräften gestaltet als von Mäulern und Sensen. Wir gehen hinaus in »die Natur«, und das ist zumeist ein mit Spazierwegen und Joggingbahnen angelegtes Gelände, ein Ferienhausgrundstück oder ein mit staatlichen Mitteln erhaltenes Naturschutzgebiet. Den Schrecken vor dem Wilden kennen wir gar nicht mehr. Wir bezeichnen die Natur als unser Refugium, unsere Stimulanz und Erholung. Feindlich ist sie lediglich, wenn sie uns Giersch in die Beete und Moos in den Rasen schickt. Wir haben jedoch wirksame Methoden gegen die Feindin: Bekämpfungsmittel und Vertikutierer und Gifte, die sogar mit Ehrenpreis und Tausendschönchen fertig werden. Ja, vielleicht mit aller Schönheit der Welt.

Vor ein paar Jahren hatten auf einer Reichsstraße in Hälsingland viele Autos angehalten. Die Leute standen vor ihren Wagen und fotografierten eine Bärin mit ihren zwei Jungen unten im Moor. Da kam ein junger Vater mit zwei kleinen Kindern. Er nahm sie bei der Hand und ging mit ihnen zu den Bären hinunter. Als die anderen begriffen, was los war, schrien sie, er solle umkehren. Doch er ging weiter, bis die Bärin schließlich angriffslustig auf ihn zurannte. Da schien er sich der Gefahr bewusst zu werden; er machte kehrt und schaffte es mit seinen beiden Jungs mit Müh und Not ins Auto.

So leben wir in unserer Umwelt aus Artefakten. Unsere Vorstellungen von der Welt beziehen wir aus Bildern und Filmen. Trotz täglicher Warnschüsse glauben wir, uns unbeschadet in ihr bewegen zu können. Der Mann ging mit seinen Kindern unbekümmert auf die Bärin zu. Wir alle gehen auf Waldverarmung und Wassermangel zu, auf gewaltige, fast unvorstellbare Klimaveränderungen und auf Konflikte und Kriege, die vom Ressourcenknappheit ausgelöst werden. Doch manche von uns kaufen Geschirrspülmittel mit Ökolabel und Autos, die mit Äthanol fahren, um die mächtige Feindin zu begütigen.

Der Morgen hat einen kalten Mund

Im Morgengrauen berührt irgendetwas hastig und verstohlen mein Gesicht. Steif und noch nicht ganz wach, merke ich, dass es sich erneut nähert, spüre eine flüchtige Berührung, zu schnell, um entscheiden zu können, ob sie spitz oder nur flattrig war. Genauso plötzlich ist sie wieder verschwunden. Was sich da mit zweifelhaften Berührungen über mein Gesicht hermachen will, kommt jedoch wieder und fingert daran. Mehrmals.

Ich bin jetzt bei Bewusstsein, aus tiefem Schlaf in Panik katapultiert, und sehe eine Fledermaus in ihrer Hysterie umhertaumeln.

Ich empfinde Hass und Schrecken. Nicht so, als wäre ein Straßenräuber unter Rohypnoleinfluss bei mir eingestiegen, um mich zu erschlagen, sondern einen minimierten, an einen ganz kleinen Eindringling angepassten Schrecken. Als ich richtig wach bin, ist nur noch ein Unbehagen übrig. Ich hole einen Insektenkescher von der Veranda. Nachdem ich die Fledermaus eingefangen habe, ist die Unlust immer noch so groß, dass ich mir das Tier gar nicht richtig anschauen möchte. Ich öffne das angelehnte Fenster und schüttle sie hinaus.

Kommt sie aus dem Wald, oder wohnt sie im Haus? Sie kann genauso viele Freunde und Verwandte haben wie Kaninchen in *Pu der Bär*, und diese machen aus den Bretterwänden und der Isolierung womöglich gerade Mulm.

Findet sich in Baumstümpfen Mulm, dann haben dort Insekten gefressen, sich entleert und das Zeitliche gesegnet. In alten Häusern, wo sich seit Jahren Fledermäuse eingenistet haben, ist zwischen der Bretterverschalung und der Innenwand wahrscheinlich nur noch brauner Mulm.

Aus einem kalten Morgen wird ein heißer Tag. Ich mag Hitze nicht sonderlich. Wenn es heiß wird, vermisse ich Valsjöbyn, wo ich vorher gewohnt habe. Diese Zeilen habe ich jetzt immerhin in der Hitze geschrieben. Ich bin wie ein Borkenkäfer, ich hinterlasse genauso viel, wie ich aufnehme. Ich denke jetzt nicht an die Schrift des Borkenkäfers, die dahinkriechenden Eingrabungen im Fichtenholz, die Waldarabisch ergeben. Nein, ich meine die Exkremente des Borkenkäfers. Den Mulm in den Baumstümpfen.

Immerhin bin ich aus dem Haus gegangen. Auf dem Weg in den Wald kam ich an einem Pferdestall vorbei und sah den Misthaufen davor. Auf einer Nesselstaude wand sich eine Unmenge Larven. Hunderte. Oder Tausende? Es war unappetitlich. Da sie sich zusammengeballt hatten, mussten sie wie ein Heerwurm voneinander abhängig sein. War es vielleicht ein Heerwurm? Würden sie bald abwandern, eine Heerschlange, ein Larvenzug, ein Wurmdrache, der in Richtung Nahrung und Tod kriecht. Es waren sinnlos viele. Sie wimmelten und schlängelten und wanden sich ohne jede Absicht. Sie waren nicht einzeln, sie kannten kein Ich oder Mein. Sie wussten nicht einmal von einem Wir. Sie wimmelten einfach.

Geruch nach Pferdemist. Nesselgestank. Hitze. Eigentlich kein Wanderwetter, aber die Hündin und ich streben weiter. Ich sehne mich nach Kühle und nach Siebensternen. Einzelnen, unter einer Fichte. Zuerst aber fällt mein Blick auf die blühende Traubenkirsche am Waldrand und was die Hitze mit ihr angestellt hat. Die Larven der Traubenkirschengespinstmotte sind geschlüpft und haben die Blütenstände mit einem grauen Netz überzogen. Unter dem Netz wuselt es. Das möchte ich nicht sehen.

Das Leben schlüpft und wimmelt. Wir haben Ausdrücke wie »das Leben«, »die Natur« und »der Tod« erfunden. Was wir damit meinen, steht nicht ganz fest, aber wir brauchen sie. Für die Vielfalt des Lebens in einer Traubenkirsche. Die Zeugungskraft der Natur in einem Tümpel. Den Gestank des Todes und die Keimlinge des Lebens in einem Misthaufen.

Eine freie Enzyklopädie im Netz illustriert das Wort Natur mit Bildern von einem Spinnennetz, in dem Tautropfen im Gegenlicht funkeln, einer soeben entfalteten weißrosa Apfelblüte, die von einer Biene besucht wird, einem frisch durchgeschnittenen Apfel, einer zart belaubten Baumkrone vor dem Morgenhimmel und der

Jungfrau Maria, die das Jesuskind stillt. Diese Bilder besagen, Natur sei etwas Schönes, Frisches und Ursprüngliches.

Es ist aber gar nicht so leicht, die Natur von Kultur und Zivilisation zu trennen. Ist es die Natur, die gerade mit der Vogelgrippe am Werk ist? Oder ist es die Anhäufung von Federvieh in den industriellen Aufzuchtanlagen der Zivilisation, die sie zu einer Bedrohung macht? Die Natur bricht mit Löwenzahn aus dem Asphalt. Sie schlägt sich in der Wunde eines frisch Operierten nieder und bringt sie zum Eitern. Sie ist für uns, und sie ist gegen uns.

Ich weiß nicht, was Natur ist, nicht einmal, ob es so glücklich ist, dass es dieses Wort gibt. Auch weiß ich nicht sicher, was ein Wald ist.

Es ist zu viel von allem. Abends, wenn es kühler ist, breche ich den Adlerfarn ab. Die rechte Zeit dafür ist bald vorbei, aber noch ist er krumm und spröd. Sobald er die Blätter ausbreitet, ist der Stängel kräftig und zäh. Dann ist es zu spät.

Ich reiße jeden Abend mindestens hundert Stück ab. Gestern waren es hundertsiebenundvierzig. Breche den sinnlos erstickenden Adlerfarn ab und werfe ihn weg, damit die sinnvollen Katzenpfötchen, Hundsveilchen, Gewöhnlichen Kreuzblumen, Körnersteinbreche, Schlüsselblumen und Frühlingsplatterbsen Licht bekommen. *Ich* möchte bestimmen, was hier Sinn hat. Doch meine Einstellung zur Natur ist veränderlich. Früher hätte ich aus der Waldlichtung in meiner Nähe das Totholz fortgeschleppt. Jetzt sitze ich neben einem Moderholz und beobachte das Leben im Mulm. Als Kind mochte ich den Adlerfarn. Wir nannten ihn einfach nur Farn. Vater knipste mir einen Schirm davon ab.

Damals kannte ich nur einen einzigen Wald. Er begann hinter der Eismiete und reichte bis zu Malvikens Weide und dem Moor mit den Steigsteinen. Er war da und würde natürlich immer da sein. Heute bin ich mir ziemlich sicher, dass hinter dem Sommerhäuschen auf der Landzunge ein Kahlschlag oder eine Fichtenpflanzung ist. Ich würde es nicht wagen, dorthin zu fahren.

Meine erste Erinnerung sind derbe, nackte Baumwurzeln auf der Erde. Vater sagt, das seien Trollarme. Sie sind braun geschuppt und von Nadeln umgeben. Er schiebt mich in einem Sportwagen, den er abends in der Werkstatt von STAL in Finspång gebaut hatte. Der Wagen ist so konstruiert, dass er Unebenheiten im Boden und Treppen überwinden kann. Die Arme der Trolle greifen nach seinen dahinholpernden Rädern. Sobald wir die Eismiete sehen, sind wir am Ziel.

Als ich größer war und verschiedene Dinge durchdenken konnte, legte ich mich gern auf den Rücken und schaute in die Baumkronen. Sie bildeten einen Kreis über mir. Ich legte mich ziemlich oft hin, um die Sache zu kontrollieren. Es stimmte: Sie bildeten jedes Mal einen Kreis. Das erstaunte mich, und dieses Staunen hat sich gehalten.

Jetzt bin ich alt und vernünftig, und ich habe gelesen, was ein Wald ist, und weiß, wie es ist, wenn er verschwindet.

Damit ein Bestand Wald genannt werden kann, muss die Baumhöhe in der Regel mindestens 3 Meter betragen und die Kronendichte 30 % übersteigen. Von der Höhenregel ausgenommen sind Moorbirkenwälder und Kiefernwälder auf felsigem Boden, die unter 3 Meter hoch sein dürfen. Von der 30 %-Regel ausgenommen sind zum einen Wälder mit unregelmäßigem Kronendach wie beispielsweise ein Flechtenwald, zum anderen stammdichte, aber schmalkronige Bestände, wie sie in manchen Waldmooren vorkommen.

Nicht einmal nach dieser Definition des Zentralamts für Landesvermessung lässt sich leicht entscheiden, was ein Wald ist. Dem Denken ist der Wald ebenso schwer zugänglich, wie es schwer sein kann, durch ihn hindurchzukommen. Flatschnass und nahezu undurchdringlich heißt er Sumpfwald. In diesem Sommer wandere ich durch einen, der binnen vierundzwanzig Stunden schlüpfreif und heiß geworden ist. Bei meinem Versuch vorzudringen schlagen mir spitze und entnadelte dürre Fichtenzweige ins Gesicht.

Ich weiß tatsächlich nicht, was ein Wald ist. Dem Wort entspricht in der Welt der Sinne nichts. Jeder Wald ist Wälder. Er ist Sumpf und Morast, Heide, Schwende, Kahlschlag, Fällung, Hain und Gehölz. Er ist tieffeucht und offen, und es riecht nach Sumpfporst aus ihm. Ein paar Stiefelschritte weiter verhärtet er sich mit knisternd trockenem Flechtenbart auf Felsplatten, die, seit sie aus dem Eis hervorgeschmolzen sind, immer gleich ausgesehen haben. Und das liegt schon so lange zurück, dass es nicht einmal eine Sekunde her ist, seit man mich im Urwald am See Bönern in der Kletterkarre gefahren hat und die Trollarme nach den Rädern griffen. Dieser Wald in den Wäldern ist jetzt gefällt, aber ich weiß eine Stelle, wo noch hundertjährige Fichten stehen, die lediglich ein paar Jahresringe zugelegt haben werden, wenn ich nicht mehr bin. Und es wird ihnen kaum anzumerken sein.

Unter Erlen, die auf Sockeln stehen und Strümpfe aus dunkelgrünem Moos tragen, glänzt schwarzes Wasser. Das ist der Wald, aber nicht irgendein Wald, denn so schnell wie ein Kreuzotterrücken auf einer Felsplatte davonblitzt, strotzt er vor Fichtenreisern und ist ein anderer.

Bei Norra Malma in der Nähe des Sees Erken in Uppland wachsen alte Eichen Stamm an Stamm, als wären sie ein Wald, doch diese Bäume wurden als Schiffsholz gepflanzt. Und zwar lange bevor der Panzerkreuzer der Schlüssel zum Sicherheitsschrank des Vaterlands wurde und nahe der nördlichen Grenze der Eiche. Vielleicht wächst hier immer noch Sicherheit, zumindest für die Dohlen und den Waldkauz, die in den Kronen horsten. Es ist ein historischer Wald, der zwei Jahrhunderte übersprungen hat und sich nicht bremst, sondern nach Art der Bäume eben wächst, ohne sich Wald zu nennen. Wie Kuchenstücke ragen an den Stämmen verschiedenartigste Porlinge heraus. Es sind bestimmt Trolle, die dieses langwierige Backwerk fabrizieren, ohne zu wissen, ob es sie selbst oder die Eichenwälder überhaupt noch gibt.

Sich auf den Inseln im Singöfjärden einen Weg zu bahnen ist eine elende Plackerei; Zeckenangst kriecht einem übers Gehirn. Der Wald ist von verschiedenen Kränzen umgeben: dem Schilfkranz, dem Felsenkranz, dem Toilettenpapier- und Tamponkranz und dem Sanddornkranz. Der Wald ist durch seine Undurchdringlichkeit verschanzt und vor Übergriffen geschützt. Es gibt jedoch kleine Täler darin, genauso wie es Wörter gibt, alt genug für ein bewahrtes Helldunkel mit reichster und geheimster Kräuterflora. Grünweiße Waldhyazinthen stehen in dichten Gruppen zusammen wie Mädchen nach einer durchtanzten Nacht; sie unterhalten sich vielleicht darüber, was war, und duften noch stark nach einem Parfüm, das für ihre Zartheit zu herausfordernd ist. Nach Schweiß riecht es ebenfalls, aber das kommt von dem sonnentrockenen Moos weiter oben am Hang; dort steht die Heidenelke, die sich etwas Scheues und Feines einbildet.

Dring hier ein, wenn du deinen Eimer mit Sanddorn aus dem letzten Schutzkranz gefüllt hast, und hör der Drossel Schattenlied zum Abschied dieses Sommers, der einen ebenso wunderlichen Namen trägt wie der Wald. Allein in diesem Sommer gab es zwanzig oder mehr Sommer, und einer davon war sehr entfernt und schummrig und roch nach Baldrian und dem Rauch einer Zigarette, die im Moos ausgedrückt wurde.

Die Moorlöcher sind schwarz und von grünen Matten umgeben, trügerisch für den Fuß im Stiefel. Im nächsten Moment – wo war bloß der Übergang? – laden freundliche Baumstümpfe zum Sitzen ein, und auf einer Lichtung scheint in hellgrünen Federbuschsträußen Wurmfarn zur Zierde gepflanzt worden zu sein. Wurmfarn ist etwas ganz anderes als Adlerfarn.

Hier stehen aufrechte Fichtenriesen, unter deren Würde es ist, Leute im Gesicht zu kratzen. Streicht man mit der Hand in der richtigen Richtung über ihre Zweige, fühlen sich ihre groben Nadeln glatt an. Neben den großen Fichten sind im Moos tatsächlich zögerlich Siebensterne erblüht. Der Boden unter den Füßen wird weicher, dann wieder nass, und jetzt geht es schleppend durch Sumpfporstgestrüpp. Bald wird es mit flauschigen Sternensammlungen blühen und einen so berauschenden Duft verbreiten, dass man gern weit platscht und klettert.

Jetzt wird der Boden völlig unerwartet steinig. Nicht viele Kiefern, vor allem kleine Fichten und Birkensträucher. Übersteigt die Kronendichte 30 Prozent? Bestimmt nicht, aber ein Wald ist es trotzdem. Ausnahmen scheinen in einem Wald am häufigsten vorzukommen. Doch eine Regel gilt: Leg dich hin! Bilden die Bäume um dich herum einen Kreis, bist du in einem Wald, auf einem Kahlschlag bist du es nicht mehr. Wenn mich alles, was wächst und sich vermehrt und wimmelt, ohne dass ich einen Sinn darin erkenne, verwirrt und mich die ständig drohende Veränderlichkeit im Wald ringsum trübsinnig macht, dann suche ich im felsigen Gelände Zuflucht. Vielleicht stehen die hochgewachsenen Kiefern dort oben ja noch sehr lange. Dort wird es allzeit (zumindest all die Zeit, die mir noch bleibt) ungefähr gleich aussehen. Hierher kommt keine Abholzungsmaschine. Es ist sogar fraglich, ob sich das Holz mit einem Forsttraktor abtransportieren ließe.

489

Ich komme zu der Stelle, wo blühende Blaubeersträucher gegen den Berg branden. Die zutage liegenden Felsplatten sind mit einer dünnen Flechtenschicht überzogen. Es sind nicht mehr Arten, als ich zählen kann. Schon das ist beruhigend. Es ist vor allem graue Rentierflechte, die allergewöhnlichste Rentierflechtenart. Sie herrscht jedoch nicht allein auf diesem Berg. Hier und da wölben sich die weißgrauen Kissen der Fensterflechte. Im Norden wird sie von den Renherden abgeweidet. Früher steckte man sie zwischen die Fensterscheiben, damit sie die Feuchtigkeit aufsaugten. Zu Weihnachten, so erinnere ich mich, steckten wir Fliegenpilze aus Pappmaché in Fensterflechten, die wir Torfmoos nannten und auf dem Markt kauften. Heute legt man es in Adventsleuchter, wo es trocknet und Feuer fängt, sobald die Kerzen herunterbrennen.

Hier auf dem Berg ist sie jetzt adventstrocken. Der Wald und besonders der felsige Boden sind im Spätherbst am besten. Da saugen sich die Flechten und Moose mit Feuchtigkeit voll. Und dann stehen sie in all ihrer Pracht aufrecht und gestrafft da. Jetzt bedeckt die Krustenflechte rissig wie eine alte, narbige Haut den Berg. Im Moment lässt sich leicht vorstellen, dass wir auf einem Felsengrund leben, der erst spät aus dem Eis hervorgeschmolzen ist. So hat es begonnen. Und Gott gebe, dass es noch nicht zu Ende sein möge. Schließlich sind noch nicht alle Arten, die möglich wären, zu uns eingewandert.

Ich vergesse alles Herbe, Hochaufschießende und Stinkende, was ebenfalls kommen kann, denn in einer Spalte blüht mit rosaweißen Glöckchen in vielversprechenden Trauben das Preiselbeergestrüpp. Weiter unten ist zwischen den Blaubeerblüten ein Gesurr von Insekten zu vernehmen. Ein Stück weiter habe ich eine sehr zuverlässige Pfifferlingstelle, und zwar am Rand des ausgetrockneten Bachbetts. Und als die Fichten am Fuß des Steilhangs hellgrüne Jahrestriebe hatten, habe ich diese gepflückt, um Lachsseiten damit zu beizen. Sie geben einen würzigen, säuerlichen Geschmack, der zum ersten Vorsommer gehört. Hier ist für jede Jahreszeit gesorgt, für meine Freude daran und für meine hausfrauliche Habgier.

Es ist wohlgeordnet. Es ist überschaubar und gleicht Gottes großem Haushalt, der die Natur für Linné war. Alles sei um des Menschen willen gemacht, das war seine Überzeugung.

Die Waldwelt

Als Schülerin saß ich in der Stadtbibliothek und starrte ein graues Bild in einem Heft an. Darauf war eine Tonscherbe mit Abdrücken von einem Weintraubenkern zu sehen. Kerne, Schalen und sonstige Partikel eines Waldes, in dem sich um die Baumstämme Weinranken wanden, waren im Ton der Töpferinnen haften geblieben, der vor vier- oder fünftausend Jahren erstarrt war. Ich fand es merkwürdig, dass die Menschen, die diese Scherben und den Kern hinterlassen hatten, am selben Ort wie ich gelebt hatten.

Ich dachte so oft an diesen Wald mit den Weinranken, dass ich schließlich davon träumte. Er bildete ein grünes, wogendes Dach über Europa, und Feuer konnte ich nur in Lücken und Lichtungen schimmern sehen. Ich sah sie immer in der Abenddämmerung.

Es war mein Traum vom Fliegen, wie vielleicht alle Menschen einen haben. Aber natürlich fliegen nicht alle über einen Wald.

Derlei frühe Gedanken und Träume lassen einen nicht so leicht los. Und weil dieses Buch seinen Ursprung in meinem Waldtraum hat, ist es ganz natürlich, dass ich mich irgendwann gefragt habe: Ist von dem Wald, der einst das von uns Europa genannte Gebiet bedeckte, noch etwas übrig? Kann man noch sehen, wie die Frauen des Trichterbechervolks in der Gegend meiner Kindheit dagesessen und Krüge geformt haben?

Ich bin immer schon überzeugt davon, dass es die Frauen waren, die getöpfert haben, und ich glaube, ihr Volk lebte in verstreuten Gruppen, möglicherweise in Clans oder Stämmen. Sie beherrschten den Wald nicht. Er war ihre Welt, und sie glaubten wahrscheinlich, dass eine Gottheit darin regiere und ihnen etwas von ihrem Überfluss abgebe. Warum auch nicht?

Ich habe überlegt, ob sie wie Linné (und die meisten mit ihm) glaubten, alles sei um des Menschen willen gemacht.

Ich sah sie zwischen Eichen, Eschen, Winterlinden und Gewöhnlichem Schneeball, also zwischen Bäumen, von denen ich wusste, wie sie aussehen. Die Frauen legten Tonwülste übereinander, und nachdem sie daraus einen Krug geformt hatten, pressten sie Schnüre (aus Leder oder Bast?) um den Rand, damit ein Muster entstand, oder sie drückten es mit einem Stöckchen ein. Und so blieb ein ausgespuckter Weintraubenkern in dem noch weichen Ton haften. Ich finde das heute noch merkwürdig. Mit der Zeit ist mir klar geworden, dass es möglich sein könnte, ihren Wald noch zu sehen.

Im östlichen Polen gibt es das letzte große Gebiet des europäischen Urwalds. Als ich das Kapitel *Der laubgrüne Wald* zu schreiben begann, war ich fest entschlossen, in den Wald von Białowieża zu fahren, einen Tieflandurwald auf fruchtbarem Boden mit einem großen Anteil Edellaubwald. Ganz so groß, wie ich gedacht habe, ist er freilich nicht, 147 000 Hektar. Sein Kerngebiet umfasst nicht einmal 5000 Hektar. Schon allein das wirkt niederschmetternd auf jemanden, der den Traum vom grenzenlosen Wald geträumt hat.

Eine Zeit lang dachte ich, wenn ich ihn als Kind gesehen hätte, wäre er unerhört und nahezu grenzenlos gewesen, erstreckt er sich doch von Polen bis nach Weißrussland. Doch als ich aufwuchs, war Krieg, und da reiste man nirgendwohin. Damals arrangierte der Chef der deutschen Luftwaffe, Hermann Göring, im Wald von Białowieża große Jagden auf den Wisent, diesen europäischen Bisonochsen, sowie auf Hirsche und Rehe. Zur gleichen Zeit jagten dort deutsche Soldaten, ebenfalls mit Hunden. Für die Juden und Partisanen, die versucht hatten, sich in dem Wald zu verstecken, gibt es ein Denkmal.

Hier waren mindestens seit dem 15. Jahrhundert, als die Fürsten ihre großen Jagdhundkoppeln laufen ließen, herrschaftliche Jagden veranstaltet worden. Es hatte im Wald einen Palast gegeben, der im 19. Jahrhundert für den russischen Zaren Alexander II. und seine Jagdgesellschaft erbaut worden war. Sie haben Wildschweine und Wisente gejagt, die es ebenso wie Wölfe und Luchse in diesem Wald noch immer gibt.

Der Wald von Białowieża weist eine große biologische Vielfalt auf, faktisch die größte Biodiversität, die Forscher je in einem europäischen Wald gefunden haben. Und sie ist erforscht. Ornithologen, nicht zuletzt aus Schweden, fahren dorthin, um große Seltenheiten zu sehen, wie zum Beispiel sieben Arten von Spechten, den Schwarzstorch und den Schreiadler.

Relativ unberührten Lauburwald gibt es nur noch auf den 4700 Hektar des Nationalparks. Der Rest ist durch Plenterung kräftig abgeholzt. Schon weit gediehene Pläne sahen vor, auch die Außenbereiche, die jetzt Naturschutzgebiete sind, in den Nationalpark einzubeziehen. Aus Angst vor wirtschaftlichen Verlusten haben die Waldbesitzer daraufhin angefangen, so viel Holz wie möglich zu schlagen. Die Sumpfwälder, die mit zum Wertvollsten dieses Gebiets gehörten, sind bereits vernichtet. Im Winter und Frühjahr 2006 haben die Abholzungen einen derartigen Umfang angenommen, dass die polnische Regierung ihre Pläne, diese Gebiete per Gesetz zum Nationalpark zu machen, aufgegeben zu haben scheint.

Doch das ist eigentlich nichts Neues. Die größten Abholzungen in Białowieża wurden zwischen 1915 und 1925 vorgenommen. Im Kerngebiet kann man natürlich noch immer vieles Bemerkenswerte sehen, allerdings nur in Begleitung eines staatlichen Führers. Und was erlebt man schon bei einer dreitägigen geführten Tour im Wald von Białowieża? Sicherlich viel, wenn man Waldforscherin, Ornithologin oder Botanikerin ist. Ich aber habe einem Traum hinterhergejagt, und der wäre dort nicht zu finden, wie mir klar wurde. Ich las bis zur Enttäuschung und fuhr nicht.

Die Wälder, die ich in Wirklichkeit gesehen und erlebt habe, vermischen sich in Träumen und Gedanken mit Wäldern, von denen ich nur gelesen habe. Ich war nie im Wald von Białowieża, aber in der Kindheitsschilderung *Das Tal der Issa* habe ich mich in die Waldkultur eingelebt, die es in diesen Gegenden einst gab. Czesław Miłosz wurde 1911 in Litauen geboren und verbrachte seine Kindheit in Waldgebieten, wo man die Häuser aus Holz baute und im Sommer in Pantoffeln herumlief, die aus Lindenbast geflochten waren. In den Winternächten konnten scheue Beobachter aus dem Wald direkt in die erleuchteten Stubenfenster sehen.

Nach dem in der Dunkelheit leuchtenden Fenster wendet am Waldrand ein Wolf den Kopf und beobachtet einen Augenblick lang die fremdartige Niederlassung der Menschen, für immer getrennt von dem, was ihm begreiflich ist. Und es kann sein, daß ein solches Viereck vielleicht andere viel schlauere Geschöpfe heranlockt.

Diese schlauen heimlichen Beobachter sind Teufel. Miłosz zufolge gab es im Tal der Issa mehr Teufel als irgendwo sonst auf der Welt. In diesem Wald wetzte und kollerte der Auerhahn, und die Birkhähne balzten ekstatisch. Der Junge Tomasz, Miłosz' Alter Ego, denkt über das Verlangen der Menschen nach Rausch und Begeisterung nach, wenn er tief im Wald die Birkhähne balzen sieht:

> Lilafarbene Blumen mit dem gelben Staub im Innern kommen aus den Nadeln hervor, auf Stengelchen, die mit samtenem Flaum überzogen sind, dann, wenn die Birkhähne in den Lichtungen tanzen; ihre Flügel schleifen über den Boden, und die Schwanzlyra, tintenfarben und weiß gefüttert, ist senkrecht aufgereckt. Ihre Kehlen können den Überschwang des Gesanges nicht fassen, sie blähen sich auf, als ob sie eine tönende Kugel rollten.

Er ist traurig, weil er die Tiere nur kennenlernen kann, indem er sie jagt, und hält das Leben von Menschen, die nie Birkhähne haben balzen hören, wenn sie frühmorgens aus dem Haus traten, für langweilig. Die Erlebnisse im Wald lassen Tomasz in einsamen Gedanken nach einer Lebensphilosophie tasten, und er kommt zu dem Ergebnis, dass es uns mit Trauer erfüllen müsse, wenn Menschen leben und sich dem Allerwichtigsten gegenüber gleichgültig verhielten.

Der Kompass in seinen Träumen weise immer nach Norden, schreibt Mikosz in seinem Essay *Symbolische Berge und Wälder*, und er behauptet, in einem Land ohne Bäume nicht leben zu können. Dass er vor Bäumen Ehrfurcht habe, hält er nicht für merkwürdig. Die habe der Mensch seit Urgedenken.

Aber hat er sie immer noch?

Darauf geht Miłosz nicht ein. Er findet seinen symbolischen Wald nicht in den polnischen oder litauischen Urwaldresten. Seinen Essay hat er 1969 in San Francisco geschrieben, und es sind die Reste des jungfräulichen Sequoiawaldes, worin ihm bewusst wird, wie klein und verletzlich der Mensch in den Dimensionen zwischen Himmel und Hölle ist, die auch die mittelalterlichen europäischen Kathedralen wiederzugeben versucht haben. So richtig begreift er dies erst im Redwoodwald.

> Dieser Wald ist die Idee des Waldes, das vom Herrgott gezeichnete Urbild, keine Kirchensäulen haben diese Höhe erreicht, nirgends kontrastiert das Halbdunkel zwischen ihnen so deutlich

mit einem schrägen Strahl, der aus unsichtbarer Ferne einfällt. Die kleinen menschlichen Gestalten erscheinen winzig, nicht so sehr gegenüber den Baumstämmen, die fügen sich in keinerlei Verhältnis, sondern gegenüber dem, was weiter unten wächst, gegenüber den Farnen, die größer sind als Menschen, und den umgestürzten bemoosten Stämmen, aus denen neue grüne Triebe sprießen.

In einem Redwoodwald war ich nie. Ich habe mir mehrmals die Homepage des Redwood National Parks angeguckt und auf deren Aufforderung »Plan your visit« gestarrt. Aber daraus ist nie etwas geworden.

Unter der Kamera in einem Flugzeug breiten sich auf dieselbe Weise wie in meinem Traum Regenwälder mit wogenden Laubdächern aus. Diese habe ich aber nur in Fernsehdokumentationen gesehen. »Tropischer Regenwald macht sich am besten im Fernsehen«, schreibt Fredrik Sjöberg in *Die Fliegenfalle.*

Sicher, manchmal ist der Dschungel auch aus der Nähe, in der Wirklichkeit, sowohl schön als auch ein Genuß, öfter aber, glauben Sie mir, ist er eine widerwärtige Orgie, bei der alles sticht und beißt und die Kleider am Körper kleben wie Plastikfolie. Von der Sonne sieht man nichts, denn die schwere Vegetation wölbt sich wie ein modriges Kellergewölbe über den Pfad, den der Wolkenbruch zu einem schlüpfrigen Abflußgraben zermatscht, in dem nur Blutegel Halt finden; malariabestückte Moskitos angreifen und der bloße Gedanke an Schlangenbisse und Beinbrüche und Dysenterie die Laune gleich einem Stein im Wasser sinken läßt, während sich die Entfernung von der nächsten Straße allmählich in Tagesmärschen bemißt, was in den Tropen leicht passieren kann, ein Umstand, der dafür verantwortlich zeichnet, daß sich die anfangs hartnäckig abenteuerlustigen Besucher aus Ländern im hohen Norden, die im Dunkeln auf dem vermoderten Fußboden des triefenden Regenwalds stehen, entmutigt und preisgegeben so selten über anderes als die Konsistenz ihres Stuhlgangs unterhalten und darüber hinaus allein fähig sind, sehr kurze Gedanken zu fassen.

In den Regenwäldern, die ich dankenswerterweise nur auf Bildern gesehen habe, gibt es das reichste Ökosystem der Erde. Wir kennen allerdings nur ein Zehntel der dortigen Arten. Sie verschwinden nun durch die Abholzungen, bei denen jedes Jahr 150 000 Quadratkilometer Wald beseitigt werden. Holz für Gartentische aus Teak und Eukalyptus sowie für exklusive Möbel aus Hartholz wird gut bezahlt.

Ich habe auch Flugbilder von Nebelwäldern gesehen. So nennt man Bergregenwälder in Gebieten mit tropischem oder subtropischem Klima, wo fast immer Wolken und Nebel in den Kronen der Bäume hängen. In der Feuchte der tropfenden Bäume gedeihen Orchideen und eine Menge verschiedener Moos- und Flechtenarten. Auf den Kanarischen Inseln bin ich ein paarmal durch einen subtropischen Nebelwald gewandert. Es war faszinierend und sehr fremd. Vielleicht suche ich ja am liebsten das, womit ich vertraut bin, denn was mir aus einem Bergwald auf La Palma am besten in Erinnerung ist, sind die blassen Pfifferlinge, die wir gefunden haben. In Butter gebraten, schmeckten sie wie unsere Pfifferlinge daheim.

Die Vorgebeugten

Ich weiß nicht viel über die Wälder der Welt. Vielleicht hätte ich mehr davon sehen müssen. Am besten weiß ich eigentlich, wie der Wald bei mir daheim aussieht. Die Blatttüten der Breitblättrigen Stendelwurz erkenne ich, sobald sie aus der Erde kommen, und ich weiß, wie Stockschwämmchen schmecken. Die helle Ricke, die ich in Kalvbacken sehe, ist mir so vertraut, wie ich es ihr bin. Sie scheint zu wissen, wann Leinenzwang herrscht, denn dann zuckelt sie recht gemächlich davon. Von Weitem schon weiß ich, dass das Rauschen hinter dem Fichtendunkel von einem Bach beim Hummelmyren stammt. Im Frühling wird er endlich aus seinem Eisgefängnis befreit, und dann blüht am Pfad dorthin der Seidelbast.

Im Grunde ermöglichen nur das Nahe und Vertraute, entscheidende Veränderungen zu sehen. Das Wachsen und Sterben. Die Verwüstung oder die behutsame Entnahme aus einem Wald, der nach dem Willen seines Eigentümers nicht nur eine Holzplantage ist. Ein Wald mit Kuckuck und Siebenstern, mit Sumpfporst, Leuchtendem Weichporling, Blauem Scheibenbock und Schuppenwurz. Ein Fichtenwald, in dem der Hase staunend fleckig wird, wenn der Schnee schmilzt, oder ein Mischlaubwald mit hohen Baumstümpfen, an denen der Schwarzspecht seine schnellen Trommelwirbel hämmert.

Ich misstraue den Nordic Walkern, die mit einem ins Nichts gerichteten Blick vorbeimarschieren. Sie nehmen es genau mit ihrem Körper und ihrer Gesundheit, aber sie nehmen sich nicht die Zeit, an unserem Wegrand stehen zu bleiben, wo Königskerzen und Sonnenröschen blühen. Eines Tages halten zwei in ihrem Marsch inne und bringen ihr Missfallen an einer Durchforstung zum Ausdruck, die mein Mann vorgenommen hat. Er habe ihre Aussicht zerstört.

Ihnen würde ich gern sagen: Du brauchst keine Aussicht. Du brauchst Einsicht. Hinunter ins Moos mit dir, Mensch! Sieh genau hin. Beug dich hinunter.

Diejenigen, die uns Wesentliches gelehrt haben über das, was um uns herum lebt und wächst, haben sich hinuntergebeugt und genau und gründlich hingesehen. Vor allem hatten sie es nicht eilig. Ein Forscher müsse Geduld haben, einen ruhigen Sinn und einen gebührenden Lebensunterhalt. Er müsse über lange Zeit hin und nicht zu hastig Beobachtungen anstellen, wie Linné 1739 es in seiner Rede *Über Merkwürdigkeiten bei den Insekten* ausgedrückt hat.

Darwin machte seine entscheidenden Entdeckungen in Südamerika und auf den Galapagosinseln im Alter von nur sechsundzwanzig Jahren. Seine wissenschaftlichen Theorien aber arbeitete er in langen und recht einsamen Jahren in Down aus. Im Garten und in seiner unmittelbaren Umgebung stellte er wichtige Experimente an und ließ sich dabei von seinen Kinder helfen. Sie mussten Ameisen und Blattläuse beobachten und sich Notizen machen. Eine Tochter wurde, als sie erwachsen war, seine Forschungsassistentin.

Thoreau hat mit großer Bewunderung die Beschreibung des jungen Darwin über seine Reise mit der Beagle gelesen. Er hat voll

Ehrfurcht Linné gelesen, und er hat auch Gilbert White gelesen, jenen sanften Schilderer dessen, was in den 1780er-Jahren in Selborne an Wegrändern, in Gehölzen und Wäldern vorging. Sowohl Darwin als auch Thoreau haben Humboldt gelesen, weil sie versuchen wollten, die Gesamtzusammenhänge in der Natur zu erfassen. Darwin hat Malthus gelesen, der über den schonungslosen Kampf um die Ressourcen schrieb, und manche behaupten, er habe auch Hegel gelesen, jenen Philosophen, der ein großes System errichtet hat, in dem die Kontrolle des Menschen über die Natur am Ende in dessen Freiheit münden sollte.

Es ist eine große Gesellschaft, und sie besteht nicht nur aus toten Berühmtheiten, sondern auch aus Herren, die nach wie vor miteinander und mit uns in Verbindung stehen. Darunter manch große Systembauer und Denker, aber auch ein paar neugierig strebende Männer, die nie etwas als gegeben hingenommen und nie aufgehört haben, über das, was sie fanden, zu staunen – sei es auf den Galapagosinseln, sei es im Lyckselemyren oder, ja tatsächlich, am nächsten Wegrand.

Ich gehe für mich hin, wie sie es getan haben, und glaube wohl, im Schlendern herausfinden zu können, wie alles zusammenhängt. Ich bin aber keine große Denkerin und kann auch keine Systeme bauen. Mir stehen die bescheidenen Betrachter des nächsten Grabenrands nahe. Manchmal stelle ich mir vor, dass Gilbert White gleich hinter mir auf dem Wegschotter geht. Wie soll ich ihm erklären, was geschehen ist, wenn er fragt:

War hier nicht ein ungewöhnlich artenreicher Grabenrand? Er stochert mit dem Stock in dem Schacht, der neben der Straße verläuft.

Ja, schon. Doch wir graben die Gräben heutzutage mit Maschinen um. Die Königskerze und das Sonnenröschen kommen vielleicht wieder. Bestimmt haben sie ihren Samen in der Erde versteckt.

Hoffentlich.

Aber der Weißdornbaum ging natürlich drauf.

In der Tat. White tippt an den Baumstumpf, bleibt stehen und schaut in schnurgerade Kiefernreihen. Wahrscheinlich findet er es äußerst eigenartig, dass man hier Kiefern gepflanzt hat, denn der glatte Grasboden unter den Bäumen war unübersehbar vorher ein Acker.

Wir wandern weiter, er mit Stock, ich ohne, und mir wird klar, wie viel es gibt, was ich nur mit Mühen erklären kann, und wie viel mehr, was ich überhaupt nicht erklären kann. Wenn wir Joggern oder Nordic Walkern mit stur nach vorn gerichtetem Blick begegnen, mutet das den sanften Geistlichen bestimmt seltsam an. Wenn wir Glück haben, bekommen wir aber auch Leute zu sehen, die sich, das Hinterteil in der Höhe, Notizen machen, mit der Lupe genau hinschauen und fotografieren. Auf schönere Art drückt Gunnar Eriksson ihre Lage in dem Gedicht

Der Trauermantel hatte überwintert und war benommen und träg, als er sich bei Borudan im welken Vorjahresgras niederließ.

Björksnabbvinge (Birkenzipfelfalter) aus. Er schreibt das Lied der Vorgebeugten, das von einem Fund im Wegschotter handelt, einem seidig glänzenden, dunkelbraunen Schmetterling, auf dessen Flügeln ein ockergelber Fleck leuchtet. Selbstverständlich hat der Amateurentomologe sein Bestimmungsbuch dabei:

Im Buch, da steht auch: ›ruht auf der Erde‹.
Ja, das stimmte. ›Selten zu sehen‹ steht da auch.
Ja, das stimmt.
Vorgebeugt singe ich
Der Vorgebeugten Lied.

Es gibt draußen im Gelände tatsächlich Erben von White und seinen Kollegen, Leute, die sich ebenfalls vorbeugen und genau hinschauen. Sie können zu den vierhundert Mitgliedern des Vereins *Mossornas vänner* (Freunde der Moose) gehören oder zu einem jener lokalen botanischen Vereine, die Verantwortung als Wächter der Florafelder des Landes übernommen haben. (Ein Feld entspricht einem Quadrat auf der Flurkarte.) Sie inventarisieren für eine künftige Landschaftsflora ihre Heimatgegend. Solche Inventarisierungen finden in Blekinge, Småland und auf Gotland statt, ebenso in Uppland, Gästrikland, Hälsingland, Medelpad, Västerbotten und Norrbotten.

Ich würde Gilbert White auch gern erzählen, dass es Menschen gegeben hat und noch gibt, die wie er zu Hause bleiben und genau beobachten, was an den Grabenrändern, im Moor und an den waldigen Hängen vorgeht. Er wäre sicherlich erfreut zu hören, dass es vor gut vierzig Jahren in Schweden noch jemanden gegeben hat, der sich in aller Sanftmut mit einem Kleiber unterhalten konnte. Ich glaube, er und Fredrik Sjöberg, der sich um die Fauna der Blumenfliegen auf Rummarö kümmerte, wären Freunde geworden. Wenn da nicht die Zeit wäre. So eine Freundschaft bleibt einseitig, wenn die Zeit zwischen uns und demjenigen, der vor uns am Grabenrand entlanggegangen ist, einen Jahrhunderte tiefen Schacht gelegt hat. Sie ist aber ebenso wichtig wie die Freundschaft mit den Lebenden.

Die stärkende Kraft der Wildnis

Ich habe ein Kanu, das Henry David Thoreau heißt. Ich möchte gern glauben, dass der Prosapoet und Philosoph Thoreau in einem ähnlichen Kanu paddeln gelernt hat. In seiner Jugend in Concord durfte er sich mit den Indianern, die durch das Gebiet streiften, vom Kanu aus am Fischen versuchen. Eine Splittergruppe des Stamms der Penobscot kam zu dem Fleckchen Erde in Massachusetts, wo ihre Väter einst ihre Fischgründe hatten.

Als Erwachsener fuhr er zusammen mit dem Indianer Joe Polis, einem der wenigen Menschen, die er an sich heranließ und mit dem er wirklich Freundschaft schloss, in einem Birkenrindenkanu die Stromschnellen des Penobscot River hinunter. Thoreau starb an einem Maimorgen, noch keine fünfundvierzig Jahre alt, und keiner weiß, was er gesehen hat, als er seine letzten verständlichen Worte murmelte: *moose* und *indian*.

Der gelbe Kanadier Henry David Thoreau hat mich und meinen Mann Hunderte Male nach *sörsi'a*, das heißt ans Südufer des Rengen, gebracht, das auf schwedischer Seite bis auf unsere Alm unbebaut ist. Sie besteht aus einer gezimmerten Hütte samt Erdkeller und Kochhaus, einer Scheune und den Ruinen eines Sommerstalls. Unten am See ist eine kleine Stallung, in der früher die Pferde des Holzfuhrmanns untergebracht waren. Als wir Mitte der 70er-Jahre dorthin kamen, waren der Wald und die Moore oberhalb der Almweide unberührt. Es ist jetzt mehr als dreißig Jahre her, seit Henry David Thoreau zu Wasser gelassen wurde und uns in ein Waldreich brachte, dessen Artenreichtum und Tiefe ich mir nie hätte träumen lassen.

Als wir dorthin kamen, wirkte der Wald grenzenlos, denn auf *sörsi'a* gab es lediglich eine einzige Forststraße, ansonsten musste man zu Fuß gehen. Auf der Landzuge gegenüber unserer Bootslände hatte der Otter seinen Bau, und bald schon entdeckten wir, dass wir von unserem Kanu aus gut beobachten konnten, was sich im Wald regte, wenn wir damit lautlos am Ufer entlangglitten.

Der Nebel rollte und dampfte über dem Bergsee, wenn wir frühmorgens zu unserer Fischzone glitten, um die Netze einzuholen. Er glühte in der Sonne und hob sich weit, sodass wir freien Blick auf die norwegischen Fjälls hatten, fern blau und mit weißen Hauben auf den Gipfeln, die, wie wir wussten, aus grobkörnigem und keineswegs blendend weißem Schnee bestanden.

Im Herbst Netze einzuholen war eine kalte Angelegenheit. Ich versuchte es mit Fingerhandschuhen unter großen Gummihandschuhen, aber damit war ich zu unbeholfen, wenn ich einen Saibling bergen wollte, der durch die Maschen zu schlüpfen drohte. Ich fror mir die Hände blau und steif und kam kaum in die Fingerhandschuhe, wenn wir nach Hause paddelten.

Thoreau schrieb zwar über das Flussfischen in Massachusetts, aber ich erkannte das alles von unserem Bergsee her wieder:

Außerdem fing ich ein seltenes Gericht goldener, silberner und glänzend kupferfarbener Fische, die wie eine Kette von Edelsteinen aussahen. Ach, zu diesen Wiesen bin ich an manchem ersten Frühlingsmorgen durchgedrungen, von Erdhügel zu Erdhügel, von Weidenwurzel zu Weidenwurzel springend, wenn das wilde Flußtal und die Wälder in ein so reines, helles Licht gebadet waren, daß es die Toten hätte wecken müssen, wenn sie in ihren Gräbern geschlafen hätten.

Ich besorgte mir ein Extraexemplar von *Walden oder Leben in den Wäldern* für die Almhütte. Es gab dort keinen elektrischen Strom, sodass ich mit dem Kopf am Fußende des Bettes liegen musste, um im nächtlichen Licht vom Fenster lesen zu können. Thoreau ist manchmal didaktisch, und seine Ausfälle gegen das zivilisierte Leben und all seine Entbehrlichkeiten können schulmeisterlich sein. Aber auf der Alm war es die richtige Lektüre, genauso wie Turgenjews *Aufzeichnungen eines Jägers* und Martinsons *Utsikt från en grästuva* (Aussicht von einer Bülte).

Alles, was Thoreau von seinen Streifzügen im Wald erzählt, habe ich wiedererkannt, es hat meine eigenen Erlebnisse erweitert und durchleuchtet. Aus seiner Kenntnis der Wälder rings um den Walden Pond hatte sich eine Art Eigentümerschaft durch Vertrautheit entwickelt. Nach ein paar Jahren in Hotagen bekam auch ich diese Einstellung. Ich begriff nicht, dass dieses Waldreich nur sehr vorübergehend meines war. Von der Grenzenlosigkeit auf der Südseite des Sees gehörten uns ja nicht mehr als vierzig Hektar – und auch das sollte sich zeigen. Jetzt nach dreißig Jahren sind die alten Pfade vernichtet. Die Alm liegt wie eine Waldinsel mitten in einem bewirtschafteten Areal aus Kahlschlägen und Pflanzungen, Forststraßen und Holzlagerplätzen.

Das Reich gehörte einst mir und meinem Mann und unseren Hunden. Es war das Reich des Auerhahns, der in der Fichte wetzte, und das Reich des Raufußbussardweibchens, das über dem Horst in der Felswand kreiste und miauend warnte, wenn wir kamen. Es war das Reich der Raben, und ich lernte, mich mit ihnen in der Rabensprache zu streiten, bis sie so aufgeregt waren, dass sie wie Krähen krächzten. Es gehörte auch jenem Elch, der bei unserer ersten Jagd auf *sörsi'a* angestürzt kam. Es war ein Jährling, und als ich sein heftiges Keuchen hörte, dachte ich, es sei ein Hund. Aber der Hund kam viel später. Ich stand an der Biegung des Pfades, und der junge Elchhirsch war drauf und dran, mich umzurennen. Erst im letzten Moment wich er aus, und ich kauerte, von den Schockwellen meines schnellen Pulsschlags durchströmt, da und starrte ihm ins Fichtendickicht hinterher. Einen Moment später ereilte mich das, was zu Tode erschrockenen Soldaten im Feld passiert. Ich hatte richtig Angst bekommen und der Elch ebenfalls. Einzig der Smålandstövare, der hinter ihm herhetzte, verlor nicht die Fassung.

Im Naturschutzgebiet Bergby gibt es einen alten Fichtenwald, in dem der Frauenschuh überlebt hat.

Es waren die Brunftkuhlen des Elchs, und es waren die Fegeschäden an den Kiefern, es waren die Morchelstellen, und es waren die Waldseen mit den haarigen Sternen des Fieberklees sowie die Lichtöffnungen an den Steilhängen, wo die Preiselbeeren reiften, die das Waldreich zu dem meinen machten. Alles nichts Besonderes, aber es gehörte mir. Der Wald gehörte mir kraft meines Wissens über ihn, so empfand ich es. Ich wusste doch, wo die Jungen des Grünspechts aus ihrem Nest im Fichtenstamm guckten und wo es zu den Fuchsbauten und Biberburgen ging. Im feuchten Altbirkenwald am Hang zum See wuchsen Karlszepter und Trollblumen. Und schließlich wusste ich auch, wo der Rosa Baumschwamm und der Fältling wuchsen und sich die letzten Kohlröschen versteckten. Doch die äußerst mangelhaften Kenntnisse eines einzelnen Menschen reichen nicht aus, um den Wald zu verteidigen.

Mein Wald war wie das Reich, das der Junge Tomasz in *Das Tal der Issa* sein Eigen nennt und von dem er eine Karte zeichnet. Er macht es völlig unzugänglich und möchte es ganz mit Wald bedecken. Er überlegt es sich jedoch anders und fügt mit hellem Grün ein paar Wiesen ein – wie meine Almweide und der Hang mit den alten, flechtenbewachsenen Birken, wo die Trollblume blühte. Wege sind in Tomasz' Reich nicht nötig, weil es dann kein Urwald mehr wäre. Ich finde, dass auch in meinem Wald keine Wege nötig gewesen wären. Um den Fluss Issa, wo Tomasz lebte, gab es nicht nur Eichen, Eschen und Linden, sondern auch viele Nadelbäume. Es war kein Lauburwald wie in Białowieża. Dass ich in *Das Tal der Issa* den ursprünglichen Wald des europäischen Kontinents kennenzulernen meinte, war der Autonomie wegen, sowohl der in Tomasz' Fantasiereich als auch der im realen litauischen Wolfswald.

Mein Waldreich in Hotagen lag zwar auf der anderen Seeseite, aber eigentlich nicht weit vom Dorf und von der Landstraße entfernt. Diese rückten beträchtlich näher, als wir der Samifamilie, die unserer Alm gegenüber auf Hovden lebten, das Nutzungsrecht einräumten, auf unserem Grund und Boden eine Straße zu ihrem Haus anzulegen.

Thoreau hat seine Hütte nicht weiter von der Zivilisation entfernt gebaut, als dass er den Zug noch pfeifen hörte, nachdem in den 1840er-Jahren die Eisenbahn nach Concord gekommen war. Wir lebten viel näher an der Bedrohung als er. Wenn wir auf dem See waren, konnten wir bei entsprechender Windrichtung die Holztransporter auf der Landstraße nach Norwegen dröhnen hören. Mit dem Kanadier, der seinen Namen trug, paddelten wir über die Strömung in die Stille und den Traum vom Unveränderlichen.

Unser dörfliches Leben würde stocken, wären nicht die unerforschten Wälder und Sumpfwiesen ringsum. Wir brauchen die stärkende Kraft der Wildnis. Wir müssen manchmal in Sümpfen waten, wo die Rohrdommel und das Sumpfhuhn hausen, müssen den dumpfen Brustton der Schnepfe hören, das flüsternde Schilf riechen, wo nur ein noch scheuerer, einsamer Vogel sein Nest baut und die Sumpfotter dicht am Boden bäuchlings kriecht. Sobald wir es uns ernstlich angelegen sein lassen, alles zu erforschen und zu lernen, verlangen wir zu gleicher Zeit, daß alles geheimnisvoll und unerforschbar sei, daß Land und Meer unendlich wild und von uns unergründet bleiben, weil sie unergründlich seien. Wir können von der Natur nie genug bekommen. Wir müssen durch den Anblick einer unerschöpflichen Kraft, großer, titanenhafter Züge erfrischt werden: durch die Meeresküste mit ihren Wracks, die Wildnis mit ihren lebenden und verfaulenden Bäumen, die Gewitterwolke, den Regen, der drei Wochen lang andauert und Überschwemmungen mit sich bringt. Wir müssen sehen, wie unsere eigenen Grenzen überschritten werden, wie dort freies Leben weidet, wo wir selbst nie wandern.

So schrieb er, wenn er alles andere als schulmeisterlich oder gnatzig war, sondern erfüllt von dem, was die Wälder um den Walden ihm anstelle eines Lebens in ängstlicher Strebsamkeit in einer Stadt oder einem Dorf gegeben hatten.

Thoreau und die Dichter der Romantik haben uns gezeigt, dass die Wildnis nicht nur eine karge Trostlosigkeit war, die den Menschen mit ihrem Dunkel bedrohte. In seiner *Flora Lapponica* schrieb Linné, ein Liebhaber der kultivierten Landschaft, über »die himmelhohen, überhängenden Berge, die schreckeinjagenden Felsen, die bedrohlichen Steinblöcke, die jäh abfallenden Felsplatten, die dunklen kleinen Täler, die grausigen, stillen Wälder«. Das war genau die zerklüftete und monströse Landschaft, die Jean-Jacques Rousseau statt der kultivierten, bestellten und eingefriedeten um sich herum sehen wollte. (Doch um bei der Wahrheit zu bleiben, hat er nicht viel Wildnis aus der Nähe gesehen. Wir Schriftsteller schreiben gern über Einbildungen.) Im 18. Jahrhundert war die Abscheu vor dem Erschreckenden allmählich einer Faszination gewichen. Zumindest diejenigen, die schrieben, empfanden zunehmend Schauder der Lust vor dem Ungeheuren der wilden Natur.

Das Entzücken wendete sich ins Religiöse, das Sublime in einer öden Landschaft zeugte von Gottes Schöpferkraft. Oder vielleicht wie in Emily Brontës *Sturmhöhe* vom Gefühl der Verlassenheit des Menschen in der Schöpfung. Dichter wie Goethe peitschten durch Schilderungen von Stürmen und Gewittern das Naturgefühl bis zur Exaltation auf.

Die Romantiker lehrten uns, in der Wildnis etwas anderes zu sehen als ein Stück ungemütlicher Natur, die schwer zu nutzen und mühevoll zu begehen ist. Ihre Vision lag dennoch sehr weit von dem entfernt, wie wir heute eine unberührte Landschaft erleben.

Uns liegt vermutlich die Erobererstimmung näher, von der die ersten Wanderer beseelt waren, die zum bloßen Vergnügen auf die Berge stiegen. Im 19. Jahrhundert suchte ein Tourist Strapazen und Herausforderungen, er wollte die unbesiegte Wildnis mit seinem Körper bezwingen und mit seiner Seele vereinen. Wir sind im guten Geist des schwedischen Touristenvereins Touristen im Wilden – Rousseau war das kaum und Thoreau ganz bestimmt nicht. Für uns wurden Wanderwege angelegt und Übernachtungshütten errichtet. Unser Erlebnis wird durch konstruierte Strapazen wie Rafting und Klettern an kahlen Bergwänden noch gesteigert. Die Wildnis ist gemäß den geltenden Bewertungen und Gesetzen als Nationalpark oder Naturschutzgebiet abgegrenzt. Trotzdem ist sie bedroht von dem, was wir als wirtschaftliche Notwendigkeit erachten, wir, die wir in einer Gesellschaft leben, deren Luxus und Überproduktion einen Thoreau zu Ausbrüchen von Verachtung und Wut getrieben hätten. An dem Tag, als ich dies schreibe, kommt am Morgen im Radio ein Beitrag über fjällnahe Wälder, die heute, wo sich die Gesellschaft aus der Abhängigkeit vom Öl befreien möchte, in Hackschnitzel verwandelt werden sollen.

So steht es um den Fältling und den Rosa Baumschwamm. Der Wald ist eine Wildnis, die man nicht als weite und begeisternde Aussicht erleben kann, und er verlockt die Menschen nicht zu Strapazen im Wettkampf mit sich selbst und anderen. Er ist beschwerlich zu begehen, und die Pfade verlieren sich gern, weil Elche und Rehe sie eintrampeln. Es ist nicht einmal sicher, dass man am Ziel ankommt, jedenfalls nicht immer an dem, das man erreichen möchte. Allerdings kann man große Teile des Waldes dem Menschen zum Sport- und Vergnügungskonsum unterwerfen. Wald lässt sich auch anders als zur Herstellung von Papierzellstoff konsumieren. Dazu ist freilich die Organisation und Entschlossenheit von Orientierungsläufern erforderlich; Tiere müssen beiseitegeschafft werden. Wir können sicher sein, dass die Orientierungsläufer nicht auf den Fältling und die Echte Mondraute aus sind. Das sind auch die Mitglieder der großen neuen Volksbewegung nicht, die da Elchjagd heißt.

Der Wald wächst, wenn er in Ruhe gelassen wird, nach Gesetzen, die wir nicht ganz verstehen können. Er bildet Raum um Raum, alle so verschieden voneinander, dass sie sich anderen als botanisch und biologisch generalisierenden Benennungen entziehen. Er ist der abgeschiedene, der dunkle Raum hinter unserer Zivilisation. Nachdem wir ihm so viel wie nur irgend möglich für unseren Wohlstand entnommen haben, ist der Waldraum all seiner geheimnisvollen Vorgänge beraubt. Die Biene, die ins Innere eines glatten Frauenschuhs gelockt wird und nichts findet, unfreiwillig aber die Blume mit dem bauschigen und anziehenden Seidenschuh bestäubt, ist verschwunden. Die Pflanze, die für die Entwicklung der Blüte zehn Jahre brauchen kann, hat ein Tempo, das nicht in unsere Zeit passt, und wird deshalb ebenfalls verschwinden.

Die fatale Lücke

In *Hur mycket skog kräver mångfalden? En svensk bristanalys* (Wie viel Wald erfordert die Vielfalt? Eine schwedische Lückenanalyse), herausgegeben vom WWF, stellen die Forscher Per Angelstam und Grzegorz Mikusinski fest:

> Die heutige schwedische Forstpolitik stellt Produktions- und Umweltziele auf eine Stufe. Einst als unwirtlicher Feind mit gefährlichen Tieren, dann als Produktionsapparat zum Aufbau materiellen Wohlstands betrachtet, hat der Wald in Schweden nun offiziell die Aufgabe erhalten, allen natürlich vorkommenden Arten ein Lebensumfeld zu bieten.

Der Wald hat offiziell eine Aufgabe erhalten. Er ist also den Politikern und Gesetzgebern unterstellt, die ihm Aufgaben erteilen können. So eindeutig wurde das Verhältnis zwischen Mensch und Natur, deren Teil er ist, im Laufe der Jahrhunderte noch nie auf den Punkt gebracht.

Die natürliche Dynamik des Waldes wurde erstickt und einem Machtanspruch untergeordnet. Wer die Macht hat, spricht normalerweise von seiner Verantwortung. Das haben die Forstunternehmen in den 1970er-Jahren getan. Es hat sie aber nicht daran gehindert, den schlagweisen Hieb als einzige forstwirtschaftliche Methode anzusehen.

Das Geschöpf auf dem Espenblatt erlässt Vorschriften, und es ist natürlich viel gewonnen, wenn sie Wirkung zeigen. Doch die Zeiten und das Denken der Espenblattgeschöpfe ändern sich. Oft sind die Vorschriften vor dem Hintergrund wirtschaftlicher und nicht biologischer Interessen entstanden. Die Ausnahmegenehmigungen zur Besprühung mit Nervengiften nach dem Sturm 2005 sprechen Bände.

Vor langer, langer Zeit gab es auf dem Landgebiet, das heute Schweden bildet, einen lebendigen Wald mit wachsenden und toten Bäumen in allen Stadien. Eicheln und Fichtensamen keimten, Schösslinge wuchsen im Schatten halbgroßer oder ausgewachsener Bäume heran. Alte oder gar uralte Bäume fielen im Sturm oder durch Fäulnis und bildeten eine Grundlage für ein anderes Wachsen und Leben, Nachwuchs kriegen, Fressen und Keimen. Auf der Erde lag hartes gefallenes Holz und durch Weißfäule und Braunfäule in Auflösung begriffenes Holz. Aus dem verrottenden Laub, den Holzresten und Überresten toter Tiere wurde mit eifrigen Helfern über und unter der Erde Mulm gebildet. In diesem großen und abwechslungsreichen Lebensraum gediehen Porlinge, Hutpilze, Moose und Kräuter. Die Zeit verging hier langsam, so langsam, dass auch ein Widerbart oder eine Norne sich vollkommen entwickeln und mitten in dieser Vielfalt zu einer erstaunlichen und zarten Schönheit werden konnten. Ich sollte vielleicht nicht von Schönheit sprechen. Was die Befruchter mit ihren praktischen kleinen Nektarbeuteln an den Beinen anlockt, hat keinen Namen. Düfte sind Düfte, ohne irgendwie zu heißen. Sie locken, und das reicht.
Es gab Fichten und Kiefern in diesem alten Wald, Moorbirken und Warzenbirken, Espen, Erlen, Salweiden, Ebereschen, Eichen und Winterlinden. Es gab Ulmen, Eschen und Buchen. Nicht überall und nicht auf einmal. Aber sie rauschten über weite Gebiete. Es gab Gewöhnlichen Schneeball und Waldgeißblatt, Salweiden von ich weiß nicht wie viel Arten sowie Farne: den riesigen Königsfarn und die weichen, nach Kräutern duftenden Federbuschschirme des Eichenfarns, Farne über Farne bis hinunter zur Einfachen Mondraute. Moose schwollen in der Feuchtigkeit, Flechten knirschten unter Hufen. Haselhuhn, Weißrückenspecht und Odinsschwalbe heckten in dem Dunkel.

In einem Nadelwald, wie er heute in Schweden bewirtschaftet wird, gibt es in der Regel nur Fichten, Kiefern und Birken. Das Alter der Bäume ist von der eingesetzten Pflanze über den jungen und den mittelalten bis hin zum hiebsreifen Baum, der in Baumdimensionen gerechnet noch keineswegs alt ist, begrenzt. Die vielfältigen und unterschiedlichen Lebensräume sind auf das von uns zugestandene enge Lebensfeld reduziert.

Heute werden Lückenanalysen erstellt und mit Begriffen wie »Schuld am Aussterben« gearbeitet. Das besagt nichts anderes, als dass das bevorstehende und unausweichliche Aussterben so lange aufgeschoben ist, wie Individuen einer Art noch eine kurzfristige Überlebensmöglichkeit finden.

Der natürlich wachsende Wald wurde fragmentiert. Das bedeutet beispielsweise für das Haselhuhn, das vermeidet, über offene Flächen zu fliegen, dass es nicht mit anderen Haselhühnern zusammenkommen und eine lebensfähige Population entwickeln kann. Sein Schicksal in dem begrenzten Gebiet seines Habitats wird individuell und gelangt wie jedes individuelle Leben an seinen Endpunkt. In der Lückenanalyse des WWF ist als Beispiel der Weißrückenspecht angeführt:

Was im Nationalpark Färnebofjärden geschehen ist, erhellt den Begriff von der Schuld am Aussterben. Der Wald wurde hier mehrere Jahrzehnte lang nicht bewirtschaftet. Trotzdem ist die Zahl der Weißrückenspechte von rund 25 Paaren auf 3 einsame alte Weibchen gesunken.

Man hat Untersuchungen darüber angestellt, wie viel Fragmentierung eine Waldlandschaft erträgt, bis die Artenvielfalt zu sinken und auszusterben beginnt. Schon wenn die Hälfte und mehr des ursprünglichen Waldbodens aufgesplittert wird, entstehen isolierte Biotope. Vögel und viele Insekten können die bewirtschafteten Flächen überwinden, das gilt auch für Pflanzen, die allerdings erheblich länger brauchen. Die Grenze, ab der eine Waldlandschaft durch Aufsplitterung ernsthaft verarmt, liegt bei einem Schwellenwert von 10 bis 30 Prozent.

In Schweden hat der Mensch sicherlich seit fünftausend Jahren auf den Wald eingewirkt, die stärkste Fragmentierung hat jedoch die Forstwirtschaft der letzten hundert Jahre herbeigeführt. Heute ist das Lebensmilieu vieler Pflanzen- und Tierenarten am gefährlichen Schwellenwert angelangt.

Wie sind wir da gelandet? Wie konnten wir, die wir in einer Demokratie leben, Gesetzgeber wählen, die eine Verarmung der natürlich wachsenden Landschaft bis an die Grenze ihres Verschwindens zugelassen haben?

Mir ist, als hörte ich den in unserem Nationalatlasprojekt für den Band über den Wald zuständigen Redakteur, Nils-Erik Nilsson, launig glucksen: Wirklich schade, dass Arten aussterben, aber die Bevölkerung sitzt doch vor dem Fernseher und guckt Sport.

Das ist nicht wahr. Viele empfinden Trauer. Und wir haben in Unwissenheit gewählt. Die große Lücke, die in der Lückenanalyse des Waldzustands nie berücksichtigt wird, ist die Wissenslücke über den Wald.

Selander und seine Mitstreiter im schwedischen Naturschutzverein hatten sicherlich gehofft, ihre Bewegung würde durch die Verbreitung von Wissen populär und meinungsbildend. Es war jedoch schwierig, über die gut gebildeten Kreise hinauszugelangen. Die Basis der Naturschutzbewegung bildeten Akademiker und Forscher. Der schwedische Touristenverein mit seinem volkskulturellen Engagement war ursprünglich ebenfalls ein Zusammenschluss von Menschen mit hohem Bildungsgrad, wie sich aus alten Mitgliederverzeichnissen ersehen lässt. Touristenverein und Naturschutzverein teilten oft das Interesse am Naturschutz. Aber sie erreichten die breiten Bevölkerungsschichten nicht.

Sten Selander und seinesgleichen suchten die Einsamkeit und intensive Erlebnisse von Zusammengehörigkeit mit der kargen und wilden Natur, vor allem im Fjäll. Sie bezogen daraus den Antrieb und die Kraft in ihrem Kampf für den Naturschutz. In den 30er-Jahren waren für durchschnittliche Lohnempfänger, die drei Tage Urlaub hatten, bestenfalls das Mittsommerwochenende noch dazu, derartige Erlebnisse nicht möglich. Die Politiker hatten kein Interesse daran, Wähler für den Naturschutz zu gewinnen. Sie betrachteten die Naturschutzeiferer, die in ihren Augen sicherlich bizarre Vogelbeobachter und Enthusiasten mit äußerst speziellen Interessen waren, mit zerstreutem Wohlwollen. Das Naturschutzvolk konnte freilich lästig werden, wie im Fall des Sees Bolmen, als

So alt wie die große Fichte im Naturschutzgebiet von Borudan dürfen die Bäume in unseren produktiven Wäldern nie werden.

dieser reguliert werden sollte. In den 1930er-Jahren war alles darauf ausgerichtet, dass die Räder rollten und Papierzellstoff produziert wurde. Das Beste für das Volk hieß damals wie heute Wachstum. Schonische Laubwiesen und norrbottnische Urwaldreste trugen nichts zum Bruttosozialprodukt bei.

Wenn man an das große Engagement denkt, das an der vorigen Jahrhundertwende in Rutger Sernanders Seminar *Schwedische Pflanzengesellschaft* in Uppsala und später in den 30er-Jahren unter Sten Selander im schwedischen Naturschutzverein aufgebracht wurde, erwartet man eigentlich Ausläufer dieser Tradition bis in unsere Tage. Aber sie ist abgebrochen oder vergessen, schwer zu sagen, warum.

Dass der Naturschutz des ausgehenden 19. Jahrhunderts mit seiner sittlichen Ausrichtung und moralischen Rhetorik in Verruf geriet, ist wahrscheinlich nicht sehr verwunderlich. Selanders Haltung war jedoch wissenschaftlich, und er konnte bedrohte Landschaften und Tiere lebendig und in brillanter Prosa beschreiben. Trotzdem wurde er vergessen. Gegen ihn sprach natürlich seine Bürgerlichkeit, was auch für Elin Wägner gilt. Als die politische Generation von 1968 sich um grünes Engagement zu bemühen begann, lagen ihre Ideen himmelweit von der selanderschen Tradition entfernt, die sich auf liberale Ideen und auf Wissenschaft gegründet hatte.

Dem Naturgedanken wurde nun ein quasireligiöser Stempel aufgedrückt, und es ging vor allem um den Lebensstil. Die großen Forstunternehmen mit ihren riesigen Kahlschlägen wurden zum Feind Nummer eins. Gegen ihre forstwirtschaftliche Praxis setzte man die Befreiung in kleinen Kollektiven, die Selbstversorgung auf ihre Fahne geschrieben hatten. Die Gewerkschaften hatten erwartungsgemäß kein Interesse daran, in den Wald zu ziehen. Die Befreiung vom großkapitalistischen Denken kam gerade mal bis zu einsamen Katen, und wo hinter der Ecke *Cannabis sativa* zu sprießen begann, war der Zerfall nicht mehr weit.

Die Ausläufer der grünen Selbstversorgerbewegung gelangten vor allem über den Widerstand gegen die Kernkraft in die 1981 gegründete Umweltpartei. Die alternativ gedachte Partei wurde durch die Reichstagsmühle gedreht und kam als graues Pulver heraus, das der Sozialdemokratie hinzugefügt wurde. Diese konnte bei Abstimmungen im Reichstag ohne Unterstützung keine Mehrheiten mehr auf sich vereinigen. Obwohl die Verdünnung im homöopathischen Bereich liegt (die Umweltpartei dümpelt oft an der Vierprozentgrenze), kam es zu verblüffenden politischen Resultaten. Die Erfolge galten aber meistens der städtischen Umwelt (Innenstadtmaut) und wiederum dem Lebenstil (Sabbatjahr).

Ursprünglich wollten die Mitglieder der Umweltpartei eine andere Sprache als die im Reichstag übliche sprechen. Die anderen Reichstagsparteien sahen schnell ein, dass sie sich die Sprache der kleinen Partei und einen Teil ihrer Ziele zu eigen machen mussten, da sie populär zu werden drohte. Aber auch die Umweltpartei wurde infiziert. Man rieb sich aneinander, und bald sprachen Neulinge und Etablierte die gleiche leblose Sprache.

Das Wort Umwelt zielte früher auf eine ganze Menge Dinge. Viktor Rydberg benutzte es mit Bedacht als Bezeichnung für den Platz, der einem in Zeit, Raum und Gesellschaft zugeteilt war. Im zweiten Jahrzehnt des vorigen Jahrhunderts begannen Naturwissenschaftler es als Gegensatz zu Erbfaktoren zu benutzen, wenn sie über die Herausbildung und Verbreitung von Arten sprachen. Auch in der Psychologie wurden Vererbung und Umwelt mit der Zeit wichtige Begriffe.

Und heute gibt es also eine Umweltpartei, Umweltfragen und Umweltpolitik. Es ist nicht ganz einfach zu entscheiden, was das Wort Umwelt in diesen Komposita bedeutet. Es hat mit Natur zu tun (ein Wort, dessen Bedeutung ebenfalls nicht leicht zu bestimmen ist), doch zeigt die Zusammenstellung »Natur und Umwelt«, dass Umwelt etwas anderes sein muss als Natur. Sie wird sowohl vom schwedischen Naturschutzverein als auch vom Zentralamt für Kinderbetreuung, Schule und Erwachsenenbildung benutzt, die sich eigentlich Gedanken darüber gemacht haben müssen. Ich verstehe die Wörter nicht, ahne aber, dass damit gemeint ist, der Mensch gehöre zur Umwelt, sei aber von der Natur getrennt.

Die enorme Wortproduktion der politischen Umweltbewegung ist durch Abstraktionen und Generalisierungen gekennzeichnet. Und draußen im Wald liegen die Freunde der Moose und die Florawächter und wissen etwas. Sie können in guter linnéscher Tradition identifizieren und benennen. Sie achten auf Aussterben und Wiederkehr. Die Kluft zwischen der Schreibtisch- und Rednerpultwirklichkeit der Umweltpolitiker und dem Wald der Freunde und Wächter ist groß. Schwedische Schulkinder hätten von Artenkenntnissen mehr Nutzen als davon, auf den seichten Wellen wortberauschter Umweltpolitiker zu surfen.

Man kann nichts vermissen und schützen, von dem man nicht weiß, dass es existiert.

Die Gefährten

Herren aus vielen Zeiten begleiten mich, während ich dahintrotte. Im Rauschen der Bäume höre ich hinter mir Bauern murmeln. Vor achthundert Jahren wollten sie hier in Häverö eine Kirche bauen. Sie waren viel kleiner als ich, aber sie fällten gewaltige Eichen, um damit Kirchenwände aufzurichten, die jetzt verrottet sind. Die Bohlen behauen sie von Hand mit dem Beil – wie sonst? Sie hatten nicht einmal Sägen. Jetzt sagen sie, der Weg zur Kirche sei groß und breit geworden. Er ist wie zu ihrer Zeit mit Kleiner Bibernelle, Echtem Labkraut und Wiesenflockenblume gesäumt, denn wir haben Juli, und der Wiesenkerbel ist verblüht und streut seine Samen aus.

Aber es ist gar nicht der Weg zur Kirche, es ist eine Forststraße. Ich mache mir erst gar nicht die Mühe, ihnen dieses Wort zu erklären. Gleich über dem Graben verläuft immerhin noch ein Stück des alten Kirchwegs. Große Espen wachsen darauf. Und jetzt kommen wir zur Eiche.

Eine einzige Eiche. Insofern haben wir es geschafft. Die unberührbaren Eichen der Adligen saugen nicht länger den Weidegrund aus. Freilich weiden dort jetzt hochbeinige, seidig glänzende Pferde, deren Vorfahren aus dem heute nicht mehr so glücklichen Arabien stammen. Kühe scheint es nicht mehr zu geben.

Nein, hier gibt es keine Kühe. Es wäre schwierig zu erklären, wovon wir heute leben. Ich müsste es wohl mit Schiffen, Meeren und Import versuchen. Sie starren, wie nur Tote starren können.

Ich glaube, König Sverre wäre cleverer. Er würde die geraden Autobahnen durch Wälder, die ihn und seine Männer mit Sumpflöchern, Morast, Insekten und Hunger fast umgebracht hätten, schätzen. Er würde heute mit Panzern gen Norwegen fahren. Für diejenigen, die schnell vorankommen und Norwegen und am liebsten die ganze Welt erobern wollen, haben wir es mit unserer Zivilisation geschafft. Sogar mit Mücken werden wir fertig – wir müssen nur wollen. Denken wir nur mal daran, was die Entwässerungen bewirkt haben. Und wir können chemische Mittel auf Wasseroberflächen sprühen, an denen wie Embryonen in der Gebärmutter die Larven hängen.

Doch falls der Kriegslord von den Färöern via Namdalen nach Nidaros hinunterkommt, können dort Überraschungen auf ihn warten. Die Amerikaner haben ihre alten Kampfstofflager in Namsos nicht aufgegeben.

Allezeit und allewege gehen sie mit mir die Pfade und Forststraßen entlang. In Blattrosetten sitzen jetzt hellgrüne Haselnüsse, und ich frage mich unwillkürlich, wie sie es geschafft haben, die Eichhörnchen und Kleiber davon fernzuhalten, bis sie braun und glänzend waren. Sie hatten wohl solche Hunde, wie ich einen habe, eifrige Eichhörnchenbeller, und sie schossen die Eichhörnchen des Grauwerks wegen, aber vielleicht auch deshalb, weil ihr Magen süß und gut schmeckte und weil sie ihren Nusswald geplündert hatten. Die Eichhörnchen lebten in großen Schwärmen hier im Mischlaubwald. Behauptet zumindest der redselige Olaus Magnus. Er kam wie ich in die nördlichen Wälder und hat sie nie vergessen.

Heidenstam konnte haarige Satyrn im Wald schimmern sehen. Das kann ich nicht. Mich versuchen die Trolle mit ihren borkenschuppigen Armen zu fangen. Folglich verstehe ich Olaus Magnus besser und kann wie er die Trolle johlen hören. Allerdings sind es bei der heutigen Windrichtung zufällig die Motorräder auf der Motocrossbahn, die man hört. Und was da über uns hängt, sind keine Dämpfe von der großen Bäckerei in der Höhle des Bergkönigs, sondern die Emissionen von Holmen Paper.

So viel Papier. So viele Bücher. Zeitschriftenartikel, Untersuchungen, Beiträge, Broschüren und Anträge. Letztlich eine große Wortproduktion. Der Wald wurde in Faserholz verwandelt und musste für das Papier aufkommen, auf dem dieser reichliche Wortstrom über seine Bewahrung gedruckt wurde.

So geht es in unserer Zeit zu, Euer Hochwürden. Der Wald rauscht nicht mehr unter den Worten wie in Eurer *Historien der mittnächtigen Länder*. Verwandelt schweigt er, und die Worte vermögen seinen Duft nicht weiterzutragen. Herren des Waldes, die seine Areale zu Produktionsflächen machen wollen, und Diener des Waldes, die das, was darin wächst, und seine fliehenden Geschöpfe schützen wollen, haben einander angesteckt und sprechen dieselbe Sprache. Sie sind sachlich. Seine Freunde können manchmal lyrisch werden. Dann erscheinen sie mir etwas nebulös.

Warum müssen die Freunde des Waldes einen so hohen Ton anschlagen? Ich mag Ihre Waldteufel und deren Gejohle, Herr Erzbischof. Wir sollten die Stimme erheben und über die Marodeure Flüche ausschütten. Einer von ihnen ist gewähltes Mitglied des Gemeindevorstands und stimmt dafür, dass in einem Gebiet mit altem Naturwaldcharakter eine Motocrossbahn angelegt wird. Er ist sicherlich der Meinung, etwas für seine Enkel und damit für künftige Generationen getan zu haben. Für seine Begriffe hat er den Kindern Zugang zur Natur verschafft. Deshalb hat er auch ein gutes Gewissen, wenn er sich ins Auto setzt und zum Golfplatz fährt, um dort eine Runde zu spielen. Am Wochenende fährt er mit vierzig Knoten an Schäreninseln vorbei, ohne im Leisesten zu ahnen, dass es darauf Miniurwälder gibt.

Aber unser Schrei wird ihn verfolgen: Möge der Kormoran bei dir niedergehen – ein kackender, stinkender, johlender Fluch! Dir sei tausendfach Rache! Verdammnis aus den Baumkronen! Möge das Dach deines Sommerhauses auf der Schäre unter der Last des Kormorankots verrotten und über deinem Fernseher und Sofa einstürzen. Jetzt bekommst du deine letzte Tirade über die Natur in den Hals gestopft wie einen vergammelten Heringsrost, und deine letzte Klügelei über Freizeitflächen werden wir wie den Wohnbaum des Kormorans zu einem grauen Skelett aus Worten ohne Sinn abschälen. Die Zecken sollen dich aussaugen und dir mit rot lodernden Entzündungsherden und Bakterienanfällen auf dein Gehirn erzählen, was Natur ist!

Das könnte auch die Bergwaldhyazinthe tun, die sich tief im Innern des dunklen Laubwaldhains auf der Insel verbirgt. Leise könnte sie dir mit ihrem Duft erzählen, was ein Wald sein kann. Aber dorthin kommst du gar nicht.

Es sind nicht die Dogmen einer heiligen und allgemeinen Kirche, die unsere Stimmen dämpfen, Herr Erzbischof. Es ist die Vernunft. Wir rufen keine Dreieinigkeit mehr an, nicht einmal einen Gott. Wir beten ein Prinzip an, ein einziges. Es hat seinen Namen dem wachsenden Wald entliehen, bringt aber nichts zum Wachsen. Es heißt Wachstum, und was es vermehrt, sind Artefakte. All das Menschengemachte wird anschließend auf Müllhalden gesammelt, die jetzt Namen wie Wiederverwertungszentrum und Recyclinghof tragen. Es wird nicht lange dauern, bis auch sie an der Sprache des Waldes und des Wachsens schmarotzen und sich Wachstumszentren nennen. Möwen und Krähen wimmeln jubelnd und johlend darüber hin, und Ratten wuseln wie eine graubraune Priesterschaft durch ihre Labyrinthe und Gänge. Die Natur nimmt es nicht so genau, Herr Erzbischof. Sie lässt sich nicht unterkriegen.

Es gibt andere Tage. Tage, an denen ich voll Dankbarkeit wandere. Dann scheint ein anderer Bischof gleich hinter mir zu gehen; er flüstert: Du watest jetzt durchs Gras und pflückst frische Blumen. Und er deutet auf die Walderdbeeren am Wegrain und auf die behaarten unreifen Himbeeren am Grabenrand. Wer würde nicht gern bei den Altfrommen unterschlüpfen und so sehen, wie er es zu tun beliebte, obwohl er Kenntnis von wissenschaftlichen Fortschritten besaß, die ihn erschreckten.

Es ist zu spät, um wie Bischof Haquin Spegel »Mosis Brille« aufzusetzen. Heutzutage wäre ein Lästerer und Selbstdenker wie der unermüdliche Anders Kempe aus Jämtland nützlicher. Doch der Aufruhr ist überschlau geworden und leiht sich zur Verteidigung des Waldes die Sprache der Macht. Wir wagen es nicht, das bare Gefühl zu zeigen, wie Kempe es angesichts der Widerwärtigkeit des Krieges getan hat, trotz der Gefahr, dass ein scharfes Verhör ihm Verletzungen eintrug und ihn das Leben kostete. Wir misstrauen dem baren Gefühl. Nachdem die Macht im Namen der grünen Gesellschaft die Rhetorik in Beschlag genommen hat, kommt uns die Sprache des Gefühls, wenn wir sie benutzen, geliehen vor. Obwohl der Zorn uns verbrennt.

Die abstrakte Sprache um den abstrakten Begriff »die Natur« hat uns großen Schaden zugefügt und dem, was wächst, einen noch größeren. Ich wünschte, ich könnte dieses vertiefte Sehen zurückerobern, das Rudbeck der Jüngere und Linné besessen hatten und das es auch bei ungebildeten Leuten gab. Sie sahen in allem, was um sie herum wuchs, Ursache und Absicht. Und den Kräutern gaben sie Namen gemäß ihrem Glauben, dass die Schöpfung sowohl als Ganzes wie in allen ihren Einzelheiten sinnvoll sei. Natürlich irrten sie sich bei den Ursachen, und die meisten fragen sich heute: Wessen Absicht sollte dies sein? Dennoch haben sie tiefer gesehen als wir.

Zu sehen ist eine Gabe. Wirklich zu sehen. Als ich dieser Tage draußen auf einer Sonnenbank lag und las, bin ich eingeschlafen. Nach zehn Minuten wachte ich auf, und als ich die Augen öffnete, lag ich nicht wie angenommen in meinem Bett, das Fenster links und das Bücherregal rechts. Alles war grün. Laub spielte und Sonnenflecken vibrierten. Erst als sich aus dieser grünen Umarmung die kleine Balsampappel, die Rhabarberblätter und die Ranken der Hopfentriebe, die sich in den Schafszaun flechten, als Einzelheiten lösten, konnte ich mich orientieren. Aber davor, eine Sekunde oder nur einen Bruchteil davon, hatte ich geglaubt, ich sei tot.

Annie Dillard wünscht sich in *Der freie Fall der Spottdrossel* ein Sehen, das den Kategorisierungszwang des Gehirns durchbricht. Sie vergleicht es mit dem Sehen des blind geborenen Mädchens, das geheilt wird und zum ersten Mal »den Baum, wo die Lichter brennen«, sehen kann. Irgendwann erlebt dies auch Annie Dillard; dann atmet sie Licht, und das Licht ist das Wasser, in dem sie schwimmt, und die Zeit, in der sie sich befindet. Sie sieht aber auch ein, dass sie wahnsinnig würde, wenn sie weiterhin auf diese Weise sähe, und sagt sich, es würde reichen, wenn es gelänge, dem Kommentator des Gehirns einen Knebel zu verpassen, um das sinnlose innerliche Gebrabbel nicht mehr hören zu müssen.

Es gibt ein anderes Sehen, nach dem man sich sehnen kann: das genaue. Der Junge Elias Fries ging mit seiner Mutter in den Wald und sah das eigentümliche und zerbrechliche Bauwerk eines Korallenschwamms, das sich aus dem Moos erhob. Er war kein ungeduldiges Bürschchen, das aus Langeweile Ameisenhaufen mit einem Stock traktierte und Eichhörnchen zu töten versuchte, indem er Steine nach ihnen warf. Seine Augen waren auf die Wunder des Mooses eingestellt.

Es gibt Menschen, die eine wertvolle Fähigkeit haben zu sehen. Der Botaniker, der auf den Fund einer Einfachen Mondraute hofft, erkennt den kleinen Farn dort, wo für mich in der juliheißen Bodenschicht einer Wiese nichts als grüner Wirrwarr ist. Wirklich zu sehen bedeutet wiederzukommen. Es bedeutet, eine Veränderung zu entdecken, ein lange verborgenes Geheimnis zu enthüllen oder eine plötzliche Bedrohung zu erkennen. Um wirklich zu sehen, muss man sein Fleckchen Erde genauso gründlich studieren, wie ein gefangener Karoliner in Tobolsk die Bibel gelesen hat. Aber nicht nur so allgemein wie in Psalm 104:

HERR, mein Gott, du bist seer
herrlich, Du bist schön vnd prechtig geschmückt.
Liecht ist dein Kleid, das du an hast
Du breitest aus den Himel wie einen Teppich.

Auf dem Pfad zum Hummelmyren blüht schon im März, wenn noch Schnee liegt, der Seidelbast. Im April treibt er allmählich Blätter aus.

Nein, die Natur ist keine Traumtapete von Weibulls mit angeordneten Samen. Sie ist unvorhersehbar und muss so genau gelesen werden, wie der Karoliner den Brief des Paulus las, um den schmalen Weg zur Erlösung zu finden. Und gibt es aus dem Dilemma unserer Zivilisation keine Erlösung, so gibt es zumindest noch alles, was ich sehe, und dann haben der Wald und die Wiese ein Auge bekommen.

Dass ich einen Ort gefunden habe, wo ich keine Angst zu haben brauche! Viele würden die Angst gern loswerden. Wir haben genauso viele Gründe, uns zu fürchten, wie die Menschen des Mittelalters. Mögen Magie, Psychotherapie, Beschwörungen und Psychopharmaka helfen oder nicht. Und heute wie damals bewaffnet man sich.

Zwischen den Bäumen hört alle Angst auf.
In der schummrigsten Nacht.

Gerade weil es dort, wo es nach Moos und Farn riecht, keine Angst gibt, kann ich Annie Dillards Erkenntnis, dass sich überall Böses zusammenbraue, nicht teilen. Ich ruhe wie der Junge bei Stagnelius im Duft der Veilchen und kann im Moment nur beklagen, dass eins das andere auffrisst. Aber es regt mich nicht auf.

Annie Dillard hat das mechanische Schwelgen der Gottesanbeterin, wenn sie Bissen für Bissen das Männchen vertilgt, während sein Hinterkörper noch mit ihr kopuliert, aus zu großer Nähe gesehen. Dagegen nimmt sie Menschliches viel gelassener als ich. Als sie entdeckt, dass die Speedwaybahn über das Terrain führt, durch das sie streift, ist sie dankbar, dass man auf der Bahn mit der Maschine das Gras gemäht hat. Dadurch komme sie besser voran. Eigenartig geduldig ist sie gegenüber Eingriffen und Ausbeutung. Sie nennt sie nicht einmal so. Sieht Merkwürdigkeiten auf minderwertigem Boden und heftig geschundenem Grasland. Und verliert kein Wort über die Giftbesprühungen in den Obstplantagen bei Tinker Creek. Die gehören vielleicht dazu. Der Mensch isst und verwertet – wie die Gottesanbeterin. Diese Analogie vermeidet Dillard jedoch.

Ein vom Licht glitzernder Fluss kann sie in Ekstase versetzen, doch sie moralisiert und predigt nie. Menschen sind Menschen, eine Art Wesen mit Bedürfnissen und Trieben und Unternehmungslust, die mitunter einen gottesanbeterinnenartigen Ausdruck annehmen. So denkt sie vielleicht. Ich weiß es nicht. Sie erzählt nicht alles.

Aber dort, wo sie in Virginia in einem Tal unter den Blue Ridge Mountains lebt, rauschten einst gewaltige Wälder mit Sykomoren, Eichen, Ahorn und Eschen und – was weiß ich? Sie erwähnt diesen verlorenen Wald nämlich nicht. Sie lebt nicht in einem Waldtraum, sondern in der Wirklichkeit und spricht davon, wie chaotisch, gefährlich und kompliziert diese sei und zugleich voller Regelmäßigkeiten wie ein Wasserprisma tief in einem Fluss. Sie streicht die Schönheit von Dingen heraus, die verbraucht erscheinen. Zeigt sie uns vielleicht unsere Zukunft?

Wo der Pfad endet

Unter den Toten ist der Herr, der mich am häufigsten begleitet, Magnus Hendric Brummer. Er hat gewusst, was Nutzen war, und seine Vernunft war noch nicht aus dem Gleis geraten und machtvollkommen geworden. Stolz zeige ich ihm eine Durchforstung auf einem unserer Jagen und berichte, wie viel Birkenholz sie ergeben hat. Es freut mich, ihm berichten zu können, dass in der Jagd in Schweden heute Ordnung herrscht. Das hat ihm sehr am Herzen gelegen, und wenn er mit mir sprechen könnte, müsste er eigentlich meinen Hund loben.

Den theoretischen Teil der heutigen Jägerprüfung würde er gutheißen, wenn auch nicht ganz verstehen. Wie viele Eier es im Nest eines Waldhuhns gibt und wie gefleckt sie sind, sollte man seiner Meinung nach aus eigener Anschauung und Erfahrung wissen. Die Jäger seien oft Städter, erkläre ich. Sie werden auf unbekanntes Terrain losgelassen.

Wir gehen den Pfad, den man Abkürzung nennt. Im vorigen Jahr hat hier einer aus reinem Mutwillen Kiefernwipfel abgehauen. Die verstümmelten Bäume waren nicht älter als zwei, drei Jahre. Ich weiß nicht, warum er das getan hat, nicht einmal, ob es überhaupt ein Junge war. Womöglich hat ihm nur das gute Werkzeug, das er bekommen hatte, Lust gemacht, Kiefern abzuhauen.

Brummer kennt dieses menschliche Verhalten sehr gut. Er ist keine Unschuld, schon gar nicht nach dem Pommerschen Krieg.

In diesem Jahr kam der mutwillige Fäller gleich nach Mittsommer wieder, und diesmal hieb er Mehlbeerbäume, Heckenrosen und Eichen ab.

Wir gehen weiter, er mit seinem Leistenbruch, ich mit meinen verbrauchten Füßen und Beinen. Aber wir gehen. Es wäre zu kompliziert, ihm zu zeigen, was für Fortbewegungsmittel es heute alles gibt. Ja, vielleicht ein Fahrrad. Ich möchte ihm dagegen erklären, wie man heute an all die kostbaren Bücher herankommt, deren Beschaffung ihm als armem, abgedanktem Offizier sicherlich Beschwernis bereitet hat. Sogar seinen *Försök til ett Swenkst Skogsoch Jagt-Lexikon* kann ich mir in einer stillen Bibliothek vorlegen lassen, ohne dass es mich etwas kostet.

Es ist lustig, wir haben so viel gemeinsam, so viele Gesprächsthemen, die sich ganz natürlich ergeben, wenn wir den Pfad entlangwandern. Er weiß sehr wohl, dass die Sträucher, die wir sehen, Seidelbast ist und man die Blüten nicht anfassen kann, ohne an den Händen nässende Blasen und Wunden zu bekommen. Ich frage mich, ob er die Samenkapseln des Gewöhnlichen Odermennings als Schnapsgewürz verwendet hat und ob die Süßdolde auch zu seiner Zeit schon verwildert war.

Unten im Hummelmyren haben die Wildschweine ihre Kessel. Im Schilf gibt es ein ganzes Netz sich kreuzender Pfade. Es ist nicht ratsam, die Schweine jetzt aufzuwecken. Wir gehen zum Bach und balancieren auf einem halb verrotteten Steg auf die andere Seite. Außer mir geht hier kaum noch jemand. Nun beginnt das Moor. Womöglich findet er es hier ziemlich vogelstill.

Wir gehen ein Stück durch den hellen, gelichteten Fichtenwald. Irgendwann bleibe ich stehen und sage, dass wir nicht weitergehen würden. Wir hätten gleich das Ende des Pfades erreicht. Wir müssten nun umkehren.

Wenn er nicht zu Ende wäre, hätten wir nach Bergby gelangen und den alten Frauenschuh-Fichtenwald suchen können. Wir hätten im wilden Mischlaubwald die Baumsorten zählen und zu dem kleinen, schilfigen See gehen können, wo die Rohrdommeln blasen. Ich nehme an, dass auch zu seiner Zeit die Kinder den Vogel nachgeahmt haben, indem sie in eine Flasche bliesen.

Ich möchte nicht bis ans Ende gehen. Ich habe es einmal getan, als ich frisch hierhergezogen war. Was auf der Karte als grüner Wald eingezeichnet war, stellte sich in Wirklichkeit als großer Kahlschlag mit tiefen Wunden von Abholzungsmaschinen heraus. Niemals hätten die Pfarrer zu Brummers Zeiten die Hölle schlimmer ausmalen können als so. In keinem seiner kostbaren Bücher hat er von einem Styx gelesen, der hässlicher war als diese abgeholzte Fläche. Ich gehe nicht mehr dorthin. Ich will Magnus Hendric Brummer nicht zeigen, was heute in unserer Macht steht, mit dem Wald anzustellen.

Wir haben von ihm gelebt. Wir haben unseren Wohlstand aus ihm bezogen, und wir haben von unserem Waldreich Fragmente übrig gelassen, mit denen wir sehr behutsam umgehen sollten, denn sie sind das Einzige, was noch da ist.

Verzeichnis der zitierten Literatur

Dante Alighieri, *Die Göttliche Komödie*. Übersetzt von Karl Vossler und illustriert von Michael Mathias Prechtl. München 1969.

Ludovico Ariosto, *Der rasende Roland*. In: ders., Sämtliche poetische Werke. Übertragen von Alfons Kissner. 3. Band. Berlin 1922.

Hartmann von Aue, *Iwein*. Mittelhochdeutsch/Neuhochdeutsch. Herausgegeben, übersetzt, mit einem Nachwort und Anmerkungen versehen von Manfred Stange. Wiesbaden 2006.

Erich Auerbach, *Mimesis. Dargestellte Wirklichkeit in der abendländischen Literatur*. Tübingen und Basel [10]2001.

Joseph Bédier, *Tristan und Isolde*. Deutsch von Rudolf G. Binding. Frankfurt/M. 2000.

Beowulf. Die Geschichte von Beowulf und seinen Taten. Übertragen von Gisbert Haefs. Frankfurt/M. 2007.

Caesar, *De bello gallico*. Deutsche Übersetzung bearbeitet nach A. Baumstark, *Des Gaius Iulius Caesar Denkwürdigkeiten des Gallischen und des Bürgerkriegs*. Stuttgart 1854.

Anton Čechov, *Onkel Vanja*. Übersetzt von Peter Urban. Zürich 1973.

Joseph Conrad, *Herz der Finsternis*. Aus dem Englischen von Urs Widmer. Zürich 1992.

Charles Darwin, *Über die Entstehung der Arten durch natürliche Zuchtwahl oder die Erhaltung der begünstigten Rassen im Kampfe um's Dasein*. Nach der letzten engl. Ausgabe, übersetzt von Julius Victor Carus. Hrsg., eingeleitet und mit einer Ausw.-Bibliogr. vers. von Gerhard H. Müller. Reprograph. Nachdr. der Ausg. Stuttgart 1920, Darmstadt 1992.

Charles Darwin, *Die Bildung der Ackererde durch die Tätigkeit der Würmer mit Beobachtung über deren Lebensweise*. Aus dem Englischen von J. Victor Carus. Berlin und Schlechtenwegen 1983.

Dialogus Creaturarum moralisatus. Dialog der Kreaturen über moralisches Handeln. Lateinisch – deutsch. Herausgegeben, übersetzt und kommentiert von Birgit Esser und Hans-Jürgen Blanke. Würzburg 2008.

Annie Dillard, *Der freie Fall der Spottdrossel*. Übersetzt von Karen Nölle-Fischer. Stuttgart 1996.

Ecbasis cuiusdam captivi per tropologiam. Die Flucht eines Gefangenen (tropologisch). Text und Übersetzung. Mit Einleitung und Erläuterungen hrsg. von Winfried Trillitzsch. Historisch erklärt von Siegfried Hoyer. Leipzig 1964.

Die Edda. Götter- und Heldenlieder der Germanen. Aus dem Altnordischen übersetzt und mit einem Nachwort von Arthur Häny. Zürich 1987.

Gunnar Ekelöf, *An die Volksheimischen.* In: ders., Fährgesang. Gedichte 1932–1951. Übersetzt von Klaus-Jürgen Liedtke. Münster 2003.

Edward Gibbon, *Verfall und Untergang des römischen Imperiums. Bis zum Ende des Reiches im Westen.* Aus dem Englischen von Michael Walter. Berlin 2007.

Gilgamesch. Aus dem Babylonischen übersetzt und mit einem Nachwort versehen von Stefan M. Maul. München 2007.

Robert Pogue Harrison, *Wälder. Ursprung und Spiegel der Kultur.* Übersetzt von Martin Pfeiffer. München 1992.

Verner von Heidenstam, *Die Karoliner. Erzählungen aus der Zeit Karls XII.* Autorisierte Übersetzung von G. Bergman. Rostock 1906.

Johann Gottfried Herder, *Stimmen der Völker in Liedern. Volkslieder.* Zwei Teile 1778/79; hrsg. von Heinz Rölleke, Stuttgart 1975.

Henrik Ibsen, *Peer Gynt.* Nachgedichtet von Christian Morgenstern, in: Henrik Ibsen, Dramen, Berlin 1977.

Eyvind Johnson, *Eine große Zeit.* Aus dem Schwedischen übertragen von Christine von Kohl unter Mitarbeit von Margot Tag. Rostock 1966.

Die Jungfrau im blauen Walde; aus: Schwedische Volkslieder der Vorzeit. Aus der Sammlung von Erik Gustaf Geijer und Arvid August Afzelius. Im Versmaß des Originals übertragen von R. Warrens. Leipzig 1857.

Kalevala. Übersetzt von Lore und Hans Fromm, München 1967.

Selma Lagerlöf, *Eine Herrenhofsage.* Übersetzt von Pauline Klaiber-Gottschau. In: dies., Die schönsten Sagen und Märchen. München ⁹2000.

Selma Lagerlöf, *Die Legende von der Christrose.* Übersetzt von Marie Franzos. München 1980.

Selma Lagerlöf, *Die verschollene Kirche.* In: dies., Die Prinzessin von Babylonien und andere Erzählungen. Übersetzung aus dem Schwedischen von Marie Franzos. München 1922.

Selma Lagerlöf, *Wunderbare Reise des kleinen Nils Holgersson mit den Wildgänsen.* Übersetzt von Pauline Klaiber-Gottschau. Frankfurt/M. 1960.

Selma Lagerlöf, *Jerusalem.* Übersetzt von Mathilde Mann, Berlin 1912.

Selma Lagerlöf, *Die Geschichte von Gösta Berling.* Übersetzt von Paul Berf. München 2007.

Ursula K. LeGuin, *Stimmen schreien in der Wildnis.* Eine Ausführung zu Geschichten über Tiere. Übersetzt von Else Laudan. In: Donna Haraway,

Monströse Versprechen. Aus dem Englischen übersetzt von Michael Haupt. Hamburg ²2006.

Ursula K. LeGuin, *Unermesslich wie ein Weltreich – langsamer gewachsen*. Übersetzt von Gisela Stege. In: dies., Die zwölf Striche der Windrose. München 1983.

Sara Lidman, *Im Land der gelben Brombeeren*. Übersetzt von Hilda von Born-Pilsach. Karlsruhe 1959.

Carl von Linné, *Lappländische Reise*. Übersetzt von H.C.Artmann unter Mitwirkung von Helli Clervall, Frankfurt/M. 1964.

Lukrez, *Über die Natur der Dinge*. Übersetzt von Hermann Diels, Berlin 1957.

Martin Luther, *Die gantze Heilige Schrifft Deudsch*. Wittenberg 1545. Letzte zu Luthers Lebzeiten erschienene Ausgabe. Herausgegeben von Hans Volz unter Mitarbeit von Heinz Blanke. Textredaktion Friedrich Kur. München 1972.

Olaus Magnus, *Die Wunder des Nordens*. Erschlossen von Elena Balzamo und Reinhard Kaiser, Frankfurt/M. 2006.

Harry Martinson, *Der Weg nach Glockenreich*. Übertragung aus dem Schwedischen von Edzard Schaper. München 1953.

Czesław Miłosz, *Tal der Issa*. Übersetzt von Maryla Reifenberg. Zürich 1981.

Czesław Miłosz, *Symbolische Berge und Wälder*. In: ders., Visionen an der Bucht von San Francisco. Übersetzt von Sven Sellmer. Frankfurt/M. 2008.

Michel de Montaigne, *Apologie für Raymond Sebond*. In: ders., *Essais*. Erste moderne Gesamtübersetzung von Hans Stilett. Zweites Buch. Frankfurt/M. 1998.

Der Physiologus: Tiere und ihre Symbolik. Übertr. und erl. von Otto Seel. Düsseldorf und Zürich 2000.

Rainer Maria Rilke, *Duineser Elegien. Die achte Elegie*. In: ders., Werke in drei Bänden. 1. Band: Gedicht-Zyklen. Frankfurt/M. und Leipzig 1991.

Das altfranzösische Rolandslied. Übersetzt und kommentiert von Wolf Steinsiek. Stuttgart 1999.

Björn von Rosen, *Grüne Welt. Entdeckerfreuden in der Natur*. Ins Deutsche übertragen von Wolfheinrich von der Mülbe. Leipzig 1943.

Jean-Jacques Rousseau, *Emil oder Ueber die Erziehung*. Übersetzt aus dem Französischen von Hermann Denhardt. Mit Einleitung von Theodor Fritzsch. Leipzig o.J.

Jean-Jacques Rousseau, *Träumereien eines einsamen Spaziergängers*. Übersetzt von Ulrich Bossier. Stuttgart 2003.

Simon Schama, *Der Traum von der Wildnis. Natur als Imagination*. Übersetzt von Martin Pfeiffer. München 1996.

Fredrik Sjöberg, *Die Fliegenfalle*. Übersetzt von Paul Berf. Berlin 2008.

Snorris Königsbuch, Heimskringla. Band 2. Übersetzt von Felix Niedner, Jena 1922/23 (Sammlung Thule, Bd. 15).

August Strindberg, *Die Hemsöer*. Übersetzt von Alken Bruns, Kiel 1991.

August Strindberg, *Die Kronbraut*. Aus dem Schwedischen übertragen von Pauline Klaiber-Gottschau. Leipzig o.J.

August Strindberg, *Am offenen Meer*. Ins Deutsche übertragen von Else von Hollander-Lossow. München o.J.

Tacitus, *Germania*. Übersetzt von Manfred Fuhrmann, Stuttgart 1971.

Henry David Thoreau, *Walden oder Leben in den Wäldern*. Übersetzt von Emma Emmerich und Tatjana Fischer. Zürich 1971.

Vergil, *Aeneis*. Übersetzt von Johannes Götte, München ²1965.

Bildnachweis

DER VERWANDLUNGSRAUM

DIE KATASTROPHEN

DAS ENDE DES PFADES

Herr Olof reitet vorm Morgengraun
– fällt der Tau, legt sich Reif
Ein helles Licht glaubt er zu schaun
– Herr Olof kehrt heim, als das Laub grünt im Walde

Herr Olof reitet zu Berge
– fällt der Tau, legt sich Reif
Trifft auf den Tanz der Elfen
– Herr Olof kehrt heim, als das Laub grünt im Walde

Dort tanzen Elf' und Elfenmag'
– fällt der Tau, legt sich Reif
Des Elfenkönigs Tochter mit offenem Haar
– Herr Olof kehrt heim, als das Laub grünt im Walde

Des Elfenkönigs Tochter streckte sich weit
– fällt der Tau, legt sich Reif
Komm, Herr Olof, den Tanz mit mir schreit'
– Herr Olof kehrt heim, als das Laub grünt im Walde

Ich werde nicht schreiten den Tanz mit dir
– fällt der Tau, legt sich Reif
Meine Braut hat es verboten mir
– Herr Olof kehrt heim, als das Laub grünt im Walde

Ich will nicht, und es darf nicht sein
– fällt der Tau, legt sich Reif
Morgen soll meine Hochzeit sein
– Herr Olof kehrt heim, als das Laub grünt im Walde

Willst du nicht schreiten den Tanz mit mir
– fällt der Tau, legt sich Reif
Ein Unheil werde bereiten ich dir
– Herr Olof kehrt heim, als das Laub grünt im Walde

Herr Olof riss sein Pferd herum
– fällt der Tau, legt sich Reif
Krankheit und Übel folgten ihm drum
– Herr Olof kehrt heim, als das Laub grünt im Walde